패캠, 인프런 베스트셀러 강사와 함께
현업 수준으로 실력 끌어올리기

코드팩토리의 플러터 프로그래밍

Flutter로 안드로이드 + iOS를 한방에!

3판

최지호(코드팩토리) 지음

개정판 이렇게 좋아졌어요!

이번 3판에서는 생성형 AI의 일종인 구글 제미나이를 활용하여 AI 챗봇을 개발하는 프로젝트를 새롭게 추가했습니다. 구글 제미나이는 구글이 개발한 첨단 인공지능 모델로, 자연어 이해와 생성 능력이 뛰어나 다양한 응용 프로그램에 효과적으로 적용될 수 있습니다. 또한, iOS 기반 개발 환경에서 더 쉽게 개발할 수 있도록 각종 상세한 안내를 추가하였으며, 최신 버전의 소프트웨어와 호환되도록 모든 앱을 업데이트하고 수정했습니다.

직전 2판에서는 변화의 폭이 더욱 컸습니다. 다트 3.0에 새롭게 추가된 문법 요소들을 상세히 설명하여 개발자들이 최신 언어 기능을 효과적으로 활용할 수 있도록 도왔습니다. 또한 JWT(JSON Web Token)를 이용한 인증 방식을 도입하여 애플리케이션의 보안을 한층 강화했습니다. 구글 소셜 로그인 기능을 구현하는 방법도 다루어 사용자 인증 과정을 간편하고 안전하게 처리할 수 있도록 하였습니다. 더불어, 최신 개발 트렌드에 발맞추어 데이터베이스 및 백엔드 서비스로 슈파베이스(Supabase)를 사용하는 방법을 새롭게 추가했습니다. 슈파베이스는 오픈 소스 백엔드 플랫폼으로, 실시간 데이터베이스, 인증, 스토리지 등 다양한 기능을 손쉽게 통합할 수 있어 인기가 높아지고 있습니다.

이 책을 추천합니다

이 책은 인프런 인기 강의를 기반으로 만들었습니다. 해당 강의는 책으로 먼저 목차를 만들고 집필을 하면서 강의로 만든 겁니다. 강의에서 얻은 다양한 목소리를 다시 책에 담아 더 완성도를 높였습니다. 책을 보신 분들의 리얼 후기를 전합니다.

"이 책은 플러터를 시작하는 분들을 위해 이렇게까지 자세히 설명할 수 있나 싶을 정도로 꼼꼼히 알려줍니다. 내 손 안의 기기에 상상력을 발휘하고 싶은 분에게 추천합니다."

베타리더 **정현준** 만타, 프로덕트 그룹 리더

"현재 한국어로 쓰인 최고의 플러터 입문서입니다. 다른 책과 다르게 이 책은 플러터 최신 버전과 인기 플러그인을 사용해서 실무에서도 적용할 수 있는 유용한 예제들을 가득 담았습니다."

베타리더 **강태진**

"플러터 최신 버전에 대응되는 프레임워크를 기반으로, 누구나 쉽게 플러터와 다트 언어를 학습할 수 있게 구성되어 있어요. 정말 배경지식이 없더라도 쉽게 익혀갈 수 있게 말예요."

독자 5***o

"이 만한 플러터 책은 없습니다. 최신 플러터 버전으로, Dart 언어에 대한 기초부터, 상용급 프로젝트 예시를 진행하면서 플러터에 빠르게 안착할 수 있게 체계적으로 알려줍니다. 카톡방과 디스코드에서 저자 그리고 다른 개발자들과 소통을 할 수 있다는 장점도 제공합니다."

독자 sp*****

"이론 설명뿐만 아니라 실무에서 유용한 기능에 대해 설명해주고, 유용한 예제가 많아서 도움이 많이 되었습니다. 앱 개발부터 광고와 배포까지 모두 담고 있기 때문에 모바일 앱을 개발하는 분들이라면 한번쯤 읽어보면 좋을 것 같습니다."

독자 c***7

"iOS와 안드로이드를 같이 개발하려고 플러터에 입문했는데 내용이 괜찮습니다. 다른 사이트에서 인강을 듣고 부족한 부분 보충이나 필요한 부분을 찾는 데 잘 활용하고 있습니다."

독자 d***8

숫자로 보는 이 책의 특징

0 아무것도 몰라도 OK

적어도 한 개 언어를 써봤다면 다트 언어와 플러터와 안드로이드를 전혀 몰라도 됩니다. 처음부터 배포까지 하나하나 알려드립니다.

2 가지 OS 개발 환경 대응

윈도우, macOS 개발 환경을 구축하고 실습할 수 있게 안내합니다.

4 모바일 데이터베이스 완벽 대응

SQLite, 파이어베이스, 슈파베이스, Isar까지! DB 고민을 확풀어드려요.

4 가지 난이도 프로젝트 제공

입문 수준 ★ 하나부터 고난이 ★★★★ 수준 앱을 골고루 만들어봅니다.

5 단계 개발과 인증, 배포

최소 기능 제품^{MVP}으로 구현한 일정 관리 앱을 업그레이드하며 개발 및 인증, 배포합니다. 실무처럼 일하는 방법을 체험할 수 있습니다.

10 가지 유용한 앱 구현

AI 챗봇, 블로그 웹 앱, 전자액자(이미지), 만난 지 며칠 U&I, 디지털 주사위, 동영상 플레이어, 영상 통화, 오늘도 출근, 포토 스티커, 일정 관리 앱을 만듭니다.

이 책으로 플러터 앱 개발을 익혀야 하는 이유

저자는 **왕초보 실력을 현업 수준으로 끌어올리기**를 목표로 이 책을 썼습니다. 초보자 눈높이에 맞추면서, 현업에서 앱을 개발할 때 도움이 될 실무적이고 활용도 높은 노하우를 담아 설명했기 때문에 하나하나 앱을 만들어가면서 탄탄하면서도 빠르게 스킬업되는 자신을 체감하게 될 겁니다. **그래서 다트와 플러터 입문자와 현업 개발자 모두에게 유용합니다.** 확실하게 실력을 레벨업해줄 이 책만의 특징을 소개합니다.

1 **검증받은 커리큘럼을 담았습니다.** 먼저 책 목차를 만들고, 해당 목차로 온라인 강의를 만들었습니다. 많은 분이 수강해주셨고 인기 강의가 되었습니다. 수강자의 다양한 목소리를 책에 반영했습니다. 이미 검증받은 강의의 커리큘럼을 직접 확인하세요.

▼ 코드팩토리 저자의 강의 평점을 확인해주세요

https://bit.ly/3Tv3I3Z

https://bit.ly/3T6tUSI

https://bit.ly/3yLJwTc

2 **배운 이론을 곧바로 써먹습니다.** 이론을 모두 배우고 나서 앱을 만들려고 하면 정작 써먹어야 할 때 아무것도 기억나지 않습니다. 배운 이론을 곧바로 써먹어야 익숙해지고 기억도 잘 납니다. 그래서 기초 지식을 1단계에서 탄탄히 다지고 나서, 2단계에서는 핵심 플러터 기능을 살펴본 후 앱 만들기로 돌입합니다. 앱마다 필요한 이론을 사전 지식으로 알려주고 곧바로 앱을 개발하기 때문에 효과적으로 학습할 수 있습니다.

3 **실무에 진짜 유용한 기능을 담은 앱을 만듭니다.** 앱 종류만 많다고 스킬업을 할 수 있는 게 아닙니다. 현업에서 정말 유용한 기능을 다루냐가 중요합니다. 요즘 앱은 동영상 플레이, 채팅,

QR 코드 인식, 서버와의 통신은 필수입니다. 총 10가지 앱 각각에서 유용한 기능을 다룹니다. 마지막 10번째 앱에서는 인증과 배포까지 다뤄 보다 완성도 있는 구현까지 경험할 수 있으므로, 이 책을 모두 학습하고 나면 실무자 수준까지 실력이 향상되어 있을 겁니다.

4 실제 프로젝트 현장에서 기능을 구현하듯이 만듭니다. 현업에서는 한 방에 기능을 구현하지 않습니다. 전체 구조를 잡고 동작을 임시로 구현하고 나서 점점 로직을 완성해나갑니다. 그래서 완성된 앱 소스를 가지고 설명하는 방식은 학습 효과가 떨어집니다. 이미 완성된 요리로 재료 손질법을 설명하는 방식이기 때문입니다. 이 책은 현업에서와 같은 방법으로 앱의 완성도를 점진적으로 높이는 방식을 사용합니다. 로직 하나하나를 업그레이드해 나가면서 개발하는 과정을 보여주기 때문에 앱 개발 과정을 체득할 수 있습니다. 오늘날 모든 서비스는 지속적인 업그레이드를 제공합니다. 그래서 최소 기능 제품을 먼저 만들고 나서 데이터베이스와 서버와 연동하도록 업그레이드하는 과정도 다룹니다(4단계).

5 변경하거나 수정한 코드를 확실하게 표시합니다. 지속적으로 코드를 수정해 완성하기 때문에 기존 코드 어디를 수정 혹은 삭제했는지 알 수 있어야 합니다. 편리하게 찾을 수 있게 변경 사항이 있는 코드를 삭제선과 노란 배경색으로 표시했습니다.

```
void onSavePressed(BuildContext context) async {    ← 추가한 코드 표시
  if (formKey.currentState!.validate()) {
    formKey.currentState!.save();

    await GetIt.I<LocalDatabase>().createSchedule(
      SchedulesCompanion(
        startTime: Value(startTime!),                ← 삭제한 코드 표시
        endTime: Value(endTime!),
        content: Value(content!),
        date: Value(widget.selectedDate),
      ),
    );
```

6 체계적으로 알려주고 만듭니다. 프로젝트 소개 → 사전 지식 → 사전 준비 → UI 구상하기 → 구현하기 → 테스트하기 순서를 꼭 지켜서 앱을 만듭니다. 체계적으로 이끌어주기 때문에 코딩을 하다가 길을 잃을 염려가 없습니다.

학습 효과를 200% 올려주는 학습 지원 서비스

지원 01 : 저자 깃허브에서 프로젝트 진행에 필요한 코드를 다운로드하세요

저자 선생님의 깃허브에서 예제 코드를 다운받고 공부해보세요.

- 깃허브 : https://github.com/codefactory-co/flutter-golden-rabbit-novice-v3

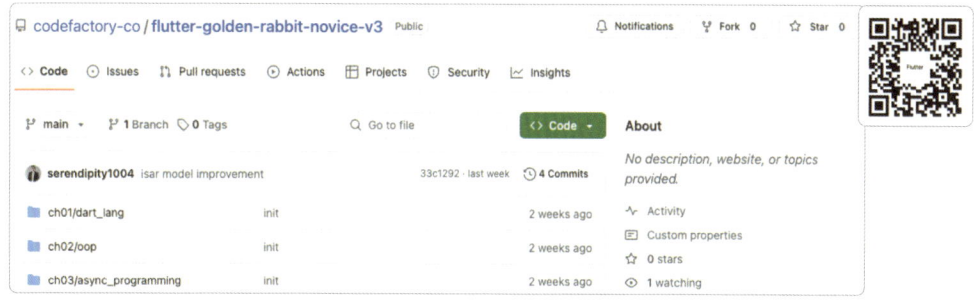

지원 02 : 공식 카톡 방 + 디스코드 + 인프런에서 함께 공부하세요

플러터 앱 개발은 처음 공부하면 설정값 등이 복잡하여 막히는 부분이 많습니다. 그럴 때는 저자 선생님이나 함께 책을 읽고 있는 분과 공유해보세요. 저자 선생님이 직접 운영하시는 카카오톡 단톡방이나 디스코드에 접속하여 질문하면 빠르게 답변해드립니다. 또한 인프런 플러터 부분 인기 강사이신 저자 선생님의 영상과 함께 공부하는 것도 추천합니다.

- 카카오톡 단톡방 : https://open.kakao.com/o/gg2S2GBc
- 디스코드 채널 : https://discord.com/invite/6azADFbffy
- 인프런 강의 : https://inf.run/omruf

이 책의 구성

이 책은 학습 흐름을 끊지 않기 위해 개발 환경부터 미리 구축해놓은 후, 다음과 같이 총 4단계에 걸쳐 플러터로 안드로이드와 iOS 앱을 개발하는 방법을 공략합니다.

1단계 : 다트 언어 마스터하기

플러터는 다트 언어를 사용합니다. 플러터로 앱을 원활히 개발하려면 다트를 탄탄하게 아는 것이 중요합니다. 그래서 이 책은 또 다른 자료를 찾아보지 않아도 될 정도로 깊이 있게 다트를 다룹니다. 1장에서 기초 문법, 2장에서 객체지향 프로그래밍, 3장에서 비동기 프로그래밍을 학습합니다. 4장에서는 플러터 3.0 버전부터 사용하는 다트 3.0 버전의 신규 문법을 배워봅니다. 이미 다트를 안다면 1단계를 건너뛰어도 됩니다.

2단계 : 플러터 기본 다지기

플러터 프레임워크, 기본 위젯, 앱을 만들려면 알아야 하는 기본 지식을 알아보겠습니다. 플러터는 '쉬운'에 상당한 무게를 두고 개발되었습니다. 얼마나 다루기 쉬운 프레임워크인지 직접 체험하는 시간이 될 겁니다.

3단계 : 9가지 앱을 만들며 유용한 기능 익히기

본격적으로 플러터 실력을 향상시켜봅시다. 직접 9가지 앱을 구현하면서 실전 기반으로 프로그래밍 지식을 습득해갑니다. 각 앱에서 사용하는 핵심 기능을 사전 지식으로 먼저 배우고 난 다음 곧바로 활용해 이론을 생생하게 살려 실습할 수 있게 구성했습니다.

4단계 : 실전! 일정 관리 앱 개발 & 인증 & 배포하기

일정 관리 앱을 단계별로 발전시키며 개발하고 광고를 붙여 배포합니다. 17장은 일정 생성과 특정 날짜의 일정 조회 기능을, 18장은 드리프트를 사용해 로컬 데이터베이스 SQLite에 일정을 저장합니다. 19장은 서버와 통신을 통한 원격 데이터베이스 사용법과 20장은 파이어베이스의 파이어스토어를 사용해 데이터 저장을 배웁니다. 21장은 JWT를 활용한 인증, 22장은 소셜 로그인과 파이어베이스 인증, 23장은 슈파베이스를 다룹니다. 마지막으로 24장에서 광고를 붙이고 구글 플레이와 애플 앱스토어에 배포하는 과정을 통해 실무적으로 활용도 높은 내용을 배우게 됩니다.

함께 만들 예제 프로젝트 소개

8장 블로그 웹 앱
★☆☆☆

- 콜백 함수
- 웹뷰
- 네이티브 설정

9장 전자액자
★★☆☆

- 위젯 생명주기
- PageView
- Timer
  SystemChrome
  StatefulWidget

10장 만난 지 며칠 U&I
★★☆☆

- Cupertino Widget
- CupertinoDatePicker
- Dialog
- StatefulWidget 상태 관리

11장 디지털 주사위
★★☆☆

- 가속도계
- BottomNavigationBar
- Slider

12장 동영상 플레이어
★★★☆

- Stack
- Positioned
- VideoPlayer
- ImagePicker
- LinearGradient

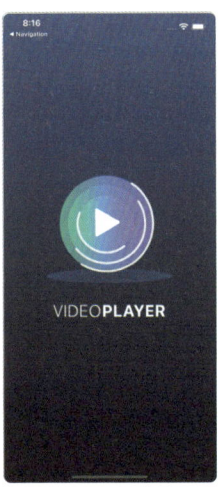

13장 영상 통화
★★☆☆

- WebRTC
- 내비게이션
- 아고라 API

14장 오늘도 출첵
★★★☆

- 구글 지도
- Geolocator
- 다이얼로그

15장 포토 스티커
★★★☆

- GestureDetector
- InteractiveViewer
- hashCode

16장 AI 채팅봇, 소울챗
★★★☆

- StreamBuilder
- 제미나이 API
- Isar

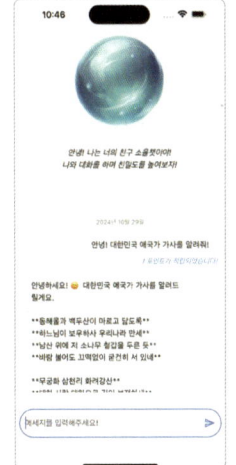

17~24장 일정 관리 앱
★★★★

- REST API
- Dio
- SQLite
- 드리프트
- Dismissible
- Table Calendar
- TextFormField
- 파이어베이스
- JWT 인증
- 소셜 로그인
- 슈파베이스
- 광고
- 배포

목차

개정판 이렇게 좋아졌어요!	002
이 책을 추천합니다	003
숫자로 보는 이 책의 특징	004
이 책으로 플러터 앱 개발을 익혀야 하는 이유	005
학습 효과를 200% 올려주는 학습 지원 서비스	007
이 책의 구성	008
함께 만들 예제 프로젝트 소개	009

00 개발 환경 구축   021

    0.1 윈도우 개발 환경 구축하기   022
    0.2 macOS 개발 환경 구축하기   026
    0.3 안드로이드 스튜디오 설치하기   031
    0.4 자바 17 버전 설치하기   034
    0.5 설치 문제 해결하기   039
    0.6 깃허브에서 예제 코드 내려받기   041
    0.7 깃허브에서 내려받은 예제 실행하기   042

1단계 다트 언어 마스터하기

01 다트 입문하기   046

    1.1 다트 소개   047
    1.2 문법 공부 환경 안내   049
    1.3 기초 문법   050
    1.4 컬렉션   054
    1.5 연산자   061
    1.6 제어문   064
    1.7 함수와 람다   067

1.8　try...catch　　072
　　　　학습 마무리　　073

02　다트 객체지향 프로그래밍　　075
　　2.1　객체지향 프로그래밍의 필요성　　076
　　2.2　객체지향 프로그래밍의 시작, 클래스　　078
　　2.3　상속　　084
　　2.4　오버라이드　　086
　　2.5　인터페이스　　087
　　2.6　믹스인　　088
　　2.7　추상　　089
　　2.8　제네릭　　091
　　2.9　스태틱　　092
　　2.10　캐스케이드 연산자　　093
　　　　학습 마무리　　094

03　다트 비동기 프로그래밍　　095
　　3.1　동기 vs. 비동기 프로그래밍　　096
　　3.2　Future　　097
　　3.3　async와 await　　098
　　3.4　Stream　　101
　　　　학습 마무리　　105

04　다트 3.0 신규 문법　　106
　　4.1　레코드　　107
　　4.2　구조 분해　　109
　　4.3　switch문　　111
　　4.4　클래스 제한자　　115
　　　　학습 마무리　　118

목차

2단계 플러터 기본 다지기

05 플러터 입문하기　　122
　5.1　플러터 소개　　123
　5.2　Hello Flutter 앱 만들기　　126
　5.3　실제 단말 테스트 환경 구축　　136
　　　학습 마무리　　139

06 기본 위젯 알아보기　　140
　6.1　위젯 소개　　141
　6.2　위젯 실습용 템플릿 작성　　145
　6.3　텍스트 관련 위젯　　146
　6.4　제스처 관련 위젯　　147
　6.5　디자인 관련 위젯　　152
　6.6　배치 관련 위젯　　156
　　　학습 마무리　　167

07 앱을 만들려면 알아야 하는 그 밖의 지식　　169
　7.1　앱 만들기 프로세스　　170
　7.2　플러그인 추가 방법　　171
　7.3　주변 장치 종류　　172
　7.4　연습용 앱 만들기 : 스플래시 스크린 앱　　173
　　　학습 마무리　　186

3단계 9가지 앱을 만들며 유용한 기능 익히기

08 블로그 웹 앱 · 190
- 8.1 사전 지식 · 193
  - 콜백 함수 · 웹뷰 위젯 · 안드로이드와 iOS 네이티브 설정
- 8.2 사전 준비 · 195
- 8.3 레이아웃 구상하기 · 203
- 8.4 구현하기 · 203
- 8.5 테스트하기 · 209
- 학습 마무리 · 210

09 전자액자 · 212
- 9.1 사전 지식 · 215
  - 위젯 생명주기 · 타이머
- 9.2 사전 준비 · 219
- 9.3 레이아웃 구상하기 · 222
- 9.4 구현하기 · 222
- 9.5 테스트하기 · 232
- 학습 마무리 · 233

10 만난 지 며칠 U&I · 234
- 10.1 사전 지식 · 237
  - setState( ) 함수 · showCupertinoDialog( ) 함수
- 10.2 사전 준비 · 238
- 10.3 레이아웃 구상하기 · 241
- 10.4 구현하기 · 241
- 10.5 테스트하기 · 264
- 학습 마무리 · 265

목차

Project **11 디지털 주사위** 266
- 11.1 사전 지식 269
  - 가속도계 · 자이로스코프 · Sensor_Plus 패키지
- 11.2 사전 준비 271
- 11.3 레이아웃 구상하기 276
- 11.4 구현하기 277
- 11.5 테스트하기 293
  - 학습 마무리 294

Project **12 동영상 플레이어** 295
- 12.1 사전 지식 298
  - iOS 시뮬레이터 화면 회전하기 · 안드로이드 에뮬레이터 화면 회전하기
  - 시간 변환 및 String 패딩
- 12.2 사전 준비 300
- 12.3 레이아웃 구상하기 305
- 12.4 구현하기 306
- 12.5 테스트하기 335
  - 학습 마무리 336

Project **13 영상 통화** 335
- 13.1 사전 지식 340
  - 카메라 플러그인 · WebRTC
  - iOS 시뮬레이터와 안드로이드 에뮬레이터에서의 카메라 사용
  - 내비게이션
- 13.2 사전 준비 347
- 13.3 레이아웃 구상하기 354
- 13.4 구현하기 355
- 13.5 테스트하기 372
  - 학습 마무리 373

Project 14 오늘도 출첵 374
- 14.1 사전 지식 377
  - Geolocator 플러그인
- 14.2 사전 준비 379
- 14.3 레이아웃 구상하기 386
- 14.4 구현하기 386
- 14.5 테스트하기 400
  - 학습 마무리 401

Project 15 포토 스티커 402
- 15.1 사전 지식 405
  - GestureDetector와 제스처
- 15.2 사전 준비 405
- 15.3 레이아웃 구상하기 410
- 15.4 구현하기 411
- 15.5 테스트하기 433
  - 학습 마무리 434

Project 16 AI 채팅봇, 소울챗 435
- 16.1 사전 지식 438
  - HTTP 요청 · REST API · JSON · 제미나이 API · Isar 데이터베이스
- 16.2 사전 준비 445
- 16.3 레이아웃 구상하기 450
- 16.4 구현하기 451
- 16.5 테스트하기 476
  - 학습 마무리 477

목차

4단계 실전! 일정 관리 앱 개발 & 인증 & 배포하기

Project #1   **17 일정 관리 앱 만들기**   481
- 17.1 사전 지식   483
  - table_calendar 플러그인
- 17.2 사전 준비   485
- 17.3 레이아웃 구상하기   487
- 17.4 구현하기   488
- 17.5 테스트하기   515
- 학습 마무리   516

Project #2   **18 데이터베이스 적용하기**   517
- 18.1 사전 지식   519
  - SQL, SQLite · 드리프트 플러그인 · Dismissible 위젯
- 18.2 구현하기   525
- 18.3 테스트하기   545
- 학습 마무리   546

Project #3   **19 서버와 연동하기**   547
- 19.1 사전 지식   549
  - 상태 관리 · 캐시와 긍정적 응답
- 19.2 사전 준비   554
- 19.3 구현하기   557
- 19.4 테스트하기   578
- 학습 마무리   579

Project #4　20　파이어베이스 연동하기 580
20.1　사전 지식 582
파이어베이스 · 파이어스토어
20.2　사전 준비 588
20.3　구현하기 599
20.4　테스트하기 613
학습 마무리 614

Project #5　21　JWT를 이용한 인증하기 615
21.1　사전 지식 617
인증 · JWT란? · 엑세스 토큰과 리프레시 토큰 ·
JWT를 이용한 인증 절차
21.2　사전 준비 626
21.3　레이아웃 구상하기 627
21.4　구현하기 628
21.5　테스트하기 663
학습 마무리 666

Project #6　22　소셜 로그인과 파이어베이스 인증하기 668
22.1　사전 지식 669
소셜 로그인과 OAuth 2.0 · 파이어베이스 인증 · 구글 로그인 세팅
22.2　사전 준비 673
22.3　레이아웃 구상하기 683
22.4　구현하기 684
22.5　테스트하기 697
학습 마무리 699

목차

Project #7 **23 슈파베이스 연동하기** 700
- 23.1 사전 지식 701
  - 행 수준 보안 · 슈파베이스 인증, 연동
- 23.2 사전 준비 706
- 23.3 레이아웃 구상하기 712
- 23.4 구현하기 712
- 23.5 테스트하기 733
  - 학습 마무리 735

Project #8 **24 광고 및 배포하기** 737
- 24.1 사전 지식 738
  - 구글 애드몹
- 24.2 사전 준비 739
- 24.3 구현하기 745
- 24.4 배포하기 : 구글 스토어 & 애플 앱스토어 752
  - 학습 마무리 771

부록

- 부록 A 데이터베이스 종류와 하이브 773
- 부록 B 앱 이름과 아이콘 설정 방법 778
- 부록 C 코딩이 편해지는 안드로이드 스튜디오 편의 기능 779
- 부록 D 흔히 마주하는 에러 785

용어 찾기 788

Chapter

00

개발 환경 구축

#MUSTHAVE

학습 목표

윈도우, macOS에 개발 환경을 설치합니다. 책에서 사용한 예제 코드를 깃허브에서 내려받는 방법을 알아봅니다.

학습 순서

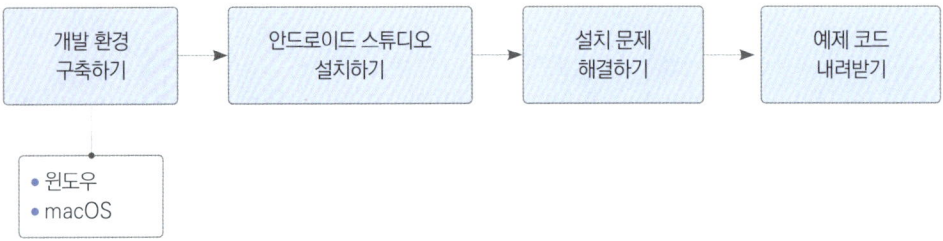

테스트 환경 안내

이 책에 실린 모든 예제는 다음과 같은 환경에서 개발하고 실행 점검을 완료했습니다.

- **플러터 SDK** : 3.24.4(윈도우), 3.24.4(macOS)
- **안드로이드 스튜디오** : 2024.2.1 Ladybug
- **운영체제** : 윈도우 10 / macOS Sequoia 15.1

> **NOTE** 환경 설정은 동영상 강의로도 확인할 수 있습니다.
> - **윈도우 환경 설정** : https://www.youtube.com/watch?v=CedR_QZnUBM
> - **macOS 환경 설정** : https://www.youtube.com/watch?v=DDCqlDrWsXU

0.1 윈도우 개발 환경 구축하기

플러터 SDK^{software development kit}(소프트웨어 개발 도구)를 내려받고 환경 변수를 설정하겠습니다.

0.1.1 플러터 SDK 내려받기

ToDo 01 ❶ 플러터 홈페이지(www.flutter.dev/get-started/install)에 접속해 ❷ [Windows]를 클릭해주세요.

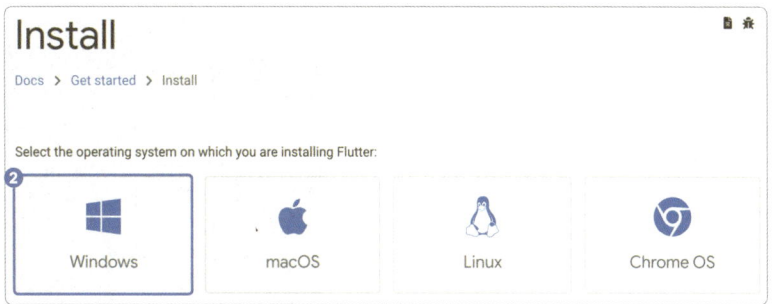

02 [Android] 버튼을 클릭합니다.

03 'Get the Flutter SDK'에 있는 ❶ [flutter_windows_{버전}.zip] 버튼을 클릭합니다(버전은 계속 최신 버전으로 바뀝니다).

04 내려받은 압축 파일을 원하는 위치에 풀어줍니다.

0.1.2 환경 변수 설정

플러터 SDK를 사용해서 모든 플러터 명령을 실행하려면 윈도우에 플러터 SDK 위치를 등록해줘야 합니다. 이 과정을 '환경 변수 설정'이라고 부릅니다.

ToDo **01** ① 윈도우 검색창에 '환경'이라고 검색하고 → ② '시스템 환경 변수 편집'을 클릭합니다.

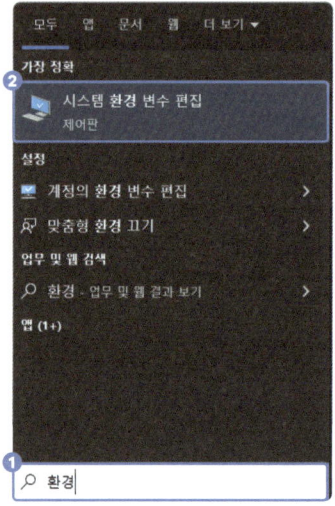

02 [환경 변수(N)...] 버튼을 클릭해주세요.

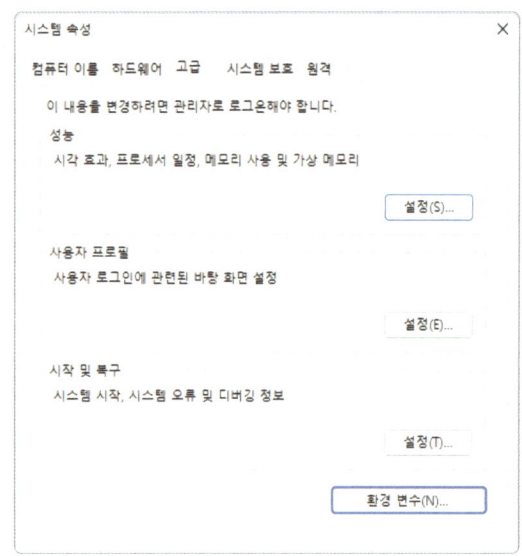

03 Path라는 변수가 존재하는지 확인합니다. Path 변수가 존재하지 않으면 **04**번으로 건너뛰세요. Path 변수가 존재하면 ① Path 변수를 선택하고 → ② [편집(E)...] 버튼을 클릭합니다. 팝업창에서 ③ [찾아보기(B)...] 버튼을 눌러서 압축을 푼 [flutter] 폴더 안의 [bin] 폴더를 선택해주세요.

그러면 ④ 플러터 SDK의 환경 변수가 생성됩니다. 모든 설정이 끝났으니 ⑤ 와 ⑥ [확인] 버튼을 연이어 클릭해 환경 변수 설정을 마칩니다. 05번으로 이동해주세요.

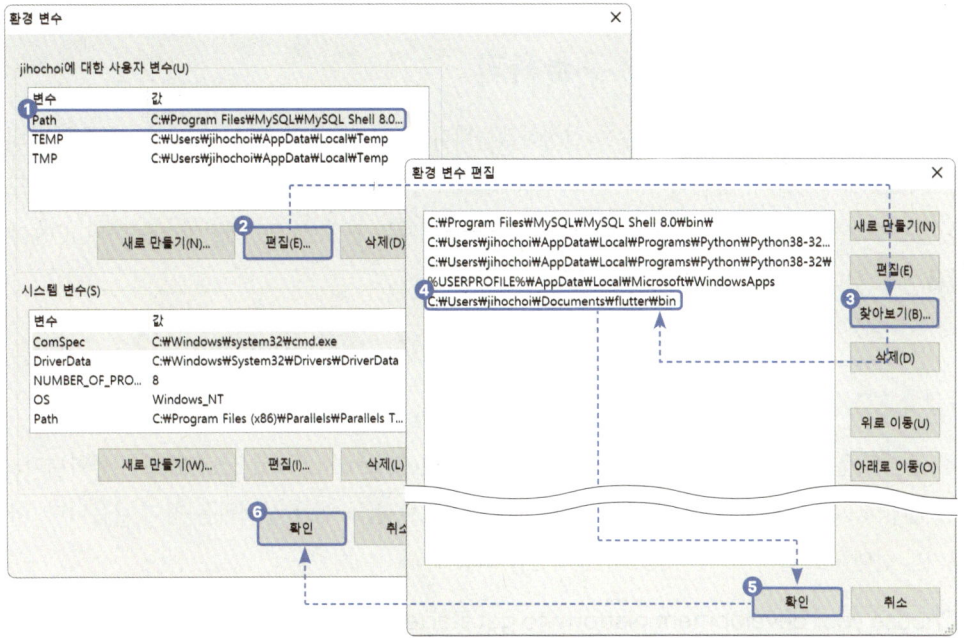

04 Path 변수가 없으니 Path 변수를 새로 생성해줘야 합니다. ① [새로 만들기(w)...] 버튼 클릭 → 팝업창에서 ② 변수 이름으로 Path 입력 → ③ [디렉터리 찾아보기((D)...] 버튼 클릭 후 팝업창에서 압축을 푼 [flutter] 폴더 속의 [bin] 폴더를 선택합니다. ④와 ⑤ [확인] 버튼을 연이어 클릭해 환경 변수 설정을 마무리합니다.

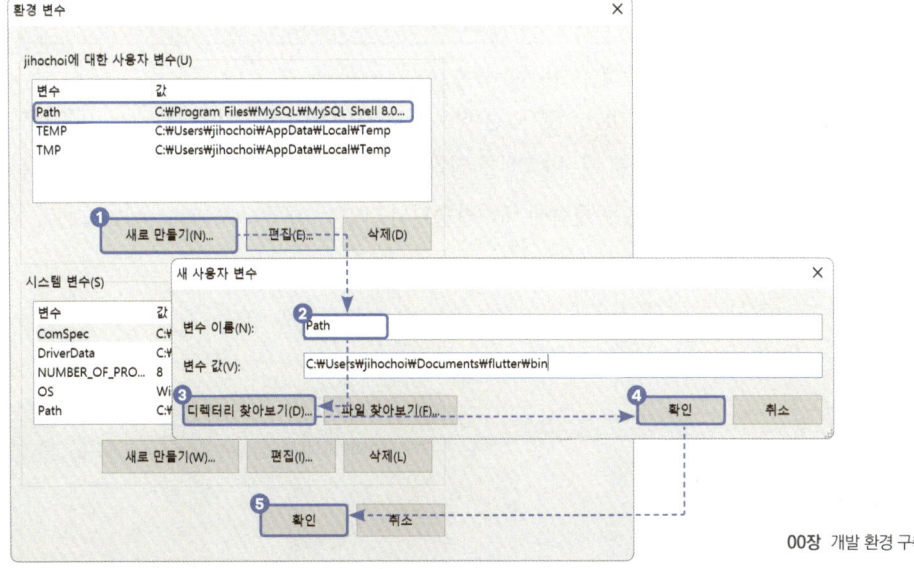

00장 개발 환경 구축 **025**

이제 0.3 '안드로이드 스튜디오 설치하기'로 건너뛰어 진행해주세요.

0.2 macOS 개발 환경 구축하기

플러터 SDK를 내려받고 환경 변수를 설정하겠습니다. 플러터는 iOS와 안드로이드 앱을 하나의 소스 코드로 개발할 수 있습니다. iOS 특성상 iOS를 포함한 애플 관련 기기를 대상으로 개발 또는 배포하려면 macOS가 필요합니다. 윈도우 컴퓨터에서는 안드로이드 개발만 가능하니 iOS 개발을 하고 싶다면 꼭 맥 컴퓨터를 준비해주세요.

0.2.1 SDK 내려받기

ToDo **01** 플러터 설치는 플러터 공식 페이지(www.flutter.dev/get-started/install)로 이동합니다.

02 ❶ [macOS] 버튼을 클릭합니다. 그러면 ❷ 처음으로 만들 앱을 선택하는 창이 나옵니다. 아무거나 선택해도 됩니다. 저는 iOS를 선택했습니다.

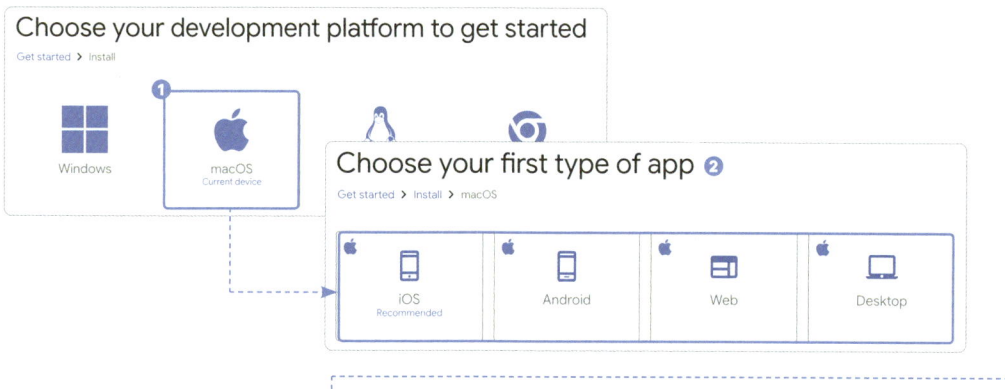

03 아래로 이동해 'Install the Flutter SDK'를 찾으세요. ❶ 'Download and install'을 선택하면 두 가지 SDK가 보입니다. 인텔 기반 CPU를 장착한 맥이라면 ❷를, M1 등 M으로 시작하는 계열의 CPU를 장착한 맥이라면 ❸을 클릭해 내려받습니다.

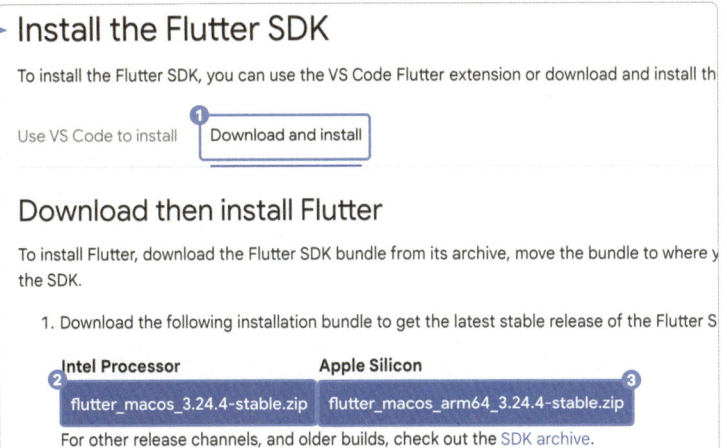

0.2.2 환경 설정

ToDo **01** macOS에 플러터 SDK 위치를 알려줘야 합니다. macOS에 기본으로 제공되는 터미널 앱을 실행해서 다음 명령어를 실행해주세요.

```
cd $HOME/Documents
unzip $HOME/Downloads/flutter_macos_arm64_3.24.4-stable.zip
```

※ 내려받은 버전을 적어주세요.

첫 번째 명령은 현재 로그인한 OS 유저의 [Documents] 폴더로 이동합니다. 두 번째 명령은 [Downloads] 폴더에서 flutter_macos_arm64_3.24.4-stable.zip이라는 압축 파일을 현재 위치에 압축 해제합니다. 내려받기를 다른 위치에 했거나 다른 버전의 플러터 SDK를 내려받았다면 해당 위치 및 이름을 적용해주세요.

02 macOS는 기본적으로 2가지 종류의 셸shell을 사용하는데 다음 명령어를 실행해서 어떤 셸을 사용하는지 알아냅니다.

```
echo $SHELL
```

/bin/bash라는 출력이 나오면 Bash를 사용 중이고 /bin/zsh라는 출력이 나오면 Z Shell을 사용 중입니다.

03 시스템 PATH 변수에 플러터 SDK의 위치를 등록할 차례입니다. 본인의 셸 환경에 맞는 명령을 실행합니다.

- Bash를 사용 중일 때는 다음 두 명령 중 하나를 실행해주세요.

```
vi ~/.bash_profile
vi ~/.bashrc
```

- Z Shell을 사용 중일 때 다음 명령을 실행하세요.

```
vi ~/.zshrc
```

04 이제 vi 환경에서 프로필 파일을 수정합니다. j를 눌러서 커서를 가장 아래로 움직인 다음에 i를 눌러서 insert 모드로 변경한 후 파일의 가장 아래에 다음 코드를 추가해주세요.

```
export PATH="$PATH:{압축을 푼 플러터 폴더 위치}/bin"
```

> **NOTE** export PATH = ""처럼 = 좌우로 빈 공간을 두면 안 됩니다! 빈 공간 없이 입력해주세요.

예를 들어 $HOME/Documents 폴더에 압축을 풀었다면 다음과 같은 코드를 작성해줍니다.

```
export PATH="$PATH:$HOME/Documents/flutter/bin"
```

모두 완료를 했으면 Esc 키를 눌러서 insert 모드가 나오면 :wq를 실행해서 파일을 저장해줍니다.

0.2.3 Xcode 설치하기

Xcode는 애플에서 제공하는 iOS 개발 툴입니다. 플러터 앱을 iOS용으로 빌드하려면 꼭 Xcode가 필요합니다.

ToDo 01 앱 스토어에 접속해서 Xcode를 검색 후 설치를 진행해주세요. 설치 시간이 다소 오래 걸릴 수 있습니다.

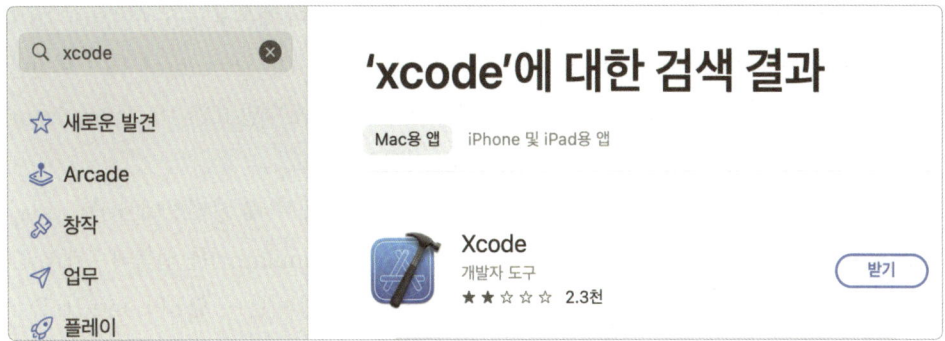

02 설치가 완료되면 설치한 Xcode 버전을 시스템에서 사용할 Xcode 버전으로 설정해야 합니다. 다음 명령어를 실행해주세요.

```
sudo xcodebuild -license accept
sudo xcode-select --switch /Applications/Xcode.app/Contents/Developer
sudo xcodebuild -runFirstLaunch
```

명령어 실행 후 안내에 따라 설치를 완료해주세요.

0.2.4 iOS Simulator 설치하기

XCode를 설치하면 보통 iOS Simulator가 함께 설치됩니다. 하지만 최근 들어 iOS Simulator가 함께 설치되지 않아서 초보분들이 환경설정을 헤매는 경우가 생기고 있습니다. 다음 가이드라인을 따라서 iOS Simulator가 설치됐는지 확인하고 설치가 안 됐다면 설치 과정도 진행해주세요.

ToDo **01** XCode를 실행한 후 상태창에서 ❶ [XCode] 버튼을 클릭합니다. ❷ [Settings] 버튼을 클릭합니다. ❸ [Components] 탭을 클릭합니다. ❹ iOS 18.1이 설치돼 있는 걸 확인합니다. 만약에 설치돼 있지 않다면 오른쪽 끝에 [Get] 버튼이 존재합니다.

02 설치돼 있지 않다면 해당 버튼을 눌러서 설치를 진행해주세요. 이 책은 iOS Simulator 18.1 기준으로 집필되었습니다. 만약에 iOS 최신 버전이 설치돼 있어서 iOS Simulator 18.1 버전만 따로 설치하고 싶다면 **04**를 진행해주세요. iOS 18.1 버전을 설치했다면 iOS 18.1 Simulator 가 같이 설치됩니다. 컴퓨터를 재시작하고 다음 과정을 따라와주세요.

03 컴퓨터를 재시작했다면 XCode를 다시 실행한 후 상태창에서 ❶ 상태창에서 [XCode] 를 선택한 후 ❷ [Open Developer Tool]을 선택한 다음 ❸ [Simulator]를 선택해주세요. ❹ Simulator의 [File] 탭 → ❺ [Open Simulator] → ❻ [iOS 18.1] 버튼 → ❼ [iPhone 16 Pro Max] 버튼을 누르고 정상적으로 시뮬레이터가 실행되는 걸 확인합니다.

04 iOS 18.1 버전 이상이 설치돼 있어서 iOS Simulator 18.1을 따로 설치해야 하는 경우 다음 과정을 진행해주세요. ❶ XCode를 실행한 후 iOS 설치 확인을 했던 설정창을 다시 실행합니다. ❷ 맨 아래의 [+] 버튼을 누른 후 ❸ [iOS] 버튼을 누릅니다. ❹ 새로 실행되는 창에서 설치하고 싶은 iOS Simulator 버전을 선택한 후 [Download & Install] 버튼을 누릅니다. 이미 설치돼 있는 버전은 창에 보이지 않으며 설치 원하는 버튼을 클릭해야지만 [Download & Install] 버튼 이 활성화됩니다.

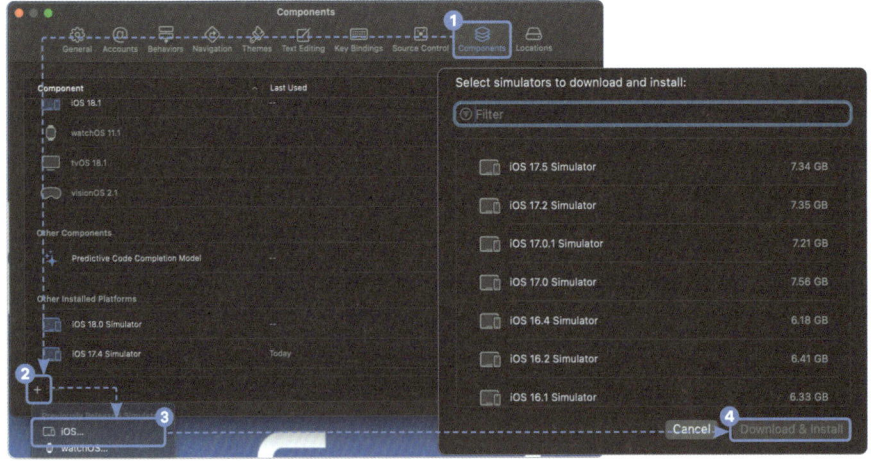

0.2.5 Brew 및 CocoaPods 설치하기

Xcode는 애플에서 제공하는 iOS 개발 툴입니다. 플러터 앱을 iOS용으로 빌드하려면 꼭 Xcode가 필요합니다. **CocoaPods**는 iOS, macOS 프로젝트에서 서드파티 라이브러리와 의존성을 관리하기 위한 도구입니다. 주로 Xcode 프로젝트에 외부 라이브러리를 쉽게 추가하고 관리하기 위해 사용합니다. 이제부터 **CocoaPods를 설치해봅시다.**

ToDo **01** https://brew.sh/로 접속합니다. 중앙의 'Install Homebrew' 바로 아래 설치 스크립트를 복사합니다.

02 복사한 스크립트를 터미널에 그대로 붙여넣기 합니다.

03 비밀번호를 물어보면 컴퓨터를 로그인할 때 사용한 비밀번호를 입력한 후 `Enter` 를 누릅니다. 보안상의 이유로 비밀번호를 입력할 때 입력값이 터미널에 보이지는 않습니다.

04 'Press RETURN/ENTER to continue or any other key to abort'라는 문자가 나오면 `Enter` 를 눌러서 설치를 실행합니다.

05 이제 터미널에서 실행해서 환경 변수에 brew 위치를 등록해줍니다. bash 터미널을 사용 중이라면 다음 명령어를 입력하여 실행합니다.

```
echo 'PATH="/usr/local/bin:$PATH"' >> ~/.bash_profile
```

z shell을 사용 중이라면 다음 명령어를 터미널에서 실행합니다.

```
echo 'PATH="/usr/local/bin:$PATH"' >> ~/.zshrc
```

만약 어떤 터미널을 사용 중인지 모르는 경우 둘 다 실행해도 괜찮습니다.

06 터미널을 재시작한 후 다음 명령어를 실행해서 CocoaPods를 설치해줍니다.

```
brew install CocoaPods
```

0.3 안드로이드 스튜디오 설치하기

안드로이드 스튜디오는 플러터를 개발하는 IDE(통합 개발 환경)입니다. 안드로이드 스튜디오를 내려받는 과정은 운영체제와 상관없이 같습니다.

ToDo 01 안드로이드 스튜디오 개발자 홈페이지에 접속합니다.
- https://developer.android.com/studio

02 ❶ [Download Android Studio Ladybug] 버튼을 클릭합니다(추후 새로운 버전의 Android Studio가 출시되면 Ladybug에서 이름이 변경될 수 있습니다. 이름이 다르더라도 최신 Android Studio를 다운받으면 됩니다).

03 그러면 약관이 팝업됩니다. 확인하면서 제일 하단으로 내려주세요. 그러면 인텔 칩과 애플 칩 중 선택해 다운로드할 수 있습니다.

애플 맥은 크게 두 가지의 칩 규격을 사용합니다. 인텔 CPU를 사용하는 맥과 ARM 아키텍처의 애플 실리콘(Apple Silicon)을 사용하는 맥입니다. M1, M2 칩을 장착한 맥은 애플 실리콘(Apple Silicon) 또는 애플 칩(Apple Chip) 관련 소프트웨어를 다운받아야 더욱 빠르고 리소스 사용에 최적화된 프로그램을 실행할 수 있습니다. ❶ [Mac with Intel Chip] 버튼 그리고 애플 실리콘 기반의 맥은 ❷ [Mac with Apple Chip] 버튼을 눌러서 하드웨어에 최적화된 버전의 안드로이드 스튜디오를 다운받습니다.

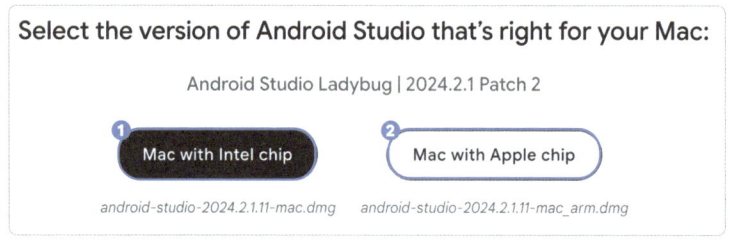

04 다운로드가 완료되면 기본값으로 설치합니다.

0.3.1 다트/플러터 플러그인 설치

ToDo **01** 안드로이드 스튜디오 설치가 끝나면 안드로이드 스튜디오를 실행해주세요. 안내에 따라 기본 설정을 진행하고 나면 다음과 같은 화면이 보입니다. 만약에 다음과 같은 창이 나오지 않고 프로젝트가 바로 실행된다면 모든 프로젝트를 닫으면 됩니다.

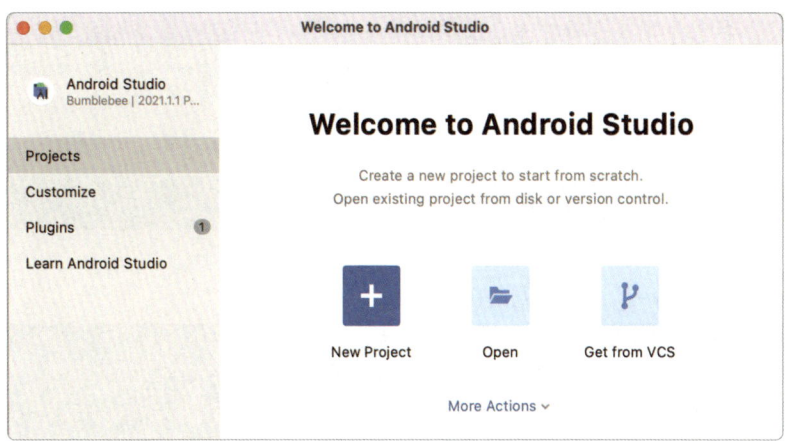

02 왼쪽 ❶ [Plugins] 버튼 클릭 → [[Marketplace] 탭 → ❷ 검색창에 Flutter를 검색합니다. ❸ 검색된 플러터 플러그인의 [Install] 버튼을 눌러서 설치합니다.

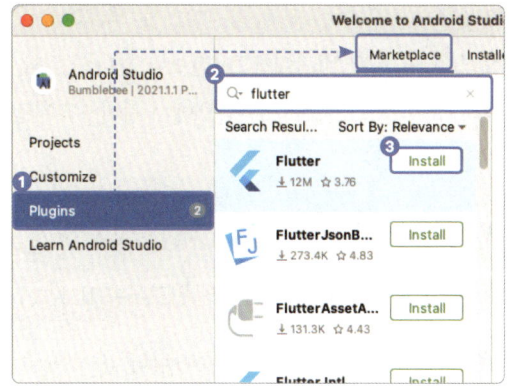

03 플러그인 설치 후 [Restart IDE]를 클릭해 안드로이드 스튜디오를 재실행해야 플러그인이 반영됩니다.

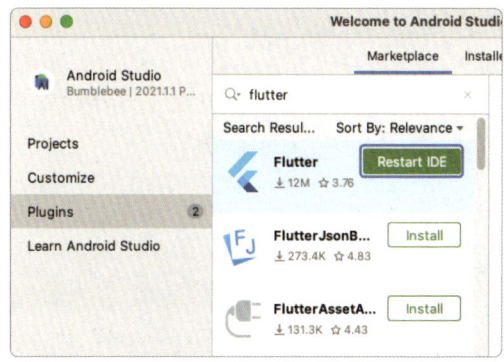

00장 개발 환경 구축 **033**

0.4 자바 17 버전 설치하기

집필하는 시점 기준으로 최신 안드로이드 스튜디오는 자바 21 버전을 사용하고 최신 플러터 버전은 자바 17버전을 지원합니다. 추후 플러터가 업데이트 되면서 자바 21버전도 지원하게 되겠지만 지금은 플러터 SDK가 자바 17버전을 사용하도록 설정해야합니다. 다른 자바 버전을 사용하면 컴파일 오류가 날 수 있습니다. 원활한 실습을 고려해 자바 17 버전으로 실습 환경을 맞추는 이번 실습을 꼭 수행해주세요!

ToDo 01 플러터에서 사용하는 자바 버전을 확인합니다. 17버전보다 높다면 17버전을 설치합니다.

```
flutter doctor --verbose
```

예를 들어 다음과 같은 출력에서 확인할 수 있습니다.

```
[✓] Android toolchain - develop for Android devices (Android SDK version ...)
    • Java binary at: /Applications/Android Studio.app/Contents/jbr/Contents/
      Home/bin/java
    • Java version OpenJDK Runtime Environment (build 21.0.0)
```

출력 결과, 자바 버전이 17버전보다 높다면 안내에 따라 17버전을 설치해주세요. 운영체제에 설치하기 → 안드로이드 스튜디오에서 자바 17 지정하기 순서로 진행하겠습니다.

0.4.1 윈도우에 자바 17 버전 설치하기

오라클(Oracle) 홈페이지에서 윈도우용 JDK 17을 설치하겠습니다.

ToDo 01 오라클 공식 웹사이트 접속합니다.
- https://www.oracle.com/kr/java/technologies/downloads/
- https://bit.ly/4eHjNxq

02 페이지를 아래로 내려서 JDK 17 다운로드 위치를 찾아, Windows 섹션에서 설치 파일을 내려 받고 기본값으로 설치해주세요.

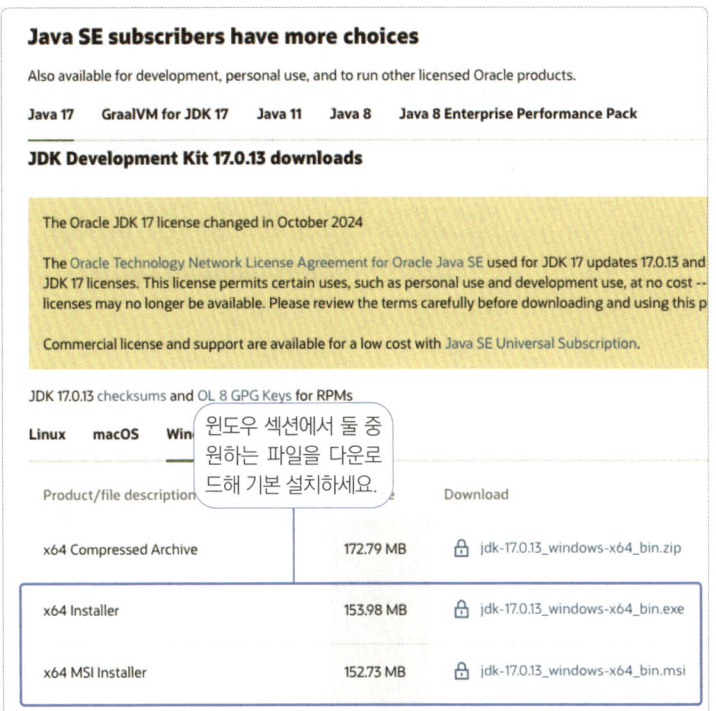

03 설치 파일을 사용해도 윈도우 환경 변수를 자동으로 설정해주지는 않습니다. 이제부터 JAVA_HOME 환경 변수를 윈도우에 등록해주세요. '시작' 메뉴에서 '시스템 환경 변수 편집'을 검색하여 실행합니다.

04 시스템 속성 창이 열리면 ❶ [고급] 탭 아래쪽에서 ❷ [환경 변수] 버튼을 클릭합니다.

05 ❶ '시스템 변수' 섹션에서 ❷ [새로 만들기]를 클릭합니다.

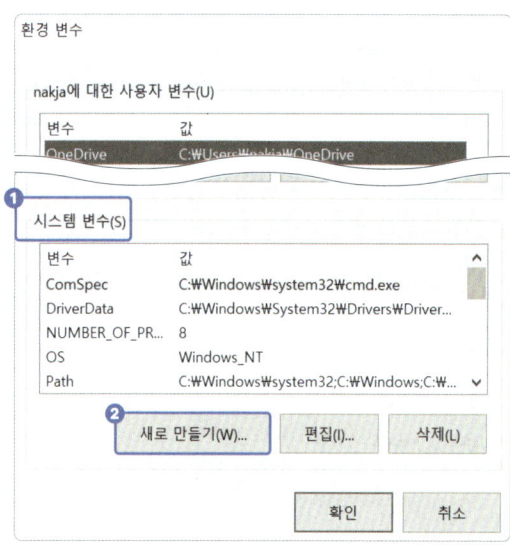

06 ❶ '변수 이름'으로 JAVA_HOME, ❷ 변수 값으로 JDK가 설치된 경로를 입력하고 ❸ [확인]을 클릭합니다(여러 분이 설치한 경로를 적으세요).

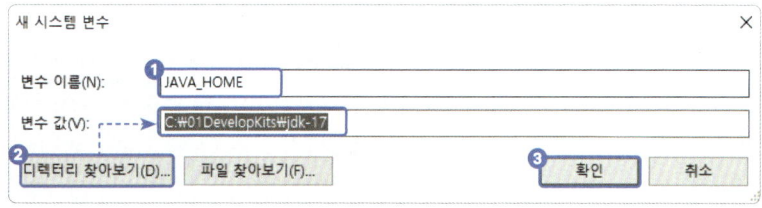

07 시스템 변수 Path를 찾아 더블 클릭합니다.

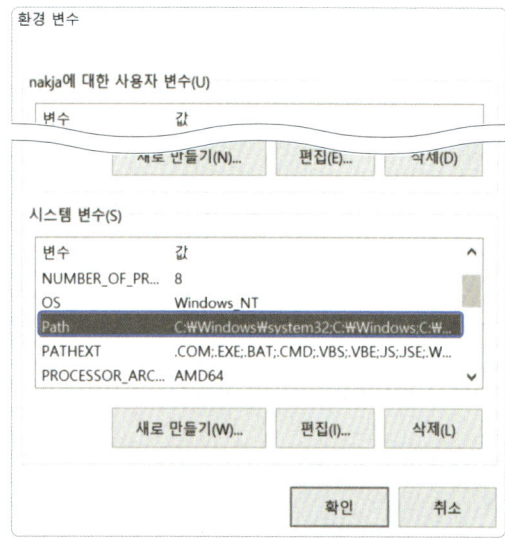

08 ❶ [새로 만들기]를 클릭하고 ❷ %JAVA_HOME%\bin을 입력한 후 ❸ [확인]을 클릭합니다.

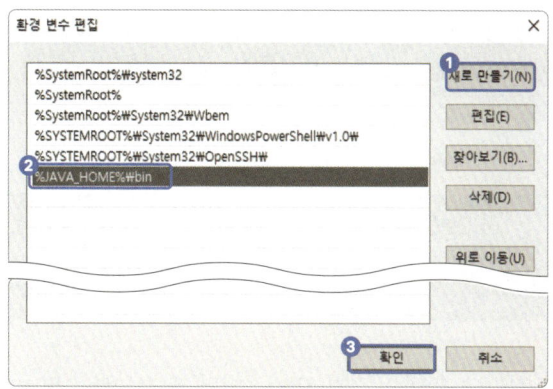

09 ❷ 등록한 %JAVA_HOME%\n을 선택하고 [위로 이동] 버튼을 클릭해서 첫 번째 항목으로 올려줍니다.

10 설치가 제대로 되었나 '명령 프롬프트'를 열고 java -version을 입력하여 설치된 자바 버전을 확인합니다.

정상적으로 설치되었다면 자바 버전 정보가 출력됩니다.

이제 0.4.3절 '안드로이드 스튜디오에 JDK 17 버전 지정하기'를 실행해주세요.

0.4.2 맥OS에 자바 17 버전 설치하기

ToDo 01 맥OS에서는 brew를 이용해서 설치합니다.

```
# Homebrew가 설치되어 있지 않다면, 다음 명령어로 설치합니다. 이미 설치되어 있으면 이
명령을 생략하세요.
/bin/bash -c "$(curl -fsSL https://raw.githubusercontent.com/Homebrew/install/HEAD/install.sh)"
# Homebre로 자바 17을 설치합니다.
brew install openjdk@17
```

02 경로를 설정해주면 자바 설치는 모두 끝납니다. 사용하는 쉘에 따라 설정 파일에 JAVA_HOME 환경 변수를 설정해주세요.

| zsh 사용 시(.zshrc) | bash 사용 시(.bash_profile 또는 .bashrc) |

```
vi ~/.zshrc
```

```
vi ~/.bash_profile
```

다음 코드를 파일 맨 아래 복사붙여넣고 나서 :wq 명령으로 저장하고 vi를 빠져 나옵니다.

```
export JAVA_HOME="/opt/homebrew/opt/openjdk@17"
export PATH="/opt/homebrew/opt/openjdk@17/bin:$PATH"
export PATH=$JAVA_HOME/bin:$PATH
```

03 변경 사항을 적용하고 자바 버전을 확인합니다. 자바 버전이 17버전이면 제대로 설치 및 설정한 겁니다.

| zsh 사용 시(.zshrc) | bash 사용 시(.bash_profile 또는 .bashrc) |

```
source ~/.zshrc
java -version
```

```
source ~/.bash_profile
java -version
```

04 출력이 Java 17로 변경되었는지 확인합니다.

```
openjdk version "17.0.7" 2023-04-18
OpenJDK Runtime Environment (build 17.0.7+7)
OpenJDK 64-Bit Server VM (build 17.0.7+7, mixed mode)
```

0.4.3 플러터 SDK가 JDK 17 버전 사용하도록 세팅하기

JDK 17 버전을 설치해도 Flutter SDK가 여전히 자바 17 버전이 아닌 21 버전을 사용하도록 세팅 돼 있는 경우가 있습니다. 이럴 때 플러터 SDK에 사용할 JDK 버전을 직접 명시할 수 있습니다.

```
flutter config --jdk-dir=$JAVA_HOME
```

0.5 설치 문제 해결하기

위 과정을 모두 잘 따라왔다면 큰 문제가 없어야 하나 예상치 못한 문제가 생길 수 있습니다. 구글에서는 환경 설정의 어려움을 최소화할 플러터 닥터flutter doctor를 제공합니다. 문제를 어떻게 해결해야 하는지 개발자에게 알려주는 도구입니다.

To Do 플러터 닥터로 문제 확인하기

01 터미널을 열어서 'flutter doctor'를 입력 후 Enter 를 쳐보세요(윈도우는 명령 프롬프트, macOS/리눅스는 터미널입니다. 터미널로 통칭해 부르겠습니다).

```
(base) jihochoi@Jis-MacBook-Pro-2 Documents % flutter doctor
Doctor summary (to see all details, run flutter doctor -v):
[✓] Flutter (Channel stable, 2.5.0, on macOS 11.5.2 20G95 darwin-x64, locale
    en-KR)
[!] Android toolchain - develop for Android devices (Android SDK version 30.0.3)
    ✗ cmdline-tools component is missing
      Run `path/to/sdkmanager --install "cmdline-tools;latest"`
      See https://developer.android.com/studio/command-line for more details.
    ✗ Android license status unknown.
      Run `flutter doctor --android-licenses` to accept the SDK licenses.
      See https://flutter.dev/docs/get-started/install/macos#android-setup for
      more details.
[✓] Xcode - develop for iOS and macOS
[✓] Chrome - develop for the web
[✓] Android Studio (version 4.1)
[✓] IntelliJ IDEA Ultimate Edition (version 2020.2.1)
[✓] IntelliJ IDEA Ultimate Edition (version 2020.2.1)
[✓] VS Code (version 1.59.1)
```

문제가 없으면 좋겠지만 대개는 두세 가지 문제가 보고될 겁니다. 이 책에서는 안드로이드 스튜디오만을 사용하므로 Chrome, IntelliJ IDEA, VS Code 옵션은 전혀 상관이 없습니다. **하지만 ❶ Flutter, ❷ Android toolchain은 모두 초록색 체크 박스여야 합니다(macOS라면 Xcode 옵션 역시 초록색 체크 박스여야 합니다)**. 플러터 doctor가 제공하는 방법으로 문제를 해결할 수 있습니다. 여기서는 'Android toolchain'에 생긴 두 가지 문제를 모두 해결하겠습니다.

To Do 'cmdline-tools component is missing' 문제 해결하기

Android SDK Command Line Tools가 설치되지 않아서 생기는 문제입니다. Android Studio에서 몇 번의 클릭으로 간단하게 설치할 수 있으니 다음 과정을 따라해주세요.

01 ❶ [Customize] → ❷ [All settings...]를 클릭합니다.

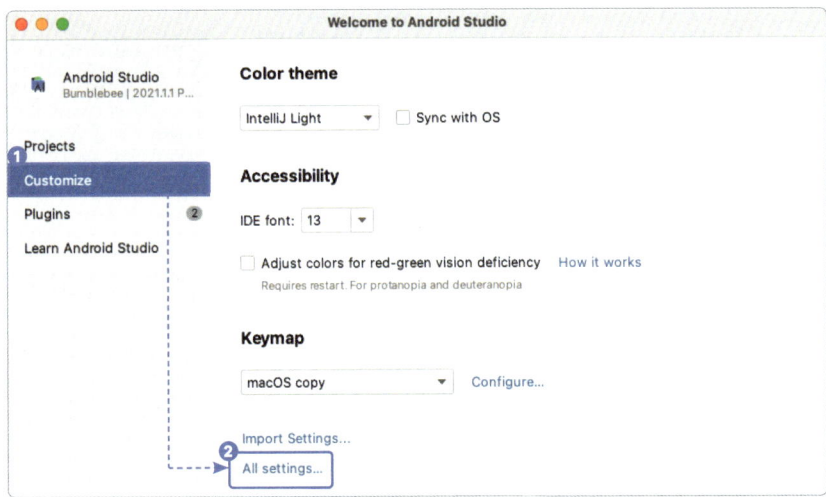

02 ❶ [Languages & Frameworks] → [Android SDK] 클릭 → ❷ [SDK Tools] 탭 클릭 → ❸ [SDK Command-line Tools(latest)] 체크 박스 선택 → ❹ [Apply] 클릭 → ❺ 팝업창에서 [OK]를 클릭해 안내에 따라 설치를 완료합니다. 설치를 마쳤으면 ❻ [OK]를 클릭해 빠져나오세요.

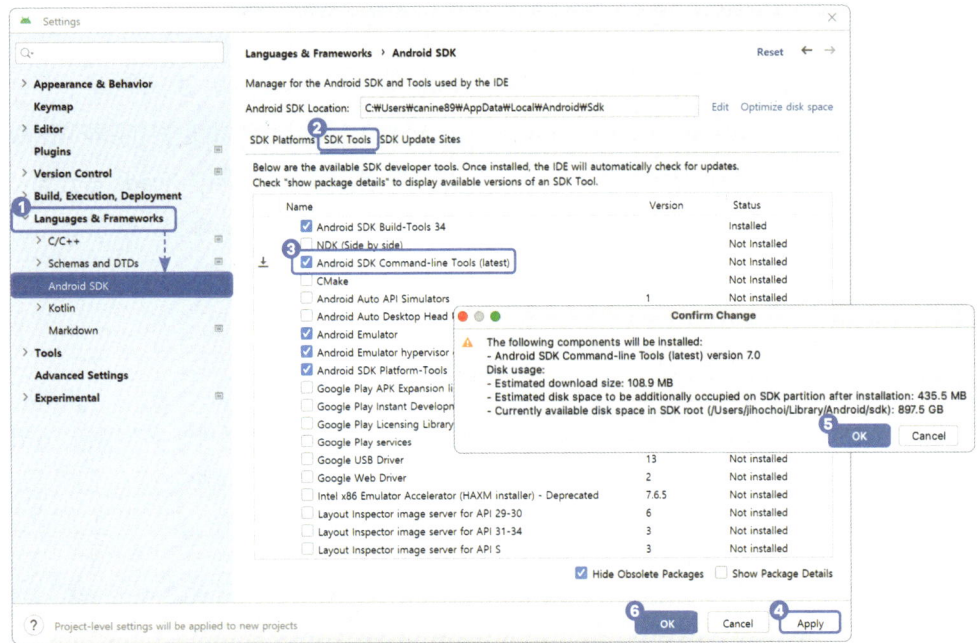

> To Do   'Android license status unknown.' 문제 해결

안드로이드 스튜디오를 사용하려면 라이선스 동의를 해야 합니다. 다음 과정을 진행해서 안드로이드 스튜디오 라이선스에 동의해주세요.

01 터미널에서 'flutter doctor --android-licenses' 명령을 실행합니다.

```
> flutter doctor --android-licenses
```

02 이후 나오는 모든 물음에 'y'를 입력하세요. 그러면 라이선스 문제가 해결됩니다.

0.6 깃허브에서 예제 코드 내려받기

이 책은 모든 예제를 깃허브에서 제공합니다. 깃허브에서 예제 코드를 내려받는 방법을 알아보겠습니다.

- **깃허브 URL** : https://github.com/codefactory-co/flutter-golden-rabbit-novice-v3
- **단축 url** : https://bit.ly/3O6eYDe

> To Do   **01** 이 책의 깃허브 원격 저장소로 이동합니다.

02 ❶ `Code ▾` → ❷ `Download ZIP` 을 클릭합니다.

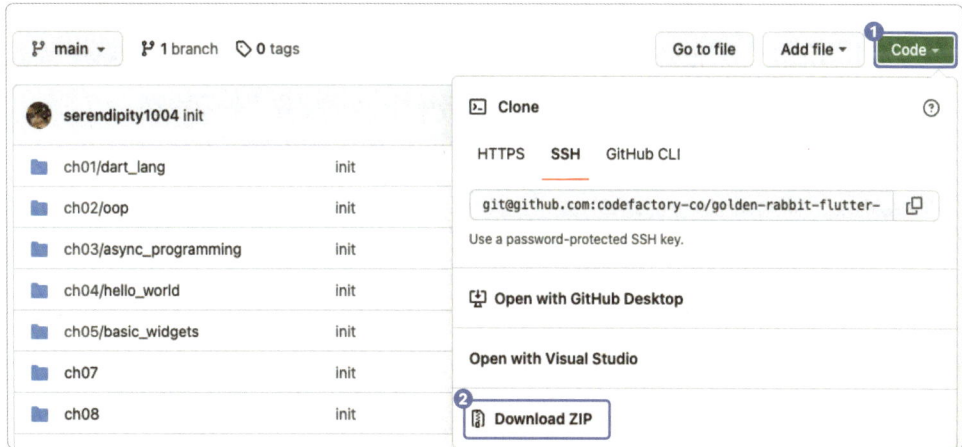

03 작업할 폴더에 내려받은 압축 파일을 풀어놓습니다.

> **Warning** 제공된 이미지 저작권 안내
>
> 유료로 구매한 이미지가 배포한 예제 코드에 포함되어 있습니다. **저는 창작물을 만들어 배포할 수 있는 권리를 구매했지만 여러분까지 가능한 것은 아닙니다. 그러니 절대로 다른 사람 또는 인터넷에 이미지를 배포하면 안 됩니다.** 저작권 위반으로 법적 문제가 생길 수 있으니 공부하는 용도 외로 이미지를 사용하지 마세요. 깃허브에 프로젝트를 업로드한다면 프라이빗 리포지토리(Private Repository)를 사용하거나 이미지를 여러분의 것으로 변경해주세요!

이로써 환경 설치 방법과 제공하는 예제 소스 다운로드 안내를 마칩니다.

0.7 깃허브에서 내려받은 예제 실행하기

ToDo **01** 샘플 예제는 장별로 폴더에 담아 제공합니다. 예를 들어 11장 폴더 안에 [random_dics] 폴더를 안드로이드 스튜디오 메뉴에서 [File → Open]에서 지정해 오픈해야 합니다.

02 이어서 ❶ [lib] → main.dart 파일을 엽니다. 그러면 소스 코드 상단에 ❷ [Get dependencies] 메뉴가 보일 겁니다. 해당 메뉴를 클릭해서 의존성을 적용해주세요.

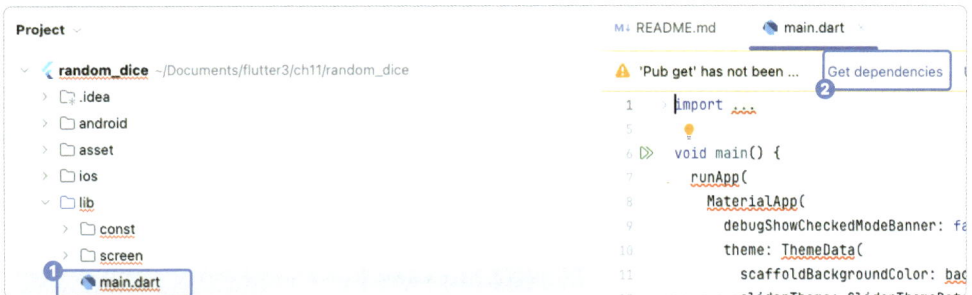

03 프로젝트에서 사용할 각종 라이브러리 버전 등 환경 설정을 하는 ❶ pubspec.yaml 파일을 열어주세요. 그러면 코드 위에 ❷ [Pub get]가 보일 겁니다. 해당 버튼을 클릭해주세요.

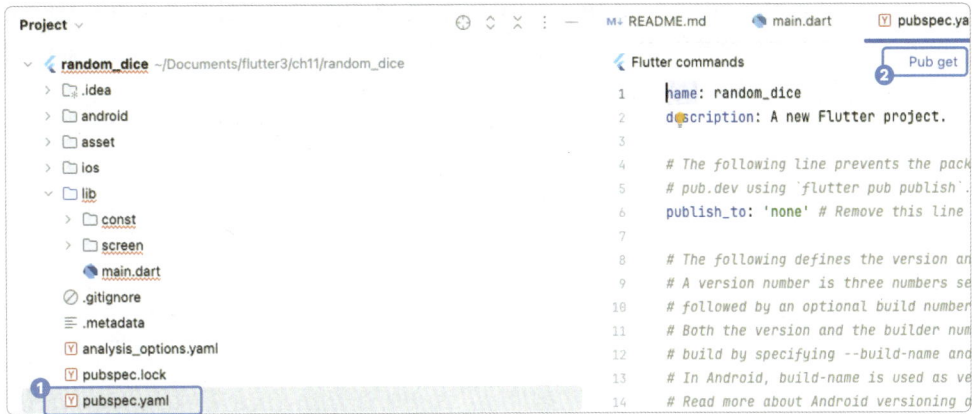

04 빌드한 후 실행될 환경을 선택해주세요.

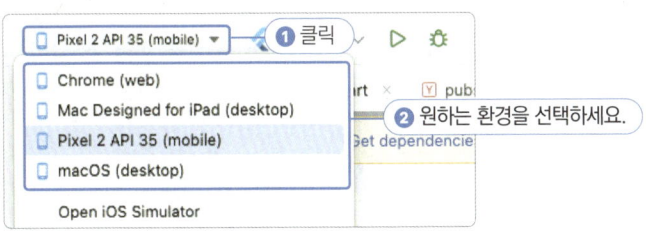

05 안드로이드 스튜디오 메인 메뉴에서 Run → Run 'main.dart' 또는 ▷ 버튼을 클릭해 빌드하고 실행합니다.

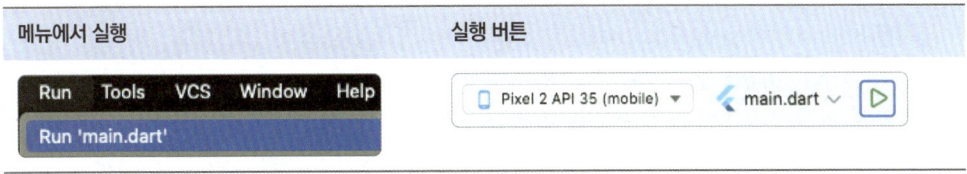

제공한 예제 코드는 윈도우와 맥OS에서 여러 사람이 교차로 모든 테스트를 완료했습니다. 실습하다가 궁금한 점이 있으시면 언제든지 제가 운영하는 카카오 단톡방 등의 채널에 문의 바랍니다.

> **NOTE** 플러터로 앱을 개발하다 보면 버전 업그레이드 등의 이슈가 발생합니다. 이책의 부록 D에 자주 만날 수 있는 빌드 이슈를 해결하는 방법을 정리해뒀습니다. 문제가 풀리지 않을 때 꼭 확인해보세요!

학습 목표

플러터는 다트(Dart) 언어를 사용합니다. 다트를 알아야 플러터로 앱 개발이 가능하므로 먼저 다트 문법을 알아봅시다. 대부분의 플러터 입문자는 별도의 책으로 다트를 공부하지 않고 플러터 서적에서 1개 장 분량으로 얕게 배웁니다. 플러터로 앱을 원활히 개발하려면 다트를 탄탄하게 아는 것이 중요합니다. 그래서 이 책은 또 다른 자료를 찾아보지 않아도 될 정도로 깊이 있게 다트를 다룹니다. 1장에서 기초 문법, 2장에서 객체지향 프로그래밍, 3장에서 비동기 프로그래밍, 4장은 다트 3.0 신규 문법을 학습합니다. 이미 다트를 안다면 1단계를 건너뛰어도 됩니다.

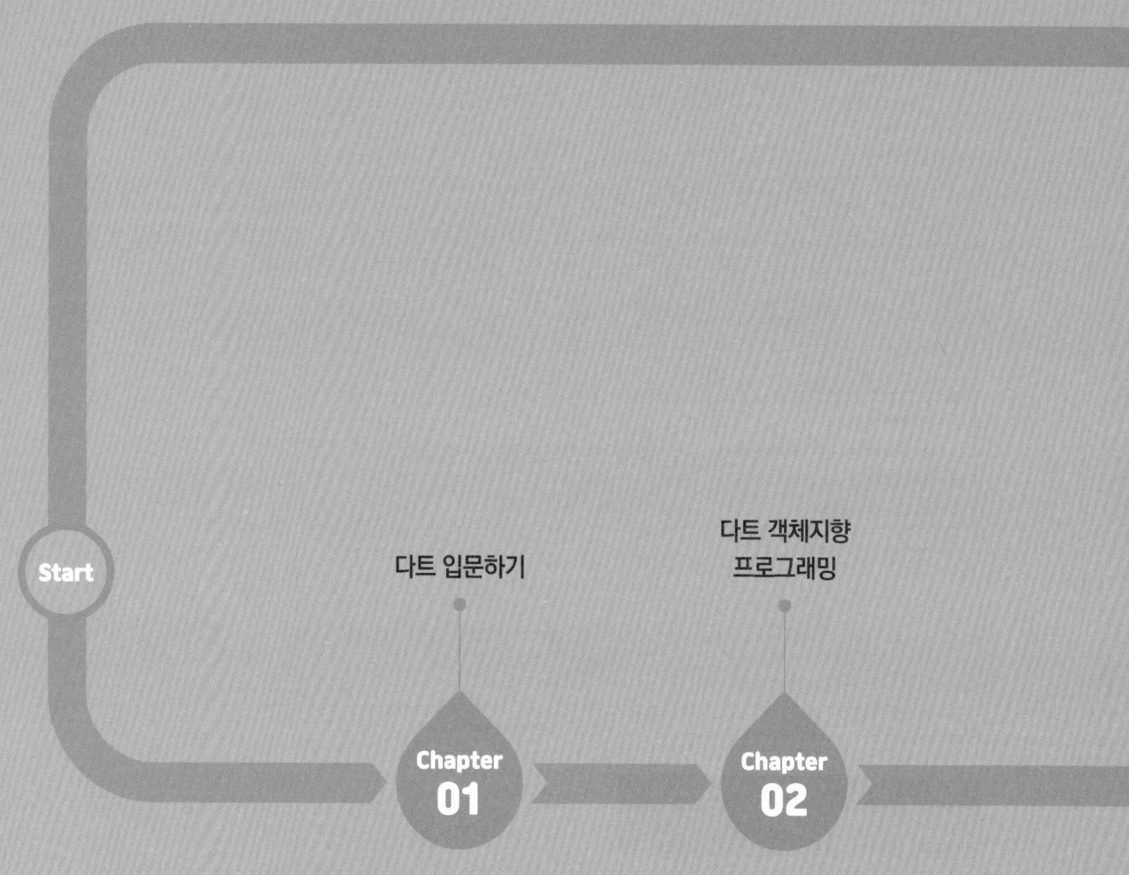

단계 1

다트 언어 마스터하기

Chapter 03 다트 비동기 프로그래밍

Chapter 04 다트 3.0 신규 문법

Finish

Chapter

01

다트 입문하기

#MUSTHAVE

□ 학습 목표

다트로 코딩하는 데 필요한 기초 지식인 변수와 상수, 컬렉션, 연산자, 제어문, 함수를 알아봅니다.

□ 학습 순서

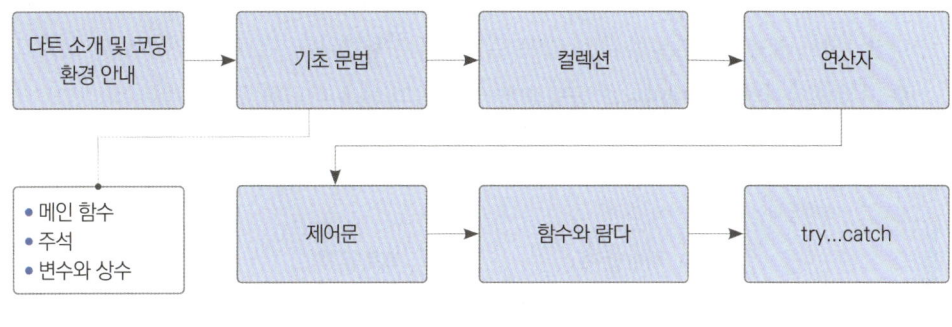

1.1 다트 소개

구글이 개발한 다트 프로그래밍 언어^{Dart programming language}는 2011년 10월 GOTO 콘퍼런스에서 공개되었습니다. 구글은 크롬에 다트 가상 머신^{Dart virtual machine}을 심어 자바스크립트를 대체하려는 시도를 했지만 웹 개발에 혼란을 가져온다는 여론을 극복하지 못하고 결국 다트 언어를 자바스크립트로 완전 컴파일 가능하게 만드는 데 그쳤습니다. 비록 웹에서 자바스크립트를 대체하겠다는 목적에는 실패했지만 현재 플러터의 인기에 힘입어 모바일 영역에서 다트 언어가 큰 각광을 받고 있습니다. 다트의 장점을 요약해두었으니 참고하기 바랍니다.

- 다트 언어는 UI^{User Interface}를 제작하는 데 최적화되어 있습니다. 완전한 비동기 언어이며 이벤트 기반입니다. 그리고 아이솔레이트^{Isolate}를 이용한 동시성 기능도 제공해줍니다.
- 널 안정성^{Null Safety}, 스프레드 기능^{Spread Operator}, 컬렉션 if문^{Collection If} 등 효율적으로 UI를 코딩할 수 있는 기능을 제공해줍니다.
- 효율적인 개발 환경을 제공해줍니다. 핫 리로드를 통해 코드의 변경 사항을 즉시 화면에 반영해볼 수 있습니다.

- 멀티 플랫폼에서 로깅 및 디버깅을 하고 실행할 수 있습니다.
- AOT 컴파일이 가능하기 때문에 어떤 플랫폼에서든 빠른 속도를 자랑합니다.
- 자바스크립트로의 완전한 컴파일을 지원합니다.
- 백엔드 프로그래밍을 지원합니다.

> **깊이보기 | 다트 언어의 컴파일 플랫폼**
>
> 다트 언어는 자바스크립트Javascript 언어로 완전한 컴파일이 가능하며 네이티브 플랫폼과 마찬가지로 효율적인 개발을 위해 증분 컴파일을 지원합니다. 다트는 모바일이나 데스크톱 기기를 타기팅하는 네이티브 플랫폼native platform과 웹을 타기팅하는 웹 플랫폼web platform으로 컴파일할 수 있습니다.
>
> ▼ 다트 언어가 컴파일되는 플랫폼[1]
>
>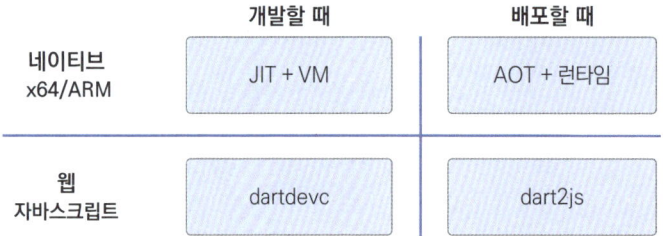
>
> 다트 네이티브 플랫폼은 JITJust In Time 컴파일 방식과 AOTAhead of Time 컴파일 방식을 사용합니다. 소프트웨어를 효율적으로 개발하려면 코드의 변경된 사항을 화면에 반영해보고 수정하는 반복적인 과정이 빠른 사이클로 진행돼야 합니다. JIT 컴파일 방식은 다트 가상 머신에서 제공하는 기능으로 코드의 변경된 사항을 처음부터 다시 컴파일할 필요 없이 즉시 화면에 반영할 수 있는 핫 리로드hot reload 기능, 실시간으로 매트릭스metrics를 확인할 수 있는 기능, 디버깅 기능을 제공합니다. 개발하는 도중에는 하드웨어 리소스를 적게 사용하는 것보다 빠르게 개발할 수 있는 효율이 중요하기 때문에 JIT 컴파일 방식을 사용합니다. 그러나 소프트웨어를 배포할 때는 목적 코드로 변환되어 있어야 더욱 리소스를 효율적으로 사용할 수 있습니다. 그래서 배포 시에는 AOT 컴파일 방식을 사용해서 컴파일합니다. AOT 컴파일 방식을 사용하면 ARM64나 x64 기계어로 다트 언어가 직접 컴파일이 되어서 매우 효율적으로 프로그램을 실행할 수 있습니다.

---

[1] 출처 : github.com/dart-lang#a-client-optimized-language-for-fast-apps-on-any-platform

1.2 문법 공부 환경 안내

환경 설정에서 설치한 안드로이드 스튜디오 또는 다른 IDE가 익숙한 분들은 IDE를 사용하면 됩니다. 그런데 다트 공부에는 다트패드dartpad 사이트가 정말 유용합니다. 두 가지 방법 모두를 소개합니다. 원하는 방법을 사용하세요.

1.2.1 다트패드에서 문법 공부하기

다트패드 홈페이지에 접속해주세요. 그러면 다음과 같은 다트 언어를 작성하는 온라인 개발 환경을 볼 수 있습니다.

- https://dartpad.dev

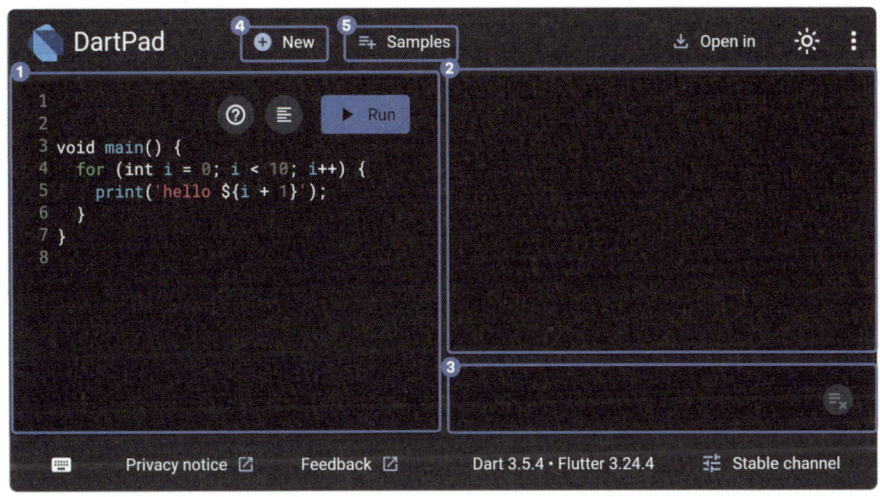

화면은 간단한 구조입니다. ❶ 코드를 작성하는 창입니다. ❷ 코드를 작성하고 실행했을 때 결과가 출력되는 화면입니다. ❸ 코드에 커서를 올렸을 때 주석이나 다큐멘테이션이 있다면 보여주는 창입니다. ❹ 코드를 정리하는 버튼입니다. ❺ 코드를 실행하는 버튼입니다.

DartPad를 사용하면 안드로이드 스튜디오 설치 없이 Dart 언어 문법을 공부할 수 있지만 이미 안드로이드 스튜디오를 설치했다면 안드로이드 스튜디오를 사용해서 문법을 공부하는 걸 추천합니다. 그래야 더 빨리 개발 환경에 익숙해질 수 있습니다.

1.2.2 안드로이드 스튜디오에서 문법 공부하기

안드로이드 스튜디오에서 다트 문법을 공부하는 방법을 알아보겠습니다.

To Do **01** 플러터 프로젝트를 생성하면 main.dart 파일에 기본 생성되는 코드를 모두 삭제한 후 다음과 같이 main() 함수만 남겨둡니다.

```dart
void main() {
  print('hello world');
}
```
lib/main.dart

02 안드로이드 스튜디오 아래에 [Terminal] 탭을 누른 후 터미널에 'dart lib/main.dart' 명령어를 실행합니다. Enter 를 누르면 "hello world"가 출력됩니다.

```
Terminal: Local × +
(base) jihochoi@Jiui-MacBookPro test_proj_3 % dart lib/main.dart
hello world
(base) jihochoi@Jiui-MacBookPro test_proj_3 %
```

다음으로 main.dart 파일에 코드를 작성한 후 'dart lib/main.dart' 명령을 사용해서 코드를 실행하면 됩니다.

1.3 기초 문법

프로그래밍하는 데 필요한 주석을 작성하는 법, 콘솔로 출력하는 법, 변수를 선언하는 법 그리고 변수의 타입을 알아보겠습니다.

1.3.1 메인 함수

다트는 프로그램 시작점인 엔트리 함수 기호로 main( )을 사용합니다. 다음과 같은 형식입니다.

```dart
void main() {

}
```

중괄호 사이에 원하는 코드를 입력하면 됩니다. void는 아무 값도 반환하지 않는다는 뜻입니다. main 뒤에 있는 괄호 ( ) 안에 입력받을 매개변수를 지정할 수 있습니다. 괄호 안이 비어 있으면 아무런 매개변수도 받지 않는다는 뜻입니다.

1.3.2 주석

주석은 프로그램을 실행했을 때 프로그램에서 코드로 인식하지 않는 부분입니다. 일반적으로 개발자끼리 소통하거나 코드에 대한 정보를 남기는 데 사용됩니다. 주석 기호로 //와 /* */와 ///를 사용합니다.

```
void main(){
  // 주석을 작성하는 첫 번째 방법은
  // 한 줄 주석입니다.

  /*
   * 여러 줄 주석 방법입니다.
   * 시작 기호는 /*이고 끝나는 기호는 */입니다.
   * 필수는 아니지만 관행상 중간 줄의 시작으로 *를 사용합니다.
   * */

  /// 슬래시 세 개를 사용하면
  /// 문서 주석을 작성할 수 있습니다.
  /// DartDoc이나 안드로이드 스튜디오 같은
  /// IDE에서 문서(Documentation)로 인식합니다.
}
```

1.3.3 print( ) 함수

print( ) 함수는 문자열을 콘솔에 출력하는 함수입니다.

```
void main(){
  // 콘솔에 출력
  print('Hello World');
}
```

1.3.4 var를 사용한 변수 선언

변수는 **var 변수명 = 값;** 형식으로 선언합니다. 변수에 값이 들어가면 자동으로 타입을 추론하는 타입 추론 기능을 제공하므로 명시적으로 타입을 선언하지 않아도 됩니다. 실제 코드가 컴파일될 때는 추론된 타입으로 var이 치환됩니다.

```
void main(){
  var name = '코드팩토리';
  print(name);

  // 변숫값 변경 가능
  name = '골든래빗';
  print(name);

  // 변수명 중복은 불가능
  // 그래서 다음 코드에서 주석을 제거하면 코드에서 에러 발생
  // var name = '김고은';
}
```

▼실행 결과
```
코드팩토리
골든래빗
```

1.3.5 dynamic을 사용한 변수 선언

var 타입은 변수의 값을 사용해서 변수의 타입을 유추하는 키워드입니다. 타입을 한 번 유추하면 추론된 타입이 고정됩니다. 따라서 고정된 변수 타입과 다른 변수 타입의 값을 같은 변수에 다시 저장하려 하면 에러가 납니다. 하지만 dynamic 키워드를 사용하면 변수의 타입이 고정되지 않아서 다른 타입의 값을 저장할 수 있습니다.

다음 코드는 정상 작동합니다. 직접 실행해서 확인해보세요.

```
void main() {
  dynamic name = '코드팩토리';
  name = 1;
}
```

1.3.6 final/const를 사용한 변수 선언

final과 const 키워드는 변수의 값을 처음 선언 후 변경할 수 없습니다.

```
void main() {
  final String name = '블랙핑크';
  name = 'BTS';    // 에러 발생. final로 선언한 변수는 선언 후 값을 변경할 수 없음

  const String name2 = 'BTS';
  name2 = '블랙핑크';  // 에러 발생. const로 선언한 변수는 선언 후 값을 변경할 수 없음
}
```

final은 런타임, const는 빌드 타임 상수입니다. 구체적인 차이점을 현재 시간을 가져오는 DateTime.now( ) 함수를 이용해 알아보겠습니다. DateTime.now( ) 함수는 DateTime.now( ) 함수가 실행되는 순간의 날짜 및 시간을 제공해줍니다. 다시 말해서 런타임, 즉 실행을 해봐야 값을 알 수 있다는 뜻입니다.

```
void main() {
  final DateTime now = DateTime.now();

  print(now);
}
```

final 키워드를 사용했으니 now값이 한 번 저장되면 추후 변경할 수 없습니다.

반면에 const를 사용하면 에러가 납니다. const로 지정한 변수는 빌드 타임에 값을 알 수 있어야 하는데 DateTime.now( ) 함수는 런타임에 반환되는 값을 알 수 있기 때문입니다.

```
void main() {
  // 에러
  const DateTime now = DateTime.now();

  print(now);
}
```

코드를 실행하지 않은 상태에서 값이 확정되면 const를, 실행될 때 확정되면 final을 사용해주세요.

1.3.7 변수 타입

모든 변수는 고유의 변수 타입을 갖고 있습니다. var 키워드를 사용하면 자동으로 변수 타입을 유추할 수 있지만 직접적으로 변수 타입을 명시해주면 코드가 더욱 직관적이어서 유지보수가 편해집니다. 직접 문자열, 정수, 실수, 불리언(true/false) 타입을 지정하는 방법을 알아보겠습니다.

```dart
void main(){
  // String - 문자열
  String name = '코드팩토리';

  // int - 정수
  int isInt = 10;

  // double - 실수
  double isDouble = 2.5;

  // bool - 불리언 (true/false)
  bool isTrue = true;
  print(name);
  print(isInt);
  print(isDouble);
  print(isTrue);
}
```

▼실행 결과
```
코드팩토리
10
2.5
true
```

1.4 컬렉션

컬렉션은 여러 값을 하나의 변수에 저장할 수 있는 타입입니다. 여러 값을 순서대로 저장하거나(List), 특정 키값을 기반으로 빠르게 값을 검색해야 하거나(Map), 중복된 데이터를 제거할 때 사용됩니다(Set). 컬렉션 타입은 서로의 타입으로 자유롭게 형변환이 가능하다는 매우 큰 장점이 있습니다. 이 장점을 이용해서 각 타입의 특징을 프로그래밍에 적극적으로 활용할 수 있습니다.

1.4.1 List 타입

리스트list 타입은 여러 값을 순서대로 나열한 변수에 저장할 때 사용됩니다. 리스트의 구성 단위를 원소라고 합니다. **리스트명[인덱스]** 형식으로 특정 원소에 접근할 수 있습니다. 인덱스는 원소의 순번이라고 생각하면 됩니다. 제일 첫 원소는 0으로 지정합니다. 따라서 마지막 원소는 '리스트 길이 - 1'로 지정해야 합니다.

```dart
void main() {
  // 리스트에 넣을 타입을 <> 사이에 명시할 수 있습니다.
  List<String> blackPinkList = ['리사', '지수', '제니', '로제'];

  print(blackPinkList);
  print(blackPinkList[0]);  // 첫 원소 지정
  print(blackPinkList[3]);  // 마지막 원소 지정

  print(blackPinkList.length);  // ❶ 길이 반환

  blackPinkList[3] = '코드팩토리';  // 3번 인덱스값 변경
  print(blackPinkList);
}
```

```
[리사, 지수, 제니, 로제]
리사
로제
4
[리사, 지수, 제니, 코드팩토리]
```

리스트 길이는 ❶ length를 가져와 확인할 수 있습니다.

List 타입에는 다트 언어에서 기본으로 제공하는 함수가 많습니다. 그중 가장 많이 사용하는 add( ), where( ), map( ), reduce( ) 함수를 알아보겠습니다.

add( ) 함수

add( ) 함수는 List에 값을 추가할 때 사용되며 추가하고 싶은 값을 매개변수에 입력하면 됩니다.

```dart
void main() {
  List<String> blackPinkList = ['리사', '지수', '제니', '로제'];
```

```
    blackPinkList.add('코드팩토리');   // 리스트의 끝에 추가

    print(blackPinkList);
}
```

▼ 실행 결과

[리사, 지수, 제니, 로제, 코드팩토리]

where( ) 함수

where( ) 함수는 List에 있는 값들을 순서대로 순회looping하면서 특정 조건에 맞는 값만 필터링하는 데 사용합니다. 매개변수에 함수를 입력해야 하며, 입력된 함수는 기존 값을 하나씩 매개변수로 입력받습니다. 각 값별로 true를 반환하면 값을 유지하고, false를 반환하면 값을 버립니다. 순회가 끝나면 유지된 값들을 기반으로 이터러블이 반환됩니다.

> **NOTE** 이터러블(Iterable)
> 이터러블은 추상 클래스(2.7 '추상')로 List나 다음으로 배울 Set 등의 컬렉션 타입들이 상속(2.3 '상속')받는 클래스입니다. 쉽게 풀어 설명하면 List와 Set 같은 컬렉션이 공통으로 사용하는 기능을 정의해둔 클래스입니다. where( )나 map( ) 등 순서가 있는 값을 반환할 때 사용합니다. 아직 클래스를 배우지 않아서 이 정의를 이해하기 어려울 수 있습니다. 클래스는 2장에서 다룹니다.

```
void main() {
  List<String> blackPinkList = ['리사', '지수', '제니', '로제'];

  final newList = blackPinkList.where(
      (name) => name == '리사' || name == '지수',   // '리사' 또는 '지수'만 유지
  );

  print(newList);
  print(newList.toList()); // Iterable을 List로 다시 변환할 때 .toList() 사용
}
```

(리사, 지수)
[리사, 지수]

map( ) 함수

map( ) 함수는 List에 있는 값들을 순서대로 순회하면서 값을 변경할 수 있습니다. 매개변수에

함수를 입력해야 하며 입력된 함수는 기존 값을 하나씩 매개변수로 입력받습니다. 반환하는 값이 현잿값을 대체하며 순회가 끝나면 Iterable이 반환됩니다.

```dart
void main() {
  List<String> blackPinkList = ['리사', '지수', '제니', '로제'];

  final newBlackPink = blackPinkList.map(
      (name) => '블랙핑크 $name',  // 리스트의 모든 값 앞에 '블랙핑크' 추가
  );
  print(newBlackPink);

  // Iterable을 List로 다시 변환하고 싶을 때 .toList() 사용
  print(newBlackPink.toList());
}
(블랙핑크 리사, 블랙핑크 지수, 블랙핑크 제니, 블랙핑크 로제)
[블랙핑크 리사, 블랙핑크 지수, 블랙핑크 제니, 블랙핑크 로제]
```

reduce() 함수

reduce( ) 함수 역시 List에 있는 값들을 순회하면서 매개변수에 입력된 함수를 실행합니다. 다만 reduce( ) 함수는 순회할 때마다 값을 쌓아가는 특징이 있습니다. 지금까지 배운 함수들은 모두 Iterable을 반환했지만 reduce( ) 함수는 List 멤버의 타입과 같은 타입을 반환합니다.

```dart
void main() {
  List<String> blackPinkList = ['리사', '지수', '제니', '로제'];

  final allMembers = blackPinkList.reduce((value, element) => value + ', ' +
    element);  // ❶ 리스트를 순회하며 값들을 더합니다.

  print(allMembers);
}
리사, 지수, 제니, 로제
```

❶ 기존 함수들과 다르게 reduce( ) 함수는 매개변수로 함수(1.7.2 '익명 함수와 람다 함수' 참조)를 입력받고 해당 함수는 매개변수 2개를 입력받습니다. 순회가 처음 시작될 때 첫 번째 매개변수(value)는 리스트의 첫 번째 값 즉, '리사'를 받게 되고 두 번째 매개변수(element)는 '지

수'를 받게 됩니다. 첫 번째 순회 이후로는 첫 번째 매개변수에 기존 순회에서 반환한 값이 첫 번째 매개변수에 입력되고 리스트에서의 다음 값이(제니) 두 번째 매개변수에 입력됩니다. 그래서 reduce( ) 함수는 리스트 내부의 값들을 점차 더해가는 기능으로 사용됩니다.

fold( ) 함수

fold( ) 함수는 reduce( ) 함수와 실행되는 논리는 똑같습니다. reduce( ) 함수는 함수가 실행되는 리스트 요소들의 타입이 같아야 하지만, fold( ) 함수는 어떠한 타입이든 반환할 수 있습니다.

```
void main() {
 List<String> blackPinkList = ['리사', '지수', '제니', '로제'];

 // ❶ reduce() 함수와 마찬가지로 각 요소를 순회하며 실행됩니다.
 final allMembers =
     blackPinkList.fold<int>(0, (value, element) => value + element.length);

 print(allMembers);
}
```

8

❶ 미리 배운 fold( ) 함수는 reduce( ) 함수의 특수한 형태라고 생각하면 됩니다. reduce( ) 함수는 리스트를 구성하는 값들의 타입과 반환되는 리스트를 구성할 값들의 타입이 완전히 같아야 합니다. 하지만 fold( ) 함수는 그런 제약이 없습니다. 그래서 첫 번째 매개변수에 시작할 값을 지정하고, 두 번째 매개변수에는 reduce( ) 함수와 똑같이 작동하는 함수를 입력합니다. 다만 첫 번째 순회 때 리스트의 첫 번째 값이 아닌 fold( ) 함수의 첫 번째 매개변수에 입력된 값이 초깃값으로 사용됩니다. 두 번째 매개변수인 (value, element) => value + element.length는 람다식으로 최초 순회 때 value에는 초깃값(여기서는 0)이 입력되고 이후에는 기존 순회의 반환값이 입력됩니다. element는 reduce( ) 함수와 마찬가지로 리스트의 다음 값이 입력됩니다. 람다 함수는 1.7.2 '익명 함수와 람다 함수'에서 추가로 다룹니다.

1.4.2 Map 타입

맵map 타입은 키key와 값value의 짝을 저장합니다. 순서대로 값을 저장하는 데 중점을 두는 리스트와 달리 맵은 키를 이용해서 원하는 값을 빠르게 찾는 데 중점을 둡니다. **Map<키 타입, 값 타입> 맵**

이름 형식으로 생성합니다.

```
void main() {
  Map<String, String> dictionary = {
    'Harry Potter': '해리 포터',          // 키 : 값
    'Ron Weasley': '론 위즐리',
    'Hermione Granger': '헤르미온느 그레인저',
  };
  print(dictionary['Harry Potter']);
  print(dictionary['Hermione Granger']);
}
```

▼실행 결과
```
해리 포터
헤르미온느 그레인저
```

키와 값 반환받기

모든 Map 타입은 키와 값을 모두 반환받을 수 있습니다. 값을 반환받고 싶은 Map 타입의 변수에 key와 value 게터를 실행하면 됩니다. 게터와 세터는 2.2.4 '게터 / 세터'에서 알아봅니다.

```
void main() {
  Map<String, String> dictionary = {
    'Harry Potter': '해리 포터',
    'Ron Weasley': '론 위즐리',
    'Hermione Granger': '헤르미온느 그레인저',
  };

  print(dictionary.keys);
  // Iterable이 반환되기 때문에 .toList()를 실행해서 List를 반환받을 수도 있음
  print(dictionary.values);
}
```

```
(Harry Potter, Ron Weasley, Hermione Granger)
(해리 포터, 론 위즐리, 헤르미온느 그레인저)
```

1.4.3 Set 타입

맵이 키와 값의 조합이라면 셋set은 중복 없는 값들의 집합입니다. **Set<타입> 세트이름** 형식으로 생성합니다. 중복을 방지하므로 유일한 값들만 존재하는 걸 보장합니다.

```dart
void main() {
  Set<String> blackPink = {'로제', '지수', '리사', '제니', '제니'}; // ❶ 제니 중복
  
  print(blackPink);
  print(blackPink.contains('로제'));  // ❷ 값이 있는지 확인하기
  print(blackPink.toList());          // ❸ 리스트로 변환하기
  
  List<String> blackPink2 = ['로제', '지수', '지수'];
  print(Set.from(blackPink2));   // ❹ List 타입을 Set 타입으로 변환
}
```

```
{로제, 지수, 리사, 제니}
true
[로제, 지수, 리사, 제니]
{로제, 지수}
```

Set는 절대로 중복값을 허용하지 않기 때문에 각 값의 유일unique함을 보장받을 수 있습니다. ❶에서 '제니'가 두 번 입력됐지만, 출력은 한 번뿐입니다. ❷ 추가적으로 contains( ) 함수로 값이 있는지 없는지 확인할 수 있습니다. 원한다면 Set 타입을 ❸ List 타입으로 변환하거나 ❹ List를 Set 타입으로 변환할 수 있습니다.

컬렉션 타입은 타입 그 자체로도 다채로운 자료 형태를 표현할 수 있습니다. 하지만 컬렉션 타입의 진정한 장점은 서로의 타입으로 형변환을 하며 나타납니다. 예를 들면 Set 타입에 .toList( ) 함수를 실행하면 기존 존재하던 데이터를 유지한 채로 Set 타입을 List 타입으로 변환할 수 있습니다. 그리고 Map 타입의 키와 값을 따로 리스트로 받아보고 싶다면 .keys.toList( )와 .values.toList( ) 함수를 사용할 수 있습니다. 마지막으로 Set.from( )을 사용하면 어떤 리스트든 Set 타입으로 변환할 수 있습니다. 물론 Set 타입의 특성대로 중복값은 제거됩니다.

1.4.4 enum

enum은 한 변수의 값을 몇 가지 옵션으로 제한하는 기능입니다. 선택지가 제한적일 때 사용합니다. String으로 완전 대체할 수 있지만 enum은 기본적으로 자동 완성이 지원되고 정확히 어떤 선택지가 존재하는지 정의해둘 수 있기 때문에 유용합니다.

```
enum Status {
 approved,
 pending,
 rejected,
}

void main() {
 Status status = Status.approved;
 print(status);   // Status.approved
}
```

▼ 실행 결과
```
Status.approved
```

1.5 연산자

연산자로는 수치 연산자, null값 입력 관련 연산자, 값 비교 연산자, 타입 비교 연산자, 논리 연산자가 있습니다.

1.5.1 기본 수치 연산자

다트 언어에서는 일반적으로 다른 언어에서도 사용하는 기본 산수 기능을 제공해줍니다.

```
void main() {
 double number = 2;

 print(number + 2); // 4 출력
 print(number - 2); // 0 출력
 print(number * 2); // 4 출력
 print(number / 2); // 1 출력. 나눈 몫
 print(number % 3); // 2 출력. 나눈 나머지

 // 단항 연산도 됩니다.
 number++; // 3
 number--; // 2
 number += 2; // 4
 number -= 2; // 0
 number *= 2; // 4
```

▼ 실행 결과
```
4.0
0.0
4.0
1.0
2.0
```

```
  number /= 2; // 1
}
```

다트패드로 실습하면 소수점이 없는 정수로 출력됩니다.

1.5.2 null 관련 연산자

null은 아무 값도 없음을 뜻합니다. 0과는 다릅니다(0은 0이라는 값을 가지는 겁니다). 다트 언어에서는 변수 타입이 null값을 가지는지 여부를 직접 지정해줘야 합니다. 타입 키워드를 그대로 사용하면 기본적으로 null값이 저장될 수 없습니다. 타입 뒤에 '?'를 추가해줘야 null값이 저장될 수 있습니다.

```
void main() {
  // 타입 뒤에 ?를 명시해서 null값을 가질 수 있습니다.
  double? number1 = 1;

  // 타입 뒤에 ?를 명시하지 않아 에러가 납니다.
  double number2 = null;
}
```

타입 뒤에 ?를 추가해주면 null값이 저장될 수 있습니다. null을 가질 수 있는 변수에 새로운 값을 추가할 때 ??를 사용하면 기존에 null인 때만 값이 저장되도록 할 수도 있습니다.

```
void main() {
  double? number; // 자동으로 null값 지정
  print(number);

  number ??= 3;    // ??를 사용하면 기존 값이 null일 때만 저장됩니다.
  print(number);

  number ??= 4;    // null이 아니므로 3이 유지됩니다.
  print(number);
}
```

▼실행 결과
```
null
3.0
3.0
```

역시나 다트패드로 실습하면 소수점이 없는 정수로 출력됩니다.

1.5.3 값 비교 연산자

정수 크기를 비교하는 연산자를 확인해봅시다.

```dart
void main() {
  int number1 = 1;
  int number2 = 2;

  print(number1 > number2); // false
  print(number1 < number2); // true
  print(number1 >= number2); // false
  print(number1 <= number2); // true
  print(number1 == number2); // false
  print(number1 != number2); // true
}
```

1.5.4 타입 비교 연산자

is 키워드를 사용하면 변수의 타입을 비교할 수 있습니다.

```dart
void main() {
  int number1 = 1;

  print(number1 is int);      // true
  print(number1 is String);   // false
  print(number1 is! int);     // false. !는 반대를 의미합니다(int 타입이 아닌 경우 true).
  print(number1 is! String);  // true
}
```

1.5.5 논리 연산자

and와 or을 의미하는 연산자도 사용해봅시다.

```dart
void main() {
  bool result = 12 > 10 && 1 > 0; // 12가 10보다 크고 1이 0보다 클 때
  print(result); // true
```

```
  bool result2 = 12 > 10 && 0 > 1; // 12가 10보다 크고 0이 1보다 클 때
  print(result2); // false

  bool result3 = 12 > 10 || 1 > 0; // 12가 10보다 크거나 1이 0보다 클 때
  print(result3); // true

  bool result4 = 12 > 10 || 0 > 1; // 12가 10보다 크거나 0이 1보다 클 때
  print(result4); // true

  bool result5 = 12 < 10 || 0 > 1; // 12가 10보다 작거나 0이 1보다 클 때
  print(result5); // false
}
```

1.6 제어문

제어문으로는 if문, switch문, for문, while문을 제공합니다.

1.6.1 if문

if문은 원하는 조건을 기준으로 다른 코드를 실행하고 싶을 때 사용됩니다. if문, else if문, else 문의 순서대로 괄호 안에 작성한 조건이 true이면 해당 조건의 코드 블록이 실행이 됩니다.

```
void main() {
  int number = 2;

  if (number % 3 == 0) {
    print('3의 배수입니다.');
  } else if (number % 3 == 1) {
    print('나머지가 1입니다.');
  } else {
    // 조건에 맞지 않기 때문에 다음 코드 실행
    print('맞는 조건이 없습니다.');
  }
}
```

▼ 실행 결과

```
맞는 조건이 없습니다.
```

1.6.2 switch문

입력된 상수값에 따라 알맞은 case 블록을 수행합니다. break 키워드를 사용하면 switch문 밖으로 나갈 수 있습니다. case 끝에 break 키워드를 사용하는 걸 잊지 마세요(빼먹으면 컴파일 중에 에러가 납니다). enum과 함께 사용하면 유용합니다.

```dart
enum Status {
  approved,
  pending,
  rejected,
}

void main() {
  Status status = Status.approved;

  switch (status) {
    case Status.approved:
      // approved값이기 때문에 다음 코드가 실행됩니다.
      print('승인 상태입니다.');
      break;
    case Status.pending:
      print('대기 상태입니다.');
      
      break;
    case Status.rejected:
      print('거절 상태입니다.');
      break;
    default:
      print('알 수 없는 상태입니다.');
  }

  // Enum의 모든 수를
  // 리스트로 반환합니다.
  print(Status.values);
}
```

▼ 실행 결과
```
승인 상태입니다.
[Status.approved, Status.pending, Status.rejected]
```

1.6.3 for문

for문은 작업을 여러 번 반복해서 실행할 때 사용합니다.

```dart
void main() {
  // 값 선언; 조건 설정; loop 마다 실행할 기능
  for (int i = 0; i < 3; i++) {
    print(i);
  }
}
```

▼ 실행 결과
```
0
1
2
```

다트 언어에서는 for...in 패턴의 for문도 제공해줍니다. 일반적으로 List의 모든 값을 순회하고 싶을 때 사용됩니다. 다음 예제 코드를 통해 알아봅시다.

```dart
void main() {

  List<int> numberList = [3, 6, 9];

  for (int number in numberList) {
    print(number);
  }
}
```

▼ 실행 결과
```
3
6
9
```

1.6.4 while문과 do...while문

while문과 do...while문은 for문과 마찬가지로 반복적인 작업을 실행할 때 사용됩니다. 미리 알아본 for문은 횟수 기반으로 함수를 반복적으로 실행합니다. 예를 들어 특정 리스트 길이나 지정한 숫자 이하의 횟수만 반복하도록 코드를 작성합니다. while문은 조건을 기반으로 반복문을 실행합니다. 조건이 true이면 계속 실행하고 false이면 멈추게 됩니다.

while문 먼저 알아보겠습니다.

```dart
void main() {
  int total = 0;

  while(total < 10) {  // total값이 10보다 작으면 계속 실행
```

```
    total += 1;
  }

  print(total);
}
```

▼ 실행 결과
```
10
```

do...while은 특수한 형태의 while문입니다. while문은 조건을 먼저 확인한 후 true가 반환되면 반복문을 실행하지만 do...while은 반복문을 실행한 후 조건을 확인합니다.

```
void main() {
  int total = 0;

  do {
    total += 1;
  } while(total < 10);

  print(total);
}
```

▼ 실행 결과
```
10
```

1.7 함수와 람다

일반적인 함수 관련 특징을 알아보고 나서, 이름이 없는 익명 함수와 람다 함수를 알아봅니다. 마지막으로 typedef와 함수가 어떻게 다른지도 살펴보겠습니다.

1.7.1 함수의 일반적인 특징

함수를 사용하면 한 번만 작성하고 여러 곳에서 재활용할 수 있습니다. 반환할 값이 없을 때는 void 키워드를 사용합니다.

```
int addTwoNumbers(int a, int b) {
  return a + b;
}

void main() {
  print(addTwoNumbers(1, 2));
}
```

▼ 실행 결과
```
3
```

다트 함수에서 매개변수를 지정하는 방법으로 순서가 고정된 매개변수positional parameter(포지셔널 파라미터, 위치 매개변수라고도 합니다)와 이름이 있는 매개변수named parameter(네임드 파라미터, 명명된 매개변수라고도 합니다)가 있습니다. 포지셔널 파라미터는 입력된 순서대로 매개변수에 값이 지정됩니다. 예를 들어 위 코드에서 int a가 int b보다 먼저 선언됐기 때문에 함수를 실행할 때도 1, 2 순서대로 a와 b에 입력됩니다. 두 번째 이름을 덧붙이는 매개변수는 순서와 관계없이 지정하고 싶은 매개변수의 이름을 이용해 값을 입력할 수 있습니다. 키와 값 형태로 매개변수를 입력하면 되므로 입력 순서는 중요하지 않습니다.

네임드 파라미터를 지정하려면 중괄호 { }와 required 키워드를 사용해야 합니다. addTwoNumbers( ) 함수를 네임드 파라미터 방식으로 변환하겠습니다.

```dart
int addTwoNumbers({
  required int a,
  required int b,
}) {
  return a + b;
}

void main() {
  print(addTwoNumbers(a: 1, b: 2));
}
```

▼실행 결과
```
3
```

여기서 required 키워드는 매개변수가 null값이 불가능한 타입이면 기본값을 지정해주거나 필수로 입력해야 한다는 의미입니다.

기본값을 갖는 포지셔널 파라미터를 지정하겠습니다. [ ] 기호를 사용하면 됩니다.

```dart
int addTwoNumbers(int a, [int b = 2]) {
  return a + b;
}
void main() {
  print(addTwoNumbers(1));
}
```

▼실행 결과
```
3
```

입력값이 하나뿐이라서 두 번째 매개변수에 기본값 2를 적용해 계산한 결과를 반환했습니다.

이번에는 네임드 파라미터에 기본값을 적용하겠습니다. required 키워드를 생략해주고 등호 다음에 원하는 기본값을 입력해주면 됩니다.

```dart
int addTwoNumbers({
  required int a,
  int b = 2,
}) {
  return a + b;
}

void main() {
  print(addTwoNumbers(a: 1));
}
```

▼실행 결과
```
3
```

포지셔널 파라미터와 네임드 파라미터를 섞어서 사용할 수도 있습니다. 섞어 쓸 때는 포지셔널 파라미터가 네임드 파라미터보다 반드시 먼저 위치해야 합니다.

```dart
int addTwoNumbers(
  int a, {
  required int b,
  int c = 4,
}) {
  return a + b + c;
}

void main() {
  print(addTwoNumbers(1, b: 3, c: 7));
}
```

▼실행 결과
```
11
```

1.7.2 익명 함수와 람다 함수

익명 함수^{anonymous function}와 람다 함수는 둘 다 함수 이름이 없습니다. 이 둘은 함수 이름이 없고 일회성으로 사용된다는 공통점이 있습니다. 통상적으로 많은 언어에서 익명 함수와 람다 함수를 구분하지만 다트에서는 구분하지 않습니다. 여기서 설명은 편의를 고려해 '기본적인 익명 함수'와 '람다식^{lambda expression}을 사용하는 익명 함수'로 나누어 설명합니다.

▼ 익명 함수와 람다 함수 표현 방식

익명 함수	람다 함수

(매개변수) {
    함수 바디
}
	(매개변수) => 단 하나의 스테이트먼트

익명 함수에서 { }를 빼고 => 기호를 추가한 것이 람다 함수입니다. 매개변수는 아예 없거나 하나 이상이어도 됩니다. 익명 함수와 달리 코드 블록을 묶는 { }가 없는 람다는 함수 로직을 수행하는 스테이트먼트가 딱 하나이어야 합니다(한 줄이 아닙니다. 명령 단위가 하나여야 합니다). 람다 함수는 이름을 정하고 미리 선언할 필요가 없어서 글로벌 스코프^{global scope}로 다룰 필요가 없습니다. 더 나아가 하나의 스테이트먼트만 다루기 때문에 적절히 사용하면 간결하게 코드를 작성할 수 있으며 (실행하는 위치에 로직 코드가 있기 때문에) 가독성이 높습니다. 그렇기 때문에 콜백 함수나 리스트의 map( ), reduce( ), fold( ) 함수 등에서 일회성이 높은 로직을 작성할 때 주로 사용합니다.

reduce( ) 함수를 이용해서 리스트의 모든 값을 더하는 익명 함수와 람다 함수를 작성해보겠습니다.

익명 함수

```
void main() {
 List<int> numbers = [1, 2, 3, 4, 5];

 // 일반 함수로 모든 값 더하기
 final allMembers = numbers.reduce((value, element) {
   return value + element;
 });

 print(allMembers);
}
```

람다 함수

```
void main() {
 List<int> numbers = [1, 2, 3, 4, 5];

 // 람다 함수로 모든 값 더하기
 final allMembers = numbers.reduce((value, element) => value + element);

 print(allMembers);
}
```

출력값은 둘 다 15입니다.

1.7.3 typedef와 함수

typedef 키워드는 함수의 시그니처를 정의하는 값으로 보면 됩니다. 여기서 시그니처는 반환값 타입, 매개변수 개수와 타입 등을 말합니다. 즉 함수 선언부를 정의하는 키워드입니다. 함수가 무슨 동작을 하는지에 대한 정의는 없습니다.

```dart
typedef Operation = void Function(int x, int y);
```

함수를 선언하기는 했지만 무얼하는지 동작이 없습니다. 그럼 이 함수를 어떻게 사용할까요? 시그니처에 맞춘 함수를 만들어서 사용하면 됩니다.

```dart
typedef Operation = void Function(int x, int y);

void add(int x, int y) {
  print('결괏값 : ${x + y}');
}

void subtract(int x, int y) {
  print('결괏값 : ${x - y}');
}

void main() {
  // typedef는 일반적인 변수의 type처럼 사용 가능
  Operation oper = add;
  oper(1, 2);

  // subtract() 함수도 Operation에 해당되는
  // 시그니처이므로 oper 변수에 저장 가능
  oper = subtract;
  oper(1, 2);
}
```

▼ 실행 결과
```
결괏값 : 3
결괏값 : -1
```

다트에서 함수는 일급 객체first-class citizen이므로 함수를 값처럼 사용할 수 있습니다(퍼스트 클래스 시티즌, 일급 시민이라고도 합니다). 그래서 플러터에서는 typedef으로 선언한 함수를 다음과 같

이 매개변수로 넣어 사용합니다.

```dart
typedef Operation = void Function(int x, int y);

void add(int x, int y) {
  print('결괏값 : ${x + y}');
}

void calculate(int x, int y, Operation oper) {
  oper(x, y);
}

void main() {
  calculate(1, 2, add);
}
```

▼ 실행 결과

결괏값 : 3

calculate( ) 함수의 3번째 매개변수로 add( ) 함수를 입력했습니다.

1.8 try...catch

try...catch문의 목적은 특정 코드의 실행을 시도(try)해보고 문제가 있다면 에러를 잡으라 (catch)는 뜻입니다. try...catch문은 try와 catch 사이의 괄호에 에러가 없을 때 실행할 로직을 작성하고 catch가 감싸는 괄호에 에러가 났을 때 실행할 로직을 작성하면 됩니다. 만약에 try 로 직에서 에러가 나면 이후의 로직은 실행되지 않고 바로 catch 로직으로 넘어갑니다.

```dart
void main() {
  try{

    // 에러가 없을 때 실행할 로직
    final String name = '코드팩토리';

    print(name);   // ❶ 에러가 없으니 출력됨
  }catch(e){       // catch는 첫 번째 매개변수에 에러 정보를 전달해줍니다.

    // 에러가 있을 때 실행할 로직
    print(e);
```

▼ 실행 결과

코드팩토리

```
  }
}
```

try 로직에서 에러가 나지 않았으니 catch문이 실행되지 않고 '코드팩토리'가 출력됩니다.

다트 언어에서는 throw 키워드를 사용해 에러를 발생시킬 수 있습니다. 위와 같은 예제에서 throw 키워드를 사용해서 에러를 발생시켜보겠습니다.

```
void main() {
  try{
    final String name = '코드팩토리';

    // ❶ throw 키워드로 고의적으로 에러를 발생시킵니다.
    throw Exception('이름이 잘못됐습니다!');

    print(name);
  }catch(e){

    // ❷ try에서 에러가 발생했으니 catch 로직이 실행됩니다.
    print(e);
  }
}
```

▼ 실행 결과
```
Exception: 이름이 잘못됐습니다!
```

❶ throw 키워드를 사용해서 에러를 발생시키니 try에 있는 로직 실행이 중지되고 catch 로직이 실행됐습니다. 그래서 name 변숫값은 출력되지 않고 ❷ 발생한 에러 메시지가 출력되었습니다.

학습 마무리

다트 언어의 기초 문법을 배웠습니다. 기본적인 변수 선언 방법부터 다양한 컬렉션 타입 그리고 함수 선언 방법과 제어문을 활용하는 방법을 배웠습니다. 지금까지 배운 지식을 기반으로 2장 '다트 객체지향 프로그래밍'과 3장 '다트 비동기 프로그래밍'에서 조금 더 고도화된 다트 코드를 작성하는 방법을 배우게 됩니다. 다트 언어를 정확히 이해하지 못했다면 플러터를 학습하는 데 어려움이 생길 수 있으므로 이해가 되지 않는 부분이 있다면 꼭 반복해서 학습해보세요!

핵심 요약

1 **JIT**^{Just in Time}은 변경된 코드만 컴파일하는 방식입니다. 핫 리로드 기능은 변경된 내용을 UI에 뿌려줍니다. 컴파일 시간을 단축시켜주므로 개발할 때 유용합니다. 반면 **AOT**^{Ahead of Time} 컴파일은 시스템에 최적화해 컴파일하는 방식으로 런타임 성능을 개선하고, 저장 공간을 절약하고, 설치와 업데이트 시간을 단축시켜줍니다. 배포할 때 적합한 방식입니다.

2 다트 언어가 자동으로 타입을 유추하는 변수를 선언할 때는 **var 키워드**를 사용합니다.

3 다트의 기본 타입에는 **String**(문자열), **int**(정수), **double**(실수), **bool**(불리언, true/false)이 있습니다.

4 **dynamic 키워드**는 어떤 타입이든 저장할 수 있는 변수를 선언할 때 사용합니다.

5 다트 언어의 대표적인 **컬렉션 타입**은 List, Map, Set입니다.
   - **List**는 여러 값을 순서대로 저장하는 컬렉션입니다.
   - **Map**은 키와 값을 짝을 지어 저장하는 컬렉션입니다.
   - **Set**는 중복되는 값이 존재하지 않는 컬렉션입니다.

6 **if문**과 **switch문**을 사용해서 조건문을 실행할 수 있습니다.
   - **if문**은 다양한 조건을 계산할 때 유용합니다.
   - **switch문**은 한 조건의 다양한 결괏값이 있을 때 유용합니다.

7 **for문**, **while문** 그리고 **do...while문**을 사용해서 반복문을 실행할 수 있습니다.
   - **for문**은 횟수 기반의 반복문을 실행할 때 유용합니다.
   - **while문**과 **do...while문**은 조건 기반의 반복문을 실행할 때 유용합니다. while문은 조건문을 실행한 후 반복문을 실행하지만 do...while문은 반복문을 실행한 후 조건문을 실행합니다.

7 **함수**는 반환값, 매개변수, 실행문으로 이루어져 있습니다.

8 **익명 함수**와 **람다 함수** 모두 함수 이름이 없으며 일회성으로 쓸 때 사용합니다.

익명 함수	람다 함수

(매개변수) {
    함수 본문
}
	(매개변수) => 단 하나의 문^{statement}

9 **typedef**는 함수의 시그니처인 함수의 선언부만 정의할 수 있습니다.

Chapter 02

다트 객체지향 프로그래밍

#MUSTHAVE

□ 학습 목표

다트 언어는 높은 완성도로 객체지향 프로그래밍을 지원합니다. 플러터 역시 객체지향 프로그래 밍 object-oriented programming, OOP 중심으로 설계된 프레임워크입니다. 따라서 객체지향 프로그래밍을 알면 좋은 코드를 작성하는 데 유리합니다. 이번 장에서는 객체지향 프로그래밍의 기초부터 강력하고 유용한 기능까지 알아보겠습니다.

□ 학습 순서

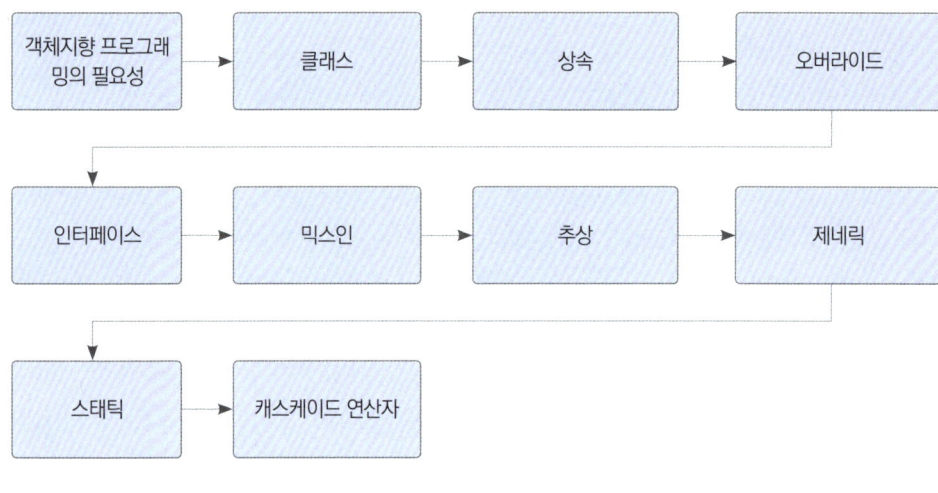

2.1 객체지향 프로그래밍의 필요성

객체지향 프로그래밍은 왜 필요할까요? 수천 줄에서 수만 줄의 코드를 작성할 때 모든 코드를 main( ) 함수에서 작성하면 코드 정리가 안 돼 유지보수 및 협업에 상당히 큰 장애물이 됩니다. 객체지향 프로그래밍을 하면 변수와 메서드를 특정 클래스에 종속되게 코딩할 수 있습니다. 클래스를 사용해서 서로 밀접한 관계가 있는 함수와 변수를 묶어두면 코드 관리가 용이하기 때문에 객체지향 프로그래밍은 현대 프로그래밍에서 상당히 중요한 부분을 차지합니다.

지금까지 배운 다트 언어의 지식으로는 제니와 로제라는 아이돌 멤버의 나이를 구하려면 Map을 이용해야 합니다. 각각 이름이라는 키를 사용해서 나이를 구할 수 있습니다. 하지만 Map을 사용하면 단순히 값을 저장하는 것 외에 추가적인 편의기능을 구현할 수 없습니다. 클래스를 사용하면 바로 이런 문제를 해결할 수 있습니다. 클래스를 만들어 사용하면 필요한 값들만 입력하도록 제한하고 클래스에 특화된 함수들을 선언할 수 있습니다.

클래스는 일종의 설계도로서 데이터가 보유할 속성과 기능을 정의하는 자료구조입니다. 아파트를 지을 수 있는 설계도가 있다고 해서 아파트가 생겨나지 않습니다. 설계도를 기반으로 실제로 아파트를 지어야 실물 아파트가 생깁니다. 아파트 설계도와 실물 아파트의 관계가 클래스와 인스턴스의 관계입니다. 클래스를 설계도, 인스턴스화를 실물 아파트라고 생각하면 됩니다. 인스턴스화되어야 실제 사용할 수 있는 데이터가 생성됩니다.

> **인스턴스(instance)**
> 클래스를 이용해서 객체를 선언하면 해당 객체를 클래스의 인스턴스라고 부릅니다.

> **인스턴스화(instantiation)**
> 클래스에서 인스턴스(객체)를 생성하는 과정을 말합니다.

▼ 클래스와 인스턴스의 관계

2.2 객체지향 프로그래밍의 시작, 클래스

객체지향 프로그래밍의 기본은 클래스^{class}로부터 시작됩니다. 클래스를 정의하는 예제 코드를 살펴보겠습니다.

```dart
// class 키워드를 입력 후 클래스명을 지정해 클래스를 선언합니다.
class Idol {
  // ❶ 클래스에 종속되는 변수를 지정할 수 있습니다.
  String name = '블랙핑크';

  // ❷ 클래스에 종속되는 함수를 지정할 수 있습니다.
  // 클래스에 종속되는 함수를 메서드라고 부릅니다.
  void sayName() {

    // ❸ 클래스 내부의 속성을 지칭하고 싶을 때는 this 키워드를 사용하면 됩니다.
    // 결과적으로 this.name은 Idol 클래스의 name 변수를 지칭합니다.
    print('저는 ${this.name}입니다.');
    // ❹ 스코프 안에 같은 속성 이름이 하나만 존재한다면 this를 생략할 수 있습니다.
    print('저는 $name입니다.');
  }
}
```

Idol 클래스를 정의했습니다. Idol 클래스 안에 ❶ 종속된 변수로는 name이, ❷ 함수로는 sayName( )이 있습니다. 클래스에 종속된 변수를 멤버 변수, 종속된 함수를 메서드라고 부릅니다. ❸ 클래스 내부 속성을 지칭하는 데 this 키워드를 사용합니다. 예를 들어 name을 this.name처럼 지칭할 수 있습니다. ❹ this 키워드는 현재 클래스를 의미합니다. 만약에 같은 이름의 속성이 하나만 존재한다면 this를 생략할 수 있습니다. 하지만 만약에 sayName( ) 함수에 name이라는 변수가 존재한다면 ❸처럼 this 키워드를 꼭 사용해야 합니다.

> **this 키워드**
> 클래스에 종속되어 있는 값을 지칭할 때 사용됩니다. 함수 내부에 같은 이름의 변수가 없으면 this 키워드를 생략할 수 있습니다.

> **NOTE** 함수는 메서드를 포함하는 더 큰 개념입니다. 클래스에 정의된 함수인 메서드는 클래스의 기능을 정의한 함수입니다. 이 책은 꼭 메서드로 설명해야 할 때가 아니면 함수로 통칭합니다.

클래스를 만들었으니 사용하겠습니다.

```
void main() {
  // 변수 타입을 Idol로 지정하고
  // Idol의 인스턴스를 생성할 수 있습니다.
  // 인스턴스를 생성할 때는 함수를 실행하는 것처럼
  // 인스턴스화하고 싶은 클래스에 괄호를 열고 닫아줍니다.
  Idol blackPink = Idol();   // ❶ Idol 인스턴스 생성

  // 메서드를 실행합니다.
  blackPink.sayName();
}
```

▼ 실행 결과
```
저는 블랙핑크입니다.   // this를 사용한 출력
저는 블랙핑크입니다.   // this를 사용 안 한 출력
```

❶ 변수 타입을 Idol로 지정해 Idol의 인스턴스를 생성합니다. 인스턴스를 생성할 때는 함수를 실행하는 것처럼 인스턴스화하고 싶은 클래스명 뒤에 ( )를 붙여주면 됩니다.

2.2.1 생성자

생성자^{constructor}는 클래스의 인스턴스를 생성하는 메서드입니다. 생성자를 사용해서 앞의 예제의 활용도를 높일 수 있습니다. name 변수의 값을 외부에서 입력할 수 있게 변경하겠습니다.

```
class Idol {
  // ❶ 생성자에서 입력받는 변수들은 일반적으로 final 키워드 사용
  final String name;

  // ❷ 생성자 선언
  // 클래스와 같은 이름이어야 합니다.
  // 함수의 매개변수를 선언하는 것처럼 매개변수를 지정해줍니다.
  Idol(String name) : this.name = name;

  void sayName() {
    print('저는 ${this.name}입니다.');
  }
}
```

❶ 생성자에서 입력받을 변수를 일반적으로 final로 선언합니다. 인스턴스화한 다음에 혹시라도 변수의 값을 변경하는 실수를 막기 위함입니다. ❷ 클래스 생성자 코드입니다. 클래스와 같은 이름을 사용해야 합니다. 이름 뒤에 ( )를 붙이고 원하는 매개변수를 지정해줍니다. 후에 배울 네임

드 파라미터 및 옵셔널 파라미터도 사용할 수 있습니다. : 기호 뒤에 입력받은 매개변수가 저장될 클래스 변수를 지정해줍니다.

Idol 클래스로 인스턴스를 만들겠습니다.

```dart
void main() {
  // name에 '블랙핑크' 저장
  Idol blackPink = Idol('블랙핑크');
  blackPink.sayName();

  // name에 'BTS' 저장
  Idol bts = Idol('BTS');
  bts.sayName();
}
```

▼ 실행 결과
```
저는 블랙핑크입니다.
저는 BTS입니다.
```

축하합니다. Idol 클래스 하나로 여러 Idol 인스턴스를 생성해 중복 코딩 없이 활용할 수 있게 되었습니다.

생성자의 매개변수를 변수에 저장하는 과정을 생략하는 방법도 있습니다. 아래 Idol 클래스는 이전 예제의 Idol 클래스와 표현 방식만 다르고 동작은 똑같습니다.

```dart
class Idol {
  final String name;

  // this를 사용할 경우
  // 해당되는 변수에 자동으로 매개변수가 저장됩니다.
  Idol(this.name);

  void sayName() {
    print('저는 ${this.name}입니다.');
  }
}
```

2.2.2 네임드 생성자

네임드 생성자 named constructor 는 네임드 파라미터와 상당히 비슷한 개념입니다. 일반적으로 클래스를 생성하는 여러 방법을 명시하고 싶을 때 사용합니다.

```dart
class Idol {
 final String name;
 final int membersCount;

 // ❶ 생성자
 Idol(String name, int membersCount)
 // 1개 이상의 변수를 저장하고 싶을 때는 , 기호로 연결해주면 됩니다.
     : this.name = name,
       this.membersCount = membersCount;

 // ❷ 네임드 생성자
 // {클래스명.네임드 생성자명} 형식
 // 나머지 과정은 기본 생성자와 같습니다.
 Idol.fromMap(Map<String, dynamic> map)
     : this.name = map['name'],
       this.membersCount = map['membersCount'];

 void sayName() {
   print('저는 ${this.name}입니다. ${this.name} 멤버는
     ${this.membersCount}명입니다.');
 }
}
```

❶ 생성자에서 매개변수 2개를 받습니다. , 기호를 사용하면 하나 이상의 매개변수를 처리할 수 있습니다. ❷ 네임드 생성자를 **{클래스명.네임드 생성자명}** 형식으로 지정하면 됩니다. 나머지 과정은 기본 생성자와 같습니다. 키와 값을 갖는 Map 형식으로 매개변수를 받아봤습니다.

이제 원하는 대로 동작하는지 확인하겠습니다.

```dart
void main() {
 // 기본 생성자 사용
 Idol blackPink = Idol('블랙핑크', 4);
 blackPink.sayName();

 // fromMap이라는 네임드 생성자 사용
 Idol bts = Idol.fromMap({
```

```
    'name': 'BTS',
    'membersCount': 7,
  });
  bts.sayName();
}
```

▼실행 결과
```
저는 블랙핑크입니다. 블랙핑크 멤버는 4명입니다.
저는 BTS입니다. BTS 멤버는 7명입니다.
```

예상한 결과를 얻었습니다. 이처럼 네임드 생성자는 클래스를 여러 방식으로 인스턴스화할 때 유용하게 사용됩니다.

2.2.3 프라이빗 변수

다트에서의 프라이빗 변수private variable는 다른 언어와 정의가 약간 다릅니다. 일반적으로 프라이빗 변수는 클래스 내부에서만 사용하는 변수를 칭하지만 다트 언어에서는 같은 파일에서만 접근 가능한 변수입니다.

```
class Idol {
  // ❶ '_'로 변수명을 시작하면
  // 프라이빗 변수를 선언할 수 있습니다.
  String _name;

  Idol(this._name);
}

void main() {
  Idol blackPink = Idol('블랙핑크');

  // 같은 파일에서는 _name 변수에 접근할 수 있지만
  // 다른 파일에서는 _name 변수에 접근할 수 없습니다.
  print(blackPink._name);
}
```

❶ 프라이빗 변수는 변수명을 _ 기호로 시작해 선언할 수 있습니다. 아직은 코드를 한 파일에 작성하는 환경이라 다른 파일에서 접근을 실패하는 예를 보여드릴 수 없습니다. 일반적으로 클래스 선언과 사용하는 파일이 다릅니다. 다른 파일에서는 _name 변수에 접근할 수 없으니 사용에 유의해주세요.

2.2.4 게터 / 세터

게터getter는 말 그대로 값을 가져올 때 사용되고 세터setter는 값을 지정할 때 사용됩니다. 가변mutable 변수를 선언해도 직접 값을 가져오거나 지정할 수 있지만 게터와 세터를 사용하면 어떤 값이 노출되고 어떤 형태로 노출될지 그리고 어떤 변수를 변경 가능하게 할지 유연하게 정할 수 있습니다.

최근에는 객체지향 프로그래밍을 할 때 변수의 값에 불변성Immutable(인스턴스화 후 변경할 수 없는)을 특성으로 사용하기 때문에 세터는 거의 사용하지 않습니다. 하지만 게터는 종종 사용합니다. '이런 게 있다' 정도로 알고 넘어가면 됩니다.

```dart
class Idol {
  String _name = '블랙핑크';

  // ❶ get 키워드를 사용해서 게터임을 명시합니다.
  // 게터는 메서드와 다르게 매개변수를 전혀 받지 않습니다.
  String get name {
    return this._name;
  }

  // ❷ 세터는 set이라는 키워드를 사용해서 선언합니다.
  // 세터는 매개변수로 딱 하나의 변수를 받을 수 있습니다.
  set name(String name) {
    this._name = name;
  }
}
```

❶ 게터는 메서드를 선언하는 문법과 상당히 유사하지만 매개변수는 정의하지 않습니다. 현재 Idol 클래스의 name 변수는 프라이빗으로 선언되어 있기 때문에 다른 파일에서 name 변수에 접근할 수 없습니다. 이럴 때 name 게터를 선언하면 외부에서도 간접적으로 _name 변수를 접근할 수 있습니다. ❷ 세터는 set 키워드를 사용해 지정하며 매개변수를 하나만 받습니다. 이 매개변수는 멤버 변수에 대입되는 값입니다.

게터와 세터는 모두 변수처럼 사용하면 됩니다. 즉 사용할 때 메서드명 뒤에 ( )를 붙이지 않습니다.

```dart
void main() {
  Idol blackPink = Idol();
```

```
  blackPink.name = '에이핑크';  // ❶ 세터
  print(blackPink.name);        // ❷ 게터
}
```

▼실행 결과
```
에이핑크
```

_name의 초깃값이 '블랙핑크'입니다. ❶ 세터로 '에이핑크'를 대입하고 ❷ 게터로 확인해보니 '에이핑크'로 저장되어 있습니다.

2.3 상속

extends 키워드를 사용해 상속inheritance할 수 있습니다. 상속은 어떤 클래스의 기능을 다른 클래스가 사용할 수 있게 하는 기법입니다. 기능을 물려주는 클래스를 부모 클래스, 물려받는 클래스를 자식 클래스라고 합니다. 다음과 같은 Idol 클래스가 있다고 가정하겠습니다.

```
class Idol {
  final String name;
  final int membersCount;

  Idol(this.name, this.membersCount);

  void sayName() {
    print('저는 ${this.name}입니다.');
  }

  void sayMembersCount() {
    print('${this.name} 멤버는 ${this.membersCount}명입니다.');
  }
}
```

Idol 클래스를 상속하는 BoyGroup 클래스를 만들겠습니다. Idol 클래스는 멤버 변수로 name과 membersCount, 메서드로는 sayName( ), sayMembersCount( )를 가지고 있습니다.

```
// ❶ extends 키워드를 사용해서 상속받습니다.
// class 자식 클래스 extends 부모 클래스 순서입니다.
class BoyGroup extends Idol {
```

```
  // ❷ 상속받은 생성자
  BoyGroup(
      String name,
      int membersCount,
      ) : super(    // super는 부모 클래스를 지칭합니다.
    name,
    membersCount,
  );

  // ❸ 상속받지 않은 기능
  void sayMale() {
    print('저는 남자 아이돌입니다.');
  }
}
```

❶ extends 키워드를 사용해 상속을 받습니다. {class 자식 클래스 extends 부모 클래스} 순서로 지정하면 됩니다. 자식 클래스는 부모 클래스의 모든 기능을 상속받습니다. ❷ 클래스 상속을 하다 보면 super라는 키워드를 자주 사용합니다. 현재 클래스를 지칭하는 this와 달리 super는 상속한 부모 클래스를 지칭합니다. 부모 클래스인 Idol 클래스에 기본 생성자가 있는 만큼 BoyGroup에서는 Idol 클래스의 생성자를 실행해줘야 합니다. 그렇지 않으면 Idol 클래스의 모든 기능을 상속받아도 변숫값들을 설정하지 않아서 기능을 제대로 사용할 수 없으니 당연한 이야기겠죠? ❸ 상속받지 않은 메서드나 변수를 새로 추가할 수도 있습니다. '저는 남자 아이돌입니다.'를 출력하는 간단한 메서드를 새로 만들었습니다.

사용법은 부모 클래스와 같습니다.

```
void main() {

  BoyGroup bts = BoyGroup('BTS', 7);   // 생성자로 객체 생성

  bts.sayName();              // ❶ 부모한테 물려받은 메서드
  bts.sayMembersCount();      // ❷ 부모한테 물려받은 메서드
  bts.sayMale();              // ❸ 자식이 새로 추가된 메서드
}
```

▼실행 결과
저는 BTS입니다.
BTS 멤버는 7명입니다.
저는 남자 아이돌입니다.

❶ sayName( )과 ❷ sayMembersCount( )는 부모한테 물려받은 메서드입니다.
❸ sayMale( )은 자식이 새로 추가한 메서드입니다. 사용 방식은 둘 다 같습니다.

부모 클래스에 공통으로 사용하는 변수와 메서드를 정의해 상속받으면 결과적으로 자식 코드들은 해당 값들을 사용할 수 있어서 중복 코딩하지 않아도 됩니다. 그렇다면 Idol 클래스를 GirlGroup 클래스가 상속받았다고 가정합시다. 부모가 같다면 GirlGroup 클래스의 객체는 BoyGroup에 새로 추가한 sayMale( ) 메서드를 호출할 수 있을까요? 정답은 그럴 수 없습니다. 같은 방법으로 GirlGroup 클래스를 만들어 직접 확인해보세요.

2.4 오버라이드

오버라이드^{override}는 부모 클래스 또는 인터페이스에 정의된 메서드를 재정의할 때 사용됩니다. 다트에서는 override 키워드를 생략할 수 있기 때문에 override 키워드를 사용하지 않고도 메서드를 재정의할 수 있습니다.

2.3 '상속'에서 사용한 Idol 클래스를 상속받아서 메서드 오버라이드를 하겠습니다.

```dart
class GirlGroup extends Idol {
  // 2.3 상속에서처럼 super 키워드를 사용해도 되고 다음처럼 생성자의 매개변수로
  // 직접 super 키워드를 사용해도 됩니다.
  GirlGroup(
    super.name,
    super.membersCount,
  );

  // ❶ override 키워드를 사용해 오버라이드합니다.
  @override
  void sayName() {
    print('저는 여자 아이돌 ${this.name}입니다.');
  }
}
```

❶ 부모 클래스에 이미 존재하는 메서드를 자식 클래스에서 재정의할 경우 override 키워드를 사용해 메서드를 다시 정의합니다. 메서드 재정의라고도 합니다.

Idol 클래스에 메서드가 두 개였습니다. 하나는 오버라이드를 했고 하나는 그러지 않았습니다. 사용할 때 어떻게 적용되는지 확인해봅시다.

```
void main() {
 GirlGroup blackPink = GirlGroup('블랙핑크', 4);

 blackPink.sayName(); // ❶ 자식 클래스의 오버라이드된 메서드 사용

 // sayMembersCount는 오버라이드하지 않았기 때문에
 // 그대로 Idol 클래스의 메서드가 실행됩니다.
 // ❷ 부모 클래스의 메서드 사용
 blackPink.sayMembersCount();
}
```

▼실행 결과
```
저는 여자 아이돌 블랙핑크입니다.
블랙핑크 멤버는 4명입니다.
```

❶ sayName( ) 메서드는 오버라이드되었으므로 GirlGroup 클래스에 재정의된 sayName( ) 메서드가 실행됩니다. ❷ sayMembersCount( ) 메서드는 오버라이드하지 않았으므로 Idol 클래스에 정의된 sayMembersCount( ) 메서드를 사용합니다.

한 클래스에 이름이 같은 메서드가 존재할 수 없기 때문에 부모 클래스나 인터페이스에 이미 존재하는 메서드명을 입력하면 override 키워드를 생략해도 메서드가 덮어써집니다. 하지만 직접 명시하는 게 협업 및 유지보수에 유리합니다.

2.5 인터페이스

상속은 공유되는 기능을 이어받는 개념이지만 인터페이스interface는 공통으로 필요한 기능을 정의만 해두는 역할을 합니다. 2.3 '상속'에서 사용한 Idol 클래스를 인터페이스로 사용하겠습니다. 다트에는 인터페이스를 지정하는 키워드가 따로 없습니다. 상속은 단 하나의 클래스만 할 수 있지만 인터페이스는 적용 개수에 제한이 없습니다. 여러 인터페이스를 적용하고 싶으면 , 기호를 사용하여 인터페이스를 나열해 입력해주면 됩니다.

```
// ❶ implements 키워드를 사용하면 원하는 클래스를 인터페이스로 사용할 수 있습니다.
class GirlGroup implements Idol {
 final String name;
 final int membersCount;
```

```
  GirlGroup(
    this.name,
    this.membersCount,
    );

  void sayName() {
    print('저는 여자 아이돌 ${this.name}입니다.');
  }

  void sayMembersCount() {
    print('${this.name} 멤버는 ${this.membersCount}명입니다.');
  }
}
```

❶ GirlGroup 클래스는 Idol 클래스가 정의한 모든 기능을 다시 정의했습니다. '상속과 인터페이스가 뭐가 다르지'라는 생각이 들 겁니다. 상속받을 때는 부모 클래스의 모든 기능이 상속되므로 재정의할 필요가 없습니다. 반면 인터페이스는 반드시 모든 기능을 다시 정의해줘야 합니다. 귀찮아 보이지만 애초에 반드시 재정의할 필요가 있는 기능을 정의하는 용도가 인터페이스이기 때문입니다. 그렇게 하면 실수로 빼먹는 일을 방지할 수 있습니다.

인터페이스 사용법은 클래스와 같습니다.

```
void main() {
  GirlGroup blackPink = GirlGroup('블랙핑크', 4);

  blackPink.sayName();
  blackPink.sayMembersCount();
}
```

▼ 실행 결과
```
저는 여자 아이돌 블랙핑크입니다.
블랙핑크 멤버는 4명입니다.
```

2.6 믹스인

믹스인^{mixin}은 특정 클래스에 원하는 기능들만 골라 넣을 수 있는 기능입니다. 특정 클래스를 지정해서 속성들을 정의할 수 있으며 지정한 클래스를 상속하는 클래스에서도 사용할 수 있습니다. 그리고 인터페이스처럼 한 개의 클래스에 여러 개의 믹스인을 적용할 수도 있습니다. 인터페이스와 마찬가지로 여러 믹스인을 적용하고 싶으면 , 기호로 열거하면 됩니다. 2.3 '상속'에서 사용한 Idol 클래스를 사용해 믹스인하는 방법을 알아보겠습니다.

```dart
mixin IdolSingMixin on Idol{
  void sing(){
    print('${this.name}이 노래를 부릅니다.');
  }
}

// 믹스인을 적용할 때는 with 키워드 사용
class BoyGroup extends Idol with IdolSingMixin{
  BoyGroup(
    super.name,
    super.membersCount,
  );

  void sayMale() {
    print('저는 남자 아이돌입니다.');
  }
}

void main(){
  BoyGroup bts = BoyGroup('BTS', 7);

  // 믹스인에 정의된 sing() 함수 사용 가능
  bts.sing();
}
```

▼실행 결과
```
BTS이 노래를 부릅니다.
```

2.7 추상

추상abstract은 상속이나 인터페이스로 사용하는 데 필요한 속성만 정의하고 인스턴스화할 수 없도록 하는 기능입니다. 인터페이스 예제와 같이 Idol 클래스를 인터페이스로 사용하고 Idol 클래스를 따로 인스턴스화할 일이 없다면, Idol 클래스를 추상 클래스로 선언해서 Idol 클래스의 인스턴스화를 방지하고 메서드 정의를 자식 클래스에 위임할 수 있습니다. 또한 추상 클래스는 추상 메서드를 선언할 수 있으며 추상 메서드는 함수의 반환 타입, 이름, 매개변수만 정의하고 함수 바디의 선언을 자식 클래스에서 필수로 정의하도록 강제합니다. Idol 추상 클래스를 작성하겠습니다(2.3절에서 작성한 Idol 클래스를 삭제하고 실습해주세요).

```dart
// ❶ abstract 키워드를 사용해 추상 클래스 지정
abstract class Idol {
  final String name;
  final int membersCount;

  Idol(this.name, this.membersCount); // ❷ 생성자 선언

  void sayName();            // ❸ 추상 메서드 선언
  void sayMembersCount();    // ❹ 추상 메서드 선언
}
```

❶ abstract 키워드로 추상 클래스를 지정했습니다. ❷ 생성자를 비롯해 ❸과 ❹ 메서드도 선언만 하며 어떻게 동작하는지 정의가 없습니다. 이처럼 추상 클래스는 선언까지만 해주면 됩니다.

추상 클래스를 구현^{implements}하는 클래스를 만들겠습니다.

```dart
// implements 키워드를 사용해 추상 클래스를 구현하는 클래스
class GirlGroup implements Idol {
  final String name;
  final int membersCount;

  GirlGroup(
      this.name,
      this.membersCount,
  );

  void sayName() {
    print('저는 여자 아이돌 ${this.name}입니다.');
  }

  void sayMembersCount() {
    print('${this.name} 멤버는 ${this.membersCount}명입니다.');
  }
}
```

이제 생성자를 비롯해 모든 메서드를 정의해줬습니다. 하나라도 정의하지 않으면 에러가 납니다. 사용 방법은 클래스와 같습니다.

```
void main() {
 GirlGroup blackPink = GirlGroup('블랙핑크', 4);

 blackPink.sayName();
 blackPink.sayMembersCount();
}
```

▼실행 결과
```
저는 여자 아이돌 블랙핑크입니다.
블랙핑크 멤버는 4명입니다.
```

추상 메서드는 부모 클래스를 인스턴스화할 일이 없고, 자식 클래스들에 필수적 또는 공통적으로 정의돼야 하는 메서드가 존재할 때 사용됩니다. 프로그래밍 입문자라면 추상 클래스와 일반 클래스를 사용하는 적절한 상황을 쉽게 구분하기 어려울 수 있습니다. 지금은 '추상 클래스는 인스턴스화가 필요 없는 공통 부모 클래스를 만들 때 사용한다' 정도로 이해하고 넘어가주세요.

2.8 제네릭

개인적으로 제네릭generic은 객체지향 프로그래밍에서 가장 아름다운 기능이라고 생각합니다. 제네릭은 클래스나 함수의 정의를 선언할 때가 아니라 인스턴스화하거나 실행할 때로 미룹니다. 특정 변수의 타입을 하나의 타입으로 제한하고 싶지 않을 때 자주 사용합니다. 예를 들어 정수를 받는 함수, 문자열을 받는 함수를 각각 setInt( ), setString( )처럼 따로 만들지 않아도, 제네릭을 사용해 set( ) 함수 하나로 여러 자료형을 입력받게 처리할 수 있습니다.

사실 제네릭에 대해 배우지도 않은 채 이미 제네릭을 많이 사용했습니다. Map, List, Set 등에서 사용한 〈 〉 사이에 입력되는 값이 제네릭 문자입니다. 예를 들어 List〈String〉이라고 입력하면 String값들로 구성된 리스트를 생성하겠다는 뜻인데, List 클래스는 제네릭이므로 인스턴스화를 하기 전 어떤 타입으로 List가 생성될지 알지 못합니다. Map과 Set 또한 마찬가지입니다.

직접 코드로 구현하며 알아보겠습니다.

```
// 인스턴스화할 때 입력받을 타입을 T로 지정합니다.
class Cache<T> {
 // data의 타입을 추후 입력될 T 타입으로 지정합니다.
```

```
  final T data;

Cache({
  required this.data,
});
}

void main() {
  // T의 타입을 List<int>로 입력합니다.
  final cache = Cache<List<int>>(
    data: [1,2,3],
  );

  // 제네릭에 입력된 값을 통해 data 변수의 타입이 자동으로 유추합니다.
  // reduce() 함수가 기억나지 않는다면 1.4.1절 'List 타입'을 복습하세요.
  print(cache.data.reduce((value, element) => value + element));
}
```

▼ 흔히 사용되는 제네릭 문자들

문자	설명
T	변수 타입을 표현할 때 흔히 사용합니다. 예) T value;
E	리스트 내부 요소들의 타입을 표현할 때 흔히 사용합니다. 예) List<E>
K	키를 표현할 때 흔히 사용합니다. 예) Map<K, V>
V	값을 표현할 때 흔히 사용합니다. 예) Map<K, V>

▼ 실행 결과

```
6
```

예제에서는 'T'를 사용해서 제네릭 타입을 표현했습니다. 어떤 문자를 사용해서 어떤 값을 표현해도 프로그램적으로 상관없지만 일반적으로 개발자들이 많이 사용하는 문자들이 존재합니다. 해당 문자들을 상단의 코드 옆에 표로 정리해두었습니다.

2.9 스태틱

지금까지 작성한 변수와 메서드 등 모든 속성은 각 '클래스의 인스턴스'에 귀속되었습니다. 하지만 static 키워드를 사용하면 클래스 자체에 귀속됩니다.

```
class Counter {
  // ❶ static 키워드를 사용해서 static 변수 선언
  static int i= 0;


  // ❷ static 키워드를 사용해서 static 변수 선언
  Counter(){
    i++;
```

```
    print(i++);
  }
}

void main() {
  Counter count1 = Counter();
  Counter count2 = Counter();
  Counter count3 = Counter();
}
```

▼ 실행 결과
```
1
2
3
```

❶ 변수 i를 스태틱으로 지정했습니다(스태틱 변수 또는 정적 변수라고 부릅니다). Counter 클래스에 귀속되기 때문에 인스턴스를 호출할 때마다 1씩 증가합니다. ❷ 생성자에 this.i가 아니고 i로 명시했습니다. static 변수는 클래스에 직접 귀속되기 때문에 생성자에서 static값을 지정하지 못합니다. 결과적으로 static 키워드는 인스턴스끼리 공유해야 하는 정보에 지정하면 되겠습니다.

2.10 캐스케이드 연산자

캐스케이드 연산자^{cascade operator}는 인스턴스에서 해당 인스턴스의 속성이나 멤버 함수를 연속해서 사용하는 기능입니다. 캐스케이드 연산자는 .. 기호를 사용합니다. 자세한 방법은 다음 코드를 보면서 확인하겠습니다(2.3 '상속'에서 사용한 Idol 클래스를 사용하세요).

```
void main() {
  // cascade operator (..)을 사용하면
  // 선언한 변수의 메서드를 연속으로 실행할 수 있습니다.
  Idol blackpink= Idol('블랙핑크', 4)
    ..sayName()
    ..sayMembersCount();
}
```

▼ 실행 결과
```
저는 블랙핑크입니다.
블랙핑크 멤버는 4명입니다.
```

이처럼 캐스케이드 연산자를 사용하면 더 간결한 코드를 작성할 수 있습니다.

학습 마무리

다트 언어가 제공하는 객체지향 프로그래밍 기법을 알아보았습니다. 기본적인 클래스 선언 방법부터 상속, 인터페이스, 믹스인, 제네릭 등을 사용하는 활용법을 배웠습니다. 플러터는 모든 위젯을 객체지향 프로그래밍을 통해 구현하기 때문에 이번 장을 제대로 이해하는 게 매우 중요합니다. 더 나아가 프로젝트가 커질수록 객체지향 프로그래밍을 통해서 중복 코드를 줄이고 정리가 잘된 효율적인 코드를 작성하는 건 개발자의 필수 덕목이니 여러 번 반복해서 학습하길 바랍니다.

핵심 요약

1. **Class 키워드**를 사용해서 클래스를 선언할 수 있습니다.
2. 클래스를 **인스턴스화**하면 클래스의 인스턴스를 변수로 저장할 수 있습니다.
3. **상속**받으면 부모 클래스의 모든 속성을 물려받습니다.
   - extends 키워드를 사용해서 상속받을 수 있습니다.
   - 하나의 자식 클래스는 하나의 부모 클래스만 상속받을 수 있습니다.
4. **오버라이드**는 이미 선언되어 있는 속성을 덮어쓰는 기능입니다.
5. **인터페이스**는 클래스의 필수 속성들을 정의하고 강제할 수 있는 기능입니다.
   - implements 키워드를 사용해서 인터페이스를 적용합니다.
   - 하나의 클래스에 여러 개의 인터페이스를 적용할 수 있습니다.
6. **믹스인**은 상속처럼 모든 속성을 물려받지 않고 원하는 기능만 골라서 적용할 수 있습니다.
   - with 키워드를 사용해서 믹스인을 적용합니다.
   - 하나의 클래스에 여러 개의 믹스인을 적용할 수 있습니다.
7. **제네릭**은 변수 타입의 정의를 인스턴스화까지 미룰 수 있습니다. 〈 〉를 사용해서 제네릭을 선언할 수 있습니다.
8. **스태틱**은 클래스에 직접 귀속되는 속성들입니다. static 키워드를 사용해서 선언합니다.
9. **캐스케이드 연산자**는 인스턴스에서 해당 인스턴스의 속성이나 멤버 함수를 연속해서 호출할 때 사용합니다.

Chapter

03

다트 비동기 프로그래밍

#MUSTHAVE

☐ **학습 목표**

다트 언어는 동기/비동기 프로그래밍을 지원합니다. 동기는 요청하고 나서 응답이 올 때까지 더는 코드를 진행하지 못하고 기다렸다가 응답을 받으면 그제서야 다음 코드를 진행합니다. 반면에 비동기는 요청하고 나서 응답을 받지 않았는데도 대기하지 않고 다음 코드를 진행합니다. 언제든 응답이 오면 즉시 응답을 처리하게 됩니다. 다트를 사용해 동기/비동기 프로그램을 하는 방법을 알아봅니다.

☐ **학습 순서**

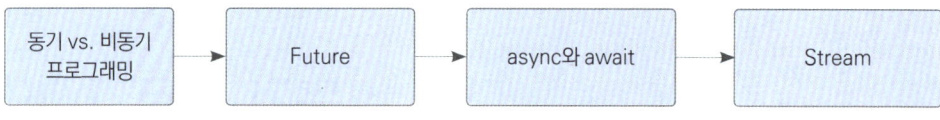

3.1 동기 vs. 비동기 프로그래밍

지금까지 다트 언어를 배우면서 작성한 코드는 모두 동기 방식을 사용했습니다. 함수를 실행하면 다음 코드가 실행되기 전에 해당 함수의 결괏값이 먼저 반환됩니다. 하지만 비동기 프로그래밍은 요청한 결과를 기다리지 않으며 응답 순서 또한 요청한 순서와 다를 수 있습니다. 그렇기 때문에 컴퓨터 자원을 낭비하지 않고 더욱 효율적으로 코드를 실행할 수 있습니다. 예를 들어 데이터베이스에서 게시판 글을 가져오는 작업이나, 복잡한 미적분 계산이나 이미지 인코딩 등 시간이 걸리는 작업을 동기로 실행하면 앱이 매우 느려질 수 있습니다. 그렇기 때문에 이런 작업은 비동기로 처리해야 합니다. 다음 그림은 동기 방식과 비동기 방식에서 요청과 응답을 보여줍니다.

▼ 동기 vs. 비동기

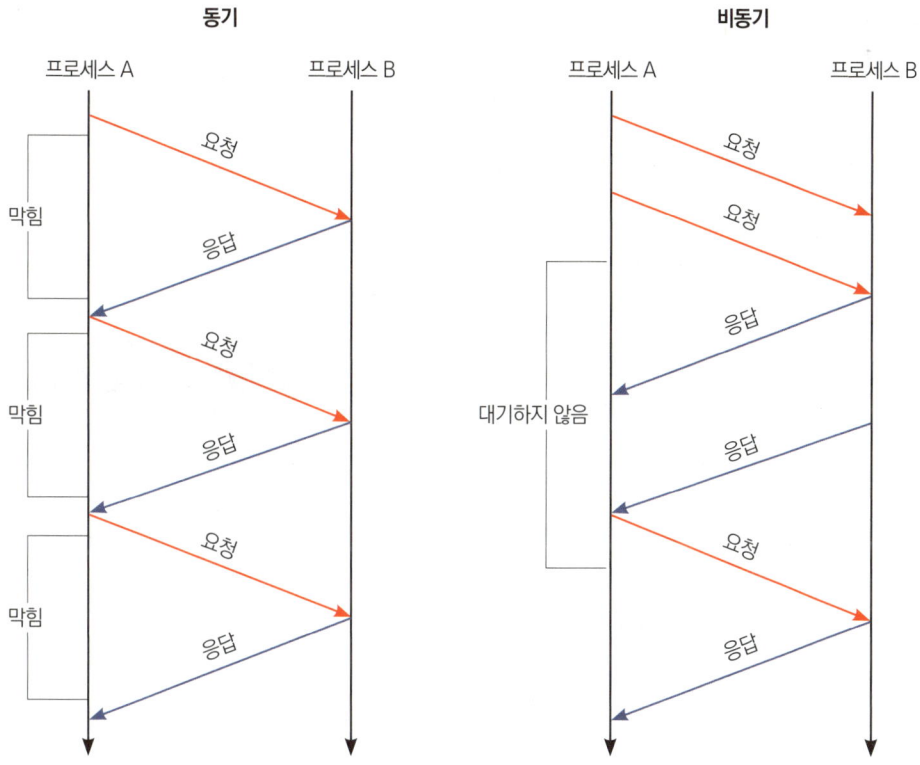

3.2 Future

Future 클래스는 '미래'라는 단어의 의미대로 미래에 받아올 값을 뜻합니다. List나 Set처럼 제네릭으로 어떤 미래의 값을 받아올지를 정할 수 있습니다.

```
Future<String> name;        // 미래에 받을 String값
Future<int> number;         // 미래에 받을 int값
Future<bool> isOpened;      // 미래에 받을 boolean값
```

비동기 프로그래밍은 서버 요청과 같이 오래 걸리는 작업을 기다린 후 값을 받아와야 하기 때문에 미래값을 표현하는 Future 클래스가 필요합니다. 특정 기간 동안 아무것도 하지 않고 기다리는 Future.delayed( )를 사용해서 실습하겠습니다.

```
void main() {
  addNumbers(1, 1);
}

void addNumbers(int number1, int number2) {
  print('$number1 + $number2 계산 시작!');

  // ❶ Future.delayed()를 사용하면 일정 시간 후에 콜백 함수를 실행할 수 있음
  Future.delayed(Duration(seconds: 3), (){
    print('$number1 + $number2 = ${number1 + number2}');
  });

  print('$number1 + $number2 코드 실행 끝');
}
```

▼ 실행 결과
```
1 + 1 계산 시작!      // ❷
1 + 1 코드 실행 끝   // ❸
1 + 1 = 2            // ❹
```

❶ 첫 번째 매개변수에 대기할 기간을 입력하고 두 번째 매개변수에 대기 후 실행할 콜백 함수를 입력하면 됩니다. addNumbers( ) 함수는 print( ) 함수를 실행하고 Future.delayed( )를 통해 3초간 대기합니다. 그다음 마지막 print( ) 함수를 실행하고 함수를 마칩니다. ❷, ❹, ❸ 순서대로 출력이 이뤄져야 한다고 생각할 수 있습니다. 하지만 Future.delayed( )는 비동기 연산이기 때문에 CPU가 3초간 대기해야 한다는 메시지를 받으면 리소스를 허비하지 않고 다음 코드를 바로 실행합니다. 그래서 작성한 코드의 순서와 다르게 ❷, ❸, ❹ 순서대로 값이 출력됩니다. 결과적으로 CPU가 아무것도 하지 않으며 낭비할 뻔한 시간(여기서는 3초) 동안 다른 작업을 할 수 있어 더 효율적으로 CPU 리소스를 사용했습니다(19장 '서버와 연동하기'에서 더 자세히 다룹니다).

3.3 async와 await

Future 사용법은 배웠습니다. 그런데 코드가 작성된 순서대로 실행되지 않는다면 개발자 입장에서 헷갈릴 수 있습니다. 이때 async와 await 키워드를 사용하면 비동기 프로그래밍을 유지하면서도 코드 가독성을 유지할 수 있습니다.

```
void main() {
  addNumbers(1, 1);
}
```

```dart
// async 키워드는 함수 매개변수 정의와 바디 사이에 입력합니다.
Future<void> addNumbers(int number1, int number2) async {
  print('$number1 + $number2 계산 시작!');

  // await는 대기하고 싶은 비동기 함수 앞에 입력합니다.
  await Future.delayed(Duration(seconds: 3), (){
    print('$number1 + $number2 = ${number1 + number2}');
  });

  print('$number1 + $number2 코드 실행 끝');
}
```

▼ 실행 결과
```
1 + 1 계산 시작!
1 + 1 = 2
1 + 1 코드 실행 끝
```

예제와 같이 함수를 async로 지정해주고 나서 대기하고 싶은 비동기 함수를 실행할 때 await 키워드를 사용하면 코드는 작성한 순서대로 실행됩니다. 이렇게 되면 비동기 프로그래밍이 아니라 동기 프로그래밍이 아니냐고 생각할 수 있습니다. 합리적인 의심이지만 async와 await 키워드를 사용하면 비동기 프로그래밍 특징을 그대로 유지하며 코드가 작성된 순서대로 프로그램을 실행합니다. addNumbers( ) 함수를 두 번 실행하는 다음 예제를 보면 쉽게 이해할 수 있습니다.

```dart
void main() {
  addNumbers(1, 1);
  addNumbers(2, 2);
}
... 생략 ...
```

▼ 실행 결과
```
1 + 1 계산 시작!
2 + 2 계산 시작!
1 + 1 = 2
1 + 1 코드 실행 끝
2 + 2 = 4
2 + 2 코드 실행 끝
```

상당히 혼란스러운 출력 결과일 수 있습니다. 하지만 지금까지 배운 지식을 복습하면 쉽게 이해할 수 있습니다. addNumbers( ) 함수는 두 번 실행되었습니다. 그러니 출력 결과를 함수별로 나눠서 보면 각 addNumbers( ) 함수의 실행 결과가 예상한 코드 순서대로 시작되었습니다. 그런데 addNumbers(1, 1)가 끝나기 전에 addNumbers(2, 2)가 실행되었습니다. 그 이유는 addNumbers( ) 함수가 비동기 프로그래밍으로 실행되었기 때문입니다. addNumbers(1, 1)의 Future.delayed( )가 실행되며 3초를 기다려야 할 때 CPU의 리소스가 낭비되지 않고 바로 다음 실행할 코드인 addNumbers(2, 2)를 실행한 겁니다.

이로써 addNumbers( ) 함수는 비동기로 실행된다는 걸 증명했습니다. 만약 addNumbers(1, 1)과 addNumbers(2, 2)가 순차적으로 실행되길 원한다면 다음과 같이 async와 await 키워드를 추가해주면 됩니다.

```dart
void main() async {
  await addNumbers(1, 1);
  await addNumbers(2, 2);
}

// async 키워드는 함수 매개변수 정의와 바디 사이에 입력합니다.
Future<void> addNumbers(int number1, int number2) async {
  print('$number1 + $number2 계산 시작!');

  // await는 대기하고 싶은 비동기 함수 앞에 입력합니다.
  await Future.delayed(Duration(seconds: 3), (){
    print('$number1 + $number2 = ${number1 + number2}');
  });

  print('$number1 + $number2 코드 실행 끝');
}
```

▼ 실행 결과

```
1 + 1 계산 시작!
1 + 1 = 2
1 + 1 코드 실행 끝
2 + 2 계산 시작!
2 + 2 = 4
2 + 2 코드 실행 끝
```

main( ) 함수에 async 키워드를 적용하고 addNumbers(1,1)과 addNumbers(2, 2)에 await 키워드를 적용했기 때문에 코드는 작성한 순서대로 실행되었습니다.

3.3.1 결괏값 반환받기

async와 await 키워드를 사용한 함수에서도 결괏값을 받아낼 수 있습니다. 이때 앞서 배운 Future 클래스를 사용합니다. 입력된 두 숫자를 더한 결괏값을 반환하는 addNumbers( ) 함수의 코드를 수정해 자세히 알아보겠습니다.

```dart
void main() async {
  final result = await addNumbers(1, 1);
  print('결괏값 $result');  // 일반 함수와 동일하게 반환값을 받을 수 있음
  final result2 = await addNumbers(2, 2);
  print('결괏값 $result2');
```

```dart
}

Future<int> addNumbers(int number1, int number2) async {
  print('$number1 + $number2 계산 시작!');

  await Future.delayed(Duration(seconds: 3), (){
    print('$number1 + $number2 = ${number1 + number2}');
  });

  print('$number1 + $number2 코드 실행 끝');

  return number1 + number2;
}
```

▼ 실행 결과
```
1 + 1 계산 시작!
1 + 1 = 2
1 + 1 코드 실행 끝
결괏값 2
2 + 2 계산 시작!
2 + 2 = 4
2 + 2 코드 실행 끝
결괏값 4
```

위와 같이 await 키워드를 적용해도 일반 함수처럼 변수에 반환값을 저장하고 활용할 수 있습니다.

3.4 Stream

Future는 반환값을 딱 한 번 받아내는 비동기 프로그래밍에 사용합니다. 지속적으로 값을 반환받을 때는 Stream을 사용합니다. Stream은 한 번 리슨listen하면 Stream에 주입되는 모든 값들을 지속적으로 받아옵니다.

▼ Future vs. Stream 선택하기

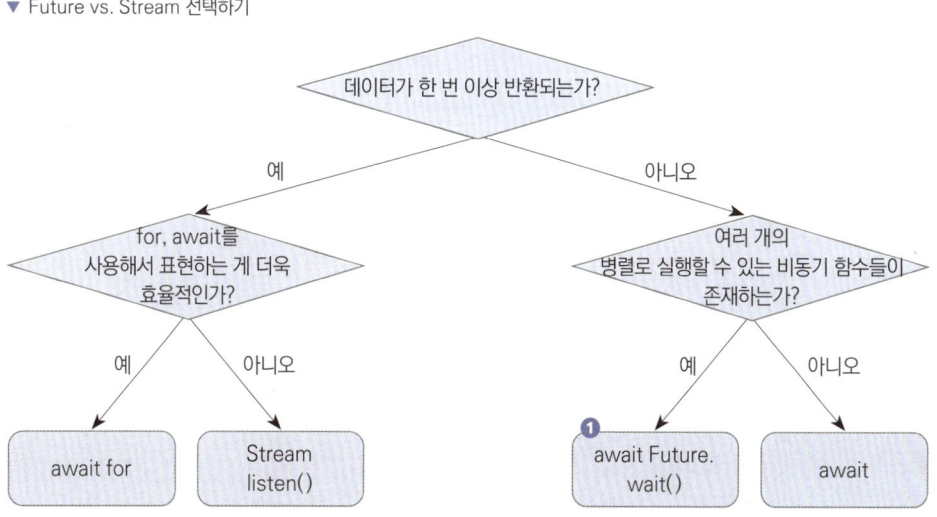

❶ Future.wait( ) 함수는 하나의 Future로 구성된 리스트를 매개변수로 입력받습니다. Future.wait( )에 입력된 비동기 함수들은 모두 동시에 실행되며 응답값 요청을 보낸 순서대로 저장해둡니다(호출한 순서대로 응답값을 받지는 않습니다).

3.4.1 스트림 기본 사용법

스트림stream을 사용하려면 플러터에서 기본으로 제공하는 dart:async 패키지를 불러와야 합니다. 그다음 dart:async 패키지에서 제공하는 StreamController를 listen( )해야 값을 지속적으로 반환받을 수 있습니다.

```dart
import 'dart:async';

void main() {
  final controller = StreamController();  // StreamController 선언
  final stream = controller.stream;  // Stream 가져오기

  // Stream에 listen() 함수를 실행하면 값이 주입될 때마다 콜백 함수를 실행할 수 있습니다.
  final streamListener1 = stream.listen((val) {
    print(val);
  });

  // Stream에 값을 주입하기
  controller.sink.add(1);
  controller.sink.add(2);
  controller.sink.add(3);
  controller.sink.add(4);
}
```

▼실행 결과
```
1
2
3
4
```

3.4.2 브로드캐스트 스트림

스트림은 단 한 번만 listen( )을 실행할 수 있습니다. 하지만 때때로 하나의 스트림을 생성하고 여러 번 listen( ) 함수를 실행하고 싶을 때가 있습니다. 이럴 때 브로드캐스트 스트림broadcast stream을 사용하면 스트림을 여러 번 listen( )하도록 변환할 수 있습니다.

```dart
import 'dart:async';

void main() {
  final controller = StreamController();

  // 여러 번 리슨할 수 있는 Broadcast Stream 객체 생성
  final stream = controller.stream.asBroadcastStream();

  // 첫 번째 listen() 함수
  final streamListener1 = stream.listen((val) {
    print('listening 1');
    print(val);
  });

  // 두 번째 listen() 함수
  final streamListener2 = stream.listen((val) {
    print('listening 2');
    print(val);
  });

  // add()를 실행할 때마다 listen()하는
  // 모든 콜백 함수에 값이 주입됩니다.
  controller.sink.add(1);
  controller.sink.add(2);
  controller.sink.add(3);
}
```

▼실행 결과
```
listening 1
1
listening 2
1
listening 1
2
listening 2
2
listening 1
3
listening 2
3
```

3.4.3 함수로 스트림 반환하기

StreamController를 직접 사용하지 않고도 직접 스트림을 반환하는 함수를 작성할 수도 있습니다. Future를 반환하는 함수는 async로 함수를 선언하고 return 키워드로 값을 반환하면 됩니다. 스트림을 반환하는 함수는 async*로 함수를 선언하고 yield 키워드로 값을 반환해주면 됩니다.

```dart
import 'dart:async';

// Stream을 반환하는 함수는 async*로 선언합니다.
Stream<String> calculate(int number) async* {
  for (int i = 0; i < 5; i++) {
    // StreamController의 add()처럼 yield 키워드를 이용해서 값 반환
    yield 'i = $i';
    await Future.delayed(Duration(seconds: 1));
  }
}

void playStream() {
  // StreamController와 마찬가지로 listen() 함수로 콜백 함수 입력
  calculate(1).listen((val) {
    print(val);
  });
}

void main() {
  playStream();
}
```

▼ 실행 결과
```
i = 0
i = 1
i = 2
i = 3
i = 4
```

학습 마무리

이번 장에서는 비동기 프로그래밍을 배웠습니다. 함수를 한 번 실행할 때마다 값을 한 번 반환하는 Future와 지속적으로 값을 받아볼 수 있는 Stream을 모두 알아봤습니다. 비동기 프로그래밍을 사용하면 CPU를 비효율적으로 사용하는 순간을 피할 수 있습니다. 그렇기 때문에 다트 언어는 기본적으로 비동기 프로그래밍을 사용하니 꼭 이번 장을 반복 숙달 후 다음으로 넘어가길 바랍니다.

핵심 요약

1 **비동기 프로그래밍**을 이용하면 오랜 기간 CPU의 리소스가 막히는 상황을 방지할 수 있습니다.
2 **async 키워드**를 사용하면 비동기 함수를 정의할 수 있습니다.
3 **await 키워드**를 사용하면 비동기 함수를 논리적 순서대로 실행할 수 있습니다.
4 **Future**는 비동기 응답을 한 번만 받을 때 사용하는 클래스입니다.
5 **Stream**은 지속적으로 리슨하여 비동기 응답을 받을 때 사용하는 클래스입니다.
   - 한 번 listen( )하면 지속적으로 값을 받아볼 수 있습니다.
   - async* 키워드로 정의합니다.
   - 값을 반환할 때는 yield 키워드를 사용합니다.
   - 함수에서 Stream을 반환할 수 있습니다.

Chapter

04

다트 3.0 신규 문법

#MUSTHAVE

학습 목표

플러터 3.0 버전부터는 다트 3.0 버전 이상을 사용합니다. 그리고 다트 언어의 메이저 버전이 3으로 업데이트되면서 새로 추가된 문법들이 생겼습니다. 다트 3.0 버전 업데이트 이후 어떤 문법들이 추가로 생겼는지 알아보겠습니다.

학습 순서

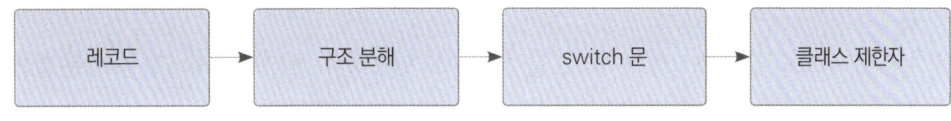

4.1 레코드

레코드record는 다트 3.0 이상부터 사용할 수 있는 새로운 타입입니다. 레코드는 포지셔널 파라미터positional parameter나 네임드 파라미터named parameter 중 한 가지 방식을 적용하여 사용할 수 있습니다. 두 방식은 모두 괄호 안에 쉼표로 구분하여 작성합니다. 자세한 내용은 다음 실제 예를 보며 설명하겠습니다.

4.1.1 포지셔널 파라미터를 이용한 레코드

포지셔널 파라미터를 이용한 레코드는 포지셔널 파라미터로 표시한 타입 순서를 반드시 지켜야 합니다. 다음은 String, int 순서로 데이터를 입력해야 하는 레코드를 선언한 예입니다.

```
                                                             lib/4.1/1.dart
void main() {
  // 정확한 위치에 어떤 타입의 값이 입력될지 지정할 수 있습니다.
  // (String, int)는 첫 번째 값은 String 타입이고 두 번째 값은 int 타입입니다.
  (String, int) minji = ('민지', 20);
  // ('민지', 20) 출력
```

```dart
  print(minji);
}
```

만약 레코드에 정의한 순서대로 타입을 입력하지 않으면 에러가 발생합니다.

lib/4.1/2.dart
```dart
void main() {
  // Invalid Assignment 에러
  (String, int) minji = (20, '민지');
  print(minji);
}
```

물론 두 개 이상의 값을 조합해서 레코드를 만들 수도 있습니다. 레코드에 정의할 수 있는 값의 개수에는 제한이 없습니다. 다음은 3개 타입으로 제한한 레코드 예입니다.

lib/4.1/3.dart
```dart
void main() {
  (String, int, bool) minji = ('민지', 20, true);
  // (민지, 20, true)
  print(minji);
}
```

레코드의 모든 값을 사용하지 않고 특정 순서의 레코드 값을 가져오고 싶다면 '$'를 사용하면 됩니다.

lib/4.1/4.dart
```dart
void main() {
  (String, int, bool) minji = ('민지', 20, true);
  // 민지
  print(minji.$1);
  // 20
  print(minji.$2);
  // true
  print(minji.$3);
}
```

4.1.2 네임드 파라미터를 이용한 레코드

네임드 파라미터는 포지셔널 파라미터와는 다르게 입력 순서를 지킬 필요가 없습니다. 다만 네임드 파라미터는 소괄호에 중괄호를 중첩하여 타입과 변수 이름을 쉼표로 구분하고 명시해줘야 합니다.

```dart
// lib/4.1/5.dart
void main() {
  // 네임드 파라미터 형태로 Record를 선언하는 방법입니다.
  // 다른 네임드 파라미터와 마찬가지로 순서는 상관없습니다.
  ({String name, int age}) minji = (name: '민지', age: 20);

  // (age: 20, name: 민지) 출력
  print(minji);
}
```

4.2 구조 분해

구조 분해destructuring는 값을 반환받을 때 단순히 하나의 변수로 받아오지 않습니다. 반환된 타입을 그대로 복제해서 타입 내부에 각각의 값을 직접 추출해오는 문법입니다. 다트 문법을 공부한 상태라면 코드만 봐도 충분히 이해할 수 있을 것이라 생각되어 이 부분은 별도의 설명을 하지 않겠습니다. **만약 잘 이해가지 않는다면 1단계 '다트 언어 마스터하기'로 돌아가 한 번 더 읽어보면 도움이 될 겁니다.**

4.2.1 리스트에서의 구조 분해 사용 예제

```dart
// lib/4.2/1.dart
void main() {
  // 아래 코드와 같지만 구조 분해를 사용하면 한 줄에 해결할 수 있습니다.
  // final newJeans = ['민지', '해린'];
  // final minji = newJeans[0];
  // final haerin = newJeans[1];
  final [minji, haerin] = ['민지', '해린'];

  // 민지 출력
  print(minji);
```

```dart
  // 해린 출력
  print(haerin);
}
```

4.2.2 리스트에서의 스프레드 연산자를 이용한 구조 분해 사용 예제

lib/4.2/2.dart
```dart
void main() {
  final numbers = [1, 2, 3, 4, 5, 6, 7, 8];

  // 스프레드 연산자를 사용하게 되면 중간의 값들을 버릴 수 있습니다.
  final [x, y, ..., z] = numbers;

  // 1 출력
  print(x);
  // 2 출력
  print(y);
  // 8 출력
  print(z);
}
```

4.2.3 맵에서의 구조 분해 사용 예제

lib/4.2/3.dart
```dart
void main() {
  final minjiMap = {'name': '민지', 'age': 19};
  // 위의 맵의 구조와 똑같은 구조로 구조 분해하면 됩니다.
  final {'name': name, 'age': age} = minjiMap;

  // name: 민지
  print('name: $name');
  // age: 19
  print('age: $age');
}
```

4.2.4 클래스에서의 구조 분해 사용 예제

```dart
// lib/4.2/4.dart
void main() {
  final minji = Idol(name: '민지', age: 19);

  // 클래스의 생성자 구조와 똑같이 구조 분해하면 됩니다.
  final Idol(name: name, age: age) = minji;

  // 민지 출력
  print(name);
  // 19 출력
  print(age);
}

class Idol {
  final String name;
  final int age;

  Idol({
    required this.name,
    required this.age,
  });
}
```

4.3 switch문

switch문은 다트 언어가 3.0 버전으로 업데이트되면서 스위치 표현식switch expression, 패턴 매칭pattern matching, 완전 확인exhaustiveness checking, 가드 절guard clause 네 가지가 추가되었습니다. switch문은 다트 언어 버전 업데이트 후 가장 많은 변화가 생긴 문법 중 하나입니다. 소개한 각 기능을 코드와 함께 살펴보겠습니다.

4.3.1 표현식 기능

코드는 표현식expression과 문statement으로 나눌 수 있습니다. 표현식은 어떠한 값을 만들어내는 코드입니다. 예를 들어 1 + 1은 값 2를 만드는 표현식입니다. 이처럼 표현식이 평가되면 새로운 값을 생성하거나 기존 값을 참조합니다.

문은 기본 단위이자 가장 작은 코드 실행 단위로 명령문 즉, 컴퓨터에 내리는 명령이라고 생각하면 됩니다. 쉽게 말해 표현식 여러 개가 모여 문이 되며, 문에는 선언문, 할당문, 반복문 등이 있습니다. 예는 var a = 3처럼 값을 할당하는 코드입니다. 다트 3.0 부터는 switch문을 함수처럼 사용하여 직접 값을 반환받을 수 있는 절 기능이 추가되었습니다. 다음 코드를 보면 더 쉽게 이해할 수 있을 겁니다.

```dart
                                                                    lib/4.3/1.dart
void main() {
  String dayKor = '월요일';

  // switch문이 함수처럼 값을 반환합니다.
  String dayEnglish = switch (dayKor) {
    // '=>'를 사용하면 switch문 조건에 맞을 때 값을 반환할 수 있습니다.
    '월요일' => 'Monday',
    '화요일' => 'Tuesday',
    '수요일' => 'Wednesday',
    '목요일' => 'Thursday',
    '금요일' => 'Friday',
    '토요일' => 'Saturday',
    '일요일' => 'Sunday',
    // _는 default와 같은 의미로 사용됩니다.
    _ => 'Not Found',
  };

  // Monday 출력
  print(dayEnglish);
}
```

4.3.2 패턴 매칭

패턴 매칭^{pattern matching}은 다트 3.0에 추가된 강력한 기능 중 하나입니다. 특히 switch문을 사용할 때 패턴 매칭을 통해서 더욱 복잡한 조건을 형성할 수 있어 유용합니다.

```dart
                                                                    lib/4.3/2.dart
void switcher(dynamic anything) {
  switch (anything) {
    // 정확히 'aaa' 문자열만 매치합니다.
```

```dart
      case 'aaa':
        print('match: aaa');
        break;
      // 정확히 [1, 2] 리스트만 매치합니다.
      case [1, 2]:
        print('match: [1, 2]');
        break;
      // 3개의 값이 들어 있는 리스트를 모두 매치합니다.
      case [_, _, _]:
        print('match [_,_,_]');
        break;
      // 첫 번째와 두 번째 값에 int가 입력된 리스트를 매치합니다.
      case [int a, int b]:
        print('match: [int $a, int $b]');
        break;
      // 첫 번째 값에 String, 두 번째 값에 int가 입력된 Record 타입을 매치합니다.
      case (String a, int b):
        print('match: (String: $a, int: $b)');
        break;
      // 아무것도 매치되지 않을 경우 실행합니다.
      default:
        print('no match');
  }
}

void main() {
  // match: aaa 출력
  switcher('aaa');
  // match: [1, 2] 출력
  switcher([1, 2]);
  // match: [_, _, _] 출력
  switcher([3, 4, 5]);
  // match: [int 6, int 7] 출력
  switcher([6, 7]);
  // match: (String: 민지, int: 19) 출력
  switcher(('민지', 19));
  // no match 출력
  switcher(8);
}
```

4.3.3 엄격한 검사

엄격한 검사 exhaustiveness checking는 코드가 입력받을 수 있는 모든 조건을 전부 확인하고 있는지 체크하는 기술입니다. 다트 3.0에서는 switch문에 엄격한 검사가 추가되어 모든 조건을 확인하고 있는지 빌드할 때 확인할 수 있습니다.

```dart
// lib/4.3/3.dart
void main(){
  // val에 입력될 수 있는 값은 true, false, null입니다.
  bool? val;

  // null 조건을 입력하지 않았기 때문에 non exhaustive switch statement 에러가 발생합
  // 니다. null case를 추가하거나 default case를 추가해야 에러가 사라집니다.
  switch(val){
    case true:
      print('true');
    case false:
      print('false');
  };
}
```

4.3.4 보호 구문

switch문에는 when 키워드로 보호 구문 guard clause을 추가할 수 있도록 업데이트되었습니다. when 키워드는 boolean으로 반환할 조건을 각 case문에 추가할 수 있으며 when 키워드 뒤에 오는 조건이 true를 반환하지 않으면 case 매치가 안됩니다.

```dart
// lib/4.3/4.dart
void main() {
  (int a, int b) val = (1, -1);

  // default가 출력됩니다. 만약에 b 값을 0 이상으로 변경하면
  // 1, _를 출력할 수 있습니다.
  switch (val) {
    case (1, _) when val.$2 > 0:
      print('1, _');
      break;
    default:
      print('default');
```

```
    }
}
```

4.4 클래스 제한자

다트 3.0 버전에는 다양한 클래스 제한자^{class modifiers}가 새로 추가됐습니다. 추가된 클래스 제한자는 base, final, interface, sealed, mixin 입니다. 모든 클래스 제한자는 class 키워드 앞에 명시합니다. 클래스 제한자를 명시한 클래스는 해당 클래스를 사용하는 파일이 아닌 다른 파일에 선언해야 정상으로 기능이 작동합니다.

4.4.1 base 제한자

base 제한자는 base 클래스의 기능을 강제하는 제한자입니다. base 키워드를 사용하게 되면 해당 클래스는 오직 상속만 할 수 있게 됩니다. 그리고 base 클래스가 아닌 자식 클래스는 꼭 base, final 또는 sealed 제한자를 함께 사용해줘야 합니다.

lib/4.4/1_a.dart
```
base class Parent{}
```

lib/4.4/1_b.dart
```
import '1_a.dart';

// 인스턴스화 가능
Parent parent = Parent();

// 가능
base class Child extends Parent{}

// subtype of base or final is not base final or sealed 에러가 발생합니다.
// base / sealed / final 제한자 중 하나가 필요합니다.
class Child2 extends Parent{}

// subtype of base or final is not base final or sealed 에러가 발생합니다.
// base 클래스는 implement가 불가능합니다.
class Child3 implements Parent{}
```

4.4.2 final 제한자

final 제한자를 사용하면 같은 파일에서 상속^{extend}과 재정의^{implement}를 할 수 있지만 외부 파일에서는 할 수 없습니다. 그리고 final 제한자는 base 제한자의 기능을 모두 포함합니다.

lib/4.4/2_a.dart
```dart
final class Parent{}
```

lib/4.4/2_b.dart
```dart
import '2_a.dart';

// 인스턴스화 가능
Parent parent = Parent();

// extend 불가능
class Child extends Parent{}

// implement 불가능
class Child2 implements Parent{}
```

4.4.3 interface 제한자

interface 제한자는 클래스를 외부 파일에서 상속받지 못하고 재정의만 할 수 있도록 제한하는 역할을 합니다.

lib/4.4/3_a.dart
```dart
interface class Parent{}
```

lib/4.4/3_b.dart
```dart
import '3_a.dart';

// 인스턴스화 가능
Parent parent = Parent();

// extend 불가능
class Child1 extends Parent{}

// implement 가능
class Child2 implements Parent{}
```

4.4.4 sealed 제한자

sealed 제한자는 sealed 클래스를 파일 외부에서 상속, 재정의 그리고 인스턴스화할 수 없도록 제한합니다.

```dart
sealed class Parent{}
```
lib/4.4/4_a.dart

```dart
import '4_a.dart';

// 인스턴스화 불가능
Parent parent = Parent();

// extend 불가능
class Child1 extends Parent {}

// implement 불가능
class Child2 implements Parent {}
```
lib/4.4/4_b.dart

4.4.5 mixin 제한자

다트 3.0부터는 mixin을 클래스에 사용할 수 있게 되었습니다. 일반 mixin과 같은 역할을 하면서도 상속할 수 있다는 장점이 있습니다.

```dart
mixin class MixinExample{}

// extend 가능
class Child1 extends MixinExample{}

// mixin으로 사용 가능
class Child2 with MixinExample{}
```
lib/4.4/5.dart

학습 마무리

이번 장에서는 다트 3.0 신규 문법에 대해 알아봤습니다. 다트 3.0 이상 버전부터 새롭게 추가된 레코드와 타입 내부의 값을 분해해서 직접 추출해오는 구조 분해가 있습니다. 또한 4가지 문법이 추가된 switch문과 객체지향 프로그래밍 언어인 다트의 캡슐화와 클래스의 고유성을 위해 클래스 제한자를 제공합니다. 플러터 3.0 버전부터는 다트 3.0 버전 이상을 사용하기 때문에 추가된 신규 문법을 꼭 학습하고 넘어가길 바랍니다.

핵심 요약

1. **레코드**는 새로운 타입으로 네임드 파라미터와 포지셔널 파라미터가 있습니다.
2. **구조 분해**는 타입 내부의 각각의 값을 직접 추출해오는 문법입니다.
3. **switch문**에는 표현식, 패턴 매칭, 완전 확인, 가드 절이 추가되어 다양한 방법으로 조건을 확인할 수 있습니다.
4. 객체지향 프로그래밍 언어의 특징 중 하나인 클래스의 고유성을 위해 다양한 **클래스 제한자**가 추가되었습니다.

5 클래스 제한자는 여러 개를 조합해서 사용할 수 있습니다. 다음 표는 여러 클래스 제한자를 조합했을 때 허가되는 기능을 정리한 표입니다.

선언 (Declaration)	인스턴스화 가능 여부 (Construct)	상속 가능 여부 (Extend)	인터페이스 구현 가능 여부 (Implement)	믹스인 가능 여부 (Mixin)	엄격한 검 사 가능 여부 (Exhaustive)
class	가능	가능	가능	불가능	불가능
base class	가능	가능	불가능	불가능	불가능
interface class	가능	불가능	가능	불가능	불가능
final class	가능	불가능	불가능	불가능	불가능
sealed class	불가능	불가능	불가능	불가능	가능
abstract class	불가능	가능	가능	불가능	불가능
abstract base class	불가능	가능	불가능	불가능	불가능
abstract interface class	불가능	불가능	가능	불가능	불가능
abstract final class	불가능	불가능	불가능	불가능	불가능
mixin class	가능	가능	가능	가능	불가능
base mixin class	가능	가능	불가능	가능	불가능
abstract mixin class	불가능	가능	가능	가능	불가능
abstract base mixin class	불가능	가능	불가능	가능	불가능
mixin	불가능	불가능	가능	가능	불가능
base mixin	불가능	불가능	불가능	가능	불가능

학습 목표

플러터 프레임워크, 기본 위젯, 앱을 만들려면 알아야 하는 기본 지식을 알아보겠습니다. 플러터는 '쉬운'에 상당한 무게를 두고 개발되었습니다. 얼마나 다루기 쉬운 프레임워크인지 직접 체험하는 시간이 될 겁니다.

Start

단계 2

플러터 기본 다지기

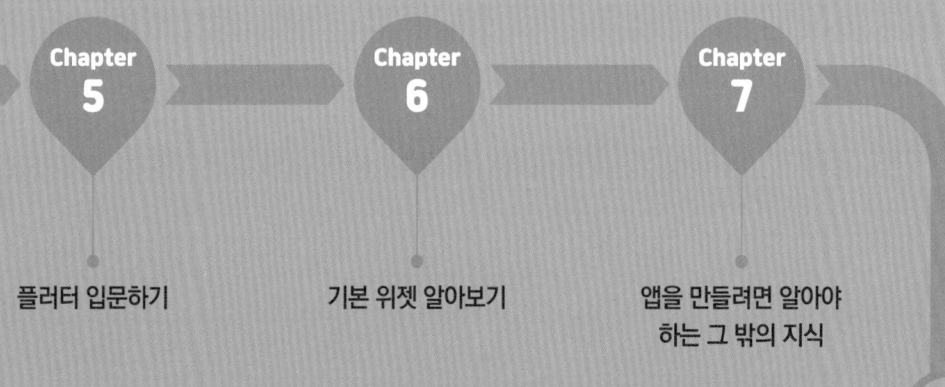

Chapter 5 — 플러터 입문하기

Chapter 6 — 기본 위젯 알아보기

Chapter 7 — 앱을 만들려면 알아야 하는 그 밖의 지식

Finish

Chapter 05

플러터 입문하기

#MUSTHAVE

□ 학습 목표

플러터에 대해 간단히 알아보고 나서 로딩 이미지를 출력하는 플러터 앱을 개발해봅니다.

□ 학습 순서

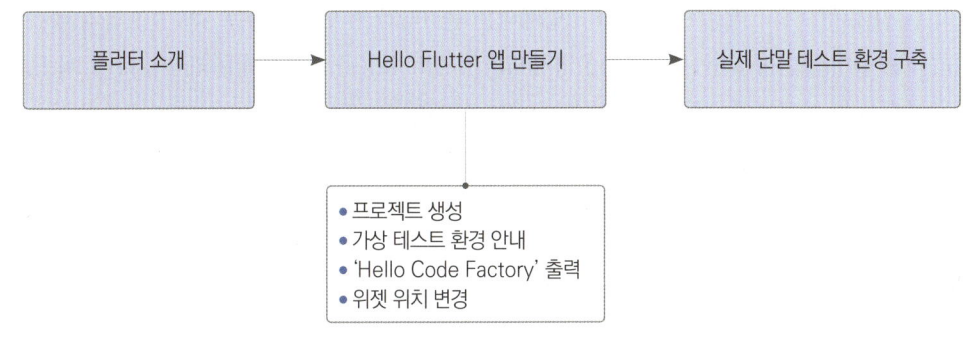

5.1 플러터 소개

플러터Flutter는 구글이 구현한 크로스 플랫폼 프레임워크cross platform framework입니다. 초기에 안드로이드와 iOS 앱만 지원했지만 현재는 웹사이트, macOS, 윈도우, 리눅스 데스크톱 앱까지 지원합니다. 플러터로 개발하면 한 소스 코드로 수많은 플랫폼에 대응할 수 있어서 개발 비용을 아끼고 관리 부담을 줄일 수 있습니다. 기존 리액트 네이티브React Native가 장악하던 크로스 플랫폼 앱 개발 프레임워크 시장을 플러터가 상당 부분 장악했습니다. 상대적으로 다루기 쉽다는 점과 크로스 플랫폼 호환성이 상당히 자연스럽다는 점, 구글에서 강력하게 밀고 있는 프로젝트라는 점을 종합했을 때 플러터는 앞으로 더욱 기대되는 프레임워크입니다.

플러터는 플랫폼 간의 이질감이 적은 크로스 플랫폼 프레임워크입니다. 기존 크로스 플랫폼 프레임워크들은 코드를 네이티브 프레임워크 코드로 전환하는 데 중점을 두었습니다. 하지만 플러터는 스카아Skia 엔진이라는 2D 렌더링 엔진과 직접 통신을 하기 때문에 스카아 엔진이 실행되는 플랫폼에서는 똑같은 API를 사용해서 프로그래밍할 수 있습니다. 이런 장점 덕분에 플러터 프레임워크는 어떤 플랫폼이든 일관된 UI를 제공할 수 있습니다. 그래서 타 크로스 플랫폼 프레임워크보다 플랫폼별 UI 디버깅 부담이 현저히 적습니다.

> **깊이 보기** 플러터 구조 살펴보기
>
> 플러터 프레임워크는 세 계층으로 나눠져 있습니다. 하드웨어와 가장 가까운 로우 레벨에는 임베더embedder 계층이 있습니다. 임베더는 플러터가 현재 지원하는 6개 플랫폼의 네이티브 플랫폼과 직접 통신을 하고 운영체제의 자체적 기능을 모듈화해둔 계층입니다. 이 모듈들은 각 플랫폼의 네이티브 언어로 작성되어 있습니다. 중간에는 엔진engine 계층이 있습니다. 이 계층은 대부분 C++로 작성되어 있으며 플러터 코어 API와 스키아 그래픽 엔진, 파일시스템 그리고 네트워크 기능 등이 정의돼 있습니다. 마지막 계층은 플러터 개발자들이 대부분의 시간을 보내는 프레임워크framework 계층입니다.
>
> ▼ 플러터 구조[1]
>
>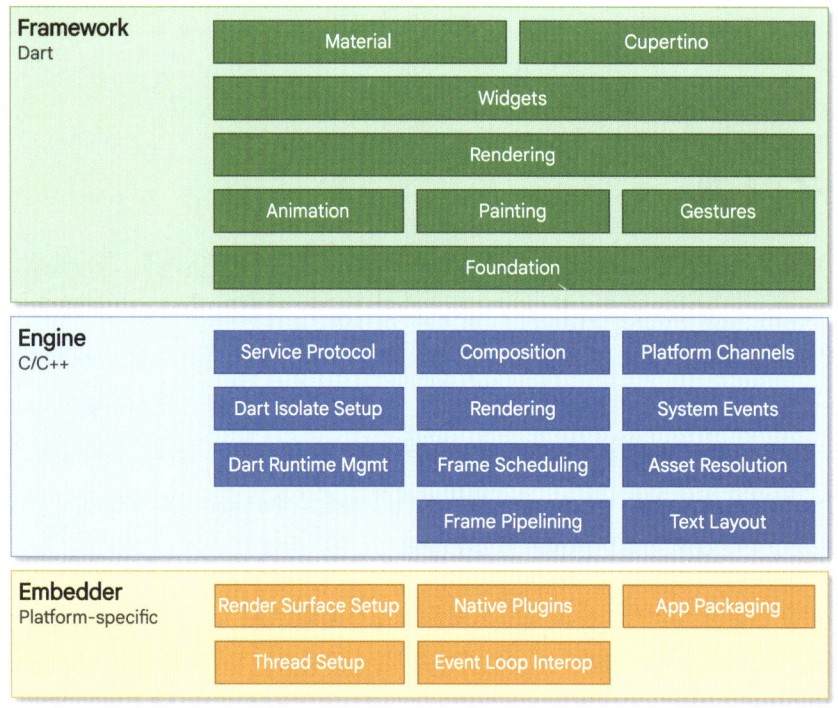

[1] docs.flutter.dev/resources/architectural-overview#architectural-layers

프레임워크 계층에는 플러터 프레임워크를 사용하는 데 필수적인 위젯, 애니메이션, 머티리얼 패키지, 쿠퍼티노 패키지 등이 있습니다. 이렇게 세 계층으로 나뉘고 잘 모듈화된 아키텍처 덕분에 플러터는 쉽게 여러 플랫폼을 지원하고 일관된 API 및 개발 경험을 제공해 줍니다.

플러터가 스키아 엔진과 직접 통신한다는 건 다시 말해 어떤 플랫폼이든 스키아 엔진을 지원한다면 플러터가 컴파일되고 실행되도록 구현할 수 있다는 의미입니다. 그래서 플러터 팀은 플러터로 단순히 iOS와 안드로이드 앱을 개발하는 데 만족하지 않고 윈도우, 리눅스, macOS 애플리케이션 그리고 심지어 웹사이트까지 같은 플러터 코드로 배포하도록 구현했습니다. 다시 말해 플러터 프로그래밍을 할 줄 알면 한번에 6가지 플랫폼을 대상으로 배포할 수 있습니다.

▼ 리액트와 플러터의 플랫폼 통신 구조

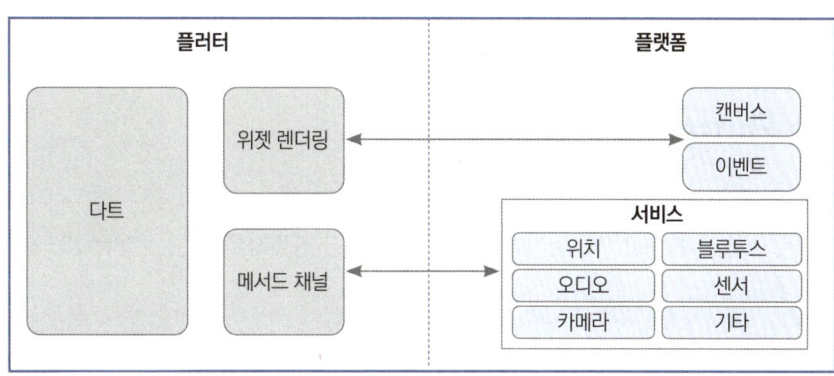

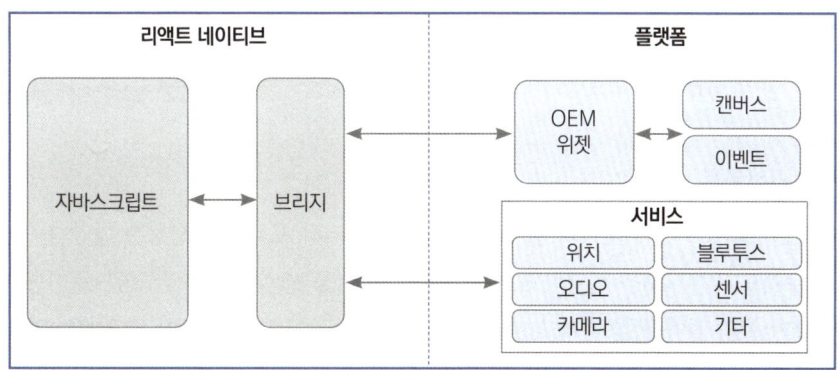

플러터가 스키아 엔진을 사용했을 때 어떤 장점이 있는 걸까요? 대부분의 크로스 플랫폼 앱 개발 프레임워크들은 웹뷰를 사용하거나 각 플랫폼의 UI 라이브러리들을 사용합니다. 플러터는 웹뷰를 사용하지 않고 직접 스키아 엔진을 사용해 화면에 UI를 그려냅니다(웹뷰는 8.1.2 '웹뷰 위젯'을 참조하세요). 이때 새로 렌더링이 필요한 위젯들만 렌더링하기 때문에 다른 크로스 플랫폼 앱 개발 프레임워크보다 상당히 높은 퍼포먼스를 선보입니다.

예를 들어 플러터의 대표적인 경쟁 프레임워크인 리액트 네이티브는 자바스크립트 브릿지를 통해서 플랫폼과 통신합니다. 또한 플랫폼의 UI(OEM 위젯)를 그대로 사용합니다. 그래서 플랫폼과 리액트 네이티브 간 통신을 할 때 필요한 리소스 비용이 상당히 높습니다. 하지만 플러터는 위젯을 스키아 엔진에 직접 그려내고 필요한 제스처 및 이벤트를 브릿지를 통하지 않고 실행하기 때문에 리액트 네이티브에 비해 상당히 빠른 퍼포먼스를 자랑합니다.

5.2 Hello Flutter 앱 만들기

개발을 가장 쉽고 빠르게 배우는 방법은 직접 코딩을 하면서 배우는 겁니다. 이제부터 Hello Flutter 앱을 만들겠습니다. 눈으로만 읽지 말고 꼭 직접 코딩을 하면서 책을 읽는 걸 추천드립니다.

5.2.1 안드로이드 스튜디오에서 프로젝트 생성하기

안드로이드 스튜디오에서 프로젝트를 생성하는 방법은 2가지입니다. GUI와 CLI에서 각각 생성할 수 있습니다. 두 방법을 알아보겠습니다.

GUI 환경에서 생성하기

ToDo **01** 안드로이드 스튜디오 전용 플러터 플러그인 덕분에 플러터 프로젝트 생성은 상당히 쉽습니다. 처음 안드로이드 스튜디오를 실행하면 다음과 같은 화면을 볼 수 있습니다. 안드로이드 스튜디오 및 플러그인 설치 절차를 잘 따라오셨다면 ❶ [New Flutter Project] 버튼이 보일 겁니다. 이 버튼을 클릭해주세요.

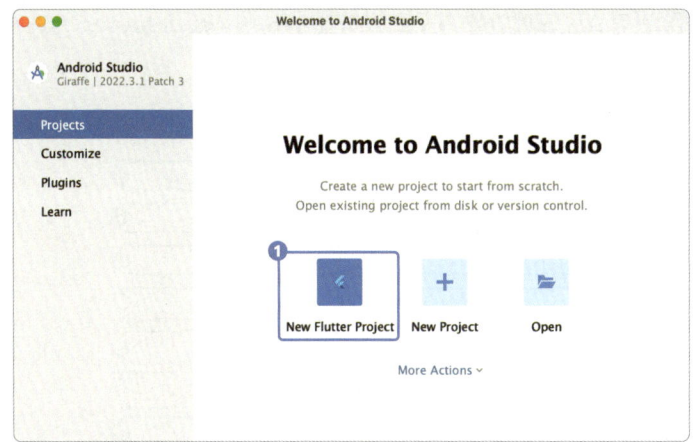

> **NOTE** 기존에 안드로이드 스튜디오를 사용해서 프로젝트를 생성한 적이 있다면 'Welcome to Android Studio' 화면 대신 프로젝트 화면 화면이 실행됩니다. [New Flutter Project] 버튼이나 [File] → [New] → [New Flutter Project] 메뉴를 찾아 실행해주세요.

02 ❶ [Flutter] 탭을 선택하고 ❷ [Flutter SDK Path]에 플러터를 다운받은 폴더 위치를 찾아주세요. 일반적으로 자동으로 인식됩니다. 완료 후 ❸ [Next]를 눌러주세요.

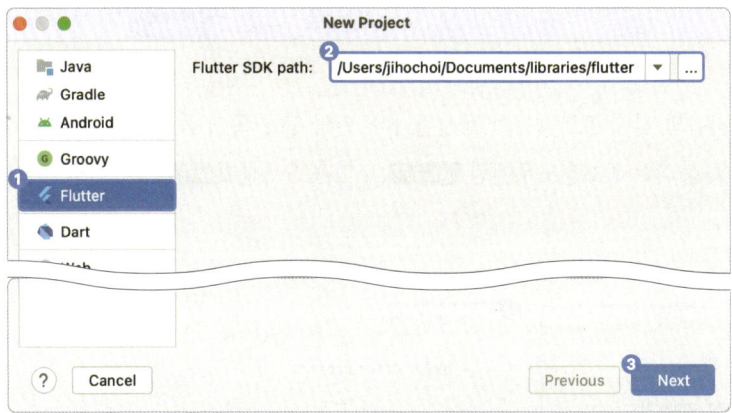

03 ❶ 프로젝트 이름으로 hello_world를 입력하고, ❻ 안드로이드는 Kotlin을 선택합니다. ❼ 각자의 환경에 맞게 Android 또는 iOS를 선택해주세요. 그 후 ❽ [Finish] 버튼을 눌러 진행합니다. 원한다면 ❷ 프로젝트 위치를 바꿔도 됩니다.

참고로 ❸은 프로젝트 설명 ❹는 프로젝트 종류(Application이 일반 플러터 프로젝트고 이 책에서는 매번 Application만 선택합니다), ❺는 프로젝트의 번들 아이디$^{bundle\ id}$입니다. 앱을 마켓에 출시할 때 식별하는 값입니다(일반적으로 도메인을 거꾸로 작성합니다. 예 : codefactory.ai → ai.codefactory.[앱 이름]).

04 생성이 마무리되면 다음과 같이 프로젝트가 생성됩니다. 만약 ❶ 왼쪽에 폴더 구조가 보이지 않으면 ❷ [Project] 탭을 눌러주세요(윈도우에선 `Alt +1`, macOS에선 `Cmd + 1`을 눌러도 됩니다).

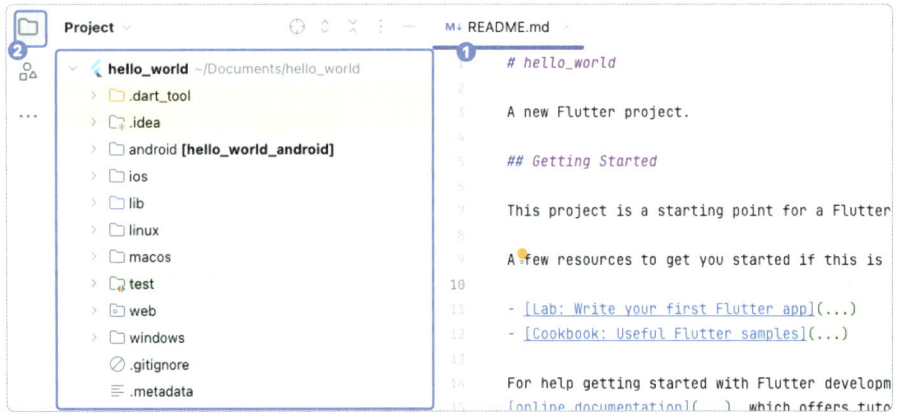

05 프로젝트를 생성하고 ❶ 탭이 [Project]로 설정돼 있지 않으면 ❶을 누르고 ❷ [Project]를 눌러주세요(안드로이드 스튜디오는 일반적으로 안드로이드 개발을 할 때 사용하기 때문에 [Android]가 선택되어 있을 수 있습니다).

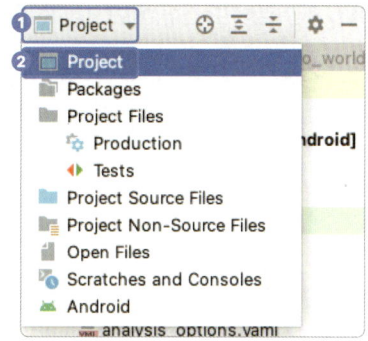

CLI 환경에서 프로젝트 생성하기

앞에서는 안드로이드 스튜디오에서 프로젝트를 생성했습니다. 사실 안드로이드 스튜디오는 플러터 프로젝트 생성을 위한 UI만 제공해줄 뿐입니다. CLI로도 플러터 프로젝트를 생성할 수 있습니다.

ToDo 01 윈도우나 macOS 터미널을 하나 열어서 원하는 폴더로 이동한 후 'flutter create 〈DIRECTORY〉' 명령으로 프로젝트를 생성합시다. 〈DIRECTORY〉에 프로젝트 이름을 넣으면 됩니다(저는 hello_world2를 입력했습니다). 플러터 프로젝트 이름은 소문자나 언더스코어로 시작해야 합니다.

```
flutter create hello_world2
```

위와 같은 명령어를 실행하면 프로젝트가 생성됩니다. 생성된 프로젝트를 안드로이드 스튜디오로 실행하면 됩니다.

5.2.2 가상 머신 테스트 환경 안내

실제 기기 없이 안드로이드 에뮬레이터와 iOS 시뮬레이터에서 테스트하는 방법을 각각 알아보겠습니다.

안드로이드 에뮬레이터 생성하기

프로젝트를 생성했으니 프로젝트를 실행할 수 있는 안드로이드 에뮬레이터를 생성해야 합니다. 안드로이드 에뮬레이터는 실제 안드로이드 기기가 없어도 컴퓨터에서 안드로이드 기기를 테스트해볼 수 있는 프로그램입니다.

ToDo **01** 안드로이드 스튜디오 오른쪽 끝의 ❶ Device Manager 아이콘을 누릅니다.

02 ❶ [Create Virtual Device] 버튼을 눌러서 에뮬레이터 생성 화면을 실행합니다.

03 ❶ [Phone] 탭에서 ❷ [Pixel 2]를 선택한 후 ❸ [Next] 버튼을 누르겠습니다.

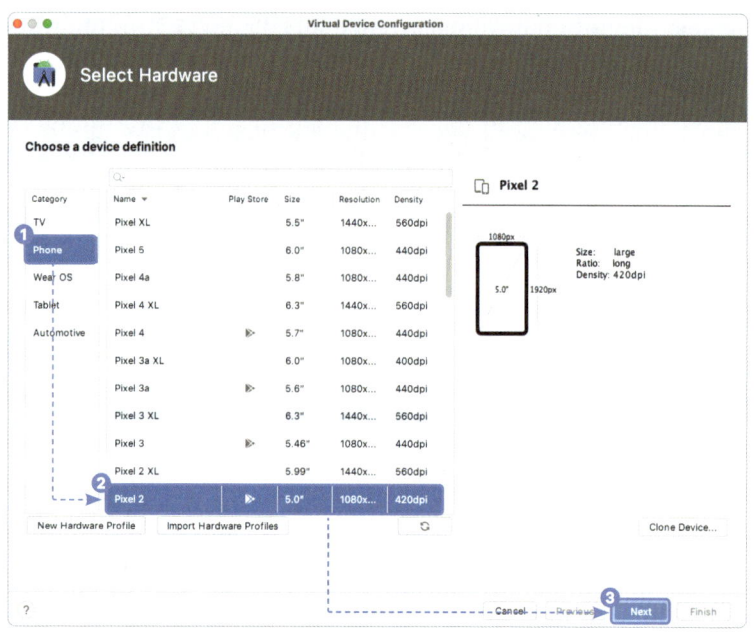

04 OS를 선택할 차례입니다. 여기에서는 ❶ API 35를 사용하겠습니다. 안드로이드 운영체제는 버전을 숫자로 표현합니다. 높을수록 최신 버전이니 선택 후 ❷ [Next] 버튼을 누르겠습니다. 이 책은 API 35 버전에서 실행이 잘되는걸 확인했습니다. 35 버전을 선택해서 에뮬레이터를 생성해 주세요. 최신 버전을 사용해도 큰 문제가 되진 않지만 버전 호환으로 인한 에러가 발생할 가능성

이 있습니다. 상황에 따라 선택한 버전의 운영체제를 다운받아야 할 수 있습니다.

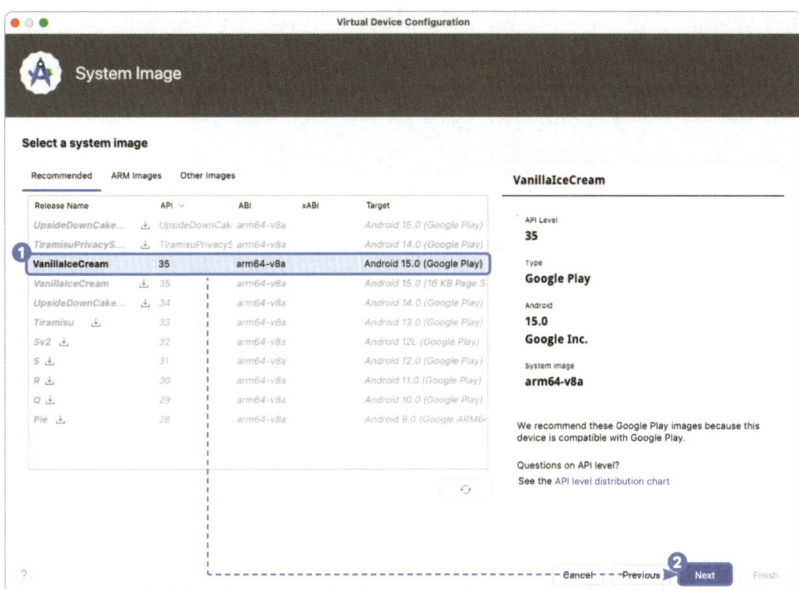

05 ❶ 원하는 에뮬레이터 이름을 설정해주세요. ❷ [show Advanced Settings]를 눌러주세요.

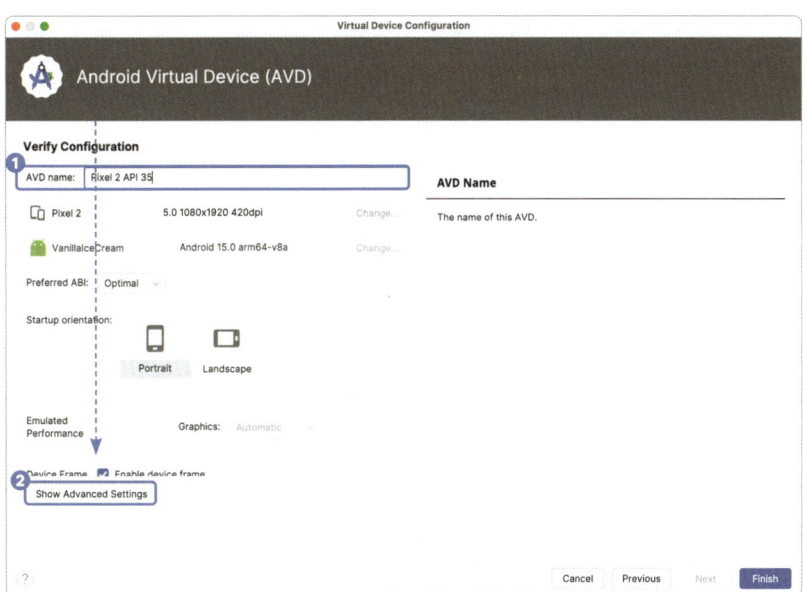

06 화면을 아래로 스크롤해서 ❸ Internal Storage를 8GB로 설정해주세요. 앱을 설치할 충분한 용량을 추가해줘야 합니다. ❹ [Finish] 버튼을 눌러서 에뮬레이터를 생성해주세요.

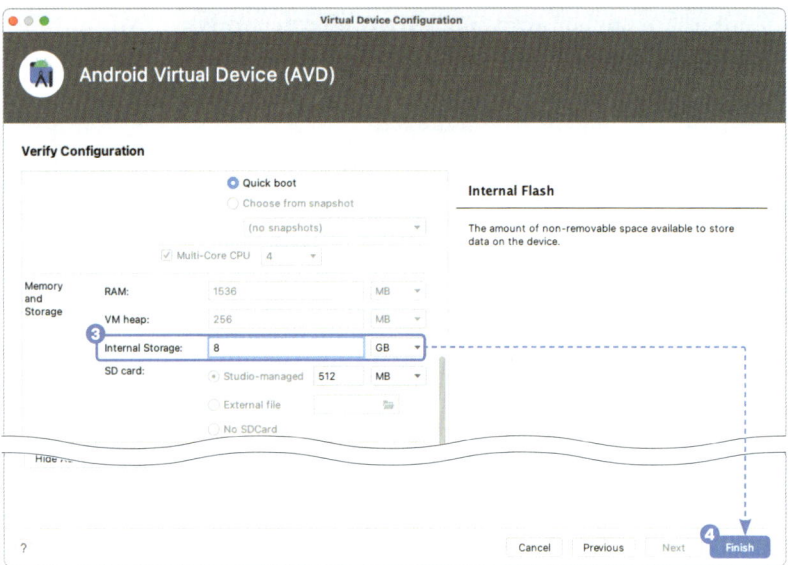

07 다시 Device Manager로 돌아오면 ❶ 안드로이드 에뮬레이터가 새로 생성되어 있습니다. ❷ 재생 버튼을 누르면 생성한 안드로이드 에뮬레이터를 실행할 수 있습니다.

> **NOTE** 이미 생성해둔 에뮬레이터를 사용하고 싶다면 꼭 에뮬레이터의 Internal Storage 용량을 확인하고 8기가 이상으로 확보해주세요.

iOS 시뮬레이터 실행하기

iOS 시뮬레이터는 MacOS 환경에서만 실행할 수 있습니다. 0.2.3 'Xcode 설치하기'에서 진행한 대로 환경 설정이 됐다면 iOS 시뮬레이터는 자동으로 설치됩니다. iOS 시뮬레이터는 다음과 같은 방법으로 실행할 수 있습니다.

ToDo 01 ❶ [Open iOS Simulator]를 누르면 시뮬레이터가 실행됩니다. 이미 시뮬레이터가 추가되어 있을 때는 ❷ 원하는 iOS 시뮬레이터를 선택하면 iOS 시뮬레이터 앱이 실행됩니다.

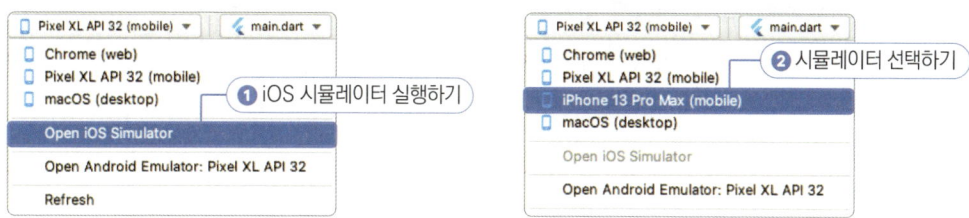

5.2.3 'Hello Code Factory' 출력하기

ToDo 01 플러터 프로젝트를 생성하면 항상 같은 샘플 프로젝트가 **〈프로젝트 폴더〉/lib** 폴더 아래 main.dart 파일에 생성됩니다. 자동으로 생성된 코드를 모두 삭제하고 다음과 같이 main() 함수만 남겨보겠습니다.

▶ 플러터 main() 함수

```
// 머티리얼 디자인과 관련된 기능을 불러오는 코드
// material.dart 파일을 불러와야
// 플러터에서 기본 제공해주는 위젯들을 사용할 수 있습니다.
import 'package:flutter/material.dart';

void main() {
  runApp();
}
```

main() 함수는 플러터 프로젝트가 실행되는 도입부입니다. 플러터 프로젝트를 실행하면 가장 먼저 main() 함수가 실행되며 main() 함수 안에 runApp() 함수를 실행시켜서 플러터 프로젝트를 시작합니다. 간단하게 'Hello Code Factory'라는 글자를 화면에 출력하는 방법을 알아보겠습니다.

02 'Hello Code Factory'라는 글자를 출력하는 코드를 작성하겠습니다.

▶ Scaffold 추가하기

```
import 'package:flutter/material.dart';

void main() {
  runApp(
    MaterialApp(         // ❶ 머티리얼 디자인 위젯
```

```
      home: Scaffold(     // ❷ Scaffold 위젯
        body: Text(       // ❸ Text 위젯
          'Hello Code Factory',  // ❹ 마지막 매개변수 끝에 콤마 추가
        ),
      ),
    ),
  );
}
```

runApp( ) 함수에 ❶ MaterialApp이라는 위젯을 추가하고 그 안에 ❷ Scaffold라는 위젯을 추가했습니다. ❶ MaterialApp은 머티리얼 디자인^{material design} 기반의 위젯들을 사용하게 해주는 위젯입니다. ❷ Scaffold는 MaterialApp 위젯 다음으로 위치하는 위젯으로 화면 전체를 차지하며 레이아웃을 도와주고 UI 관련 특수 기능을 제공해줍니다. 예를 들어 화면에 알림과 같은 스낵바를 실행한다든지, 화면의 위에 앱바를 추가하거나 아래에 탭바를 추가하는 기능을 제공해줍니다. 플러터에서 main( ) 함수 안에 runApp을 실행하고 그 안에 MaterialApp과 Scaffold 위젯을 추가하는 것이 기본 설정이라고 생각하면 됩니다. 이 설정을 하고 나면 비로소 원하는 요소를 화면에 추가할 수 있습니다. ❹ 플러터에서는 마지막 매개변수의 끝에 , 기호를 추가하는 코딩 표준이 있습니다. , 기호가 없어도 에러가 나지는 않지만 코드 자동 정리를 실행했을 때 , 기호를 기준으로 줄 나눔이 됩니다. 그러니 다음 매개변수가 없더라도 마지막 매개변수의 끝에는 , 기호를 항상 추가해주세요.

앱바

앱바는 일반적으로 앱의 상단에 가장 많이 사용하는 형태의 위젯입니다. 현재 화면의 정보를 보여주거나 뒤로 가기 버튼을 구현할 때 일반적으로 많이 사용됩니다.

스낵바

스낵바는 정보를 사용자에게 알려줄 때 사용하는 위젯입니다. 스낵바를 보여주는 함수를 실행하면 핸드폰의 아래에 알림창처럼 검정색 UI가 올라오며 입력한 메시지가 표시됩니다.

글자를 화면에 출력하고 싶기 때문에 ❸ Text 위젯을 Scaffold에 추가해서 'Hello Code Factory'라는 글자를 입력했습니다.

03 이제 ❶ 안드로이드 에뮬레이터를 실행하고 ❷ 실행된 에뮬레이터를 선택한 다음 ❸ [실행 버튼]

을 누르면 화면에 'Hello Code Factory'가 보일 겁니다.

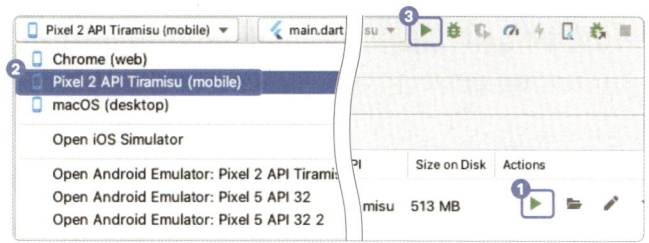

▼ 실행 화면

5.2.4 Center 위젯으로 중앙 정렬

ToDo **01** 'Hello Code Factory'라는 글자를 화면에 보이게 하는 데 성공했지만 맨 위에 있는 상태바에 가렸습니다. 글자가 잘 보이게 화면의 가운데로 옮기기 위해 '가운데'를 뜻하는 Center 위젯을 사용합니다.

```
import 'package:flutter/material.dart';

void main() {
  runApp(
    MaterialApp(
      home: Scaffold(
        body: Center(
          child: Text(
            'Hello Code Factory',
          ),
        ),
      ),
    ),
  );
}
```

▼ 실행 화면

02 실행하면 'Hello Code Factory'가 가운데에 위치합니다.

5.3 실제 단말 테스트 환경 구축

지금까지는 컴퓨터에서 핸드폰을 가상화해서 플러터 앱을 실행했습니다. 실제 안드로이드나 아이폰 기기에서도 앱을 테스트할 수 있습니다. 지금부터는 안드로이드와 아이폰 실제 기기를 사용해서 플러터 앱을 실행해서 테스트하는 방법을 알아보겠습니다.

5.3.1 안드로이드 실제 기기 사용하기

안드로이드 실제 기기 연동하는 데 USB와 와이파이 무선 방식을 사용할 수 있습니다. 먼저 실제 기기에서 개발자 옵션을 활성화하고 각각 방법을 차례대로 알아보겠습니다.

개발자 옵션 활성화하기 : USB와 무선 연결 공통 작업

먼저 안드로이드 실제 기기에서 개발자 옵션을 활성화해야 합니다. USB 연결과 무선 연결을 이용할 때 공통으로 필요한 과정입니다.

ToDo **01** 개발자 옵션 및 USB 디버깅 사용 설정을 합니다. 안드로이드 버전별로 아래 절차를 따라주세요(버전에 따라 탭 횟수는 상이할 수 있습니다).

- **Android 9 / API 28 이상** : [설정] → [휴대전화 번호] → [빌드 번호] 7번 탭하기
- **Android 8 / API 26~27 이상** : [설정] → [시스템] → [휴대전화 번호] → [빌드 번호] 7번 탭하기
- **Android 7.1 / API 25 이하** : [설정] → [휴대전화 정보] → [빌드 번호] 7번 탭하기

02 USB 디버깅이 활성화돼 있는지 확인해주세요. 만약에 활성화돼 있지 않다면 활성화해주세요(버전에 따라 위치가 상이하나 'USB 디버깅' 메뉴는 버전에 상관없이 제공됩니다).

- **Android 9 / API 28 이상** : [설정] → [시스템] → [고급] → [개발자 옵션] → [USB 디버깅]
- **Android 8 / API 26~27** : [설정] → [시스템] → [개발자 옵션] → [USB 디버깅]
- **Android 7.1 / API 25 이하** : [설정] → [개발자 옵션] → [USB 디버깅]

USB로 연결하기

안드로이드 기기와 플러터 개발을 할 컴퓨터를 USB로 연결하는 방법을 알아보겠습니다. 안드로이드 실제 기기로 USB 디버깅을 하려면 Android 4.1 (API 16) 이상의 안드로이드 버전을 사용해야 합니다.

ToDo **01** 안드로이드 스튜디오에서 Google USB Driver를 설치해야 합니다. 먼저 메인 메뉴에

서 [Tools] → [SDK Manager]를 클릭합니다. 그 후 ❶ [Languages & Frameworks] → [Android SDK]를 선택합니다. ❷ [Google USB Driver]를 선택합니다. ❸ [OK]를 클릭합니다.

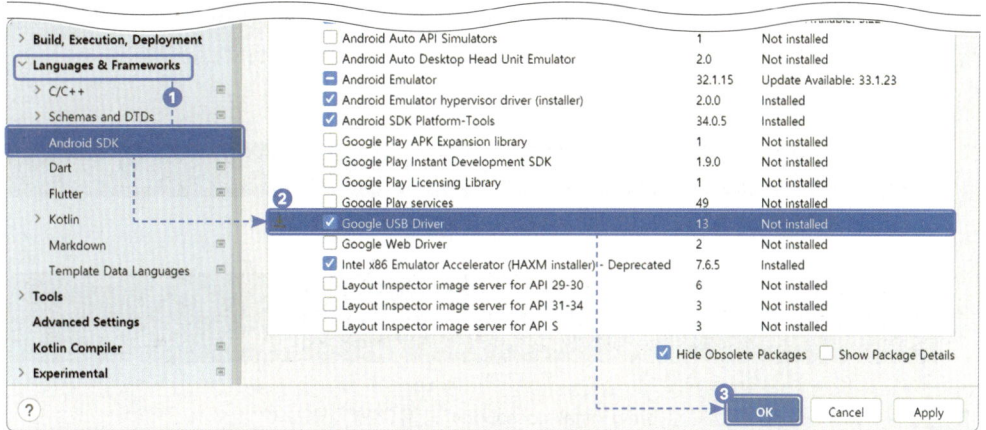

02 USB로 안드로이드 핸드폰과 컴퓨터를 연결해주세요. 만약에 권한 요청이 뜨면 권한을 허가해주세요.

03 안드로이드 스튜디오 실행 기기 선택 탭에서 연결된 핸드폰을 선택한 후 실행 버튼을 눌러주세요.

안드로이드 실제 기기 사용법은 공식 사이트에서 더욱 자세히 알아볼 수 있습니다. 추가로 최신 안드로이드 기기를 사용할 경우 와이파이를 이용한 무선 디버깅도 가능합니다. 무선 디버깅을 진행해보고 싶다면 다음 링크를 참고해주세요.

- **안드로이드 USB 연결 공식 문서**

  https://docs.flutter.dev/get-started/install/windows#android-setup

- **안드로이드 와이파이 연결 공식 문서**

  https://developer.android.com/studio/command-line/adb

5.3.2 아이폰 실제 기기 사용하기

안드로이드 실제 기기와 마찬가지로 아이폰도 실제 기기를 이용해서 플러터 앱을 실행할 수 있습니다. macOS 환경이 필요합니다.

ToDo 01 아이폰을 개발 컴퓨터에 연결해주세요. 만약에 권한 요청이 뜨면 [신뢰하기]를 눌러주세요. iOS 16 이상을 사용한다면 [Settings (설정) → Privacy & Security(개인정보 보호)]에서

[Developer (개발자 모드)]를 활성화해주세요.

02 터미널을 실행해서 다음 두 코드 중 하나를 실행해주세요. 인텔 기반 맥북인지 애플 실리콘 기반(M1 등)의 맥북인지에 따라 명령이 다릅니다. 0.2.4 'Brew 및 CocoaPods 설치하기'에서 CocoaPods를 설치했다면 CocoaPods 설치 과정은 건너뛰어도 됩니다.

- 인텔 기반 맥북

```
sudo gem install cocoapods
```

- 애플 실리콘 기반 맥북 (M1 등)

```
sudo gem install cocoapods
sudo gem uninstall ffi && sudo gem install ffi -- --enable-libffi-alloc
```

> **NOTE** 구형 macOS라면 홈브루에서 'brew install cocoapods' 명령을 실행하세요.

03 Xcode를 실행하고 생성한 프로젝트의 ios/Runner.xcworkspace를 열어주세요.

04 ❶ 좌측의 [Runner]를 선택합니다. ❷ TARGETS의 [Runner]를 선택합니다. ❸ [Signing & Capabilities] 탭을 선택합니다. ❹ Bundle Identifier를 유니크^{unique}한 값으로 변경해줍니다. 나중에 앱을 출시할 때 앱을 구분하는 데 사용되니 출시 중이거나 개발 중으로 등록된 그 어떤 앱과도 겹치면 안 됩니다. 연습용 프로젝트이니 com.[본인 영어 이름].[복잡한 영어 단어]로 구성해서 겹치지 않는 값을 지정해주세요. ❺ [Automatically manage Signing]이 체크되지 않았다면 체크합니다. ❻ 버튼을 눌러서 로그인된 계정을 선택하거나 새로운 애플 계정으로 로그인합니다.

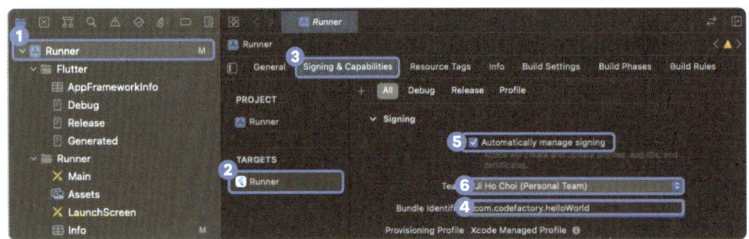

05 안드로이드 스튜디오 실행 기기 선택 탭에서 연결된 핸드폰을 선택한 후 실행 버튼을 눌러주세요. 아이폰 실제 기기 사용법은 공식 사이트에서 더욱 자세히 알아볼 수 있습니다.

- **아이폰 USB 연결 공식 문서**

    https://docs.flutter.dev/get-started/install/macos#deploy-to-ios-devices

NOTE iOS 14 이상 실제 기기에서 실행 에러

iOS 14 이상에서 다음과 같이 디버깅 에러가 날 때는 XCode에서 릴리즈release 모드로 빌드 설정을 변경해줘야 합니다.

In iOS 14+, debug mode Flutter apps can only be launched from Flutter tooling, IDEs with Flutter plugins or from Xcode.

Alternatively, build in profile or release modes to enable launching from the home screen.

XCode를 실행하고 ❶ [Product] → [Scheme] → [Edit Scheme] → ❷ [Build Configuration] → [Release]를 선택해주세요. 설정을 완료한 후 실행을 진행하면 됩니다.

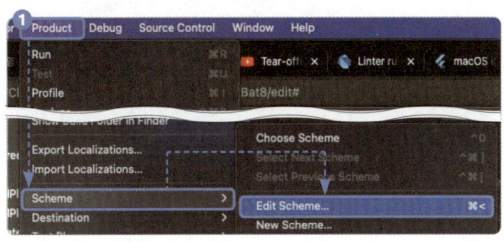
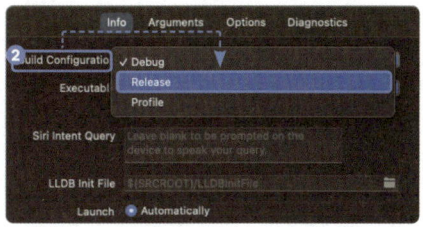

학습 마무리

플러터의 기술적 특징을 살펴봤습니다. 플러터 프레임워크 구조를 살펴보면서 플러터 프레임워크가 왜 크로스 플랫폼 개발에 유리한지 알아봤습니다. 그리고 간단하게 Hello Flutter 및 로딩 화면 앱을 구현해보며 플러터 프레임워크의 직관적인 API를 간단히 경험했습니다. 플러터와 약간은 친숙해지고 앞으로 학습할 실전 프로젝트들에 대한 두려움을 없앨 수 있는 계기가 되었기를 바랍니다.

핵심 요약

1 플러터는 Embedder, Engine, Framework 세 개의 계층으로 이루어져 있습니다.
   - **Embedder** 계층은 네이티브 플랫폼과 통신하는 역할을 합니다.
   - **Engine** 계층은 플러터 프레임워크의 중심이 되는 기능들을 제공합니다.
   - **Framework** 계층은 위젯과 애니메이션 등 플러터 개발자들이 실질적으로 사용하는 기능들을 제공합니다.
2 **Center** 위젯을 사용하면 위젯을 중앙에 배치할 수 있습니다.
3 **Text** 위젯을 사용하면 화면에 글자를 작성할 수 있습니다.

Chapter 06

기본 위젯 알아보기

#MUSTHAVE

학습 목표

플러터는 화면에 그려지는 모든 요소가 위젯으로 구성되어 있습니다. 플러터 프레임워크는 수십 가지 기본 위젯을 제공하며 앱 개발자가 직접 위젯을 만들 수도 있습니다. 이 모든 위젯을 다 알아볼 수는 없으니 자주 사용하는 위젯을 텍스트, 제스처, 디자인, 배치 관련 위젯으로 분류해 알아보겠습니다.

학습 순서

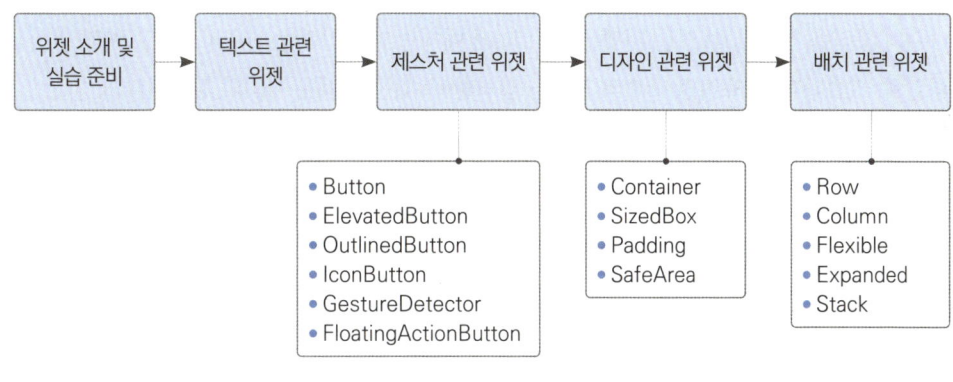

6.1 위젯 소개

'Everything is a Widget'은 구글에서 플러터에서 소개하는 문구입니다. 한국어로 직역하면 '모든 것은 위젯이다'입니다. 플러터에서 화면에 보여지는 UI와 관련된 모든 요소는 위젯으로 구성되어 있습니다. 위젯은 현재 주어진 상태^{state}(데이터)를 기반으로 어떤 UI를 구현할지를 정의합니다. 위젯의 상태가 변경되면 변경 사항에 알맞게 변경된 UI를 화면에 다시 그려줍니다. 이때 플러터 프레임워크는 기존 상태의 위젯과 새로운 상태의 위젯을 비교해서 UI 변화를 반영할 때 필요한 최소한의 변경 사항을 산출해서 화면을 그려냅니다. 결과적으로 플러터는 최소한의 리소스를 이용해서 UI 변경을 이끌어낼 수 있으며, 쉽게 최대 120FPS까지 높은 퍼포먼스를 발휘할 수 있습니다.

위젯은 자식을 하나만 갖는 위젯과 자식을 여럿 갖는 위젯으로 나뉩니다. 자식을 하나만 갖는 대표적인 위젯들은 다음과 같으며 대체로 child 매개변수를 입력받습니다.

- **Container 위젯** : 자식을 담는 컨테이너 역할을 합니다. 다만 단순하게 자식을 담는 역할을 하는 게 아니라 배경색, 너비와 높이, 테두리 등의 디자인을 지정할 수 있습니다.
- **GestureDetector 위젯** : 플러터에서 제공하는 제스처 기능을 자식 위젯에서 인식하는 위젯입니다. 탭이나 드래그 그리고 더블 클릭 같은 제스처 기능이 자식 위젯에 인식됐을 때 함수를 실행할 수 있습니다.
- **SizedBox 위젯** : 높이와 너비를 지정하는 위젯입니다. Container 위젯과 다르게 디자인적 요소는 적용할 수 없고 const 생성자로 선언할 수 있어서 퍼포먼스 측면에서 더 효율적입니다.

다수의 자식을 입력할 수 있는 위젯은 children 매개변수를 입력받으며 리스트로 여러 위젯을 입력할 수 있습니다. 대표적인 다수의 자식을 입력할 수 있는 위젯은 아래와 같습니다.

- **Column 위젯** : children 매개변수에 입력된 모든 위젯들을 세로로 배치합니다.
- **Row 위젯** : children 매개변수에 입력된 모든 위젯들을 가로로 배치합니다.
- **ListView 위젯** : 리스트를 구현할 때 사용합니다. 마찬가지로 children 매개변수에 다수의 위젯을 입력할 수 있으며 입력된 위젯이 화면을 벗어나게 되면 스크롤이 가능해집니다.

child와 children 매개변수에 지속적으로 하위 위젯을 입력하면 크리스마스 트리처럼 위젯 계층이 정리됩니다. 예를 들어 다음과 같은 UI를 구현한다고 가정하겠습니다.

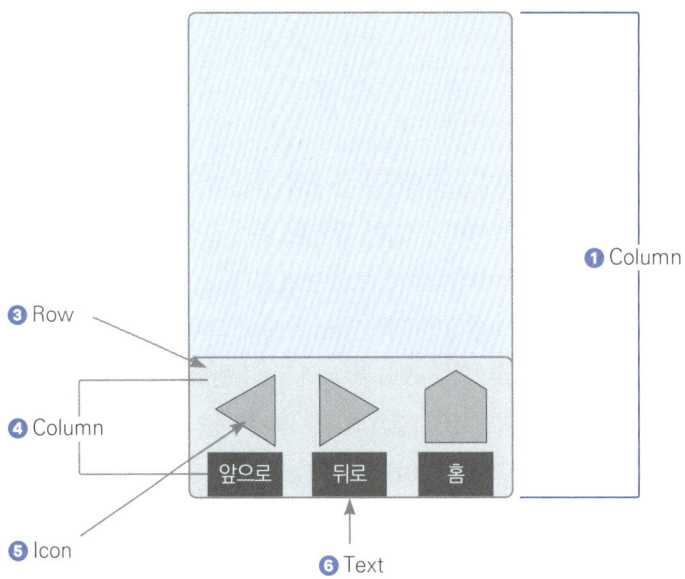

위 UI의 위젯 트리는 다음과 같습니다. 이렇게 UI를 위젯 트리로 그릴 수 있어야 플러터 앱 프로그래밍을 할 수 있으니 두 그림 간의 관계를 꼭 이해하고 넘어가주세요.

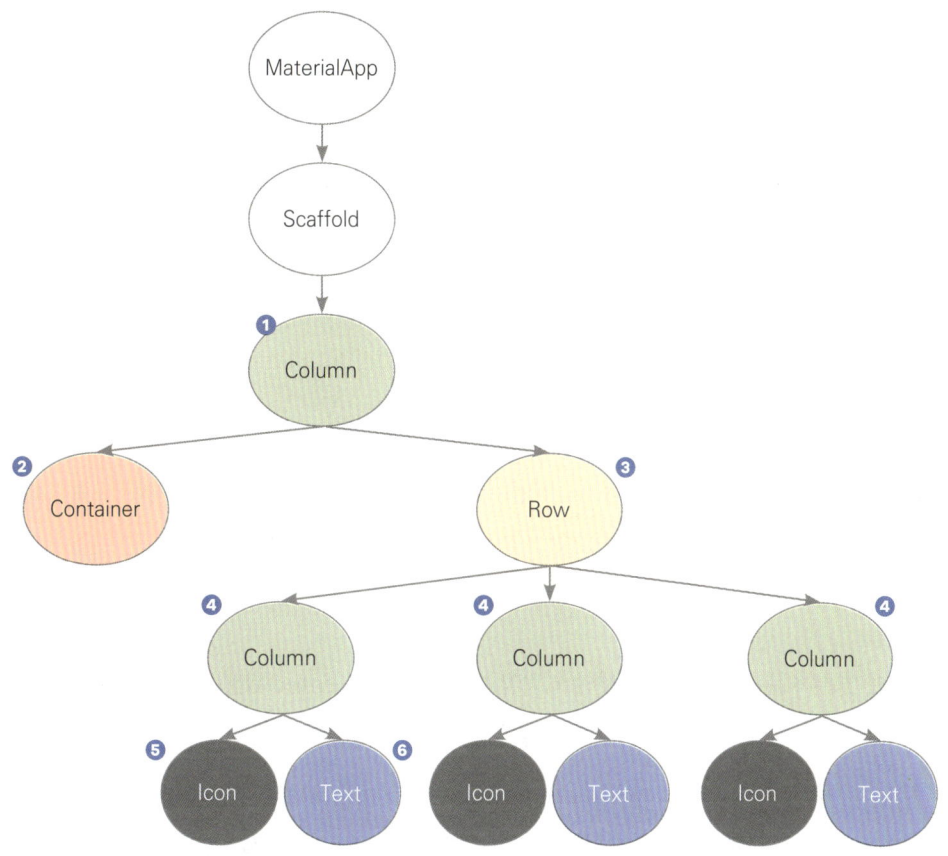

이외에도 플러터에서 기본으로 제공하는 위젯들은 플러터 공식 웹사이트에서 API를 확인할 수 있습니다.

- https://flutter.dev/docs/development/ui/widgets

6.1.1 Children와 Child의 차이점

플러터는 위젯 아래에 계속 위젯이 입력되는 형태로 '위젯 트리'를 구성하여 UI를 제작합니다. child 매개변수와 children 매개변수는 위젯에 하위 위젯을 추가할 때 사용합니다. 명칭에서도 알 수 있듯이 child는 위젯을 하나만 추가할 수 있고 children은 여럿을 추가할 수 있습니다. 대부분 위젯은 child 또는 children 매개변수를 하나만 제공합니다. child와 children 매개변수를 동시에 입력받는 위젯은 존재하지 않습니다. 다음 예제에서 child와 children 매개변수의 차이를 알아보겠습니다.

lib/main.dart
```dart
import 'package:flutter/material.dart';

void main() {
  runApp(
    MaterialApp(
      home: Scaffold(
        body: Center(

          // ❶ 하나의 위젯만 가운데 정렬 가능
          child: Text('Code Factory'),
        ),
      ),
    ),
  );
}
```

▼실행 결과

> Code Factory

❶ child 매개변수에는 단 하나의 위젯만 입력할 수 있습니다. Center 위젯은 child 매개변수에 입력된 위젯을 가운데 정렬해주는 기능을 갖고 있기 때문에 Text 위젯을 가운데 정렬해줍니다.

반면 children 매개변수는 여러 위젯을 리스트에 입력할 수 있습니다. 리스트에 입력된 순서대로 화면에 그려집니다. 위젯을 세로로 배치할 수 있는 위젯인 Column 위젯을 사용해서 children 매개변수를 알아보겠습니다.

lib/main.dart
```dart
import 'package:flutter/material.dart';

void main() {
  runApp(
    MaterialApp(
      debugShowCheckedModeBanner: false,
      home: Scaffold(
        body: SizedBox(
          width: double.infinity,
          child: Column(
```

```
            mainAxisAlignment: MainAxisAlignment.center,

            // ❶여러 위젯을 Column 위젯에 입력 가능
            children: [
              Text('Code'),
              Text('Factory'),
            ],
          ),
        ),
      ),
    );
  }
```

▼ 실행 결과

```
Code
Factory
```

❶ children 매개변수는 리스트를 입력받고 리스트 안에는 원하는 만큼 위젯을 입력할 수 있습니다. 'Code'라는 글자를 입력한 Text 위젯이 먼저 입력됐고 이어서 'Factory'라는 글자가 입력된 Text 위젯이 입력됐으니 2행에 걸쳐 'Code Factory'라는 글자가 화면에 그려집니다.

6.2 위젯 실습용 템플릿 작성

이제부터는 안드로이드 스튜디오에서 필수 위젯들을 하나씩 학습합니다.

ToDo **01** 실습을 하려면 프로젝트를 생성해야 하니 5.2.1 '안드로이드 스튜디오에서 프로젝트 생성하기'를 참고해서 프로젝트를 새로 생성해주세요.

02 앞으로 배울 위젯들을 화면에 구현하려면 배우려는 위젯 코드 외에 기본 코드가 약간 필요합니다. 다음 템플릿을 참고해서 기본 코드를 구현한 후 ❶ child 매개변수에 실습 예제들을 작성해가며 공부하겠습니다.

lib/main.dart
```
import 'package:flutter/material.dart';

void main() {
  runApp(MyApp());
}

class MyApp extends StatelessWidget {
```

```
@override
Widget build(BuildContext context) {
  return MaterialApp(
    home: Scaffold(
      body: Center(
        child: // ❶ 여기에 예제 코드 작성하기
      ),
    ),
  );
}
}
```

6.3 텍스트 관련 위젯

화면에 글자를 보여주려면 글자를 렌더링할 수 있는 위젯을 사용해야 합니다. 이 책에서는 가장 대표적인 텍스트 관련 위젯인 Text 위젯만 다룹니다.

> **NOTE** 플러터는 RichText 위젯과 Paragraph 같은 클래스도 제공합니다.
> • https://docs.flutter.dev/development/ui/widgets/text

> **NOTE** 예제를 실행하면 use key in widget constructors(위젯 생성자에 키값을 포함하라)와 prefer const with constant constructors(const 생성자를 사용할 수 있으면 const 생성자를 사용하라) 워닝이 보일 수 있습니다. 워닝은 프로그램을 실행하는 데 문제는 없지만 변경해주면 성능이 향상되거나 코드 관리에 유리할 수 있는 사항입니다. 연습 예제이니 워닝을 무시하고 코드를 실습하겠습니다.

Text 위젯은 글자를 적고 스타일링하는 위젯입니다. 첫 번째 포지셔널 파라미터에 원하는 문자열을 작성하고 style이라는 네임드 파라미터를 사용해 스타일을 지정합니다.

▼ Text 위젯 예제 코드

```
Text(
  // 작성하고 싶은 글
  '코드팩토리',
  // 글자에 스타일 적용
  style: TextStyle(
```

```
    // 글자 크기
    fontSize: 16.0,
    // 글자 굵기
    fontWeight: FontWeight.w700,
    // 글자 색상
    color: Colors.blue,
  ),
)
```

▼ 실행 결과

코드팩토리

6.4 제스처 관련 위젯

사용자가 키보드로 글자를 입력하는 행위 외의 모든 입력을 플러터에서는 제스처라고 부릅니다. 예를 들어 화면을 한 번 탭한다거나, 두 번 탭한다거나, 길게 누르는 행동 모두가 제스처입니다. GestureDetector 위젯(6.4.3)은 모든 제스처를 매개변수로 제공해줍니다. 제스처 관련 위젯은 하위 위젯에 탭이나 드래그처럼 특정 제스처가 입력됐을 때 인지하고 콜백 함수를 실행합니다. Button, IconButton, GestureDetector, FloatingActionButton 위젯을 순서대로 알아보겠습니다.

6.4.1 Button 위젯

플러터 머티리얼 패키지에서 기본 제공하는 버튼으로 TextButton, OutlinedButton, ElevatedButton이 있습니다. TextButton, OutlinedButton, ElevatedButton 모두 버튼을 누르면 색이 변경되는 리플 효과를 지원합니다.

TextButton	OutlinedButton	ElevatedButton
텍스트만 있는 버튼	테두리가 있는 버튼	입체적으로 튀어나온 느낌의 배경이 들어간 버튼
텍스트 버튼	아웃라인드 버튼	엘리베이티드 버튼

각각을 구현하는 코드를 살펴보겠습니다.

▼ TextButton 코드

```
TextButton(
  // 클릭 시 실행
  onPressed: () {},
  // 스타일 지정
  style: TextButton.styleFrom(
    // 주색상 지정
    foregroundColor: Colors.red,
  ),
  // 버튼에 넣을 위젯
  child: Text('텍스트 버튼'),
),
```

▼ 실행 결과

텍스트 버튼

▼ OutlinedButton 예제

```
OutlinedButton(
  // 클릭 시 실행할 함수
  onPressed: () {},
  // 버튼 스타일
  style: OutlinedButton.styleFrom(
    foregroundColor: Colors.red,
  ),
  // 버튼에 들어갈 위젯
  child: Text('아웃라인드 버튼'),
),
```

▼ 실행 결과

아웃라인드 버튼

▼ ElevatedButton 예제

```
ElevatedButton(
  // 클릭 시 실행할 함수
  onPressed: (){},
  // 버튼 스타일링
  style: ElevatedButton.styleFrom(
    backgroundColor: Colors.red,
  ),
  // 버튼에 들어갈 위젯
  child: Text('엘리베이티드 버튼'),
),
```

▼ 실행 결과

엘리베이티드 버튼

6.4.2 IconButton 위젯

IconButton은 아이콘을 버튼으로 생성하는 위젯입니다. icon 매개변수에 보여주고 싶은 아이콘을 넣을 수 있습니다. onPressed 매개변수에 IconButton을 누르면 실행할 콜백 함수를 제공할 수 있습니다. 아이콘은 글리프^{glyph} 기반의 아이콘을 사용할 수 있으며 ❶ Icons 클래스를 통해 플러터에서 제공하는 기본 아이콘들을 사용할 수 있습니다.

▼ IconButton 예제

```
IconButton(
  onPressed: () {},
  icon: Icon(
    // ❶ 플러터에서 기본으로 제공하는 아이콘입니다.
    // 제공되는 아이콘 목록은 다음 링크에서 확인해볼 수 있습니다.
    // https://fonts.google.com/icons
    Icons.home,
  ),
),
```

6.4.3 GestureDetector 위젯

앱은 모든 입력을 손가락으로 합니다. 그래서 손가락으로 하는 여러 가지 입력을 인지하는 위젯이 필요한데 GestureDetector가 바로 그 역할을 합니다.

▼ GestureDetector 예제

```
GestureDetector(
  // ❶ 한 번 탭했을 때 실행할 함수
  onTap: (){
    // 출력 결과는 안드로이드 스튜디오의 [Run] 탭에서 확인 가능합니다.
    print('on tap');
  },
  // ❷ 두 번 탭했을 때 실행할 함수
  onDoubleTap: (){
    print('on double tap');
  },
  // ❸ 길게 눌렀을 때 실행할 함수
  onLongPress: (){
```

```
      print('on long press');
    },
    // 제스처를 적용할 위젯
    child: Container(
      decoration: BoxDecoration(
        color: Colors.red,
      ),
      width: 100.0,
      height: 100.0,
    ),
  ),
```

▼ 실행 결과

위 GestureDetector의 child 위젯에 한 번 탭, 두 번 탭, 길게 눌렀을 때의 예제 코드를 알아봤습니다. GestureDetector는 이뿐만 아니라 웹에서의 오른쪽 클릭, 위젯 드래그 등의 입력도 받을 수 있습니다.

다음 표에 GestureDetector가 제공하는 중요한 제스처를 정리하였습니다.

▼ GestureDetector 위젯에서 제공하는 제스처 매개변수[1]

매개변수	설명
onTap	한 번 탭했을 때 실행되는 함수를 입력할 수 있습니다.
onDoubleTap	두 번 연속으로 탭했을 때 실행되는 함수를 입력할 수 있습니다.
onLongPress	길게 누르기가 인식됐을 때 실행되는 함수를 입력할 수 있습니다.
onPanStart	수평 또는 수직으로 드래그가 시작됐을 때 실행되는 함수를 입력할 수 있습니다.
onPanUpdate	수평 또는 수직으로 드래그를 하는 동안 드래그 위치가 업데이트될 때마다 실행되는 함수를 입력할 수 있습니다.
onPanEnd	수평 또는 수직으로 드래그가 끝났을 때 실행되는 함수를 입력할 수 있습니다.
onHorizontalDragStart	수평으로 드래그를 시작했을 때 실행되는 함수를 입력할 수 있습니다.
onHorizontalDragUpdate	수평으로 드래그를 하는 동안 드래그 위치가 업데이트될 때마다 실행되는 함수를 입력할 수 있습니다.

---

1 https://api.flutter.dev/flutter/widgets/GestureDetector-class.html

onHorizontalDragEnd	수평으로 드래그가 끝났을 때 실행되는 함수를 입력할 수 있습니다.
onVerticalDragStart	수직으로 드래그를 시작했을 때 실행되는 함수를 입력할 수 있습니다.
onVerticalDragUpdate	수직으로 드래그를 하는 동안 드래그 위치가 업데이트될 때마다 실행되는 함수를 입력할 수 있습니다.
onVerticalDragEnd	수직으로 드래그가 끝났을 때 실행되는 함수를 입력할 수 있습니다.
onScaleStart	확대가 시작됐을 때 실행되는 함수를 입력할 수 있습니다.
onScaleUpdate	확대가 진행되는 동안 확대가 업데이트될 때마다 실행되는 함수를 입력할 수 있습니다.
onScaleEnd	확대가 끝났을 때 실행되는 함수를 입력할 수 있습니다.

6.4.4 FloatingActionButton 위젯

FloatingActionButton은 Material Design에서 추구하는 버튼 형태입니다. 안드로이드 앱들을 사용하다 보면 화면의 오른쪽 아래에 동그란 플로팅 작업 버튼을 쉽게 볼 수 있습니다. FloatingActionButton과 Scaffold를 같이 사용하면 특별한 어려움 없이 해당 형태의 디자인을 구현할 수 있습니다.

▼ FloatingActionButton 예제

```
import 'package:flutter/material.dart';

void main() {
  runApp(FloatingActionButtonExample());
}

class FloatingActionButtonExample extends StatelessWidget {
  @override
  Widget build(BuildContext context) {
    return MaterialApp(
      home: Scaffold(
        floatingActionButton: FloatingActionButton(
          // 클릭했을 때 실행할 함수
          onPressed: () {},
          child: Text('클릭'),
        ),
```

▼ 실행 결과

```
      body: Container(),
    ),
  );
 }
}
```

6.5 디자인 관련 위젯

디자인 관련 위젯은 배경을 추가하거나 간격을 추가하거나 패딩을 추가하는 등 디자인적 요소를 적용할 때 사용합니다.

6.5.1 Container 위젯

Container 위젯은 말 그대로 다른 위젯을 담는 데 사용됩니다. 위젯의 너비와 높이를 지정하거나, 배경이나 테두리를 추가할 때 많이 사용됩니다.

▼ Container 위젯

```
Container(
  // 스타일 작용
  decoration: BoxDecoration(
    // 배경색 적용
    color: Colors.red,
    // 테두리 적용
    border: Border.all(
      // 테두리 굵기
      width: 16.0,
      // 테두리 색상
      color: Colors.black,
    ),
    // 모서리 둥글게 만들기
    borderRadius: BorderRadius.circular(
      16.0,
    ),
  ),
```

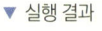

```
  // 높이
  height: 200.0,
  // 너비
  width: 100.0,
)
```

Container 위젯은 다른 위젯처럼 child 매개변수를 사용할 수 있습니다.

6.5.2 SizedBox 위젯

SizedBox 위젯은 일반적으로 일정 크기의 공간을 공백으로 두고 싶을 때 사용됩니다. Container 위젯을 사용해도 공백을 만들 수 있지만 SizedBox는 const 생성자를 사용했을 때 퍼포먼스에서 이점을 얻을 수 있습니다.

▼ SizedBox 위젯

```
SizedBox(
  // 높이 지정
  height: 200.0,

  // 너비 지정
  width: 200.0,

  // SizedBox는 색상이 없으므로 크기를 확인하는
  // 용도로 Container 추가
  child: Container(
    color: Colors.red,
  ),
)
```

▼ 실행 결과

6.5.3 Padding 위젯

Padding 위젯은 child 위젯에 여백을 제공할 때 사용합니다. Padding 위젯을 사용하면 Padding 위젯의 상위 위젯과 하위 위젯 사이의 여백을 둘 수 있습니다. Padding 위젯의 padding 매개변수는 EdgeInsets라는 값을 입력해야 합니다. 또한 child 매개변수에 Padding을 적용하고 싶은 위젯을 입력할 수 있습니다.

▼ Padding 예제

```
Container(
  color: Colors.blue,
  child: Padding(

    // 상하, 좌우로 모두 16픽셀만큼 패딩 적용
    padding: EdgeInsets.all(
      16.0,
    ),
    child: Container(
      color: Colors.red,
      width: 50.0,
      height: 50.0,
    ),
  ),
)
```

▼ 출력 결과

패딩은 적용된 위젯이 차지하는 크기 내부에서 간격이 추가됩니다. 플러터에서 자주 사용하지는 않지만 위젯의 바깥에 간격을 추가해주는 마진^{magin}이라는 기능도 있습니다. 다만 마진은 따로 위젯이 존재하지 않고 Container 위젯에 추가할 수 있습니다. 다음 예제에서 패딩 위젯과 마진 위젯이 동시에 적용된 실습을 진행해보고 둘의 차이를 이해해보겠습니다.

```
// ❸ 최상위 검정 컨테이너 (margin이 적용되는 대상)
Container(
  color: Colors.black,

  // ❷ 중간 파란 컨테이너
  child: Container(
    color: Colors.blue,

    // 마진 적용 위치
    margin: EdgeInsets.all(16.0),

    // 패딩 적용
    child: Padding(
      padding: EdgeInsets.all(16.0),
```

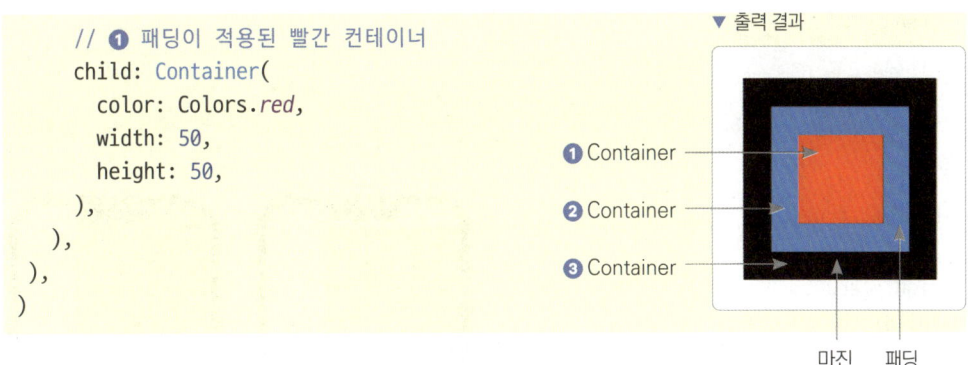

```
      // ❶ 패딩이 적용된 빨간 컨테이너
      child: Container(
        color: Colors.red,
        width: 50,
        height: 50,
      ),
    ),
  ),
)
```

EdgeInsets 클래스는 다양한 생성자를 제공합니다. 자세한 사항은 다음 표로 정리해두었으니 용도에 맞게 사용하기 바랍니다.

▼ EdgeInsets 클래스 생성자 종류 정리

생성자	설명
EdgeInsets.all(16.0)	상하좌우로 매개변수에 입력된 패딩을 균등하게 적용합니다.
EdgeInsets.symmetric(horizontal: 16.0, vertical: 16.0)	가로와 세로 패딩을 따로 적용합니다. Horizontal 매개변수에 가로로 적용할 패딩을 입력하고 Vertical 매개변수에 세로로 적용할 패딩을 입력합니다.
EdgeInsets.only(top: 16.0, bottom: 16.0, left: 16.0, right: 16.0)	위아래, 좌우 패딩을 따로 적용합니다. top, bottom, left, right 매개변수에 각각 위아래, 좌우 패딩을 입력할 수 있습니다.
EdgeInsets.fromLTRB(16.0, 16.0, 16.0, 16.0)	위아래, 좌우 패딩을 따로 적용합니다. 포지셔널 파라미터로 좌, 위, 우, 아래 순서로 입력해주면 됩니다.

6.5.4 SafeArea

현대 핸드폰은 크기와 디자인 모두 여러 가지입니다. 특히 애플 아이폰의 노치 디자인은 정말 특이한 디자인입니다. 플러터는 가용되는 화면을 모두 사용하기 때문에 노치가 있는 핸드폰에서 노치에 위젯들이 가릴 수 있습니다. SafeArea 위젯을 사용하면 따로 기기별로 예외 처리를 하지 않고도 안전한(Safe) 화면에서만 위젯을 그릴 수 있습니다.

▼ SafeArea 예제

```
SafeArea(
  // 원하는 부위만 따로 적용할 수도 있습니다.
  // true는 적용 false는 미적용
  top: true,
  bottom: true,
  left: true,
  right: true,
  child: Container(
    color: Colors.red,
    height: 300.0,
    width: 300.0,
  ),
),
```

▼ SafeArea 적용   ▼ SafeArea 미적용

6.6 배치 관련 위젯

배치 관련 위젯은 하위 위젯을 가로 또는 세로로 배치하거나 위젯 위에 위젯을 겹칠 때 사용합니다.

6.6.1 Row 위젯

Row는 Column과 함께 위젯을 가로세로로 배치하는 데 사용됩니다. Row는 말 그대로 가로로 위젯을 배치하는 데 사용됩니다. 하나의 child 위젯을 입력받는 위젯들과 다르게 여러 개의 child 위젯을 입력받을 수 있는 children 매개변수를 노출합니다. Row와 Column에는 주축$^{main\ axis}$과 반대축$^{cross\ axis}$이라는 개념이 존재하는데 Row는 가로가 주축, 세로가 반대축이 되고 Column의 경우 반대가 됩니다. 주축과 반대축을 어떻게 조합하냐에 따라 Row와 Column 위젯을 이용해서 다양하게 배치할 수 있습니다.

▼ Row 위젯의 주축과 반대축

▼ Column 위젯의 주축과 반대축

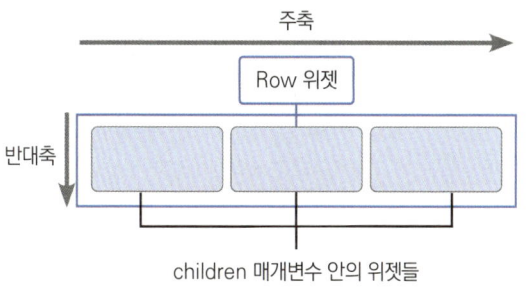
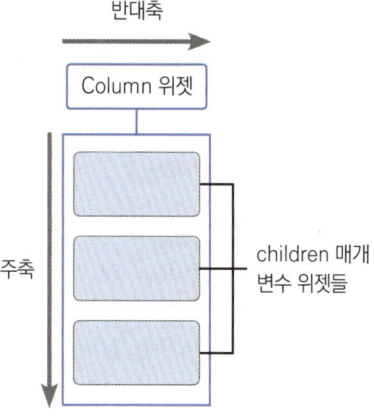

위젯을 가로로 배치하는 Row 위젯을 알아보겠습니다. Row 위젯의 crossAxisAlignment 매개변수를 테스트하려면 위젯들을 배치할 수 있는 공간을 확보해야 합니다. 그래서 지금까지 작성한 예제와 코드가 약간 다르니 다음 코드를 잘 참고해서 따라와주세요.

▼ Row 위젯 예제

```dart
import 'package:flutter/material.dart';

void main() {
  runApp(RowWidgetExample());
}

class RowWidgetExample extends StatelessWidget {
  @override
  Widget build(BuildContext context) {
    return MaterialApp(
      home: Scaffold(
        body: SizedBox(

          // 반대축에서 이동할 공간을 제공하기 위해 높이를 최대한으로 설정
          height: double.infinity,
          child: Row(

            // 주축 정렬 지정
            mainAxisAlignment: MainAxisAlignment.start,
```

```
        // 반대축 정렬 지정
        crossAxisAlignment: CrossAxisAlignment.center,

        // 넣고 싶은 위젯 입력
        children: [
          Container(
            height: 50.0,
            width: 50.0,
            color: Colors.red,
          ),

          // SizedBox는 일반적으로 공백을
          // 생성할 때 사용
          const SizedBox(width: 12.0),
          Container(
            height: 50.0,
            width: 50.0,
            color: Colors.green,
          ),
          const SizedBox(width: 12.0),
          Container(
            height: 50.0,
            width: 50.0,
            color: Colors.blue,
          ),
        ],
      ),
     ),
    ),
   );
  }
}
```

다음 두 표에서 MainAxisAlignment와 CrossAxisAlignment를 변경했을 때 어떤 UI를 구현할 수 있는지 확인해보세요.

▼ MainAxisAlignment 옵션(예제는 모두 CrossAxisAlignment.center 기준)

옵션	설명	예제
MainAxisAlignment.start	시작에 정렬	
MainAxisAlignment.center	중앙에 정렬	
MainAxisAlignment.end	끝에 정렬	
MainAxisAlignment.spaceBetween	자식 위젯의 간격을 균등하게 정렬	
MainAxisAlignment.spaceAround	자식 위젯의 간격을 균등하게 배정하고 왼쪽 끝과 오른쪽 끝을 위젯 사이 거리의 반만큼 배정해 정렬	
MainAxisAlignment.spaceEvenly	자식 위젯의 간격을 균등하게 배치하고 왼쪽 끝과 오른쪽 끝도 균등하게 배치	

▼ CrossAxisAlignment 옵션(예제는 모두 MainAxisAlignment.center 기준)

옵션	설명	예제
CrossAxisAlignment.start	시작에 정렬	
CrossAxlisAlignment.center	중앙에 정렬	
CrossAxisAlignment.end	끝에 정렬	
CrossAxisAlignment.stretch	반대축 최대한으로 늘려서 정렬	

6.6.2 Column 위젯

Column 위젯은 Row 위젯과 완전히 같은 매개변수들을 노출합니다. 다만 Row에서 이미 설명한 것처럼 주축과 반대축이 Row와 반대로 이루어져 있습니다.

▼ Column 위젯

```
import 'package:flutter/material.dart';
void main() {
 runApp(ColumnWidgetExample());
}
```

```dart
class ColumnWidgetExample extends StatelessWidget {
  @override
  Widget build(BuildContext context) {
    return MaterialApp(
      home: Scaffold(
        body: SizedBox(

          // 반대축에서 이동할 공간을 제공해주기 위해 너비를 최대한으로 설정
          width: double.infinity,
          child: Column(

            // 주축 정렬 지정
            mainAxisAlignment: MainAxisAlignment.start,

            // 반대축 정렬 지정
            crossAxisAlignment: CrossAxisAlignment.center,

            // 넣고 싶은 위젯 입력
            children: [
              Container(
                height: 50.0,
                width: 50.0,
                color: Colors.red,
              ),

              // SizedBox는 일반적으로 공백을 생성할 때 사용
              const SizedBox(width: 12.0),
              Container(
                height: 50.0,
                width: 50.0,
                color: Colors.green,
              ),
              const SizedBox(width: 12.0),
              Container(
                height: 50.0,
                width: 50.0,
                color: Colors.blue,
              ),
            ],
```

▼ 출력 결과

```
            ),
          ),
        ),
      );
    }
  }
```

MainAxisAlignment와 CrossAxisAlignment를 변경했을 때 어떤 UI를 구현할 수 있는지 표로 정리해두었으니 참고하기 바랍니다.

▼ MainAxisAlignment 옵션(예제는 모두 CrossAxisAlignment.center 기준입니다)

옵션	설명	예제
MainAxisAlignment.start	시작에 정렬	
MainAxisAlignment.center	중앙에 정렬	
MainAxisAlignment.end	끝에 정렬	
MainAxisAlignment.spaceBetween	자식 위젯의 간격을 균등하게 정렬	

옵션	설명	예제
MainAxisAlignment.spaceAround	자식 위젯의 간격을 균등하게 배정하고 왼쪽 끝과 오른쪽 끝을 위젯 사이 거리의 반만큼 배정해 정렬	
MainAxisAlignment.spaceEvenly	자식 위젯의 간격을 균등하게 배치하고 왼쪽 끝과 오른쪽 끝도 동일하게 균등하게 배치	

▼ CrossAxisAlignment 옵션(예제는 모두 MainAxisAlignment.center 기준입니다)

옵션		예제
CrossAxisAlignment.start	시작에 정렬	
CrossAxlisAlignment.center	중앙에 정렬	
CrossAxisAlignment.end	끝에 정렬	

| CrossAxisAlignment.stretch | 반대축 최대한으로 늘려서 정렬 |  |

6.6.3 Flexible 위젯

Flexible 위젯은 Row나 Column에서 사용하는 위젯입니다. Flexible 위젯을 Column과 Row에서 사용하면 Flexible에 제공된 child가 크기를 최소한으로 차지하게 할 수 있습니다. 추가적으로 flex 매개변수를 이용해 각 Flexible 위젯이 얼만큼의 비율로 공간을 차지할지 지정할 수도 있습니다.

▼ Flexible 예제

```
Column(
  children: [
    Flexible(
      // flex는 남은 공간을 차지할 비율을 의미합니다.
      // flex값을 제공하지 않으면 기본값은 1입니다.
      flex: 1,

      // 파란색 Container
      child: Container(
        color: Colors.blue,
      ),
    ),
    Flexible(
      flex: 1,

      // 빨간색 Container
      child: Container(
        color: Colors.red,
      ),
    )
  ],
),
```

▼ 파란색 flex: 1, 빨간색 flex: 1일 때   ▼ 파란색 flex: 3, 빨간색 flex: 1일 때

6.6.4 Expanded 위젯

Expanded 위젯은 Flexible 위젯을 상속하는 위젯입니다. Column과 Row에서 Expanded를 사용하면 위젯이 남아 있는 공간을 최대한 차지합니다. 원리는 간단합니다. Flexible 위젯은 fit 매개변수에 FlexFit.tight 또는 FlexFit.loose를 입력할 수 있습니다. FlexFit.loose는 자식 위젯이 필요한 만큼의 공간만 차지합니다. 하지만 FlexFit.tight는 자식 위젯이 차지하는 공간과 관계없이 남은 공간을 모두 차지합니다. Expanded 위젯은 Flexible 위젯의 fit 매개변수에 FlexFit.tight를 기본으로 제공해준 위젯입니다. 그래서 Flexible 위젯과 다르게 남는 공간을 최대한으로 차지하게 됩니다.

▼ Expanded 예제

```
Column(
  children: [
    // 파란색 Container
    Expanded(
      child: Container(
        color: Colors.blue,
      ),
    ),

    // 빨간색 Container
    Expanded(
      child: Container(
        color: Colors.red,
      ),
```

▼ 출력 결과

```
    )
  ],
)
```

Expanded 위젯이 두 개이기 때문에 각 위젯이 남는 공간을 똑같이 나눠서 차지합니다. 이 비율은 Flexible과 마찬가지로 flex 매개변수의 값에 따라 변경됩니다.

6.6.5 Stack 위젯

Row와 Column 위젯은 각각 가로와 세로로 위젯을 배치하는 역할을 합니다. 반면 Stack 위젯은 위젯을 겹치는 기능을 제공해줍니다. 플러터의 그래픽 엔진인 스키아 엔진은 2D 엔진이기 때문에 겹친 두께를 표현하지는 못하지만 Stack을 사용하면 위젯 위에 위젯을 올린 듯한 효과를 줄 수 있습니다.

▼ Stack 예제

```
Stack(
  children: [
    // 빨간색 Container
    Container(
      height: 300.0,
      width: 300.0,
      color: Colors.red,
    ),

    // 노란색 Container
    Container(
      height: 250.0,
      width: 250.0,
      color: Colors.yellow,
    ),

    // 파란색 Container
    Container(
      height: 200.0,
      width: 200.0,
```

▼ 출력 결과

```
      color: Colors.blue,
    ),
  ],
),
```

Stack은 children에 위치한 순서대로 위젯을 겹치게 합니다. 빨간색 컨테이너, 노란색 컨테이너, 파란색 컨테이너 순서로 작성되었기 때문에 동일한 순서대로 위젯을 겹쳐갑니다. 컨테이너가 점점 가로, 세로 50픽셀씩 작아지고 있어 먼저 그려진 컨테이너가 가로 세로 50픽셀만큼 더 크게 그려집니다.

학습 마무리

앱을 만드는 데 자주 사용되는 위젯들을 알아봤습니다. 이 정도는 알아야 원활하게 앱을 만들 수 있으니 반복해서 학습하고 나서 다음 장을 진행해주세요.

핵심 요약

1 **Text** 위젯은 글자를 화면에 그릴 때 사용됩니다.
2 제스처 관련 위젯
   - **Button** 위젯은 TextButton, OutlinedButton, ElevatedButton이 있습니다.

TextButton	OutlinedButton	ElevatedButton
텍스트만 있는 버튼	테두리가 있는 버튼	입체적으로 튀어나온 느낌의 배경이 들어간 버튼
텍스트 버튼	아웃라인드 버튼	엘리베이티드 버튼

   - **IconButton** 위젯은 아이콘을 버튼으로 만듭니다.
   - **GestureDetector** 위젯은 하위 위젯이 제스처에 반응하도록 해줍니다.
   - **FloatingActionButton** 위젯은 화면의 오른쪽 아래, 사용자가 가장 많이 사용하는 위치에 버튼을 띄우는 데 사용됩니다.

3 디자인 관련 위젯
   - **Container** 위젯은 위젯에 배경, 패딩, 테두리 등 디자인 요소를 추가하는 데 사용합니다.
   - **SizedBox** 위젯은 너비와 높이를 지정할 수 있는 위젯이며 흔히 위젯 사이의 간격을 구현할 때 많이 사용합니다.
   - **Padding** 위젯은 하위 위젯에 패딩을 적용할 때 사용합니다.
   - **SafeArea** 위젯은 시스템 UI에 가려지지 않게 위젯을 화면에 그릴 때 사용합니다.

4 배치 관련 위젯
   - **Row** 위젯은 가로로 위젯을 배치할 때 사용합니다.
   - **Column** 위젯은 세로로 위젯을 배치할 때 사용합니다.
   - **Flexible** 위젯은 Row나 Column에서 하위 위젯이 비율만큼 공간을 차지할 수 있게 해줍니다.
   - **Expanded** 위젯은 Row나 Column에서 하위 위젯이 최대한의 공간을 차지할 수 있게 해줍니다.
   - **Stack** 위젯은 하위 위젯들을 순서대로 겹쳐줍니다.

Chapter

07

앱을 만들려면 알아야 하는
그 밖의 지식

#MUSTHAVE

☐ 학습 목표

이번 장은 플러터 개발자로서 알고 있으면 좋은 지식들을 살펴본 후 플러터 프레임워크가 얼마나 배우기 쉽고 직관적인지 체험하는 프로젝트를 진행해보겠습니다. 플러터 개발자로 성장하려면 알고 있으면 좋은 지식을 담고 있으니 가볍게 습득한 후 이해가 되지 않는다면 필요할 때마다 되돌아와서 확인해보세요.

☐ 학습 순서

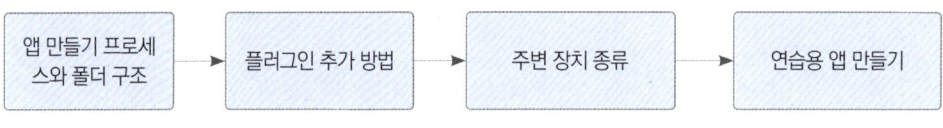

7.1 앱 만들기 프로세스

현업에서는 기획 → UI 구상하기 → 구현하기 → 테스트 순서로 만듭니다. 7장부터 본격적으로 다양한 앱을 만들며 플러터를 학습하게 됩니다. 앱을 개발하는 흐름은 협업의 순서와 비슷한 순서로 진행합니다.

▼ 이 책의 앱 만들기 프로세스

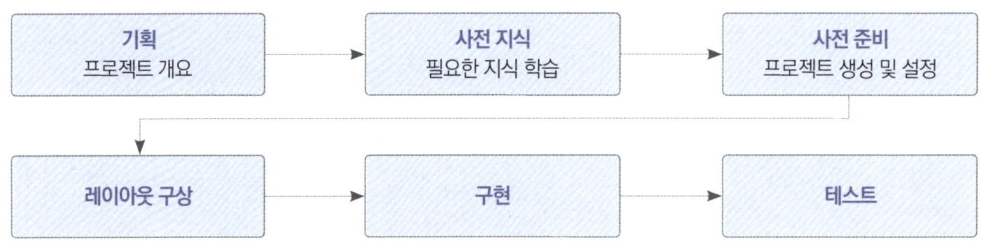

현업에서 UI로 레이아웃을 구성할 때는 프로토타입을 만들어볼 수 있는 피그마Figma, 어도비Adobe XD, 플러터 플로우Flutter Flow 프로그램을 주로 사용합니다. UI 프로토타입 도구 사용은 이 책의 범위를 벗어나므로 간단히 소개만 하고 넘어가겠습니다.

▼ 프로토타입용 프로그램

이름	간략 설명
피그마	UI 디자인에 특화돼 있는 프로그램입니다. 모바일, 태블릿, 웹 등의 UI를 간단하게 구현하고 CSS나 플러터 코드로 받아볼 수 있는 기능을 제공합니다.
어도비 XD	어도비에서 구현한 UI 디자인 툴입니다. 피그마와 사실상 똑같은 시장을 타기팅하고 있고 비슷한 기능을 제공합니다.
플러터 플로우	위 두 개의 툴과는 다른 결의 기능을 제공합니다. 플러터에 특화된 UI 구현 툴이며 웹에서 UI를 디자인하면 플러터 앱을 통째로 반환해줍니다. 코드를 전혀 작성하지 않아도 되는 노코드(No Code) 솔루션입니다.

구현할 때는 폴더 구조를 잘 잡아야 협업이 편하고 유지보수가 용이합니다. 이 책은 다음과 같이 폴더 구조를 잡았습니다. 구조에 정답은 없습니다. 여러분도 다음 폴더 구조를 참고하여 용도에 따라 폴더를 나누는 습관을 가지기 바랍니다.

▼ 폴더 구조

폴더명	설명
screen	스크린 전체에 해당되는 위젯들을 모아두는 폴더입니다.
component	스크린을 구성하는 데 공통으로 사용될 만한 요소의 위젯들을 모아두는 폴더입니다.
model	모델들을 따로 모아두는 폴더입니다.
const	상수들을 모아두는 폴더입니다.

7.2 플러그인 추가 방법

오픈 소스 프로젝트들은 불러와서 원하는 프로젝트에 추가하면 개발 속도를 비약적으로 높일 수 있습니다. 예를 들어 웹 브라우저 기능을 추가하려면 WebView가 필요한데, 직접 구현하려면 몇 달이 넘게 걸릴 겁니다. 다행히 webview_flutter 플러그인이 플러터 오픈 소스 저장소인 pub.dev에 공개돼 있어서 우리는 직접 구현하지 않고 가져다 쓰면 그만입니다. 그 외 카메라, 블루투스, GPS 등 다양한 플러그인이 제공됩니다. 플러그인을 불러와 사용하는 방법을 알아보겠습니다.

플러터 프로젝트를 생성하면 자동으로 생성되는 pubspec.yaml 파일에 원하는 플러그인을 추가하고 [pub get] 버튼을 눌러주면 등록한 플러그인을 바로 프로젝트에서 사용할 수 있습니다. WebView 플러그인을 추가하는 예를 들어보겠습니다.

```
// ❶ 플러그인을 여기에 등록하면 됩니다.
dependencies:
  flutter:
    sdk: flutter

  cupertino_icons: ^1.0.8
  webview_flutter: 2.3.1 // ❷ 웹뷰 플러그인 추가
```

❶ dependencies에 사용할 플러그인을 등록하면 됩니다. ❷ 웹뷰 플러그인을 적었습니다. 콜론 : 오른쪽에 해당 플러그인 버전을 작성하면 플러그인을 프로젝트에 추가할 수 있습니다.

플러그인을 pubspec.yaml에 추가하고 나면 플러그인들을 내려받고 프로젝트에 적용시켜야 합니다. 안드로이드 스튜디오에서 pubspec.yaml 파일을 열면 파일 화면의 오른쪽 위에 [pub get] 버튼이 생깁니다. 이 버튼을 눌러주면 플러그인뿐만 아니라 pubspec.yaml에서 설정한 모든 요소를 현재 프로젝트에 적용시킬 수 있습니다.

7.3 주변 장치 종류

플러터 프레임워크는 다양한 하드웨어 기능을 제공해줍니다. 그래서 스마트폰에서 장치를 손쉽게 사용할 수 있습니다. 대표적으로 움직임을 측정하는 센서 및 GPS 기능, 카메라 그리고 블루투스나 와이파이 같은 네트워크 기능이 있습니다. 이 책에서는 센서, GPS, 카메라 기능을 활용해 앱을 만들어봅니다. 그 외 기능에 대해서도 간단히 표로 정리해두었으니 참고하기 바랍니다.

▼ 플러터에서 지원하는 대표적인 주변 장치

기능	설명	관련 플러그인	관련 위치
센서	핸드폰의 움직이는 속도를 측정하는 Accelerometer, 핸드폰의 회전을 측정하는 Gyroscope, 자기장을 측정하는 Magnetometer 등을 사용할 수 있습니다.	sensors_plus	11장
GPS	GPS 권한 관리, GPS 상의 핸드폰 위치 업데이트 받기, 위도 경도를 기반으로 거리 계산하기 등 위치 서비스 기능을 사용할 수 있습니다	geolocator	14장
카메라	카메라 권한을 관리하고, 카메라가 찍고 있는 화면을 핸드폰에 보여주고, 사진을 찍거나 영상을 촬영할 수 있습니다.	camera	13장
블루투스	주변 블루투스 기기를 탐색하고, 연결하고, 통신할 수 있습니다.	flutter_blue	-
와이파이	와이파이를 키거나 끄고, 연결 상태를 가져오고, 와이파이 정보를 가져오고, 특정 와이파이에 연결할 수 있습니다.	wifi_iot	-

7.4 연습용 앱 만들기 : 스플래시 스크린 앱

조각조각 이론만 배워서는 앱을 만드는 방법을 체득할 수 없습니다. 아직 아는 내용이 많지 않지만 간단한 앱을 만들며 전반적인 과정을 체험하면 앱 만들기 과정에 대한 감을 잡을 수 있을 겁니다. 새로 다루는 개념은 그때그때 설명하겠습니다. 그래서 이번에는 앱이 로딩되는 동안 보이는 스플래시 스크린을 간단하게 구현하면서 위젯을 화면에 배치하는 Row 위젯과 Column 위젯을 사용해보겠습니다.

▼ Splash Screen 구현 최종 목표

7.4.1 사용자 정의 위젯 만들기 : 스테이트리스 위젯

To Do **01** 5.2.1 '안드로이드 스튜디오에서 프로젝트 생성하기'를 참고해 실습에 사용할 프로젝트를 생성해주세요.

- **프로젝트 이름** : splash_screen
- **네이티브 언어** : 코틀린

02 위젯의 형태는 2가지로 나뉩니다. 위젯의 내부에서 값이 변경되었을 때 위젯 자체에서 다시 렌더링을 실행시킬 수 있는 스테이트풀stateful 위젯과 위젯 내부에서 값이 변경되어도 위젯 자체적으로는 다시 렌더링할 수 없는 스테이트리스stateless 위젯입니다. 여기서는 플러터의 가장 기본이 되는 스테이트리스 위젯을 직접 구현하겠습니다. SplashScreen이라는 이름의 스테이트리스 위젯 클래스를 main.dart 파일에 추가합니다.

```
import 'package:flutter/material.dart';

void main() {
 runApp(SplashScreen()); // ① SplashScreen 위젯을 첫 화면으로 지정
}

class SplashScreen extends StatelessWidget {  // ② StatelessWidget 선언
 @override
 Widget build(BuildContext context) {  // ③ 위젯의 UI 구현
 }
}
```

플러터에서 기본으로 제공하는 ❷ StatelessWidget이라는 클래스를 사용자 정의 위젯 (SplashScreen 클래스)이 상속받으면 됩니다. 그러면 ❸ build() 함수를 필수적으로 오버라이드하게 되는데 화면에 그려주고 싶은 위젯을 입력하면 됩니다. 사용자 정의해서 만든 SplashScreen 위젯을 앱 전체 화면으로 사용할 겁니다. 그러므로 ❶ runApp() 함수의 매개변수로 제공하겠습니다.

03 아직 SplashScreen의 build() 함수에서 아무것도 반환을 해주지 않습니다. ❶ MaterialApp 위젯과 ❷ Scaffold 위젯을 기본 제공한 뒤 ❸ 화면 중앙에 ❹ Splash Screen이라는 글자를 넣어주겠습니다. MaterialApp 위젯과 Scaffold 위젯이 어떤 역할을 하는지는 나중에 프로젝트를 진행하면서 차차 알게 됩니다. 지금은 MaterialApp이 항상 최상단에 입력되고 그다음으로 Scaffold 앱이 입력된다는 정도로만 알고 있으면 됩니다.

```
import 'package:flutter/material.dart';

void main() {
 runApp(SplashScreen());
}

class SplashScreen extends StatelessWidget {
 @override
 Widget build(BuildContext context) {
   return MaterialApp( // ❶ 항상 최상단에 입력되는 위젯
     home: Scaffold(   // ❷ 항상 두 번째로 입력되는 위젯
       body: Center(   // ❸ 중앙 정렬 위젯
         // ❹ 글자를 화면에 보여주는 위젯
         child: Text('Splash Screen'),
       ),
     ),
   );
 }
}
```

▼ 실행 화면

04 코드를 실행하면 화면 중앙에서 Splash Screen이라는 글자를 확인할 수 있습니다. runApp( )에 SplashScreen 위젯을 매개변수로 제공해주었더니 앱 화면에서 SplashScreen 의 build( ) 함수에 있는 코드의 실행 결과가 보입니다. 이로써 사용자 정의 위젯을 정의해 사용했습니다. 아울러 build( ) 함수가 위젯의 UI를 결정한다는 걸 알 수 있습니다.

7.4.2 배경색 바꾸기 : Container와 BoxDecoration 위젯

이번에는 배경색을 바꿔보겠습니다. 배경 관련 UI를 변경할 때 Container 위젯을 가장 많이 사용합니다(6.5.1 'Container 위젯'에서 다뤘습니다).

To Do **01** 배경색을 화면 전체에 적용할 계획이니 Scaffold 위젯 바로 아래에 Container 위젯을 적용해 배경화면을 오렌지색으로 변경하겠습니다.

```
import 'package:flutter/material.dart';

void main() {
```

```
  runApp(SplashScreen());
}

class SplashScreen extends StatelessWidget {
  @override
  Widget build(BuildContext context) {
    return MaterialApp(
      home: Scaffold(
        body: Container(        // ❶ 컨테이너 위젯
            // ❷ 컨테이너를 디자인하는 클래스
            decoration: BoxDecoration(
                color: Colors.orange,     // ❸ 색상
            ),
            child: Center(
              child: Text('Splash Screen'),
            ),
        ),
      ),
    );
  }
}
```

▼ 실행 화면

❶ Container는 ❷ decoration이라는 네임드 파라미터를 제공합니다. ❷ decoration이라는 매개변수에는 BoxDecoration 클래스를 사용하게 되는데 BoxDecoration의 매개변수를 통해서 배경색, 테두리 색상, 테두리 두께 등 컨테이너의 여러 가지 UI 요소를 지정할 수 있습니다.

❷ BoxDecoration의 ❸ color 매개변수에 Colors.orange값을 적용했습니다. 일반적으로 프로그래밍할 때 색상은 헥스 코드[hex code](예 : #FEFEFE)를 사용해서 지정합니다. 플러터에서도 헥스 코드를 사용해서 정확한 색상을 지정하는 방법도 있지만 Colors 클래스를 이용하면 헥스 코드 없이 쉽게 기본 색상 중에 원하는 색상을 골라낼 수 있습니다.

02 코드를 작성하고 나면 메뉴에서 [File] → [Save All]을 눌러서 파일을 저장합니다(단축키 : 윈도우 `Ctrl + S`, macOS `Cmd + S`). 저장을 하고 나면 마법같은 일이 일어납니다. 따로 실행 버튼을 누르지 않았는데 앱의 화면이 변경한 코드대로 반영됩니다. 핫 리로드[hot reload]라는 편리한 기능 덕분입니다.

7.4.3 이미지 출력하기 : Image 위젯

'Splash Screen'이라는 글자 대신 코드팩토리 로고를 출력하겠습니다. Text 위젯 대신에 이미지를 보여줄 Image 위젯을 사용하면 됩니다. Image 위젯은 다음과 같이 다섯 가지 생성자가 있습니다.

1. **기본 Image 생성자**는 ImageProvider라는 또 다른 위젯에서 이미지를 그립니다.
2. **Image.asset 생성자**는 앱에 저장된 asset 파일로 이미지를 그립니다.
3. **Image.network 생성자**는 URL을 통해서 이미지를 그립니다.
4. **Image.file 생성자**는 파일을 통해서 이미지를 그립니다.
5. **Image.memory 생성자**는 메모리에서 직접 이미지를 그립니다.

우선 앱에 저장해둔 asset 파일로 이미지를 그려낼 수 있는 Image.asset 생성자를 사용하겠습니다.

To Do **01** 깃허브에서 내려받은 7장 예제 프로젝트에서 코드팩토리 로고 이미지를 옮겨오겠습니다. ❶ 프로젝트 폴더 위에서 마우스 오른쪽 클릭한 후 [New] → [Directory]를 선택하겠습니다. 팝업창에 assets를 입력해 ❷ [assets] 폴더를 생성합니다. 그리고 [assets] 폴더에 내려받은 코드팩토리 이미지를 드래그 앤 드롭해서 ❸ logo.png라는 이름으로 저장합니다.

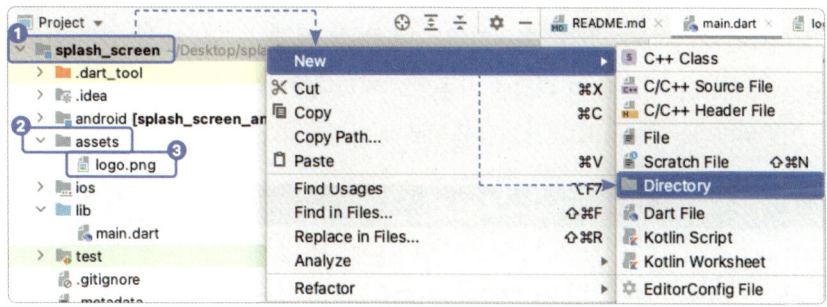

02 [assets] 폴더에 로고 파일을 추가했지만 아직은 화면에 불러올 수 없습니다. 프로젝트 구조를 보면 맨 아랫부분에 pubspec.yaml 파일이 있습니다. 플러터 프로젝트가 처음 생성되면서 자동으로 생성되는 파일인데 프로젝트에서 사용할 폰트, 이미지, 외부 플러그인 등을 지정하는 데 사용합니다. 따라서 이미지를 담을 [asset] 폴더를 pubspec.yaml 파일에 지정해야 합니다. pubspec.yaml 파일을 더블 클릭해서 열어보겠습니다.

NOTE yaml 파일은 현대 프로그래밍에서 설정값을 지정할 때 흔히 사용되는 구조입니다. YAML은 JSON과 비슷하게 키/값이 쌍입니다. : 기호를 기준으로 왼쪽이 키, 오른쪽이 값이 됩니다. 추가적으로 탭 개수로 키/값의 깊이를 정합니다. YAML의 구조에 대해 더 자세히 알고 싶으면 코드팩토리의 2분만에 배우는 YAML 영상 https://youtu.be/1GRKklx4xeo을 참조하시길 바랍니다.

03 flutter.assets라는 키에 ❶ [assets] 폴더를 지정합니다.

```
flutter:

  # The following line ensures that the Material Icons font is
  # included with your application, so that you can use the icons in
  # the material Icons class.
  uses-material-design: true
  assets:         # 주석 처리를 풀어주세요.
    - assets/     # ❶ 이미지를 담을 폴더 이름을 적어주세요
```

assets:가 주석 처리되어 있습니다. 주석 처리를 해제하고 그 아래에 원하는 폴더를 지정하면 됩니다. YAML에서 - 기호는 리스트값을 의미하기 때문에 원하는 만큼 -로 시작하는 값들을 계속 추가할 수 있습니다.

04 pubspec.yaml은 플러터 프로젝트의 모든 설정이 담긴 파일입니다. 설정을 변경했으므로 asset 파일을 프로젝트에 추가하고, 새로운 플러그인을 내려받는 등 추가 작업이 필요합니다. 플러터에서는 [pub get] 기능을 제공해 이 작업을 자동으로 처리해줍니다. 파일이 수정되었을 때 에디터 위에 자동으로 나타나는 ❶ [pub get] 기능을 클릭해 실행합니다.

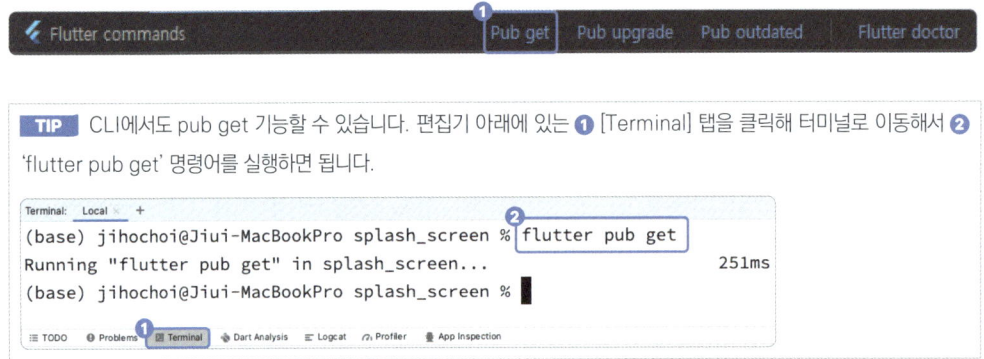

05 [pub get] 기능을 실행하고 나면 앱을 다시 실행을 해야 새로 바뀐 설정이 적용됩니다. 앱을

종료한 후 다시 실행 버튼을 눌러서 새로운 설정을 적용한 채로 앱을 실행하겠습니다.

06 코드를 변경한 게 없기 때문에 앱을 재실행해도 화면은 바뀌지 않습니다. 하지만 이제 assets/logo.png 파일을 플러터 코드에서 불러올 수 있게 되었습니다. 글자를 보여주는 Text 위젯을 그림을 보여주는 Image.asset 위젯으로 대체하겠습니다.

```dart
import 'package:flutter/material.dart';

void main() {
  runApp(SplashScreen());
}

class SplashScreen extends StatelessWidget {
  @override
  Widget build(BuildContext context) {
    return MaterialApp(
      home: Scaffold(
        body: Container(
          decoration: BoxDecoration(
            color: Colors.orange,
          ),
          child: Center(
            // ❶ Text 위젯을 Image 위젯으로 변경
            child: Image.asset(
              'assets/logo.png',
            ),
          ),
        ),
      ),
    );
  }
}
```

▼ 실행 화면

❶ Image.asset은 매개변수 하나를 받게 됩니다. 파일의 위치(여기서는 assets/logo.png)를 적어주면 됩니다.

07 이미지를 화면에 보여주는 건 성공했지만 로고 이미지의 배경 색상이 앱 전체의 배경 색상과 맞지가 않습니다. Colors.orange 대신에 배경색의 정확한 헥스 코드를 사용해서 이미지 배경색과 앱의 배경색을 똑같이 맞춰보겠습니다. 코드팩토리 로고의 정확한 헥스 코드는 #F99231입니다.

헥스 코드를 색상으로 사용하려면 Colors 대신 Color라는 클래스를 사용해야 합니다. 다음과 같이 해당 코드를 수정해주세요.

▼ 수정 전

```
color: Colors.orange,
```

▼ 수정 후

```
color: Color(0xFFF99231),
```

Colors 클래스를 단순히 Color로 변경하고 첫 번째 위치 매개변수에 헥스 코드를 제공해 색상을 표현했습니다. 6자리 헥스 코드의 앞에 16진수를 의미하는 0x와, 불투명도 100%를 의미하는 'FF'를 추가한 다음에 헥스 코드를 '#' 없이 입력하면 됩니다. 결과적으로 F99231이라는 색상은 0xFFF99231로 입력하면 됩니다. 이를 반영하고 저장하면 앱의 배경색과 로고의 배경 색상이 같은 결과 화면을 얻을 수 있습니다.

어느 정도 원하는 목표와 가까워졌습니다. 마지막으로 로고 아래에 로딩 애니메이션을 추가하고 로고 크기를 조절해주면 됩니다.

7.4.4 위젯 정렬하기 : Row & Column 위젯

로딩 애니메이션 위젯을 직접 구현할 수도 있지만 이미 플러터팀이 만들어 제공하는 애니메이션 위젯을 사용하겠습니다. 애니메이션 위젯으로는 LinearProgressIndicator와 CircularProgressIndicator가 있습니다. LinearProgressIndicator는 일자 형태로, CircularProgressIndicator는 동그라미 형태로 로딩 애니메이션이 실행되는 위젯입니다.

로고 아래에 동그라미 형태의 로딩 애니메이션을 사용하겠습니다. 그러려면 세로로 가운데 정렬이 필요합니다. Center 위젯은 child에 위젯을 하나만 받을 수 있습니다. 어떻게 Image 위젯과 CircularProgressIndicator 위젯을 모두 가운데 정렬할 수 있을까요?

답은 Row와 Column 위젯에 있습니다. 한글로 Row는 행, 즉 가로를 의미하고 Column은 열, 즉 세로를 의미합니다. Center 위젯은 child에 하나의 위젯만 받을 수 있지만 Row와 Column 위젯은 children 매개변수에 리스트로 원하는 만큼 위젯을 추가할 수 있습니다.

To Do **01** 로고와 로딩 애니메이션을 정렬하겠습니다. 세로로 가운데 정렬을 할 계획이니 Center 위젯을 Column 위젯으로 변경하고 children 매개변수에 Image 위젯과 CircularProgressIndicator를 모두 넣으면 됩니다.

```
import 'package:flutter/material.dart';

void main() {
 runApp(SplashScreen());
}

class SplashScreen extends StatelessWidget {
 @override
 Widget build(BuildContext context) {
   return MaterialApp(
     home: Scaffold(
       body: Container(
         decoration: BoxDecoration(
           color: Color(0xFFF99231),
         ),
         child: Column(
           children: [
             // ❶ 여러 위젯을 입력할 수 있는 children 매개변수
             Image.asset(
               'assets/logo.png',
             ),
             CircularProgressIndicator(),
           ],
         ),
       ),
     ),
   );
 }
}
```

▼ 실행 화면

❶ 서브에 위젯들을 입력할 때 대표적으로 child와 children 매개변수가 있습니다. child는 단일 위젯을 입력할 때 사용되고 children 매개변수는 여러 위젯을 입력할 수 있습니다. Column은 children 매개변수를 사용하니 리스트 안에 위젯들을 보여주고 싶은 순서대로 입력해야 합니다. 코딩한 위젯 순서대로 로고가 먼저 나오고 로딩 위젯이 아래에서 빙글빙글 도는 걸 볼 수 있습니다. 하지만 Center 위젯과 다르게 Column 위젯을 사용하니 화면 맨 위에 로고가 위치합니다.

02 mainAxisAlignment 매개변수를 이용해서 children에 포함된 위젯들을 재배치할 수 있습니다. mainAxisAlignment 매개변수에는 MainAxisAlignment라는 enum값이 들어가는데 먼저 가운데를 의미하는 MainAxisAlignment.center를 적용합니다(6.6 '배치 관련 위젯' 참조). 기존 코드에 ❶ mainAxisAlignment: MainAxisAlignment.center;를 추가해주세요. 그러면 Image 위젯과 CircularProgressIndicator 위젯이 가운데 정렬됩니다.

```dart
import 'package:flutter/material.dart';

void main() {
  runApp(SplashScreen());
}

class SplashScreen extends StatelessWidget {
  @override
  Widget build(BuildContext context) {
    return MaterialApp(
      debugShowCheckedModeBanner: false,
      home: Scaffold(
        body: Container(
          decoration: BoxDecoration(
            color: Color(0xFFF99231),
          ),
          child: Column(
            // ❶ 가운데 정렬 추가
            mainAxisAlignment: MainAxisAlignment.center,
            children: [
              Image.asset(
                'assets/logo.png',
              ),
              CircularProgressIndicator(),
            ],
          ),
        ),
      ),
    );
  }
}
```

▼ 실행 화면

03 이제 로고 이미지 크기를 조금 줄여보겠습니다. 이미지 크기 조절에는 Image 위젯의 width (너비) 또는 height(높이) 매개변수를 사용합니다. ❶ width 매개변수에 200 픽셀을 입력해서 코드팩토리 로고 너비를 줄여보겠습니다.

```dart
import 'package:flutter/material.dart';

void main() {
  runApp(SplashScreen());
}

class SplashScreen extends StatelessWidget {
  @override
  Widget build(BuildContext context) {
    return MaterialApp(
      debugShowCheckedModeBanner: false,
      home: Scaffold(
        body: Container(
          decoration: BoxDecoration(
            color: Color(0xFFF99231),
          ),
          child: Column(
            mainAxisAlignment: MainAxisAlignment.center,
            children: [
              Image.asset(
                'assets/logo.png',
                width: 200,        // ❶ 너비 추가
              ),
              CircularProgressIndicator(),
            ],
          ),
        ),
      ),
    );
  }
}
```

▼ 실행 화면

주황색 배경도 통째로 작아졌습니다. 의도와 다른 결과입니다. Column의 경우 세로로 최대한 크기를 차지하는 특성이 있습니다. 하지만 가로로는 최소한 크기만 차지합니다. 현재 Column 위젯 안에 Image 위젯과 CircularProgressIndicator 위젯만 존재하고 둘 중 더 큰 위젯인 Image 위젯이 가로로 200 픽셀만큼 차지하고 있기 때문에 Column 위젯 또한 가로로 200 픽셀만 차지합니다.

04 Row 위젯은 Column 위젯과 정확히 반대로 작동합니다. 가로로는 최대 크기를 차지하고 세로로는 최소 크기를 차지합니다. Row 위젯으로 Column 위젯을 감싸면 Column 위젯과 마찬가지로 Row 위젯도 기본적으로 왼쪽부터 위젯들을 정렬합니다. 하지만 가로, 세로 모두 가운데 정렬을 할 계획이기 때문에 Row의 mainAxisAlignment 매개변수에도 MainAxisAlignment.center를 입력하겠습니다. child: Column 블록을 다음과 같이 수정합니다.

```dart
import 'package:flutter/material.dart';

void main() {
  runApp(SplashScreen());
}

class SplashScreen extends StatelessWidget {
  @override
  Widget build(BuildContext context) {
    return MaterialApp(
      debugShowCheckedModeBanner: false,
      home: Scaffold(
        body: Container(
          decoration: BoxDecoration(
            color: Color(0xFFF99231),
          ),
          child: Row(
            mainAxisAlignment: MainAxisAlignment.center,
            children: [
              Column(
                mainAxisAlignment: MainAxisAlignment.center,
                children: [
                  Image.asset(
                    'assets/logo.png',
                    width: 200,
                  ),
                  CircularProgressIndicator(),
```

```
            ],
          ),
        ],
      ),
     ),
    ),
   );
  }
}
```

05 드디어 정렬에 성공했습니다. 마지막으로 로딩 위젯(CircularProgressIndicator)을 흰색으로 바꿔보겠습니다.

CircularProgressIndicator와 LinearProgressIndicator는 모두 backgroundColor와 valueColor라는 색상 매개변수를 제공합니다. backgroundColor는 말 그대로 위젯의 배경 색상을 의미하고 valueColor는 실제로 애니메이션으로 움직이는 부분의 색상을 의미합니다. 애니메이션으로 돌아가는 색상을 흰색으로 변경하기 위해 valueColor 매개변수를 활용하겠습니다. 플러터의 대부분의 색상 매개변수는 직접 Color 또는 Colors를 사용해서 색상을 입력하면 됩니다. 하지만 valueColor의 경우 색상이 애니메이션되어야 하기 때문에 Colors.white를 직접 넣을 수 없습니다. 대신에 AlwaysStoppedAnimation이라는 클래스에 감싸서 색상을 제공하겠습니다.

```
... 생략 ...
CircularProgressIndicator(
  valueColor: AlwaysStoppedAnimation(
    Colors.white,
  ),
),
... 생략 ...
```

드디어 원하는 결과를 얻었습니다. 축하드립니다.

학습 마무리

이것으로 본격적으로 앱을 만들 준비를 마쳤습니다. 이번 장 내용은 앱을 만들면 반복적으로 활용하게 되므로 자연스럽게 체화될 겁니다. 한 책에 모든 플러터 개발 내용은 다 담을 수는 없습니다. 책을 모두 공부하고 나면 이 책에서 다루지 않은 주변 기기를 사용해 자신만의 앱을 만들어보기 바랍니다.

핵심 요약

1 플러터는 **머티리얼 디자인**을 사용하기 때문에 프로젝트의 위젯 트리 가장 상단에 Material App 위젯과 Scaffold 위젯을 사용합니다.
2 **Container** 위젯에는 배경색을 적용할 수 있습니다.
3 **Image** 위젯은 화면에 이미지를 보여줄 수 있습니다.
4 **flutter pub get**을 실행하면 **pubspec.yaml**의 변경 사항을 프로젝트에 적용할 수 있습니다.
5 **Column** 위젯을 이용하면 다수의 위젯을 세로로 배치할 수 있습니다.
6 **Row** 위젯을 이용하면 다수의 위젯을 가로로 배치할 수 있습니다.

업그레이드 아이디어

1 앱 중앙의 로고를 변경해보세요.
2 로고의 너비와 높이를 변경해보세요. 높이는 height 매개변수를 사용하면 됩니다.
3 로딩애니메이션의 색상을 빨간색으로 변경해보세요.

학습 목표

본격적으로 플러터 실력을 향상시켜봅시다. 직접 9가지 앱을 구현하면서 실전 기반으로 프로그래밍 지식을 습득해갑니다. 눈으로만 공부하지 말고 꼭 직접 코드를 작성하면서 공부해주세요.

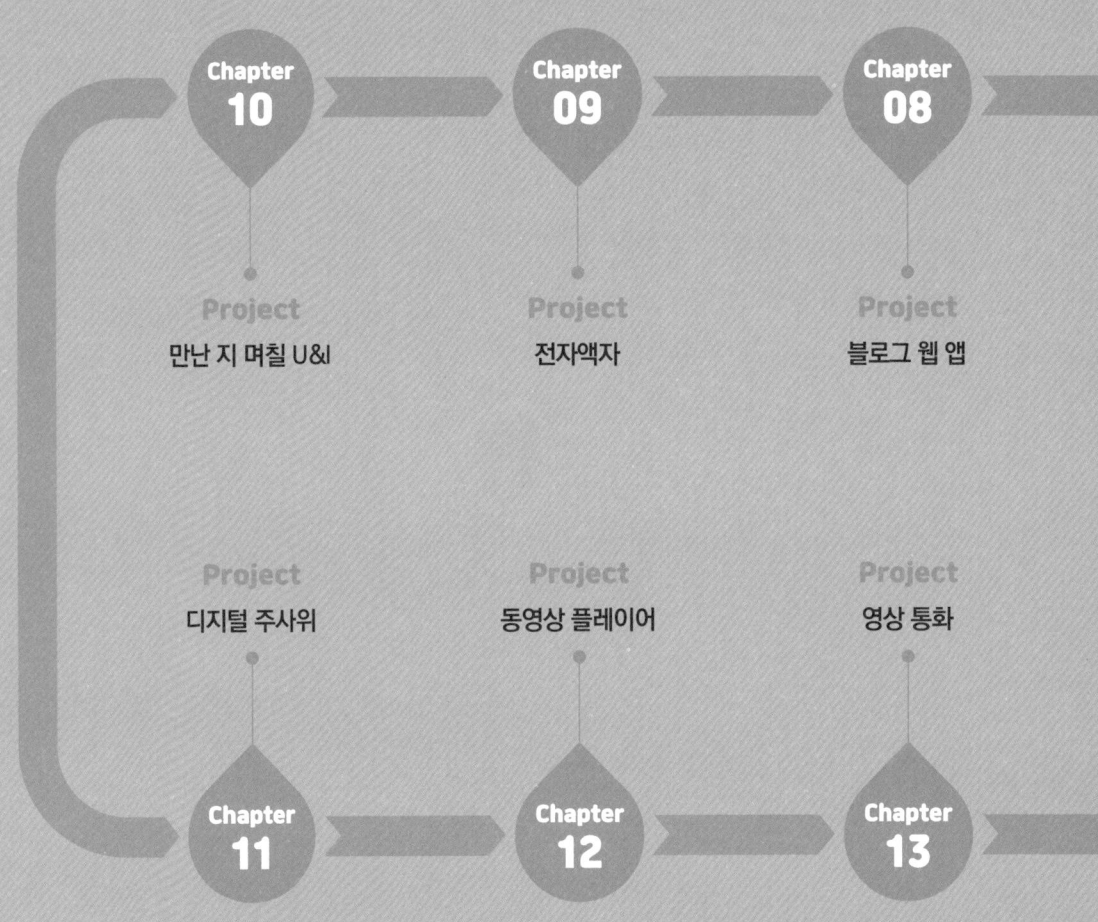

단계 3

9가지 앱을 만들며 유용한 기능 익히기

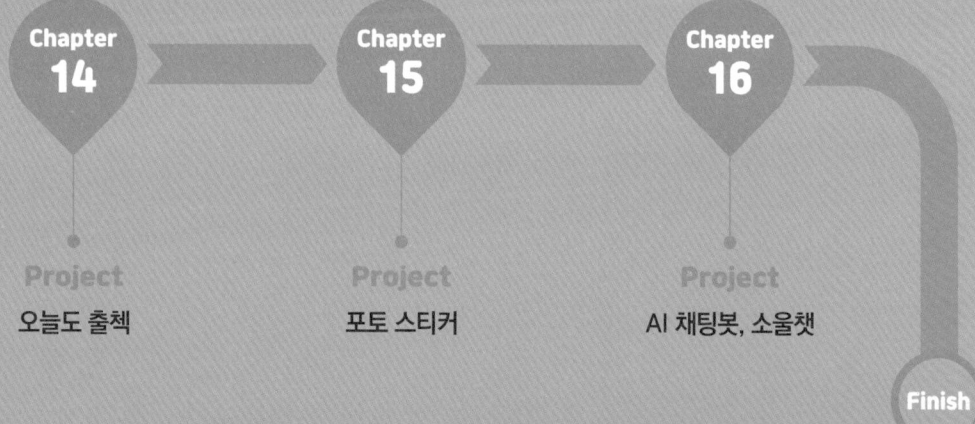

Chapter 08

Project

블로그 웹 앱

콜백 함수, 웹뷰, 네이티브 설정

Project 블로그 웹 앱 ★☆☆☆

예제 위치	https://github.com/codefactory-co/flutter-golden-rabbit-novice-v3/tree/main/ch08/blog_web_app
프로젝트명	blog_web_app
개발 환경	플러터 SDK : 3.24.4
미션	웹뷰를 사용해서 웹사이트를 앱으로 포장해봐요.
기능	웹뷰를 사용해서 앱에서 웹사이트 실행하기
조작법	앱을 실행하면 웹사이트가 실행됩니다.
핵심 구성요소	• StatelessWidget • 앱바 • 웹뷰 • IconButton
플러그인	webview_flutter: 4.10.0

#MUSTHAVE

학습 목표

플러터는 크로스 플랫폼 프레임워크입니다. 그래서 하나의 소스 코드로 여러 플랫폼에 출시할 수 있습니다. 특히나 모바일이 지원되는 웹사이트를 코드 몇 줄만으로 손쉽게 웹 앱으로 만들 수 있습니다. 이번 장에서는 웹사이트를 웹 앱으로 포장하는 방법을 알아보겠습니다.

학습 순서

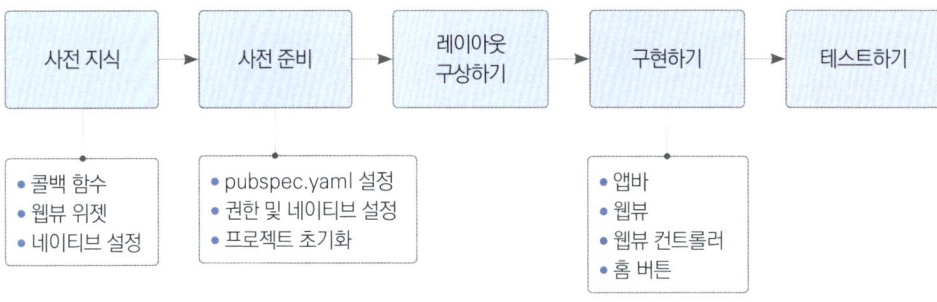

프로젝트 구상하기

이번 앱을 구현하려면 두 가지 개념을 배워야 합니다. 첫 번째로는 이 프로젝트에서 가장 중요한 웹뷰입니다. 웹뷰는 웹사이트의 URL을 입력하면 해당 웹사이트를 화면에 보여주는 역할을 합니다. 네이티브 UI가 아니기 때문에 약간의 이질감은 있지만 웹사이트를 쉽게 앱으로 구현할 수 있습니다. 두 번째는 머티리얼 디자인 요소인 앱바^AppBar입니다. 앱 맨 위에 페이지 이름이나 앱 이름이 적혀 있을 때가 있죠? 이런 형태의 UI를 그려주는 위젯이 바로 앱바입니다. 이 두 가지 지식을 중심으로 웹 앱을 구현하는 방법을 알아보겠습니다.

8.1 사전 지식

8.1.1 콜백 함수

콜백^{callback} 함수는 일정 작업이 완료되면 실행되는 함수입니다. 함수를 정의해두면 바로 실행되지 않고 특정 조건이 성립될 때 실행되기 때문에 이름이 콜백입니다. 예를 들어 유저가 화면을 터치했을 때 실행할 함수나 웹뷰의 로딩이 완료되면 실행할 콜백 함수를 다음과 같이 정의할 수 있습니다.

```
WebViewController controller = WebViewController()
  ..setNavigationDelegate(NavigationDelegate(
  // ❶ 로딩 완료 후 실행되는 함수
    onPageFinished: (String url){
      print(url);
    }
  ))
```

❶ onPageFinished( )는 웹뷰에서 페이지 로딩이 완료된 뒤에 실행되는 콜백 함수입니다. 이 함수는 첫 번째 매개변수로 로딩된 페이지의 URL을 반환해줍니다. 페이지 로딩 후 실행하고 싶은 작업이 있다면 함수 내부에 코드를 정의하면 됩니다. 웹뷰 위젯^{WebViewWidget} 위젯의 콜백 함수는 onPageFinished( ) 함수에서만 지정할 수 있는 게 아닙니다. onWebViewCreated( ), onPageStarted( ), onProgress( ) 등 특정 조건이 성립됐을 때 실행되는 콜백 함수도 있습니다 (8.1.2 '웹뷰 위젯' 참조).

8.1.2 웹뷰 위젯

웹뷰는 프레임워크에 내장된 브라우저를 앱의 네이티브 컴포넌트^{component}에 임베딩^{embedding}하는 기능입니다. 다시 말해 앱에서 웹 브라우저 기능을 구현해주는 기술입니다. 웹뷰는 네이티브 컴포넌트에 비해 속도가 느리고 애니메이션이 부자연스럽다는 단점이 있습니다. 그럼에도 많은 앱에서 웹뷰를 사용하는 이유는 기존에 만든 웹사이트를 손쉽게 활용할 수 있기 때문입니다. 예를 들어 이미 만들어져 있는 웹사이트가 존재한다고 합시다. 웹뷰를 사용하면 코드 몇 줄로 해당 사이트를 앱에 웹뷰로 탑재해서 앱을 출시할 수 있습니다. 또한 결제 모듈을 PG^{payment gateway} 사에서 웹으로 이미 기능을 구현해두었기 때문에 웹뷰를 사용하면 굳이 시간을 추가로 들여 결제 기능을 개발할 필요가 없어집니다. 플러터에서도 웹뷰 위젯을 제공해주며 이 위젯을 사용하면 플러터 앱에서 브라우저를 실행할 수 있습니다.

웹뷰를 구현할 때 사용할 웹뷰 위젯은 controller 파라미터에 WebViewController 객체를 입력해줘야 합니다. 웹뷰 컨트롤러는 웹뷰 위젯을 제어하는데 필요한 기능들을 제공해줍니다. 웹뷰 컨트롤러에서 흔히 사용하는 함수는 다음과 같습니다.

▼ 웹뷰 위젯의 속성

속성	설명
setJavascriptMode	웹뷰에서 자바스크립트 실행을 허용할지 여부를 결정할 수 있습니다. • JavascriptMode.unrestricted : 자바스크립트를 제한 없이 실행할 수 있습니다. • JavascriptMode.disabled : 자바스크립트를 실행할 수 없습니다.
setBackgroundColor	배경색을 지정할 수 있습니다.
loadRequest	새로운 URL로 이동합니다.
setNavigationDelegate	NavigationDelegate 객체를 입력해야 하며 NavigationDelegate에는 다양한 콜백 함수가 있습니다. 대표적인 함수들은 다음과 같습니다. • onProgress : 새로운 페이지를 열어서 로딩이 될 때마다 실행되는 함수입니다. 매개변수로 로딩의 진행도를 0부터 1 사이의 값으로 받을 수 있습니다. • onPageStarted : 새로운 페이지로 이동하면 실행되는 콜백 함수입니다. 이동하고 있는 페이지의 URL을 콜백 함수의 매개변수로 입력받습니다. • onPageFinished : 새로운 페이지로 이동이 완료되면 실행되는 콜백 함수입니다. 로딩 완료된 웹페이지의 URL을 매개변수로 입력받습니다.

위 차트를 보면서 생명주기가 떠오르는 분들이 있을 겁니다. 플러터의 생명주기는 9.1.1 '위젯 생명주기'에서 다룹니다.

8.1.3 안드로이드와 iOS 네이티브 설정

다트 언어만 사용해서 모든 작업을 할 수 있다면 매우 편하겠지만 플러터 또한 결국 각 네이티브 플랫폼으로 코드가 컴파일되므로 최소한의 네이티브 설정은 필요합니다. 예를 들어 이번 프로젝트에는 인터넷 권한과 https 프로토콜에 관한 권한 설정이 필요합니다. 카메라, 사진첩, 푸시push 권한 등 보안에 민감한 사항이나 하드웨어에 접근할 때도 네이티브 설정을 해야 합니다.

네이티브 설정을 하는데 안드로이드와 iOS 네이티브 프로그래밍을 할 줄 몰라도 크게 문제가 없습니다. 네이티브 설정이 필요한 플러그인은 보통 플러그인 홈페이지에 설정법이 상세히 기재되어 있습니다. 잠시 후 8.2.2 '권한 및 네이티브 설정하기'에서 안드로이드와 iOS에서의 설정 방법을 다룹니다. 네이티브 설정이 필요한 경우는 일반적으로 해당 플러그인의 pub.dev 소개 페이지에서 확인할 수 있습니다.

8.2 사전 준비

프로젝트 초기화 방법과 권한 및 네이티브 설정 방법을 차례대로 알아보겠습니다. 모든 프로젝트에서 공통된 사항이므로 확실히 익혀두기 바랍니다.

ToDo 01 먼저 실습에 사용할 프로젝트를 생성해주세요.
- **프로젝트 이름** : blog_web_app
- **네이티브 언어** : 코틀린

8.2.1 pubspec.yaml 설정하기

pubspec.yaml 파일은 플러터 프로젝트와 관련된 설정을 하는 파일입니다. 프로젝트에서 사용할 이미지 및 폰트를 지정하거나 사용할 오픈 소스 프로젝트들을 명시할 때 사용됩니다.

ToDo 01 webview_flutter 플러그인을 pubspec.yaml 파일에 추가하고 [pub get]을 실행합니다.

```
                                                    pubspec.yaml
dependencies:
  flutter:
    sdk: flutter

  cupertino_icons: ^1.0.8
  webview_flutter: 4.10.0
```

pub 명령어는 pub get만 존재하는 게 아닙니다. 다음 표에 주요 pub 명령어를 정리해두었습니다.

▼ 주요 pub 명령어

명령어	설명
flutter pub get	pubspec.yaml 파일에 등록한 플러그인들을 내려받습니다.
flutter pub add [플러그인 이름]	pubspec.yaml에 플러그인을 추가합니다. 명령어의 끝에 플러그인 이름을 추가하면 됩니다.
flutter pub upgrade	pubspec.yaml에 등록된 플러그인들을 모두 최신 버전으로 업데이트합니다.
flutter pub run	현재 프로젝트를 실행합니다. 명령어를 실행하면 어떤 플랫폼에서 실행할지 선택할 수 있습니다.

> **NOTE** **pub get 실행 방법**
>
> pub get 실행법은 대표적으로 두 가지가 있습니다. 첫 번째로 pubspec.yaml 파일의 최상단에 있는 [pub get] 버튼을 눌러 실행하는 겁니다. 실행이 완료되면 안드로이드 스튜디오 하단 [Message] 탭에서 'Process finished with exit code 0'라는 메시지를 볼 수 있습니다.

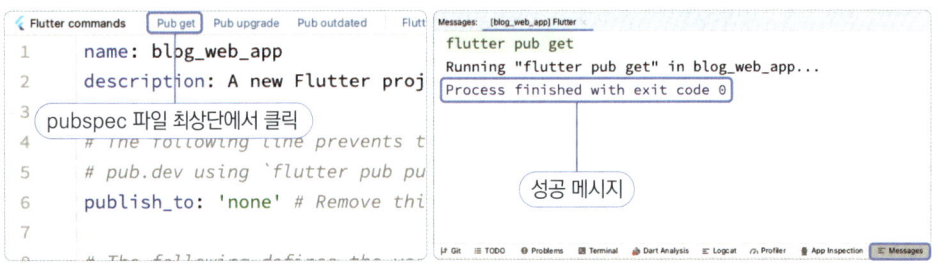

두 번째 방법은 CLI를 이용한 실행법입니다. 안드로이드 스튜디오의 하단 [Terminal] 탭에서 'flutter pub get' 명령어를 실행해도 똑같은 결과를 얻을 수 있습니다(프로젝트 위치에서 실행하세요).

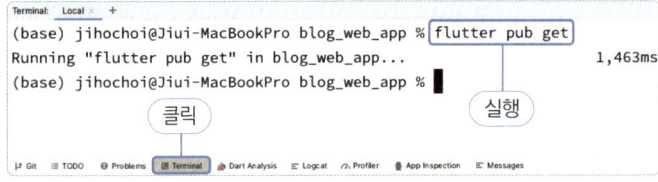

8.2.2 권한 및 네이티브 설정하기

웹뷰를 사용하려면 몇 가지 네이티브 설정이 필요합니다. 인터넷 사용 권한을 추가하고 https 프로토콜뿐만 아니라 http 프로토콜도 이용할 수 있게 수정하겠습니다. 안드로이드와 iOS 설정을 차례대로 알아보겠습니다.

To Do 안드로이드 설정

01 안드로이드 설정 파일은 android/app/src/main/AndroidManifest.xml입니다. 안드로이드 앱에 필요한 각종 권한을 여기서 설정할 수 있습니다. ❶ AndroidManifest.xml 파일을 열어줍니다.

02 웹뷰를 실행할 때 인터넷을 사용해야 하니 인터넷 권한을 추가합니다.

android/app/src/main/AndroidManifest.xml

```
<manifest xmlns:android="http://schemas.android.com/apk/res/android">
    <uses-permission android:name="android.permission.INTERNET" />
... 생략 ...
</manifest>
```

자주 사용하는 안드로이드 권한을 다음 표에 적어두었으니 참고하기 바랍니다.

▼ 자주 사용하는 안드로이드 권한 코드[1]

코드	설명
INTERNET	인터넷 사용 권한
CAMERA	카메라 사용 권한
WRITE_EXTERNAL_STORAGE	앱 외부에 파일을 저장할 수 있는 권한
READ_EXTERNAL_STORAGE	앱 외부의 파일을 읽을 수 있는 권한

---

[1] https://developer.android.com/reference/android/Manifest.permission

VIBRATE	진동을 일으킬 수 있는 권한
ACCESS_FINE_LOCATION	GPS와 네트워크를 모두 사용해서 정확한 현재 위치 정보를 가져올 수 있는 권한
ACCESS_COARSE_LOCATION	네트워크만 사용해서 대략적인 위치 정보를 가져올 수 있는 권한
ACCESS_BACKGROUND_LOCATION	앱이 배경에 있을 때 위치 정보를 얻을 수 있는 권한
BILLING	인앱 결제를 할 수 있는 권한
CALL_PHONE	전화기 앱을 사용하지 않고 전화를 할 수 있는 권한
NETWORK_STATE	네트워크 상태를 가져올 수 있는 권한
RECORD_AUDIO	음성을 녹음할 수 있는 권한

03 현대 웹사이트는 대부분 https 프로토콜을 사용하지만 아직도 http 프로토콜을 사용하는 웹사이트도 있습니다. 안드로이드와 iOS에서는 모두 기본적으로 http 웹사이트를 사용할 수 없도록 설정되어 있습니다. 이 설정을 해제하려면 ❶ 다음 코드를 추가해주세요. 만약에 http 프로토콜을 허용할 필요가 없다면 이번 코드는 추가할 필요가 없습니다.

android/app/src/main/AndroidManifest.xml

```xml
<manifest xmlns:android="http://schemas.android.com/apk/res/android">
    <uses-permission android:name="android.permission.INTERNET" />
    <application
               android:label="blog_web_app"
        android:name="${applicationName}"
        android:icon="@mipmap/ic_launcher"
        android:usesCleartextTraffic="true"> <!-- ❶ -->
        ... 생략 ...
    </application>
</manifest>
```

To Do **iOS 설정**

01 ❶ ios/Runner/Info.plist 파일을 열어주세요.

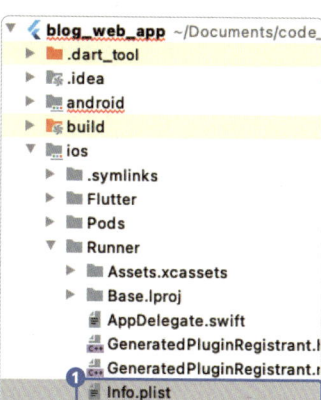

Info.plist에서도 http 프로토콜을 사용하는 설정을 추가해줍니다.

ios/Runner/Info.plist
```
<?xml version="1.0" encoding="UTF-8"?>
<!DOCTYPE plist PUBLIC "-//Apple//DTD PLIST 1.0//EN" "http://www.apple.com/DTDs/PropertyList-1.0.dtd">
<plist version="1.0">
<dict>
    ... 생략 ...
    <!-- 추가한 코드 -->
    <key>NSAppTransportSecurity</key>
    <dict>
        <key>NSAllowsLocalNetworking</key>
        <true/>
        <key>NSAllowsArbitraryLoadsInWebContent</key>
        <true/>
    </dict>
</dict>
</plist>
```

Info.plist 파일은 iOS 앱의 런타임을 설정하는 파일입니다. 플러터 프로젝트를 생성하면 자동으로 필수 키가 생성됩니다. NSAppTransportSecurity는 http 프로토콜을 허용하는 키값이지만 앞으로 Info.plist에 우리가 입력할 값들은 대부분 앱에서 이미지, 카메라 등 권한 요청을 할 때 보여줄 메시지를 정의합니다.

권한 메시지 사용 예제는 다음과 같습니다.

```
<key>NSAppleMusicUsageDescription</key>
<string>음악을 재생하는 권한이 필요합니다.</string>
```

▼ Info.plist에 자주 추가하게 되는 키값

키값	설명
NSCalendarsUsageDescription	달력 사용 권한 메시지
NSCameraUsageDescription	카메라 사용 권한 메시지
NSContactsUsageDescription	연락처 사용 권한 메시지
NSLocationUsageDescription	위치 정보 사용 권한 메시지
NSPhotoLibraryUsageDescription	사진 접근 권한 메시지
NSFaceIDUsageDescription	FaceID 사용 권한 메시지
NSMicrophoneUsageDescription	마이크 사용 권한 메시지
NSMotionUsageDescription	Accelerometer 사용 권한 메시지
NSSiriUsageDescription	Siri 사용 권한 메시지

나머지 키에 관련된 정보는 애플 공식 사이트에서 찾아볼 수 있습니다.[2]

8.2.3 프로젝트 초기화하기

프로그래밍을 하다 보면 폴더와 파일의 정리가 매우 중요합니다. 프로젝트가 작을 때는 원하는 코드나 특정 파일을 찾는 게 어렵지 않지만 프로젝트가 커질수록 복잡해집니다. 이번 프로젝트를 포함해 앞으로 진행할 모든 프로젝트에서는 화면과 관련된 모든 위젯을 [screen] 폴더에 모아두겠습니다.

ToDo 01 우선 ❶ [lib] 폴더 위에서 마우스 우클릭 → ❷ [screen] 폴더를 생성해주세요. 그다음 ❸ [screen] 폴더 위에서 다시 마우스 우클릭 → ❹ 앱의 기본 홈 화면으로 사용할 (사용자 지정 위젯인) 홈 스크린^{HomeScreen} 위젯을 생성할 home_screen.dart 파일을 생성합니다.

---

[2] https://developer.apple.com/library/archive/documentation/General/Reference/InfoPlistKeyReference/Introduction/Introduction.html

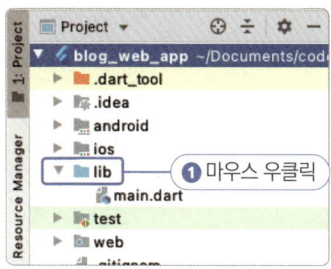 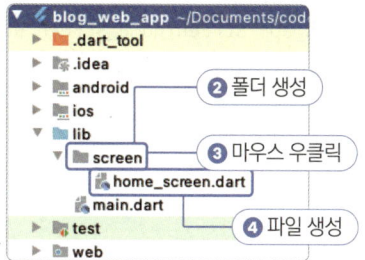

02 home_screen.dart 파일에 HomeScreen이라는 StatelessWidget을 생성해주세요. 이 위젯은 블로그 웹 앱을 실행했을 때 가장 먼저 실행되는 홈 화면이 됩니다.

lib/screen/home_screen.dart
```dart
import 'package:flutter/material.dart';

class HomeScreen extends StatelessWidget {

  // ① const 생성자
  const HomeScreen({Key? key}) : super(key: key);

  @override
  Widget build(BuildContext context) {
    return Scaffold(
      body: Text('Home Screen'),
    );
  }
}
```

❶ 생성자 앞에 const 키워드를 추가하면 const 인스턴스를 생성할 수 있습니다. 한 번 생성된 const 인스턴스 위젯은 재활용되어서 하드웨어 리소스를 적게 사용할 수 있습니다. const 키워드에 대해 잘 기억이 안 난다면 1.3.6 'final/const를 사용한 변수 선언'을 참고해주세요.

03 다음은 main.dart 파일에 자동 생성된 기존 코드를 지우고 HomeScreen()을 불러오는 코드를 작성하겠습니다. MaterialApp 위젯은 플러터 앱의 최상위 위젯이며 앱이 처음 실행됐을 때 보여줄 화면을 home 매개변수에 입력할 수 있습니다. HomeScreen()을 불러와서 앱의 첫 화면으로 설정하겠습니다.

lib/main.dart

```
import 'package:blog_web_app/screen/home_screen.dart';
import 'package:flutter/material.dart';

void main() {
 runApp(
   MaterialApp(
     home: HomeScreen(),
   ),
 );
}
```

> ### import로 임포트할 때 경로
>
> 프로젝트가 커지면 main.dart 외에 다른 파일을 사용합니다. 그러다 보면 어느 한 파일에서 다른 파일의 위젯이나 변수 등을 불러와서 사용해야 하는데 이때 import 키워드를 사용합니다. import 키워드 뒤에 'package:[프로젝트 이름]/[lib 폴더로부터의 위치]/파일명.dart' 형식으로 적어주면 불러올 수 있습니다. Private으로 선언된 속성들은 불러오기에 제외된다는 점을 잊지 마세요!
>
>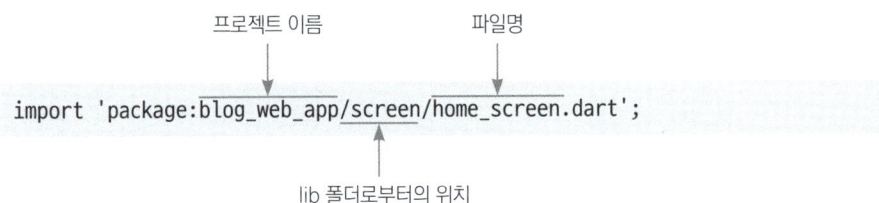
>
> 일반적으로 플러그인 기능은 'package:[플러그인 이름]/[플러그인 이름].dart' 형식으로 불러올 수 있습니다

8.3 레이아웃 구상하기

이번 프로젝트에서 구현해볼 레이아웃은 매우 간단합니다. ❶ 앱바와 ❷ 웹뷰로 이루어졌습니다.
❶ 앱바는 제목과 홈 버튼을 렌더링하는 역할을 합니다. ❷ 웹뷰는 지정한 URL의 내용(웹페이지)
을 보여줍니다.

8.4 구현하기

구현할 프로그램의 작동 흐름은 다음과 같습니다. 앱바를 구현하고 나서 ❶ 웹뷰, ❷ 웹뷰 컨트롤
러, ❸ 홈 버튼을 차례대로 구현해봅시다.

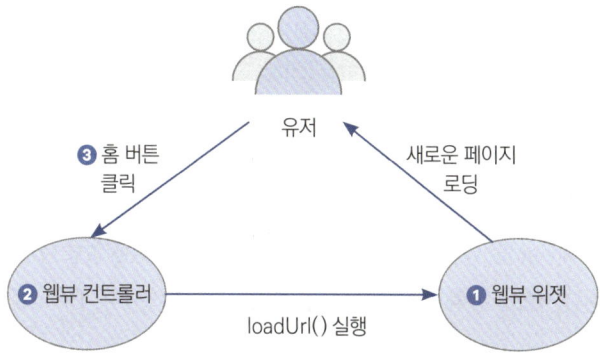

8.4.1 앱바 구현하기

ToDo 01 HomeScreen 위젯은 블로그 웹 앱이 실행되면 가장 먼저 보이는 위젯입니다. HomeScreen 위젯에 앱바를 추가하고, 제목을 넣어주고, 코드팩토리 메인 색상에 어울리게 배경을 주황색으로 설정하겠습니다.

```dart
                                                                lib/screen/home_screen.dart
import 'package:flutter/material.dart';


class HomeScreen extends StatelessWidget {

  const HomeScreen({Key? key}) : super(key: key);

  @override
  Widget build(BuildContext context) {
    return Scaffold(

      // ❶ 앱바 위젯 추가
      appBar: AppBar(

        // ❷ 배경색 지정
        backgroundColor: Colors.orange,

        // ❸ 앱 타이틀 설정
        title: Text('Code Factory'),

        // ❹ 가운데 정렬
        centerTitle: true,
      ),
      body: Text('Home Screen'),
    );
  }
}
```

▼ 실행 결과

❶ AppBar 위젯은 일반적으로 Scaffold 위젯의 appBar 매개변수로 넣어줍니다. 우리도 여기에 앱바 위젯을 추가했습니다. ❷ AppBar의 배경색을 주황색으로 변경합니다. ❸ AppBar의 중간에 넣어줄 위젯입니다. 보통은 Text를 넣어주지만 어떤 위젯을 넣어도 상관없습니다. Text("Code Factory")를 설정했습니다. ❹ true를 입력해 title을 가운데 정렬합니다. false를

입력하면 왼쪽으로 정렬합니다.

02 코드를 작성한 후 핫 리로드를 해 앱바가 추가되었는지 확인합니다.

8.4.2 웹뷰 구현하기

`ToDo` **01** 웹뷰 위젯을 구현하겠습니다.

```dart
import 'package:flutter/material.dart';                          // lib/screen/home_screen.dart

// ① 웹뷰 플러그인 불러오기
import 'package:webview_flutter/webview_flutter.dart';

class HomeScreen extends StatelessWidget {
  const HomeScreen({Key? key}) : super(key: key);

  @override
  Widget build(BuildContext context) {
    return Scaffold(
      appBar: ...생략...,
      body: WebViewWidget(    // ② 웹뷰 위젯 추가하기 (에러 잠시 무시하기)
        controller: webViewController,  // ③ 에러 발생
      ),
    );
  }
}
```

❶ import 키워드를 사용해서 웹뷰 플러그인을 불러옵니다. ❷ body에 WebViewWidget을 입력합니다. 웹뷰 위젯은 화면에 웹뷰를 렌더링해주는 역할을 합니다. 그리고 WebViewWidget을 제어할 수 있는 controller 파라미터를 입력받습니다. ❸ controller: webViewController에 생긴 에러는 webViewController가 아직 선언되지 않아서 발생하는 것으로 다음 과정에서 선언할 예정이니 잠시 넘어가도 됩니다.

8.4.3 웹뷰 컨트롤러 설정하기

웹뷰 컨트롤러는 웹뷰 위젯을 제어하는 역할을 합니다. 웹뷰 위젯은 화면에 웹뷰를 렌더링해서 웹 사이트를 보여주는 역할을 합니다. 웹뷰 컨트롤러의 함수를 실행해서 웹뷰 위젯의 다양한 설정을 제어하고 웹사이트로 이동할 수 있습니다. 웹뷰 컨트롤러를 변수로 선언하고 웹뷰 위젯에 입력하

겠습니다.

lib/screen/home_screen.dart
```dart
import 'package:flutter/material.dart';
import 'package:webview_flutter/webview_flutter.dart';

class HomeScreen extends StatelessWidget {

  // ❶ WebViewController 선언
  WebViewController webViewController = WebViewController()
    // ❷ WebViewController의 loadRequest() 함수를 실행합니다.
    ..loadRequest(Uri.parse('https://blog.codefactory.ai'))
    // ❸ Javascript가 제한 없이 실행될 수 있도록 합니다.
    ..setJavaScriptMode(JavaScriptMode.unrestricted);

  HomeScreen({Key? key}) : super(key: key);

  @override
  Widget build(BuildContext context) {
    return Scaffold(
      appBar: AppBar(
        backgroundColor: Colors.orange,
        title: Text('Code Factory'),
        centerTitle: true,
      ),
      body: WebViewWidget(
        controller: webViewController,
      ),
    );
  }
}
```

▼ 실행 결과

❶ WebViewController 타입인 webViewController 변수를 선언합니다. WebViewWidget에 미리 webViewController 변수를 입력해뒀기 때문에 자동으로 컨트롤러가 입력됩니다. ❷ JavaScriptMode.unrestricted를 입력하면 웹페이지에서 제한 없이 Javascript가 실행될 수 있도록 합니다. 반대 기능은 JavaScriptMode.restricted를 입력하면 됩니다. ❸ loadRequest( )

함수는 웹뷰 위젯의 가장 중요한 함수입니다. loadRequest( ) 함수는 Uri 객체를 매개변수로 입력받으며 이 입력받은 값을 통해 지정한 사이트로 이동합니다. Uri 객체는 Uri.parse( ) static 함수가 존재하는데 이 함수에 이동하고 싶은 사이트의 URL을 입력하면 해당 URL이 Uri 객체로 자동 변경됩니다.

8.4.4 main.dart 파일 수정하기

ToDo **01** 플러터 프로젝트를 실행하는 runApp( ) 함수는 내부적으로 WidgetsFlutterBinding.ensureInitialized( ) (이하 ensureInitialized( ) 함수)함수를 실행하고 있습니다. ensureInitizlied( ) 함수는 플러터 프레임워크가 앱을 실행할 준비가 됐는지 확인하는 역할을 합니다. 일반적으로 개발자가 직접 이 함수를 실행할 필요는 없지만 StatelessWidget에서 WebViewController를 프로퍼티로 직접 인스턴스화하려면 ensureInitizlied( ) 함수를 직접 실행해주는 작업을 해야 합니다. ensureInitizlied( ) 함수를 직접 실행하지 않고 WebViewController를 정상적으로 인스턴스화하는 방법은 StatefulWidget의 initState( ) 함수에서 진행하게 됩니다. StatefulWidget과 initState( ) 함수에 대해서는 9.1.1 '위젯 생명주기'에서 배웁니다.

lib/screen/main.dart

```dart
import 'package:blog_web_app/screen/home_screen.dart';
import 'package:flutter/material.dart';

void main() {
  // 플러터 프레임워크가 앱을 실행할 준비가 될 때까지 기다림
  WidgetsFlutterBinding.ensureInitialized();

  runApp(
    MaterialApp(
      home: HomeScreen(),
    ),
  );
}
```

8.4.5 홈 버튼 구현하기

ToDo 01 어떤 페이지에서든 코드팩토리 홈페이지로 돌아올 수 있는 홈 버튼을 제작해보겠습니다.

lib/screen/home_screen.dart

```dart
...생략...

class HomeScreen extends StatelessWidget {
  ...생략...

  @override
  Widget build(BuildContext context) {
    return Scaffold(
      appBar: AppBar(
        backgroundColor: Colors.orange,
        title: Text('Code Factory'),
        centerTitle: true,

        // ❶ AppBar에 액션 버튼을 추가할 수 있는 매개변수
        actions: [
          IconButton(

            // ❷ 아이콘을 눌렀을 때 실행할 콜백 함수
            onPressed: () {

              // ❸ 웹뷰 위젯에서 사이트 전환하기
              webViewController.loadRequest(Uri.parse('https://blog.codefactory.ai'));
            },

            // ❹ 홈 버튼 아이콘 설정
            icon: Icon(
              Icons.home,
            ),
          ),
        ],
      ),
      body: WebViewWidget(
        controller: webViewController,
      ),
    );
  }
}
```

▼ 실행 결과

❶ actions 매개변수에 위젯을 입력하면 AppBar의 우측 끝에 순서대로 위젯이 배치됩니다. 세팅 버튼이나 필터링 옵션 버튼을 흔히 탑재하는 위치입니다. ❷ 홈 버튼(IconButton 위젯)을 눌렀을 때 실행할 콜백 함수입니다. ❸ WebViewController의 loadRequest( ) 함수를 실행합니다. loadRequest( ) 함수는 WebViewController가 입력(바인딩)된 WebViewWidget에서 새로운 웹페이지를 실행할 때 사용됩니다. 이동하려는 웹페이지 주소를 Uri 타입으로 변환해서 입력하면 해당하는 웹페이지로 이동할 수 있습니다. ❹ 홈 버튼(IconButton)의 아이콘을 지정합니다.

02 코드 작성을 완료한 다음 앱을 재실행하면 화면의 오른쪽 위 끝에 홈 버튼이 추가된 것을 확인할 수 있습니다.

8.5 테스트하기

❶ 안드로이드 스튜디오에서 [Run] 버튼을 눌러서 시뮬레이터, 에뮬레이터 또는 본인 기기에서 앱을 실행해보세요.
❷ 스크롤을 내려서 블로그 글을 아무거나 눌러보세요.
❸ 페이지 이동을 확인한 후 홈 버튼을 눌러보세요.
❹ 홈으로 이동이 잘되면 프로젝트 완료입니다.

학습 마무리

이번 장에서는 '블로그 웹 앱'을 구현했습니다. 웹뷰를 사용하면 어떤 웹사이트든 쉽게 화면에 실행할 수 있고, 웹뷰 컨트롤러(WebViewController)를 사용해 웹뷰 페이지를 변경할 수 있다는 사실도 배웠습니다.

핵심 요약

1 웹뷰 위젯은 웹 브라우저를 실행할 수 있는 위젯입니다. 웹뷰 위젯을 이용하면 URL을 추가해줌으로써 원하는 웹사이트를 플러터 앱에서 실행할 수 있습니다.

2 다트 코드 외 사용하는 **환경 파일**은 다음과 같습니다. 각각 언제 사용하는지 알아둡시다.

파일명	설명
pubspec.yaml	프로젝트 설정을 변경할 때 사용합니다.
android/app/src/main/AndroidManifest.xml	안드로이드 시스템이 앱의 코드를 실행하기 전에 필수로 확보해야 하는 앱에 대한 정보를 담고 있습니다. 앱 권한 등 안드로이드 네이티브 관련 설정을 할 수 있습니다.
android/build.gradle	안드로이드에서 사용하는 그레들 설정 파일입니다. 최상단 build.gradle 파일은 프로젝트 단 설정을 합니다.
android/app/build.gradle	안드로이드에서 사용하는 그레들 설정 파일입니다. 앱 모듈 관련 설정을 할 수 있습니다.
ios/Runner/Info.plist	iOS 앱의 실행 패키지에 관한 필수 설정 정보가 담겨 있습니다. XML 구조로 구성되어 있으며 흔히 앱에서 사용할 권한을 추가할 때 사용됩니다.

3 http 프로토콜을 사용하려면 **AndroidManifest.xml**(안드로이드)와 **Info.plist**(iOS) 파일을 설정해야 합니다.

4 **앱바**는 앱의 최상단을 차지하는 위젯입니다. 제목과 뒤로 가기 버튼 등을 추가할 수 있습니다. **앱바**를 사용하면 앱의 최상단을 쉽게 디자인할 수 있습니다.

5 컨트롤러는 프로그램적으로 위젯을 제어하는 기능을 제공합니다. **웹뷰 컨트롤러**를 이용하면 웹뷰를 제어할 수 있습니다.

6 **아이콘 버튼**을 사용해서 유저의 클릭을 입력받고 원하는 콜백 함수를 실행할 수 있습니다.

업그레이드 아이디어

1 앞으로 가기, 뒤로 가기 같은 기능을 추가해보세요.

   HINT WebViewController의 goBack( ) 함수를 사용하면 뒤로 가기를 구현할 수 있고 goForward( ) 함수를 사용하면 앞으로 가기를 구현할 수 있습니다.

Chapter 09

Project
전자액자
위젯 생명주기, PageView, Timer, SystemChrome, StatefulWidget

Project 전자액자 ★★☆☆

3초마다 자동으로 롤링되는 이미지

좌우 스와이프로 이미지 슬라이딩

예제 위치	https://github.com/codefactory-co/flutter-golden-rabbit-novice-v3/tree/main/ch09/image_carousel
프로젝트명	image_carousel
개발 환경	플러터 SDK : 3.24.4
미션	자동으로 이미지를 순차적으로 보여주는 전자액자를 만들어봐요.
기능	• 좌우로 스와이프해서 이미지 변경 가능　• 특정 시간이 지나면 자동으로 롤링 • 이미지 화면에 꽉 차게 하기　• 상태바 색상 변경하기
조작법	• 앱을 실행하면 이미지 자동으로 롤링 • 좌우로 스와이프해서 이미지 변경 가능
핵심 구성요소	• Image　• PageView • Timer　• SystemChrome • StatefulWidget
플러그인	없음

#MUSTHAVE

학습 목표

이미지 5개를 롤링해 보여주는 액자 앱을 만듭니다. 좌우 스와이프해 이미지를 변경할 수 있습니다. 8장에서는 콜백 함수를 이용해서 특정 이벤트가 일어났을 때 함수를 실행했습니다. 이번에는 특정 주기마다 반복적으로 함수를 실행하는 방법을 알아보겠습니다.

학습 순서

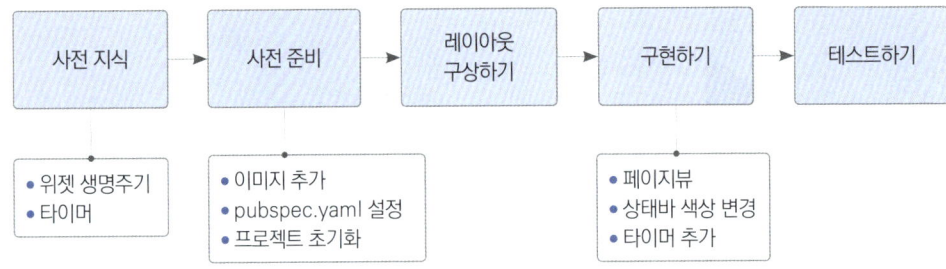

프로젝트 구상하기

이번 프로젝트에서는 세 가지 요소에 집중하겠습니다. 첫 번째로 PageView 위젯입니다. PageView 위젯은 가로 또는 세로로 스와이프해 화면에 보이는 위젯을 변경하도록 해줍니다. 두 번째는 Timer입니다. Timer는 일정 기간을 기다리거나 주기적으로 반복 작업을 실행하는 데 사용됩니다. 마지막으로는 StatefulWidget입니다. 지금까지 StatelessWidget만 사용해왔는데 Timer를 효율적으로 사용하려면 StatefulWidget과 StatefulWidget의 생명주기^{life cycle}에 대해서 알아야 합니다. 이 세 가지 지식에 집중하면서 프로젝트를 진행하겠습니다.

9.1 사전 지식

9.1.1 위젯 생명주기

위젯 생명주기는 위젯이 화면에 그려지는 순간부터 삭제되는 순간까지의 주기를 의미합니다. 플러터에서 UI를 표현할 때 사용되는 대표적인 위젯인 StatelessWidget과 StatefulWidget의 생명주기를 알아보겠습니다.

StatelessWidget

지금까지 작성한 위젯은 모두 StatelessWidget이었습니다. 직역하면 '상태가 없는 위젯'이라는 뜻인데 이 위젯의 생명주기는 굉장히 간단합니다. 먼저 StatelessWidget이 빌드되면 생성자가 실행됩니다. 이어서 필수로 오버라이드override해야 하는 build( ) 함수가 실행됩니다. 마지막으로 build( ) 함수에 반환한 위젯이 화면에 렌더링됩니다.

▼ StatelessWidget 상태 전이

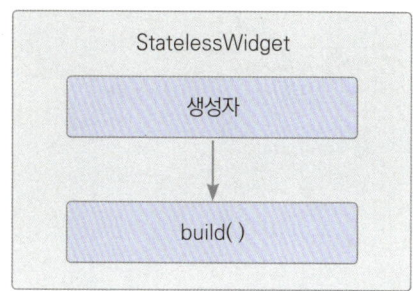

플러터에서 모든 위젯은 Widget 클래스를 상속하고, Widget 클래스는 불변immutable 특성을 갖고 있습니다. 불변이란 클래스를 한 번 생성하고 나면 속성을 변경할 수 없다는 뜻입니다.

하지만 분명히 위젯의 속성을 변경해야 할 때가 있습니다. 예를 들어 생성자에 새로운 매개변수가 입력되는 경우입니다. build( ) 함수에서 매개변수 값을 사용하고 있다면 변경된 매개변수를 기반으로 build( ) 함수를 재실행해줘야 합니다. 하지만 스테이트리스 위젯은 불변이기 때문에 한 번 생성된 인스턴스의 build( ) 함수는 재실행되지 않습니다. 대신 인스턴스를 아예 새로 생성한 후 기존 인스턴스를 대체해서 변경 사항을 화면에 반영합니다.

StatefulWidget

스테이트풀위젯StatefulWidget은 스테이트리스위젯StatelessWidget과 다른 목적으로 탄생했습니다. 외부에서 위젯 생성자의 매개변수를 변경해주면 위젯이 새롭게 생성되고 build( )가 실행되기까지 과정은 StatelessWidget과 같습니다. 하지만 위젯 내부에서 자체적으로 build( ) 함수를 재실행해야 하는 상황이 있습니다. 어떻게 해야 할까요? 이때 StatefulWidget을 사용하면 됩니다.

StatelessWidget과 다르게 StatefulWidget은 위젯^{Widget} 클래스와 스테이트^{State} 클래스 2개로 구성되어 있고 생명주기가 훨씬 복잡합니다.

다음 예제에서 꼭 이해해야 하는 3가지 생명주기인 '상태 변경이 없는 생명주기', 'StatefulWidget 생성자의 매개변수가 변경됐을 때의 생명주기', 'State 자체적으로 build( )를 재실행할 때의 생명주기'를 알아보겠습니다. 상태 관리는 한 번에 이해하기 어려울 수 있습니다. 가볍게 읽어본 다음 실전을 진행하면서 이해 안 되는 부분을 되돌아보는 방식으로 공부하면 효율적으로 학습할 수 있습니다.

상태 변경이 없는 생명주기

상태 변경이 없는 생명주기는 위젯이 화면에 나타나며 생성되고 화면에서 사라지며 삭제되는 과정을 의미합니다. 중간에 위젯의 상태가 변경되지 않습니다.

▼ 상태 변경이 없는 생명주기 그림

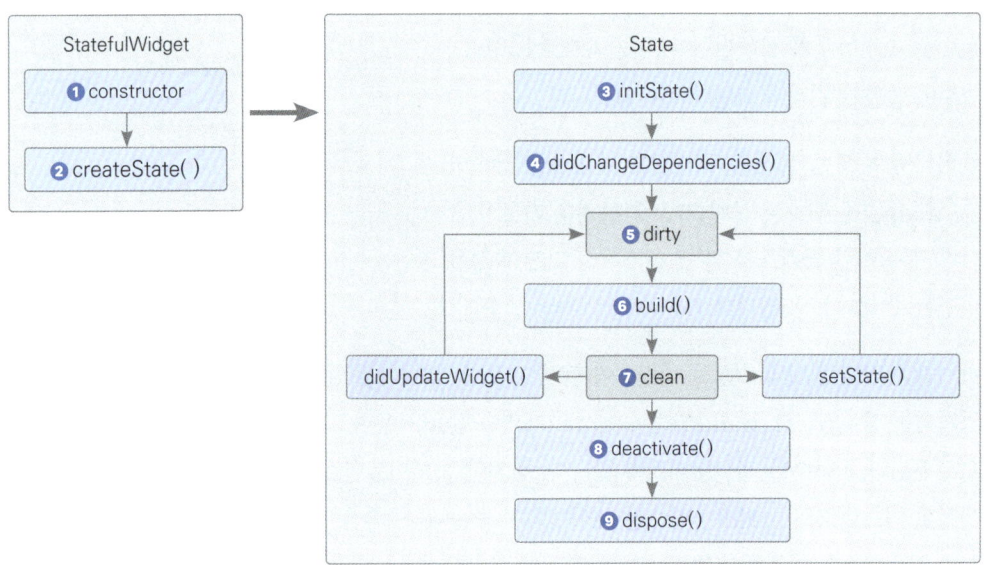

❶ StatefulWidget 생성자가 실행됩니다. ❷ createState( ) 함수가 실행됩니다. createState( ) 함수는 필수로 오버라이드해야 하는 함수로, StatefulWidget과 연동되는 State를 생성합니다. ❸ State가 생성되면 initState( )가 실행됩니다. initState( )는 State가 생성되는 순간에만 단 한 번 실행되고 절대로 다시 실행되지 않습니다. ❹ didChangeDependencies( )가 실행됩니다. initState( )와 다르게 BuildContext가 제공되고 State가 의존하는 값이 변경되면 재실행됩니다. ❺ State의 상태가 dirty로 설정됩니다. dirty 상태는 build( )가 재실행돼야 하는 상태입니다. 따

라서 ❻ build( ) 함수가 실행되고 UI가 반영됩니다. ❼ build( ) 실행이 완료되면 상태가 clean 상태로 변경됩니다. 화면에 변화가 없으면 이 상태를 유지합니다. ❽ 위젯이 위젯 트리에서 사라지면 deactivate( )가 실행됩니다. deactivate( )는 State가 일시적 또는 영구적으로 삭제될 때 실행됩니다. ❾ dispose( )가 실행됩니다. 위젯이 영구적으로 삭제될 때 실행됩니다.

StatefulWidget 생성자의 매개변수가 변경됐을 때 생명주기

StatefulWidget도 StatelessWidget처럼 하나의 클래스입니다. 그렇기 때문에 매개변수를 입력받을 수 있습니다. 위젯이 생성된 후 삭제가 되기 전 매개변수가 변경되면 다음 생명주기가 실행됩니다.

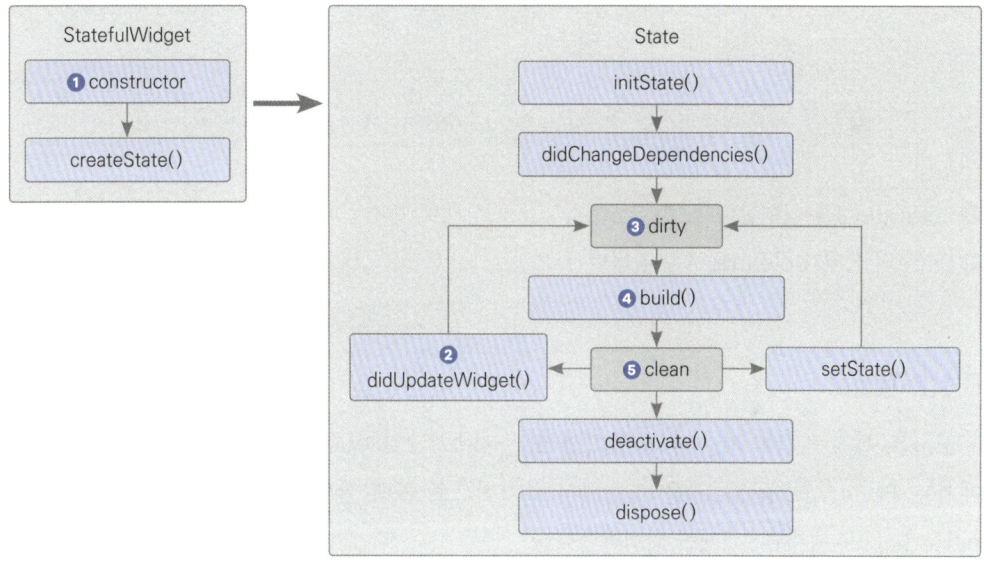

❶ StatefulWidget 생성자가 실행됩니다. ❷ State의 didUpdateWidget( ) 함수가 실행됩니다. ❸ State가 dirty 상태로 변경됩니다. ❹ build( )가 실행됩니다. ❺ State의 상태가 clean으로 변경됩니다.

State 자체적으로 build( )를 재실행할 때 생명주기

StatelessWidget은 생성될 때 build( ) 함수가 한 번 실행되고 절대로 다시 실행되지 않습니다. 반면 StatefulWidget은 StatefulWidget 클래스와 State 클래스로 구성돼 있는데, State 클래스는 setState( ) 함수를 실행해서 build( ) 함수를 자체적으로 재실행할 수 있습니다.

▼ State 자체적으로 build( )를 재실행할 때

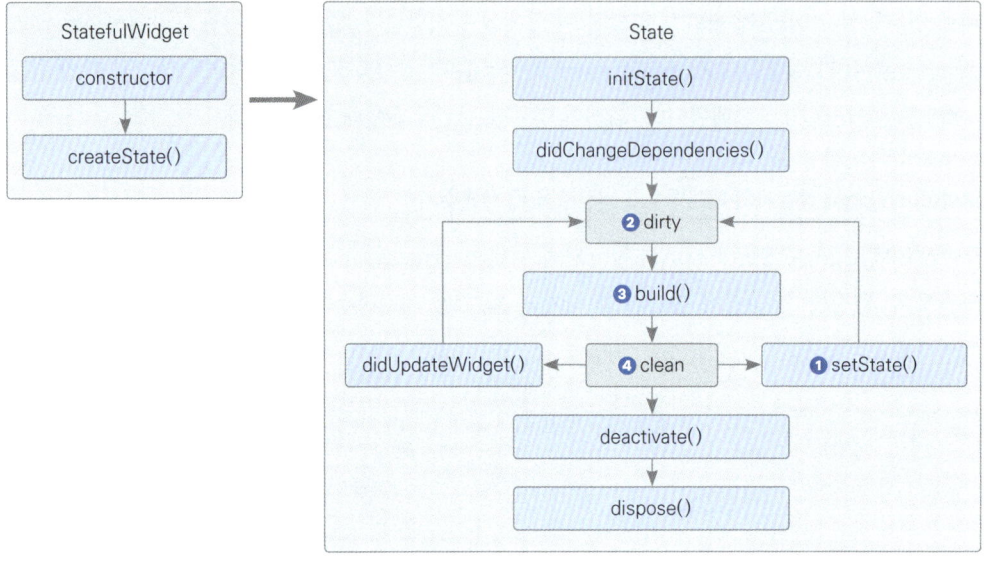

❶ setState( )를 실행합니다. ❷ State가 dirty 상태로 변경됩니다. ❸ build( )가 실행됩니다.
❹ State의 상태가 clean으로 변경됩니다.

9.1.2 Timer

Timer는 특정 시간이 지난 후에 일회성 또는 지속적으로 함수를 실행합니다. 이번 프로젝트에서는 Timer.periodic( )을 사용해서 주기적으로 콜백 함수를 실행하겠습니다. Timer.periodic( )은 매개변수 2개를 입력받습니다.

```
Timer.periodic(
  Duration(seconds: 3), // ❶ 주기
  (Timer timer) {},     // ❷ 콜백 함수
);
```

❶ 콜백 함수를 실행할 주기를 지정합니다. Duration에 days, hours, minutes, seconds, milliseconds, microseconds 매개변수를 이용해서 주기를 정할 수 있습니다. ❷ 주기가 지날 때마다 실행할 콜백 함수입니다. 매개변수에 현재 실행 중인 Timer 객체가 제공됩니다.

Timer의 생성자는 Timer( ), Timer.periodic( ) 두 가지입니다. 각각에 대해서는 다음 표를 참고해주세요.

▼ Timer 생성자

생성자	설명

Timer( )	Timer의 기본 생성자입니다. 첫 번째 매개변수에 대기 기간을 Duration으로 입력하고 두 번째 매개변수에 기간이 끝난 후 실행할 콜백 함수를 입력합니다.
	
	```# 3초 후에 hello라는 문자열 출력```
	```Timer(Duration(seconds: 3), (Timer timer){print('hello')})```

Timer.periodic( )	Timer의 유일한 네임드 생성자입니다. 주기적으로 콜백 함수를 실행할 때 사용됩니다. 매개변수의 입력 순서는 기본 생성자와 같습니다.
	
	```# 3초마다 hello라는 문자열 출력```
	```Timer.periodic(Duration(seconds: 3), (Timer timer){print('hello')})```

9.2 사전 준비

이번 프로젝트에서 사용할 파일들을 내려받고 프로젝트에 등록하는 과정을 알아보겠습니다.

ToDo **01** 먼저 실습에 사용할 프로젝트를 생성해주세요.
- **프로젝트 이름** : image_carousel
- **네이티브 언어** : 코틀린

9.2.1 이미지 추가하기

에셋은 프로젝트에서 사용되는 파일들을 의미합니다. 동영상, 이미지, 음악 파일 등이 예제입니다. 앱에서 슬라이딩할 이미지들을 내려받고 프로젝트에 등록하겠습니다.

> **ToDo** **01** Project에서 [image_carousel] 폴더 아래에 [asset] 폴더를 생성합니다. 그 아래 [img] 폴더도 생성합니다.

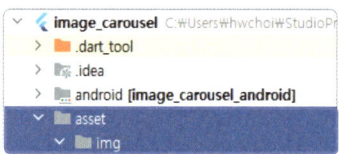

02 0장에서 이미 이 책의 모든 소스 코드를 내려받는 방법을 알려드렸습니다. [ch09/image_carousel/asset/img] 폴더 아래에 있는 [asset/img]로 이동해 그림 파일 5개를 마우스로 선택한 후 [asset/img] 폴더에 드래그 앤드 드롭합니다.

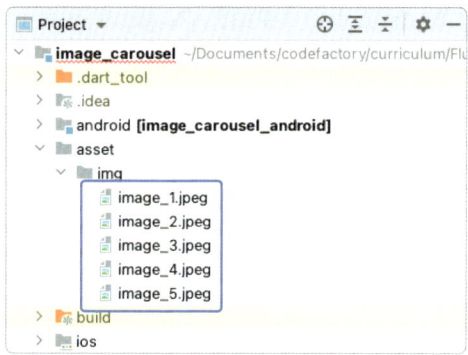

9.2.2 pubspec.yaml 설정하기

> **ToDo** **01** 추가된 에셋을 pubspec.yaml에 등록해줍니다. pubspec.yaml 파일은 프로젝트의 의존성과 에셋을 등록하는 파일입니다. 프로젝트에서 사용할 에셋 파일을 등록해줄 때는 pubspec.yaml 파일의 중간쯤에 있는 flutter 키에 ❶ assets 키를 작성하고 사용할 에셋이 있는 위치(❷ asset/img/)를 다음과 같이 적어줍니다. 마지막으로 [pub get]을 실행해주면 등록한 에셋을 프로젝트에서 사용할 수 있습니다.

```
                                                              pubspec.yaml
flutter:

  # The following line ensures that the Material Icons font is
  # included with your application, so that you can use the icons in
  # the material Icons class.
```

```
  uses-material-design: true

  # To add assets to your application, add an assets section, like this:
  assets:              # ❶ 애셋 등록 키
    - asset/img/       # ❷ 애셋으로 등록할 폴더 위치
```

9.2.3 프로젝트 초기화하기

ToDo 01 [lib] 폴더에 [screen] 폴더를 생성하고 앱의 기본 홈 화면으로 사용할 HomeScreen 위젯을 생성할 home_screen.dart를 생성합니다. 다음과 같이 HomeScreen이라는 StatelessWidget을 생성해주세요.

```
                                                           lib/screen/home_screen.dart
import 'package:flutter/material.dart';

class HomeScreen extends StatelessWidget {
  const HomeScreen({Key? key}) : super(key: key);

  @override
  Widget build(BuildContext context) {
    return Scaffold(
      body: Text('Home Screen'),
    );
  }
}
```

02 lib/main.dart 파일에서도 마찬가지로 HomeScreen을 홈 위젯으로 등록해줘야 합니다.

```
                                                                    lib/main.dart
import 'package:image_carousel/screen/home_screen.dart';
import 'package:flutter/material.dart';

void main() {
  runApp(
    MaterialApp(
      home: HomeScreen(),
    ),
  );
}
```

9.3 레이아웃 구상하기

이번 프로젝트의 레이아웃은 좌우로 위젯을 스와이프할 수 있는
❶ PageView 하나로 구성되어 있습니다.

❶ PageView

9.4 구현하기

구현할 프로그램의 구성은 다음과 같습니다.

좌, 우로 스와이프해서 이미지 슬라이딩

9.4.1 페이지뷰 구현하기

ToDo **01** PageView는 여러 개의 위젯을 단독 페이지로 생성하고 가로 또는 세로 스와이프로 페이지를 넘길 수 있게 하는 위젯입니다. home_screen.dart에 PageView를 추가하겠습니다.

```
                                                                lib/screen/home_screen.dart
import 'package:flutter/material.dart';

class HomeScreen extends StatelessWidget {
  const HomeScreen({Key? key}) : super(key: key);

  @override
  Widget build(BuildContext context) {
    return Scaffold(
      body: PageView(        // ❶ PageView 추가
        children: [1, 2, 3, 4, 5]    // ❷ 샘플 리스트 생성
            .map(      // ❸ 위젯으로 매핑
              (number) => Image.asset('asset/img/image_$number.jpeg'),
            )
            .toList(),
      ),
    );
  }
}
```

❶ PageView 위젯은 material 패키지에서 기본으로 제공해줍니다. children 매개변수에 페이지로 생성하고 싶은 위젯들을 넣어주면 됩니다. ❷ [1, 2, 3, 4, 5] 리스트를 생성했습니다. ❸ map( ) 함수를 사용해서 image_1.jpeg부터 image_5.jpeg까지 순서대로 PageView에 추가합니다. map( ) 함수가 기억나지 않는다면 1.4.1 'List 타입'에서 map( ) 함수를 참고해주세요.

02 핫 리로드를 수행해서 PageView에 이미지가 추가된 걸 확인합니다.

03 이미지가 PageView에 추가됐지만 핸드폰 크기와 이미지 크기가 달라서 위아래로 흰색 여백이 생길 수도 있습니다. 핸드폰 화면 비율에 따라 위아래 대신에 좌우가 남거나 운 좋게 딱 맞을 수도 있습니다. 여러 비율의 화면에 대응할 수 있게 이미지 핏fit을 조절해줘서 항상 전체 화면을 다 차지하도록 설정하겠습니다.

lib/screen/home_screen.dart

```
... 생략 ...
@override
Widget build(BuildContext context) {
  return Scaffold(
    body: PageView(
      // map() 함수는 1.4.1 map()을 참조해주세요.
      children: [1, 2, 3, 4, 5]
          .map(
            (number) => Image.asset(
              'asset/img/image_$number.jpeg',
              fit: BoxFit.cover,  // ❶ BoxFit.cover 설정
            ),
          )
          .toList(),
    ),
  );
}
... 생략 ...
```

▼ 실행 결과

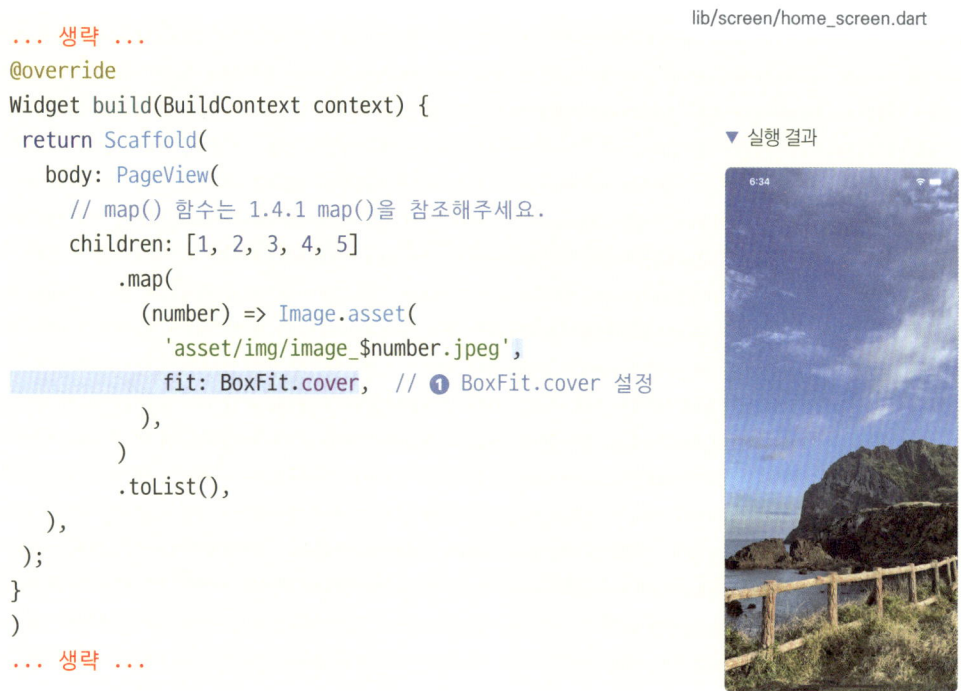

❶ BoxFit.cover를 설정해주면 이미지가 최대한 전체 화면을 차지하도록 늘어납니다. Image 위젯에서의 매개변수 fit은 이미지를 부모 위젯에 어떻게 채워넣을지 정의합니다. 자세한 속성은 다음 표를 참고하세요.

▼ BoxFit 속성 (출처 : api.flutter.dev/flutter/painting/BoxFit.html)

BoxFit.contain	이미지가 잘리지 않는 선에서 최대한 크게 늘립니다. 이미지가 위치한 부모 위젯이 이미지 크기와 완전 같지 않다면 세로 또는 가로로 여백이 생길 수 있습니다.

  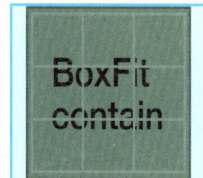

BoxFit.cover 부모 위젯 전체를 덮는 선에서 최소한 크기로 조절합니다. 이미지가 부모 위젯 전체를 덮기 때문에 여백은 생기지 않지만 가로 또는 세로로 이미지가 잘릴 수 있습니다.

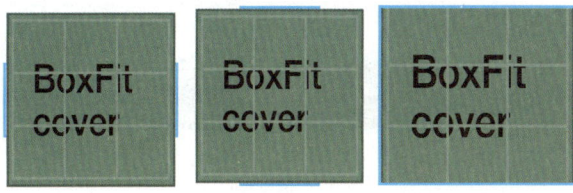

BoxFit.fill 이미지의 비율을 무시하고 부모 위젯의 이미지 비율대로 이미지 크기를 조절합니다. 이미지의 비율과 부모 위젯의 비율이 다르다면 이미지가 변형돼 보일 수 있습니다.

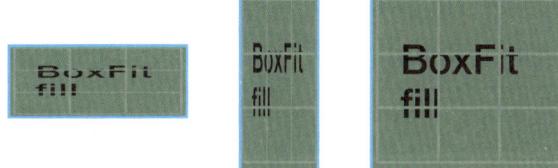

BoxFit.fitHeight 이미지의 비율을 유지한 채로 부모 위젯의 높이에 이미지의 높이를 맞춥니다. 이미지가 가로로 잘리거나 여백이 생길 수 있습니다.

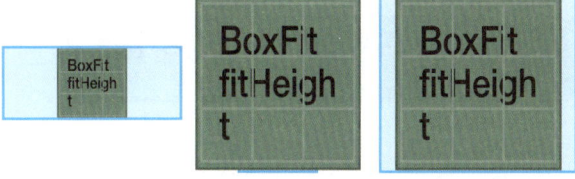

BoxFit.fitWidth 이미지의 비율을 유지한 채로 부모 위젯의 넓이에 이미지의 넓이를 맞춥니다. 이미지가 세로로 잘리거나 여백이 생길 수 있습니다.

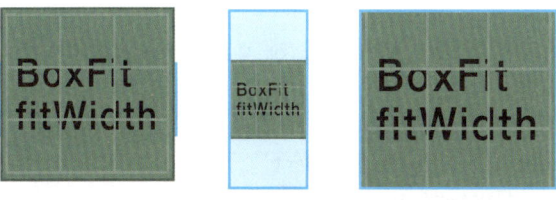

BoxFit.none 원본 이미지 크기와 비율을 그대로 사용합니다.

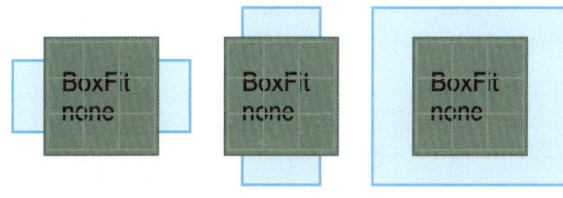

BoxFit.scaleDown   BoxFit.none의 설정에 이미지를 중앙 정렬하고 부모 위젯이 이미지보다 작으면 이미지 크기를 줄여서 부모 위젯에 맞춥니다.

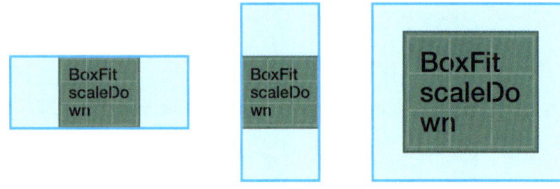

04 핫 리로드를 하면 이미지의 위아래 여백이 사라질 겁니다.

9.4.2 상태바 색상 변경하기

상태바는 앱을 실행 중에 핸드폰 배터리, 시간, 와이파이 연결 상태 등을 보여주는 영역입니다. 현재 상태바의 글자 및 아이콘 색상이 검정색이라 잘 안보이니 잘 보이게 흰색으로 변경하겠습니다. 버전에 따라서 이미 흰색인 경우도 있을 겁니다. 흰색인 분은 연습 삼아 검정으로 바꾸면 됩니다.

▼ iOS 상태바

▼ 안드로이드 상태바

ToDo 01 HomeScreen 위젯의 build() 메서드에 상태바 아이콘들의 색상을 변경하는 코드를 추가하겠습니다.

lib/screen/home_screen.dart

```dart
import 'package:flutter/material.dart';
import 'package:flutter/services.dart';

class HomeScreen extends StatelessWidget {
  const HomeScreen({Key? key}) : super(key: key);

  @override
  Widget build(BuildContext context) {
```

```
    // ❶ 상태바 색상 변경
    // 상태바가 이미 흰색이면 light 대신 dark를 주어 검정으로 바꾸세요.
    SystemChrome.setSystemUIOverlayStyle(SystemUiOverlayStyle.light);

    return Scaffold(
      ... 생략 ...
    );
  }
}
```

❶ SystemChrome 클래스는 시스템 UI의 그래픽 설정을 변경하는 기능을 제공합니다. SystemChrome.setSystemUIOverlayStyle()을 사용하면 상태바의 색상을 변경할 수 있습니다. 매개변수의 값으로는 검정색으로 만들어주는 SystemUiOverlayStyle.dark와 흰색으로 만들어주는 SystemUiOverlayStyle.light가 있습니다.

▼ SystemChrome 함수

함수	설명
setEnabledSystemUIMode()	앱의 풀스크린 모드를 지정합니다. 예를 들어 핸드폰 상단의 시간이나 배터리 잔량이 보이지 않게 가릴 수 있습니다.
setPreferredOrientations()	앱을 실행하는 방향을 지정합니다. 가로, 가로 좌우 반전, 세로, 세로 좌우 반전 옵션이 있습니다.
setSystemUIChangeCallback()	시스템 UI가 변경되면 콜백 함수를 실행합니다.
setSystemUIOverlayStyle()	시스템 UI의 색상을 변경합니다.

02 핫 리로드를 해서 상태바의 색상이 흰색으로 변경된 걸 확인해주세요.

흰색으로 변경 완료

9.4.3 타이머 추가하기

50줄도 되지 않는 코드로 벌써 목표한 UI를 완성했습니다. 일정 기간마다 자동으로 페이지가 변경되는 기능을 추가할 차례입니다. Timer 클래스를 사용해서 액자가 자동으로 롤링되는 기능을 추가하겠습니다.

Timer를 추가하려면 HomeScreen을 StatelessWidget이 아닌 StatefulWidget으로 변경해야 합니다. StatelessWidget을 그대로 사용하면 Timer를 등록할 수 있는 위치가 build( ) 함수밖에 없습니다. build( )에 Timer를 등록하면 안타깝게도 위젯이 새로 생성될 때마다, 즉 build( ) 함수가 불릴 때마다 매번 새로운 Timer가 생성됩니다. 그러면 메모리 누수^{memory leak}가 생기게 됩니다. 하지만 StatefulWidget의 생명주기에서 배운 대로 initState( )를 사용하면 State가 생성될 때 딱 한 번만 Timer를 생성할 수 있습니다. 그러니 HomeScreen을 StatefulWidget으로 변환한 후 Timer를 등록하겠습니다.

ToDo 01 HomeScreen 위젯을 StatefulWidget으로 변경하겠습니다.

home_screen.dart

```dart
import 'package:flutter/material.dart';
import 'package:flutter/services.dart';

// ❶ StatefulWidget 정의
class HomeScreen extends StatefulWidget {
  const HomeScreen({Key? key}) : super(key: key);

  @override
  State<HomeScreen> createState() => _HomeScreenState();
}

// ❷ _HomeScreenState 정의
class _HomeScreenState extends State<HomeScreen> {
class HomeScreen extends StatelessWidget {
  const HomeScreen({Key? key}) : super(key: key);

  @override
  Widget build(BuildContext context) {
    SystemChrome.setSystemUIOverlayStyle(SystemUiOverlayStyle.light);

    return Scaffold(
      body: PageView(
        children: [1, 2, 3, 4, 5]
            .map(
              (number) => Image.asset(
                'asset/img/image_$number.jpeg',
                fit: BoxFit.cover,
              ),
            )
```

```
          .toList(),
    ),
  );
 }
}
```

❶ StatefulWidget은 StatefulWidget 클래스를 상속해서 정의할 수 있습니다. 생명주기에서 배운 것처럼 StatefulWidget은 createState( ) 함수를 정의해야 하며 State를 반환해줍니다. ❷ _HomeScreenState 클래스는 먼저 생성한 StatefulWidget 클래스를 매개변수로 받는 State 클래스를 상속합니다. 이미 배운 것처럼 build( ) 함수는 State에서 정의합니다.

02 initState( ) 함수에 Timer를 등록하겠습니다.

lib/screen/home_screen.dart
```
... 생략 ...
import 'dart:async'; // ❶ async 패키지 불러오기

class _HomeScreenState extends State<HomeScreen> {

  // ❷ initState() 함수 등록
  @override
  void initState() {
    super.initState(); // ❸ 부모 initState() 실행

    Timer.periodic(    // ❹ Timer.periodic() 등록
      Duration(seconds: 3),
      (timer) {
        print('실행!');
      },
    );
  }

  @override
  Widget build(BuildContext context)
  ... 생략 ...
}
```

❶ 플러터에 기본으로 제공되는 async 패키지를 불러와야 Timer를 사용할 수 있습니다.
❷ initState( ) 함수를 오버라이드하면 StatefulWidget 생명주기에서의 initState( ) 함수를 사

용할 수 있습니다. ❸ 모든 initState( ) 함수는 부모의 initState( ) 함수를 실행해줘야 합니다.
❹ 3초마다 실행되는 Timer를 등록했습니다.

03 initState( )에 작성한 코드는 핫 리로드를 했을 때 반영이 안 됩니다. 왜냐하면 initState( )
는 State가 생성될 때 딱 한 번만 실행이 되는
데 이미 StatefulWidget으로 코드를 전환하
는 과정에서 State를 생성해버렸기 때문입니
다. 그래서 initState( )에 추가한 사항을 반영
하려면 앱을 재실행해야 합니다. 앱을 재실행
하고 3초마다 "실행!"이라는 글자가 콘솔에 출
력되는 걸 확인해주세요.

04 이전 프로젝트에서 웹뷰를 조작할 때 WebViewController를 사용한 것처럼 PageView는 PageController를 사용해서 PageView를 조작할 수 있습니다. PageController를 State에 선언하고 PageView에 매개변수로 입력하겠습니다.

lib/screen/home_screen.dart

```dart
... 생략 ...
class _HomeScreenState extends State<HomeScreen> {
  // ❶ PageController 생성
  final PageController pageController = PageController();

  @override
  void initState() {
    ... 생략 ...
  }

  @override
  Widget build(BuildContext context) {
    SystemChrome.setSystemUIOverlayStyle(SystemUiOverlayStyle.light);

    return Scaffold(
      body: PageView(
        controller: pageController,  // ❷ PageController 등록
        children: ... 생략 ... ,
      ),
    );
  }
}
```

❶ 사용할 pageController 변수를 정의합니다. ❷ PageView의 controller 매개변수에 PageController 타입의 값을 넣어주면 해당 컨트롤러로 PageView를 조작할 수 있습니다.

05 PageView에 컨트롤러를 등록했으니 Timer.periodic()의 콜백 함수를 변경해서 주기적으로 PageView의 페이지를 넘겨주도록 하겠습니다.

lib/screen/home_screen.dart
```dart
... 생략 ...
@override
void initState() {
  super.initState();

  Timer.periodic(
    Duration(seconds: 3),
        (timer) {
      print('실행!');

      // ❶ 현재 페이지 가져오기
      int? nextPage = pageController.page?.toInt();

      if (nextPage == null) {  // ❷ 페이지 값이 없을 때 예외 처리
        return;
      }

      if (nextPage == 4) {  // ❸ 첫 페이지와 마지막 페이지 분기 처리
        nextPage = 0;
      } else {
        nextPage++;
      }
      pageController.animateToPage(  // ❹ 페이지 변경
        nextPage,
        duration: Duration(milliseconds: 500),
        curve: Curves.ease,
      );
    },
  );
}
... 생략 ...
```

❶ pageController.page 게터를 사용해서 PageView의 현재 페이지를 가져올 수 있습니다. 페이지가 변경 중인 경우 소수점으로 표현돼서 double로 값이 반환됩니다. 하지만 animateToPage() 함수를 실행할 때 정숫값을 넣어줘야 하니 미리 toInt()를 사용해서 정수로 변환해두겠습니다. ❷ 만약에 페이지가 null이면 무엇도 하지 않습니다.
❸ 페이지의 값이 4면 첫 번째 페이지부터 다시 시작합니다. 아니면 페이지에 1을 더해서 다음 페이지로 이동합니다. ❹ PageController의 animateToPage() 함수를 사용해서 PageView의 현재 페이지를 변경할 수 있습니다. 첫 번째 매개변수로 이동할 페이지가 정수로 입력되며 duration 매개변수는 이동할 때 소요될 시간을 지정할 수 있습니다. 마지막으로 curve 매개변수는 페이지가 변경되는 애니메이션의 작동 방식을 정할 수 있습니다. 플러터에서는 수십 개의 curve 기본 설정이 제공되며 플러터 공식 페이지[1]에서 직접 애니메이션을 확인할 수 있습니다.
06 initState() 함수를 변경했으니 앱을 재실행해서 새로 Timer.periodic()을 등록해줍니다. 앱을 실행하면 3초가 지날 때마다 페이지가 자동으로 롤링되고 마지막 페이지에 다다르면 처음으로 다시 돌아갑니다.

9.5 테스트하기

❶ 안드로이드 스튜디오에서 [Run] 버튼을 눌러서 시뮬레이터, 에뮬레이터 또는 본인 기기에서 앱을 실행해보세요.
❷ 그냥 둬보세요. 3초마다 이미지가 바뀌면 잘 동작하는 겁니다.
❸ 왼쪽으로 스와이프해보세요. 다음 이미지가 보이면 잘 동작하는 겁니다.
❹ 오른쪽으로 스와이프해보세요. 이전 이미지가 보이면 잘 동작하는 겁니다.

---

[1] https://api.flutter.dev/flutter/animation/Curves-class.html

학습 마무리

이번 장에서는 전자액자 앱을 구현했습니다. PageView 위젯을 사용하면 스와이프해서 페이지를 변경하는 UI를 쉽게 구현할 수 있습니다. 추가적으로 Timer를 이용해서 주기적으로 원하는 함수를 실행해보는 방법도 배웠습니다.

핵심 요약

1 **StatelessWidget**은 상태 관리가 필요 없을 때 사용합니다. 하나의 클래스로 이루어졌고 build( ) 함수는 생명주기 동안 단 한 번만 실행됩니다.
2 **StatefulWidget**은 상태 관리가 필요할 때 사용합니다. **StatefulWidget** 클래스와 **State** 클래스로 이루어졌고 생명주기 동안 build( ) 함수가 여러 번 실행될 수 있습니다.
3 **PageView 위젯**을 이용하면 스와이프로 페이지를 변경하는 UI를 쉽게 구현할 수 있습니다.
4 **Timer.periodic( )**을 이용해서 특정 함수를 주기적으로 실행할 수 있습니다.
5 **PageController**를 사용해서 PageView를 조작할 수 있습니다.
6 **StatefulWidget**의 initState( )에 코드를 작성하면 State가 생성될 때 딱 한 번만 실행합니다.
7 **SystemChrome.setSystemUIOverlayStyle**을 사용해서 상태바의 색상을 흰색이나 검정색으로 변경할 수 있습니다.

업그레이드 아이디어

1 시스템에 저장된 이미지를 가져와서 롤링하도록 변경해보세요.
   HINT ImagePicker를 이용해서 이미지를 불러오는 방법은 12.4.3 '파일 선택 기능 구현하기'에서 동영상을 불러오는 방법을 참조하세요.
2 네트워크 이미지를 출력해보세요.
   HINT Image.network( )를 사용하세요.
3 JPG 말고 다른 파일 형식도 읽게 변경해보세요.
4 구글 드라이브나, 구글 포토에 있는 사진을 가져와서 보여주세요.

Chapter

10

Project

만난 지 며칠 U&I
상태 관리, CupertinoDatePicker, Dialog, DateTime

Project 만난 지 며칠 U&I ★★☆☆

① 하트를 탭합니다.

③ 선택한 날짜로부터 D-Day가 설정됩니다.

② 기념일을 고르는 창이 실행됩니다.

예제 위치	https://github.com/codefactory-co/flutter-golden-rabbit-novice-v3/tree/main/ch10/u_and_i
프로젝트명	u_and_i
개발 환경	플러터 SDK : 3.24.4
미션	날짜를 지정하고 해당 날짜로부터 며칠이 지났는지 알려주는 앱을 만들어봐요.
기능	• 사용자가 직접 원하는 날짜 선택 • 날짜 선택 시 실시간으로 화면의 D-Day 및 만난 날 업데이트
조작법	1. 가운데 하트 클릭해서 날짜 선택 기능 실행 2. 연도, 월, 일을 스크롤해서 원하는 날짜 선택 3. 배경을 눌러서 날짜 저장하기 및 되돌아오기
핵심 구성요소	• Cupertino Widget • CupertinoDatePicker • Dialog • StatefulWidget 상태 관리
플러그인	없음

#MUSTHAVE

학습 목표

D-Day 앱을 만듭시다. 사귀기 시작한 날짜를 선택하면 사귀기 시작한 날짜로부터 며칠이 지났는지 알려주는 앱입니다.

학습 순서

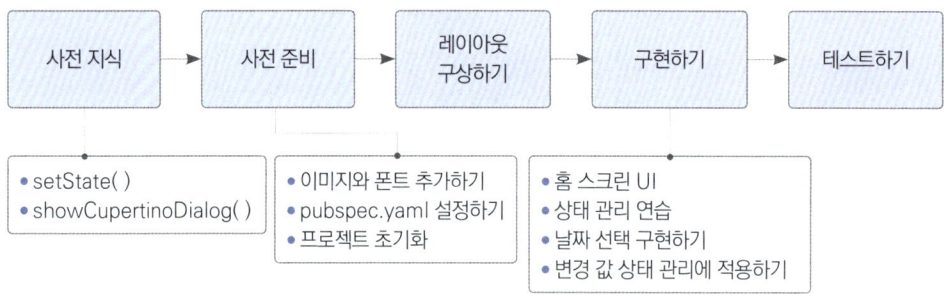

프로젝트 구상하기

이번 프로젝트에서 집중할 요소는 두 가지입니다. 첫 번째는 StatefulWidget을 이용한 상태 관리입니다. 9장에서 전자액자 앱을 만들며 StatefulWidget의 생명주기를 사용했지만 setState( ) 함수를 사용한 상태 관리는 아직 안 해봤습니다. 이번 프로젝트는 setState( ) 함수 사용법을 알아보겠습니다. 두 번째는 쿠퍼티노cupertino 위젯입니다.

플러터는 두 가지 디자인 시스템을 지원합니다. 구글의 머티리얼 디자인을 기반으로 하는 Material 위젯과 iOS 스타일의 디자인인 Cupertino 위젯입니다. 이번 프로젝트를 진행하면서 다이얼로그dialog 및 데이터피커datepicker를 Cupertino 위젯을 사용해서 구현하겠습니다.

10.1 사전 지식

10.1.1 setState( ) 함수

setState( ) 함수가 생명주기에서 어떤 역할을 하고 어떤 상황에 사용되는지 9장에서 이미 배웠습니다. 이번에는 setState( ) 함수를 어떻게 사용하는지를 알아보겠습니다.

State를 상속하는 모든 클래스는 setState( ) 함수를 사용할 수 있습니다. setState( ) 함수가 실행되는 과정은 다음과 같이 5단계입니다.

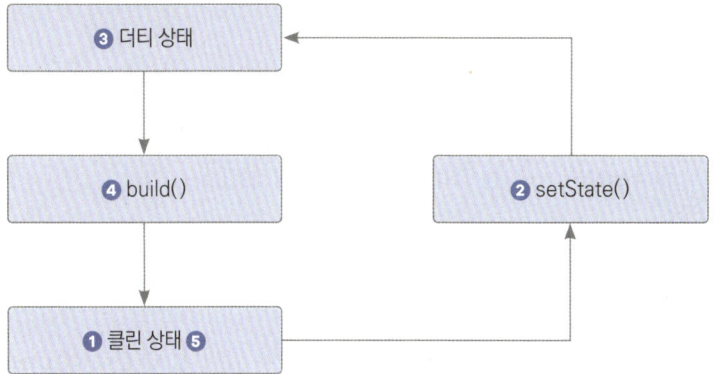

❶ StatefulWidget의 렌더링이 끝나고 클린clean 상태입니다. 플러터에서는 그 어떤 상태 변경 툴을 사용하든 클린 상태에서 상태를 변경해줘야 합니다. ❷ setState( )를 실행해서 원하는 속성들을 변경합니다. ❸ 속성이 변경되고 위젯의 상태가 더티dirty로 설정됩니다. ❹ build( ) 함수가 재실행됩니다. ❺ State가 클린 상태로 다시 되돌아옵니다.

setState( ) 함수를 실행하는 방법은 매우 간단합니다. setState( ) 함수는 매개변수 하나를 입력받습니다. 이 매개변수는 콜백 함수이고 이 콜백 함수에 변경하고 싶은 속성들을 입력해주면 해당 코드가 반영된 뒤 build( ) 함수가 실행됩니다. 콜백 함수가 비동기로 작성되면 안 된다는 점에 주의하세요.

```
setState(() { // ❶ 실행
 number ++;
});
```

❶ setState( ) 함수의 첫 번째 매개변수에 상태(변수) 값을 변경하는 로직을 작성합니다. 예제에서는 number라는 값을 1만큼 증가시키고 다시 build( ) 함수를 실행합니다.

10.1.2 showCupertinoDialog( ) 함수

showCupertinoDialog( )는 다이얼로그를 실행하는 함수입니다. Cupertino라고 정의된 만큼 iOS 스타일로 다이얼로그가 실행되며 실행 시 모든 애니메이션과 작동이 iOS 스타일로 적용됩니다.

```
import 'package:flutter/cupertino.dart';   // ❶ Cupertino 패키지 임포트

showCupertinoDialog(   // ❷ Cupertino 다이얼로그 실행
  context: context,    // ❸ BuildContext 입력
  barrierDismissible: true, // ❹ 외부 탭해서 다이얼로그 닫을 수 있게 하기
  builder: (BuildContext context) {   // ❺ 다이얼로그에 들어갈 위젯
    return Text('Dialog');
  },
);
```

❶ Cupertino 위젯을 사용하려면 Cupertino 패키지를 꼭 불러와야 합니다. ❷ showCupertinoDialog( ) 함수를 실행하면 Cupertino 스타일의 다이얼로그를 실행할 수 있습니다. ❸ 모든 showDialog( ) 형태의 함수들은 BuildContext를 반드시 입력해야 합니다. ❹ 플러터에서 다이얼로그 위젯 외에 흐림 처리가 된 부분을 배리어barrier라고 부릅니다. 예를 들어 다이얼로그 위젯의 높이가 300인데 화면의 전체 높이가 1000이라면 나머지 700만큼의 부분이 배리어가 됩니다. barrierDismissible에 true를 입력하면 배리어를 눌렀을 때 다이얼로그가 닫히고 false를 입력하면 닫히지 않습니다. ❺ builder( ) 함수에 다이얼로그로 띄우고 싶은 위젯을 반환해주면 됩니다.

10.2 사전 준비

이번 강의에서는 에셋과 폰트를 추가해야 합니다. 에셋 추가 방법은 9.2.1 '이미지 추가하기'에서 배운 대로 진행하면 됩니다. 폰트는 프로젝트에서 사용할 글꼴을 의미합니다. 폰트 추가 방법은

아직 배우지 않았으니 곧이어 알아보겠습니다.

To Do 01 먼저 실습에 사용할 프로젝트를 생성해주세요.
- **프로젝트 이름** : u_and_i
- **네이티브 언어** : 코틀린

10.2.1 이미지와 폰트 추가하기

To Do 01 이미지와 폰트를 프로젝트에 추가하겠습니다. [asset] 폴더를 만들고 그 아래 [font]와 [img] 폴더를 만듭니다. 내려받은 예제에서 [asset/font]에 있는 폰트 파일들을 방금 만든 [font] 폴더로 드래그 앤 드롭합니다. [asset/img]에 있는 그림 파일들을 방금 만든 [img] 폴더로 드래그 앤 드롭합니다.

10.2.2 pubspec.yaml 설정하기

To Do 01 이미지와 마찬가지로 폰트도 pubspec.yaml 파일에 추가합니다. 에셋 파일은 flutter 키의 assets 키에, 폰트 파일은 flutter 키의 fonts 키에 입력하면 됩니다. 이미지와 폰트를 pubspec.yaml에 적용해주세요.

```yaml
flutter:
  uses-material-design: true

  assets:
    - asset/img/    # 이미지를 프로젝트에 포함시키기

  fonts:
    - family: parisienne    # family 키에 폰트 이름을 지정할 수 있습니다.
      fonts:
        - asset: asset/font/Parisienne-Regular.ttf    # 등록할 폰트 파일의 위치

    - family: sunflower
      fonts:
        - asset: asset/font/Sunflower-Light.ttf
        - asset: asset/font/Sunflower-Medium.ttf
          weight: 500    # ❶ 폰트 두께. FontWeight 클래스의 값과 같습니다.
        - asset: asset/font/Sunflower-Bold.ttf
          weight: 700
```

❶ Weight는 폰트 두께를 의미합니다. 폰트의 두께별로 파일이 따로 제공되기 때문에 같은 폰트라도 다른 두께를 표현하는 파일은 weight값을 따로 표현해줘야 합니다. 두께값은 100부터 900까지 100 단위로 사용할 수 있으며 숫자가 높을수록 두꺼운 값을 의미합니다. 추후 플러터에서 사용할 때 FontWeight 클래스에 표현되는 두께값과 같습니다(예 : weight: 500 = FontWeight.w500).

02 [pub get]을 실행해서 변경 사항을 반영합니다.

10.2.3 프로젝트 초기화하기

ToDo 01 [lib] 폴더에 [screen] 폴더를 생성하고 앱의 기본 홈 화면으로 사용할 HomeScreen 위젯을 생성할 home_screen.dart를 생성합니다. 다음과 같이 HomeScreen이라는 StatelessWidget을 생성해주세요.

lib/screen/home_screen.dart

```dart
import 'package:flutter/material.dart';

class HomeScreen extends StatelessWidget {
  const HomeScreen({Key? key}) : super(key: key);

  @override
  Widget build(BuildContext context) {
    return Scaffold(
      body: Text('Home Screen'),
    );
  }
}
```

02 lib/main.dart 파일에서도 마찬가지로 HomeScreen을 홈 위젯으로 등록해줘야 합니다.

lib/main.dart

```dart
import 'package:u_and_i/screen/home_screen.dart';
import 'package:flutter/material.dart';

void main() {
  runApp(
    MaterialApp(
      home: HomeScreen(),
    ),
```

```
    );
  }
```

10.3 레이아웃 구상하기

지금까지 프로젝트에서는 Scaffold 위젯의 body 매개변수에 위젯 하나만 입력했습니다. 이번에는 ① _DDay 위젯과 ② _CoupleImage 위젯 두 가지를 위아래로 나누어서 구현하겠습니다.

홈 스크린 말고도 ① CupertinoDialog를 추가로 구현해야 합니다. 중앙의 하트 아이콘을 클릭하면 CupertinoDialog가 실행되는 구조를 만들겠습니다.

10.4 구현하기

UI 구현, 상태 관리 구현, 날짜 선택 기능 구현 순서로 진행하겠습니다. UI를 먼저 작업해서 앱 전체의 틀을 잡고 상태 관리를 설정해서 날짜 데이터를 관리할 기반을 잡습니다. 마지막으로 날짜 선택 기능을 추가해서 선택한 날짜에 따라 D-Day를 계산하는 기능을 구현하겠습니다.

10.4.1 홈 스크린 UI 구현하기

ToDo **01** 지금까지는 HomeScreen 위젯 하나로 모든 화면을 구현했습니다. 하지만 이번에는 코드가 조금 더 많아지는 만큼 위젯을 두 위젯으로 나눠서 화면을 구성하겠습니다. 우선 HomeScreen의 위쪽 반을 구현할 _DDay 위젯을 HomeScreen 위젯 아래에 생성하겠습니다.

> **NOTE** _DDay 위젯처럼 이름 첫 글자가 언더스코어이면 다른 파일에서 접근할 수 없습니다. 그래서 파일을 불러오기 했을 때 불필요한 값들이 한 번에 불러와지는 걸 방지할 수 있습니다.

lib/screen/home_screen.dart
```dart
import 'package:flutter/material.dart';

class HomeScreen extends StatelessWidget {
  const HomeScreen({Key? key}) : super(key: key);

  @override
  Widget build(BuildContext context) {
    return Scaffold(
      body: Text('Home Screen'),
    );
  }
}

class _DDay extends StatelessWidget {
  @override
  Widget build(BuildContext context) {
    return Text('DDay Widget');
  }
}
```

02 다음은 HomeScreen의 아래쪽을 구현할 _CoupleImage 위젯을 _DDay 위젯 아래에 생성하겠습니다.

lib/screen/home_screen.dart
```dart
... 생략 ...
class _CoupleImage extends StatelessWidget {
  @override
  Widget build(BuildContext context) {
    return Text('Couple Image Widget');
  }
}
```

03 이 두 위젯을 위아래로 서로 반씩 차지하게 배치해야 합니다. HomeScreen 위젯에 Column 위젯을 사용해서 _DDay 위젯과 _CoupleImage 위젯이 위아래에 놓이게 하겠습니다.

```dart
... 생략 ...                                               lib/screen/home_screen.dart
class HomeScreen extends StatelessWidget {
  const HomeScreen({Key? key}) : super(key: key);

  @override
  Widget build(BuildContext context) {
    return Scaffold(
      body: SafeArea(   // ❶ 시스템 UI 피해서 UI 그리기
        top: true,
        bottom: false,
        child: Column(
          // ❷ 위아래 끝에 위젯 배치
          mainAxisAlignment: MainAxisAlignment.spaceBetween,

          // 반대축 최대 크기로 늘리기
          crossAxisAlignment: CrossAxisAlignment.stretch,
          children: [
            _DDay(),
            _CoupleImage(),
          ],
        ),
      ),
    );
  }
}
... 생략 ...
```

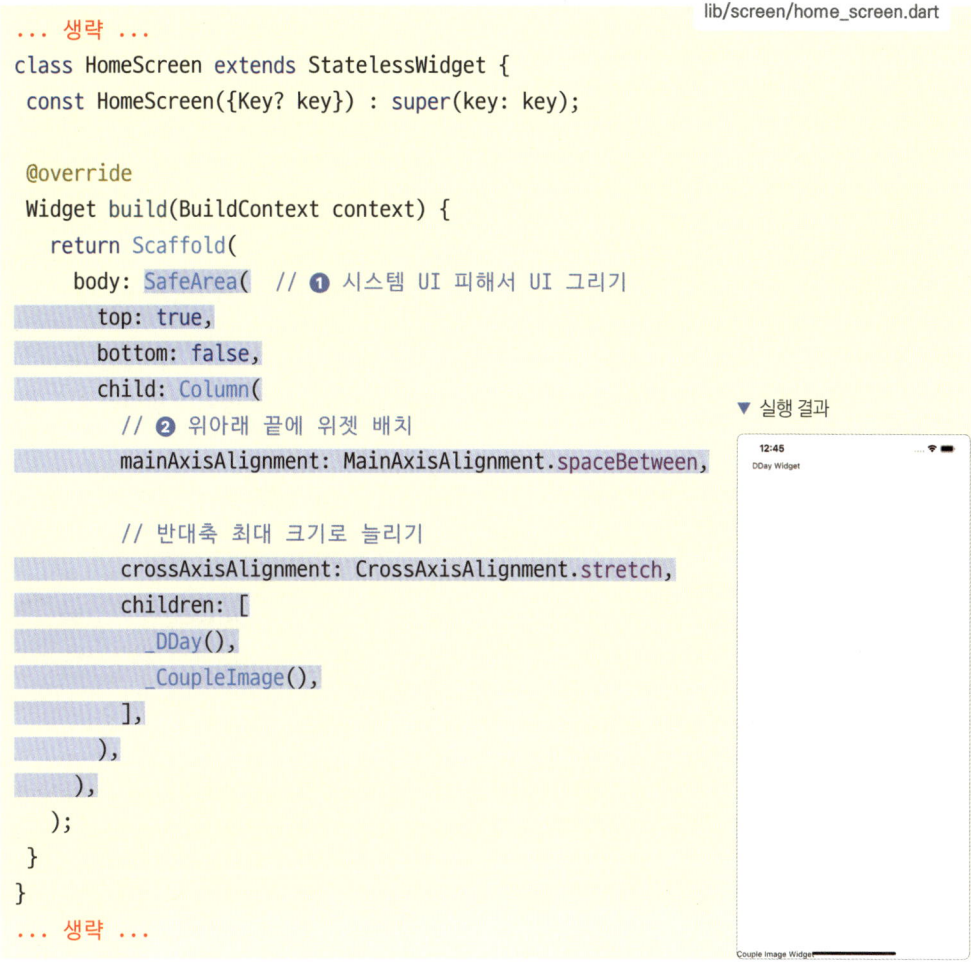
▼ 실행 결과

❶ 아이폰의 노치에 대비해서 위에는 SafeArea를 적용해주고, 이미지를 자연스럽게 구현하기 위해 아래에는 미적용합니다. ❷ MainAxisAlignment.spaceBetween을 사용해서 위아래 각각 끝에 _DDay와 _CoupleImage 위젯을 위치시킵니다.

04 배경색을 핑크색으로 변경하겠습니다.

```dart
... 생략 ...                                               lib/screen/home_screen.dart
class HomeScreen extends StatelessWidget {
  const HomeScreen({Key? key}) : super(key: key);
```

```
@override
Widget build(BuildContext context) {
  return Scaffold(
    backgroundColor: Colors.pink[100], // 핑크 배경색 적용
    ... 생략 ...
  );
 }
}
... 생략 ...
```

05 기본값으로 적용해둔 글자들을 제거하고 목표하는 UI를 구현할 차례입니다. _CoupleImage 위젯에 커플 이미지를 적용하고 이미지의 높이를 화면 높이의 반만큼으로 조절하겠습니다.

lib/screen/home_screen.dart

```
... 생략 ...
class _CoupleImage extends StatelessWidget {
 @override
 Widget build(BuildContext context) {
  return Center( // ❶ 이미지 중앙 정렬
    child: Image.asset(
     'asset/img/middle_image.png',

     // ❷ 화면의 반만큼 높이 구현
     height: MediaQuery.of(context).size.height / 2,
    ),
   );
  }
}
```

▼ 실행 결과

❶ Center 위젯을 사용해서 이미지를 중앙에 배치합니다. ❷ MediaQuery.of(context)를 사용하면 화면 크기와 관련된 각종 기능을 사용할 수 있습니다. 특히 여기서 사용된 size 게터를 불러오면 화면 전체의 너비width와 높이height를 쉽게 가져올 수 있습니다. 화면의 전체 높이를 2로 나눠서 화면 높이의 반만큼 이미지가 차지하도록 설정했습니다.

> **.of 생성자**
>
> .of(context) 생성자를 초보자들이 많이 헷갈려합니다. .of(context)로 정의된 모든 생성자는 일반적으로 BuildContext를 매개변수로 받고 위젯 트리widget tree에서 가장 가까이에 있는 객체의 값을 찾아냅니다. 결과적으로 MediaQuery.of(context)는 현재 위젯 트리에서 가장 가까이에 있는 MediaQuery값을 찾아냅니다.
>
>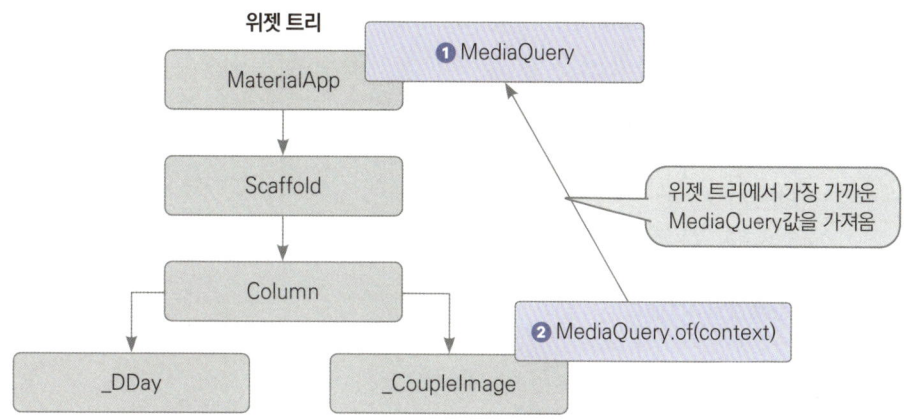
>
> ❶ 앱이 실행되면 MaterialApp이 빌드됨과 동시에 MediaQuery가 생성됩니다. ❷ 위젯 트리 아래에서 MediaQuery.of(context)를 실행하면 위젯 트리를 올라가며 가장 가까운 곳에 위치한 MediaQuery값을 가져옵니다. 비슷한 예제로는 Theme.of(context)나 Navigator.of(context) 등이 있습니다.

06 이제 _DDay 위젯을 구현할 차례입니다. _DDay 위젯은 여러 Text 위젯과 하트 아이콘(IconButton)으로 이루어졌습니다. 사귀기 시작한 날짜와 며칠이 지났는지 표시하는 글자는 날짜를 변경할 때마다 자동으로 바뀌게 코딩해야 하지만 일단은 임의의 글자들을 넣어두겠습니다.

lib/screen/home_screen.dart
```
··· 생략 ···
class _DDay extends StatelessWidget {
 @override
 Widget build(BuildContext context) {
   return Column(
     children: [
```

```
        const SizedBox(height: 16.0),
        Text( // 최상단 U&I 글자
          'U&I',
        ),
        const SizedBox(height: 16.0),
        Text( // 두 번째 글자
          '우리 처음 만난 날',
        ),
        Text(  // 임시로 지정한 만난 날짜
          '2021.11.23',
        ),
        const SizedBox(height: 16.0),
        IconButton(  // 하트 아이콘 버튼
          iconSize: 60.0,
          onPressed: () {},
          icon: Icon(
            Icons.favorite,
          ),
        ),
        const SizedBox(height: 16.0),
        Text(  // 만난 후 DDay
          'D+365',
        ),
      ],
    );
  }
}
... 생략 ...
```

▼ 실행 결과

07 Text 위젯을 스타일링할 때는 style 매개변수를 사용하면 됩니다(6.3 '텍스트 관련 위젯'). 하지만 각 Text 위젯의 스타일이 아니라 Text 위젯의 기본 스타일을 변경하고 싶으면 어떻게 할까요? 공용으로 재사용 가능한 StatelessWidget을 만들어도 되지만 이런 상황에는 테마theme를 사용하면 편합니다. 테마를 사용하면 13가지 Text 스타일을 따로 저장하여 프로젝트로 불러와서 사용할 수 있습니다.

프로젝트 목표를 보면서 각 문장들을 스타일별로 나눕니다. 스타일명으로 display, headline, title, body, label 등의 명칭을 사용할 수 있으며 각각 large, medium small 사이즈가 존재합니다. 예를 들어 displayLarge, titleMedium, labelSmall 등의 이름으로 스타일을 미리 지정해둘 수 있습니다. 스타일명은 임의적으로 지정할 수 있습니다. 어떤 상황에 어떤 스타일명을 사용해야 한다는 절대적인 법칙은 없으니 자유롭게 본인만의 기준을 잡아서 스타일명을 적용하면 됩니다.

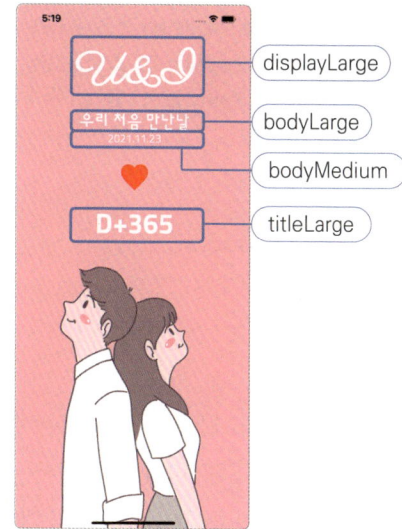

08 main.dart 파일에 텍스트와 IconButton 테마를 정의하겠습니다.

lib/main.dart

```
... 생략 ...
void main() {
 runApp(
  MaterialApp(
   theme: ThemeData(    // ❶ 테마를 지정할 수 있는 클래스
    fontFamily: 'sunflower',  // 기본 글씨체
    textTheme: TextTheme(    // ❷ 글짜 테마를 적용할 수 있는 클래스
     displayLarge: TextStyle(   // headline1 스타일 정의
      color: Colors.white,  // 글 색상
      fontSize: 80.0,    // 크기
      fontWeight: FontWeight.w700, // 글 두께
      fontFamily: 'parisienne',   // 글씨체
     ),
     displayMedium: TextStyle(
      color: Colors.white,
      fontSize: 50.0,
      fontWeight: FontWeight.w700,
     ),
     bodyLarge: TextStyle(
      color: Colors.white,
      fontSize: 30.0,
     ),
```

```
              bodyMedium: TextStyle(
                color: Colors.white,
                fontSize: 20.0,
              ),
            )
          ),
      home: HomeScreen(),
    ),
  );
}
```

❶ MaterialApp에는 theme이라는 매개변수가 있습니다. 여기에는 ThemeData 클래스를 입력할 수 있습니다. ThemeData에서는 플러터가 기본으로 제공하는 대부분의 위젯의 기본 스타일을 지정할 수 있습니다. ❷ 글자의 테마를 정할 수 있는 매개변수입니다. 13가지 글자 스타일들을 모두 여기서 정의할 수 있습니다.

흔히 사용되는 ThemeData의 매개변수를 다음 표에 정리해두었습니다.

▼ 흔히 사용되는 ThemeData의 매개변수

매개변수	설명
fontFamily	기본 글씨체를 지정합니다.
textTheme	Text 위젯 테마를 지정합니다.
tabBarTheme	TabBar 위젯의 테마를 지정합니다.
cardTheme	Card 위젯의 테마를 지정합니다.
appBarTheme	AppBar 위젯의 테마를 지정합니다.
floatingActionButtonTheme	FloatingActionButton 위젯의 테마를 지정합니다.
elevatedButtonTheme	ElevatedButton 위젯의 테마를 지정합니다.
checkboxTheme	Checkbox 위젯의 테마를 지정합니다.

어느 정도 규칙이 보이나요? 예제로 작성한 매개변수들은 수많은 매개변수 중 극히 일부입니다. 이 매개변수들을 다 알고 있지 않아도 **위젯이름Theme**의 규칙을 이용해서 특정 위젯의 테마를 작업할 수 있습니다.

09 스타일 지정을 완료했으니 이제 Text 위젯에 스타일을 적용하겠습니다.

lib/screen/home_screen.dart
```dart
... 생략 ...
class _DDay extends StatelessWidget {
  @override
  Widget build(BuildContext context) {
    // ❶ 테마 불러오기
    final textTheme = Theme.of(context).textTheme;

    return Column(
      children: [
        const SizedBox(height: 16.0),
        Text(
          'U&I',
          style: textTheme.displayLarge,  // headline1 스타일 적용
        ),
        const SizedBox(height: 16.0),
        Text(
          '우리 처음 만난 날',
          style: textTheme.bodyLarge,  // bodyText1 스타일 적용
        ),
        Text(
          '2021.11.23',
          style: textTheme.bodyMedium,  // bodyText2 스타일 적용
        ),
        const SizedBox(height: 16.0),
        IconButton(
          iconSize: 60.0,
          onPressed: () {},
          icon: Icon(
            Icons.favorite,
            color: Colors.red,  // ❷ 색상 빨강으로 변경
          ),
        ),
        const SizedBox(height: 16.0),
        Text(
          'D+365',
          // headline2 스타일 적용
          style: textTheme.displayMedium,
        ),
```

▼ 실행 결과

```
      ],
    );
  }
}
```

❶ MediaQuery.of(context)와 똑같이 이해하면 됩니다. 위젯 트리 위 가장 가까운 Theme값을 가져옵니다. ❷ Icon의 색상도 Theme에서 지정할 수 있지만 Icon의 경우 색상이 각각 다른 경우가 많아서 직접 지정했습니다.

10 스타일을 모두 적용했으니 [Run] 버튼을 눌러서 프로젝트를 재시작하겠습니다. 변경한 theme는 MaterialApp의 매개변수에 입력했고 build() 함수에 입력되지 않은 값들은 핫 리로드로 반영이 안 되는 점을 꼭 기억하세요!

다양한 화면의 비율과 해상도에 따른 오버플로 해결하기

핸드폰은 화면의 비율과 해상도가 모두 다릅니다. 그렇기 때문에 하나의 화면을 기준으로 UI를 작업하면 다른 크기의 핸드폰에서 같은 UI 배치가 나오지 않을 수 있습니다. 현재 아래쪽 이미지를 화면의 반만큼 크기를 차지하도록 지정했습니다. 만약에 핸드폰의 크기가 작아서 상단의 글자들이 화면의 반 이상을 차지하면 아래쪽 이미지는 남은 공간보다 더 많은 높이를 차지합니다. 남은 공간은 화면의 반이 안 되는데 이미지는 화면의 반을 차지하도록 코드를 작성했기 때문입니다. 플러터에서는 이런 상황을 오버플로^{overflow}라고 합니다. 다음 캡처 화면은 작은 화면의 시뮬레이터 또는 에뮬레이터에서 같은 코드를 실행했을 때 오버플로가 나는 상황입니다.

이런 문제가 있을 때 해결 방법은 두 가지입니다. 글자나 이미지의 크기를 임의로 조절하거나 이미지가 남는 공간만큼만 차지하도록 코드를 작성하는 겁니다. 일반적으로 이미지가 남는 공간만큼 차지하도록 많이 작업하는데, Expanded 위젯을 사용해주면 됩니다 (6.6.4 'Expanded 위젯').

```
... 생략 ...
class _CoupleImage extends StatelessWidget {
  @override
  Widget build(BuildContext context) {
    return Expanded(   // Expanded 추가
      child: Center(
        child: Image.asset(
          'asset/img/middle_image.png',

          // Expanded가 우선순위를 갖게 되어 무시됩니다.
          height: MediaQuery.of(context).size.height / 2,
        ),
      ),
    );
  }
}
```
lib/screen/home_screen.dart

▼ 실행 결과

코드를 변경한 후 재실행하면 다음과 같이 오버플로 영역이 사라질 겁니다.

10.4.2 상태 관리 연습해보기

UI는 목표대로 완성했습니다. 이제 순차적으로 기능을 추가해볼 건데 StatefulWidget에서 setState( ) 함수를 사용해서 상태 관리를 하는 방법을 알아보겠습니다.

ToDo 01 먼저 HomeScreen을 StatefulWidget으로 변경하겠습니다.

lib/screen/home_screen.dart
```
... 생략 ...
class HomeScreen extends StatefulWidget {
  const HomeScreen({Key? key}) : super(key: key);

  @override
  State<HomeScreen> createState() => _HomeScreenState();
}

class _HomeScreenState extends State<HomeScreen> {
  @override
```

10장 Project 만난 지 며칠 U&I **251**

```
  Widget build(BuildContext context) {
    ... 생략 ...
```

02 이번 프로젝트에서 상태 관리를 할 값은 '처음 만난 날'입니다. 이 날짜를 변숫값으로 저장하고 변경하면서 사용하겠습니다. 오늘을 기준으로 이 변숫값을 선언하겠습니다.

lib/screen/home_screen.dart

```
class _HomeScreenState extends State<HomeScreen> {
  DateTime firstDay = DateTime.now();
  ... 생략 ...
}
```

03 목표하는 기능은 하트 버튼을 누르면 날짜를 고를 수 있는 UI가 나오며, 날짜가 변경될 때마다 firstDay 변수를 맞춰서 변경시키는 겁니다. 하지만 현재 하트 버튼의 onPressed 매개변수가 _DDay 위젯에 위치해 있어서 _HomeScreenState에서 버튼이 눌렸을 때 콜백을 받을 수 없습니다. _DDay 위젯에 하트 아이콘을 눌렀을 때 실행되는 콜백 함수를 매개변수로 노출해서 _HomeScreenState에서 상태 관리를 하도록 코딩하겠습니다.

lib/screen/home_screen.dart

```
... 생략 ...
class _HomeScreenState extends State<HomeScreen> {
  DateTime firstDay = DateTime.now();

  @override
  Widget build(BuildContext context) {
    return Scaffold(
      backgroundColor: Colors.pink[100],
      body: SafeArea(
        top: true,
        bottom: false,
        child: Column(
          mainAxisAlignment: MainAxisAlignment.spaceBetween,
          crossAxisAlignment: CrossAxisAlignment.stretch,
          children: [
            _DDay(
              // ❺ 하트 눌렀을 때 실행할 함수 전달하기
              onHeartPressed: onHeartPressed,
            ),
            _CoupleImage(),
```

```
        ],
      ),
    ),
  );
}

void onHeartPressed(){  // ❹ 하트 눌렀을 때 실행할 함수
  print('클릭');
}
}

class _DDay extends StatelessWidget {
  // ❶ 하트 눌렀을 때 실행할 함수
  final GestureTapCallback onHeartPressed;

  _DDay({
    required this.onHeartPressed,  // ❷ 상위에서 함수 입력받기
  });

  @override
  Widget build(BuildContext context) {
    final textTheme = Theme.of(context).textTheme;

    return Column(
      children: [
        ... 생략 ...
        IconButton(
          iconSize: 60.0,
          onPressed: onHeartPressed,  // ❸ 아이콘 눌렀을 때 실행할 함수
... 생략 ...
```

❶ IconButton의 onPressed 매개변수에 입력할 GestureTapCallback 타입의 변수를 정의합니다. GestureTapCallback은 Material 패키지에서 기본으로 제공하는 Typedef로, 버튼의 onPressed 또는 onTap 콜백 함수들이 GestureTapCallback 타입으로 정의돼 있습니다. 아무것도 반환하지 않고 아무것도 입력받지 않는 기본 형태의 함수로 정의돼 있습니다.

❷ onHeartPressed의 값을 생성자 매개변수를 통해 외부에서 정의받습니다. ❸ 기존에 정의했던 비어 있는 함수 대신에 onHeartPressed값을 넣어줍니다. ❹ 하트 아이콘을 눌렀을 때

실행할 함수를 정의합니다. ❺ _DDay 위젯 생성자에 추가된 매개변수 onHeartPressed에 _HomeScreenState에 정의한 onHeartPressed 함수를 입력해줍니다.

04 ❶ 핫 리로드를 하고 하트 아이콘을 클릭합니다. ❷ 콘솔에 '클릭'이 잘 출력되는지 확인합니다.

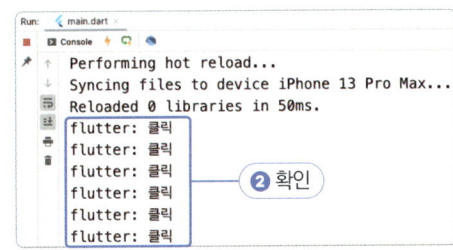

05 하트 아이콘의 콜백 함수가 잘 실행되지만 아직 글자들이 firstDay 변수와 연동이 안 되어 있습니다. _DDay 생성자에 매개변수로 firstDay값을 입력해주고 firstDay 변수를 기반으로 날짜와 D-Day가 렌더링되게 하겠습니다.

lib/screen/home_screen.dart

```
class _HomeScreenState extends State<HomeScreen> {
  DateTime firstDay = DateTime.now();

  @override
  Widget build(BuildContext context) {
    return Scaffold(
      backgroundColor: Colors.pink[100],
      body: SafeArea(
        top: true,
        bottom: false,
        child: Column(
          crossAxisAlignment: CrossAxisAlignment.stretch,
          mainAxisAlignment: MainAxisAlignment.spaceBetween,
          children: [
            _DDay(
              onHeartPressed: onHeartPressed,
              firstDay: firstDay, // ❻
```

```
      ),
      _CoupleImage(),
    ],
   ),
  ),
 );
}
... 생략 ...
}

class _DDay extends StatelessWidget {
 final GestureTapCallback onHeartPressed;
 final DateTime firstDay;   // ❶ 사귀기 시작한 날

 _DDay({
   required this.onHeartPressed,
   required this.firstDay,   // ❷ 날짜 변수로 입력받기
 });

 @override
 Widget build(BuildContext context) {
   final textTheme = Theme.of(context).textTheme;
   final now = DateTime.now();   // ❸ 현재 날짜시간

   return Column(
     children: [
       const SizedBox(height: 16.0),
       Text(
         'U&I',
         style: textTheme.displayLarge,
       ),
       const SizedBox(height: 16.0),
       Text(
         '우리 처음 만난 날',
         style: textTheme.bodyLarge,
       ),
       Text(
         ~~'2021.11.23',~~
         // ❹ DateTime을 년.월.일 형태로 변경
```

```
              '${firstDay.year}.${firstDay.month}.${firstDay.day}',
          style: textTheme.bodyMedium,
        ),
         ... 생략 ...
        Text(
          'D+365',
          // ❺ DDay 계산하기
          'D+${DateTime(now.year, now.month,
                  now.day).difference(firstDay).inDays + 1}',
          style: textTheme.displayMedium,
        ),
      ],
    );
  }
}
```

❶ 위젯에서 사용할 DateTime값을 변수로 선언합니다. ❷ firstDay 변수의 값을 생성자의 매개변수로 외부에서 입력받도록 정의합니다. ❸ 현재 날짜시간 값을 now 변수에 저장합니다. ❹ DateTime 타입에는 year, month, day, hour, minute, second, millisecond, microsecond, weekday 등의 게터가 있습니다. 순서대로 DateTime값의 년, 월, 일, 시, 분, 초, 밀리초, 마이크로초 값을 가져올 수 있습니다.

❺ DateTime의 생성자에는 year, month, day, hour, minute, second, millisecond, microsecond 매개변수를 사용해서 원하는 날짜시간을 DateTime값으로 만들 수 있습니다. 그리고 DateTime은 difference() 함수를 사용해서 하나의 DateTime값을 또 다른 DateTime값과 비교할 수 있습니다. 추가적으로 difference() 함수는 Duration값을 반환하는데 Duration값에는 기간을 날짜로 반환하는 inDays 게터가 있습니다. 오늘 날짜와 firstDay 변수의 기간 차이를 일수로 계산하고 사귀는 첫 날은 '오늘부터 1일'로 보통 정의하기 때문에 1을 더해줬습니다.

❻ _HomeScreenState의 firstDay 변숫값을 매개변수로 입력해줬습니다.

06 저장하고 핫 리로드를 하면 ❶ 오늘 날짜가 처음 만난 날로 정의 되고 ❷ 계산된 D-Day가 렌더링됩니다.

❶ 오늘 날짜
❷ D-day

07 처음으로 setState() 함수를 사용하겠습니다. 상태 관리 테스트로 하트 아이콘을 누르면 firstDay가 하루씩 늘어나는 기능을 추가하겠습니다.

lib/screen/home_screen.dart

```
... 생략 ...
class _HomeScreenState extends State<HomeScreen> {
  DateTime firstDay = DateTime.now();
  ... 생략 ...
  void onHeartPressed(){
    // ❶ 상태 변경 시 setState() 함수 실행
    setState(() {

      // ❷ firstDay 변수에서 하루 빼기
      firstDay = firstDay.subtract(Duration(days: 1));
    });
  }
}
```

❶ setState() 함수를 사용하는 방법입니다. 매개변수에 함수를 입력하고 함수에 변경하고 싶은 변숫값을 지정해주면 됩니다. 원하는 만큼 기간을 뺄 수 있는 subtract() 함수를 사용해서 하트 버튼이 눌릴 때마다 firstDay값이 하루씩 줄어드는 기능을 추가했습니다.

❷ DateTime은 날짜와 시간을 저장할 수 있는 변수 타입이고 Duration은 기간을 정할 수 있는 변수 타입입니다. 매개변수에 days, hours, minutes, seconds, milliseconds, microseconds값들을 사용해서 원하는 기간을 정의할 수 있습니다.

08 ❶ 아이콘 버튼을 누르면 ❷ 처음 만난 날 날짜와 D-Day가 변경되는 걸 확인하겠습니다.

이로써 setState( ) 함수 사용법을 익혀봤습니다. 어떤가요? 복잡한 상태 관리 그림에 비해 생각보다 간단하지 않나요? firstDay값을 새로 지정하는 코드를 setState( ) 함수 없이 지정하면 아무리 하트 버튼을 눌러도 UI가 반영되지 않습니다. 값은 바뀌는데 build( ) 함수를 재실행하라는 신호를 받지 못하는 거죠. 꼭 한 번 테스트를 해보시길 바랍니다!

10.4.3 CupertinoDatePicker로 날짜 선택 구현하기

ToDo 01 하트 아이콘을 누르면 날짜가 변경되는 것까진 했는데 아직 직접 날짜를 고를 수 있는 기능을 만들지 못했습니다. showCupertinoDialog() 함수와 CupertinoDatePicker 위젯을 사용해서 아이콘을 클릭하면 날짜를 선택할 수 있는 CupertinoDatePicker가 화면에 생성되도록 구현하겠습니다.

lib/screen/home_screen.dart

```
import 'package:flutter/material.dart';

// ❶ 쿠퍼티노 (iOS) 위젯 사용하기 위해 필요
import 'package:flutter/cupertino.dart';

class _HomeScreenState extends State<HomeScreen> {
  DateTime firstDay = DateTime.now();
```

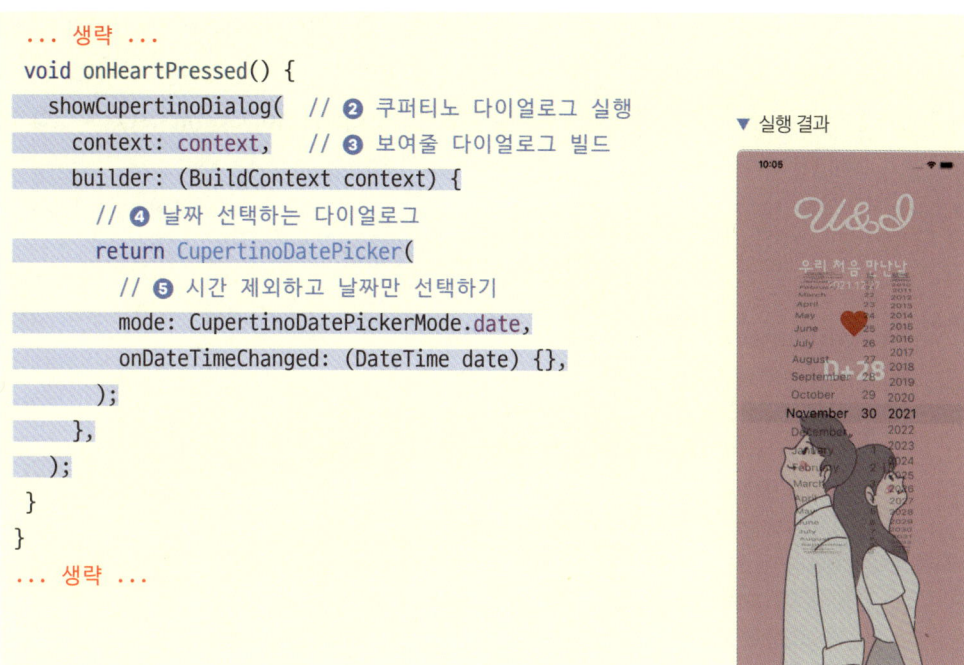

```
... 생략 ...
void onHeartPressed() {
  showCupertinoDialog(      // ❷ 쿠퍼티노 다이얼로그 실행
    context: context,       // ❸ 보여줄 다이얼로그 빌드
    builder: (BuildContext context) {
      // ❹ 날짜 선택하는 다이얼로그
      return CupertinoDatePicker(
        // ❺ 시간 제외하고 날짜만 선택하기
        mode: CupertinoDatePickerMode.date,
        onDateTimeChanged: (DateTime date) {},
      );
    },
  );
}
... 생략 ...
```

▼ 실행 결과

❶ Cupertino 패키지를 불러옵니다. ❷ showCupertinoDialog를 실행해서 하트 아이콘을 누르면 다이얼로그를 열어줍니다. ❸ builder 매개변수에 입력되는 함수에 다이얼로그에 보여주고 싶은 위젯을 반환해주면 해당 위젯을 다이얼로그에서 보여줄 수 있습니다. ❹ CupertinoDatePicker는 Cupertino 패키지에서 기본으로 제공하는 위젯입니다. 스크롤을 통해서 날짜를 정할 수 있고 정해진 값을 onDateTimeChanged 콜백 함수의 매개변수로 전달해줍니다.

❺ mode 매개변수는 날짜를 고르는 모드를 지정할 수 있습니다.

- **CupertinoDatePickerMode.date** : 날짜
- **CupertinoDatePickerMode.time** : 시간
- **CupertinoDatePickerMode.dateAndTime** : 날짜와 시간

02 하트 아이콘을 눌러서 CupertinoDatePicker가 다이얼로그에 제대로 실행되는지 확인하겠습니다.

현재는 다이얼로그를 닫을 방법이 없습니다. 다이얼로그를 없애고 싶으면 [Run] 버튼을 눌러서 앱을 재실행해주세요.

03 하트 아이콘을 누르면 다이얼로그가 열리면서 배경이 어두워지고 CupertinoDatePicker가 보이지만 계획과 달리 아래 공간만 조금 차지하는 흰색 배경의 형태가 아닙니다. 화면 아래에서 300픽셀만 CupertinoDatePicker가 차지하게 하고 CupertinoDatePicker의 배경을 흰색으로 변경하겠습니다.

lib/screen/home_screen.dart

```dart
... 생략 ...
class _HomeScreenState extends State<HomeScreen> {
  ... 생략 ...
  void onHeartPressed() {
    showCupertinoDialog(
      context: context,
      builder: (BuildContext context) {
        return Align(                // ❶ 정렬을 지정하는 위젯
          alignment: Alignment.bottomCenter,   // ❷ 아래 중간으로 정렬
          child: Container(
            color: Colors.white,     // 배경색 흰색 지정
            height: 300,             // 높이 300 지정
            child: CupertinoDatePicker(
              mode: CupertinoDatePickerMode.date,
              onDateTimeChanged: (DateTime date) {},
            ),
          ),
        );
      },
      barrierDismissible: true,      // ❸ 외부 탭할 경우 다이얼로그 닫기
    );
  }
}
... 생략 ...
```

❶ Align 위젯은 자식 위젯^{child widget}을 어떻게 위치시킬지 정할 수 있습니다. ❷ Align 위젯의 alignment 매개변수에는 Alignment값을 입력할 수 있습니다. 여기서는 Alignment.bottomCenter를 입력해서 아래 중간에 자식 위젯을 배치했습니다. ❸ showCupertinoDialog의 barrierDismissible 매개변수는 배경을 눌렀을 때의 행동을 지정합니다. false값을 입력하면 배경을 눌러도 다이얼로그가 닫히지 않고 true값을 누르면 배경을 눌렀을 때 다이얼로그가 닫힙니다. Alignment의 정렬값을 표로 정리해뒀으니 참고하기 바랍니다.

▼ Alignment의 정렬값

속성	예제	속성	예제
Alignment.topRight 위 오른쪽		Alignment.centerLeft 중앙 왼쪽	
Alignment.topCenter 위 중앙		Alignment.bottomRight 아래 오른쪽	
Alignment.topLeft 위 왼쪽		Alignment.bottomCenter 아래 중앙	
Alignment.centerRight 중앙 오른쪽		Alignment.bottomLeft 아래 왼쪽	
Alignment.center 중앙			

04 [Run] 버튼을 눌러서 앱을 재시작하고 다시 하트 아이콘을 누르면 CupertinoDatePicker 위젯이 아래에 흰색 배경으로 이쁘게 배치되는 걸 볼 수 있습니다. ❶ 이제 배경을 누르면 ❷ 다이얼로그가 닫힙니다.

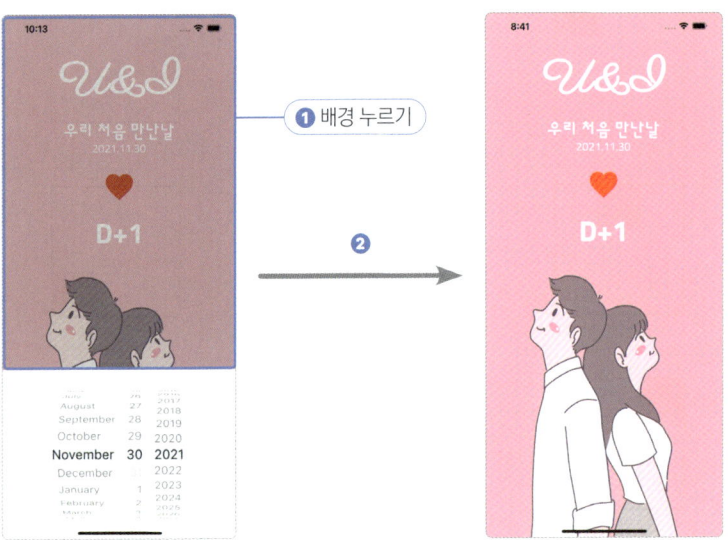

10.4.4 CupertinoDatePicker 변경 값 상태 관리에 적용하기

ToDo 01 이제 마지막 단계가 남았습니다. CupertinoDatePicker를 보여주는데 성공했고 setState() 함수를 이용한 상태 관리도 맛보았습니다. 이제 둘을 연결해서 CupertinoDatePicker의 날짜 값이 변경될 때마다 firstDay값을 변경하겠습니다.

lib/screen/home_screen.dart

```
... 생략 ...
void onHeartPressed() {
  showCupertinoDialog(
    context: context,
    builder: (BuildContext context) {
      return Align(
        alignment: Alignment.bottomCenter,
        child: Container(
          color: Colors.white,
          height: 300,
          child: CupertinoDatePicker(
```

```
            mode: CupertinoDatePickerMode.date,
            // ❶ 날짜가 변경되면 실행되는 함수
            onDateTimeChanged: (DateTime date) {
              setState(() {
                firstDay = date;
              });
            },
          ),
        ),
      );
    },
    barrierDismissible: true,
  );
}
... 생략 ...
```

❶ onDateTimeChanged의 콜백 함수는 CupertinoDatePicker 위젯에서 날짜가 변경될 때마다 실행됩니다. 결과적으로 콜백 함수가 실행될 때마다 매개변수로 제공되는 date값을 firstDay 변수에 저장해주기만 하면 됩니다.

02 이제 CupertinoDatePicker에서 날짜를 변경해주면 '우리 처음 만난 날' 및 D-Day에 선택한 날짜값이 반영됩니다.

10.5 테스트하기

❶ 안드로이드 스튜디오에서 [Run] 버튼을 눌러서 시뮬레이터, 에뮬레이터 또는 본인 기기에서 앱을 실행해보세요.

❷ 빨간 하트 아이콘 버튼을 눌러서 CupertinoDatePicker를 다이얼로그로 실행해보세요.

❸ 다이얼로그가 열리고 CupertinoDatePicker가 렌더링되는 걸 확인해주세요.

❹ CupertinoDatePicker 위젯을 조작해서 원하는 날짜를 선택합니다.

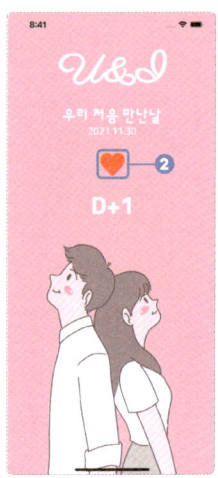  

❺ 선택한 날짜가 '우리 처음 만난 날' 및 D-Day에 반영되는 걸 확인합니다.

❻ 배경을 눌러서 다이얼로그를 닫아주세요.

학습 마무리

'만난 지 며칠 U&I' 앱을 구현하면서 setState( ) 함수를 이용한 상태 관리 방법을 배웠습니다. DateTime, Duration, CupertinoDatePicker 등을 사용한 날짜와 기간 정의법 그리고 날짜를 입력받는 방법도 알아봤습니다. 추가적으로 showCupertinoDialog를 사용해서 다이얼로그를 실행하는 방법과 배경을 눌렀을 때 다이얼로그가 닫히도록 설정하는 방법도 알아봤습니다.

핵심 요약

1 **DateTime 클래스**로 날짜시간을 저장할 수 있습니다.
2 DateTime의 **difference( ) 함수**를 이용해서 두 날짜 간의 차이를 구할 수 있습니다.
3 **Duration 클래스**로 기간을 저장할 수 있습니다.
4 StatefulWidget에서 **setState( ) 함수**를 실행해서 build( ) 함수를 재실행시킬 수 있습니다.
5 **MediaQuery**를 사용해서 스크린 크기 정보를 받아볼 수 있습니다.
6 **Theme**를 이용해서 위젯들의 기본 테마를 지정할 수 있습니다.
7 **showCupertinoDialog**를 이용해서 iOS 스타일의 다이얼로그를 띄울 수 있습니다.
8 **CupertinoDatePicker**를 사용해서 iOS 스타일의 위젯으로 날짜를 입력받을 수 있습니다.

업그레이드 아이디어

1 세는 단위를 시/분/초로 바꿔보세요.
2 D-Day까지 남은 날을 세도록 바꿔보세요.
3 현재는 미래의 날짜도 선택할 수 있습니다. 오늘 이후의 날짜는 선택하지 못하게 막아서 버그를 수정해보세요.
   HINT CupertinoDatePicker 클래스의 maximumDate 매개변수에 최대 날짜를 DateTime 형태로 입력해보세요.

Chapter 11

Project
디지털 주사위
가속도계, 자이로스코프, Sensor_Plus

Project 디지털 주사위 ★★☆☆

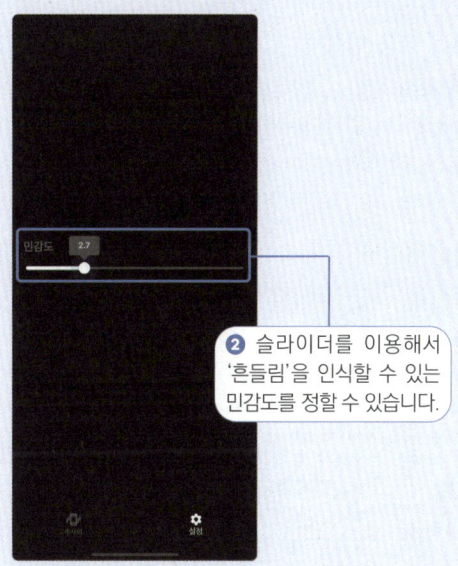

① 흔들면 주사위가 랜덤으로 생성됩니다.

② 슬라이더를 이용해서 '흔들림'을 인식할 수 있는 민감도를 정할 수 있습니다.

예제 위치	https://github.com/codefactory-co/flutter-golden-rabbit-novice-v3/tree/main/ch11/random_dice
프로젝트명	random_dice
개발 환경	플러터 SDK : 3.24.4
미션	핸드폰을 흔들면 새로운 주사위를 뽑아주는 앱을 만들어봐요.
기능	• BottomNavigation을 이용해서 탭 형태의 UI를 구현해요. • 가속도계를 사용해서 흔들기 기능을 구현해요. • Slider를 이용해서 흔들기 민감도를 설정하는 기능을 구현해요.
조작법	• 첫 번째 탭에서 핸드폰을 흔들면 주사위의 숫자가 랜덤하게 바뀌어요. • 두 번째 탭에서 슬라이더를 움직이면 흔들기의 민감도를 정할 수 있어요.
핵심 구성요소	• 가속도계 • BottomNavigationBar • Slider
플러그인	• shake: 2.2.0 • sensors_plus: 6.1.0

#MUSTHAVE

학습 목표

디지털 주사위 앱을 만듭니다. 화면은 총 2개로 첫 번째 화면에는 핸드폰을 흔들면 난수$^{random\ number}$가 생성되어 새로운 주사위 눈금을 보여주는 기능을, 두 번째 화면에는 흔듦을 감지하는 민감도를 사용자가 지정할 수 있는 기능을 구현합니다.

학습 순서

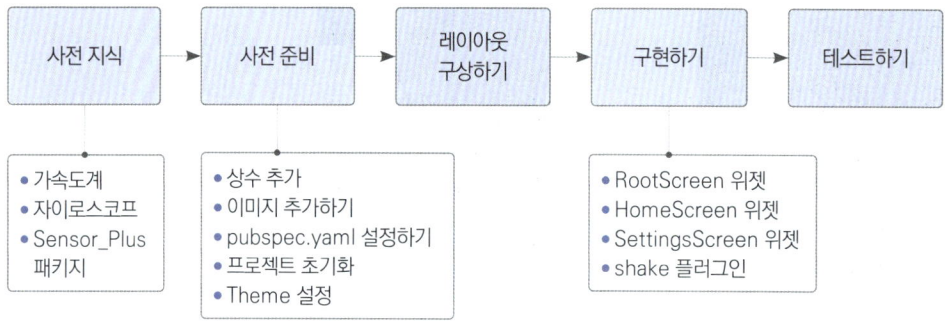

프로젝트 구상하기

가속도계는 특정 방향으로 가속을 하는 정도를 측정하는 기기입니다. 가속도계는 가속도를 측정하기 때문에 어느 정도의 가속 수치를 흔드는 행동으로 인식할지에 대한 기준이 중요합니다. 이 앱에서는 사용자가 특정 수치를 넘는 강도로 핸드폰을 흔든 순간을 인식할 수 있는 함수를 구현합니다. 이 기준을 사용자가 설정하도록 Slider 위젯을 이용하겠습니다.

지금까지 화면 하나로 구성된 앱을 구현했는데 이번에는 화면 두 개를 만들어 탭과 스크롤로 이동하겠습니다. 두 화면을 각각 따로 위젯으로 구현하고 BottomNavigationBar를 이용하면 됩니다.

11.1 사전 지식

11.1.1 가속도계

가속도계는 말 그대로 특정 물체가 특정 방향으로 이동하는 가속도가 어느 정도인지를 숫자로 측정하는 기기입니다. 대부분의 핸드폰에 가속도계가 장착되어 있습니다. 가속도계는 3개의 축으로 가속도를 측정할 수 있습니다. 핸드폰을 정면으로 봤을 때 x, y, z축의 의미는 다음과 같습니다.

▼ 가속도계와 x, y, z축

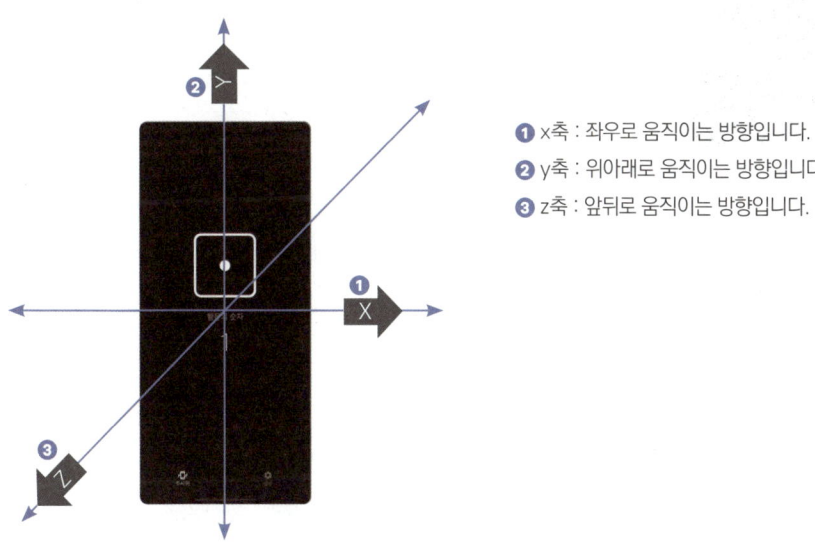

❶ x축 : 좌우로 움직이는 방향입니다.
❷ y축 : 위아래로 움직이는 방향입니다.
❸ z축 : 앞뒤로 움직이는 방향입니다.

사람은 기계가 아니기 때문에 하나의 축으로 핸드폰을 움직이는 건 불가능합니다. 그렇기 때문에 가속도계를 사용해서 움직임 이벤트를 받으면 x, y, z축의 측정 결과가 모두 double값으로 반환됩니다.

11.1.2 자이로스코프

가속도계는 x, y, z축으로의 직선 움직임만 측정할 수 있습니다. 자이로스코프gyroscope는 이 단점을 보완해서 x, y, z축의 회전을 측정할 수 있습니다. 핸드폰을 정면으로 봤을 때 x, y, z축의 의미는 다음과 같습니다.

▼ 자이로스코프와 x, y, z축의 회전

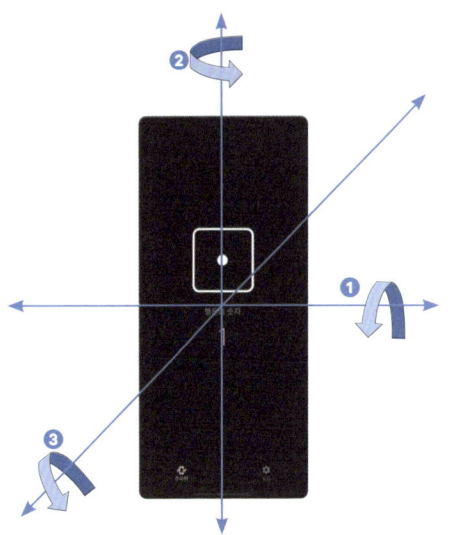

❶ x축 : 좌우로 회전하는 방향입니다.
❷ y축 : 위아래로 회전하는 방향입니다.
❸ z축 : 앞뒤로 회전하는 방향입니다.

가속도계와 마찬가지로 자이로스코프도 회전에 대한 이벤트를 받게 되면 x, y, z축 모두에서의 회전값이 동시에 반환됩니다.

11.1.3 Sensor_Plus 패키지

sensor_plus 패키지를 사용하면 핸드폰의 가속도계와 자이로스코프 센서를 간단하게 사용할 수 있습니다. 하지만 가속도계와 자이로스코프 센서의 데이터는 x, y, z축의 움직임을 각각 반환하기 때문에 전반적인 핸드폰의 움직임을 측정하려면 정규화^{normalization}가 필요합니다. 한마디로 x, y, z 각 값을 통합해 전반적인 움직임 수치를 계산해서 핸드폰을 흔든 정도를 수치화해야 합니다. 이 부분은 크게 어렵지는 않지만 수학적인 부분이라 이 책의 범위를 벗어나기 때문에 미리 정규화 작업을 해둔 shake 패키지를 이용합니다. 하지만 sensors_plus 패키지를 이용한 가속도계와 자이로스코프 사용법을 알고 있으면 유용하기 때문에 간략하게 관련 코드만 살펴보겠습니다.

우선 sensors_plus 패키지를 pubspec.yaml에 등록해야 합니다. 등록 후 다음 코드를 이용해서 가속도계와 자이로스코프를 사용해볼 수 있습니다.

```
import 'package:sensors_plus/sensors_plus.dart';
... 생략 ...
```

```
// 중력을 반영한 가속도계 값
accelerometerEvents.listen((AccelerometerEvent event) {
 print(event.x); // x축 수치
 print(event.y); // y축 수치
 print(event.z); // z축 수치
});

// 중력을 반영하지 않은 순수 사용자의 힘에 의한 가속도계 값
userAccelerometerEvents.listen((UserAccelerometerEvent event) {
 print(event.x); // x축 수치
 print(event.y); // y축 수치
 print(event.z); // z축 수치
});

gyroscopeEvents.listen((GyroscopeEvent event) {
 print(event.x); // x축 수치
 print(event.y); // y축 수치
 print(event.z); // z축 수치
});
```

안타깝지만 iOS 시뮬레이터나 안드로이드 에뮬레이터로는 가속도계나 자이로스코프의 기능을 사용할 수 없습니다. **이번 장은 꼭 실제 기기를 활용해 테스트해주세요.** 실제 기기를 사용하는 방법은 5.3 '실제 단말 테스트 환경 구축'을 확인해주세요.

11.2 사전 준비

프로젝트에서 사용할 상수값들을 미리 정리해두면 개발이 훨씬 수월해집니다. 이번 프로젝트에서 사용할 색상을 colors.dart 파일에 미리 추가하겠습니다.

ToDo **01** 먼저 실습에 사용할 프로젝트를 생성해주세요.
- **프로젝트 이름** : random_dice
- **네이티브 언어** : 코틀린

11.2.1 상수 추가하기

프로그래밍을 하다 보면 반복적으로 사용하는 상수들을 접합니다. 예를 들어 글자 크기, 주색상 등이 있습니다. 이런 값들을 한 번 입력하고 나서 다시는 변경하지 않는다면 각각 작성을 해도 크게 문제는 없겠지만 나중에 일괄 변경을 하려면 대공사가 됩니다. 그런 상황을 예방하려면 프로젝트에 반복적으로 사용할 상수를 별도의 파일에 정리해두는 게 좋습니다.

ToDo 01 ❶ [lib] 폴더에서 마우스 우클릭해서 상수값과 관련된 모든 파일을 저장할 ❷ [const] 폴더를 생성합니다. ❸ [const] 폴더에서 다시 마우스 우클릭해서 색상과 관련된 모든 상수값들을 저장할 ❹ colors.dart 파일을 생성합니다.

02 이제 프로젝트에서 사용할 색상 정보를 colors.dart 파일에 저장합니다.

lib/const/colors.dart
```dart
import 'package:flutter/material.dart';

const backgroundColor = Color(0xFF0E0E0E);   // 배경색
const primaryColor = Colors.white;            // 주색상
final secondaryColor = Colors.grey[600];      // ❶ 보조 색상
```

❶ Colors.grey는 const로 선언이 가능하지만, 600이라는 키값을 입력하면 런타임에 색상이 계산되기 때문에 const 사용이 불가능합니다.

11.2.2 이미지 추가하기

ToDo 01 [asset] 폴더를 만들고 그 아래 [img] 폴더를 만듭니다. 내려받은 11장 예제에서 [asset/img]에 있는 그림 파일들을 방금 만든 [img] 폴더로 드래그 앤 드롭합니다.

11.2.3 pubspec.yaml 설정하기

ToDo 01 이미지를 추가했으니 이미지를 읽을 위치를 pubspec.yaml에 추가합니다.

pubspec.yaml
```yaml
dependencies:
  flutter:
    sdk: flutter

  cupertino_icons: ^1.0.8
  shake: 2.2.0   # 흔들림을 감지하는 플러그인
```

```
dev_dependencies:
  flutter_test:
    sdk: flutter

  flutter_lints: ^4.0.0

# ❶ 의존성 덮어쓰기
dependency_overrides:
  sensors_plus: 6.1.0 # sensors_plus 버전 6.1.0으로 덮어쓰기

flutter:

  uses-material-design: true

  assets:
    - asset/img/
```

❶ pubspec.yaml 파일은 우리가 생성한 프로젝트의 의존성을 관리하기 위한 파일입니다. 하지만 depenedency_overrides를 사용해서 shake 플러그인 같은 외부 플러그인의 의존성도 임의로 덮어쓸 수 있습니다. 최신 플러터 버전을 사용하면 sensors_plus 패키지의 버전을 6.1.0으로 업데이트 해야하는데 shake 플러그인의 관리자가 아직 sensors_plus 6.1.0 버전 이상의 의존성과 함께 새로운 버전을 배포하지 않은 상태입니다. 이럴때 저희는 강제로 의존성의 의존성 버전을 변경 할 수 있습니다. 저희가 필요한 sensors_plus 버전은 6.1.0이기 때문에 sensors_plus: 6.1.0 버전으로 강제 변경을 해주도록 하겠습니다. 오픈소스 플러그인은 쉽게 사용 할 수 있지만 이와같이 관리 문제가 생길 수 있습니다. 보통 플러그인이 오래된 버전의 의존성을 사용하는게 문제가 되는 경우가 많기 때문에 플러터 프레임워크에서는 이렇게 손 쉽게 플러그인의 의존성 버전을 덮어쓰는 기능을 제공해줍니다. 미래에 shake 플러그이 업데이트되어 최신 sensors_plus 버전을 지원한다면 dependency_overrides를 더 이상 할 필요 없어집니다.

02 [pub get]을 실행해서 변경 사항을 반영합니다.

11.2.4 프로젝트 초기화하기

To Do **01** [lib] 폴더에 [screen] 폴더를 생성하고 앱의 기본 홈 화면으로 사용할 HomeScreen 위젯을 생성할 home_screen.dart를 생성합니다. 다음과 같이 HomeScreen이라는 StatelessWidget을 생성해주세요.

lib/screen/home_screen.dart
```dart
import 'package:flutter/material.dart';

class HomeScreen extends StatelessWidget {
  const HomeScreen({Key? key}) : super(key: key);

  @override
  Widget build(BuildContext context) {
    return Scaffold(
      body: Text('Home Screen'),
    );
  }
}
```

02 lib/main.dart 파일에서도 마찬가지로 HomeScreen을 홈 위젯으로 등록해줘야 합니다.

lib/main.dart
```dart
import 'package:random_dice/screen/home_screen.dart';
import 'package:flutter/material.dart';

void main() {
  runApp(
    MaterialApp(
      home: HomeScreen(),
    ),
  );
}
```

11.2.5 Theme 설정하기

10장에서 만든 '만난 지 며칠 U&I' 앱에서처럼 이번 프로젝트에서도 상수를 사용해서 테마를 적용하겠습니다. main.dart 파일의 MaterialApp 위젯 안에 정의하겠습니다.

lib/main.dart
```dart
import 'package:flutter/material.dart';
import 'package:random_dice/screen/home_screen.dart';
import 'package:random_dice/const/colors.dart';

void main() {
  runApp(
    MaterialApp(
      theme: ThemeData(
        scaffoldBackgroundColor: backgroundColor,
        sliderTheme: SliderThemeData(      // Slider 위젯 관련 테마
          thumbColor: primaryColor,         // 노브 색상
          activeTrackColor: primaryColor,   // 노브가 이동한 트랙 색상

          // 노브가 아직 이동하지 않은 트랙 색상
          inactiveTrackColor: primaryColor.withOpacity(0.3),
        ),
        // BottomNavigationBar 위젯 관련 테마
        bottomNavigationBarTheme: BottomNavigationBarThemeData(
          selectedItemColor: primaryColor,       // 선택 상태 색
          unselectedItemColor: secondaryColor,   // 비선택 상태 색
          backgroundColor: backgroundColor,      // 배경색
        ),
      ),
      home: HomeScreen(),
    ),
  );
}
```

11.3 레이아웃 구상하기

이번 프로젝트는 BottomNavigationBar 위젯을 사용해서 화면 전환을 해야 하기 때문에 지금까지와는 다른 형태로 구조를 짜야 합니다. 첫 번째 화면인 HomeScreen 위젯과 두 번째 화면인 SettingsScreen을 TabBarView를 이용해서 RootScreen 위젯에 위치시키겠습니다(즉 RootScreen 하나에 탭으로 홈 스크린과 설정 스크린을 감싸고 있는 형태).

11.3.1 기본 스크린 위젯

기본 스크린 위젯은 이번 프로젝트에서 사용할 모든 위젯을 담고 있는 최상위 위젯입니다. 주사위가 보이는 홈 스크린과 감도를 설정할 수 있는 설정 스크린을 탭으로 담게 됩니다. RootScreen 위젯이라고 이름지어 사용하겠습니다. RootScreen 위젯은 상단과 하단으로 나눕니다. 하단에는 사용자가 직접 화면 전환을 할 수 있는 ❷ BottomNavigationBar 위젯이 위치하고 그 위에 ❶ TabBarView를 통해 선택된 화면을 보여줍니다. ❷ BottomNavigationBar에서 각 탭을 누르거나 ❶ TabBarView에서 좌우로 스크롤을 해서 화면 전환을 할 수 있습니다.

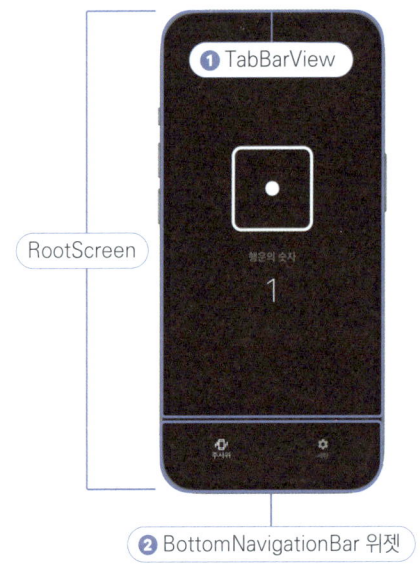

11.3.2 홈 스크린 위젯

HomeScreen 위젯은 하나의 Column 위젯으로 간단하게 구현할 수 있습니다. ❶ 가장 위에 주사위 이미지가 위치하므로 Image 위젯을 사용하면 됩니다. ❷ "행운의 숫자"라는 글자를 작성하는 데 Text 위젯을 사용합니다. ❸ 각 숫자의 눈 개수를 표현하는 데도 Text 위젯을 사용합니다. 이제 이런 형태의 레이아웃은 눈 감고도 구현할 수 있는 수준이 되었을 거라고 믿습니다.

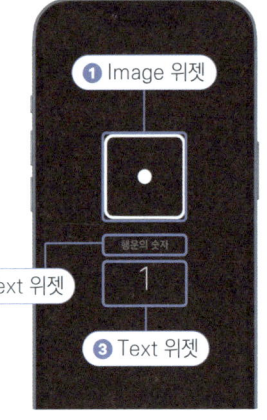

11.3.3 설정 스크린 위젯

SettingsScreen 위젯 가운데에 민감도를 정하는 ❶ Slider 위젯을 위치시켜야 합니다. 이 슬라이더를 사용자가 좌우로 이동해서 직접 흔들기 기능의 민감도를 정할 수 있습니다. 추가적으로 Slider 위젯의 기능을 쉽게 알 수 있도록 ❷ Text 위젯으로 레이블을 작성하겠습니다.

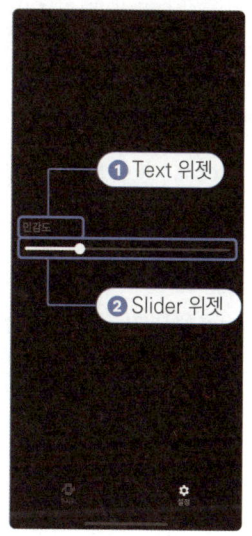

11.4 구현하기

11.4.1 RootScreen 위젯 구현하기

ToDo 01 RootScreen 위젯 작업의 주요 요소는 BottomNavigationBar와 TabBarView입니다. BottomNavigationBar를 아래 위치시키고 남는 공간에 TabBarView를 위치시켜서 스크린 전환이 가능한 구조를 만들겠습니다. 먼저 [lib/screen] 폴더에 ❶ root_screen.dart 파일을 만들어주세요.

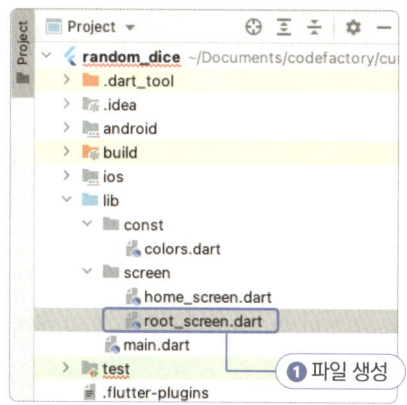

02 우선 TabBarView 위젯과 BottomNavigationBar 위젯을 반환해줄 renderChildren() 함수와 renderBottomNavigation() 함수를 작업하겠습니다.

lib/screen/root_screen.dart

```dart
import 'package:flutter/material.dart';

class RootScreen extends StatelessWidget {
  const RootScreen({Key? key}) : super(key: key);

  @override
  Widget build(BuildContext context) {
    return Scaffold(
      body: TabBarView(    // ❶ 탭 화면을 보여줄 위젯
        children: renderChildren(),
      ),

      // ❷ 아래 탭 내비게이션을 구현하는 매개변수
      bottomNavigationBar: renderBottomNavigation(),
    );
  }

  List<Widget> renderChildren(){
    return [];
  }

  BottomNavigationBar renderBottomNavigation(){
    // ❸ 탭 내비게이션을 구현하는 위젯
    return BottomNavigationBar(items: []);
  }
}
```

❶ TabBarView 위젯을 이용하면 각종 Tab 위젯과 쉽게 연동할 수 있는 UI를 구현할 수 있습니다. PageView와 매우 비슷한 기본 애니메이션이 제공되며 children 매개변수에 각 탭의 화면으로 활용하고 싶은 위젯을 List로 넣어주면 됩니다. ❷ Scaffold 위젯은 BottomNavigationBar를 위치시키는 매개변수를 따로 보유합니다. bottomNavigation 매개변수에 BottomNavigationBar를 넣어주면 쉽게 Tab을 조정할 수 있는 UI를 핸드폰의 아래에 배치할 수 있습니다. ❸ BottomNavigationBar에 제공될 각 탭은 (아이콘과 탭의 레이블) BottomNavigationBar 위젯의 items 매개변수에 제공해주면 됩니다.

03 현재 main.dart 파일에 HomeScreen 위젯을 홈으로 등록해두었습니다. 하지만 홈 화면을 RootScreen 위젯으로 변경해야 합니다. HomeScreen은 RootScreen의 탭 중 하나(첫 번째 탭)로 구현할 계획이기 때문입니다.

```dart
// lib/main.dart
... 생략 ...
import 'package:random_dice/screen/root_screen.dart';

void main() {
  runApp(
    MaterialApp(
      ... 생략 ...
      home: RootScreen(),  // HomeScreen을 RootScreen으로 변경
    ),
  );
}
```

04 코드 정리가 잘되었으니 TabBarView부터 작업을 하겠습니다. TabBarView는 TabController가 필수입니다. 추가적으로 TabController를 초기화하려면 vsync 기능이 필요한데 이는 State 위젯에 TickerProviderMixin을 mixin으로 제공해줘야 사용할 수 있습니다. TabController는 위젯이 생성될 때 단 한 번만 초기화되어야 하니 HomeScreen 위젯을 StatefulWidget으로 변경하고 initState()에서 초기화하겠습니다.

```dart
// lib/screen/root_screen.dart
... 생략 ...
class RootScreen extends StatefulWidget {
  const RootScreen({Key? key}) : super(key: key);

  @override
  State<RootScreen> createState() => _RootScreenState();
}

class RootScreen extends StatelessWidget {
  const RootScreen({Key? key}) : super(key: key);

class _RootScreenState extends State<RootScreen> with
TickerProviderStateMixin{       // ❶ TickerProviderStateMixin 사용하기
  TabController? controller;     // 사용할 TabController 선언
```

```
@override
void initState() {
  super.initState();

  controller = TabController(length: 2, vsync: this);  // ❷ 컨트롤러 초기화하기
}

@override
Widget build(BuildContext context) {
  return Scaffold(
    body: TabBarView(
      controller: controller, // ❸ 컨트롤러 등록하기
      children: renderChildren(),
    ),
    bottomNavigationBar: renderBottomNavigation(),
  );
}
  ... 생략 ...
}
```

❶ TabController에서 vsync 기능을 사용하려면 필수로 TickerProviderStateMixin을 사용해야 합니다. TickerProviderMixin과 SingleTickerProviderMixin은 애니메이션의 효율을 올려주는 역할을 합니다. ❷ TabController의 length 매개변수에는 탭 개수를 int값으로 제공해주고 vsync에는 TickerProviderMixin을 사용하는 State 클래스를 this 형태로 넣어주면 됩니다. ❸ 생성된 TabController는 TabBarView의 controller 매개변수에 입력해주면 됩니다. 그러면 입력된 controller를 이용해서 TabBarView를 조작할 수 있습니다.

> **TickerProviderMixin과 vsync**
>
> TickerProviderMixin은 애니메이션 효율을 담당합니다. 플러터는 기기가 지원하는 대로 60FPS(초당 60프레임)부터 120FPS를 지원하는데 TickerProviderMixin을 사용하면 정확히 한 틱(1FPS)마다 애니메이션을 실행합니다. 간혹 애니메이션 코드를 작성하다 보면 실제로 화면에 그릴 수 있는 주기보다 더 자주 렌더링을 실행하게 될 때가 있는데 TickerProviderMixin을 사용하면 이런 비효율적인 상황을 막아줍니다. TabController도 마찬가지로 vsync에 TickerProviderMixin을 제공함으로써 렌더링 효율을 극대화할 수 있습니다.

05 이제는 BottomNavigationBar를 작업하겠습니다. BottomNavigationBar의 items 매개변수에는 ❶ BottomNavigationBarItem이라는 클래스를 사용해서 각 탭의 정의를 제공해줘야 합니다. BottomNavigationBarItem의 icon 매개변수와 label 매개변수를 이용해서 구현할 두 탭을 작업하겠습니다.

```dart
// lib/screen/root_screen.dart
... 생략 ...
// 미리 생성해둔 함수
BottomNavigationBar renderBottomNavigation() {
  return BottomNavigationBar(
    items: [
      BottomNavigationBarItem(   // ❶ 하단 탭바의 각 버튼을 구현
        icon: Icon(
          Icons.edgesensor_high_outlined,
        ),
        label: '주사위',
      ),
      BottomNavigationBarItem(
        icon: Icon(
          Icons.settings,
        ),
        label: '설정',
      ),
    ],
  );
}
... 생략 ...
```

❶ BottomNavigationBarItem 클래스에는 아이콘을 지정할 수 있는 icon 매개변수와 이름을 지정할 수 있는 label 매개변수를 제공할 수 있습니다. 탭별로 BottomNavigationBarItem을 구현해서 BottomNavigationBar의 items 매개변수에 입력해주면 간단히 BottomNavigation을 구현할 수 있습니다.

06 BottomNavigationBar를 구현했으니 이제 각 탭을 표현해줄 위젯들을 TabBarView의 children에 제공해줘야 합니다. 간단한 샘플 화면을 만들기 위해 HomeScreen 탭을 표현할 "Tab 1"이라는 글자와 SettingsScreen 탭을 표현할 "Tab 2"라는 글자가 작성된 Container 위젯들을 renderChildren() 함수에 구현하겠습니다.

lib/screen/root_screen.dart

```dart
... 생략 ...
// 미리 생성해둔 함수
List<Widget> renderChildren() {
  return [
    Container(  // 홈 탭
      child: Center(
        child: Text(
          'Tab 1',
          style: TextStyle(
            color: Colors.white,
          ),
        ),
      ),
    ),
    Container(  // 설정 스크린 탭
      child: Center(
        child: Text(
          'Tab 2',
          style: TextStyle(
            color: Colors.white,
          ),
        ),
      ),
    ),
  ];
}
... 생략 ...
```

07 어느 정도 RootScreen 위젯의 구도가 나왔으니 [Run] 버튼을 눌러서 프로젝트를 재시작하겠습니다.

프로젝트를 실행하면 ❶ "Tab 1"이라고 작성된 Container 위젯이 보입니다.

왼쪽으로 스와이프하면 ❷ "Tab 2"라고 작성된 Container 위젯이 보입니다.

08 TabBarView를 스와이프할 때는 화면 전환이 자연스럽게 잘 이루어지지만 안타깝게도 BottomNavigationBar의 탭을 누르면 이동되지 않습니다. 그 이유는 BottomNavigationBar를 누를 때마다 TabBarView와 연동해야 하기 때문입니다. 각각 BottomNavigationBarItem을 눌러도 화면 전환이 잘되도록 TabController를 연동하겠습니다.

lib/screen/root_screen.dart
```
... 생략 ...
class _RootScreenState extends State<RootScreen> with TickerProviderStateMixin {
  @override
  void initState() {
    super.initState();

    controller = TabController(length: 2, vsync: this);

    // ❶ 컨트롤러 속성이 변경될 때마다 실행할 함수 등록
    controller!.addListener(tabListener);
  }
```

```
  tabListener() {  // ❷ 리스너로 사용할 함수
    setState(() {});
  }

  @override
  dispose(){
    controller!.removeListener(tabListener); // ❸ 리스너에 등록한 함수 등록 취소
    super.dispose();
  }
  ... 생략 ...
  BottomNavigationBar renderBottomNavigation() {
    return BottomNavigationBar(
      // ❹ 현재 화면에 렌더링되는 탭의 인덱스
      currentIndex: controller!.index,
      onTap: (int index) {  // ❺ 탭이 선택될 때마다 실행되는 함수
        setState(() {
          controller!.animateTo(index);
        });
      },
      items: ... 생략 ...
    );
  }
}
```

❶ TabBarView에서 바라보고 있는 화면의 인덱스가 변경될 때마다 BottomNavigationBar를 다시 그려서 어떤 탭이 보여지고 있는지 표시해야 합니다. addListener() 함수는 controller의 속성이 변할 때마다 특정 함수를 실행할 수 있도록 콜백 함수를 등록할 수 있습니다. 이 콜백 함수에 setState()를 실행하여 controller의 속성이 변경될 때마다 build()를 재실행하도록 합니다. RootScreen 위젯이 생성될 때 단 한 번만 리스너가 등록되면 되니 initState()에서 실행해줍니다.

❷ TabController의 속성이 변경될 때마다 실행할 함수입니다. ❸ addListener를 사용해서 listener를 등록하면 위젯이 삭제될 때 항상 등록된 listener도 같이 삭제해줘야 합니다. 위젯이 삭제될 때 실행되는 dispose() 함수를 오버라이드해서 controller에 붙은 리스너를 삭제해줍니다.

❹ BottomNavigationBar에서 현재 선택된 상태로 표시해야 하는 BottomNavigationBarItem의 index입니다. TabBarView와 같은 탭의 인덱스를 바라보게 해줘야 합니다.

❺ BottomNavigationBarItem이 눌릴 때마다 실행되는 함수이며 매개변수로 눌린 탭의 인덱

스를 전달해줍니다. 탭을 눌렀을 때 TabBarView와 화면을 동기화해줘야 하니 animateTo() 함수를 사용해서 자연스러운 애니메이션으로 지정한 탭으로 TabBarView가 전환되게 합니다.

11.4.2 HomeScreen 위젯 구현하기

ToDo 01 HomeScreen은 크게 어려울 게 없습니다. 11.3 '레이아웃 구상하기'에서 미리 기획한 대로 Column 위젯 하나를 사용해서 Image 위젯과 Text 위젯들을 배치하겠습니다. 추가적으로 어떤 숫자를 보여줄지는 RootScreen 위젯에서 정하도록 생성자를 통해서 number 매개변숫값을 입력받겠습니다.

```
                                                          lib/screen/home_screen.dart
import 'package:random_dice/const/colors.dart';
import 'package:flutter/material.dart';

class HomeScreen extends StatelessWidget {
  final int number;

  const HomeScreen({
    required this.number,
    Key? key,
  }) : super(key: key);

  @override
  Widget build(BuildContext context) {
    return Column(
      mainAxisAlignment: MainAxisAlignment.center,
      children: [
        // ❶ 주사위 이미지
        Center(
          child: Image.asset('asset/img/$number.png'),
        ),
        SizedBox(height: 32.0),
        Text(
          '행운의 숫자',
          style: TextStyle(
            color: secondaryColor,
            fontSize: 20.0,
            fontWeight: FontWeight.w700,
```

```
        ),
      ),
      SizedBox(height: 12.0),
      Text(
        number.toString(),   // ❷ 주사위 값에 해당되는 숫자
        style: TextStyle(
          color: primaryColor,
          fontSize: 60.0,
          fontWeight: FontWeight.w200,
        ),
      ),
    ],
  );
 }
}
```

❶ 생성자로 입력받은 number값에 해당되는 이미지를 화면에 그려줍니다. ❷ 생성자로 입력받은 number값에 해당되는 글자를 화면에 그려줍니다.

02 이제 RootScreen에 임의로 입력해둔 첫 번째 Container 위젯을 대체하겠습니다. TabBarView의 첫 번째 화면에 "Tab 1"이라고 보여주는 대신 1이라는 number값을 입력해서 임의로 보여주겠습니다.

lib/screen/root_screen.dart

```
import 'package:random_dice/screen/home_screen.dart';
... 생략 ...
List<Widget> renderChildren() {
 return [
    // 첫 번째 Container를 삭제
    Container(   // 홈탭
      child: Center(
        child: Text(
          'Tab 1',
          style: TextStyle(
            color: Colors.white,
          ),
        ),
      ),
    ),
```

```
      // HomeScreen을 불러와서 입력하기
      HomeScreen(number: 1),
      Container(
        child: Center(
          child: Text(
            'Tab 2',
            style: TextStyle(
              color: Colors.white,
            ),
          ),
        ),
      ),
    ];
  }
    ... 생략 ...
```

▼ 실행 결과

03 앱을 재시작해주면 기획대로 완성된 첫 번째 탭을 확인할 수 있습니다.

11.4.3 SettingsScreen 위젯 구현하기

ToDo 01 SettingsScreen 위젯을 만들 차례입니다. [lib/screen]에 settings_screen.dart 파일을 생성하겠습니다.

02 SettingsScreen은 Text 위젯과 Slider 위젯으로 이루어졌습니다. HomeScreen 위젯과 마찬가지로 Column 위젯을 이용해서 Text 위젯과 Slider 위젯을 세로로 위치시키겠습니다. Slider 위젯은 눌러서 좌우로 움직일 때 움직인 만큼의 값이 제공되는 콜백 함수가 실행됩니다. 이 값을 저장하고 다시 Slider에 넣어주는 게 Slider 위젯 사용법의 주요 포인트입니다. 민감도에 대한 상태는 RootScreen 위젯에서 관리할 예정이니 Slider의 현잿값과 콜백 함수는 외부로 노출하고 나머지 매개변수들은 SettingsScreen에서 관리하겠습니다.

lib/screen/settings_screen.dart
```
import 'package:random_dice/const/colors.dart';
import 'package:flutter/material.dart';

class SettingsScreen extends StatelessWidget {
  final double threshold;  // Slider의 현잿값
```

```dart
  // Slider가 변경될 때마다 실행되는 함수
  final ValueChanged<double> onThresholdChange;

  const SettingsScreen({
    Key? key,

    // threshold와 onThresholdChange는 SettingsScreen에서 입력
    required this.threshold,
    required this.onThresholdChange,
  }) : super(key: key);

  @override
  Widget build(BuildContext context) {
    return Column(
      mainAxisAlignment: MainAxisAlignment.center,
      children: [
        Padding(
          padding: const EdgeInsets.only(left: 20.0),
          child: Row(
            children: [
              Text(
                '민감도',
                style: TextStyle(
                  color: secondaryColor,
                  fontSize: 20.0,
                  fontWeight: FontWeight.w700,
                ),
              ),
            ],
          ),
        ),
        Slider(
          min: 0.1,          // ❶ 최솟값
          max: 10.0,         // ❷ 최댓값
          divisions: 101,    // ❸ 최솟값과 최댓값 사이 구간 개수
          value: threshold,  // ❹ 슬라이더 선택값
          onChanged: onThresholdChange,  // ❺ 값 변경 시 실행되는 함수
          label: threshold.toStringAsFixed(1),  // ❻ 표싯값
        ),
      ],
```

```
    );
  }
}
```

❶ Slider의 최솟값입니다. Slider 위젯을 왼쪽 끝으로 이동시켰을 때 값입니다. ❷ Slider의 최댓값입니다. Slider 위젯을 오른쪽 끝으로 이동시켰을 때 값입니다. ❸ min값과 max값을 나누는 구분 개수입니다. 0.1부터 10까지 101개의 구간으로 나눠서 각 구간을 이동할 때마다 0.1씩 현잿값이 변경됩니다.

❹ Slider 위젯의 현잿값으로 이 값에 따라 Slider 위젯에서 원의 위치가 정해집니다. ❺ Slider 위젯의 콜백 함수입니다. 사용자의 제스처에 의해 Slider 위젯의 원이 움직이는 만큼 콜백 함수의 매개변수로 이동한 값이 제공됩니다. onChanged 매개변수로 입력받은 현잿값을 State에 저장하고 다시 value 매개변수에 같은 값을 입력하는 형태로 Slider 위젯이 구현됩니다. ❻ label 매개변수를 이용하면 Slider 위젯을 스크롤할 때마다 화면에 표시할 문자를 지정할 수 있습니다. Slider값을 소수점 한 자리까지 표현하도록 코드를 작성했습니다.

03 이제 SettingsScreen을 RootScreen에 적용해줄 차례입니다. **02**에서 설명한 것처럼 Slider 위젯의 현잿값과 onChanged 매개변수를 RootScreen에서 입력받도록 하겠습니다.

lib/screen/root_screen.dart
```
import 'package:random_dice/screen/settings_screen.dart';
... 생략 ...
class _RootScreenState extends State<RootScreen> with TickerProviderStateMixin {
  TabController? controller;
  double threshold = 2.7;    // 민감도의 기본값 설정
  ... 생략 ...
  List<Widget> renderChildren() {
    return [
      HomeScreen(number: 1),
      Container(
        child: Center(
          child: Text(
            'Tab 2',
            style: TextStyle(
              color: Colors.white,
            ),
          ),
        ),
      ),
```

```
      SettingsScreen(  // 기존에 있던 Container 코드를 통째로 교체
        threshold: threshold,
        onThresholdChange: onThresholdChange,
      ),
    ];
  }
  // ❶ 슬라이더값 변경 시 실행 함수
  void onThresholdChange(double val){
    setState(() {
      threshold = val;
    });
  }
  ... 생략 ...
}
```

▼ 실행 결과

❷ label 매개변수
❶ 좌우로 이동 가능

❶ Slider 위젯의 현잿값이 변경될 때마다 threshold 변수에 값을 저장하고 setState() 함수를 실행해서 build() 함수를 재실행해줍니다. Slider 위젯은 변경된 threshold 변수의 값을 기반으로 화면에 다시 그려집니다.

04 앱을 재실행하면 '설정' 탭의 슬라이더를 ❶ 좌우로 움직일 때 Slider 위젯의 값이 변경되고 현잿값이 ❷ 원 위에 표시되는 걸 볼 수 있습니다(label 매개변수).

11.4.4 shake 플러그인 적용하기

ToDo 01 아직은 RootScreen 위젯에 직접 1이라는 숫자를 입력해서 화면에서 주사위 값 1을 보여주고 있습니다. 하지만 이제 핸드폰을 흔들 때마다 매번 새로운 숫자가 생성되어야 하니 HomeScreen 위젯의 number 매개변수에 들어갈 값을 ❶ number 변수로 상태 관리하도록 코드를 변경하겠습니다.

lib/screen/root_screen.dart

```
class _RootScreenState extends State<RootScreen> with TickerProviderStateMixin {
  TabController? controller;
  double threshold = 2.7;
  int number = 1;    // ❶ 주사위 숫자
  ... 생략 ...
  List<Widget> renderChildren() {
    return [
      HomeScreen(number: number),    // number 변수로 대체
```

```
    ... 생략 ...
   ];
 }
 ... 생략 ...
}
```

❶ number 변수를 State에 선언하고 이 변수를 HomeScreen 위젯의 number 매개변수에 입력해주면 number 변수의 값을 변경할 때마다 HomeScreen 위젯의 렌더링 결과를 바꿀 수 있습니다.

02 드디어 Shake 플러그인을 사용해보는 시간입니다. RootScreen을 구현할 때 TabController의 addListener() 함수를 활용해서 탭의 인덱스값이 변경될 때마다 특정 함수를 실행했습니다. 그때처럼 Shake 플러그인도 핸드폰 흔들기를 ❹ 감지할 때마다 실행할 ❺ 함수를 등록합니다.

lib/screen/root_screen.dart
```
... 생략 ...
import 'dart:math';
import 'package:shake/shake.dart';

class _RootScreenState extends State<RootScreen> with TickerProviderStateMixin {
 TabController? controller;
 double threshold = 2.7;
 int number = 1;
 ShakeDetector? shakeDetector;

 @override
 void initState() {
   super.initState();

   controller = TabController(length: 2, vsync: this);
   controller!.addListener(tabListener);

   shakeDetector = ShakeDetector.autoStart(     // ❶ 흔들기 감지 즉시 시작
       shakeSlopTimeMS: 100,          // ❷ 감지 주기
       shakeThresholdGravity: threshold,   // ❸ 감지 민감도
       onPhoneShake: onPhoneShake,       // ❹ 감지 후 실행할 함수
   );
 }
```

```
void onPhoneShake() {   // ❺ 감지 후 실행할 함수
  final rand = new Random();

  setState(() {
    number = rand.nextInt(5) + 1;
  });
}

tabListener() {
  setState(() {});
}

@override
dispose() {
  controller!.removeListener(tabListener);
  shakeDetector!.stopListening();   // ❻ 흔들기 감지 중지
  super.dispose();
}
... 생략 ...
}
```

❶ ShakeDetector의 autoStart 생성자를 이용하면 코드가 실행되는 순간부터 흔들기를 감지합니다. 반면에 waitForStart 생성자를 이용하면 코드만 등록을 해두고 추후에 흔들기 감지를 시작하는 코드를 따로 실행해줄 수 있습니다. ❷ 얼마나 자주 흔들기를 감지할지 정해봅시다. 밀리초 단위로 입력하면 되며 한 번 흔들기를 감지하면 입력된 시간이 지나기까지 다시 흔들기를 감지하지 않습니다. ❸ 흔들기를 감지하는 민감도를 설정합니다. 이 값은 이미 구현한 SettingsScreen의 Slider 위젯에서 받아옵니다. ❹ 흔들기를 감지했을 때 실행되는 함수를 등록합니다.

❺ onPhoneShake 매개변수에 등록한 함수입니다. 핸드폰을 흔들 때마다 난수를 생성해야 하는데 다트 언어에서 기본으로 제공하는 dart:math 패키지의 Random 클래스를 이용해서 목적을 이룰 수 있습니다. Random 클래스는 nextInt() 함수를 제공하는데 이 함수의 첫 번째 매개변수에 생성될 최대 int값을 넣어주면 됩니다. 다만 난수는 최소 0부터 생성되니 0~5까지 생성되게 매개변수에 5를 넣어주고 결괏값에 1을 더해주면 1~6 사이 난수를 생성할 수 있습니다. 생성된 난수를 미리 만들어둔 number 변수에 setState() 함수로 저장하면 화면에 반영할 수 있습니다.

❻ TabController에서 removeListener() 함수를 실행해서 리스너를 제거했습니다. Shake Detector도 마찬가지로 dispose()가 실행됐을 때 더는 ❺ onPhoneShake 매개변수가 실행되지 않도록 리스너를 제거해줘야 합니다. ❶ ShakeDetector.autoStart에서 반환받은 값에 stopListening() 함수를 실행해주면 쉽게 리스너를 제거할 수 있습니다.

03 ShakeDetector 설정을 완료했으니 핸드폰을 한 번 흔들겠습니다. 처음에는 기본값으로 설정해놓은 눈금 한 개의 주사위가 나오고, 핸드폰을 흔들면 난수를 생성해 다른 눈금의 주사위가 화면에 표시됩니다.

11.5 테스트하기

❶ 안드로이드 스튜디오에서 [Run] 버튼을 눌러서 **실제 기기**에서 앱을 실행해보세요.

❷ 행운의 숫자 주사위가 보이면 핸드폰을 흔들어서 난수가 생성되고 새로운 행운의 숫자와 주사위가 보이는 걸 확인하세요.

❸ TabBarView에서 좌로 스크롤하거나 [설정] 탭을 눌러서 설정 화면으로 이동한 후 Slider 위젯을 오른쪽으로 밀어서 민감도 숫자를 올려보세요.

❹ [주사위] 탭으로 돌아와서 핸드폰을 더 강하게 흔들어야 난수 생성이 되는 걸 확인하세요.

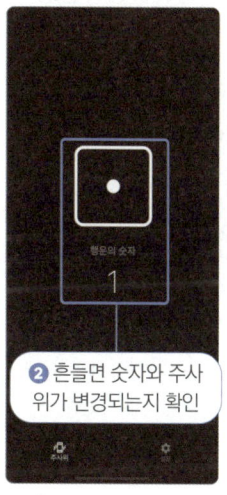
❷ 흔들면 숫자와 주사위가 변경되는지 확인

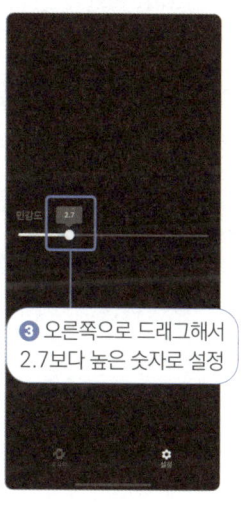
❸ 오른쪽으로 드래그해서 2.7보다 높은 숫자로 설정

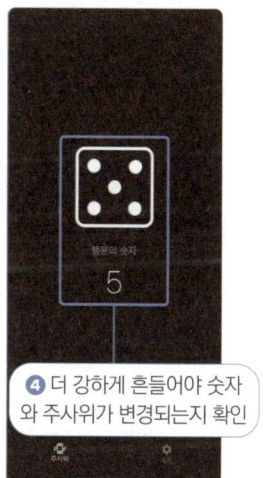
❹ 더 강하게 흔들어야 숫자와 주사위가 변경되는지 확인

학습 마무리

디지털 주사위 앱을 구현했습니다. 현대 프로그래밍은 UI/UX가 매우 중요하고 서비스의 품질을 좌우하기 때문에 핸드폰에서 사용할 수 있는 기능들을 최대한으로 활용해서 사용자에게 좋은 경험을 선사해줘야 합니다. 그런 방법의 일환으로 가속도계를 잘 활용하면 특정 기능을 구현할 때 훌륭한 UX를 제공할 수 있습니다. 처음에는 어렵게 느껴졌더라도 막상 해보니 생각보다 어렵지 않을 겁니다. 이 경험을 기반으로 자이로스코프를 이용해서 앱을 만들어보기 바랍니다.

핵심 요약

1. **BottomNavigationBar**를 이용하면 시중 앱에서 흔히 사용되는 화면 아래에 탭 버튼이 위치하는 UI를 쉽게 구현할 수 있습니다.
2. **TabBarView**를 이용하면 TabController를 이용해서 BottomNavigationBar와 동기화되는 탭 화면을 구현할 수 있습니다.
3. **Slider 위젯**을 이용하면 min값과 max값 사이의 double값을 사용자에게부터 입력받을 수 있습니다.
4. **initState( )**에 리스너들을 생성하고 dispose에서 리스너들을 삭제할 수 있습니다.
5. **dart:math 패키지**에서 Random 클래스를 불러오면 간단히 난수를 생성할 수 있습니다.
6. **sensor_plus 패키지**를 이용해서 가속도계와 자이로스코프에 접근할 수 있지만 단순히 핸드폰이 흔들어졌는지 확인하는 기능이 필요하다면 shake 패키지를 이용하는 게 더 유리합니다.

업그레이드 아이디어

1. 주사위 개수를 늘려보세요.
2. 흔들면 주사위 그림이 애니메이션되게 해보세요.
3. 특정 숫자가 더 높은 확률로 나오도록 확률을 조작해보세요.
4. Shake 플러그인은 Accelerometer만 사용해서 흔들림을 감지합니다. Shake 플러그인 대신 Gyroscope만 사용해서 x, y, z축으로 기기가 회전했을 때 랜덤 주사위를 뽑아보세요.
   HINT 11.1.3 'Sensor_Plus 패키지'를 참조해서 Gyroscope값을 이용해보세요.

Chapter 12

Project
동영상 플레이어
화면 회전, 시간 변환, String 패딩

Project 동영상 플레이어 ★★★☆

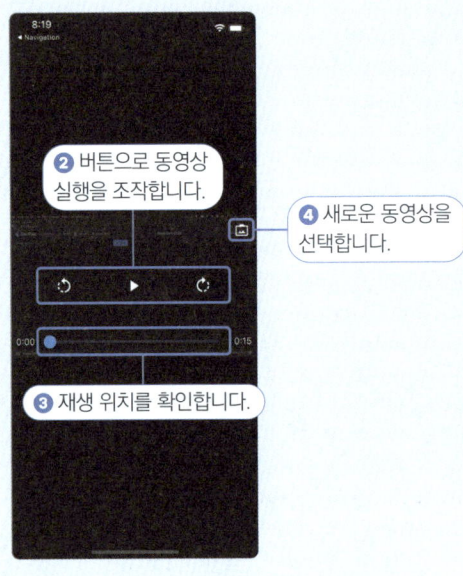

❶ 실행할 동영상을 선택합니다.
❷ 버튼으로 동영상 실행을 조작합니다.
❹ 새로운 동영상을 선택합니다.
❸ 재생 위치를 확인합니다.

예제 위치	https://github.com/codefactory-co/flutter-golden-rabbit-novice-v3/tree/main/ch12
프로젝트명	vid_player　　*주의 : video_player 플러그인 이름과 겹치지 않게 작명에 유의해주세요.
개발 환경	플러터 SDK : 3.24.4
미션	핸드폰 갤러리에서 동영상을 골라서 실행할 수 있는 동영상 플레이어 앱을 구현해봐요.
기능	• 로고나 갤러리 버튼을 눌러서 동영상을 고를 수 있어요. • 동영상을 재생하고, 중지하고, 3초 뒤로 돌리고, 3초 앞으로 돌릴 수 있어요. • Slider 위젯을 이용해서 원하는 동영상의 위치로 이동할 수 있어요. • 동영상 화면을 탭하면 동영상을 제어하는 버튼들을 화면에 보여줍니다.
조작법	• 홈 스크린에서 로고를 눌러서 동영상을 선택해주세요. • Slider 위젯을 조작해서 원하는 영상의 위치로 이동하거나 화면을 한 번 탭해서 컨트롤 버튼을 띄운 후 동영상을 30초 앞뒤로 돌려보세요. • 갤러리 아이콘 버튼을 눌러서 새로운 동영상을 실행해보세요.
핵심 구성요소	• Stack　　　　　　• Positioned　　　　　　• VideoPlayer • ImagePicker　　　• LinearGradient
플러그인	• video_player: 2.9.2　　• image_picker: 1.1.2

#MUSTHAVE

☐ **학습 목표**

'동영상 플레이어' 앱을 구현합니다. 핸드폰에 저장해둔 동영상을 선택하고 실행하고 컨트롤하는 기능을 구현하겠습니다.

☐ **학습 순서**

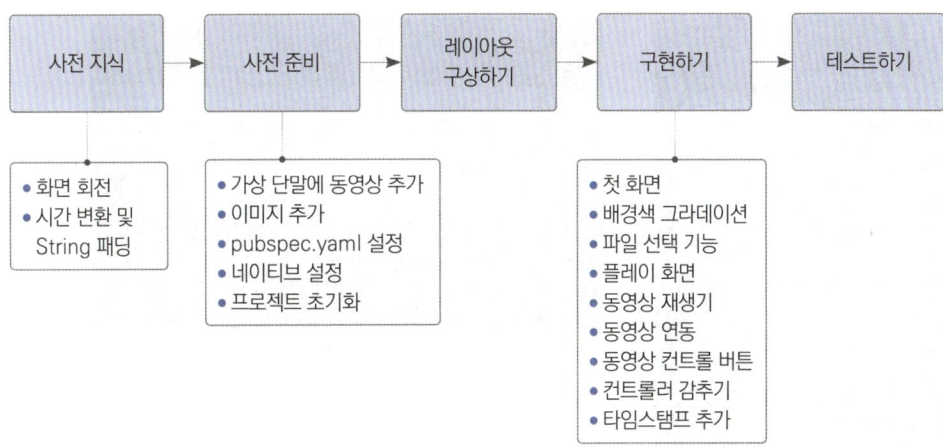

☐ **프로젝트 구상하기**

언뜻 보기에는 화면을 두 개 써야 할 것 같지만 하나로 구현할 수 있습니다. 플러터에서는 모든 게 위젯으로 이루어졌기 때문에 이런 형식의 UI 구현이 매우 간편합니다. 첫 번째 화면 HomeScreen 은 단순히 앱 이름과 로고만 보여줍니다. 로고를 한 번 탭해주면 동영상을 선택하는 창이 나옵니다. 사용자가 동영상을 선택하면 HomeScreen이 VideoPlayer로 대체됩니다.

동영상이 선택되면 즉시 동영상을 실행하고 Slider 위젯으로 진행 상황을 보여주는 기능을 구현합니다. 추가적으로 흔히 동영상 플레이어 앱에서 볼 수 있는 것처럼 뒤로 3초 돌리기, 앞으로 3초 돌리기, 재생/일시중지 기능도 구현합니다. 이 버튼들은 항상 화면에 보이면 동영상을 시청하는 데 방해되므로 화면을 한 번 탭하면 보이고 한 번 더 탭하면 보이지 않게 프로그래밍하겠습니다.

12.1 사전 지식

12.1.1 iOS 시뮬레이터 화면 회전하기

iOS 시뮬레이터는 화면 회전이 비교적 간단합니다. 시뮬레이터의 맨 위에 있는 3가지 옵션 중 가장 오른쪽에 있는 ❶ 회전하기 버튼을 눌러주면 시뮬레이터를 오른쪽으로 90도씩 회전할 수 있습니다.

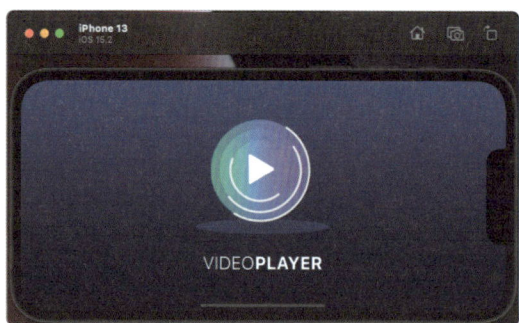

12.1.2 안드로이드 에뮬레이터 화면 회전하기

안드로이드 에뮬레이터 또한 회전하기 버튼을 눌러서 ❷ 시계방향 또는 ❶ 반시계방향 90도로 에뮬레이터를 회전할 수 있습니다. iOS 시뮬레이터와는 다르게 안드로이드 에뮬레이터에서는 회전 후 화면에 나오는 ❸ 앱 회전 버튼을 한 번 더 눌러줘야 에뮬레이터에서 실행 중인 앱도 회전됩니다.

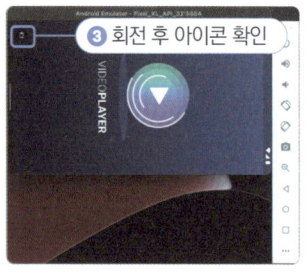
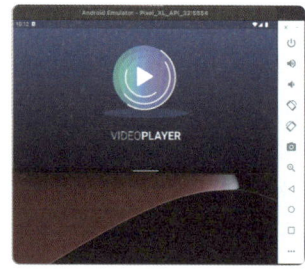

12.1.3 시간 변환 및 String 패딩

10장 '만난 지 며칠 U&I' 프로젝트에서 이미 Duration 클래스를 사용했습니다. 특정 날짜를 가리키는 DateTime과는 다르게 기간을 표현할 수 있는 클래스였습니다. video_player 플러그인을 사용하면서 현재 실행되고 있는 영상의 위치, 영상의 총 길이 등을 Duration 클래스로 반환받게 됩니다. 하지만 개발자가 선호하는 자료 형태와 실제 사용자가 선호하는 자료 형태가 다르기 때문에 보기 좋은 String값으로 Duration 클래스를 전환하는 게 매우 중요합니다.

예를 들어 Duration 클래스를 화면에 그대로 ❶ 출력하면 개발자들은 쉽게 이해할 수 있지만 일반 사람은 이해하기 힘듭니다.

```
Duration duration = Duration(seconds: 192);
print(duration); // ❶ 기간을 출력
```

❶ 0:03:12.000000을 출력합니다.

0:03:12.000000값에서 '.' 뒷부분을 제외한 앞부분만 원합니다. String에 ❷ split( ) 함수로 원하는 부분만 가져오겠습니다.

```
Duration duration = Duration(seconds: 192);
print(duration.toString().split('.')[0]);  // ❷ 0:03:12 출력
```

❷ split( ) 함수는 첫 번째 매개변수에 들어오는 값을 기준으로 String값을 나누고 각각 나뉜 값을 List에 넣어서 반환합니다.

여기서 '시' 단위를 생략하고 ❸ '분분:초초' 형태로 Duration을 표현한다면 약간 복잡해집니다.

```
Duration duration = Duration(seconds: 192);
print(duration);
print(duration.toString().split('.')[0].split(':').sublist(1, 3).join(':'));
// ❸ 03:12 출력
```

❸ 먼저 '.'을 기준으로 String을 split( )해서 밀리초 단위를 삭제해주고 다시 한번 ':'를 기준으로 split( )해서 시, 분, 초 단위로 나뉜 List값을 반환받습니다. 여기서 리스트의 맨 앞의 값으로 반환되는 '시'는 버려야 하니 sublist( ) 함수를 이용해서 1번 인덱스부터 2번 인덱스의 값들만 모아

다시 join( ) 함수를 통해 모아줍니다.

Duration 클래스의 정의로 이동해서 toString( ) 함수를 보면 '초' 단위 시간을 '시', '분', '초'로 변환하는 방법이 코드로 작성되어 있습니다. ❸에서 진행한 형태의 코드가 불편하게 느껴진다면 Duration 클래스의 toString( ) 함수를 참고해서 직접 코드를 짜볼 수도 있습니다.

```
Duration duration = Duration(seconds: 192);
print(duration);
print('${duration.inMinutes.toString().padLeft(2, '0')}:${(duration.inSeconds %
60).toString().padLeft(2, '0')}'); // ❹ 03:12 출력
```

❹ Duration 클래스의 inMinutes 게터는 분 단위 시간을 가져옵니다. 그리고 inSeconds 게터는 초 단위 시간을 가져오니 초 단위 시간은 분의 몫으로 넘어간 값을 제외한 나머지값만 보여주면 됩니다. String 클래스에는 padLeft() 함수와 padRight() 함수가 존재하는데 pad() 함수들은 String의 길이를 맞춰주는 역할을 합니다. 첫 번째 매개변수에 String의 최소 길이를 입력하고 두 번째 매개변수에 길이가 부족할 때 채워줄 String값을 넣어줍니다. padLeft( )는 최소 길이에 맞춰서 두 번째 매개변수에 입력된 값을 왼쪽에 채워주고 padRight()는 오른쪽에 채워줍니다.

```
print('23'.padLeft(3, '0'));     // ❺ 023 출력
print('233'.padLeft(3, '0'));    // ❻ 233 출력
```

❺ 최소 3의 길이만큼 String을 채워넣어야 하니 '023'이 됩니다. ❻ '233'은 이미 최소 길이인 3을 충족했으니 그대로 '233'이 됩니다.

이번 프로젝트에서 영상의 총 길이 또는 재생 위치를 표현할 때 ❹번 방법을 사용하겠습니다.

12.2 사전 준비

앱을 구현한 후 실행할 동영상이 필요합니다. 그러니 iOS 시뮬레이터와 안드로이드 에뮬레이터에 동영상 파일을 추가하는 방법을 알아보겠습니다. 추가로 iOS에서는 동영상을 불러오려면 사진첩 권한이 필요합니다. 일반적으로 ImagePicker 플러그인을 사용하면 카메라와 마이크 권한까지 필요한 경우가 많으니 세 가지 권한을 모두 등록하겠습니다.

To Do **01** 먼저 실습에 사용할 프로젝트를 생성해주세요.
- **프로젝트 이름** : vid_player
- **네이티브 언어** : 코틀린

12.2.1 가상 단말에 동영상 추가하기

이번 프로젝트에서는 핸드폰에 저장되어 있는 동영상을 선택해 플레이합니다. iOS 시뮬레이터와 안드로이드 에뮬레이터에는 아무런 동영상도 저장돼 있지 않는 게 기본값입니다. 따라서 에셋 폴더에 추가해둔 동영상 파일들을 모두 iOS 시뮬레이터와 안드로이드 에뮬레이터로 복사해야 합니다.

iOS 시뮬레이터

iOS 시뮬레이터에서는 상대적으로 간단하게 파일을 시뮬레이터로 옮길 수 있습니다.

To Do **01** 이 책의 깃허브에서 내려받은 예제 파일에서 12장 프로젝트의 [asset/video] 아래에 있는 동영상 파일을 드래그해서 시뮬레이터에 드롭합니다. 그러면 자동으로 사진첩 앱이 실행되며 ❶ 추가한 동영상을 확인할 수 있습니다.

❶ 추가된 동영상

안드로이드 에뮬레이터

To Do **01** 이 책의 깃허브에서 내려받은 예제 파일에서 12장 프로젝트의 [asset/video] 아래에 있는 동영상 파일을 에뮬레이터에 드래그 앤 드롭하면 파일들을 옮길 수 있습니다.

02 동영상 파일을 저장해도 파일 앱이 바로 실행되지 않기 때문에 파일이 잘 옮겨졌는지 직접 확인해야 합니다. 안드로이드에 기본으로 설치되어 있는 ❷ Files 앱을 실행합니다. ❸ 왼쪽 상단의 메뉴 아이콘인 햄버거 버튼을 눌러줍니다. ❹ 열리는 Drawer에서 [Downloads] 탭을 눌러줍니다. ❺ 복사한 동영상 3개가 모두 복사되었는지 확인합니다.

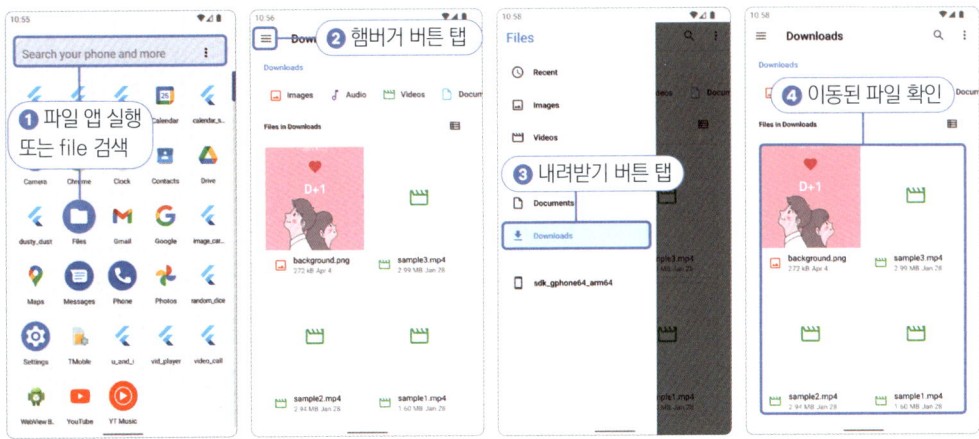

12.2.2 이미지 추가하기

이미지 에셋을 pubspec.yaml 파일에 추가합니다.

To Do **01** [asset] 폴더를 만들고 그 아래 [img] 폴더를 만듭니다. 내려받은 12장 예제에서 [asset/img]에 있는 그림 파일들을 방금 만든 [img] 폴더로 드래그 앤 드롭합니다.

12.2.3 pubspec.yaml 설정하기

To Do **01** 다음 수정 사항을 pubspec.yaml에 적용해주세요.

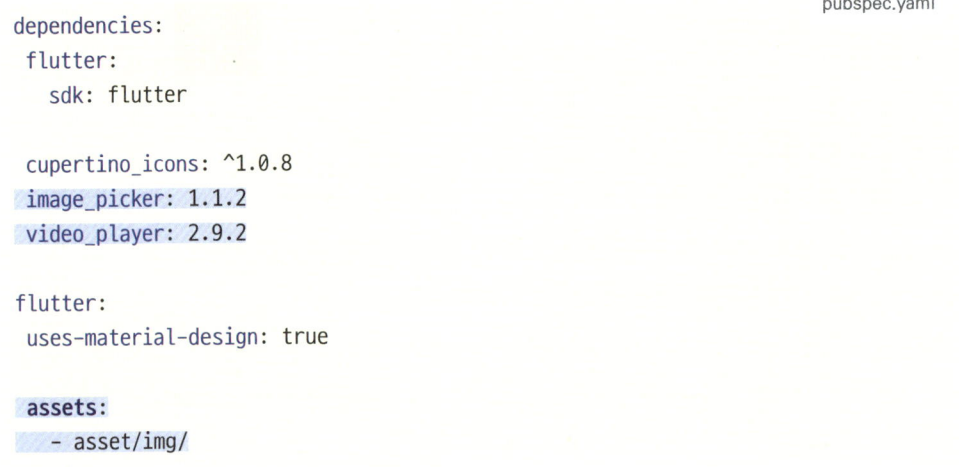

pubspec.yaml

02 [pub get]을 실행해서 변경 사항을 반영합니다.

12.2.4 네이티브 설정하기

이번 프로젝트는 갤러리 관련 권한이 필요합니다. 갤러리에서 사용자가 선택한 동영상을 불러오려면 안드로이드와 iOS 모두에서 갤러리 권한을 추가해줘야 합니다.

iOS 권한 추가하기

iOS 권한은 Info.plist 파일에서 추가할 수 있습니다. NSPhotoLibraryUsageDescription 권한을 등록해주면 사용자가 허가했을 때 아이폰에서 갤러리 권한을 얻을 수 있습니다.

ios/Runner/Info.plist

```xml
<?xml version="1.0" encoding="UTF-8"?>
<!DOCTYPE plist PUBLIC "-//Apple//DTD PLIST 1.0//EN" "http://www.apple.com/DTDs/PropertyList-1.0.dtd">
<plist version="1.0">
<dict>
  <!-- 생략 -->
  <key>NSPhotoLibraryUsageDescription</key>
  <string>갤러리 권한을 허가해주세요.</string>
</dict>
</plist>
```

안드로이드 권한 추가하기

안드로이드 권한은 AndroidManifest.xml 파일에서 추가할 수 있습니다. android.permission.READ_EXTERNAL_STORAGE 권한을 추가하면 되며 이 권한을 추가하면 안드로이드에서 갤러리 이미지 또는 동영상을 읽을 수 있습니다.

android/app/src/main/AndroidManifest.xml

```xml
<manifest xmlns:android="http://schemas.android.com/apk/res/android">
    <uses-permission android:name="android.permission.READ_EXTERNAL_STORAGE" />
    <application
        android:name="${applicationName}"
        android:icon="@mipmap/ic_launcher"
        android:label="book_ch11_test">
      <!-- 생략 -->
    </application>
</manifest>
```

12.2.5 프로젝트 초기화하기

To Do **01** [lib] 폴더에 [screen] 폴더를 생성하고 앱의 기본 홈 화면으로 사용할 HomeScreen 위젯을 생성할 home_screen.dart를 생성합니다. 다음과 같이 HomeScreen이라는 StatelessWidget을 생성해주세요.

lib/screen/home_screen.dart

```dart
import 'package:flutter/material.dart';

class HomeScreen extends StatelessWidget {
  const HomeScreen({Key? key}) : super(key: key);

  @override
  Widget build(BuildContext context) {
    return Scaffold(
      body: Text('Home Screen'),
    );
  }
}
```

02 lib/main.dart 파일에서도 마찬가지로 HomeScreen을 홈 위젯으로 등록해줘야 합니다.

lib/main.dart

```dart
import 'package:vid_player/screen/home_screen.dart';
import 'package:flutter/material.dart';

void main() {
  runApp(
    MaterialApp(
      home: HomeScreen(),
    ),
  );
}
```

> **NOTE** 앱 빌드 시, 'Multidex Error'가 발생할 경우 부록 'D.2 Multidex error'를 확인해주세요.

12.3 레이아웃 구상하기

이번 프로젝트는 실질적으로 화면 하나로 구성되어 있습니다. 하지만 전체 화면을 차지하는 위젯 두 개를 활용해 조건에 따라 알맞은 위젯을 보여줍니다. 메인 화면을 HomeScreen이라고 부르 겠습니다. 이 HomeScreen 위젯에서는 renderEmpty( ) 함수와 renderVideo( ) 함수를 구현 합니다. 각각 동영상이 선택되기 전과 후를 담당하는 위젯을 반환하는 함수가 됩니다.

12.3.1 첫 화면 : renderEmpty( ) 함수

renderEmpty( )는 앱을 처음 실행했을 때 화면에 보여줄 위젯을 반환하는 함수입니다. 앱의 ❶ 로고와 ❷ 이름을 보여주고, gradient 배경을 적용해봅니다.

12.3.2 플레이 화면 : renderVideo( ) 함수

로고를 눌러서 실행하고 싶은 동영상을 선택하면 화면에 보여줄 위젯을 반환해줍니다. 동영상을 볼 수 있고 동영상을 컨트롤할 수 있는 버튼들이 있는 함수입니다. ❶ 영상을 재생하거나 일시정지하고 ❷ 3초 전으로 돌리거나 ❸ 3초 후로 돌리거나 ❹ 새로운 영상을 선택할 수 있습니다.

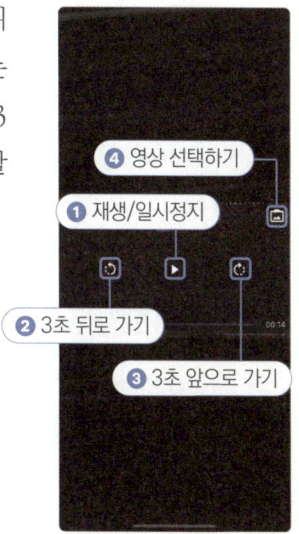

12.4 구현하기

UI를 구현한 후 기능을 구현하겠습니다. 먼저 ImagePicker를 이용해서 동영상을 선택하는 기능을 구현하고 동영상 실행 기능을 구현합니다.

12.4.1 첫 화면 : renderEmpty( ) 함수 구현하기

To Do **01** 홈 스크린에서 동영상 파일 선택과 관련해서 상태 관리를 할 계획이니 HomeScreen 클래스를 StatefulWidget으로 구성해줍니다. 동영상을 선택할 때 사용할 image_picker 플러그인은 이미지나 동영상을 선택했을 때 XFile이라는 클래스 형태로 선택된 값을 반환해줍니다. HomeScreen에 선택된 동영상을 의미하는 XFile 형태의 video 변수를 선언하고, 이 값을 기반으로 renderEmpty() 함수를 보여줄지 아니면 renderVideo() 함수를 보여줄지 정합니다.

lib/screen/home_screen.dart

```dart
import 'package:flutter/material.dart';
import 'package:image_picker/image_picker.dart';

class HomeScreen extends StatefulWidget {
  const HomeScreen({Key? key}) : super(key: key);

  @override
  State<HomeScreen> createState() => _HomeScreenState();
}

class HomeScreen extends StatelessWidget {
  const HomeScreen({Key? key}) : super(key: key);

class _HomeScreenState extends State<HomeScreen> {
  XFile? video;  // ❶ 동영상 저장할 변수

  @override
  Widget build(BuildContext context) {
    return Scaffold(
      backgroundColor: Colors.black,

      // ❷ 동영상이 선택됐을 때와 선택 안 됐을 때 보여줄 위젯
      body: video == null ? renderEmpty() : renderVideo(),
    );
  }
```

```
  }

  Widget renderEmpty(){   // ❸ 동영상 선택 전 보여줄 위젯
    return Container();
  }

  Widget renderVideo(){   // ❹ 동영상 선택 후 보여줄 위젯
    return Container();
  }
}
```

❶ image_picker 플러그인을 사용하면 XFile 클래스 형태로 동영상을 받아볼 수 있습니다. 선택된 동영상이 있으면 이 변수에 저장합니다. ❷ 선택된 동영상이 없으면 renderEmpty() 함수가 반환하는 위젯을 보여주고 선택된 동영상이 있으면 renderVideo() 함수가 반환하는 위젯을 보여줍니다. ❸ 선택된 동영상이 없을 때 보여줄 위젯을 렌더링하는 함수입니다. ❹ 선택된 동영상이 있을 때 보여줄 위젯을 렌더링하는 함수입니다.

02 레이아웃 구상하기에서 확인했듯이 매우 간단하게 renderEmpty() 함수를 설계할 수 있습니다. Column 위젯에 로고를 넣어주고 바로 아래에 앱의 이름을 넣어주겠습니다. 코드가 복잡해지면 안 되니 _Logo 위젯으로 로고 코드를 작성하고 _AppName 위젯으로 앱의 이름을 작업하겠습니다. 기존 renderEmpty() 함수를 다음과 같이 수정합니다.

lib/screen/home_screen.dart
```
... 생략 ...
class _HomeScreenState extends State<HomeScreen> {
  ... 생략 ...
  // 미리 생성해둔 함수
  Widget renderEmpty() {
    return Container(
      width: MediaQuery.of(context).size.width,  // 너비 최대로 늘려주기
      child: Column(

        // 위젯들 가운데 정렬
        mainAxisAlignment: MainAxisAlignment.center,
        children: [
          _Logo(),   // 로고 이미지
          SizedBox(height: 30.0),
          _AppName(),  // 앱 이름
        ],
```

```
      ),
    );
  }
  ... 생략 ...
}
```

_Logo 위젯을 만들어줍니다.

lib/screen/home_screen.dart
```
// _HomeScreenState 클래스 아래에 추가
class _Logo extends StatelessWidget { // 로고를 보여줄 위젯
  const _Logo({
    Key? key,
  }) : super(key: key);

  @override
  Widget build(BuildContext context) {
    return Image.asset(
      'asset/img/logo.png',  // 로고 이미지
    );
  }
}
```

마지막으로 앱 제목을 출력하는 위젯을 만듭니다.

lib/screen/home_screen.dart
```
// _Logo 클래스 아래에 추가
class _AppName extends StatelessWidget { // 앱 제목을 보여줄 위젯
  const _AppName({Key? key}) : super(key: key);

  @override
  Widget build(BuildContext context) {
    final textStyle = TextStyle(
      color: Colors.white,
      fontSize: 30.0,
      fontWeight: FontWeight.w300,
    );

    return Row(
```

```
      mainAxisAlignment: MainAxisAlignment.center,  // 글자 가운데 정렬
      children: [
        Text(
          'VIDEO',
          style: textStyle,
        ),
        Text(
          'PLAYER',
          style: textStyle.copyWith(
            // ❶ textStyle에서 두께만 700으로 변경
            fontWeight: FontWeight.w700,
          ),
        ),
      ],
    );
  }
}
```

▼ 실행 결과

❶ TextStyle의 copyWith 함수는 현재 속성들을 그대로 유지한 채로 특정 속성만 변경할 수 있는 함수입니다. textStyle의 값을 모두 유지한 채로 글자 굵기만 700으로 변경합니다.

03 코드를 다 작성하고 앱을 재시작하면 가운데에 로고가 있는 모습을 볼 수 있습니다.

12.4.2 배경색 그라데이션 구현하기

배경색에 그라데이션을 추가합시다. 파란색부터 검정색으로 화면의 윗부분부터 아랫부분까지 자연스럽게 그라데이션 배경을 구현하는 데 BoxDecoration 클래스를 사용하겠습니다. BoxDecoration 클래스를 사용하면 Container 위젯의 배경색, 테두리, 모서리 둥근 정도 등 전반적인 디자인을 변경할 수 있습니다.

To Do 01 BoxDecoration 클래스에는 gradient라는 매개변수가 있습니다. 시작 부위부터 끝 부위까지 점점 색이 변하는 LinearGradient 또는 중앙에서 색깔이 점점 퍼져가는 형태인

RadialGradient 클래스를 이용하면 됩니다. 여기서는 LinearGradient를 사용하겠습니다.

lib/screen/home_screen.dart

```dart
class _HomeScreenState extends State<HomeScreen> {
 ... 생략 ...
 Widget renderEmpty() {
   return Container(
     width: MediaQuery.of(context).size.width,
     decoration: getBoxDecoration(),   // ❶ 함수로부터 값 가져오기
       ... 생략 ...
   );
 }

// renderEmpty() 함수 바로 아래에 작성하세요.
BoxDecoration getBoxDecoration() {
  return BoxDecoration(
      // ❷ 그라데이션으로 색상 적용하기
    gradient: LinearGradient(
        begin: Alignment.topCenter,
        end: Alignment.bottomCenter,
        colors: [
            Color(0xFF2A3A7C),
            Color(0xFF000118),
        ],
    ),
  );
}
... 생략 ...
```

▼ 실행 결과

❶ decoration 매개변수에 들어갈 BoxDecoration값을 getBoxDecoration() 함수에서 구현합니다. ❷ LinearGradient 클래스에 시작과 끝을 정하는 begin과 end 매개변수를 지정해줍니다. 이때 Alignment 클래스를 사용합니다. Alignment 클래스는 정렬을 정의하는 매개변수에 자주 사용되며 이미 배웠듯이 9가지 정렬과 관련된 값들이 있습니다. colors 매개변수에 배경을 구성할 색상들도 List로 입력해줍니다. 색상은 begin에 입력된 위치부터 end에 입력된 위치까지 순서대로 적용됩니다.

02 Gradient를 추가해주고 앱을 재시작하면 배경색이 반영된 걸 볼 수 있습니다.

12.4.3 파일 선택 기능 구현하기

To Do **01** 이제 로고를 탭하면 비디오와 사진을 선택할 수 있는 기능을 구현해야 합니다. UI를 직접 구현할 필요는 없고 사용자가 파일을 선택했을 때 변숫값을 처리하는 코드만 작성해주면 됩니다. 추가적으로 _Logo 위젯에 GestureDetector를 추가해서 onTap() 함수가 실행됐을 때 동영상을 선택하는 함수를 실행하겠습니다.

```
                                                          lib/screen/home_screen.dart
import 'package:image_picker/image_picker.dart';
... 생략 ...
class _HomeScreenState extends State<HomeScreen> {
  ... 생략 ...
  Widget renderEmpty() {
    return Container(
      width: MediaQuery.of(context).size.width,
      decoration: getBoxDecoration(),
      child: Column(
        mainAxisAlignment: MainAxisAlignment.center,
        children: [
          _Logo(
            onTap: onNewVideoPressed,   // ❶ 로고 탭하면 실행하는 함수
          ),
          SizedBox(height: 30.0),
          _AppName(),
        ],
      ),
    );
  }

  void onNewVideoPressed() async {  // ❷ 이미지 선택하는 기능을 구현한 함수
    final video = await ImagePicker().pickVideo(
      source: ImageSource.gallery,
    );

    if (video != null) {
      setState(() {
        this.video = video;
      });
    }
  }
```

```
... 생략 ...
}

class _Logo extends StatelessWidget {
  final GestureTapCallback onTap;   // 탭했을 때 실행할 함수

  const _Logo({
    required this.onTap,
    Key? key,
  }) : super(key: key);

  @override
  Widget build(BuildContext context) {
    return GestureDetector(
      onTap: onTap,   // ❸ 상위 위젯으로부터 탭 콜백받기
      child: Image.asset(
        'asset/img/logo.png',
      ),
    );
  }
}
... 생략 ...
```

❶ _Logo 위젯을 탭했을 때 실행되는 onTap 매개변수에 onNewVideoPressed( ) 함수를 입력해서 로고를 탭하면 동영상을 선택하는 화면이 실행되게 합니다. ❷ ImagePicker( ).pickVideo( ) 함수를 실행하면 동영상을 선택하는 화면을 실행할 수 있습니다. 이 함수의 source 매개변수로 ImageSource.gallery 또는 ImageSource.camera를 선택할 수 있습니다. 전자는 이미 저장되어 있는 동영상을 갤러리로부터 선택하는 화면을 실행하고 후자는 카메라를 실행한 후 동영상 촬영을 마치면 해당 영상이 선택됩니다. 선택된 동영상을 XFile 형태로 비동기로 반환받을 수 있으며 사용자가 선택한 값이 존재하면 video 변수에 저장합니다.

❸ Image.asset을 GestureDetector로 감싸서 onTap( ) 함수를 외부로부터 입력받습니다. 이 예제에서는 _HomeScreenState의 onNewVideoPressed( ) 함수를 입력받습니다.

12.4.4 플레이어 화면 구현하기

To Do 01 CustomVideoPlayer 위젯을 따로 생성해서 영상 재생과 관련된 모든 코딩을 작업할 계획이니 renderVideo() 함수에서 특별히 많이 할 작업은 없습니다. 일단 CustomVideoPlayer 위젯이 있다는 가정하에 화면 정중앙에 CustomVideoPlayer 위젯을 배치하는 정도의 작업만 하겠습니다.

```
                                                          lib/screen/home_screen.dart
... 생략 ...
class _HomeScreenState extends State<HomeScreen> {
  ... 생략 ...
  Widget renderVideo() {
    return Center(
      child: CustomVideoPlayer(),   // 동영상 재생기 위젯
    );
  }
}
... 생략 ...
```

12.4.5 동영상 재생기 구현하기

실제로 동영상을 재생하는 위젯을 만들겠습니다.

To Do 01 ❶ [lib] 아래에 [component] 폴더를 생성하고 ❷ 그 안에 custom_video_player.dart 파일을 생성합니다.

02 CustomVideoPlayer 위젯은 HomeScreen 위젯에서 선택된 동영상을 재생하는 모든 상태를 관리합니다. 그러니 ❶ StatefulWidget으로 생성하고 위젯이 잘 렌더링되는지 확인하는 용도로 ❷ CustomVideoPlayer라는 글자만 정가운데에 위치시키겠습니다.

```
                                             lib/component/custom_video_player.dart
import 'package:flutter/material.dart';
import 'package:image_picker/image_picker.dart';

// ❶ 동영상 위젯 생성
class CustomVideoPlayer extends StatefulWidget {

  // 선택한 동영상을 저장할 변수
  // XFile은 ImagePicker로 영상 또는 이미지를 선택했을 때 반환하는 타입
  final XFile video;
```

```dart
  const CustomVideoPlayer({
    required this.video,  // 상위에서 선택한 동영상 주입해주기
    Key? key,
  }) : super(key: key);

  @override
  State<CustomVideoPlayer> createState() => _CustomVideoPlayerState();
}

class _CustomVideoPlayerState extends State<CustomVideoPlayer> {
  @override
  Widget build(BuildContext context) {
    return Center(
      child: Text(
        'CustomVideoPlayer',  // ❷ 샘플 텍스트
        style: TextStyle(
          color: Colors.white,
        ),
      ),
    );
  }
}
```

03 이제 잠시 home_screen.dart로 돌아가서 ❶ custom_video_player.dart 파일을 임포트하고 CustomVideoPlayer 위젯에 ❷ video 매개변수를 제공해줍니다.

lib/screen/home_screen.dart

```dart
import 'package:flutter/material.dart';
import 'package:image_picker/image_picker.dart';

// ❶ CustomVideoPlayer 위젯 파일 임포트
import 'package:vid_player/component/custom_video_player.dart';

class _HomeScreenState extends State<HomeScreen> {
  ... 생략 ...
  Widget renderVideo(){
    return Center(
      child: CustomVideoPlayer(
        video: video!,  // ❷ 선택된 동영상 입력해주기
```

```
      ),
    );
  }
}
```

04 동영상을 선택하면 renderVideo() 함수가 잘 실행되는지 확인할 차례입니다. 앱을 재실행한 후 ❶ 로고를 눌러서 아무 동영상이나 선택해줍니다. 동영상을 선택하고 나면 video 변수가 null이 아닌 상태로 변경됩니다. 결과적으로 로고와 앱의 제목이 사라지고 ❷ CustomVideoPlayer 라는 글자가 화면 가운데 보여야 합니다.

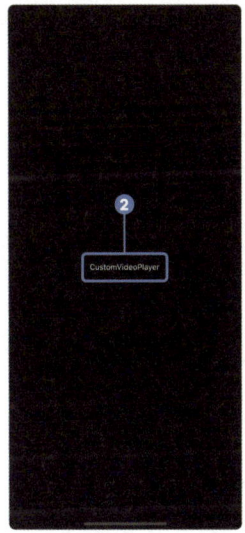

05 이제 CustomVideoPlayer 위젯의 기능을 개선할 차례입니다. 우선 video_player 패키지에서 VideoPlayerController와 VideoPlayer 위젯을 사용해서 선택한 동영상을 화면에 보여주는 기능을 구현하겠습니다.

```
                                              lib/component/custom_video_player.dart
import 'package:flutter/material.dart';
import 'package:image_picker/image_picker.dart';
import 'package:video_player/video_player.dart';
import 'dart:io';  // 파일 관련 작업 패키지
... 생략 ...
class _CustomVideoPlayerState extends State<CustomVideoPlayer> {
  // ❶ 동영상을 조작하는 컨트롤러
  VideoPlayerController? videoController;
```

```dart
@override
void initState() {
  super.initState();

  initializeController();  // ❷ 컨트롤러 초기화
}

initializeController() async {  // ❸ 선택한 동영상으로 컨트롤러 초기화
  final videoController = VideoPlayerController.file(
    File(widget.video.path),
  );

  await videoController.initialize();

  setState(() {
    this.videoController = videoController;
  });
}

@override
Widget build(BuildContext context) {
  // ❹ 동영상 컨트롤러가 준비 중일 때 로딩 표시
  if (videoController == null) {
    return Center(
      child: CircularProgressIndicator(),
    );
  }

  return AspectRatio(  // ❺ 동영상 비율에 따른 화면 렌더링
    aspectRatio: videoController!.value.aspectRatio,
    child: VideoPlayer(
      videoController!,
    ),
  );
}
```

▼ 실행 결과

❶ VideoPlayer 위젯은 VideoPlayerController로 조작할 수 있습니다. initState() 함

수에서 설정할 VideoPlayerController를 선언하겠습니다. ❷ initializeController는 VideoPlayerController를 선언하는 역할을 합니다. VideoPlayerController는 State가 생성되는 순간 한 번만 생성되어야 하니 initState() 함수에서 선언하겠습니다.

❸ 파일로부터 VideoPlayerController를 생성하기 때문에 VideoPlayerController.file 생성자를 이용해서 컨트롤러를 만들겠습니다. VideoPlayerController를 생성하고 나면 initialize() 함수를 실행해서 동영상을 재생할 수 있는 상태로 준비해줘야 합니다. 에러가 없이 initialize() 함수가 완료되면 VideoPlayerController를 사용할 수 있는 상태라는 뜻이니 setState() 함수를 이용해서 this.videoController에 준비한 videoController 변수를 저장하겠습니다.

❹ initilizeController() 함수에서 선언했듯이 VideoPlayerController가 성공적으로 초기화 돼야지만 videoPlayer 변수가 null이 아닌 조건을 만들 수 있습니다. 만약에 videoPlayer 변수가 null이면 VideoPlayerController를 사용할 수 있는 상태가 아니라는 뜻이니 CircularProgressIndicator를 띄워서 로딩 중임을 암시해주겠습니다.

❺ AspectRatio는 child 매개변수에 입력되는 위젯의 비율을 정할 수 있는 위젯입니다. aspectRatio 매개변수에 원하는 비율을 입력할 수 있습니다. 비율은 너비/높이로 입력하면 되며 16:9 비율을 입력하고 싶을 때는 16/9를 입력하면 됩니다. VideoPlayerController를 선언하면 입력된 동영상의 비율을 value.aspectRatio 게터로 받아올 수 있으니 이 값을 직접 넣어주도록 하겠습니다.

06 앱을 재실행해서 동영상을 선택하면 선택한 동영상이 보일 겁니다.

VideoPlayerController를 선언할 수 있는 생성자는 다음과 같이 대표적으로 3가지가 있습니다.

▼ VideoPlayerController의 네임드 생성자(Named Constructors)

생성자 이름	설명
VideoPlayerController.asset	asset 파일의 경로로부터 동영상을 불러옵니다.
VideoPlayerController.network	네트워크 URL로부터 동영상을 불러옵니다.
VideoPlayerController.file	파일 경로로부터 동영상을 불러옵니다.

12.4.6 Slider 위젯 동영상과 연동하기

Slider 위젯을 사용해서 동영상의 현재 재생 위치와 연동을 시키겠습니다. 작업할 때 두 가지 목적에 집중해야 합니다. 첫 번째로 Slider 위젯을 사용자가 스크롤하면 동영상이 해당되는 위치로 이동되어야 합니다. 두 번째는 동영상이 실행되는 위치에 따라 자동으로 Slider 위젯이 움직여줘야 합니다.

To Do **01** Slider 위젯을 사용해서 동영상의 현재 재생 위치와 연동을 시켜봅시다. 이번에 작업할 Slider 위젯은 기존과는 조금 다른 형태로 배치합니다. 지금까지 작업해온 모든 레이아웃은 위젯들을 위아래 또는 좌우로 배치했습니다. 하지만 이번에는 VideoPlayer 위젯 위에 Slider 위젯이 위치하도록 Stack 위젯을 사용하겠습니다. return 코드만 변경해주면 됩니다.

lib/component/custom_video_player.dart

```dart
class _CustomVideoPlayerState extends State<CustomVideoPlayer> {

  ... 생략 ...
  @override
  Widget build(BuildContext context) {
    if (videoController == null) {
      return Center(
        child: CircularProgressIndicator(),
      );
    }

    return AspectRatio(
      aspectRatio: videoController!.value.aspectRatio,
      child: Stack(    // ❶ children 위젯을 위로 쌓을 수 있는 위젯
        children: [
          VideoPlayer(    // VideoPlayer 위젯을 Stack으로 이동
            videoController!,
          ),
          Positioned(    // ❷ child 위젯의 위치를 정할 수 있는 위젯
            bottom: 0,
            right: 0,
            left: 0,
            child: Slider(    // ❸ 동영상 재생 상태를 보여주는 슬라이더
              onChanged: (double val){},
              value: 0,
              min: 0,
              max: videoController!.value.duration.inSeconds.toDouble(),
            ),
          ),
        ],
```

```
        ),
      );
  }
}
```

❶ Stack 위젯은 Column 위젯과 Row 위젯처럼 children 매개변수에 여러 개의 위젯이 위치할 수 있습니다. 위젯이 List에 입력되는 순서대로 아래부터 쌓아 올려집니다.

❷ Stack 위젯은 기본적으로 children 위젯들을 정중앙에 위치시킵니다. 만약에 Stack 위젯 내부의 특정 위치에 위젯을 위치시키고 싶다면 Positioned 위젯을 사용해서 위치를 정해줘야 합니다. Positioned 위젯은 child 매개변수 외에 top, bottom, left, right 매개변수를 입력할 수 있는데 각각 위아래, 왼쪽, 오른쪽에서 몇 픽셀에 child 위젯을 위치할지 정할 수 있습니다. bottom 매개변수에 0을 입력하면 Stack 위젯의 가장 아래에 Slider 위젯을 위치시킬 수 있습니다. 하지만 Slider 위젯이 최소한 크기를 차지합니다. 왼쪽과 오른쪽 끝까지 Slider 위젯이 늘어나게 하려고 left와 right 매개변수 모두에 0값을 주면 왼쪽부터 0픽셀 그리고 오른쪽부터 0픽셀까지 위치시키라는 의미가 되므로 Slider 위젯을 가로 전체로 늘릴 수 있습니다. bottom, right, left 매개변수를 한 번에 적용하지 않고 하나씩 적용하며 핫 리로드를 하면 조금 더 쉽게 이해할 수 있습니다.

❸ Slider 위젯의 min값은 항상 0입니다. 동영상의 시작은 항상 0초부터 시작하기 때문입니다. 반대로 최댓값은 선택된 동영상의 재생 길이를 초 단위로 변환하면 됩니다. 이 값 또한 videoController 변수의 value.duration 게터를 불러와서 Duration 클래스로 전체 영상의 길이를 받아온 다음 inSeconds 게터를 이용해서 전체 길이를 초로 변환한 값을 가져올 수 있습니다. 마지막으로 max 매개변수는 int가 아닌 double값을 입력해야 하므로 int값으로 반환되는 inSeconds 게터에 toDouble() 함수를 실행해서 double 형태로 형변환을 해줍니다.

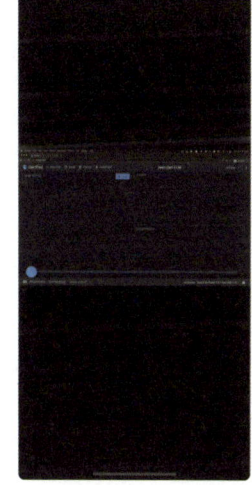

02 코드를 저장하면 목표한 대로 동영상 위에 Slider 위젯이 위치합니다.

03 이제 Slider 위젯의 매개변수들의 값을 작업해야 합니다. 현잿값을 의미하는 value 매개변수는 동영상의 현재 재생 위치를 초 단위로 변환한 값과 연동되어야 합니다. onChanged 매개변

수는 VideoPlayerController와 연동해 동영상 실행 위치를 변경해줘야 합니다. 동영상이 현재 재생되고 있는 위치를 가져올 수 있는 value.position과 동영상의 재생 위치를 변경할 수 있는 seekTo() 함수를 사용하면 쉽게 문제를 해결할 수 있습니다. 이번에도 return 코드만 수정하면 됩니다.

lib/component/custom_video_player.dart

```dart
... 생략 ...
class _CustomVideoPlayerState extends State<CustomVideoPlayer> {
  ... 생략 ...
    return AspectRatio(
      aspectRatio: videoController!.value.aspectRatio,
      child: Stack(
        children: [
          VideoPlayer(
            videoController!,
          ),
          Positioned(
            bottom: 0,
            right: 0,
            left: 0,
            child: Slider(

              // ❶ 슬라이더가 이동할 때마다 실행할 함수
              onChanged: (double val){
                videoController!.seekTo(
                  Duration(seconds: val.toInt()),
                );
              },

              // ❷ 동영상 재생 위치를 초 단위로 표현
              value: videoController!.value.position.inSeconds.toDouble(),
              value: 0,
              min: 0,
              max: videoController!.value.duration.inSeconds.toDouble(),
            ),
          ),
        ],
      ),
    );
```

```
      }
    }
```

❶ seekTo( ) 함수는 동영상의 재생 위치를 특정 위치로 이동해줍니다. 매개변수에는 Duration 값을 입력해야 하며 onChanged( ) 함수에 제공되는 val값을 int로 변경해서 Slider 위젯에서 입력된 재생 위치를 받을 수 있습니다.

❷ position.inSeconds 게터를 실행하면 현재 동영상이 실행되고 있는 위치를 받을 수 있습니다.

12.4.7 동영상 컨트롤 버튼 구현하기

아직 동영상을 재생하는 기능을 구현하지 않아서 Slider 위젯이 잘 작업되었는지 확인이 불가능하니 동영상을 컨트롤하는 버튼을 만들겠습니다.

To Do 01 동영상 컨트롤 버튼 4개를 구현해야 합니다. 첫 번째로 재생/일시정지 버튼, 뒤로 3초 돌리기 버튼, 앞으로 3초 돌리기 버튼 그리고 새로운 동영상 선택하기 버튼입니다. 이 버튼들을 중복 코딩하면 효율적이지 못하니 일반화된 위젯을 하나 구현하겠습니다. lib/component/custom_icon_button.dart 파일을 생성하고 IconButton의 ❶ onPressed 매개변수와 아이콘 모양을 결정짓는 ❷ IconData값만 외부에서 입력받을 수 있도록 코딩하겠습니다.

```
                                                    lib/component/custom_icon_button.dart
import 'package:flutter/material.dart';

class CustomIconButton extends StatelessWidget {
  final GestureTapCallback onPressed;   // ❶ 아이콘을 눌렀을 때 실행할 함수
  final IconData iconData;    // ❷ 아이콘

  const CustomIconButton({
    required this.onPressed,
    required this.iconData,
    Key? key,
  }) : super(key: key);

  @override
  Widget build(BuildContext context) {
    return IconButton(        // 아이콘을 버튼으로 만들어주는 위젯
```

```dart
      onPressed: onPressed,    // 아이콘을 눌렀을 때 실행할 함수
      iconSize: 30.0,          // 아이콘 크기
      color: Colors.white,     // 아이콘 색상
      icon: Icon(              // 아이콘
        iconData,
      ),
    );
  }
}
```

02 이제 버튼들을 모두 CustomIconButton 위젯으로 구현하겠습니다. Stack 위젯에서는 Positioned 위젯을 사용해서 children 위젯들을 정렬할 수 있다는 걸 배웠지만 Align 위젯을 사용해서 정렬할 수도 있습니다. Align 위젯은 alignment 매개변수를 입력할 수 있는데 LinearGradient 클래스의 begin, end 매개변수에 입력했던 값과 같은 Alignment 클래스를 이용해서 정렬을 지정할 수 있습니다. Align 위젯을 사용해서 재생 버튼과 3초 앞뒤로 재생하기 버튼은 가운데로 정렬하고 새로운 동영상 선택하기 버튼은 오른쪽 위에 정렬하겠습니다.

lib/component/custom_video_player.dart

```dart
... 생략 ...
// CustomIconButton 위젯 불러오기
import 'package:vid_player/component/custom_icon_button.dart';

class _CustomVideoPlayerState extends State<CustomVideoPlayer> {
  @override
  Widget build(BuildContext context) {
    ... 생략 ...

    return AspectRatio(
      aspectRatio: videoController!.value.aspectRatio,
      child: Stack(
        children: [
          VideoPlayer(
            videoController!,
          ),
          Positioned(
            ... 생략 ...
          ),
          Align(  // ❶ 오른쪽 위에 새 동영상 아이콘 위치
            alignment: Alignment.topRight,
```

```
          child: CustomIconButton(
            onPressed: (){},
            iconData: Icons.photo_camera_back,
          ),
        ),
        Align(  // ❷ 동영상 재생 관련 아이콘 중앙에 위치
          alignment: Alignment.center,
          child: Row(
            mainAxisAlignment: MainAxisAlignment.spaceEvenly,
            children: [
              CustomIconButton(  // 되감기 버튼
                onPressed: (){},
                iconData: Icons.rotate_left,
              ),
              CustomIconButton(  // 재생 버튼
                onPressed: (){},
                iconData: videoController!.value.isPlaying ?
                    Icons.pause : Icons.play_arrow,
              ),
              CustomIconButton(  // 앞으로 감기 버튼
                onPressed: (){},
                iconData: Icons.rotate_right,
              ),
            ],
          ),
        ),
      ],
    ),
  );
 }
}
```

▼ 실행 결과

❶ 새 동영상 선택하기 아이콘은 오른쪽 위에 배치해줍니다.

❷ 나머지 세 버튼은 가운데 정렬을 하고 MainAxisAlignment.spaceEvenly를 사용해서 아이콘 간 간격을 동일하게 적용해줍니다. videoController.value.isPlaying 게터를 이용하면 현재 동영상이 재생 중인지 알 수 있으며 재생 중이면 true값을 반환해줍니다. 그러니 동영상이 재생 중이면 가운데 버튼을 일시정지 아이콘으로 보여주고 일시정지 중이라면 재생 버튼을 보여주겠습니다.

03 저장 후 핫 리스타트를 진행하면 아이콘 버튼들이 잘 배치된 걸 볼 수 있습니다.

04 이제 버튼들에 onPressed 매개변숫값들을 설정할 차례입니다. 동영상 재생과 관련된 세 버튼의 기능은 간단히 구현할 수 있습니다. 현재 동영상이 재생되는 위치를 변경하는 건 seekTo() 함수를 사용해서 구현할 수 있다는 걸 이미 알고 있습니다. 가운데의 재생 버튼은 일시정지 기능을 하는 pause() 함수와 play() 함수를 이용해서 구현할 수 있습니다.

lib/component/custom_video_player.dart
```dart
... 생략 ...
class _CustomVideoPlayerState extends State<CustomVideoPlayer> {
  ... 생략 ...
  @override
  Widget build(BuildContext context) {
    if (videoController == null) {  // ❹ 동영상 컨트롤러가 준비 중일 때 로딩 표시
      return Center(
        child: CircularProgressIndicator(),
      );
    }

    return AspectRatio(
      aspectRatio: videoController!.value.aspectRatio,
      child: Stack(
        children: [
          VideoPlayer(
            videoController!,
          ),
          Positioned(
            ... 생략 ...
          ),
          Align(
            alignment: Alignment.topRight,
            child: CustomIconButton(
              onPressed: (){},
              iconData: Icons.photo_camera_back,
            ),
          ),
          Align(
            alignment: Alignment.center,
            child: Row(
              mainAxisAlignment: MainAxisAlignment.spaceEvenly,
              children: [
```

```
              CustomIconButton(
               onPressed: onReversePressed,
                iconData: Icons.rotate_left,
              ),
              CustomIconButton(
                onPressed: onPlayPressed,
                iconData: videoController!.value.isPlaying
    ? Icons.pause : Icons.play_arrow,
              ),
              CustomIconButton(
                onPressed: onForwardPressed,
                iconData: Icons.rotate_right,
              ),
            ],
          ),
        ),
      ],
    )
  );
}

void onReversePressed() {  // ❶ 되감기 버튼 눌렀을 때 실행할 함수
  final currentPosition = videoController!.value.position; // 현재 실행 중인 위치

  Duration position = Duration();  // 0초로 실행 위치 초기화

  if (currentPosition.inSeconds > 3) {  // 현재 실행 위치가 3초보다 길 때만 3초 빼기
    position = currentPosition - Duration(seconds: 3);
  }

  videoController!.seekTo(position);
}

void onForwardPressed() {  // ❷ 앞으로 감기 버튼 눌렀을 때 실행할 함수
  final maxPosition = videoController!.value.duration;  // 동영상 길이
  final currentPosition = videoController!.value.position;

  Duration position = maxPosition;  // 동영상 길이로 실행 위치 초기화
```

```
    // 동영상 길이에서 3초를 뺀 값보다 현재 위치가 짧을 때만 3초 더하기
    if ((maxPosition - Duration(seconds: 3)).inSeconds >
        currentPosition.inSeconds) {
      position = currentPosition + Duration(seconds: 3);
    }

    videoController!.seekTo(position);
  }

  void onPlayPressed() {  // ❸ 재생 버튼을 눌렀을 때 실행할 함수
    if (videoController!.value.isPlaying) {
      videoController!.pause();
    } else {
      videoController!.play();
    }
  }
}
```

❶ 뒤로 3초 돌리기 버튼을 눌렀을 때 실행되는 함수입니다. 주요 포인트는 현재 실행되고 있는 동영상의 위치가 3초보다 길면 현재 위치에서 3초를 뺀 위치로 동영상을 돌리고 3초보다 짧다면 0초의 위치로 돌립니다.

❷ 뒤로 감기와 반대로 기본값을 동영상의 최대 길이로 설정 후 현재 실행 중인 위치에서 3초를 더한 길이가 동영상 전체 길이보다 길지 않을 때만 현재 위치에서 3초를 더한 위치로 동영상을 돌립니다. 아니면 동영상의 끝으로 돌립니다.

❸ 현재 동영상이 실행 중이면 일시정지 기능인 pause() 함수를 실행하고, 일시정지 중이면 동영상을 실행하는 play() 함수를 실행합니다. 실행하거나 일시정지할 때 가운데 버튼을 재생 아이콘 또는 일시정지 아이콘으로 변경해줘야 하니 setState() 함수를 실행해줍니다.

힘들게 구현한 버튼들을 눌러보면 정상적으로 작동하는 것 같다는 느낌이 듭니다. 하지만 실제 동영상의 실행 위치가 Slider 위젯에 반영되지 않고 있습니다. 다음 코드를 보기 전에 지금까지 배운 플러터 프레임워크 지식을 바탕으로 왜 이런 현상이 나타나는지 한 번 고민해보시길 바랍니다.

05 현재 Slider 위젯은 videoController 변수에서 가져오는 현재 동영상의 실행 위칫값을 value 매개변수에 입력합니다. 문제는 동영상이 현재 실행되고 있는 위치가 바뀔 때마다 build() 함수가 계속 실행돼야 하는데 지금은 Slider 위젯이 한 번 빌드되면 다시 빌드되지 않고 있습니다. 이 문제는 생각보다 간단히 해결할 수 있습니다. 지금까지 다른 controller들을 사용하면

서 이용했던 addListener() 함수를 사용해서 videoController 변수의 상태가 변경될 때마다 setState() 함수로 build() 함수를 재실행해주면 현재 동영상의 위치가 정상적으로 Slider 위젯에 반영될 수 있습니다.

lib/component/custom_video_player.dart
```dart
class _CustomVideoPlayerState extends State<CustomVideoPlayer> {
  ... 생략 ...
  initializeController() async {
    final videoController = VideoPlayerController.file(
      File(widget.video.path),
    );

    await videoController.initialize();

    // ❶ 컨트롤러의 속성이 변경될 때마다 실행할 함수 등록
    videoController.addListener(videoControllerListener);

    setState(() {
      this.videoController = videoController;
    });
  }

  // 동영상의 재생 상태가 변경될 때마다
  // setState()를 실행해서 build()를 재실행합니다.
  void videoControllerListener() {
    setState(() {});
  }

  // State가 폐기될 때 같이 폐기할 함수들을 실행합니다.
  @override
  void dispose() {

    // ❷ listener 삭제
    videoController?.removeListener(videoControllerListener);
    super.dispose();
  }
  ... 생략 ...
}
```

12장 Project 동영상 플레이어 **327**

❶ addListener() 함수에 videoControllerListener() 함수를 제공해줘서 videoController의 속성이 변경될 때마다 실행해줍니다. videoControllerListener() 함수는 단순히 setState() 함수를 매번 실행해서 (동영상의 현재 재생 위치 등) videoController의 속성이 변경될 때마다 build() 함수를 재실행해줍니다.

❷ 이미 알고 있듯이 addListener() 함수를 실행하면 꼭 dispose() 함수에서 removeListener() 함수를 실행해줘서 리소스 사용을 최적화해줘야 합니다.

06 코드를 수정하고 핫 리로드를 실행하면 예상한 대로 Slider 위젯이 작동되지는 않는 걸 볼 수 있습니다. State가 생성되는 순간 단 한 번만 initState()가 실행되기 때문입니다. 그러니 앱을 재실행해주세요. 동영상을 다시 선택해서 동영상의 실행 위치에 따라 ❶ Slider가 이동되고 Slider 및 ❷ 버튼의 작동이 정상적으로 작동하는지 확인해주세요.

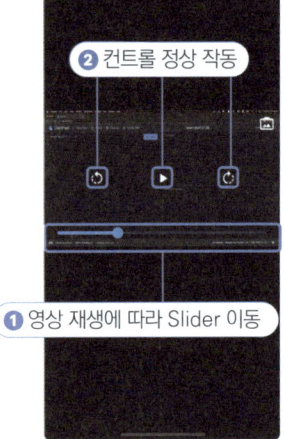

07 이제 마지막으로 영상 선택 버튼의 기능을 정의해주면 됩니다. 이 기능은 HomeScreen에 이미 정의를 해뒀기 때문에 단순히 onNewVideoPressed() 함수를 전달하는 방식으로 작업하겠습니다.

lib/screen/home_screen.dart

```
... 생략 ...
Widget renderVideo() {
  return Center(  // 동영상 재생기 가운데 정렬
    child: CustomVideoPlayer(
      video: video!,
      onNewVideoPressed: onNewVideoPressed,
    ),
  );
}
... 생략 ...
```

lib/component/custom_video_player.dart

```
class CustomVideoPlayer extends StatefulWidget {
  final XFile video;

  // 새로운 동영상을 선택하면 실행되는 함수
```

```dart
  final GestureTapCallback onNewVideoPressed;

  const CustomVideoPlayer({
    required this.video,
    required this.onNewVideoPressed,
    Key? key,
  }) : super(key: key);

  @override
  State<CustomVideoPlayer> createState() => _CustomVideoPlayerState();
}

class _CustomVideoPlayerState extends State<CustomVideoPlayer> {
    ... 생략 ...
    return AspectRatio(
      aspectRatio: videoController!.value.aspectRatio,
      child: Stack(
        children: [
          VideoPlayer(
            videoController!,
          ),
          Positioned(
            ... 생략 ...
          ),
          Align(
            alignment: Alignment.topRight,
            child: CustomIconButton(

              // 카메라 아이콘을 선택하면 새로운 동영상 선택 함수 실행
              onPressed: widget.onNewVideoPressed,
              iconData: Icons.photo_camera_back,
            ),
          ),
          Align(
            ... 생략 ...
          ),
        ],
      )
```

       );
     }
   }

08 동영상을 이미 선택한 상태에서도 새로운 동영상을 선택할 수 있어야 합니다. 실제로 새로운 동영상을 선택하는 아이콘 버튼을 눌러보면 image_picker가 작동하며 동영상을 선택하는 창이 실행되는 걸 볼 수 있지만 안타깝게도 새로운 동영상을 선택해도 화면에는 새로 선택한 영상이 실행되지 않습니다. 그 이유는 동영상의 소스를 videoController 변수를 인스턴스화할 때 선언했는데 현재 코드에서 videoController 변수는 initState() 함수에서만 선언되기 때문입니다. 그래서 StatefulWidget의 생명주기의 또 하나의 함수인 ❶ didUpdateWidget() 함수를 사용해서 새로운 동영상이 선택되었을 때 videoController를 새로 생성하도록 코드를 추가해야 합니다.

lib/component/custom_video_player.dart

```
... 생략 ...
class _CustomVideoPlayerState extends State<CustomVideoPlayer> {
  VideoPlayerController? videoController;

  @override
  // covariant 키워드는 CustomVideoPlayer 클래스의 상속된 값도 허가해줍니다.
  void didUpdateWidget(covariant CustomVideoPlayer oldWidget){
    super.didUpdateWidget(oldWidget);

    // ❶ 새로 선택한 동영상이 같은 동영상인지 확인
    if(oldWidget.video.path != widget.video.path){
      initializeController();
    }
  }
... 생략 ...
```

❶ StatefulWidget의 생명주기를 잘 기억하면 위젯은 매개변수의 값이 변경될 때 폐기되고 새로 생성됩니다. 그래서 didUpdateWidget의 첫 번째 매개변수에 입력되는 oldWidget은 폐기되는 위젯을 의미합니다. 결과적으로 만약에 폐기되는 위젯의 동영상 경로가 새로 생성되는 위젯의 동영상 경로와 다르다면 initializeController() 함수를 재실행해서 videoController 변수를 재생성하겠습니다.

09 핫 리로드를 하고 새로운 동영상을 선택하면 이제 화면에서 새로 선택한 영상을 실행할 수 있습니다.

12.4.8 컨트롤러 감추기 기능 만들기

To Do 01 동영상 위에 모든 버튼들을 올려놓는 건 성공했지만 버튼에 동영상이 가려서 보기가 불편합니다. 그러니 화면을 한 번 탭하면 컨트롤이 숨겨지고 다시 탭하면 컨트롤이 올라올 수 있도록 편의성을 높여 보겠습니다.

```dart
                                                    lib/component/custom_video_player.dart
class _CustomVideoPlayerState extends State<CustomVideoPlayer> {
  bool showControls = false; // ❶ 동영상 조작하는 아이콘을 보일지 여부
  ... 생략 ...
  @override
  Widget build(BuildContext context) {
    ... 생략 ...
    return GestureDetector( // ❷ 화면 전체의 탭을 인식하기 위해 사용
      onTap: () {
        setState(() {
          showControls = !showControls;
        });
      },
      child: AspectRatio(
        aspectRatio: videoController!.value.aspectRatio,
        child: Stack(
          children: [
            VideoPlayer(
              videoController!,
            ),
            if(showControls)
              Container( // ❸ 아이콘 버튼을 보일 때 화면을 어둡게 변경
                color: Colors.black.withOpacity(0.5),
              ),
            Positioned(
              ... 생략 ...
            ),

            // ❹ showControls가 true일 때만 아이콘 보여주기
            if (showControls)
              Align( // 동영상 새로 선택하기 버튼
                ... 생략 ... ,
              ),
```

```
            if (showControls)
                Align( // 동영상 컨트롤 버튼
                    ... 생략 ...
                ),
            ... 생략 ...
            ),
        ],
    ),
);
}
... 생략 ...
}
```

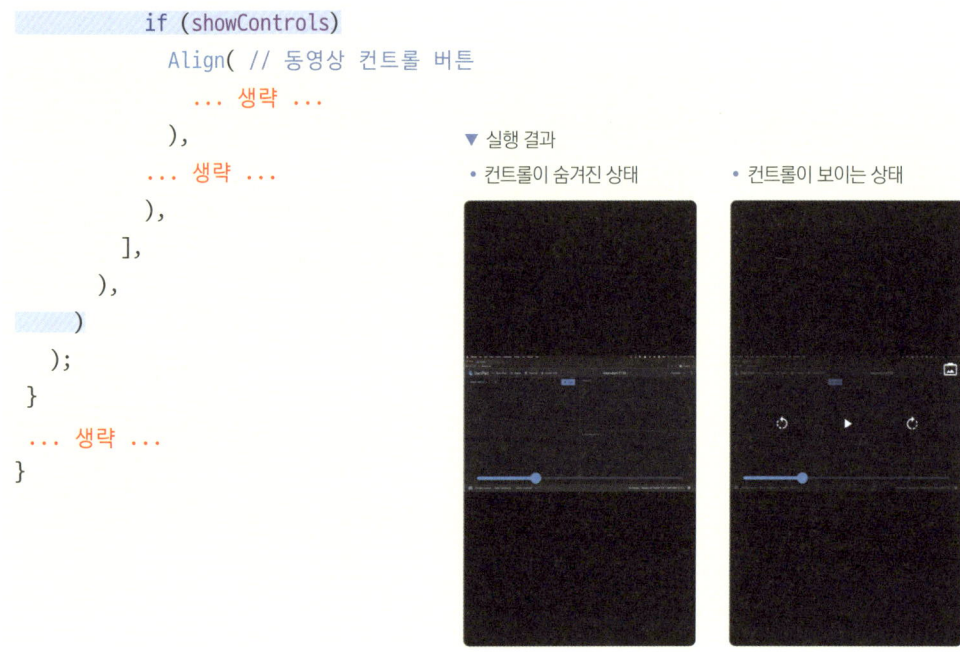

❶ showControls 변수를 선언해서 true일 때는 동영상 컨트롤 버튼들을 보여주고 false일 때는 보여주지 않습니다. ❷ 동영상 플레이어를 통째로 GestureDetector에 감싸서 탭했을 때의 콜백 함수를 받습니다. ❸ 현재는 동영상이 밝은색이라 컨트롤이 잘보이지만 밝은 배경의 영상을 틀었을 땐 잘 안 보일 수 있으니 컨트롤이 보여야 하는 상황에는 50%의 투명도가 있는 검정 배경을 추가해서 컨트롤이 더욱 강조돼 보이도록 디자인합니다. ❹ 다트 언어에서는 List 안에서 직접 if문을 사용할 수 있습니다. showControls가 true일 때만 바로 아래의 위젯을 렌더링하겠다는 의미입니다.

02 이제는 동영상을 한 번 탭하면 컨트롤이 보이고, 다시 탭하면 컨트롤을 숨겨서 편하게 영상을 시청할 수 있습니다.

12.4.9 타임스탬프 추가하기

To Do 01 Slider를 보고서 동영상이 어느 정도 실행되고 있는지 짐작할 수 있지만 정확한 시간을 알 수 있도록 현재 실행 중인 위치와 동영상 길이를 Slider의 좌우에 배치하겠습니다. Slider를 Row 위젯으로 감싸고 Slider 위젯을 최대로 늘린 다음 양쪽에 Text 위젯을 배치하는 방식으로 진행합니다.

lib/component/custom_video_player.dart
```
... 생략 ...
class _CustomVideoPlayerState extends State<CustomVideoPlayer> {
  @override
  Widget build(BuildContext context) {
    ... 생략 ...
    return GestureDetector(
      onTap: () {
        setState(() {
          showControls = !showControls;
        });
      },
      child: AspectRatio(
        aspectRatio: videoController!.value.aspectRatio,
        child: Stack(
          children: [
            VideoPlayer(... 생략 ...),
            if(showControls)
              Container(... 생략 ...),
            Positioned(
              bottom: 0,
              left: 0,
              right: 0,
              child: Padding(
                padding: EdgeInsets.symmetric(horizontal: 8.0),
                child: Row(
                  children: [
                    renderTimeTextFromDuration(
                      // 동영상 현재 위치
                      videoController!.value.position,
                    ),
                    Expanded(
                      // Slider가 남는 공간을 모두 차지하도록 구현
                      child: Slider(
                        onChanged: (double val) {
                          videoController!.seekTo(
                            Duration(seconds: val.toInt()),
                          );
```

```dart
                    },
                    value: videoController!.value.position.inSeconds
                        .toDouble(),
                    min: 0,
                    max: videoController!.value.duration.inSeconds
                        .toDouble(),
                  ),
                ),
                renderTimeTextFromDuration(
                  // 동영상 총 길이
                  videoController!.value.duration,
                ),
              ],
            ),
          ),
        ),
        if(showControls)
        Align(... 생략 ...),
        if (showControls)
        Align(... 생략 ...),
      ],
    ),
  ),
 );
}

Widget renderTimeTextFromDuration(Duration duration) {
  // ❶ Duration값을 보기 편한 형태로 변환하기
  return Text(
    '${duration.inMinutes.toString().padLeft(2, '0')}: ${(duration.inSeconds % 60).toString().padLeft(2, '0')}',
    style: TextStyle(
      color: Colors.white,
    ),
  );
}
... 생략 ...
}
```

❶ Duration 클래스는 기간을 분 단위와 초 단위로 표현해주는 inMinutes와 inSeconds 게터를 제공합니다. 소숫점을 버리고 정수 내림값으로 표현해주기 때문에 분 단위는 inMinutes 게터를 그대로 사용하면 Duration의 분 단윗값을 알 수 있습니다. 하지만 초 단윗값의 경우 분 단윗값에서 남은 값만 표현해줘야 합니다. 예를 들어 61초라면 01:61로 표현되는 게 아니라 01:01로 표현돼야 합니다. 그래서 inSeconds 게터가 반환해주는 초 단윗값을 60으로 나눈 후 나머지만 화면에 보여줍니다. padLeft() 함수는 실행되는 대상의 문자열의 왼쪽에 문자를 추가해주는 역할을 합니다. 첫 번째 매개변수에 최소 문자열의 길이를 입력해주고 두 번째 매개변수에 최소 문자열의 길이를 채우지 못했을 때 왼쪽에 추가해줄 문자를 입력합니다. 예를 들어 '1'.padLeft(2, '0')을 실행하면 '01'이 됩니다.

02 이제 화면에 현재 동영상 실행 위치와 총 길이가 표시되는 걸 확인할 수 있습니다.

12.5 테스트하기

❶ 안드로이드 스튜디오에서 [Run] 버튼을 눌러서 iOS 시뮬레이터 또는 안드로이드 에뮬레이터에서 앱을 실행해보세요.
❷ 앱이 잘 실행되는 걸 확인한 후 로고를 눌러서 실행하고 싶은 동영상을 선택합니다.
❸ 버튼들을 눌러보고 동영상이 정상적으로 컨트롤이 되는지 확인합니다.
❹ 새 동영상을 선택해서 새로운 동영상을 실행해봅니다.

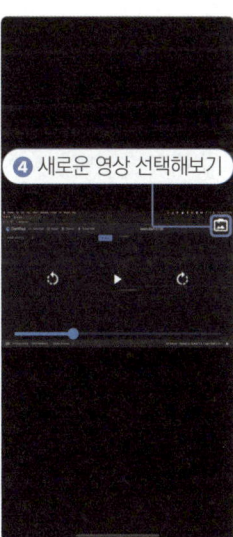

학습 마무리

'동영상 플레이어'를 구현했습니다. 사용자가 실행하고 싶은 동영상을 선택할 수 있는 기능까지 갖춘 유용한 앱이 되었습니다. 비슷한 방식으로 뮤직 플레이어를 구현해보기 바랍니다. 동영상 플레이어를 구현하면서 단순히 asset 파일이 아닌 핸드폰의 갤러리에서 파일을 입력받아 앱에서 다루는 방법에 대해 자신감이 생겼기를 바랍니다.

핵심 요약

1. **Stack 위젯**을 이용하면 위젯 위에 위젯을 쌓을 수 있습니다.
2. **Positioned 위젯**과 **Align 위젯**을 사용해서 Stack에서 위젯들을 정렬할 수 있습니다.
3. **image_picker 플러그인**을 사용하면 간편하게 유저로부터 파일 선택을 입력받을 수 있습니다.
4. 동영상 파일의 위치만 알면 **video_player 플러그인**을 사용해서 손쉽게 동영상을 재생할 수 있습니다.
5. StatefulWidget의 생명주기 중 하나인 **didUpdateWidget( ) 함수**를 오버라이드하면 StatefulWidget의 매개변수가 변경되었을 때 특정 함수를 실행할 수 있습니다.

업그레이드 아이디어

1. 1.5배속, 2배속처럼 배속을 선택할 수 있는 옵션을 만들어보세요.
2. 전체 화면에 영상이 꽉차게 만들어보세요.
3. 영상 길이를 '시:분:초'로 표현해보세요.

Chapter 13

Project
영상 통화
WebRTC, 내비게이션, 아고라 API

Project 영상 통화 ★★☆☆

❶ 영상 통화 화면으로 입장

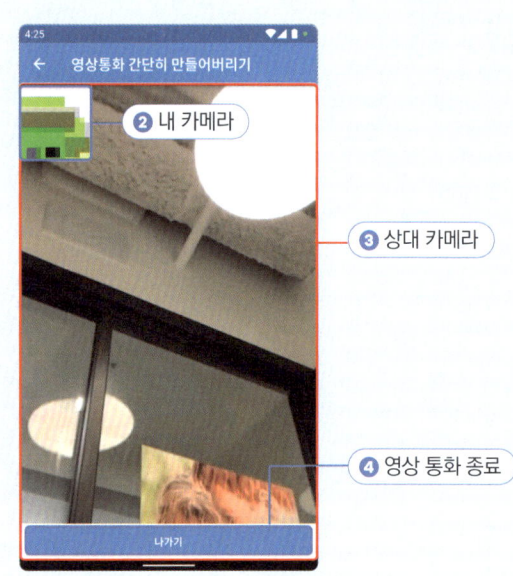
❷ 내 카메라
❸ 상대 카메라
❹ 영상 통화 종료

예제 위치	https://github.com/codefactory-co/flutter-golden-rabbit-novice-v3/tree/main/ch13
프로젝트명	video_call
개발 환경	플러터 SDK : 3.24.4
미션	영상 통화를 할 수 있는 앱을 구현해봐요.
기능	• 실제 핸드폰을 이용해서 1:1 영상 통화를 해볼 수 있어요. • 화상 통화를 종료할 수 있어요.
조작법	• [입장하기] 버튼 눌러서 영상 통화에 참여할 수 있어요. • [채널 나가기] 버튼을 눌러서 영상 통화를 종료할 수 있어요.
핵심 구성요소	• 아고라 API • 권한 관리 • WebRTC
플러그인	• agora_rtc_engine: 6.3.2 • permission_handler: 11.3.1

#MUSTHAVE

☐ **학습 목표**

아고라 API를 사용해서 간단하게 1:1 영상 통화 앱을 구현하겠습니다.

☐ **학습 순서**

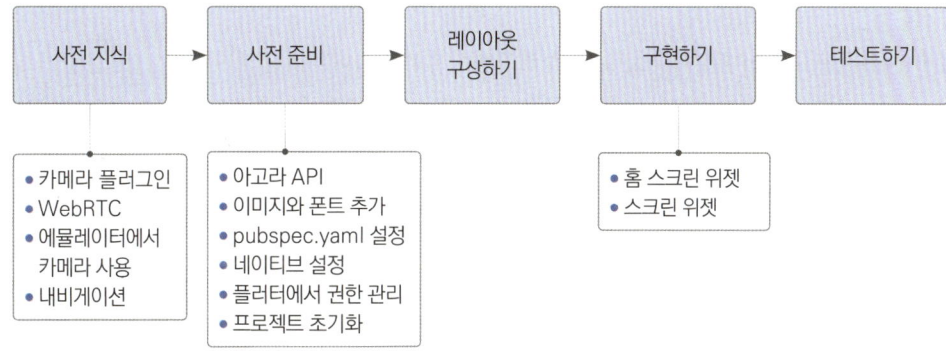

☐ **프로젝트 구상하기**

일반적으로는 WebRTC 기술을 사용해서 핸드폰 간의 영상 통화를 구현합니다. 전체 기능을 모두 구현하려면 시간이 너무 오래 걸리고 요점에서 벗어나기 때문에 중계 서버로 아고라^Agora라는 유료 API를 사용하겠습니다(1만 분까지는 무료로 이용할 수 있습니다).

영상 통화를 하려면 동영상과 음성을 서로 전달해야 하기 때문에 카메라 권한과 마이크 권한이 필요합니다. 이번 프로젝트에서는 플러터에서 가장 대중적으로 사용되는 권한 관련 플러그인인 permission_handler 플러그인을 사용해서 안드로이드와 iOS에서 권한을 관리하는 방법을 알아보겠습니다.

> **Warning** iOS 시뮬레이터는 영상 통화 관련 기능을 전혀 지원하지 않아서 빌드가 불가능합니다. iOS 실제 기기, 안드로이드 실제 기기, 안드로이드 에뮬레이터에서 빌드와 실습을 진행해주세요.

13.1 사전 지식

13.1.1 카메라 플러그인

카메라 플러그인을 사용하면 카메라 기능을 활용할 수 있습니다. 이번 프로젝트에서는 아고라 플러그인을 통해서 카메라 기능을 사용하지만 플러터 공식 플러그인인 camera 플러그인을 사용해서 카메라를 실행하는 방법을 배워두겠습니다.

ToDo **01** pubspec.yaml 파일에 camera 플러그인을 추가합니다.

pubspec.yaml
```yaml
dependencies:
  flutter:
    sdk: flutter

  cupertino_icons: ^1.0.8
  camera: 0.10.5+5
```

02 다음 코드를 main.dart 파일에 작성합니다. 간단한 예시 코드이므로 파일 하나에 모든 기능을 구현하겠습니다.

main.dart
```dart
import 'package:camera/camera.dart';
import 'package:flutter/material.dart';

late List<CameraDescription> _cameras;

Future<void> main() async {
  // ❶ Flutter 앱이 실행될 준비가 됐는지 확인
  WidgetsFlutterBinding.ensureInitialized();

  // ❷ 핸드폰에 있는 카메라들 가져오기
  _cameras = await availableCameras();
  runApp(const CameraApp());
}

class CameraApp extends StatefulWidget {
  const CameraApp({Key? key}) : super(key: key);
```

```
  @override
  State<CameraApp> createState() => _CameraAppState();
}

class _CameraAppState extends State<CameraApp> {

  // ❸ 카메라를 제어할 수 있는 컨트롤러 선언
  late CameraController controller;

  @override
  void initState() {
    super.initState();

    initializeCamera();
  }

  initializeCamera() async {
   try{

      // ❹ 가장 첫 번째 카메라로 카메라 설정하기
      controller = CameraController(_cameras[0], ResolutionPreset.max);

      // ❺ 카메라 초기화
      await controller.initialize();

      setState(() {});
   } catch (e){

      // 에러났을 때 출력
      if (e is CameraException) {
        switch (e.code) {
          case 'CameraAccessDenied':
            print('User denied camera access.');
            break;
          default:
            print('Handle other errors.');
            break;
        }
      }
```

```
    }
  }

  @override
  void dispose() {

    // 컨트롤러 삭제
    controller.dispose();
    super.dispose();
  }

  @override
  Widget build(BuildContext context) {

    // ❻ 카메라 초기화 상태 확인
    if (!controller.value.isInitialized) {
      return Container();
    }
    return MaterialApp(

      // ❼ 카메라 보여주기
      home: CameraPreview(controller),
    );
  }
}
```

❶ material.dart에서 제공됩니다. main() 함수의 첫 실행값이 runApp()이면 불필요하지만 지금처럼 다른 코드가 먼저 실행돼야 하면 꼭 제일 먼저 실행해줘야 합니다. ❷ 기기에서 사용할 수 있는 카메라들을 가져옵니다. ❸ CameraController는 카메라를 제어할 수 있는 컨트롤러입니다.

❹ CameraController의 첫 번째 매개변수는 사용할 카메라를 입력하게 됩니다. 현재 기기에서 사용할 수 있는 첫 번째 카메라를 입력하겠습니다. 두 번째 매개변수는 해상도를 설정하게 됩니다. ResolutionPreset.max는 최대 해상도를 의미합니다.

다른 값은 표로 정리해두었습니다.

▼ ResolutionPreset 정보

ResolutionPreset값	해상도
ResolutionPreset.low	안드로이드와 웹은 240p, 아이폰은 352x288
ResolutionPreset.medium	안드로이드, 웹, 아이폰 모두 480p
ResolutionPreset.high	안드로이드, 웹, 아이폰 모두 720p
ResolutionPreset.veryHigh	안드로이드, 웹, 아이폰 모두 1080p
ResolutionPreset.ultraHigh	안드로이드와 아이폰 2160p, 웹은 4096 x 2160
ResolutionPreset.max	최대 해상도

❺ 카메라를 초기화합니다. ❻ 카메라 초기화가 완료된 상태인지를 알 수 있습니다. ❼ Camera Preview 위젯을 사용하면 카메라를 화면에 보여줄 수 있습니다. 첫 번째 매개변수에 Camera Controller를 입력해줘야 합니다.

13.1.2 WebRTC

영상 통화 기능을 구현하려면 영상과 음성 정보를 저장하고 전송하기, 클라이언트 간의 연결하기 등 다양한 기능을 구현해야 합니다. 그런 기능을 모조리 구현하려면 시간이 많이 듭니다. 웹 브라우저 기반으로 통신하는 WebRTC라는 API가 있습니다. 음성 통화, 영상 통화, P2P 파일 공유 기능을 제공하므로 WebRTC를 사용하면 간단히 영상 통화 기능을 구현할 수 있습니다.

WebRTC를 사용하려면 두 클라이언트 말고도 중계용 서버가 필요합니다. 영어로는 시그널링 서버Signalling Server라고 하는데, 이 서버를 직접 구현할 수도 있지만 앱 개발에 집중하고자 아고라 서비스를 이용하겠습니다.

클라이언트와 서버 간의 정보 흐름 절차를 그림을 보면서 살펴보겠습니다.

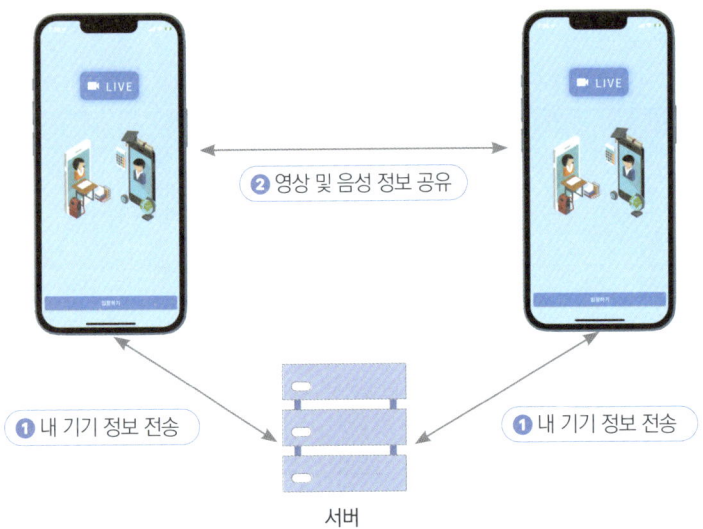

❶ WebRTC를 사용할 클라이언트들은 서로에게 연결할 수 있는 공개 IP 등의 정보를 서버에 전송하고 상대의 연결 정보를 받아옵니다. ❷ 서버에서 받아온 정보를 기반으로 내 영상 및 음성을 공유하고 상대의 영상 및 음성 정보를 이용합니다.

13.1.3 iOS 시뮬레이터와 안드로이드 에뮬레이터에서의 카메라 사용

영상 통화 앱을 구현하려면 당연히 카메라 기능을 사용합니다. 하지만 안타깝게도 iOS 시뮬레이터는 카메라 기능을 아예 제공하지 않습니다. 반면에 안드로이드 에뮬레이터는 카메라 앱을 실행할 수는 있지만 실제 카메라와 연동되지는 않고 샘플 영상이 실행됩니다. 그래서 이번 장에서 만든 앱을 사용하려면 카메라를 사용할 수 있는 디바이스가 두 대 필요합니다. 사용할 수 있는 디바이스가 한 대뿐이라면 안타깝지만 하나는 안드로이드 에뮬레이터로 대체해야 합니다.

13.1.4 내비게이션

내비게이션Navigation은 플러터에서 화면을 이동할 때 사용하는 클래스입니다. 내비게이션은 스택stack이라는 데이터 구조로 설계되어 있습니다. 스택에 대해 잘 이해하면 내비게이션이 제공하는 여러 함수를 조금 더 이해하기 쉽습니다. 스택은 LIFOLast In First Out 구조, 즉 마지막으로 들어온 요소가 가장 먼저 삭제되는 구조입니다.

내비게이션 스택의 작동 방식을 그림과 함께 살펴보겠습니다.

▼ 내비게이션 스택

❶ 앱이 시작되면 home 매개변수에 제공된 위젯이 내비게이션 스택에 추가됩니다.

❷ 스크린 2 위젯을 생성하고 추가로 실행하면 (push 메서드) 내비게이션 스택의 스크린 1 위젯 위에 스크린 2가 추가됩니다.

❸ 뒤로 가기를 실행하면 (pop 메서드) 내비게이션 스택에 가장 늦게 들어온 스크린 2가 삭제됩니다.

플러터에서는 내비게이션 스택의 가장 위에 위치한 위젯을 화면으로 보여줍니다. Navigator 클래스에서 제공하는 메서드를 사용해서 내비게이션 스택을 사용할 수 있습니다.

▼ Navigator 클래스에서 제공하는 함수

메서드	설명
push( )	새로운 스크린을 추가합니다.
pushReplacement( )	새로운 스크린을 추가하고 바로 아래 스크린을 삭제합니다. 현재 스크린을 대체하는 것과 같으며 애니메이션은 push( )와 동일하게 실행됩니다.
pushAndRemoveUntil( )	새로운 스크린을 추가하고 기존 내비게이션 스택에 존재하던 스크린들을 삭제할지 유지할지 정할 수 있습니다.
pop( )	현재 스크린을 삭제합니다. LIFO 법칙대로 가장 최근에 추가된 스크린이 먼저 삭제됩니다.
maybePop( )	내비게이션 스택에 마지막으로 남은 스크린이 아닐 때만 pop( ) 함수를 실행합니다. 마지막 남은 스크린이라면 무엇도 실행하지 않습니다.
popUntil( )	내비게이션 스택에 있는 모든 스크린을 대상으로 스크린을 삭제할지 유지할지 결정할 수 있습니다.

13.1.5 플러터에서 권한 관리

스마트폰을 사용하다 "위치 정보를 사용하도록 허가해주세요" 같은 메시지를 보신 적이 있을 겁니다. 특정 기능들, 특히 보안에 민감한 기능은 사용자가 권한을 허가해줘야 앱에서 정보를 가져오거나 기능을 사용할 수 있습니다. 안드로이드와 iOS는 권한을 요청하는 시스템이 비슷합니다. permission_handler 패키지를 이용하면 두 플랫폼 모두에서 쉽게 권한을 관리할 수 있습니다.

안드로이드와 iOS에는 허가를 받아야 하는 권한이 있고 허가를 받지 않아도 되는 권한이 있습니다. 예를 들어 8장 '블로그 웹 앱' 프로젝트에서 AndroidManifest.xml 파일에 등록한 인터넷 권한은 따로 사용자에 허가를 받지 않고 사용했습니다. 하지만 이번에 사용할 카메라와 마이크 권한은 사용자에게 이용 허가를 꼭 받아야지만 사용할 수 있습니다. 그래서 이 권한들은 네이티브 설정에 등록을 했더라도 플러터 프레임워크에서 권한이 허가됐는지 아닌지 확인해줘야 합니다.

permission_handler 플러그인은 사용법이 매우 단순합니다. 플러그인의 Permission 클래스에 존재하는 권한을 선택한 후 ❶ request() 함수를 실행하면 권한 요청을 할 수 있습니다. 반환값으로는 ❷ PermissionStatus에 해당되는 enum값을 받아올 수 있으며 PermissionStatus. granted값을 돌려받으면 권한이 있다는 걸 의미합니다.

```
final permission = await Permission.camera.request(); // ❶ 카메라 권한 요청

if (permission == PermissionStatus.granted) {  // ❷ 권한 상태 확인
 print('권한 허가 완료');
}else{
 print('권한 없음');
}
```

▼ PermissionStatus 클래스

값	설명
denied	권한이 거절된 상태입니다. 다시 request() 함수를 이용해서 권한을 요청할 수 있고 권한을 한 번도 요청한 적이 없다면 기본값인 거절로 설정됩니다.
granted	권한이 허가된 상태입니다.
restricted	iOS에서만 해당되는 상태로 권한이 제한되어 있을 때 설정되는 상태입니다. 청소년, 자녀보호 기능이 해당됩니다.
limited	iOS에서만 해당되는 상태로 제한적인 권한이 있을 때 해당됩니다.

permanentlyDenied	권한이 거절된 상태입니다. Denied 상태와 다른 점은 다시 request( ) 함수를 실행해서 앱에서 권한을 요청할 수 없고 설정 앱으로 이동해서 사용자가 직접 권한을 허가해줘야 합니다.

권한을 상황에 맞게 하나씩 요청하는 경우도 있지만 필요한 여러 권한을 한 번에 연속적으로 요청할 때도 있습니다. 이때는 요청하고 싶은 권한을 순서대로 ❶ List에 넣어서 한번에 request( ) 함수를 실행해주면 여러 권한을 단번에 요청할 수 있습니다. 그리고 권한 요청에 대한 결과는 Map 형태로 반환받으며 확인하고 싶은 권한의 값을 ❷ key로 입력해주면 권한 요청의 결과를 가져올 수 있습니다.

```
final resp = await [Permission.camera, Permission.microphone].request();
// ❶ 리스트의 모든 권한 요청

final cameraPermission = resp[Permission.camera];   // ❷ 각 권한의 상태 확인
final micPermission = resp[Permission.microphone];

if (cameraPermission != PermissionStatus.granted) {
  throw '카메라 권한이 없습니다.';
}

if (micPermission != PermissionStatus.granted) {
  throw '마이크 권한이 없습니다.';
}
```

13.2 사전 준비

카메라와 마이크를 사용하려면 권한 설정을 해야 합니다. 아고라 API에서 필수로 요구하는 사항이니 꼭 등록해줘야 합니다. 추가적으로 permission_handler 패키지를 이용해서 앱 내에서 권한 요청을 하는 방법을 알아보겠습니다.

ToDo 01 먼저 실습에 사용할 프로젝트를 생성해주세요.
- **프로젝트 이름** : video_call
- **네이티브 언어** : 코틀린

13.2.1 아고라에서 필요한 상수값 가져오기

아고라는 영상 통화와 통화 기능 API를 유료로 제공하는 서비스입니다. 이번 프로젝트에서는 아고라의 영상 통화 API를 이용하겠습니다. 아고라^Agora 같은 유료 API를 사용하려면 여러 가지 고윳값이 필요합니다. 유료 API인만큼 아고라 입장에서는 누가 어떤 기능을 얼마만큼 사용하는지 알아야 합니다. 그래서 사용자별로 토큰을 발급해주며, 사용자들은 이 토큰값을 사용해서 서비스를 이용합니다. 아고라가 유료 서비스이긴 하지만 회원가입을 하면 매달 1만 분을 무료로 사용할 수 있습니다. 영상 통화 기능을 실수로 1만 분 이상 틀어 놓지 않으면 과금 없이 충분히 이번 프로젝트를 마무리할 수 있으니 잘 따라와주시길 바랍니다.

ToDo 아고라 가입하기

01 토큰을 발급받으려면 아고라에 회원가입을 해야 합니다. https://www.agora.io로 이동해서 회원가입을 진행하면 됩니다.

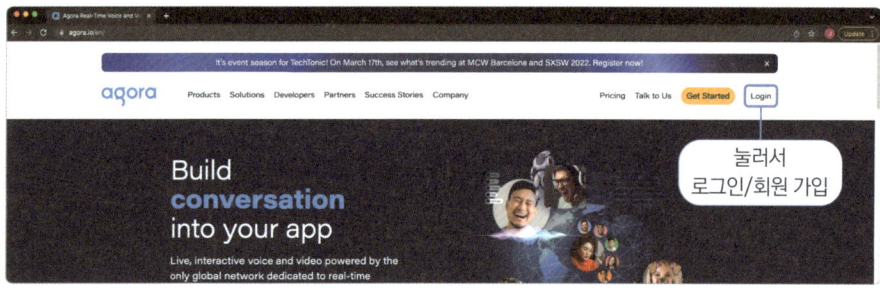

02 로그인 및 회원가입을 완료하면 대시보드 페이지로 이동됩니다. 프로젝트 생성 팝업창이 뜰 겁니다. 일단 해당 팝업을 종료합니다. 대시보드 페이지에서 왼쪽 사이드바에 마우스를 올린 다음 ❶ [Project Management] 버튼을 눌러보겠습니다.

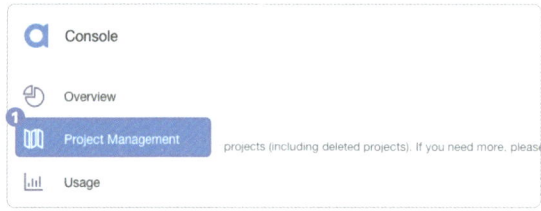

03 Project Management 화면으로 이동되면 ❶ [Create a Project] 버튼을 눌러서 새로운 프로젝트를 생성하겠습니다. [Create a Project] 버튼을 눌러주면 뜨는 프로젝트 생성 창에서 ❷ 프로젝트 이름, ❸ 사용 목적, ❹ Secure Mode를 선택한 후 ❺ [Submit] 버튼을 눌러서 프로젝트를 생성하겠습니다.

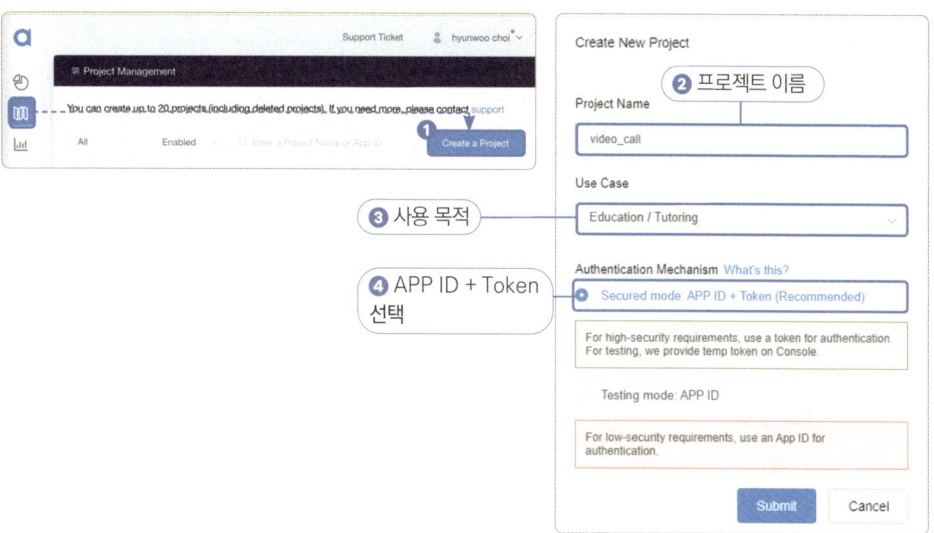

❷ 프로젝트 이름입니다. 구현하려는 앱에 어울리는 이름을 지어주면 됩니다. ❸ 아고라 API 사용 목적입니다. 저는 'Education → Tutoring'을 선택했습니다. 크게 중요한 부분이 아니므로 적절히 선택해주면 됩니다. ❹ **APP ID + Token** 모드를 선택해야 합니다.

04 프로젝트를 생성하면 Project Management 페이지의 테이블에 새로 만든 프로젝트가 생성됩니다. 방금 생성한 프로젝트의 [config] 버튼을 눌러서 설정 화면으로 이동하겠습니다.

05 프로젝트 설정 페이지에 들어가면 Features 카테고리가 있습니다. 이 테이블에서 [Generate temp RTC Token] 버튼을 눌러보겠습니다.

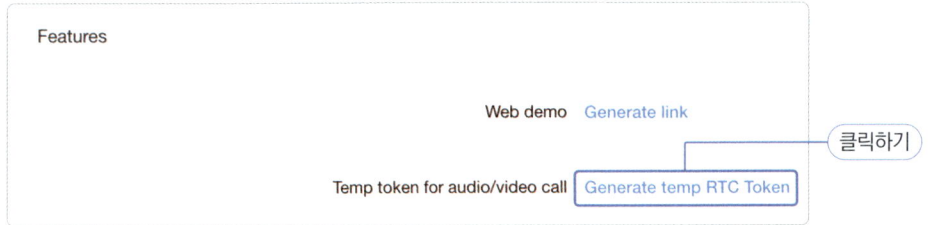

06 토큰 생성 페이지로 이동하면 채널 이름을 ❶ testchannel로 설정한 후 ❷ [Generate] 버튼을 누르면 토큰이 생성됩니다. 이 페이지에서 필요한 모든 값들을 볼 수 있습니다.

❸ 첫 번째 App ID는 프로젝트의 유니크한 아이디를 의미합니다. ❹ 두 번째 채널 이름은 핸드폰끼리 통신할 때 사용할 채널의 이름입니다. 원하는 대로 지어도 됩니다. 저는 testchannel이라고 지었습니다. ❺ 마지막으로 Temp Token은 아고라 API를 사용하는 권한이 있음을 증명하는 데 사용됩니다. 이 토큰을 사용해야지만 우리 프로젝트와 연동해서 아고라 서비스를 사용할 수 있습니다. ❻ 추가적으로 토큰 유효기간도 적혀 있는데 모든 토큰은 생성 후 24시간만 유효합니다. **프로젝트에 필요한 값들은 ❸ App ID, ❹ Channel Name, ❺ Temp Token이니 안전한 곳에 잘 복사해 두면 되겠습니다.**

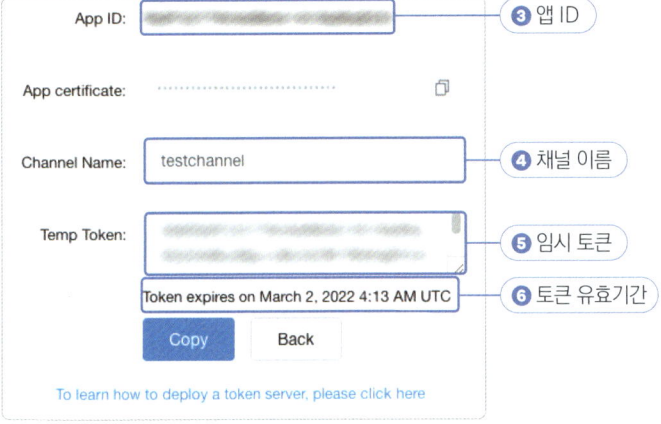

07 값들을 모두 복사했다면 [lib/const] 폴더를 생성하고 그 아래에 agora.dart 파일을 생성해서 아고라와 관련된 값들을 정리해줍니다. Temp Token은 발급받은 시간으로부터 24시간만 유효합니다.

```
const APP_ID = '앱ID를 입력해주세요!!!';
const CHANNEL_NAME = '채널 이름을 입력해주세요!!!';
const TEMP_TOKEN = '토큰값을 입력해주세요!!!';
```
lib/const/agora.dart

13.2.2 이미지와 폰트 추가하기

이미지와 폰트를 추가합니다.

ToDo **01** [asset] 폴더를 만들고 그 아래 [img] 폴더를 만듭니다. 내려받은 13장 예제에서 [asset/img]에 있는 그림 파일들을 방금 만든 [img] 폴더로 드래그 앤드 드롭합니다.

13.2.3 pubspec.yaml 설정하기

01 다음 수정 사항을 pubspec.yaml에 적용해주세요.

```
dependencies:
  flutter:
    sdk: flutter

  cupertino_icons: ^1.0.8
  agora_rtc_engine: 6.3.2
  permission_handler: 11.3.1

flutter:
  uses-material-design: true

  assets:
    - asset/img/
```
pubspec.yaml

02 [pub get]을 실행해서 변경 사항을 반영합니다.

13.2.4 네이티브 설정하기

안드로이드에서 추가할 네이티브 권한은 네트워크 상태를 읽는 READ_PHONE_STATE 와 ACCESS_NETWORK_STATE 권한입니다. 인터넷을 이용해서 영상을 스트리밍해야 하니 INTERNET 권한도 필수입니다. 그리고 녹음과 녹화 기능과 관련된 RECORD_AUDIO, MODIFY_AUDIO_SETTINGS와 CAMERA 권한을 추가하겠습니다. 블루투스를 이용한 녹음 및 녹화 기능을 사용할 수도 있으니 BLUETOOTH_CONNECT 기능까지 추가하겠습니다. 마지막으로 모듈의 build.gradle 파일도 변경해주겠습니다. iOS 는 카메라 권한인 NSCameraUsageDescription와 마이크 권한인 NSMicrophoneUsageDescription만 추가해주면 됩니다.

▼ Android 권한 추가

android/app/src/main/AndroidManifest.xml

```xml
<manifest xmlns:android="http://schemas.android.com/apk/res/android"
    xmlns:tools="http://schemas.android.com/tools"
    package="com.example.video_call">
    <uses-permission android:name="android.permission.READ_PHONE_STATE" />
    <uses-permission android:name="android.permission.INTERNET" />
    <uses-permission android:name="android.permission.RECORD_AUDIO" />
    <uses-permission android:name="android.permission.CAMERA" />
    <uses-permission android:name="android.permission.MODIFY_AUDIO_SETTINGS" />
    <uses-permission android:name="android.permission.ACCESS_NETWORK_STATE" />
    <uses-permission android:name="android.permission.BLUETOOTH" />
    <uses-permission android:name="android.permission.ACCESS_WIFI_STATE" />
    <uses-permission android:name="android.permission.READ_EXTERNAL_STORAGE" />
    <uses-permission android:name="android.permission.WAKE_LOCK" />
    <uses-permission android:name="android.permission.READ_PRIVILEGED_PHONE_STATE" tools:ignore="ProtectedPermissions" />
    ... 생략 ...
</manifest>
```

▼ iOS 권한 추가

ios/Runner/Info.plist

```xml
<?xml version="1.0" encoding="UTF-8"?>
<!DOCTYPE plist PUBLIC "-//Apple//DTD PLIST 1.0//EN" "http://www.apple.com/DTDs/PropertyList-1.0.dtd">
<plist version="1.0">
```

```
<dict>
    <!-- 생략 -->
    <key>NSCameraUsageDescription</key>
    <string>카메라 사용을 허가해주세요.</string>
    <key>NSMicrophoneUsageDescription</key>
    <string>마이크 사용을 허가해주세요.</string>
</dict>
</plist>
```

13.2.5 프로젝트 초기화하기

To Do **01** [lib] 폴더에 [screen] 폴더를 생성하고 앱의 기본 홈 화면으로 사용할 HomeScreen 위젯을 생성할 home_screen.dart를 생성합니다. 다음과 같이 HomeScreen이라는 StatelessWidget을 생성해주세요.

```
                                                        lib/screen/home_screen.dart
import 'package:flutter/material.dart';

class HomeScreen extends StatelessWidget {
  const HomeScreen({Key? key}) : super(key: key);

  @override
  Widget build(BuildContext context) {
    return Scaffold(
      body: Text('Home Screen'),
    );
  }
}
```

02 lib/main.dart 파일에서도 마찬가지로 HomeScreen을 홈 위젯으로 등록해줘야 합니다.

```
                                                                   lib/main.dart
import 'package:video_call/screen/home_screen.dart';
import 'package:flutter/material.dart';

void main() {
  runApp(
    MaterialApp(
      home: HomeScreen(),
```

      ),
    );
}

13.3 레이아웃 구상하기

이번 프로젝트는 2개의 화면으로 구성됩니다. 첫 번째 화면은 홈 스크린으로 화상 통화 채널에 참여할 수 있는 화면이고 두 번째 화면은 화상 통화를 하는 화면입니다. 일반적으로 화상 통화 앱을 구현한다면 홈 화면에서 참여할 채널 또는 화상 통화를 진행할 상대를 선택하는 기능이 추가되겠지만 이 프로젝트에서는 하나의 채널만 있다는 가정하에 앱을 구현하겠습니다.

13.3.1 홈 스크린 위젯

홈 스크린 위젯은 지금까지 구현해왔던 다른 홈 화면들과 크게 다를 게 없습니다. 가장 위에 ❶ 앱의 로고가 위치하고 중앙에 ❷ 이미지가 위치합니다. 그리고 마지막에 ❸ 화상 통화 채널에 참여할 수 있는 버튼을 구현하겠습니다. 별다른 특이점은 없으므로 학습 목적으로 ❶ 앱의 로고를 구현할 때 로고를 감싸고 있는 Container에 그림자를 넣어서 3D 입체감을 추가하겠습니다.

13.3.2 캠 스크린 위젯

캠 스크린에는 영상 통화를 할 수 있는 기능을 넣어줘야 합니다. 영상 통화는 1:1로 진행하게 되니 내 카메라가 찍고 있는 화면과 상대방의 카메라가 찍고 있는 화면이 동시에 보여야 합니다. 이미 이전 프로젝트에서 사용해본 Stack 위젯을 이용해서 ❶ 사용 중인 카메라가 찍고 있는 영상 위에 ❷ 상대방이 찍고 있는 영상을 올려보겠습니다. 추가적으로 영상 통화가 끝나면 채널에서 나갈 수 있는 기능이 필요하니 ❸ [채널 나가기] 버튼을 맨 아래에 배치하겠습니다.

13.4 구현하기

이번 프로젝트는 두 화면으로 구성되어 있습니다. 간단한 로고와 화상 채널 입장 버튼이 있는 홈 스크린과 화상 통화를 할 수 있는 캠 스크린입니다. 순서대로 UI를 구현한 후 Agora API를 이용해서 화상 통화하는 기능을 구현하겠습니다.

13.4.1 홈 스크린 위젯 구현하기

ToDo **01** HomeScreen 위젯과 비슷한 화면을 이미 너무 많이 구현했기 때문에 이제는 어떻게 작업을 할지 한눈에 보일거라 생각됩니다. 우선 ❶ 로고, ❷ 이미지, ❸ 버튼을 각각 위젯으로 구현해서 레이아웃 설정부터 하겠습니다.

```dart
// lib/screen/home_screen.dart
import 'package:flutter/material.dart';

class HomeScreen extends StatelessWidget {
  const HomeScreen({Key? key}) : super(key: key);

  @override
  Widget build(BuildContext context) {
    return Scaffold(
      backgroundColor: Colors.blue[100]!,
      body: SafeArea(
        child: Padding(
          padding: const EdgeInsets.all(8.0),
          child: Column(
            children: [
              Expanded(child: _Logo()),        // ❶ 로고
              Expanded(child: _Image()),       // ❷ 중앙 이미지
              Expanded(child: _EntryButton()), // ❸ 화상 통화 시작 버튼
            ],
          ),
        ),
      ),
    );
  }
}
```

02 _Logo 위젯을 먼저 작업하겠습니다. _Logo 위젯은 단순히 아이콘과 글자가 Container 안에 위치한 형태입니다. 로고에 그림자가 지게 하겠습니다. 그림자는 BoxDecoration 클래스의 ❶ boxShadow 매개변수에 원하는 만큼 그림자를 BoxShadow 클래스로 제공해서 구현할 수 있습니다.

lib/screen/home_screen.dart

```dart
// HomeScreen 위젯 바로 아래
... 생략 ...
class _Logo extends StatelessWidget {
  const _Logo({Key? key}) : super(key: key);

  @override
  Widget build(BuildContext context) {
    return Center(
      child: Container(
        decoration: BoxDecoration(
          color: Colors.blue,
          borderRadius: BorderRadius.circular(16.0), // 모서리 둥글게 만들기
          boxShadow: [   // ❶ 그림자 추가
            BoxShadow(
              color: Colors.blue[300]!,
              blurRadius: 12.0,
              spreadRadius: 2.0,
            ),
          ],
        ),
        child: Padding(
          padding: EdgeInsets.all(16.0),
          child: Row(
            mainAxisSize: MainAxisSize.min,  // 주축 최소 크기
            children: [
              Icon(  // 캠코더 아이콘
                Icons.videocam,
                color: Colors.white,
                size: 40.0,
              ),
              SizedBox(width: 12.0),
              Text(  // 앱 이름
                'LIVE',
                style: TextStyle(
```

```
            color: Colors.white,
            fontSize: 30.0,
            letterSpacing: 4.0,   // 글자 간 간격
          ),
        ),
      ],
    ),
   ),
  ),
 );
 }
}
```

❶ boxShadow 매개변수에는 List로 BoxShadow 클래스를 제공할 수 있습니다. 일반적으로는 하나의 그림자만 사용하겠지만 원한다면 여러 BoxShadow 클래스를 입력해서 여러 그림자를 적용할 수 있습니다. BoxShadow 클래스에는 그림자로 적용할 색상을 color 매개변수로 제공해주고 blurRadius에 흐림 정도, spreadRadius에 퍼짐 정도를 double값으로 입력할 수 있습니다.

03 다음은 _Image 위젯을 구현할 차례입니다. _Image 위젯은 크게 어려운 것 없이 이미지를 중앙에 위치하는 형태로 코드를 작성하겠습니다.

lib/screen/home_screen.dart
```
// _Logo 위젯 바로 아래
... 생략 ...
class _Image extends StatelessWidget {
 const _Image({Key? key}) : super(key: key);

 @override
 Widget build(BuildContext context) {
   return Center(
     child: Image.asset(
       'asset/img/home_img.png',
     ),
   );
 }
}
```

04 마지막으로 화상 통화 채널에 접속할 수 있는 버튼을 구현할 _EntryButton을 작업하겠습니다. 기능은 나중에 구현하고 일단 가로로 최대한의 길이로 늘린 ElevatedButton을 만들겠습니다.

lib/screen/home_screen.dart

```dart
// _Image 위젯 바로 아래
... 생략 ...
class _EntryButton extends StatelessWidget {
  const _EntryButton({Key? key}) : super(key: key);

  @override
  Widget build(BuildContext context) {
    return Column(
      mainAxisAlignment: MainAxisAlignment.end,
      crossAxisAlignment: CrossAxisAlignment.stretch,
      children: [
        ElevatedButton(
          onPressed: () {},
          child: Text('입장하기'),
        ),
      ],
    );
  }
}
```

▼ 실행 결과

05 코드를 완료하고 핫 리로드를 하면 의도한 대로 홈 스크린이 보일 겁니다.

13.4.2 캠 스크린 위젯 구현하기

ToDo 01 이제는 영상 통화를 진행할 CamScreen을 구현할 차례입니다. 우선 lib/screen/cam_screen.dart 파일을 생성하고 CamScreen StatefulWidget을 만들겠습니다. 그리고 Scaffold에 AppBar를 추가해서 기본 레이아웃을 만들겠습니다.

lib/screen/cam_screen.dart

```dart
import 'package:flutter/material.dart';

class CamScreen extends StatefulWidget {
  const CamScreen({Key? key}) : super(key: key);

  @override
  _CamScreenState createState() => _CamScreenState();
}
```

```dart
class _CamScreenState extends State<CamScreen> {
  @override
  Widget build(BuildContext context) {
    return Scaffold(
      appBar: AppBar(
        title: Text('LIVE'),
      ),
      body: Center(
        child: Text('Cam Screen'),
      ),
    );
  }
}
```

02 CamScreen 위젯을 구현했으니 이제 HomeScreen에서 CamScreen으로 이동하는 방법을 배워야 합니다. 잠시 home_screen.dart 파일로 이동해서 ElevatedButton 위젯을 클릭하면 CamScreen 위젯으로 화면이 넘어갈 수 있게 해야 합니다. 이런 기능을 플러터에서는 내비게이션이라고 부르며 Navigator 클래스를 사용해서 구현할 수 있습니다. 최상위에 MaterialApp 위젯을 추가해주면 Navigator 클래스의 인스턴스가 자동으로 생성되는데 이 값을 이용해서 화면을 이동할 수 있습니다.

lib/screen/home_screen.dart

```dart
import 'package:flutter/material.dart';
import 'package:video_call/screen/cam_screen.dart';
... 생략 ...
class _EntryButton extends StatelessWidget {
  const _EntryButton({Key? key}) : super(key: key);

  @override
  Widget build(BuildContext context) {
    return Column(
      mainAxisAlignment: MainAxisAlignment.end,
      crossAxisAlignment: CrossAxisAlignment.stretch,
      children: [
        ElevatedButton(
          onPressed: () {
            Navigator.of(context).push(   // ❶ 영상 통화 스크린으로 이동
```

```
                MaterialPageRoute(
                    builder: (_) => CamScreen(),
                ),
            );
        },
        child: Text('입장하기'),
      ),
    ],
  );
 }
}
```

❶ 테마를 이용할 때 Theme.of(context)를 사용했던 것처럼 Navigator.of(context)를 실행해서 위젯 트리의 가장 가까이에 있는 Navigator를 가져옵니다. 이미 설명한 것처럼 MaterialApp으로 최상위를 감싸주면 자동으로 Navigator가 생성되며 앱 어디서든 Navigator.of(context)를 실행해서 값을 가져올 수 있습니다. push() 함수를 이용하면 새로운 화면으로 이동할 수 있으며 매개변수로 MaterialPageRoute 클래스의 builder() 함수에 새로운 화면으로 사용하고 싶은 위젯을 반환하는 함수를 입력하면 됩니다.

03 [입장하기] 버튼을 누르면 CamScreen 화면으로 이동할 수 있습니다. Navigation 기능이 완성됐으니 이제 CamScreen에서 화상 통화 기능을 구현해야 합니다. 화상 통화를 하려면 카메라 권한과 마이크 권한이 필요합니다. init()이라는 함수를 만들어서 화상 통화에 필요한 권한을 받아보겠습니다.

lib/screen/cam_screen.dart
```
import 'package:flutter/material.dart';
import 'package:permission_handler/permission_handler.dart';
... 생략 ...
class _CamScreenState extends State<CamScreen> {
 Future<bool> init() async {    // ❶ 권한 관련 작업 모두 실행
    final resp = await [Permission.camera, Permission.microphone].request();

    final cameraPermission = resp[Permission.camera];
    final micPermission = resp[Permission.microphone];

    if (cameraPermission != PermissionStatus.granted ||
        micPermission != PermissionStatus.granted) {
      throw '카메라 또는 마이크 권한이 없습니다.';
```

```
    }

    return true;
}


@override
Widget build(BuildContext context) {
... 생략 ...
}
```

❶ 권한을 가져오는 작업은 비동기 프로그래밍이 필요합니다. 그렇기 때문에 함수를 async로 지정해주고 권한을 잘 가져왔을 땐 true값을 반환해주고 문제가 있으면 메시지와 함께 에러를 던지는 로직을 작성합니다.

04 방금 구현한 init() 함수를 사용하려면 조금 특별한 위젯이 필요합니다. 이미 여러 번 반복해서 사용했으니 알고 있듯이 build() 함수는 위젯이 생성되면 그 즉시 실행됩니다. 하지만 카메라와 마이크의 권한이 있을 때 그리고 없을 때 보여줄 수 있는 화면이 달라야 합니다. 문제는 init() 함수가 비동기로 실행되니 언제 권한 요청이 끝날지 알 수 없다는 겁니다. 그래서 FutureBuilder 위젯을 사용하겠습니다.

init() 함수에서 에러를 던지면 에러 내용을 보여주고 → 아직 로딩 중이면 CircularProgressIndicator를 보여주고 → 모든 권한이 허가되면 '모든 권한이 있습니다'라는 글자를 가운데에 보여주는 로직을 작성하겠습니다.

lib/screen/cam_screen.dart
```
... 생략 ...
class _CamScreenState extends State<CamScreen> {
  ... 생략 ...
  @override
  Widget build(BuildContext context) {
    return Scaffold(
      appBar: AppBar(
        title: Text('LIVE'),
      ),
      body: FutureBuilder(   // ❶ Future값을 기반으로 위젯 렌더링
        future: init(),
        builder: (BuildContext context, AsyncSnapshot snapshot) {
          if(snapshot.hasError){   // ❷ Future 실행 후 에러가 있을 때
```

```
            return Center(
                child: Text(
                    snapshot.error.toString(),
                ),
            );
        }

        if(!snapshot.hasData){  // ❸ Future 실행 후 아직 데이터가 없을 때 (로딩 중)
            return Center(
                child: CircularProgressIndicator(),
            );
        }

        return Center(   // ❹ 나머지 상황에 권한 있음을 표시
            child: Text('모든 권한이 있습니다!'),
        );
      }
     ),
   );
  }
}
```

❶ FutureBuilder는 말 그대로 Future를 반환하는 함수의 결과에 따라 위젯을 렌더링할 때 사용합니다. FutureBuilder의 future 매개변수에 Future값을 반환하는 함수를 넣어주고, builder 매개변수에 Future값에 따라 다르게 렌더링해주고 싶은 로직을 작성해주면 됩니다. builder() 함수는 BuildContext와 AsyncSnapshot을 제공해줍니다. AsyncSnapshot은 future 매개변수에 입력한 함수의 결괏값 및 에러를 제공하는 역할을 합니다. 추가적으로 비동기 함수의 진행 상황도 알 수 있습니다. AsyncSnapshot에서 제공하는 값이 변경될 때마다 builder() 함수가 재실행됩니다.

❷ AsyncSnapshot의 hasError 게터는 현재 실행한 비동기 함수에서 에러가 있는지 bool값으로 반환해줍니다. true면 에러, false면 에러가 없는 상태입니다. 에러가 있을 때는 snapshot.error를 실행해서 에러값을 가져올 수 있습니다.

❸ AsyncSnapshot의 hasData 게터는 현재 실행한 비동기 함수에서 반환받은 데이터가 있는지 확인할 수 있습니다. init() 함수는 성공적으로 실행되면 bool값을 반환해주니 에러가 없는데 반환받은 데이터까지 없는 상황이라면 아직 비동기 함수가 실행 중이라고 볼 수 있습니다. 저희 코드

에서는 사용하지 않지만 snapshot.data를 실행하면 반환된 데이터값도 받아볼 수 있습니다.

❹ 만약에 ❷와 ❸이 모두 통과됐다면 성공적으로 권한을 받았다는 뜻입니다. snapshot.connectionState를 실행하면 비동기 함수의 현재 실행 상태를 가져올 수 있습니다. 반환받을 수 있는 값은 다음 테이블과 같습니다.

▼ FutureBuilder의 ConnectionState 및 캐싱

값	설명
ConnectionState.none	비동기 함수를 제공하지 않은 상태입니다.
ConnectionState.waiting	비동기 함수가 아직 아무런 값을 반환하지 않은 상태입니다. 실행은 되었지만 끝나지 않은 상태로 로딩 중이라고 볼 수 있습니다.
ConnectionState.active	FutureBuilder에서는 사용되지 않고 비슷하지만 Stream값으로 builder를 실행하는 StreamBuilder에서만 제공됩니다. Stream이 실행되고 있는 상태를 표현합니다.
ConnectionState.done	요청이 끝난 상태를 의미합니다. 에러가 났던 데이터값이 반환된 함수의 실행이 끝나면 반환되는 상태입니다.

위 테이블의 설명대로라면 ❷에서 !snapshot.hasData 대신에 snapshot.connectionState == ConnectionState.waiting을 사용할 수 있어야 합니다. ConnectionState.waiting은 로딩 상태를 의미하니까요. 하지만 그렇게 코드를 작성하지 않았습니다. 이유는 캐싱^{caching} 때문입니다.

캐싱은 데이터를 일시적으로 저장하고 기억하는 걸 의미합니다. FutureBuilder는 제공된 비동기 함수의 상태가 변경될 때마다 상위 builder() 함수가 재실행된다고 했습니다. 그런데 이 FutureBuilder는 다른 위젯과 마찬가지로 build() 함수에 영향을 받습니다. build()가 다시 실행되면 FutureBuilder는 다시 렌더링되고 builder() 함수도 다시 실행될 겁니다. 그리고 그럴 때마다 비동기 함수도 매번 다시 실행됩니다. 우리가 이미 알고 있다시피 플러터에서는 무수히 많이 build() 함수를 실행합니다. 이때 매번 로딩 상태가 false로 돌아갔다가 함수가 끝날 때 다시 true로 변하면 build()가 실행될 때마다 CircularProgressIndicator가 렌더링되어 화면에 깜빡임이 생기게 됩니다. build() 함수에 기존 반환받았던 데이터값을 기억해두면 이 상황을 막을 수 있습니다. 그러면 같은 build() 함수가 두 번 이상 실행될 때는 snapshot.connectionState가 ConnectionState.waiting이더라도 snapshot.data에서 기존 실행했던 함수의 반환값을 받아볼 수 있습니다. 즉 화면이 깜빡거리는 현상을 막을 수 있습니다. 그래서 snapshot.

connectionState 대신에 snapshot.hasData를 사용해서 로딩 상태를 인지하는 겁니다.

05 이제 아고라 API를 활성화시킬 차례입니다. 활성화는 세 단계입니다. 첫 번째로 아고라의 RtcEngine을 활성화해줘야 합니다. 활성화하면서 각종 이벤트를 받을 수 있는 콜백 함수도 설정합니다. 두 번째로는 RtcEngine을 통해서 사용하는 핸드폰의 카메라를 활성화해줍니다. 마지막으로는 미리 받아둔 아고라 API 상수값들을 사용해서 testchannel에 참여하면 됩니다.

lib/screen/cam_screen.dart

```dart
import 'package:agora_rtc_engine/agora_rtc_engine.dart';
import 'package:video_call/const/agora.dart';
... 생략 ...
class _CamScreenState extends State<CamScreen> {
  RtcEngine? engine; // 아고라 엔진을 저장할 변수
  int? uid;        // 내 ID
  int? otherUid;   // 상대방 ID

  Future<bool> init() async {
    final resp = await [Permission.camera, Permission.microphone].request();

    final cameraPermission = resp[Permission.camera];
    final micPermission = resp[Permission.microphone];

    if (cameraPermission != PermissionStatus.granted ||
        micPermission != PermissionStatus.granted) {
      throw '카메라 또는 마이크 권한이 없습니다.';
    }

    if (engine == null) {
      // ❶ 엔진이 정의되지 않았으면 새로 정의하기
      engine = createAgoraRtcEngine();

      // 아고라 엔진을 초기화합니다.
      await engine!.initialize(

        // 초기화할 때 사용할 설정을 제공합니다.
        RtcEngineContext(

          // 미리 저장해둔 APP ID를 입력합니다.
          appId: APP_ID,
```

```
        // 라이브 동영상 송출에 최적화합니다.
        channelProfile: ChannelProfileType.channelProfileLiveBroadcasting,
      ),
    );

    engine!.registerEventHandler(
      // ❷ 아고라 엔진에서 받을 수 있는 이벤트 값들 등록
      RtcEngineEventHandler(
        onJoinChannelSuccess: (RtcConnection connection, int elapsed) {

          // ❸ 채널 접속에 성공했을 때 실행
          print('채널에 입장했습니다. uid : ${connection.localUid}');
          setState(() {
            this.uid = connection.localUid;
          });
        },
        onLeaveChannel: (RtcConnection connection, RtcStats stats) {
          // ❹ 채널을 퇴장했을 때 실행
          print('채널 퇴장');
          setState(() {
            uid = null;
          });
        },
        onUserJoined: (RtcConnection connection, int remoteUid, int elapsed) {

          // ❺ 다른 사용자가 접속했을 때 실행
          print('상대가 채널에 입장했습니다. uid : $remoteUid');
          setState(() {
            otherUid = remoteUid;
          });
        },
        onUserOffline: (RtcConnection connection, int remoteUid,
            UserOfflineReasonType reason) {

          // ❻ 다른 사용자가 채널을 나갔을 때 실행
          print('상대가 채널에서 나갔습니다. uid : $uid');
          setState(() {
            otherUid = null;
```

```dart
          });
        },
      ),
    );

    // 엔진으로 영상을 송출하겠다고 설정합니다.
    await engine!.setClientRole(role: ClientRoleType.clientRoleBroadcaster);
    await engine!.enableVideo();  // ❼ 동영상 기능을 활성화합니다.
    await engine!.startPreview(); // 카메라를 이용해 동영상을 화면에 실행합니다.
    // 채널에 들어가기
    await engine!.joinChannel(

      // ❽ 채널 입장하기
      token: TEMP_TOKEN,
      channelId: CHANNEL_NAME,

      // 영상과 관련된 여러 가지 설정을 할 수 있습니다.
      // 현재 프로젝트에서는 불필요합니다.
      options: ChannelMediaOptions(),
      uid: 0,
    );
  }

  return true;
}
... 생략 ...
```

❶ engine값이 null인지 확인하고 null이면 새로운 engine을 생성하는 로직을 실행합니다. ❷ RtcEngine에 이벤트 콜백 함수들을 등록하는 함수입니다. RtcEngineEventHandler 클래스를 사용하면 됩니다. ❸ 내가 채널에 입장했을 때 실행되는 함수입니다. 채널에 입장한 상태면 uid 변수에 나의 고유 ID를 기억해둡니다.

- **connection** : 영상 통화 정보에 관련된 값. connection.localUid로 내 ID를 가져올 수 있습니다.
- **elapsed** : joinChannel을 실행한 후 콜백이 실행되기까지 걸린 시간

❹ 내가 채널에서 나갔을 때 실행되는 콜백 함수입니다. 채널에서 나갔으니 uid를 null로 변환합

니다. ❺ 상대방이 채널에 입장했을 때 실행되는 함수입니다. 상대방의 고유 ID를 otherUid 변수에 저장합니다.

- **connection** : 영상 통화 정보에 관련된 값. connection.localUid로 내 ID를 가져올 수 있습니다.
- **remoteUid** : 상대방 고유 ID
- **elapsed** : 내가 채널을 들어왔을 때부터 상대가 들어올 때까지 걸린 시간

❻ 상대방이 채널에서 나갔을 때 실행되는 함수입니다. otherUid값을 null로 지정해줍니다.

- **connection** : 영상 통화 정보에 관련된 값. connection.localUid로 내 ID를 가져올 수 있습니다.
- **remoteUid** : 상대방 고유 ID
- **reason** : 방에서 나가게 된 이유(직접 나가기 또는 네트워크 끊김 등)

❼ 내 카메라를 활성화시킵니다. ❽ 채널에 입장합니다. token 매개변수에는 아고라 토큰을 입력하고 channelId 매개변수에는 입장할 채널을 입력합니다. options 매개변수는 영상 송출과 관련된 여러 옵션을 상세하게 지정할 수 있지만 이번 프로젝트에서는 기본 설정을 사용합니다. 마지막 매개변수는 내 고유 ID를 지정하는 곳입니다. 0을 입력하면 자동으로 고유 ID가 배정됩니다.

06 testchannel에 참여하는 코드를 작성했지만 화면에 아직 아무것도 실행되지 않고 있습니다. 그 이유는 RtcEngine에서 송수신하는 정보를 화면에 그려주는 코드를 아직 작성하지 않았기 때문입니다. renderMainView()와 renderSubView() 함수를 작성해서 각각 상대방의 화면과 내 화면을 보여주겠습니다.

lib/screen/cam_screen.dart
```
... 생략 ...
class _CamScreenState extends State<CamScreen> {

... 생략 ...
 // build() 함수 바로 아래에 작성하면 됩니다.

 // ❶ 내 핸드폰이 찍는 화면 렌더링
 Widget renderSubView(){
   if(uid != null){
     // AgoraVideoView 위젯을 사용하면
     // 동영상을 화면에 보여주는 위젯을 구현할 수 있습니다.
     return AgoraVideoView(
       // VideoViewController를 매개변수로 입력해주면
```

```dart
        // 해당 컨트롤러가 제공하는 동영상 정보를
        // AgoraVideoView 위젯을 통해 보여줄 수 있습니다.
        controller: VideoViewController(
          rtcEngine: engine!,

          // VideoCanvas에 0을 입력해서 내 영상을 보여줍니다.
          canvas: const VideoCanvas(uid: 0),
        ),
      );
    }else{

      // 아직 내가 채널에 접속하지 않았다면
      // 로딩 화면을 보여줍니다.
      return CircularProgressIndicator();
    }
  }

  Widget renderMainView() {  // ❷ 상대 핸드폰이 찍는 화면 렌더링
    if (otherUid != null) {
      return AgoraVideoView(
        // VideoViewController.remote 생성자를 이용하면
        // 상대방의 동영상을 AgoraVideoView 그려낼 수 있습니다.
        controller: VideoViewController.remote(
          rtcEngine: engine!,

          // uid에 상대방 ID를 입력해줍니다.
          canvas: VideoCanvas(uid: otherUid),
          connection: const RtcConnection(channelId: CHANNEL_NAME),
        ),
      );
    } else {
      // 상대가 아직 채널에 들어오지 않았다면
      // 대기 메시지를 보여줍니다.
      return Center(
        child: const Text(
          '다른 사용자가 입장할 때까지 대기해주세요.',
          textAlign: TextAlign.center,
        ),
      );
```

```
    ❶ }
   ❷ }
  }
```

❶ 내 핸드폰이 찍는 화면을 렌더링하는 함수입니다. uid가 null이 아닐 때는 채널에 입장한 상태이니 AgoraVideoView의 controller 매개변수에 VideoViewController()를 입력해서 내 핸드폰에서 찍는 화면을 보여줍니다.

❷ renderSubView()와 반대로 상대방의 핸드폰에서 찍는 화면을 보여주는 역할을 합니다. AgoraVideoView의 controller 매개변수에 VideoViewController.remote()를 입력해줘서 상대의 화면을 보여줍니다.

07 이제 작성한 함수를 build() 함수에 입력해서 화면에 보여줄 차례입니다. 동영상 플레이어 앱에서 사용했던 Stack 위젯을 이용해서 상대방의 화면 위에 내 화면을 쌓는 방식으로 화면을 구현하겠습니다.

lib/screen/cam_screen.dart
```
... 생략 ...
class _CamScreenState extends State<CamScreen> {
  ... 생략 ...
  @override
  Widget build(BuildContext context) {
    return Scaffold(
      appBar: AppBar(
        title: Text('LIVE'),
      ),
      body: FutureBuilder(
        future: init(),
        builder: (BuildContext context, AsyncSnapshot snapshot) {
          if (snapshot.hasError) {
            return Center(
              child: Text(
                snapshot.error.toString(),
              ),
            );
          }

          if (!snapshot.hasData) {
            return Center(
```

```
          child: CircularProgressIndicator(),
        );
      }

      return Stack(
        children: [
          renderMainView(), // 상대방이 찍는 화면
          Align( // 내가 찍는 화면
            alignment: Alignment.topLeft, // 왼쪽 위에 위치
            child: Container(
              color: Colors.grey,
              height: 160,
              width: 120,
              child: renderSubView(),
            ),
          ),
        ],
      );
    },
  ),
);
}
... 생략 ...
}
```

08 마지막으로 [나가기] 버튼을 설계하겠습니다. 뒤로 가기 기능은 내비게이션 설명을 할 때 배웠듯이 pop() 함수를 사용하면 간단히 구현할 수 있습니다.

lib/screen/cam_screen.dart

```
... 생략 ...
class _CamScreenState extends State<CamScreen> {
  ... 생략 ...
  @override
  Widget build(BuildContext context) {
    return Scaffold(
      appBar: AppBar(
        title: Text('LIVE'),
      ),
      body: FutureBuilder(
        // ❶ Future값을 기반으로 위젯 렌더링
```

```
        future: init(),
        builder: (BuildContext context, AsyncSnapshot snapshot) {
          ... 생략 ...
          // 기존 'return Stack(' 코드를 수정하세요.
          return Column(
            crossAxisAlignment: CrossAxisAlignment.stretch,
            children: [
              Expanded(
                child: Stack(   // children 위젯들을 순서대로 위로 쌓아주기
                  children: [
                    renderMainView(), // 화면 전체에 상대방 카메라가 찍는 영상 배치하기
                    Align(
                      alignment: Alignment.topLeft,
                                  // 위 좌측에 내 카메라가 찍는 영상 배치하기
                      child: Container(
                        color: Colors.grey,
                        height: 160,
                        width: 120,
                        child: renderSubView(),
                      ),
                    ),
                  ],
                ),
              ),
              Padding(
                padding: EdgeInsets.symmetric(horizontal: 8.0),
                child: ElevatedButton(  // 뒤로 가기 기능 및 채널 퇴장 기능
                  onPressed: () async {
                    if(engine != null){
                      await engine!.leaveChannel();
                    }

                    Navigator.of(context).pop();
                  },
                  child: Text('채널 나가기'),
                ),
              ),
            ],
          );
```

```
        },
      ),
    );
  }
  ... 생략 ...
}
```

13.5 테스트하기

❶ 안드로이드 스튜디오에서 [Run] 버튼을 눌러서 안드로이드 에뮬레이터 또는 실제 기기에서 앱을 실행해보세요.

❷ 1번 기기에서 앱이 잘 실행되는 걸 확인한 후 [입장하기] 버튼을 눌러서 화상 통화 채널에 접속합니다.

❸ 2번 기기에서 앱이 잘 실행되는 걸 확인한 후 [입장하기] 버튼을 눌러서 화상 통화 채널에 접속합니다.

❹ 1번 기기의 화면과 2번 기기의 화면이 서로에게 잘 송출되는 걸 확인한 후 [나가기] 버튼을 눌러서 화상 통화를 종료합니다.

> **TIP** 기기가 하나뿐이라면 아고라에서 제공하는 웹사이트를 활용해 동영상이 송출되는지 테스트해보세요. 앱을 실행하고 아고라 웹데모 사이트에 미리 저장해둔 상수값들(App ID, Token, Channel Name)을 입력하고 영상 통화를 테스트하면 됩니다.
>
> • https://webdemo.agora.io/basicVideoCall/index.html

학습 마무리

이번 프로젝트에서는 '영상 통화' 앱을 구현했습니다. 현대에는 영상 통화 기술이 SNS의 필수 요소 중 하나로 자리잡고 있어서 초보 개발자들이 구현법을 많이 궁금해하는 기술입니다. 아고라 API라는 유료 서비스를 사용해서 구현했지만 직접 WebRTC를 구현하더라도 연동 방식은 비슷합니다. 이로써 영상 통화 구현에 대한 막연한 장벽이 어느 정도 해소됐기를 바랍니다.

핵심 요약

1 **WebRTC**는 현대에서 영상 통화에 가장 많이 사용하는 오픈 소스 프로토콜입니다. 실시간으로 오디오 통화, 비디오 통신 그리고 P2P 파일 공유를 할 수 있습니다.
2 **내비게이션**은 스크린을 전환할 때 사용하는 클래스입니다.
3 **아고라 API**를 사용하면 WebRTC 기술이 잘 구현된 서비스를 이용할 수 있습니다.
4 **카메라 권한**과 **마이크 권한**을 받으면 동영상 촬영 기능을 구현할 수 있습니다. iOS에서의 권한은 Info.plist에서, 안드로이드에서의 권한은 android/app/src/main/AndroidManifest.xml에서 설정합니다.

업그레이드 아이디어

1 상대방을 고를 수 있는 기능을 구현해보세요.
2 화면을 탭하면 상대방 화면이 크게 나오고 내 화면이 작아지도록 기능을 구현해보세요.

Chapter 14

Project
오늘도 출첵
구글 지도, Geolocator 플러그인, 다이얼로그

Project 오늘도 출첵 ★★★☆

내 현재 위치와
회사 위치 확인

출근 가능 위치에서
출근하기 누르기

출근하기 눌러서
출근

예제 위치	https://github.com/codefactory-co/flutter-golden-rabbit-novice-v3/tree/main/ch14
프로젝트명	chool_check
개발 환경	플러터 SDK : 3.24.4
미션	출근 체크 기능이 있는 앱을 구현해봐요.
기능	• 구글 지도를 활용해서 지도 UI를 구현해봐요. • 현재 위치를 지도에 보여줘요. • [현재 위치로 이동] 버튼을 눌러서 GPS상의 현재 위치로 이동해요. • 출근 가능한 위치로 이동하면 [출근하기] 버튼을 눌러서 출근 체크를 할 수 있어요. • 출근 가능한 위치가 아니라면 [출근하기] 버튼이 보이지 않아요.
조작법	• 출근 체크가 가능한 위치로 GPS 이동(실제 기기에서는 실제 위치, 시뮬레이터 또는 에뮬레이터에서는 가상 위치) • [출근하기] 버튼 탭 후 출근 체크
핵심 구성요소	• 구글 지도 • Geolocator • 다이얼로그
플러그인	• google_maps_flutter: 2.9.0 • geolocator: 13.0.1

#MUSTHAVE

학습 목표

구글 지도를 사용해서 위치 기반 앱을 구현하는 방법을 알아봅니다. 구글 지도 위에 현재 위치를 마커로 표시하고 위치 간 거리를 계산하는 방법도 알아봅니다.

학습 순서

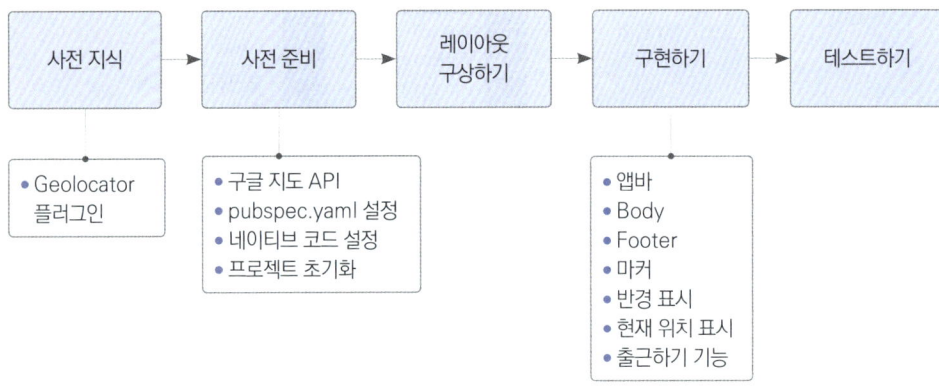

프로젝트 구상하기

이번 프로젝트에서 가장 집중할 핵심 요소는 지도 기반 위치 서비스입니다. '오늘도 출첵'은 정해둔 특정 위치의 위도, 경도부터 100미터 이내에서 출근 체크 기능을 제공하는 앱입니다. 우선 구글 클라우드 플랫폼 콘솔에서 API 키를 발급받고 구글 지도 API를 사용해서 회사 건물 위치, 출근 가능 영역 그리고 현재 나의 위치를 지도 위에 표현하는 방법을 알아보겠습니다. 마지막으로 건물 위치와 내 현재 위치가 몇 미터가 떨어져 있는지 계산해서 출근 체크를 할 수 있는 거리인지 확인하는 기능도 구현하겠습니다.

14.1 사전 지식

14.1.1 Geolocator 플러그인

Geolocator 플러그인은 지리와 관련된 기능을 쉽게 사용할 수 있는 플러그인입니다. Geolocator 기능은 크게 세 가지입니다. 첫 번째로 위치 서비스를 사용할 수 있는 권한이 있는지 확인하고 권한을 요청합니다. 두 번째로 현재 GPS 위치가 바뀔 때마다 현재 위칫값을 받을 수 있는 기능을 사용합니다. 마지막으로 현재 위치와 회사 건물 간의 거리를 계산합니다.

위치 서비스 권한 확인하기

위치 서비스를 사용할 수 있는 상태인지 파악하는 과정은 2단계입니다. 첫 번째로 기기의 위치 서비스가 활성화되어 있는지 확인해야 합니다. 기기에서 위치 서비스를 꺼놓았다면 앱에서 위치 서비스에 대한 권한이 있더라도 위치 서비스 기능을 사용할 수 없습니다. 두 번째로 앱에서 위치 서비스 권한을 요청하고 허가받아야 합니다. 기기의 위치 서비스 기능이 켜졌더라도 안드로이드와 iOS는 유저로부터 앱에서 위치 서비스 권한을 직접 허가받고 사용하도록 설계되어 있습니다.

기기의 위치 서비스 기능이 켜졌는지 확인하는 데 isLocationServiceEnabled( ) 함수를 사용하면 됩니다. boolean값으로 활성화되어 있으면 true, 아니면 false를 반환합니다.

```
final isLocationEnabled = await Geolocator.isLocationServiceEnabled();
```

앱에서 위치 서비스 기능을 사용할 수 있는 상태인지 확인하는 데 ❶ checkPermission( ) 함수를 사용하면 됩니다. 만약에 권한이 없다면 ❷ requestPermission( ) 함수를 사용해서 권한을 요청할 수 있습니다. 두 함수 모두 LocationPermission enum을 반환해주며 5가지 값 중 하나를 반환받을 수 있습니다.

```
final checkedPermission = await Geolocator.checkPermission();   // ❶ 권한 확인
final checkedPermission = await Geolocator.requestPermission(); // ❷ 권한 요청
```

▼ LocationPermission 반환값

LocationPermission	설명
denied	거절 상태. 한 번도 요청한 적이 없을 때도 기본으로 이 상태가 반환되며 requestPermission() 함수를 이용해서 다시 권한을 요청할 수 있습니다.
deniedForever	완전히 거절된 상태. 사용자가 명시적으로 권한을 허가하지 않은 상태이며 requestPermission() 함수를 다시 실행해도 권한 다이얼로그dialog가 실행되지 않습니다. 이 상태에선 기기의 설정 화면에서 사용자가 직접 권한을 허가해줘야 합니다.
whileInUse	앱 사용 중 허가 상태. 앱이 사용 중인 때만 허가된 권한입니다.
always	허가 상태. 권한이 100% 허가된 상태입니다.
unableToDetermine	알 수 없음. 위치 권한을 요청할 수 없는 특정 인터넷 브라우저에서 반환되는 값입니다. 앱에서는 해당 사항이 없습니다.

현재 위치 지속적으로 반환받기

Geolocator 플러그인의 getPositionStream( ) 함수를 사용하면 현재 위치가 변경될 때마다 현재 위칫값을 Position 클래스 형태로 주기적으로 반환받을 수 있습니다.

```
Geolocator.getPositionStream().listen((Position position) {
  print(position);
});
```

▼ Position 클래스 주요 속성

속성	설명
longitude	경도
latitude	위도
timestamp	위치가 확인된 날짜 및 시간
accuracy	위치 정확도. 특정 기기에서는 확인이 불가능할 수 있습니다.
speed	이동 속도. 특정 기기에서는 확인이 불가능할 수 있습니다.
speedAccuracy	이동 속도 정확도. 특정 기기에서는 확인이 불가능할 수 있습니다.

두 위치 간의 거리 구하기

Geolocator 플러그인의 distanceBetween( ) 함수를 실행하면 복잡한 함수를 직접 구현할 필요 없이 두 위치 간의 거리를 미터 단위로 반환받을 수 있습니다.

```
// 두 위치 간의 거리를 double값으로 반환
final distance = Geolocator.distanceBetween(
  sLat, // 시작점 위도
  sLng, // 시작점 경도
  eLat, // 끝지점 위도
  eLng, // 끝지점 경도
);
```

14.2 사전 준비

준비할 작업은 크게 두 가지입니다. 첫 번째로 구글 지도를 사용하도록 구글 API 키를 발급받아야 합니다. 구글 지도의 특정 기능들은 일정 사용량을 넘으면 유료이므로 앱별로 키를 발급받아 사용해야 합니다. 두 번째 작업은 네이티브 설정입니다. 발급받은 구글 API 키를 안드로이드와 iOS 네이티브 코드로 등록해야 합니다.

ToDo 01 먼저 실습에 사용할 프로젝트를 생성해주세요.
- **프로젝트 이름** : chool_check
- **네이티브 언어** : 코틀린

14.2.1 구글 지도 API 키 발급받기

구글 지도 API를 사용하려면 구글 지도 API 키를 발급받아야 합니다. 오래 전 구글이 클라우드 사업에 진출하며 대부분의 API 발급 시스템이 구글 클라우드 플랫폼으로 통합되었습니다. 이 과정에서 구글 지도도 구글 클라우드 플랫폼으로 병합되어서 구글 지도 API를 발급받으려면 구글 클라우드 플랫폼을 이용해야 합니다.

구글 클라우드 플랫폼으로 병합되기 전 구글 지도의 모든 기능은 무료였지만 현재는 부분 무료로 변경되었습니다. 기본 기능은 무료로 사용할 수 있으나 검색 서비스 및 길찾기 등의 기능은 유료입니다. 이번 프로젝트에서는 무료 기능만 사용하므로 과금 걱정 없이 사용해도 됩니다.

ToDo 구글 클라우드 플랫폼 접속 및 회원가입

01 구글에서 '구글 클라우드 플랫폼'을 검색하거나 https://cloud.google.com/gcp로 이동해 구글 클라우드 플랫폼으로 접속합니다.

02 접속 후 ❶ [로그인] 버튼을 눌러서 로그인 또는 회원가입을 진행한 후 ❷ [무료로 시작하기] 버튼을 눌러서 구글 클라우드 플랫폼 콘솔에 접속합니다. 기존에 구글 클라우드 계정이 있다면 로그인 후에 ❸ [콘솔]을 클릭해 콘솔에 접속합니다. 기존 회원은 **03**번 단계를 스킵하고 **04**번을 진행해주세요.

▼ 로그인 또는 회원 가입하기

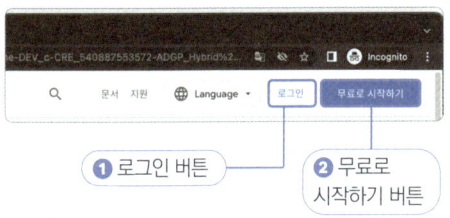

▼ 기존에 구글 클라우드 계정이 있을 때

03 총 3단계 절차에 따라 계정 정보 및 카드 정보를 입력해주세요. 구글 클라우드 플랫폼은 서비스를 사용 후 후불로 결제하는 시스템이니 카드 정보를 꼭 기입해야 서비스를 사용할 수 있습니다. 유료 기능을 사용하지 않으면 과금은 이루어지지 않습니다. 안심하고 등록해도 됩니다.

정보를 모두 정확히 입력하면 구글 클라우드 플랫폼 콘솔로 이동합니다. 이때 콘솔로 이동될 수도 있고 프로젝트 생성 페이지로 자동 이동될 수도 있습니다.

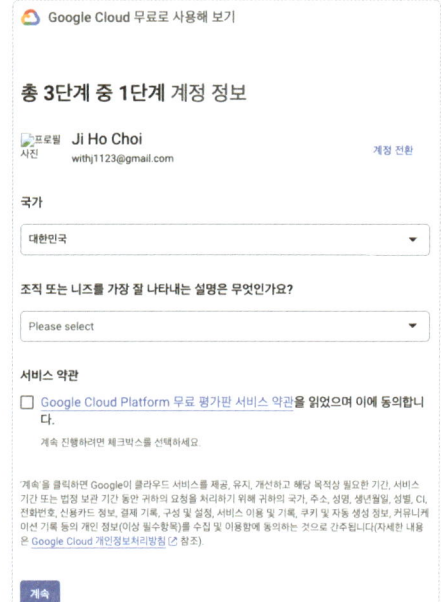

04 '오늘도 출첵' 앱을 만들며 사용할 프로젝트를 생성해야 합니다. ❶ [My First Project] 또는 해당 위치에 있는 [My Project]를 선택하고 → ❷ [새 프로젝트]를 클릭합니다.

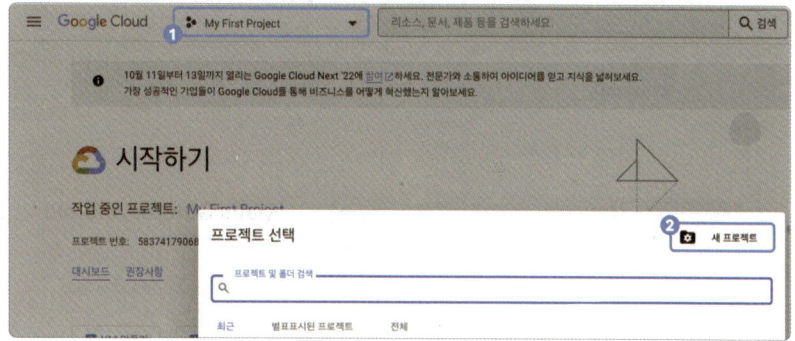

❸ 원하는 이름으로 프로젝트를 하나 생성해주세요. 저는 flutter-google-map-project로 이름을 지었습니다.

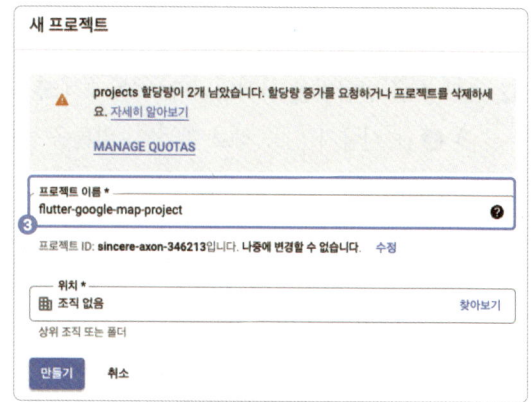

> **To Do** **API 키 발급받기**

01 여기까지 잘 따라오셨다면 프로젝트의 전반적인 상황을 모니터링할 수 있는 홈페이지로 이동되었을 겁니다. ❶ 상단 탐색창에 'Maps SDK for'를 입력하고 엔터를 치면 ❷ [Maps SDK for Android]와 ❸ [Maps SDK for iOS] 버튼이 보입니다. 이 두 버튼을 순서대로 클릭해서 [사용] 버튼을 눌러주면 현재 프로젝트에서 구글 지도를 사용하도록 설정할 수 있습니다. [Maps SDK for Android]와 [Maps SDK for iOS] 버튼은 상황에 따라 타일 또는 리스트로 표현되니 당황하지 말고 정확한 버튼을 찾아서 페이지로 이동한 후 기능을 활성화해주면 됩니다. 가입 절차와 상황에 따라 이미 SDK가 활성화되어 있을 수도 있습니다. 그럴 경우 추가로 활성화할 필요는 없습니다.

▼ 활성화하기

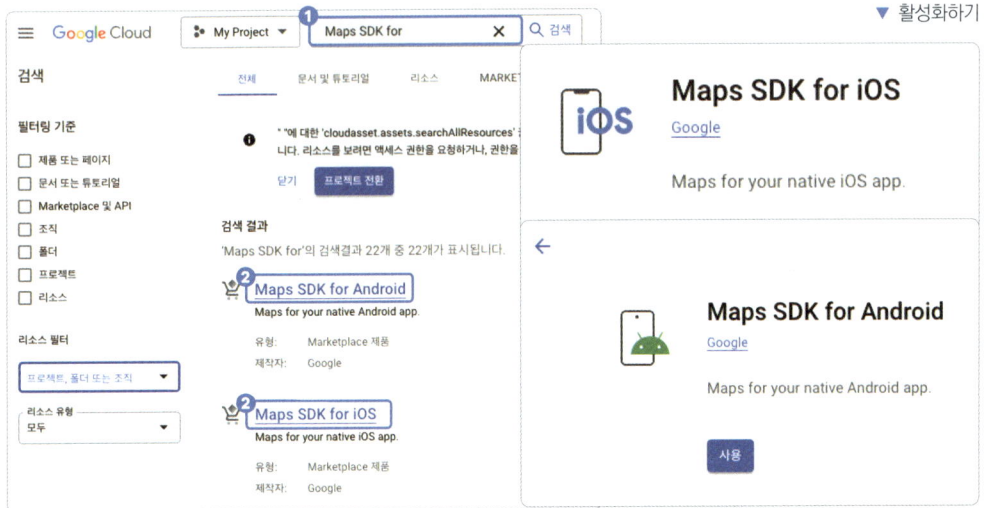

02 API 키를 발급받을 차례입니다. 메뉴에서 ❶ [API 및 서비스] → [사용자 인증 정보] 버튼을 누른 후 ❷ [+ 사용자 인증 정보 만들기] 버튼을 눌러서 사용자 인증 정보를 생성합니다. ❸ 팝업 메뉴에서 [API 키] 버튼을 클릭합니다.

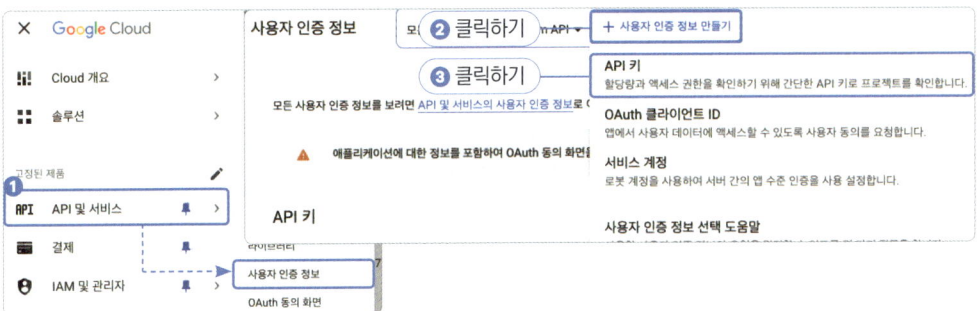

03 여기까지 잘 따라오면 화면에 팝업창이 하나 실행됩니다. 이 창의 중간에 적혀 있는 글자가 새로 발급된 ❶ 구글 지도 API 키입니다. 이 값을 잘 저장해두고 추후 프로젝트에 적용하면 됩니다.

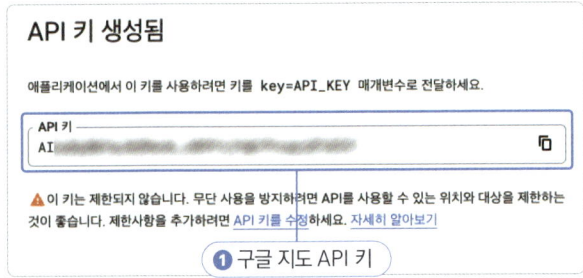

14.2.2 pubspec.yaml 설정하기

ToDo **01** 지도 기능을 제공해주는 google_maps_flutter 플러그인과 위치 관련 기능을 제공해주는 geolocator 플러그인을 다음과 같이 pubspec.yaml에 추가해주세요.

```yaml
dependencies:                                          # pubspec.yaml
  flutter:
    sdk: flutter

  cupertino_icons: ^1.0.8
  google_maps_flutter: 2.9.0
  geolocator: 13.0.1
```

02 [pub get]을 실행해서 변경 사항을 반영합니다.

14.2.3 네이티브 코드 설정하기

구글 지도를 사용하려면 안드로이드와 iOS 모두 네이티브 설정이 필요합니다. 구글 클라우드 플랫폼에서 발급받은 API 키를 안드로이드와 iOS 네이티브 파일에 모두 등록해줘야 구글 지도를 불러올 수 있습니다. 그리고 안드로이드에서는 최소 버전 설정이 필요하니 추가하겠습니다.

Android 설정

ToDo **01** android/app/src/main/AndroidManifest.xml에 상세 위치 권한과 미리 발급받은 구글 지도 API 키를 등록해줘야 합니다. ❶ 먼저 상세 위치 권한을 의미하는 ACCESS_FINE_LOCATION을 등록해줍니다. 그리고 manifest 태그의 application 태그 안에 ❷ meta-data 태그를 새로 생성해서 android:name값을 다음과 같이 입력하고 android:value값에 발급받은 API 키를 입력해주세요. 다음으로 geolocator 플러그인을 사용하기 위해 위치 권한을 추가하겠습니다.

```xml
                                    # android/app/src/main/AndroidManifest.xml
<manifest xmlns:android="http://schemas.android.com/apk/res/android">
    <!-- ❶ 상세 위치 권한 등록 -->
    <uses-permission
        android:name="android.permission.ACCESS_FINE_LOCATION" />
    <application
        android:label="chool_check">
```

```xml
        android:name="${applicationName}"
        android:icon="@mipmap/ic_launcher">
        <!-- ❷ 구글 지도 API 키 등록 -->
        <meta-data
            android:name="com.google.android.geo.API_KEY"
            android:value="API KEY를 여기에_입력" />
    ... 생략 ...
</manifest>
```

여러분의 구글 지도 API 키를 여기에 넣어주세요

iOS 설정

To Do **01** ios/Runner/AppDelegate.swift 파일을 열어주고 파일 내용을 다음 코드로 완전히 덮어쓰기 해주면 됩니다. 그다음 "API_KEY_여기에_입력"이라고 적힌 부분에 구글 지도 API 키를 입력해줍니다.

ios/Runner/AppDelegate.swift

```swift
import UIKit
import Flutter
import GoogleMaps

@UIApplicationMain
@objc class AppDelegate: FlutterAppDelegate {
 override func application(
    _ application: UIApplication,
    didFinishLaunchingWithOptions launchOptions:
[UIApplication.LaunchOptionsKey: Any]?
 ) -> Bool {
    GMSServices.provideAPIKey("API_KEY_여기에_입력")
    GeneratedPluginRegistrant.register(with: self)
    return super.application(application, didFinishLaunchingWithOptions: launchOptions)
 }
}
```

여러분의 구글 지도 API 키를 여기에 넣어주세요

02 마지막으로 권한 요청 메시지를 작업하겠습니다.

ios/Runner/Info.plist

```xml
... 생략 ...
<dict>
  ... 생략 ...
  <key>NSLocationWhenInUseUsageDescription</key>
```

```
    <string>위치 정보가 필요합니다.</string>
    <key>NSLocationAlwaysUsageDescription</key>
    <string>위치 정보가 필요합니다.</string>
</dict>
</plist>
```

14.2.4 프로젝트 초기화하기

To Do 01 [lib] 폴더에 [screen] 폴더를 생성하고 앱의 기본 홈 화면으로 사용할 HomeScreen 위젯을 생성할 home_screen.dart를 생성합니다. 다음과 같이 HomeScreen이라는 StatelessWidget을 생성해주세요.

```dart
// lib/screen/home_screen.dart
import 'package:flutter/material.dart';

class HomeScreen extends StatelessWidget {
  const HomeScreen({Key? key}) : super(key: key);

  @override
  Widget build(BuildContext context) {
    return Scaffold(
      body: Text('Home Screen'),
    );
  }
}
```

02 lib/main.dart 파일에서도 마찬가지로 HomeScreen을 홈 위젯으로 등록해줘야 합니다.

```dart
// lib/main.dart
import 'package:chool_check/screen/home_screen.dart';
import 'package:flutter/material.dart';

void main() {
  runApp(
    MaterialApp(
      home: HomeScreen(),
    ),
  );
}
```

14.3 레이아웃 구상하기

'오늘도 출첵' 프로젝트는 ❶ AppBar, ❷ Body, ❸ Footer로 3등분된 한 화면에서 모든 작업이 이루어집니다. ❶ AppBar 중앙에 타이틀을 위치시킵니다. ❷ Body 위젯은 구글 지도를 보여주는 역할을 합니다. 회사의 정확한 위치에 마커를 띄우고 도형을 사용해서 출근 체크가 가능한 영역을 표시해줘야 합니다. ❸ Footer 위젯은 출근하기 기능을 구현할 영역입니다. 현재 GPS 위치가 출근 체크가 가능한 위치라면 [출근하기] 버튼이 보이고 아니면 버튼이 보이지 않게 구현하겠습니다.

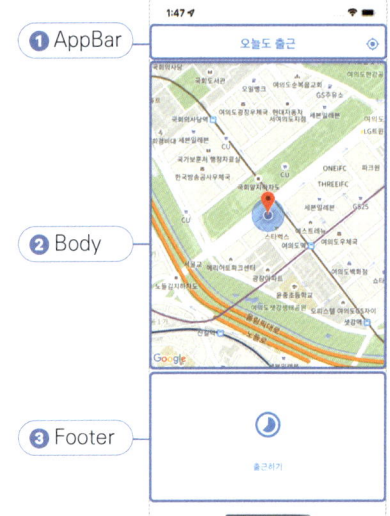

14.4 구현하기

구글 지도를 사용한다는 점만 제외하면 지금까지 배운 지식으로 UI를 충분히 직접 구현할 수 있는 프로젝트입니다. UI 레이아웃을 구현한 다음 화면에 구글 지도를 실행하는 방법을 알아보겠습니다. 추가적으로 구글 지도에 마커를 생성하고 원으로 영역을 표시하고 현재 위치를 표시하는 방법까지 실습한 후, 버튼을 눌렀을 때 현재 위치로 지도를 자동으로 이동하는 방법까지 알아보겠습니다.

14.4.1 앱바 구현하기

ToDo **01** 앱바 구현은 크게 어렵지 않습니다. 우선 renderAppBar()라는 함수를 코딩해서 AppBar 위젯을 따로 정리하겠습니다. AppBar의 title 매개변수에 "오늘도 출첵"이라는 글자를 보여줄 Text 위젯을 넣어줍니다.

lib/screen/home_screen.dart

```
import 'package:flutter/material.dart';

class HomeScreen extends StatelessWidget {
  const HomeScreen({Key? key}) : super(key: key);

  @override
```

```dart
Widget build(BuildContext context) {
  return Scaffold(
    appBar: renderAppBar(),
    body: Text('Home Screen'),
  );
}

AppBar renderAppBar() {
  // AppBar를 구현하는 함수
  return AppBar(
    centerTitle: true,
    title: Text(
      '오늘도 출첵',
      style: TextStyle(
        color: Colors.blue,
        fontWeight: FontWeight.w700,
      ),
    ),
    backgroundColor: Colors.white,
  );
}
```

14.4.2 Body 구현하기

ToDo **01** 지도에 워낙 복잡해보이는 요소가 많다 보니 구글 지도를 활용하는 게 어려울 것 같다고 느낄 수 있습니다. 하지만 구글 지도를 구현하는 방법은 생각보다 매우 간단합니다. 우선 초기에 지도를 보여줄 위치를 입력해야 하니 회사의 위도, 경도 정보를 LatLng 클래스에 저장하겠습니다. 다음에 Scaffold 위젯의 body 매개변수에 GoogleMap 위젯을 넣어줘서 화면에 지도를 렌더링하겠습니다.

lib/screen/home_screen.dart

```dart
import 'package:flutter/material.dart';
import 'package:google_maps_flutter/google_maps_flutter.dart';

class HomeScreen extends StatelessWidget {
  static final LatLng companyLatLng = LatLng(  // ① 지도 초기화 위치
    37.5233273,  // 위도
```

```
      126.921252, // 경도
    );

    const HomeScreen({Key? key}) : super(key: key);

    @override
    Widget build(BuildContext context) {
      return Scaffold(  // ❷ 지도 위치 지정
        appBar: renderAppBar(),
        body: GoogleMap(
          initialCameraPosition: CameraPosition(
            target: companyLatLng,
            zoom: 16, // 확대 정도 (높을수록 크게 보임)
          ),
        ),
      );
    }
    ... 생략 ...
}
```

▼ 실행 결과

❶ LatLng 클래스는 위도와 경도로 특정 위치를 표현할 수 있는 클래스입니다. 첫 번째 매개변수에 latitude에 해당되는 위도를 입력해주고 두 번째 매개변수에 longitude에 해당되는 경도를 입력해주면 됩니다.

❷ GoogleMap 위젯에는 필수로 입력해야 하는 initialCameraPosition 매개변수가 있습니다. 이 매개변수에는 CameraPosition이라는 클래스를 입력해주면 됩니다. CameraPosition의 target 매개변수에는 지도의 중심이 될 위치를 LatLng으로 입력할 수 있고 확대 정도를 의미하는 zoom을 double로 입력할 수 있습니다.

02 앱을 실행하면 평소보다 빌드 및 로딩이 오래 걸릴 겁니다. 그 이유는 구글 관련 패키지를 내려받고 빌드하는 과정 때문입니다. 하지만 첫 빌드 이후에는 핫 리로드를 활용할 수 있기 때문에 빌드 시간에 대해 걱정할 필요가 없습니다. 빌드가 완료되면 AppBar 아래에 구글 지도가 보입니다. 첫 위치는 initialCameraPosition에 입력한 위치입니다.

14.4.3 Footer 구현하기

ToDo **01** 마지막으로 footer를 구현합니다. 현재 GoogleMap 위젯이 화면 전체를 차지하고 있으니 footer와 body가 화면을 나눠서 차지하도록 Column 위젯에 감싼 후 body와 footer의 화면 차지 비율을 2:1로 구현하겠습니다.

```dart
... 생략 ...
class HomeScreen extends StatelessWidget {
  ... 생략 ...
  @override
  Widget build(BuildContext context) {
    return Scaffold(
      appBar: renderAppBar(),
      body: Column(
        children: [
          Expanded( // 2/3만큼 공간 차지
            flex: 2,
            child: GoogleMap(
              initialCameraPosition: CameraPosition(
                target: companyLatLng,
                zoom: 16,
              ),
            ),
          ),
          Expanded( // 1/3만큼 공간 차지
            child: Column(
              mainAxisAlignment: MainAxisAlignment.center,
              children: [
                Icon( // 시계 아이콘
                  Icons.timelapse_outlined,
                  color: Colors.blue,
                  size: 50.0,
                ),
                const SizedBox(height: 20.0),
                ElevatedButton( // [출근하기] 버튼
                  onPressed: () {},
                  child: Text('출근하기!'),
                ),
              ],
            ),
          ),
```

lib/screen/home_screen.dart

▼ 실행 결과

```
      ),
    ],
   ),
  );
}
  ... 생략 ...
}
```

02 코드를 저장해서 핫 리로드를 실행하면 기능은 없지만 거의 완성된 UI를 볼 수 있습니다.

14.4.4 위치 권한 관리하기

ToDo 01 기기 자체의 GPS 사용 권한을 확인하고 앱에서 위치 서비스를 사용할 수 있는지 확인한 후 위치 권한을 사용할 수 없는 상태면 권한을 재요청하는 로직을 구현할 차례입니다. 모든 권한이 허가되면 "위치 권한이 허가되었습니다."라는 String값을 반환해주고 아니면 문제되는 사항에 대한 정보가 담긴 String값을 반환하는 checkPermission() 함수를 HomeScreen 위젯에 구현 하겠습니다.

lib/screen/home_screen.dart
```
import 'package:geolocator/geolocator.dart';
... 생략 ...
class HomeScreen extends StatelessWidget {
  ... 생략 ...
  // renderAppBar() 함수 아래에 입력하기
  Future<String> checkPermission() async {
    final isLocationEnabled = await Geolocator.isLocationServiceEnabled();
    // 위치 서비스 활성화 여부 확인

    if (!isLocationEnabled) {  // 위치 서비스 활성화 안 됨
      return '위치 서비스를 활성화해주세요.';
    }

    LocationPermission checkedPermission = await Geolocator.checkPermission();
    // 위치 권한 확인

    if (checkedPermission == LocationPermission.denied) {  // 위치 권한 거절됨

      // 위치 권한 요청하기
      checkedPermission = await Geolocator.requestPermission();
```

```
    if (checkedPermission == LocationPermission.denied) {
      return '위치 권한을 허가해주세요.';
    }
  }

  // 위치 권한 거절됨 (앱에서 재요청 불가)
  if (checkedPermission == LocationPermission.deniedForever) {
    return '앱의 위치 권한을 설정에서 허가해주세요.';
  }

  // 위 모든 조건이 통과되면 위치 권한 허가 완료
  return '위치 권한이 허가 되었습니다.';
}
```

02 checkPermission() 함수를 작성했으니 이 함수를 실행할 위치를 찾고 만약에 권한이 없을 때 어떻게 대응할지 고민해야 합니다. 앱마다 모두 권한을 처리하는 방식과 기획이 다르기 때문에 '정석'은 존재하지 않습니다. 앱 권한이 없을 경우 앱을 사용하지 못하는 기획이라는 가정으로 코드를 작성하겠습니다. checkPermission() 함수는 Future값을 반환하는 함수이기 때문에 FutureBuilder를 사용해서 손쉽게 함수의 값에 따라 변경되는 UI 로직을 구현할 수 있습니다. 만약 ❶ 로딩 상태면 CircularProgressIndicator를 반환해주고, ❷ 허가를 받은 상태면 구글 지도를 보여주겠습니다. ❸ 마지막으로 허가를 받지 못한 상태라면 반환받은 메시지를 화면의 정 가운데에 보여주겠습니다.

lib/screen/home_screen.dart

```
... 생략 ...
class HomeScreen extends StatelessWidget {
  ... 생략 ...
  @override
  Widget build(BuildContext context) {
    return Scaffold(
      appBar: renderAppBar(),
      body: FutureBuilder<String>(
        future: checkPermission(),
        builder: (context, snapshot) {
          // ❶ 로딩 상태
          if (!snapshot.hasData &&
```

```dart
          snapshot.connectionState == ConnectionState.waiting) {
        return Center(
          child: CircularProgressIndicator(),
        );
      }

      // ❷ 권한 허가된 상태
      if(snapshot.data == '위치 권한이 허가 되었습니다.'){

        // 기존 Column 위젯 관련 코드
        return Column(
          children: [
            Expanded(  // 2/3만큼 공간 차지
              flex: 2,
              child: GoogleMap(
                initialCameraPosition: CameraPosition(
                  target: companyLatLng,
                  zoom: 16,
                ),
              ),
            ),
            Expanded(   // 1/3만큼 공간 차지
              child: Column(
                mainAxisAlignment: MainAxisAlignment.center,
                children: [
                  Icon(   // 시계 아이콘
                    Icons.timelapse_outlined,
                    color: Colors.blue,
                    size: 50.0,
                  ),
                  const SizedBox(height: 20.0),
                  ElevatedButton(  // [출근하기] 버튼
                    onPressed: () {},
                    child: Text('출근하기!'),
                  ),
                ],
              ),
            ],
          );
```

```
          }
        // ❸ 권한 없는 상태
        return Center(
          child: Text(
            snapshot.data.toString(),
          ),
        );
      }
    ),
  );
}
... 생략 ...
}
```

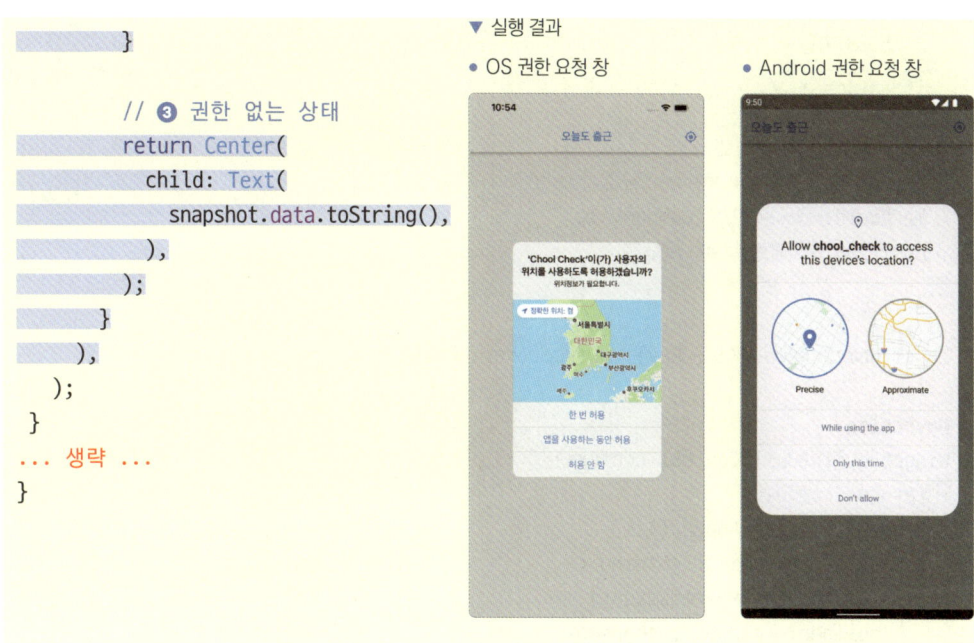

▼ 실행 결과
- OS 권한 요청 창
- Android 권한 요청 창

03 핫 리로드를 실행하면 FutureBuilder에 입력한 future() 함수가 바로 실행되면서 권한을 요청하는 팝업창이 뜨는 걸 볼 수 있습니다. 여기서 권한을 허가해주지 않으면 설계한 대로 화면의 중심에 에러 메시지를 보여주고 허가해주면 구글 지도를 볼 수 있습니다. 구글 지도를 사용해야 하니 당연히 "앱을 사용하는 동안 허용"을 눌러주겠습니다. 안드로이드와 iOS 모두 비슷한 형태로 권한이 요청되나 OS의 버전별로 약간씩 UI나 글자가 바뀔 수 있습니다.

14.4.5 화면에 마커 그리기

ToDo **01** 이제 정확한 회사의 위치를 마커로 표시해줘야 합니다. 우선 구글 지도 플러그인이 제공하는 Marker 클래스를 사용해서 각 마커별로 ID를 정해주고 위치를 입력해줍니다. 그다음 GoogleMaps 위젯의 markers 매개변수에 Set 형태로 원하는 만큼 Marker값들을 넣어주면 됩니다. Marker를 사용할 때 유의할 점은 markerId에 꼭 유일한 값을 넣어줘야 한다는 점입니다. 만약에 같은 값이 사용되면 Set 안에 넣었을 때 중복되는 마커는 화면에 표시되지 않습니다.

lib/screen/home_screen.dart
```
... 생략 ...
class HomeScreen extends StatelessWidget {
  static final LatLng companyLatLng = LatLng(
```

```dart
    37.5233273,
    126.921252,
);
// 회사 위치 마커 선언
static final Marker marker = Marker(
   markerId: MarkerId('company'),
   position: companyLatLng,
);

const HomeScreen({Key? key}) : super(key: key);

@override
Widget build(BuildContext context) {
  return Scaffold(
    appBar: renderAppBar(),
    body: FutureBuilder<String>(
      future: checkPermission(),
      builder: (context, snapshot) {
          ... 생략 ...
        if(snapshot.data == '위치 권한이 허가 되었습니다.'){
          return Column(
            children: [
              Expanded(
                flex: 2,
                child: GoogleMap(
                  initialCameraPosition: CameraPosition(
                    target: companyLatLng,
                    zoom: 16,
                  ),
                  markers: Set.from([marker]), // Set로 Marker 제공
... 생략 ...
```

02 코드를 저장하면 간단하게 지도 위에 기본 마커가 나타납니다.

14.4.6 현재 위치 반경 표시하기

ToDo 01 현재 위치에서 반경을 원 모양으로 표시하겠습니다. 마커를 표시하는 방법과 거의 같습니다. Marker 클래스 대신에 Circle 클래스를 사용하면 됩니다. 반경의 색상, 반지름 (중앙으로부터 미터 단위의 거리), 테두리 색상과 테두리 두께를 정해 생성합니다. Marker와 마찬가지로 Circle 도 id값을 꼭 유일한 값으로 제공해줘야 합니다. 그렇지 않으면 중복 처리가 되어서 Set에서 중복 값들이 배제될 수 있습니다.

```dart
... 생략 ...
class HomeScreen extends StatelessWidget {
  ... 생략 ...
  static final Marker marker = Marker(
    markerId: MarkerId('company'),
    position: companyLatLng,
  );
  static final Circle circle = Circle(
    circleId: CircleId('choolCheckCircle'),
    center: companyLatLng, // 원의 중심이 되는 위치. LatLng값을 제공합니다.
    fillColor: Colors.blue.withOpacity(0.5), // 원의 색상
    radius: 100, // 원의 반지름 (미터 단위)
    strokeColor: Colors.blue, // 원의 테두리 색
    strokeWidth: 1, // 원의 테두리 두께
  );

  const HomeScreen({Key? key}) : super(key: key);

  @override
  Widget build(BuildContext context) {
    return Scaffold(
      appBar: renderAppBar(),
      body: FutureBuilder<String>(
        future: checkPermission(),
        builder: (context, snapshot) {
          ... 생략 ...
          if(snapshot.data == '위치 권한이 허가 되었습니다.'){
            return Column(
              children: [
                Expanded(
                  flex: 2,
```

```
child: GoogleMap(
    initialCameraPosition: CameraPosition(
        target: companyLatLng,
        zoom: 16,
    ),
    markers: Set.from([marker]), // Set로 Marker 제공
    circles: Set.from([circle]), // Set로 Circle 제공
```
... 생략 ...

시뮬레이터와 에뮬레이터에서 현재 위치 설정하기

시뮬레이터와 에뮬레이터에는 실제 GPS가 없기 때문에 현재 위치가 제대로 보이지 않습니다. GPS 위치를 임의로 설정하는 기능을 사용해 현재 위치를 바꿀 수 있습니다.

- **iOS 시뮬레이터** : [Features] → [Location] → [Custom Location]에서 직접 위도와 경도를 입력합니다.
- **안드로이드 에뮬레이터** : 3개의 옵션 버튼 클릭 후 [Location] → 검색창에서 위치 검색 → [Set Location] 버튼을 눌러서 변경합니다.

▼ iOS 시뮬레이터   ▼ 안드로이드 에뮬레이터

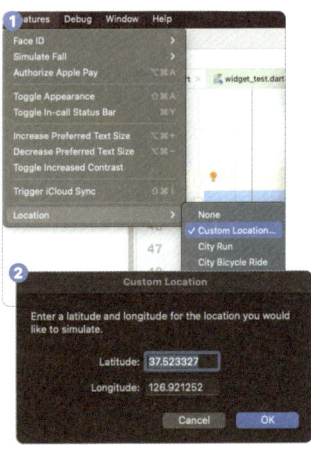
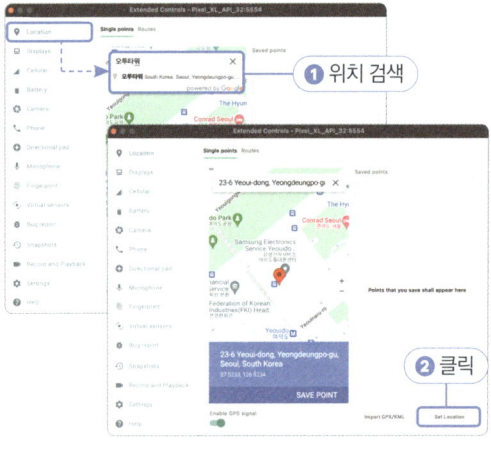

14.4.7 현재 위치 지도에 표시하기

ToDo **01** 현재 위치를 지도에 표시하는 방법은 단순하게 boolean값 하나만 제공해주면 됩니다. GoogleMap 위젯에 myLocationEnabled 매개변수가 존재하는데 이 매개변수에는 기본값으로 false가 입력돼 있습니다. true로 값을 변경해줘서 현재 GPS상 위치를 지도에 보여주겠습니다.

```dart
... 생략 ...
// build() 함수의 GoogleMap 위젯입니다.
GoogleMap(
  initialCameraPosition: CameraPosition(
    target: companyLatLng,
    zoom: 16,
  ),
  myLocationEnabled: true,  // 내 위치 지도에 보여주기
  markers: Set.from([marker]), // Set로 Marker 제공
  circles: Set.from([circle]), // Set로 Circle 제공
)
... 생략 ...
```
lib/screen/home_screen.dart

14.4.8 출근하기 기능 구현하기

ToDo **01** 출근하기 기능은 다이얼로그를 사용해서 구현합니다. 다이얼로그가 실행되면 "출근하시겠습니까?"라는 문자가 화면에 출력되고 [출근하기] 버튼을 눌러서 출근을 하거나 취소할 수 있습니다. 출근이 불가능한 거리에 위치해 있다면 [출근하기] 버튼을 눌렀을 때 "출근할 수 없는 위치입니다"라는 메시지와 함께 [취소] 버튼을 보여주면 됩니다.

이미 '만난 지 며칠 U&I' 앱에서 CupertinoDialog를 사용했습니다. 상황에 따라 서로 다른 다이얼로그를 렌더링해주기 위해서 [출근하기] 버튼을 눌렀을 때 현재 위치와 회사의 위치 간의 거리를 미터로 계산하겠습니다. Geolocator.getCurrentPosition() 함수를 사용하면 현재 위치를 반환받을 수 있고 Geolocator.distanceBetween()을 사용하면 쉽게 거리를 구할 수 있습니다.

```dart
... 생략 ...
// build() 함수에 유일한 ElevatedButton 위젯
ElevatedButton(
  onPressed: () async {
    final curPosition = await Geolocator.getCurrentPosition();  // 현재 위치
```
lib/screen/home_screen.dart

```
      final distance = Geolocator.distanceBetween(
        curPosition.latitude,        // 현재 위치 위도
        curPosition.longitude,       // 현재 위치 경도
        companyLatLng.latitude,      // 회사 위치 위도
        companyLatLng.longitude,     // 회사 위치 경도
      );
    },
    child: Text('출근하기!'),
  ),
  ... 생략 ...
```

02 이제 원의 반지름인 100미터 이내로 현재 위치와 회사의 거리가 측정되면 출근할 수 있는 다이얼로그를 실행하고 아니면 출근할 수 없다는 다이얼로그를 보여주면 됩니다. 다이얼로그를 실행할 때는 showDialog() 함수를 실행해주면 됩니다. 이 함수는 showCupertinoDialog와 마찬가지로 context와 builder 매개변수를 입력해줘야 하는데 builder 매개변수에 다이얼로그로 사용하고 싶은 위젯을 반환해주면 됩니다. 간단하게 AlertDialog 위젯을 사용해서 구현하겠습니다.

lib/screen/home_screen.dart

```
  ... 생략 ...
// build() 함수에 유일한 ElevatedButton 위젯
ElevatedButton(
  onPressed: () async {
    final curPosition =
        await Geolocator.getCurrentPosition();

    final distance = Geolocator.distanceBetween(
      curPosition.latitude,
      curPosition.longitude,
      companyLatLng.latitude,
      companyLatLng.longitude,
    );

    bool canCheck =
        distance < 100;  // 100미터 이내에 있으면 출근 가능

    showDialog(
      context: context,
```

```dart
      builder: (_) {
        return AlertDialog(
          title: Text('출근하기'),

          // 출근 가능 여부에 따라 다른 메시지 제공
          content: Text(
            canCheck ? '출근을 하시겠습니까?' : '출근할 수 없는 위치입니다.',
          ),
          actions: [
            TextButton(

              // 취소를 누르면 false 반환
              onPressed: () {
                Navigator.of(context).pop(false);
              },
              child: Text('취소'),
            ),
            if (canCheck) // 출근 가능한 상태일 때만 [출근하기] 버튼 제공
              TextButton(

                // 출근하기를 누르면 true 반환
                onPressed: () {
                  Navigator.of(context).pop(true);
                },
                child: Text('출근하기'),
              ),
          ],
        );
      },
  child: Text('출근하기!'),
),
... 생략 ...
```

▼ 실행 결과

• 출근 가능한 위치일 때   • 출근 불가능한 위치일 때

03 이제 [출근하기] 버튼을 누르면 출근하기 다이얼로그가 실행되는 걸 볼 수 있습니다. 만약에 출근이 불가능한 거리, 즉 회사로부터 100미터가 넘는 거리로 GPS를 옮겨주면 [출근하기] 버튼을 눌렀을 때 "출근할 수 없는 위치입니다."라는 메시지가 실행됩니다.

14.5 테스트하기

❶ 안드로이드 스튜디오에서 [Run] 버튼을 눌러서 iOS 시뮬레이터 또는 안드로이드 에뮬레이터에서 앱을 실행해보세요.
❷ GPS의 Latitude와 Longitude를 회사의 위치로 이동하세요.
❸ [출근하기] 버튼을 누르면 "출근하기" 버튼이 있는 다이얼로그가 실행되는 걸 확인합니다.
❹ GPS의 Latitude와 Longitude를 회사에서 100미터 이상 벗어나는 위치로 이동하세요.
❺ [출근하기] 버튼을 누르면 "출근하기" 버튼이 없고 "출근할 수 없는 위치입니다." 메시지가 실행되는 걸 확인하세요.

 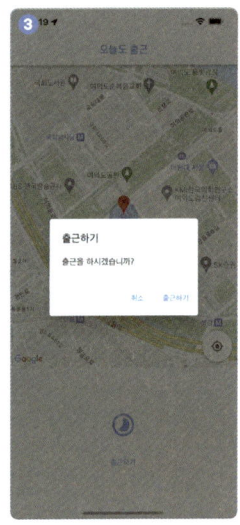  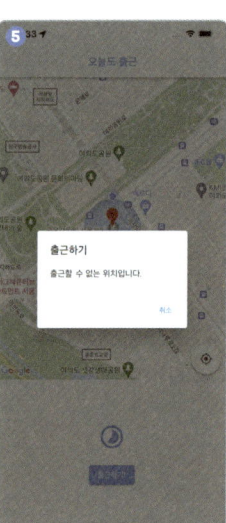

학습 마무리

'오늘도 출첵' 앱을 구현했습니다. 스마트폰으로 사용자의 위치 정보를 파악할 수 있다는 기능을 이용하면 서비스를 개인 맞춤형으로 구현할 수 있어서 많은 서비스에서 사용합니다. 프로젝트를 진행하면서 구글 지도를 이용하여 위치 서비스를 사용했고 이를 기반으로 지도에 도형을 그리고, 마커를 그리고 특정 위치와의 거리를 계산하는 방법까지 구현했습니다. 그 과정에서 구글 지도 플러그인이 얼마나 사용하기 편하고 강력한지 알아보았습니다.

핵심 요약

1 **구글 지도**를 사용하면 간편하게 안드로이드와 iOS 모두에서 지도 기능을 구현할 수 있습니다.
2 **GoogleMap 위젯**을 사용하면 화면에 구글 지도를 띄울 수 있습니다.
3 **Circle 및 Marker**를 사용하면 지도에 원 도형과 마커를 위치할 수 있습니다.
4 **Geolocator 플러그인**을 사용하면 현재 위치를 파악하거나 두 위치 간의 간격을 미터로 계산할 수 있습니다.
5 **위치 서비스**를 사용할 때는 꼭 GPS가 켜졌는지 확인한 후 앱이 위치 서비스 허가를 받은 상태인지 확인해야 합니다.

업그레이드 아이디어

1 내가 누구인지 저장하는 개인 설정 페이지를 만들어보세요.
2 출근 정보를 서버로 보내서 저장되게 하세요.

Chapter

15

Project
포토 스티커
GestureDetector

Project 포토 스티커 ★★★☆

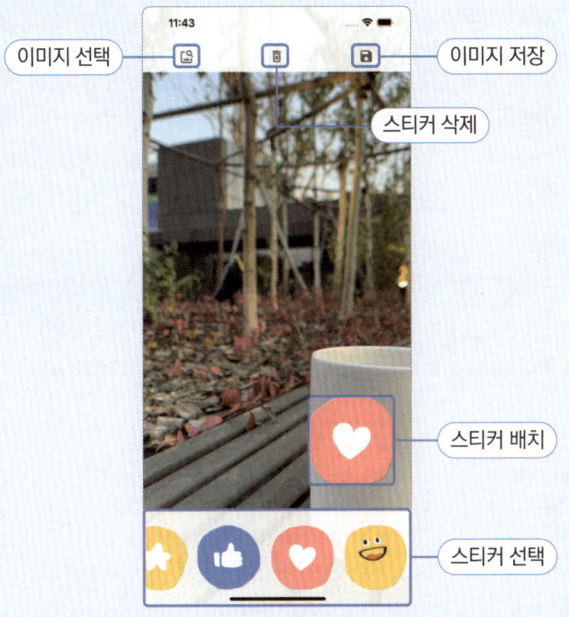

예제 위치	https://github.com/codefactory-co/flutter-golden-rabbit-novice-v3/tree/main/ch15		
프로젝트명	image_editor	개발 환경	플러터 SDK : 3.24.4
미션	이미지를 수정하는 앱을 구현해봐요.		
기능	• 갤러리에서 이미지를 선택할 수 있어요. • 스티커를 탭해서 이미지에 올려놓을 수 있어요. • 삭제 버튼을 눌러서 추가한 이미지를 삭제할 수 있어요. • 저장 버튼을 눌러서 수정한 이미지를 갤러리에 저장할 수 있어요.		
조작법	• 이미지 선택 버튼을 눌러서 이미지를 선택할 수 있어요. • 스티커를 탭해서 추가하고 크기 및 위치를 조절할 수 있어요. • 스티커를 선택한 후 삭제 버튼을 눌러서 스티커를 삭제할 수 있어요. • 저장 버튼을 눌러서 수정한 이미지를 갤러리에 저장할 수 있어요.		
핵심 구성요소	• ImagePicker • InteractiveViewer	• GestureDetector를 이용한 Transform • hashCode와 == 오퍼레이터 오버라이드하기	
플러그인	• image_picker : 1.1.2	• image_gallery_saver_plus : 3.0.5	• uuid : 4.5.1

#MUSTHAVE

학습 목표

이미지를 선택하고 이미지에 스티커를 붙여서 꾸미는 앱을 만듭니다. 스티커를 선택해서 화면에 위치하고 크기 및 위치를 제스처로 조절할 수 있습니다. 마지막으로 이미지 수정이 끝나면 저장 버튼을 눌러서 갤러리에 새로운 이미지를 저장하는 절차까지 진행해봅니다.

학습 순서

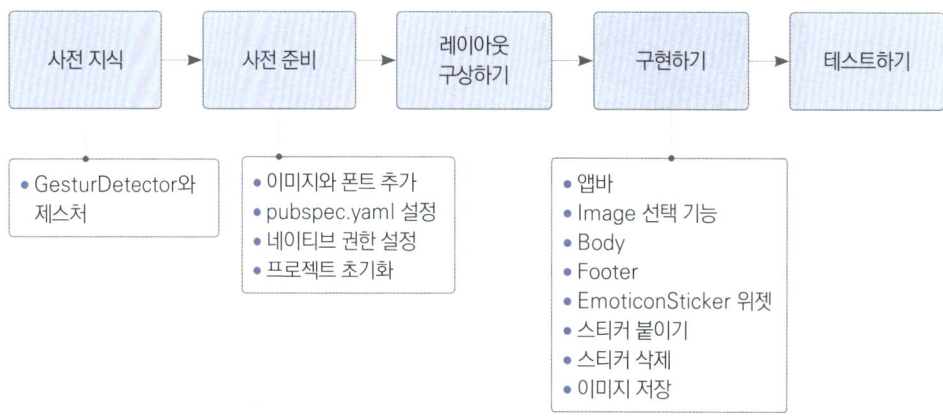

프로젝트 구상하기

제스처 기능 및 위젯의 위치를 조절하는 방법을 알아봅시다. 지금까지 버튼을 이용해서 탭 제스처만 사용해왔습니다. 플러터에서는 단순히 탭 제스처뿐만 아니라 굉장히 넓은 스펙트럼의 제스처들을 손쉽게 사용하도록 해줍니다. 이번에 배워볼 onScaleUpdate 제스처는 확대, 축소 및 x, y, z 축에서의 이동에 대한 정보도 모두 받아볼 수 있습니다.

제스처의 움직임을 받고 나면 제스처의 움직임만큼 위젯 위치와 크기를 조절해줘야 합니다. 이 기능을 플러터에서 제공하는 Transform 위젯을 사용하면 간편하게 구현할 수 있습니다.

15.1 사전 지식

15.1.1 GestureDetector와 제스처

GestureDetector는 플러터에서 지원하는 모든 제스처들을 구현할 수 있는 위젯입니다. 지금까지 사용해본 단순 탭뿐만 아니라 더블 탭, 길게 누르기, 드래그 등 여러 가지 제스처를 인식할 수 있습니다. 제스처가 인식되면 매개변수에 입력된 콜백 함수가 실행됩니다. 다음 표에 흔히 사용되는 제스처 매개변수들을 정리해두었습니다.

▼ 흔히 사용하는 제스처

제스처 매개변수	설명
onTap	한 번 탭했을 때 콜백 함수를 실행합니다.
onDoubleTap	연속으로 두 번 탭했을 때 콜백 함수를 실행합니다.
onLongPress	길게 누를 때 콜백 함수를 실행합니다.
onScale	확대하기를 했을 때 콜백 함수를 실행합니다.
onVerticalDragStart	수직 드래그가 시작됐을 때 콜백 함수를 실행합니다.
onVerticalDragEnd	수직 드래그가 끝났을 때 콜백 함수를 실행합니다.
onHorizontalDragStart	수평 드래그가 시작됐을 때 콜백 함수를 실행합니다.
onHorizontalDragEnd	수평 드래그가 끝났을 때 콜백 함수를 실행합니다.
onPanStart	드래그가 시작됐을 때 콜백 함수를 실행합니다.
onPanEnd	드래그가 끝났을 때 콜백 함수를 실행합니다.

15.2 사전 준비

이미지를 불러오고 저장하려면 사진첩 및 파일시스템 관련 권한이 필수입니다. 가상 머신에 이미지를 추가하고 나서 안드로이드와 iOS 각 플랫폼에서 권한 설정을 진행하겠습니다.

ToDo 01 먼저 실습에 사용할 프로젝트를 생성해주세요.

- **프로젝트 이름** : image_editor
- **네이티브 언어** : 코틀린

15.2.1 가상 머신에 이미지 추가하기

이번 프로젝트에서는 핸드폰에 저장되어 있는 이미지를 선택해서 스티커를 붙일 배경으로 사용합니다. iOS 시뮬레이터와 안드로이드 에뮬레이터에는 아무런 동영상도 저장돼 있지 않는 게 기본값입니다. 따라서 에셋 폴더에 추가해둔 동영상 파일들을 모두 iOS 시뮬레이터와 안드로이드 에뮬레이터로 복사해야 합니다.

iOS 시뮬레이터

iOS 시뮬레이터에서는 상대적으로 간단하게 파일을 시뮬레이터로 옮길 수 있습니다.

ToDo 01 이 책의 깃허브에서 내려받은 예제 파일에서 15장 프로젝트의 [asset/img] 폴더에 있는 background.png 파일을 드래그해서 시뮬레이터에 드롭합니다. 그러면 자동으로 사진첩 앱이 실행되며 ❶ 추가한 이미지를 확인할 수 있습니다.

❶ 추가된 이미지

안드로이드 에뮬레이터

ToDo 01 이 책의 깃허브에서 내려받은 예제 파일에서 15장 프로젝트의 [asset/img] 폴더 안에 있는 background.png 파일을 에뮬레이터에 드래그 앤 드롭하면 파일을 옮길 수 있습니다.

02 동영상 파일을 저장해도 앱이 바로 실행되지 않기 때문에 파일이 잘 옮겨졌는지 직접 확인해야 합니다. 안드로이드에 기본으로 설치되어 있는 ❶ Files 앱을 실행합니다. ❷ 왼쪽 상단의 메뉴 아이콘인 햄버거 버튼을 눌러줍니다. ❸ 열리는 Drawer에서 [Downloads] 탭을 눌러줍니다. ❹ 이미지가 복사되었는지 확인합니다.

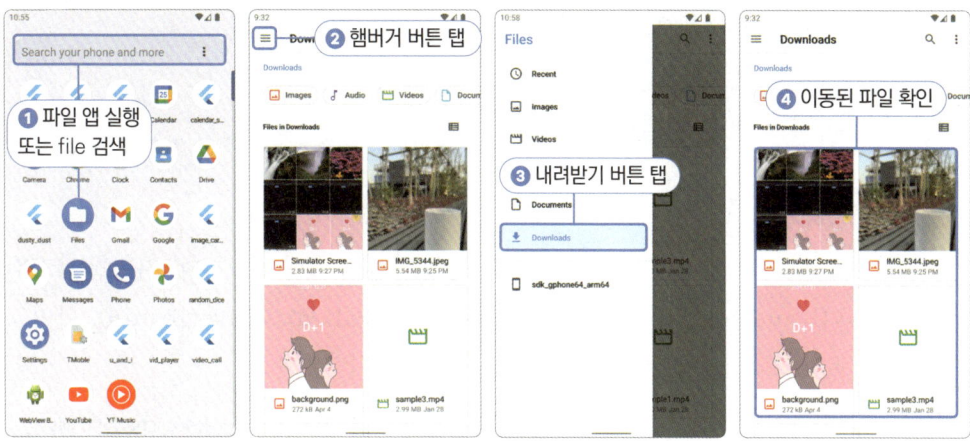

15.2.2 이미지와 폰트 추가하기

이미지와 폰트를 추가합니다.

ToDo 01 [asset] 폴더를 만들고 그 아래 [img] 폴더를 만듭니다. 내려받은 15장 예제에서 [asset/img]에 있는 그림 파일들을 방금 만든 [img] 폴더로 드래그 앤드 드롭합니다.

15.2.3 pubspec.yaml 설정하기

ToDo 01 다음 수정 사항을 pubspec.yaml에 적용해주세요.

```yaml
dependencies:
  flutter:
    sdk: flutter

  cupertino_icons: ^1.0.8
  image_picker: 1.1.2
  image_gallery_saver_plus: 3.0.5
  uuid: 4.5.1

flutter:

  uses-material-design: true

  assets:
    - asset/img/
```

02 [pub get]을 실행해서 변경 사항을 반영합니다.

15.2.4 네이티브 권한 설정하기

iOS 권한 설정하기

iOS는 8.2.2에서 진행했던 것처럼 이미지 관련 권한을 추가해야 합니다. 사진첩(NSPhotoLibraryUsageDescription), 카메라(NSCameraUsageDescription), 마이크(NSMicrophoneUsageDescription) 권한을 추가하겠습니다.

ios/Runner/Info.plist
```xml
... 생략 ...
<dict>
  ... 생략 ...
  <key>NSPhotoLibraryUsageDescription</key>
  <string>사진첩 권한이 필요해요.</string>
  <key>NSCameraUsageDescription</key>
  <string>카메라 권한이 필요해요.</string>
  <key>NSMicrophoneUsageDescription</key>
  <key>마이크 권한이 필요해요.</key>
</dict>
</plist>
```

안드로이드 권한 설정하기

안드로이드 11 버전을 기준으로 새로운 파일 저장소가 추가되었습니다. 하지만 사용자의 핸드폰이 안드로이드 11 버전 이전 운영체제를 실행 중이면 기존 파일 저장소를 사용해야 하기 때문에 ❶ requestLegacyExternalStorage 옵션을 true로 설정해줘야 합니다. 이 값을 true로 설정하면 모든 버전에서 적절한 파일 저장소를 사용할 수 있습니다.

android/app/src/main/AndroidManifext.xml
```xml
<manifest xmlns:android="http://schemas.android.com/apk/res/android">
    <application
        android:name="${applicationName}"
        android:icon="@mipmap/ic_launcher"
        android:label="image_editor"
```

```
        <!-- ① 추가하기 -->
        android:requestLegacyExternalStorage="true">
        ... 생략 ...
    </application>
</manifest>
```

15.2.5 프로젝트 초기화하기

ToDo **01** [lib] 폴더에 [screen] 폴더를 생성하고 앱의 기본 홈 화면으로 사용할 HomeScreen 위젯을 생성할 home_screen.dart를 생성합니다. 다음과 같이 HomeScreen이라는 StatelessWidget을 생성해주세요.

```
                                                      lib/screen/home_screen.dart
import 'package:flutter/material.dart';

class HomeScreen extends StatelessWidget {
 const HomeScreen({Key? key}) : super(key: key);

 @override
 Widget build(BuildContext context) {
   return Scaffold(
     body: Text('Home Screen'),
   );
 }
}
```

02 lib/main.dart 파일에서도 마찬가지로 HomeScreen을 홈 위젯으로 등록해줍니다.

```
                                                                   lib/main.dart
import 'package:image_editor/screen/home_screen.dart';
import 'package:flutter/material.dart';

void main() {
 runApp(
   MaterialApp(
     home: HomeScreen(),
   ),
 );
}
```

15.3 레이아웃 구상하기

이번 프로젝트는 하나의 스크린으로 구성되어 있습니다. HomeScreen을 최상단 AppBar, 이미지를 보여주는 중앙 Body, 스티커를 고르는 Footer로 3등분으로 나눠서 구현하겠습니다.

15.3.1 홈 스크린 위젯

이번 프로젝트는 하나의 스크린으로 구성되어 있습니다. 하지만 이미지가 선택됐을 때와 이미지가 선택되지 않았을 때의 화면이 약간 다릅니다. 이미지가 선택되지 않은 상태에서는 화면의 중앙에 [이미지 선택하기] 버튼이 보입니다. 반면 이미지가 선택된 상태에서는 선택된 이미지와 스티커를 고를 수 있는 패널이 생깁니다.

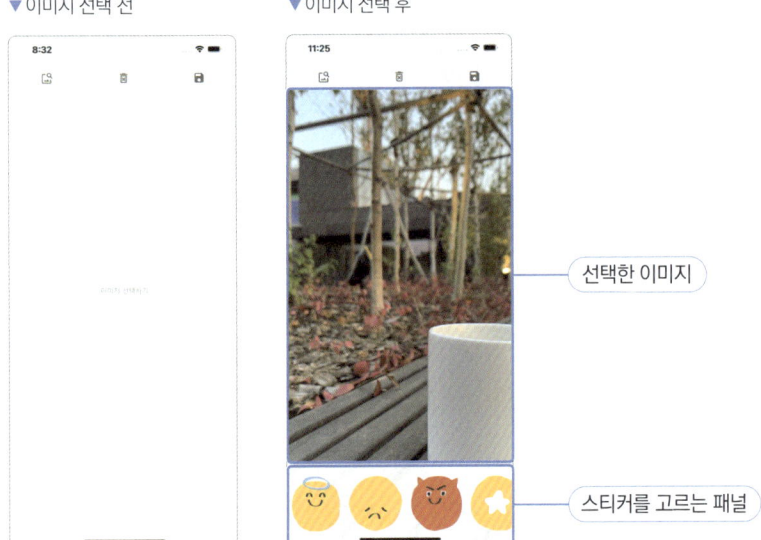

▼ 이미지 선택 전   ▼ 이미지 선택 후

15.3.2 이미지 선택 후 화면

이미지를 선택한 후 보이는 화면을 세 가지 요소로 요약할 수 있습니다.

첫 번째로 ❶ AppBar입니다. 반투명 형태로 이미지가 AppBar 아래에 위치하도록 설계할 계획이니 일반 AppBar 위젯을 사용하지 않고 직접 Container를 이용해서 AppBar를 구현하겠습니다.

두 번째는 선택한 이미지가 보이는 ❷ Body입니다. 이 이미지는 화면 전체를 차지하고 전체 화면 위에 AppBar와 스티커를 고를 수 있는 Footer 위젯이 올라가게 됩니다. 추가적으로 이 이미지 위에 스티커를 위치시키려면 다른 이미지들을 선택한 이미지 위에 쌓을 수 있어야 합니다. 더 나아가 섬세하게 스티커들을 위치시키도록 이미지를 이동하고 확대할 수 있어야 합니다.

마지막으로 ❸ Footer입니다. Footer는 꾸밀 이미지를 선택했을 때만 화면에 보이는 위젯으로 스티커 목록을 보여주는 공간입니다. 좌우로 스크롤이 가능하고 원하는 스티커를 탭했을 때 이미지 위에 스티커를 올릴 수 있습니다.

15.4 구현하기

UI부터 구현합니다. 이미지를 선택하는 화면을 제외한 나머지 화면은 HomeScreen에서 작업하면 됩니다. HomeScreen UI 작업이 끝나면 스티커 붙이기 기능을 구현하고 마지막으로 이미지 선택, 이모티콘 삭제, 이미지 저장에 해당되는 기능을 구현합니다.

15.4.1 AppBar 구현하기

ToDo 01 AppBar를 구현하겠습니다. lib/component/main_app_bar.dart 파일을 만들고 MainAppBar StatelssWidget을 구현하겠습니다.

```
lib/component/main_app_bar.dart
import 'package:flutter/material.dart';

class MainAppBar extends StatelessWidget {
  final VoidCallback onPickImage;   // 이미지 선택 버튼 눌렀을 때 실행할 함수
  final VoidCallback onSaveImage;   // 이미지 저장 버튼 눌렀을 때 실행할 함수
  final VoidCallback onDeleteItem;  // 이미지 삭제 버튼 눌렀을 때 실행할 함수
```

```
const MainAppBar({
  required this.onPickImage,
  required this.onSaveImage,
  required this.onDeleteItem,
  Key? key,
}) : super(key: key);

@override
Widget build(BuildContext context) {
  return Container(
    height: 100,
    decoration: BoxDecoration(
      color: Colors.white.withOpacity(0.9),
    ),
    child: Row(
      mainAxisAlignment: MainAxisAlignment.spaceAround,
      crossAxisAlignment: CrossAxisAlignment.end,
      children: [
        IconButton(   // ❶ 이미지 선택 버튼
          onPressed: onPickImage,
          icon: Icon(
            Icons.image_search_outlined,
            color: Colors.grey[700],
          ),
        ),
        IconButton(   // ❷ 스티커 삭제 버튼
          onPressed: onDeleteItem,
          icon: Icon(
            Icons.delete_forever_outlined,
            color: Colors.grey[700],
          ),
        ),
        IconButton(   // ❸ 이미지 저장 버튼
          onPressed: onSaveImage,
          icon: Icon(
            Icons.save,
            color: Colors.grey[700],
          ),
        ),
```

```
      ],
    ),
  );
 }
}
```

첫 번째로 IconButton 3개를 Row 위젯에 감싸서 MainAxisAlignment.spaceAround를 적용합니다. 이 IconButton들은 각각 왼쪽부터 ❶ [이미지 선택] 버튼, ❷ [스티커 삭제] 버튼, ❸ [이미지 저장] 버튼을 담당합니다. 상태 관리는 MainAppBar 위젯을 사용할 HomeScreen에서 수행하므로 버튼 순서대로 onPressed 매개변수를 각각 onPickImage, onSaveImage, onDeleteItem 이름으로 외부에서 입력받습니다.

02 구현한 MainAppBar 위젯을 HomeScreen 위젯에 위치하겠습니다. MainAppBar 위젯과 Footer 위젯을 Body 위젯 위에 올려야 하니 위젯을 위로 쌓을 수 있는 ❶ Stack 위젯을 이용해서 배치합니다.

```
                                                              lib/screen/home_screen.dart
import 'package:flutter/material.dart';
import 'package:image_editor/component/main_app_bar.dart';

class HomeScreen extends StatelessWidget {
  const HomeScreen({Key? key}) : super(key: key);

  @override
  Widget build(BuildContext context) {
    return Scaffold(
      body: Stack(  // 스크린에 Body, AppBar, Footer 순서로 쌓을 준비
        fit: StackFit.expand,  // ❶ 자식 위젯들 최대 크기로 펼치기
        children: [
          // MainAppBar를 좌, 우, 위 끝에 정렬
          Positioned(
            top: 0,
            left: 0,
            right: 0,
            child: MainAppBar(
              onPickImage: onPickImage,
              onSaveImage: onSaveImage,
              onDeleteItem: onDeleteItem,
```

```
            ),
          ),
        ],
      ),
    );
  }

  void onPickImage(){}

  void onSaveImage(){}

  void onDeleteItem(){}
}
```

▼ 실행 결과

❶ Stack 위젯의 fit 매개변수에는 StackFit을 입력할 수 있습니다. StackFit은 StackFit.loose와 StackFit.expand가 존재합니다. StackFit.loose는 자식들이 최소한의 크기만 차지하도록 하고 StackFit.expand는 자식들이 차지할 수 있는 공간의 최대한의 크기를 차지하도록 합니다.

03 실행하면 MainAppBar가 최상단에 위치합니다.

15.4.2 Image 선택하기

ToDo 01 HomeScreen 위젯에서는 상태 관리를 해줘야 하므로 StatelessWidget에서 StatefulWidget으로 변경합니다. 그리고 선택한 이미지를 저장할 image 변수를 선언하고 onPickImage() 함수가 실행됐을 때 이미지를 선택하면 image 변수에 선택한 값을 저장하겠습니다. 이미지를 선택하는 창을 사용자에게 보여주는 방법은 매우 간단합니다. 동영상 플레이어 앱을 만들 때와 마찬가지로 ImagePicker 패키지를 사용하면 됩니다. '동영상 플레이어' 앱에서는 pickVideo() 함수를 사용했지만 이번에는 pickImage() 함수를 사용해서 이미지를 골라보겠습니다.

lib/screen/home_screen.dart
```
import 'package:flutter/material.dart';
import 'package:image_editor/component/main_app_bar.dart';
import 'package:image_picker/image_picker.dart';

class HomeScreen extends StatefulWidget {
```

```
const HomeScreen({Key? key}) : super(key: key);

@override
State<HomeScreen> createState() => _HomeScreenState();
}

class _HomeScreenState extends State<HomeScreen> {
class HomeScreen extends StatelessWidget {
  const HomeScreen({Key? key}) : super(key: key);

  XFile? image;  // 선택한 이미지를 저장할 변수
  ... 생략 ...
  // 미리 생성해둔 onPickImage() 함수 변경하기
  void onPickImage() async {
    final image = await ImagePicker().pickImage(source: ImageSource.gallery);
    // ❶ 갤러리에서 이미지 선택하기

    setState(() {
      this.image = image;  // 선택한 이미지 저장하기
    });
  }
  void onSaveImage(){}

  void onDeleteItem(){}
}
```

▼ 실행 결과

❶ ImageSource.gallery를 선택하면 갤러리에서 직접 이미지를 고를 수 있고 ImageSource.camera를 선택하면 사용할 이미지를 카메라로 직접 찍을 수 있습니다.

02 ImagePicker 플러그인은 네이티브 코드를 사용하는 플러그인이니 꼭 앱을 종료했다가 다시 시작해서 새로 구현한 함수를 테스트해야 합니다. 재시작 후 이미지 선택 아이콘을 누르면 이미지를 선택하는 창이 보입니다. 가상 머신에 이미지/동영상을 추가하는 방법이 기억 안 난다면 12.2.1 '가상 단말에 동영상 추가하기'를 참고해주세요.

15.4.3 Body 구현하기

> **ToDo** **01** Body는 한 가지 조건에 의해 두 가지 UI가 렌더링돼야 합니다. 첫 번째는 이미지가 선택되지 않은 상태에는 ❷ [이미지 선택하기]라고 적힌 버튼을 화면 중앙에 보여줘야 합니다. 두 번째는 이미지가 선택된 상태일 때는 선택된 이미지를 화면에 보여줘야 합니다. 추가로 위젯을 확대하고 좌우로 이동할 수 있는 ❶ InteractiveViewer로 Image 위젯을 감싸서 Image 위젯에 자동으로 제스처 기능이 적용되게 하겠습니다.

lib/screen/home_screen.dart

```
import 'dart:io';// 파일 관련 기능을 사용하기 위해 추가
... 생략 ...
class _HomeScreenState extends State<HomeScreen> {
  ... 생략 ...
  @override
  Widget build(BuildContext context) {
    return Scaffold(
      body: Stack(
        fit: StackFit.expand,
        children: [
          renderBody(),
          Positioned(
            top: 0,
            left: 0,
            right: 0,
            child:
            MainAppBar(
              onPickImage: onPickImage,
              onSaveImage: onSaveImage,
              onDeleteItem: onDeleteItem,
            ),
          ),
        ],
      ),
    );
  }

  // build() 함수 아래에 작성
  Widget renderBody() {
    if (image != null) {
      // Stack 크기의 최대 크기만큼 차지하기
      return Positioned.fill(
```

```
          // ① 위젯 확대 및 좌우 이동을 가능하게 하는 위젯
          child: InteractiveViewer(
            child: Image.file(
              File(image!.path),

              // 이미지가 부모 위젯 크기 최대를 차지하도록 하기
              fit: BoxFit.cover,
            ),
          ),
        );
      } else {
        // ② 이미지 선택이 안 된 경우 이미지 선택 버튼 표시
        return Center(
          child: TextButton(
            style: TextButton.styleFrom(
              foregroundColor: Colors.grey,
            ),
            onPressed: onPickImage,
            child: Text('이미지 선택하기'),
          ),
        );
      }
    }
    ... 생략 ...
}
```

▼ 실행 결과

02 변경 사항을 저장해서 핫 리로드를 실행한 후 이미지를 선택하면 화면에 선택한 이미지가 보입니다. 확대 제스처나 축소 제스처를 했을 때 Image 위젯을 확대하거나 축소할 수 있고 확대된 상태에서는 이미지를 좌우, 상하로 이동할 수 있습니다. 시뮬레이터와 에뮬레이터에서는 macOS에서 CMD , 윈도우에서 Ctrl 키를 누른 후 화면에 마우스를 클릭하고 드래그해서 확대 및 축소 제스처를 적용할 수 있습니다.

15.4.4 Footer 구현하기

ToDo **01** 이미지가 선택되고 나면 이미지에 올릴 스티커를 고르는 Footer 창이 필요합니다. Footer 위젯 또한 MainAppBar 위젯에서처럼 lib/component/footer.dart 파일에 정의하겠습니다. Footer 위젯의 구현 로직은 어렵지 않습니다.

```dart
import 'package:flutter/material.dart';         lib/component/footer.dart

// ❷ 스티커를 선택할 때마다 실행할 함수의 시그니처
typedef OnEmoticonTap = void Function(int id);
class Footer extends StatelessWidget {
  final OnEmoticonTap onEmoticonTap;

  const Footer({
    required this.onEmoticonTap,
    Key? key,
  }) : super(key: key);

  @override
  Widget build(BuildContext context) {
    return Container(
      color: Colors.white.withOpacity(0.9),
      height: 150,
      child: SingleChildScrollView(  // ❶ 가로로 스크롤 가능하게 스티커 구현
        scrollDirection: Axis.horizontal,
        child: Row(
          children: List.generate(
            7,
              (index) => Padding(
              padding: const EdgeInsets.symmetric(horizontal: 8.0),
              child: GestureDetector(
                onTap: () {
                  onEmoticonTap(index + 1);  // ❸ 스티커 선택할 때 실행할 함수
                },
                child: Image.asset(
                  'asset/img/emoticon_${index + 1}.png',
                  height: 100,
                ),
              ),
            ),
          ),
        ),
      ),
    );
  }
}
```

❶ 이미 내려받은 [asset/img] 폴더에 있는 모든 이모티콘들을 Row 위젯 안에 구현해줍니다. 그리고 SingleChildScrollView 위젯으로 감싸서 가로로 스크롤하도록 설정합니다. ❷ 마지막으로 각 스티커가 눌릴 때마다 실행할 OnEmoticonTap() 함수를 정의합니다. ❸ 그다음 GestureDetector 위젯으로 각 이모티콘 이미지를 감싼 다음 onTap() 함수가 실행될 때마다 OnEmotcionTap() 함수를 실행해서 몇 번째 이모티콘이 탭 됐는지 상위 위젯으로 전달해줍니다.

02 Footer 위젯 정의를 완료했으니 HomeScreen 위젯에 위치시키겠습니다.

```
                                                    lib/screen/home_screen.dart
import 'package:image_editor/component/footer.dart';
... 생략 ...
class _HomeScreenState extends State<HomeScreen> {
  XFile? image;

  @override
  Widget build(BuildContext context) {
    return Scaffold(
      body: Stack(
        children: [
          renderBody(),    // ❶ Body 위치하기
          Positioned(
            top: 0,
             left: 0,
             right: 0,
            child: MainAppBar(   // ❷ AppBar 위치하기
              onPickImage: onPickImage,
              onSaveImage: onSaveImage,
              onDeleteItem: onDeleteItem,
            ),
            // ❸ image가 선택되면 Footer 위치하기
            if (image != null)
              Positioned(  // 맨 아래에 Footer 위젯 위치하기
                bottom: 0,
// left와 right를 모두 0을 주면 좌우로 최대 크기를 차지함
                left: 0,
                right: 0,
                child: Footer(
                  onEmoticonTap: onEmoticonTap,
                ),
              ),
```

▼ 실행 결과

```
        ],
      ),
    );
  }
  ... 생략 ...
  // renderBody() 함수 아래에 추가
  void onEmoticonTap(int index){}
  ... 생략 ...
}
```

❶ MainAppBar 위젯과 Footer 위젯은 Body 위에 위치해야 하니 Stack 위젯의 가장 첫 번째에 renderBody() 함수를 입력해주고 ❷ MainAppBar 위젯과 ❸ Footer 위젯을 그 아래에 위치시킵니다. 더 나아가 Footer 위젯은 화면의 아래에 위치해야 하므로 Positioned 위젯으로 감싸서 화면의 가장 아래에 배치합니다. 마지막으로 Footer 위젯은 이미지가 선택된 상태에서만 보여야 하기 때문에 image 변수가 null일 때만 렌더링되도록 조건문을 사용합니다.

03 코드를 저장한 후 핫 리로드해서 반영하면 이미지가 선택된 상태에서 좌우로 스크롤 가능한 스티커를 고를 수 있는 Footer 위젯이 생긴 것을 확인할 수 있습니다.

15.4.5 EmoticonSticker 위젯 구현하기

이제 이모티콘 스티커를 이미지에 붙이는 기능을 만들어야 합니다. Footer 위젯에서 이모티콘을 탭하면 이미지 위에 선택한 이모티콘이 올려지고 이모티콘을 드래그해서 이동하거나 크기를 변경했을 때 화면에 적절히 반영돼야 합니다. 복잡한 기능이 많지만 하나씩 차근차근 구현하겠습니다.

ToDo 01 lib/component/emoticon_sticker.dart 파일을 생성해 다음과 같이 스티커를 붙이는 기능을 구현합니다.

lib/component/emoticon_sticker.dart
```
import 'package:flutter/material.dart';

class EmoticonSticker extends StatefulWidget { // ❶ 스티커를 그리는 위젯
  final VoidCallback onTransform; // ❸
  final String imgPath; // ❷ 이미지 경로

  const EmoticonSticker({
    required this.onTransform,
    required this.imgPath,
```

```
    Key? key,
  }) : super(key: key);

  @override
  State<EmoticonSticker> createState() => _EmoticonStickerState();
}

class _EmoticonStickerState extends State<EmoticonSticker> {
  @override
  Widget build(BuildContext context) {
    return GestureDetector(
      onTap: () { // ❸ 스티커를 눌렀을 때 실행할 함수
        widget.onTransform(); // ❻ 스티커의 상태가 변경될 때마다 실행
      },
      onScaleUpdate: (ScaleUpdateDetails details) {
// ❹ 스티커의 확대 비율이 변경됐을 때 실행
        widget.onTransform(); // ❻
      },
      onScaleEnd: (ScaleEndDetails details) {},
// ❺ 스티커의 확대 비율 변경이 완료됐을 때 실행
      child: Image.asset(
        widget.imgPath, // ❷
      ),
    );
  }
}
```

먼저 ❶ EmoticonSticker StatefulWidget을 선언합니다. ❷ 다음으로 보여줄 스티커의 경로를 외부에서 입력받아서 Image 위젯에 입력합니다. 그리고 이미지를 GestureDetector 위젯으로 감싸서 ❸ onTap, ❹ onScaleUpdate, ❺ onScaleEnd 매개변수를 지정합니다. 마지막으로 onScaleUpdate와 onTap 매개변수가 실행됐을 때 스티커 상태가 변경이 된다는 걸 부모 위젯에 알리는 ❻ onTransform() 함수를 정의하고 실행합니다.

02 제스처를 입력받아보는 기능을 구현하겠습니다. 첫 번째는 onScaleUpdate 제스처입니다. 이 제스처는 ScaleUpdateDetails값을 첫 번째 매개변수로 입력받습니다. ScaleUpdateDetails는 굉장히 많은 정보를 제공합니다. 여기서 사용할 정보는 두 가지입니다. 첫 번째로 확대 배율에 해당되는 details.scale입니다. 이 값은 double값으로 제공되며 확대/축

소 제스처가 시작된 순간을 기준으로 몇 배율의 변화가 있는지 알려줍니다. 배율은 위젯의 초기 크기 기준이 아니기 때문에 확대/축소 제스처가 끝나는 순간을 알려주는 ❶ onScaleEnd 매개변수가 실행될 때 현재 배율을 꼭 기억해두어야 합니다. ❷ 그래야 최근 배율 * details.scale을 계산해서 위젯의 초기 크기 기준으로 배율을 계산할 수 있습니다. 두 번째로 사용할 값은 details.focalPointDelta입니다. 이 값은 dy값 및 dx값을 갖고 있으며 각각 y축 및 x축으로 이동한 수치를 반환받을 수 있습니다. ❸ 가로와 세로로 이동한 수치와 확대 및 축소가 된 수치를 변수로 저장해두고 확대/축소 제스처에 대한 콜백이 실행될 때마다 변수들을 업데이트해주면 사용자가 의도한 위젯의 변화를 상태 관리할 수 있습니다.

lib/component/emoticon_sticker.dart

```dart
... 생략 ...
class _EmoticonStickerState extends State<EmoticonSticker> {

  double scale = 1;   // 확대/축소 배율

  double hTransform = 0;    // 가로의 움직임

  double vTransform = 0;    // 세로의 움직임

  double actualScale = 1;   // 위젯의 초기 크기 기준 확대/축소 배율

  @override
  Widget build(BuildContext context) {
    return GestureDetector(
      onTap: () {
        widget.onTransform();
      },
      onScaleUpdate: (ScaleUpdateDetails details) {
        widget.onTransform();
        setState(() {
          scale = details.scale * actualScale;
// ❷ 최근 확대 비율 기반으로 실제 확대 비율 계산
          vTransform += details.focalPointDelta.dy; // ❸ 세로 이동 거리 계산
          hTransform += details.focalPointDelta.dx; // ❸ 가로 이동 거리 계산
        });
      },
      onScaleEnd: (ScaleEndDetails details) {
        actualScale = scale; // ❶ 확대 비율 저장
      },
      child: Image.asset(
```

```
        widget.imgPath,
      ),
    );
  }
}
```

❶ 확대/축소 제스처가 끝나는 순간의 배율을 기억합니다. 새로 제스처가 감지될 때 반환되는 배율과 이 배율을 곱해서 ❷ 위젯의 실제 초기 크기 대비 배율을 계산합니다. ❷ 현재 제스처가 시작된 순간 기준으로 변경된 배율과 마지막 제스처의 배율을 곱해서 실제 배율을 계산합니다. ❸ x와 y축을 기준으로 이동된 만큼 값을 각각 hTransform과 vTransform에 더해서 좌표를 이동시킵니다.

03 이모티콘 스티커 여러 개를 이미지 하나에 추가합니다. 따라서 현재 어떤 이모티콘 스티커가 선택되어 있는지 확인할 수 있어야 삭제 또는 이동 및 확대/축소 기능을 제공할 수 있습니다. 이모티콘이 선택된 상태인지 지정하는 ❶ isSelected 변수를 선언하고 외부에서 입력받아서 이 값이 true면 파란색 테두리를 만듭니다.

lib/component/emoticon_sticker.dart
```
class EmoticonSticker extends StatefulWidget {
  final VoidCallback onTransform;
  final String imgPath;
  final bool isSelected;

  const EmoticonSticker({
    required this.onTransform,
    required this.imgPath,
    required this.isSelected,
    Key? key,
  }) : super(key: key);

  @override
  State<EmoticonSticker> createState() => _EmoticonStickerState();
}

class _EmoticonStickerState extends State<EmoticonSticker> {
  ... 생략 ...
  @override
  Widget build(BuildContext context) {
    return Container(
```

```dart
        decoration: widget.isSelected  // ❶ 선택 상태일 때만 테두리 색상 구현
            ? BoxDecoration(
          borderRadius: BorderRadius.circular(4.0),  // 모서리 둥글게
          border: Border.all(  // 테두리 파란색
            color: Colors.blue,
            width: 1.0,
          ),
        )
            : BoxDecoration(

          // 테두리는 투명이나 너비는 1로 설정해서 스티커가 선택, 취소될 때 깜빡이는 현상 제거
          border: Border.all(
            width: 1.0,
            color: Colors.transparent,
          ),
        ),

        // 기존에 작성해둔 GestureDetector
        child: GestureDetector(
          ... 생략 ...,
        ),
      ),
    );
  }
}
```

04 위젯의 움직임 및 확대/축소는 감지를 하고 있지만 아직 이 변화를 위젯에 반영하고 있지 않습니다.

lib/component/emoticon_sticker.dart

```dart
... 생략 ...
class _EmoticonStickerState extends State<EmoticonSticker> {
  ... 생략 ...
  @override
  Widget build(BuildContext context) {
    return Transform(    // ❶ child 위젯을 변형할 수 있는 위젯
      transform: Matrix4.identity()
        ..translate(hTransform, vTransform)  // ❷ 상/하 움직임 정의
        ..scale(scale, scale),  // ❸ 확대/축소 정의

      // 기존 작성해둔 Container 위젯
```

```
      child: Container(
        ... 생략 ...
      ),
    );
  }
}
```

❶ Transform 위젯을 사용해 자식 위젯의 위치 및 확대/축소 배율을 변경할 수 있습니다. Transform 위젯의 transform 매개변수에는 매트릭스값을 넣어서 자식 위젯의 변화를 정의합니다. 단위 행렬을 하나 선언하고 ❷ 좌우 또는 상하의 움직임을 translate( ) 함수로 정의하고 ❸ 확대/축소를 scale( ) 함수로 정의합니다.

15.4.6 스티커 붙이기

ToDo **01** 이제 스티커 붙이기 기능을 구현해야 합니다. 여러 개의 스티커를 한꺼번에 관리하기 편하도록 lib/model/sticker_model.dart 파일에 StickerModel 클래스를 구현해서 각각 스티커에 필요한 정보를 저장하겠습니다. 현재 필요한 각각 스티커의 정보는 유일한 ID값과 스티커 이미지의 경로값입니다. Map을 사용해서도 편하게 구현할 수 있으나 Map을 사용할 경우 데이터 구조가 강제되지 않아서 상태 관리를 할 때는 꼭 클래스를 사용해서 데이터를 구조화하는 게 좋습니다.

```
                                                        lib/model/sticker_model.dart
class StickerModel {
  final String id;
  final String imgPath;

  StickerModel({
    required this.id,
    required this.imgPath,
  });

  @override
  bool operator ==(Object other) {  // ❶ ==로 같은지 비교할 때 사용되는 로직
    // ID값이 같은 인스턴스끼리는 같은 스티커로 인식
    return (other as StickerModel).id == id;
  }
```

```
  // ❷ Set에서 중복 여부를 결정하는 속성
  // ID값이 같으면 Set 안에서 같은 인스턴스로 인식
  @override
  int get hashCode => id.hashCode;
}
```

❶ 하나의 인스턴스가 다른 인스턴스와 같은지 비교할 때 사용됩니다. StickerModel은 id에 유일한 값을 입력하고 만약에 겹치면 중복 데이터를 제거합니다. ❷ 세트 등 해시값을 사용하는 데이터 구조에서 사용하는 게터입니다. 마찬가지로 id값만 유일하면 되니 id의 hasCode값만 반환해줍니다.

02 화면에 붙여줄 스티커들을 Set⟨StickerModel⟩로 관리해주면 쉽게 상태 관리가 가능해집니다. 각각 StickerModel을 기반으로 화면에 EmoticonSticker 위젯을 렌더링할 수 있는 코드를 작성하겠습니다. 추가적으로 어떤 스티커가 선택되어 있는 상태인지 구분할 수 있는 selectedId 변수를 선언해서 선택된 스티커의 id를 저장하겠습니다.

lib/screen/home_screen.dart
```dart
import 'package:image_editor/model/sticker_model.dart';
import 'package:image_editor/component/emoticon_sticker.dart';
... 생략 ...
class _HomeScreenState extends State<HomeScreen> {
  XFile? image;
  Set<StickerModel> stickers = {};  // 화면에 추가된 스티커를 저장할 변수
  String? selectedId;  // 현재 선택된 스티커의 ID
  ... 생략 ...
  Widget renderBody() {
    if (image != null) {
      return Positioned.fill(
        child: InteractiveViewer(
          child: Stack(
            fit: StackFit.expand,  // 크기 최대로 늘려주기
            children: [
              Image.file(
                File(image!.path),
                fit: BoxFit.cover,  // 이미지 최대한 공간 차지하게 하기
              ),
              ...stickers.map(
                (sticker) => Center(  // 최초 스티커 선택 시 중앙에 배치
```

```
                    child: EmoticonSticker(
                      key: ObjectKey(sticker.id),
                      onTransform: onTransform,
                      imgPath: sticker.imgPath,
                      isSelected: selectedId == sticker.id,
                    ),
                  ),
                ),
              ),
            ],
          ),
        ),
      );
    } else {
      return Center(
        child: TextButton(
          style: TextButton.styleFrom(
            foregroundColor: Colors.grey,
          ),
          onPressed: onPickImage,
          child: Text('이미지 선택하기'),
        ),
      );
    }
  }
}
... 생략 ...
void onTransform() {}
}
```

❶ StatefulWidget을 사용할 때 같은 위젯 여러 개를 리스트로 제공하려면 각각 위젯을 구분하는 key 매개변수를 지정해줘야 합니다. 이 값이 같으면 같은 위젯으로 인식하고 다르면 다른 위젯으로 인식합니다.

03 이제 Footer 위젯에서 각 스티커를 누를 때마다 stickers 변수를 업데이트해주면 됩니다. 스티커를 누를 때마다 새로운 StickerModel을 stickers 변수에 입력하겠습니다.

lib/screen/home_screen.dart

```
import 'package:uuid/uuid.dart';
... 생략 ...
// 미리 생성해둔 함수
void onEmoticonTap(int index) async {
```

```
    setState(() {
      stickers = {
        ...stickers,
        StickerModel(
          id: Uuid().v4(),  // ❶ 스티커의 고유 ID
          imgPath: 'asset/img/emoticon_$index.png',
        ),
      };
    });
  }
  ... 생략 ...
```

❶ UUID 패키지의 Uuid().v4() 함수를 사용하면 절대로 겹치지 않는 String값을 생성해낼 수 있습니다. 화면에 스티커를 생성할 때마다 유일한 id값을 소유하는 StickerModel을 만들어야 하니 id값에 매번 새로운 UUID값을 생성해서 저장합니다.

04 selectedId 변수를 선언해두었지만 어디서도 사용하고 있지 않습니다. 이 변수는 특정 스티커를 탭하거나, 위치가 변경되거나, 확대/축소가 변경됐을 때 현재 조작 중인 스티커의 ID로 지정돼야 합니다. 마침 EmotionSticker 위젯에 ❶ onTransform() 함수를 입력해두었으니 이 함수에서 selectedId값을 지정해줍니다.

lib/screen/home_screen.dart
```
... 생략 ...
class _HomeScreenState extends State<HomeScreen> {
  ... 생략 ...
  Widget renderBody() {
    if (image != null) {
      return InteractiveViewer(
        child: Stack(
          fit: StackFit.expand,
          children: [
            Image.file(
              File(image!.path),
              fit: BoxFit.cover,
            ),
            ...stickers.map(
                (sticker) => Center(  // 최초 스티커 선택 시 중앙에 배치
                  child: EmoticonSticker(
                    key: ObjectKey(sticker.id),
```

```
                    onTransform: () {
                        onTransform(sticker.id);
                        // ① 스티커의 ID값 함수의 매개변수로 전달
                    },
                    imgPath: sticker.imgPath,
                    isSelected: selectedId == sticker.id,
                ),
            ),
        ],
    ),
);
} else {
    ... 생략 ...
}
}
... 생략 ...
void onTransform(String id){
// 스티커가 변형될 때마다 변형 중인
// 스티커를 현재 선택한 스티커로 지정
    setState(() {
        selectedId = id;
    });
}
}
```

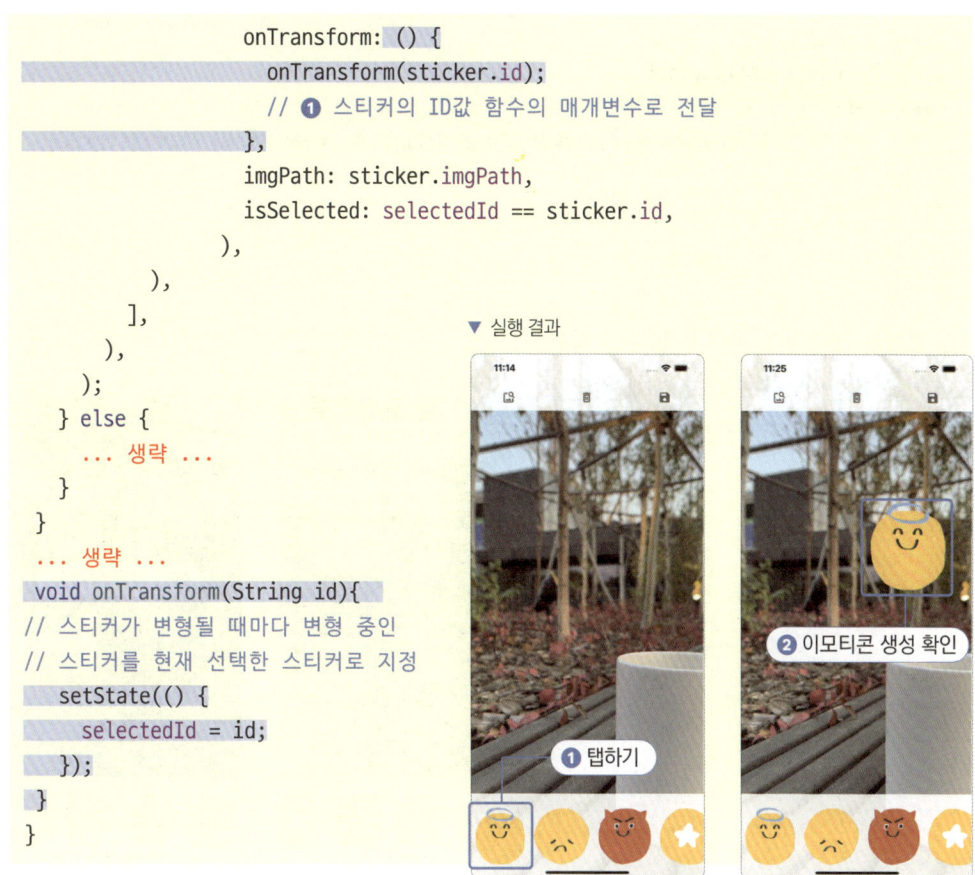

▼ 실행 결과

05 프로젝트를 저장하고 핫 리로드해서 ❶ Footer의 첫 번째 이모티콘을 누르면 이미지 위에 이모티콘 스티커가 위치합니다. ❷ 해당 이모티콘을 누르거나, 확대/축소 비율을 조절하거나, 위치를 이동하면 이모티콘 이미지 주위에 파란색 테두리가 생기며 현재 선택된 이모티콘이라는 표시가 됩니다.

15.4.7 스티커 삭제하기

ToDo **01** 스티커 붙이기 기능이 잘 구현되었으니 이제 스티커를 삭제하는 기능을 추가해야 합니다. 스티커 삭제 버튼은 이미 MainAppBar 위젯에 구현해놨으니 onDeleteItem() 함수만 작업해주면 됩니다. 로직은 간단합니다. Set 형태인 stickers 변수에 모든 스티커 정보를 다 저장해놨으니 스티커 삭제 버튼이 눌릴 때마다 ❶ stickers 변수에서 각 StickerModel을 순회하며 id를 비교해서 selectedId 변수에 해당되는 값을 지워주면 됩니다.

```
// 기존에 생성해둔 함수
void onDeleteItem() async {
  setState(() {
    stickers = stickers.where((sticker) => sticker.id != selectedId).toSet();
    // ❶ 현재 선택돼 있는 스티커 삭제 후 Set로 변환
  });
}
```
lib/screen/home_screen.dart

02 코드를 저장하고 이미지 위에 위치한 스티커를 탭한 후 ❶ 스티커 삭제 버튼을 눌러줍니다. ❷ 그러면 이모티콘이 삭제됩니다.

15.4.8 이미지 저장하기

ToDo 01 마지막 기능인 이미지 저장 기능을 구현합니다. ❶ RepaintBoundary 위젯을 사용해서 위젯을 이미지로 추출한 후 갤러리에 저장하겠습니다. RepaintBoundary는 자식 위젯을 이미지로 추출하는 기능이 있습니다. 이 기능을 사용하려면 RepaintBoundary에 key 매개변수를 입력해주고 이미지를 추출할 때 이 값을 사용해야 합니다. imgKey 변수를 선언하고 renderBody() 함수의 InteractiveViewer 위젯을 RepaintBoundary로 감싸서 이미지로 추출하겠습니다.

lib/screen/home_screen.dart

```
... 생략 ...
class _HomeScreenState extends State<HomeScreen> {
  XFile? image;
  Set<StickerModel> stickers = {};
  String? selectedId;
```

```
GlobalKey imgKey = GlobalKey();// 이미지로 전환할 위젯에 입력해줄 키값
... 생략 ...
Widget renderBody() {
  if (image != null) {
    return RepaintBoundary(
        // ❶ 위젯을 이미지로 저장하는 데 사용
        key: imgKey,
        child: Positioned.fill(
            ... 생략 ...
        ),
    );
  } else {
    ... 생략 ...
  }
}
```

02 ❶ onSaveImage() 함수에 이미지 저장 기능을 구현하겠습니다. GlobalKey를 선언해두고 RepaintBoundary 위젯의 key 매개변수에 입력했기 때문에 어디에서든 이 키값을 이용해서 RepaintBoundary의 기능을 접근할 수 있습니다. imgKey.currentContext.findRenderObject() 함수를 실행하면 실제 화면에 렌더링된 RepaintBoundary 위젯을 찾을 수 있습니다. 물론 사용한 imgKey값이 key 매개변수에 입력된 위젯으로 찾게 됩니다.

lib/screen/home_screen.dart
```
import 'package:flutter/rendering.dart';
... 생략 ...
// 미리 생성해둔 함수
void onSaveImage() {  // ❶ 이미지 저장 기능을 구현할 함수
  RenderRepaintBoundary boundary = imgKey.currentContext!
      .findRenderObject() as RenderRepaintBoundary;
}
```

03 위젯을 찾고 나면 간단히 ❶ toImage() 함수를 실행해서 RepaintBoundary가 감싸고 있는 영역을 이미지로 변환할 수 있습니다. 이미지를 갤러리에 저장할 때 사용할 플러그인인 ImageGallerySaver는 이미지를 저장하기에 앞서 이미지를 바이트 데이터로 변환해야 합니다. 그러니 ❷ .toByteData() 함수와 ❸ asUint8List() 함수를 이용해서 이미지 정보를 바이트 데이터로 변환하겠습니다.

```
                                                          lib/screen/home_screen.dart
import 'dart:ui' as ui;
import 'package:flutter/services.dart';
import 'dart:typed_data';
... 생략 ...
// 미리 생성해둔 함수
void onSaveImage() async {
  RenderRepaintBoundary boundary = imgKey.currentContext!
      .findRenderObject() as RenderRepaintBoundary;
  ui.Image image = await boundary.toImage(); // ❶ 바운더리를 이미지로 변경
  ByteData? byteData = await image.toByteData(format: ui.ImageByteFormat.png);
  // ❷ byte data 형태로 형태 변경
  Uint8List pngBytes = byteData!.buffer.asUint8List();
  // ❸ Unit8List 형태로 형태 변경
}
```

❶ RepaintBoundary가 감싸고 있는 영역을 이미지로 변환합니다. toImage() 함수가 반환하는 Image 타입은 material.dart 패키지의 Image 위젯이 아니라 dart:ui 패키지의 Image 클래스이기 때문에 dart:ui 패키지를 ui로 선언해서 dart:ui 패키지의 Image 클래스를 반환받습니다. ❷ 이미지를 바이트 데이터로 변환합니다. 변환되는 확장자는 png로 지정했으나 다른 확장자를 사용해도 상관이 없습니다. ❸ 바이트 데이터를 8비트 정수형으로 변환합니다. ImageGallerySaver 플러그인은 바이트 데이터가 8비트 정수형으로 변환되어 있는 걸 요구하기 때문에 필수 과정입니다.

04 이제 모든 준비가 끝났습니다. 변환된 이미지 데이터를 ❶ ImageGallerySaver.saveImage() 함수에 입력해주고 갤러리에 이미지를 저장합니다. 추가적으로 ScaffoldMessenger의 ❷ showSanckBar() 함수를 실행해서 이미지가 저장되는 걸 사용자에게 확인시켜줍니다.

```
                                                          lib/screen/home_screen.dart
// 이미지 저장 기능 임포트
import 'package:image_gallery_saver_plus/image_gallery_saver_plus.dart';
... 생략 ...
void onSaveImage() async {
  ... 생략 ...
  // 함수 끝에 추가
  // ❶ 이미지 저장하기
  await ImageGallerySaverPlus.saveImage(pngBytes, quality: 100);
```

```
  ScaffoldMessenger.of(context).showSnackBar(   // ❷ 저장 후 Snackbar 보여주기
    SnackBar(
      content: Text('저장되었습니다!'),
    ),
  );
}
```

05 프로젝트를 저장해서 핫 리로드를 실행한 후 화면에 이모티콘을 그대로 유지한 채로 저장하기 ❶ IconButton을 누르면 하단에 ❷ "저장되었습니다" 메시지가 보입니다. 이미지는 **갤러리**에 저장됩니다.

15.5 테스트하기

❶ 안드로이드 스튜디오에서 [Run] 버튼을 눌러서 iOS 시뮬레이터 또는 안드로이드 에뮬레이터에서 앱을 실행해보세요.

❷ [이미지 선택하기] 버튼을 눌러서 스티커를 붙이고 싶은 이미지를 선택해주세요.

❸ 원하는 스티커를 눌러서 옮기고 확대/축소를 자유롭게 해보세요. InteractiveViewer를 사용했기 때문에 Body 전체를 확대하거나 축소할 수도 있어요.

❹ 스티커 중 하나를 누른 후 삭제 버튼을 눌러서 스티커를 삭제해보세요.

❺ 저장 버튼을 눌러서 위젯을 이미지로 저장해보세요.

학습 마무리

이번 프로젝트는 이동 및 확대/축소 제스처를 사용하는 방법을 알아봤습니다. 추가적으로 갤러리에서 이미지를 선택하고 특정 위젯을 이미지로 변환해서 갤러리에 저장하는 작업까지 구현했습니다. 여기서는 이미지 스티커만 추가했습니다. 하지만 텍스트도 Text 위젯을 사용해서 비슷한 방법으로 추가할 수 있습니다. 다만 텍스트는 글자 변경, 폰트 변경 등 디자인적으로 고려할 사항이 조금 더 많으니 참고해주세요.

핵심 요약

1 **GestureDetector**를 사용하면 플러터에서 인지할 수 있는 모든 제스처 콜백을 받을 수 있습니다.
2 GestureDetector의 **onScaleUpdate** 콜백을 사용하면 x, y축으로의 이동 및 확대/축소값을 콜백으로 받을 수 있습니다.
3 **Transform** 위젯을 사용하면 자식 위젯을 이동시키거나 확대/축소할 수 있습니다.
4 **ImageGallerySaverPlus** 플러그인을 사용하면 이미지를 갤러리에 저장할 수 있습니다. path_provider 플러그인과 dart:io를 사용하면 앱이 접근할 수 있는 폴더에 파일을 저장할 수 있습니다. 관련 정보는 아래 공식 홈페이지 링크를 확인해보세요.
   - https://docs.flutter.dev/cookbook/persistence/reading-writing-files

업그레이드 아이디어

1 이미지를 다른 위치에 저장해보세요.
2 작업 중이던 이미지를 바꿀 때 화면에 있는 스티커가 모두 사라지게 해보세요.
3 화면에 글자를 입력할 수 있는 기능을 추가해보세요.

Chapter

16

Project
AI 채팅봇, 소울챗
HTTP 요청 · REST API · JSON ·
제미나이 API · Isar 데이터베이스

Project AI를 이용한 채팅 서비스 만들기 ★★★☆

예제 위치	https://github.com/codefactory-co/flutter-golden-rabbit-novice-v3/tree/main/ch16/soul_talk
프로젝트명	soul_talk
개발 환경	플러터 SDK : 3.24.4
미션	Gemini AI를 사용해서 나만의 채팅봇을 만들어봐요.
기능	• 제미나이 API를 사용해서 채팅 메세지를 주고받을 수 있어요. • 채팅 메시지를 Isar NoSQL 데이터베이스에 저장해서 언제든지 불러올 수 있어요. • StreamBuilder를 사용해서 메시지가 들어올 때마다 자동으로 화면을 업데이트 할 수 있어요.
조작법	채팅 텍스트필드에 메시지를 입력하고 전송하면 됩니다.
핵심 구성요소	• StreamBuilder • 제미나이 API • Isar
플러그인	dependencies • isar: ^3.1.0+1 • isar_flutter_libs: ^3.1.0+1 • path_provider: ^2.1.4 • google_generative_ai: ^0.4.6 • get_it: ^8.0.1 dev_dependencies • build_runner: ^2.4.13 • isar_generator: ^3.1.0+1

#MUSTHAVE

□ **학습 목표**

제미나이 AI를 사용해서 채팅 앱을 만들어보겠습니다. HTTP 요청과 AI에 대해 간단히 살펴보고 ListView의 스크롤 애니메이션을 직접 제어하는 방법을 배우겠습니다. 나아가 응답이 준비되는 대로 받아 볼 수 있는 Stream과 Stream을 기반으로 화면에 UI를 그려낼 수 있는 StreamBuilder도 알아보겠습니다.

□ **학습 순서**

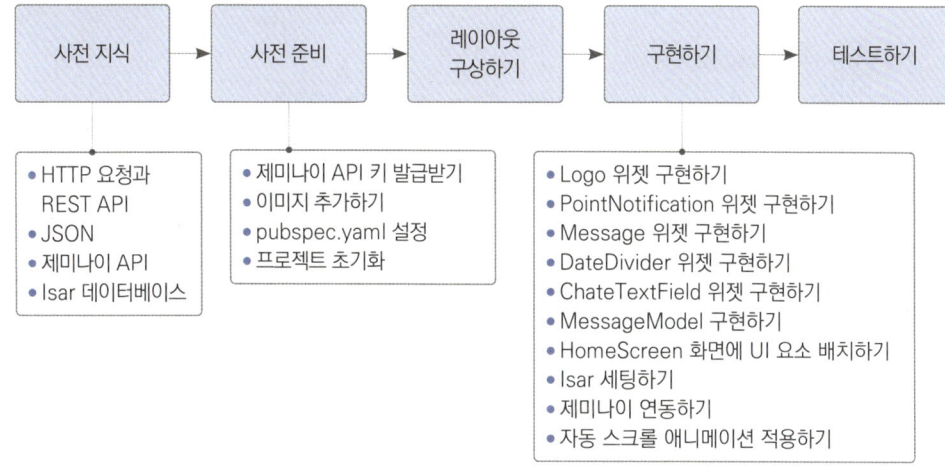

□ **프로젝트 구상하기**

이번 프로젝트의 핵심 요소는 AI입니다. AI를 연동하는 게 마냥 어렵게 느껴질 수 있지만 생각보다 기본은 단순합니다. 이 프로젝트에서는 제미나이 AI를 사용해서 AI가 자동으로 대답하는 채팅 앱을 구현해봅니다. 그 과정에서 채팅 기록을 저장할 데이터베이스인 Isar NoSQL 사용법과 데이터를 전송하는 HTTP 요청 방법도 배워보겠습니다.

16.1 사전 지식

16.1.1 HTTP 요청

HTTP^HyperText Transfer Protocol는 월드 와이드 웹^world wide web, www 상에서 통신할 수 있는 프로토콜(약속)입니다. 주로 HTTP 문서를 주고받는 용도로 사용하며, TCP와 UDP 방식을 사용합니다. 전 세계 대부분의 앱 및 웹사이트가 서버와 통신에 HTTP 규약을 사용합니다. HTTP는 요청^request과 응답^response으로 구분할 수 있습니다. 서버/ 클라이언트 구조에서 HTTP 요청을 보내는 쪽을 클라이언트라고 하고, 요청을 받아서 그에 대응하는 데이터를 보내주는 쪽을 서버라고 합니다.

▼ HTTP 요청을 하는 클라이언트와 서버

▼ HTTP 요청 URL의 형태

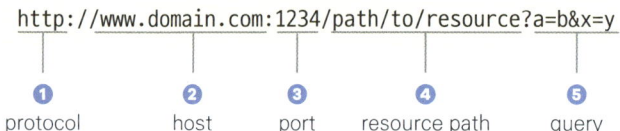

❶ HTTP 요청은 http 또는 https 프로토콜로 실행할 수 있습니다. https는 http 프로토콜보다 보안이 더욱 강화된 프로토콜입니다. ❷ host는 요청하는 사이트의 도메인을 의미합니다. ❸ 요청이 서버로 전달될 때 어떤 포트로 전달할지 지정합니다. HTTP 요청은 보통 80번 포트를 사용하고 https 메서드는 보통 443 포트를 사용합니다. ❹ 요청의 경로입니다. 불러올 데이터의 정보가 명시되어 있으며 경로에 따라 API 서버에서 로직을 실행하고 데이터를 반환합니다. ❺ 이외에 추가로 전송할 정보입니다. '?' 다음에 추가할 수 있으며 각 쿼리는 '&'로 구분합니다. 각 쿼리 데이터는 Map 형태처럼 키와 값으로 이루어졌으며 '='를 기준으로 왼쪽은 키, 오른쪽은 값이 됩니다. 예를 들어 "a=b"의 경우 a가 키가 되고 b가 값이 됩니다.

마지막은 HTTP 요청의 헤더^Header입니다. 헤더는 메타데이터 즉, HTTP 요청에서 보내는 데이터에 대한 메타 정보를 입력하는 부분입니다. 예를 들어 바디body가 어떻게 구성되어 있는지, 데이터의 총 길이는 어느 정도인지, 어떤 브라우저에서 보낸 요청인지에 대한 정보를 흔히 입력합니다. 로그인 후 발급받은 토큰을 서버로 다시 보낼 때도 일반적으로 헤더에 정보를 저장합니다.

HTTP 요청을 많이 사용하다 보니 개발자들이 HTTP를 어떤 방식으로 사용하는 게 가장 효율적인지 많은 고민을 하기 시작했습니다. 오랜 고민 끝에 개발된 방법 중에는 REST API, GraphQL, gRPC 등 있습니다. 현대에는 GraphQL과 gRPC도 많이 사용하지만 REST API가 압도적으로 대중적입니다.

▼ HTTP 기반 API 종류

종류	설명
REST API	HTTP의 GET, POST, PUT, DELETE 등의 메서드를 사용해서 통신하는 가장 대중적인 API입니다. HTTP를 이용해서 자원(Resource)을 명시하고 해당 자원에 대한 CRUD(Create, Read, Update, Delete) 연산을 실시합니다.
GraphQL	Graph 구조를 띄고 있으며 클라이언트에서 직접 필요한 데이터를 명시할 수 있는 형태의 통신 방식입니다. 필요한 데이터만 가져올 수 있다는 장점이 있습니다.
gRPC	HTTP/2를 사용하는 통신 방식입니다. Protocol Buffers라는 방식을 사용하며 레이턴시를 최소화할 목적으로 설계되었습니다.

HTTP 요청은 여러 메서드method를 제공하는데 대표적으로 GET, POST, PUT, DELETE를 가장 많이 사용합니다.

- **GET 메서드**는 서버로부터 데이터를 가져옵니다. 예를 들어 브라우저에서 사이트에 접속하면 GET 메서드를 사용해서 HTML, CSS, JS 파일 등을 불러옵니다. GET 메서드는 HTML 문서의 body를 사용하지 않고 데이터를 전송할 필요가 있을 때 쿼리 매개변수를 사용합니다.
- **POST 메서드**는 데이터를 서버에 저장합니다. POST 메서드는 body를 자주 사용하는 요청 중 하나로 생성할 데이터에 대한 정보를 HTML 문서의 바디에 입력합니다. 쿼리 매개변수 또한 사용할 수 있으나 POST 메서드에서는 자주 사용하지 않습니다.
- **PUT 메서드**는 데이터를 업데이트합니다. PUT 메서드 또한 쿼리 매개변수와 body를 사용할 수 있습니다.
- **DELETE 메서드**는 데이터를 삭제합니다. POST 메서드 그리고 PUT 메서드와 마찬가지로 쿼리 매개변수와 body를 모두 사용할 수 있습니다.

특정 URL이 있을 때 아무 메서드나 마음대로 지정해서 요청을 보낼 수 있는 건 아닙니다. 서버에 설계된 메서드만 사용할 수 있습니다.

16.1.2 REST API

프로그램이 다른 프로그램과 통신하는 데 정해진 규격의 API를 이용합니다. 예를 들어 일정 관리 앱에서 일정 날짜와 내용을 가져오는 API를 노출시키면 다른 클라이언트에서 해당 리소스를 불러올 수 있습니다.

REST$^{Respresentational\ State\ Transfer}$ API는 REST 기준을 따르는 HTTP API입니다. HTTP API이므로 GET, POST, PUT, DELETE 메서드를 제공합니다. 그렇다면 HTTP 요청에서 제공하는 GET, POST, PUT, DELETE와 REST API가 어떻게 다른 걸까요? REST API는 균일한 인터페이스, 무상태, 계층화, 캐시 원칙을 준수하는 HTTP API입니다. 이를 RESTful API라고 합니다.

▼ RESTful API 통신

REST API의 4가지 기준을 간략히 소개합니다.

- **균일한 인터페이스** : 요청은 균일한 인터페이스를 갖고 있어야 합니다. 요청만으로도 어떤 리소스를 접근하려는지 알 수 있어야 하며 수정 또는 삭제를 한다면 해당 작업을 실행할 리소스 정보를 충분히 제공해야 합니다.
- **무상태**^{Stateless} : 요청이 완전 분리될 수 있어야 합니다. 하나의 요청이 이전 또는 이후의 요청과 완전 독립된 형태로 구현돼야 하며 임의의 순서로 요청이 처리될 수 있어야 합니다.
- **계층화된 시스템** : 클라이언트와 서버 사이에 다른 중개자에 요청을 연결할 수 있습니다. 이 중개자는 또 다른 서버가 될 수 있고 클라이언트에서는 이 계층이 보이지 않습니다.
- **캐시**^{Cache} : 클라이언트는 응답 속도를 개선할 목적으로 일부 리소스를 저장할 수 있습니다. 예를 들어 한 웹사이트에 공통으로 사용되는 이미지나 헤더가 있을 때 해당 요청을 캐싱함으로써 응답 속도를 빠르게 하거나 불필요한 요청을 줄일 수 있습니다. 더 나아가 캐시가 불가능한 API를 지정할 수도 있습니다.

플러터 프레임워크에서 HTTP 요청을 하는 데 일반적으로 http 플러그인이나 dio 플러그인을 사용합니다.

▼ Dio 플러그인을 사용한 HTTP 요청

```
import 'package:dio/dio.dart';

void main() async {
  final getResp = Dio().get('http://test.codefactory.ai');    // ❶ HTTP Get 요청

  final postResp = Dio().post('http://test.codefactory.ai'); // ❷ HTTP Post 요청

  final putResp = Dio().put('http://test.codefactory.ai');    // ❸ HTTP Put 요청

  // ❹ HTTP Delete 요청
  final deleteResp = Dio().delete('http://test.codefactory.ai');
}
```

Dio 플러그인을 사용하면 손쉽게 HTTP 요청을 할 수 있습니다. 단순히 Dio 클래스를 인스턴스화하고 메소드를 (❶ Get, ❷ Post, ❸ Put, ❹ Delete) 함수 이름으로 실행해주면 됩니다. 모든 함수의 첫 번째 매개변수에는 요청을 보내는 URL을 입력해야 합니다.

REST API 통신을 하면서 응답으로 XML이나 HTML 같은 문자열을 전달할 수도 있고, JSON처럼 객체를 전달할 수도 있습니다. 다음으로는 가장 흔히 사용되는 JSON에 대해서 살펴보겠습니다.

16.1.3 JSON

HTTP 요청에서 body를 구성할 때 사용하는 구조는 크게 XML과 JSON으로 나뉩니다. XML은 구식으로 현대 API에서는 잘 사용하지 않고 대부분 JSON 구조를 사용합니다. JSON은 인간이 읽을 수 있는 텍스트를 사용해 키-값 쌍으로 이루어진 데이터 객체를 전달하는 개방형 표준 포맷입니다.

다음 예제를 참고하면 쉽게 이해할 수 있습니다.

```
{
  'name': 'Code Factory', // ❶
```

```
    'languages': ['Javascript', 'Dart'], // ❷
    'age': 2 // ❸
}
```

❶ 'name' 키, 값은 String 타입의 'Code Factory'입니다. ❷ JSON에서 List를 사용할 수 있습니다. 'languages' 키에 해당하는 값으로 'Javascript'와 'Dart'를 지정합니다. ❸ 'age' 키에 해당되는 값은 정수 2입니다.

REST API 요청할 때 요청 및 응답 Body에 JSON 구조를 자주 사용합니다. 플러터에서 JSON 구조로 된 데이터를 응답받으면 직렬화serialization를 통해 클래스의 인스턴스로 변환하여 사용할 수 있습니다.

16.1.4 제미나이 API

챗봇을 만드는 방법은 전통적으로 규칙을 기반으로 했습니다. 규칙 기반 챗봇은 미리 정의된 규칙과 대화 흐름에 따라 작동하며 정해진 입력에만 반응합니다. 챗봇이 제시하는 메뉴 안 에서 선택하여 대화를 이어가는 방식이라서 내가 원하는 내용을 빠르게 확인할 수 없는 단점이 있었습니다. 반면 챗GPT나 제미나이 API를 이용한 챗봇은 대규모 언어 모델을 활용해 문맥을 이해하고 더 자연스럽고 유연한 대화를 생성할 수 있습니다. 비정형 질문이나 복잡한 대화에도 대응할 수 있어 실효성이 높아 최근 관심이 더 높아졌습니다.

제미나이의 대안으로 챗GPT, 클로드를 들 수 있습니다. 챗GPT 점유율이 가장 높지만, 제미나이는 구글 워크스페이스 기반 다양한 서비스를 제공하고 가격도 상대적으로 저렴하여 많은 기업에서 이용하고 있어, 이번 예제에서도 제미나이를 선택했습니다.

▼ 현대 인기 AI 모델 정리

모델	개발사	출시년도	강점	시장 점유율
챗GPT(ChatGPT)	OpenAI	2022년	다양한 언어 작업 가능, 문맥 이해	59.4%
제미나이(Gemini)	Google DeepMind	2023년	텍스트-이미지 연계 작업에 탁월	13.6%
클로드(Claude)	Anthropic	2023년	안전 중심 설계, 윤리적 콘텐츠 생성	2.8%

제미나이^{Gemini}는 알파고^{AlphaGo}를 개발한 딥마인드^{DeepMind}가 개발한 AI입니다. 제미나이는 다음과 같은 특징이 있습니다.

1 **멀티모달 이해 능력** : 제미나이는 텍스트뿐 아니라 이미지 등 다양한 데이터를 이해할 수 있는 멀티모달 모델입니다. 이를 통해 텍스트 생성뿐만 아니라 이미지 설명 생성, 텍스트와 이미지 간의 상호 이해, 다양한 입력 형식이 필요한 작업에서 포괄적인 응답을 제공합니다.
2 **높은 추론 능력과 정확성** : 강화 학습과 인간 피드백을 통해 복잡한 문제를 단계별로 해결하는 추론 능력이 뛰어나며, 여러 정보를 통합해 더욱 정확하고 유의미한 응답을 생성합니다.
3 **최적화된 언어 모델** : 최신 트랜스포머^{Transformer} 아키텍처 기반으로 성능과 효율성을 극대화해, 더 많은 정보를 짧은 시간 내에 학습하고, 빠른 응답을 제공합니다. 리소스 사용을 최적화하면서도 높은 성능을 유지하는 점이 돋보입니다.
4 **안전성과 윤리적 사용** : 유해 콘텐츠 탐지 및 필터링 메커니즘이 강력해, 데이터 편향성을 줄이고 윤리적인 응답을 제공하도록 설계되었습니다.
5 **사용자 친화적 인터페이스 및 확장성** : 다양한 API와 인터페이스를 제공해 챗봇이나 어시스턴트를 개발하기에 적합합니다.

제미나이는 아주 단순한 REST API 형식으로 AI 모델에 응답 생성을 요청할 수 있는 기능을 제공해줍니다. 제미나이의 API 스펙은 매우 일반적인 구조이기 때문에 제미나이를 공부하면 다른 AI 모델의 API도 손쉽게 사용해볼 수 있습니다.

▼ 제미나이를 사용한 REST API

요청 URL	https://generativelanguage.googleapis.com/v1beta/models/gemini-1.5-flash:generateContent	사용하고 싶은 모델을 "models" 뒤에 입력하면 됩니다(예: gemini-1.5-flash).
Query	key=$API_KEY	$API_KEY에 제미나이 대시보드에서 발급받은 API 키를 입력하면 됩니다.
Method	POST	POST 요청을 보내면 됩니다.

데이터	```{
	  "contents": [
	    {
	      "parts":[{
	        "text": "오늘 저녁으로 먹을 만한 메뉴 추천해줘!"
	      }],
	      "role": "user"
	    },
	  ],
	}```
		모델에 보낼 데이터를 contents.parts에 입력해주면 됩니다. 텍스트, 이미지, 오디오 등 다양한 형태를 입력할 수 있습니다. 추가로, contents.role에 user 또는 model을 입력해서 누가 제공한 데이터인지 명시할 수 있으며 기존 대화했던 데이터를 contents로 모델에 다시 제공 해줌으로써 대화의 문맥을 이어갈 수 있습니다.

16.1.5 Isar 데이터베이스

Isar 데이터베이스는 플러터에서 사용할 수 있는 고성능 NoSQL 데이터베이스입니다. NoSQL 데이터베이스는 추후 '18장 데이터베이스 적용하기'에서 배울 SQL과 굉장히 다른 특성을 갖고 있습니다. SQL 데이터베이스는 항상 테이블의 구조가 무결성의 유지해야 하는 반면 NoSQL은 구조가 강제되지 않습니다. 그렇기 때문에 사용이 자유로운 반면 방심하면 프로젝트가 커졌을 때 유지보수가 어려워질 수 있습니다. 서버 데이터베이스는 무결성이 매우 중요하기 때문에 SQL 데이터베이스를 많이 사용하는 반면 프론트엔드 데이터베이스는 퍼포먼스와 사용성이 조금 더 중요시 되고 구조가 복잡하지 않기 때문에 NoSQL 데이터베이스를 사용하는 경우가 많습니다. 이번 프로젝트에서는 채팅 메시지 데이터를 저장하는 데 Isar를 사용하겠습니다.

컬렉션 정의하기

Isar 데이터베이스는 데이터를 컬렉션^{Collection} 단위로 나누게 됩니다. 컬렉션은 특정 자료형 객체를 모아 관리하는 개념입니다. 예를 들어 블로그 앱을 만든다면 사용자(User)가 한 컬렉션이 되고 상품^{Product}가 하나의 컬렉션이 될 수 있습니다. 컬렉션을 정의하는 방법은 간단합니다. 클래스를 선언하고 클래스를 @collection으로 어노테이트^{Annotate}해주면 됩니다.

```dart
import 'package:isar/isar.dart';

// [파일 이름].g.dart 파일이 build_runner에 의해 생성됨
part 'message_model.g.dart';


// 클래스를 @collection으로 어노테이트해주면 Isar가 자동 인식
@collection
class MessageModel {
  Id id = Isar.autoIncrement;
  bool isMine;
  String message;
  int? point;
  DateTime date;

  MessageModel({
    this.point,
    required this.isMine,
```

```
    required this.message,
    required this.date,
  });
}
```

빌드 러너 실행하기

컬렉션을 정의하고 나면 꼭 빌드 러너Build Runner를 실행 해줘야 합니다. Build Runner를 실행하면 @collection으로 어노테이트된 모든 클래스들의 Isar 보조 파일을 생성하게 됩니다. 보조 파일들은 어노테이트된 클래스가 존재하는 파일 이름에 .g.dart가 추가된 형태로 생성되며 컬렉션에 실행할 수 있는 기능을 정의하고 있습니다. 빌드 러너는 컬렉션이 새로 생기거나 변경되면 매번 실행해줘야 하는 과정입니다.

▼ 터미널에서 현재 프로젝트 위치로 이동한 다음 실행

```
dart run build_runner build
```

16.2 사전 준비

먼저 프로젝트를 만들고 나서, 제미나이 키를 발급받습니다. 가상 머신에 이미지를 추가하고 나서 안드로이드와 iOS 각 플랫폼에서 권한 설정을 진행하겠습니다.

ToDo 01 먼저 실습에 사용할 프로젝트를 생성해주세요.
- **프로젝트 이름** : soul_talk
- **네이티브 언어** : 코틀린

16.2.1 제미나이 API 키 발급받기

이 프로젝트에서는 구글 딥마인드Google DeepMind의 제미나이를 사용하기 때문에 제미나이 API와 통신할 때 인증을 진행할 수 있는 API 키를 받아야 합니다.

ToDo **01** 구글 AI 웹사이트에 접속하고 [로그인] 버튼을 눌러서 로그인을 진행합니다.

- https://ai.google.dev

02 로그인을 완료한 후 [Get API key in Google AI Studio] 버튼을 클릭합니다.(만약에 해당 버튼이 없다면 다음 링크로 이동합니다. https://aistudio.google.com/app/apikey).

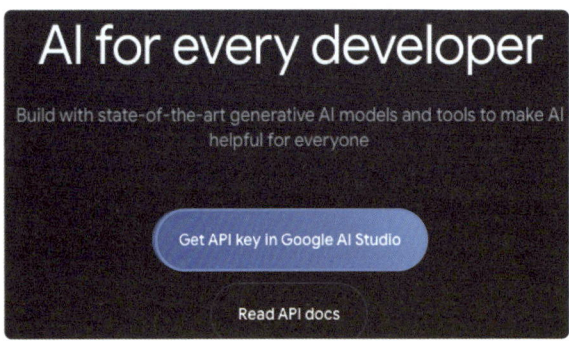

처음 접속하면 다음과 같은 안내 문이 보일 겁니다. ❌ 버튼을 눌러 닫아주세요. 또는 기타 규약 관련 창 뜰 수 있어요. 그러면 안내에 따라 동의를 해주고 진행하세요.

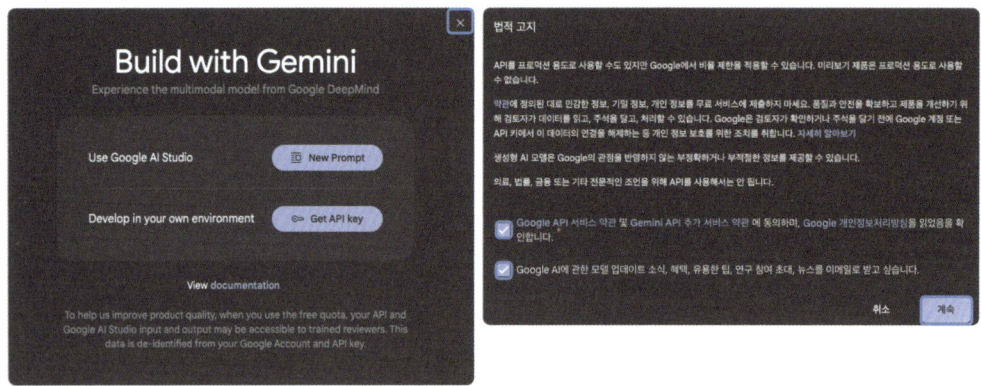

03 아래로 스크롤해서 ❶ [API 키 만들기] 버튼을 클릭합니다. 역시나 처음 생성한다면 간단한 법적 고지를 리마인드하는 창이 보일 수 있습니다. 내용을 확인하고 동의한다면 ❷ [확인] 버튼을 클릭하세요.

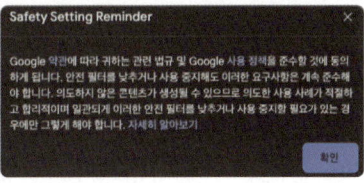
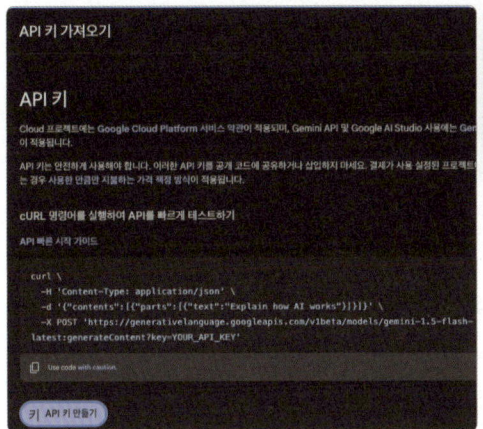

04 프로젝트를 선택하고 [새 프로젝트에서 API 키 만들기] 버튼을 클릭합니다.

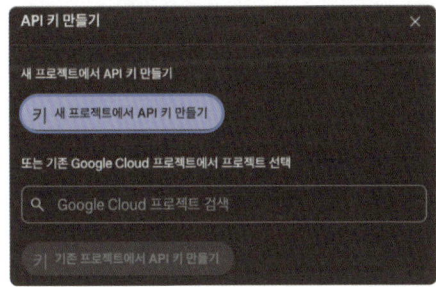

05 생성된 API 키를 복사한 후 잘 보관해둡니다. 이 값을 저희는 앞으로 제미나이 API Key라고 부르겠습니다.

16.2.2 이미지 추가하기

이미지와 폰트를 추가합니다.

ToDo 01 [asset] 폴더를 만들고 그 아래 [img] 폴더를 만듭니다. 16장 예제에서 [asset/img]에 있는 그림 파일들을 방금 만든 [img] 폴더로 드래그 앤 드롭합니다.

16.2.3 안드로이드 네이티브 설정하기

최신 플러터 버전에서는 그래들 8 버전 이상을 사용하고 있기 때문에 최신 플러터 버전을 지원하려면 플러그인들의 대응이 필요합니다. 하지만 모든 플러그인들이 발빠르게 최신 업데이트 요구 사항을 반영하지 않기 때문에 최신 요구사항을 반영하지 않은 플러그인들에 대한 대응 방안이 필요합니다. 아래 코드를 추가해서 그래들 8 버전의 요구사항인 namespace를 자동으로 추가하는 기능을 구현하겠습니다.

```gradle
// android/build.gradle
subprojects {
    afterEvaluate { project ->
        if (project.hasProperty("android")) {
            project.android {
                if (namespace == null) {
                    namespace project.group
                }
            }
        }
    }
}
```

16.2.4 pubspec.yaml 설정하기

ToDo 01 다음에 아래 수정 사항을 pubspec.yaml에 적용해주세요.

```yaml
# pubspec.yaml
dependencies:
  flutter:
    sdk: flutter

  cupertino_icons: ^1.0.8
  isar: ^3.1.0+1
  isar_flutter_libs: ^3.1.0+1
  path_provider: ^2.1.4
  google_generative_ai: ^0.4.6
  get_it: ^8.0.1

dev_dependencies:
  flutter_test:
```

```yaml
    sdk: flutter

  flutter_lints: ^4.0.0
  build_runner: ^2.4.13
  isar_generator: ^3.1.0+1

flutter:
  uses-material-design: true

  assets:
    - asset/img/
```

02 [Pub get]을 실행해서 변경 사항을 반영합니다.

16.2.5 프로젝트 초기화하기

ToDo **01** [lib] 폴더에 [screen] 폴더를 생성하고 앱의 기본 홈 화면으로 사용할 HomeScreen 위젯을 생성할 home_screen.dart를 생성합니다. 다음과 같이 HomeScreen이라는 StatelessWidget을 생성해주세요.

lib/screen/home_screen.dart
```dart
import 'package:flutter/material.dart';

class HomeScreen extends StatelessWidget {
  const HomeScreen({Key? key}) : super(key: key);

  @override
  Widget build(BuildContext context) {
    return Scaffold(
      body: Text('Home Screen'),
    );
  }
}
```

02 lib/main.dart 파일에서도 마찬가지로 HomeScreen을 홈 위젯으로 등록해줘야 합니다.

lib/main.dart
```dart
import 'package:soul_talk/screen/home_screen.dart';
import 'package:flutter/material.dart';
```

```
void main() {
  runApp(
    MaterialApp(
      home: HomeScreen(),
    ),
  );
}
```

16.3 레이아웃 구상하기

이 프로젝트는 최대한 단순한 UI로 제미나이 AI^{Gemini AI} API에 연동하는 데 집중하겠습니다. 화면은 하나의 스크롤 가능한 단일 스크린으로 이루어졌으며 가장 위 ❶에는 앱의 로고와 설명이 위치합니다. ❷ 채팅한 날짜가 변경될 때마다 날짜가 화면에 출력되며 그 밑으로 해당 날짜에 진행한 채팅이 출력됩니다. ❸ 내가 보낸 채팅 메시지 아래에 한 번씩 채팅을 할 때마다 쌓이는 ❹ 포인트도 표시됩니다.

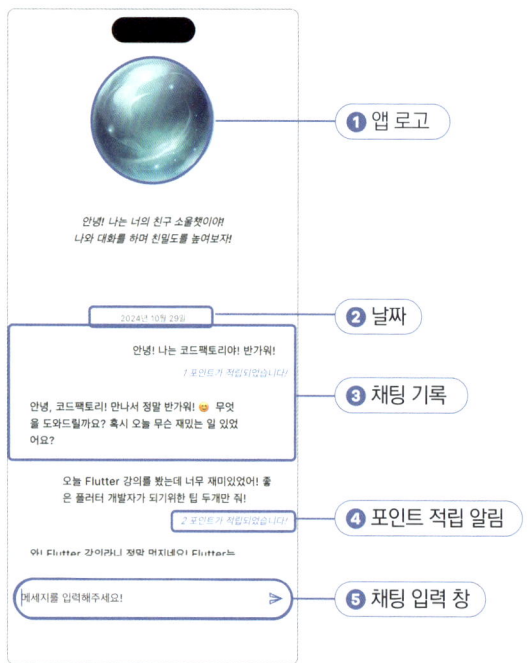

❶ 앱 로고
❷ 날짜
❸ 채팅 기록
❹ 포인트 적립 알림
❺ 채팅 입력 창

16.4 구현하기

16.4.1 Logo 위젯 구현하기

Logo 위젯은 상단 로고 이미지 위젯과 아래 앱 설명으로 나눌 수 있습니다. Column을 이용해서 이미지와 텍스트를 위치하겠습니다.

ToDo 01 lib/component/logo.dart 파일을 생성하고 아래 코드를 작성해주세요.

```dart
// lib/component/logo.dart
import 'package:flutter/material.dart';

class Logo extends StatelessWidget {
  // 직접 너비를 정의할 경우를 대비한 너비 파라미터
  final double width;
  // 직접 높이를 정의할 경우를 대비한 너비 파라미터
  final double height;

  const Logo({
    super.key,
    this.width = 200,
    this.height = 200,
  });

  @override
  Widget build(BuildContext context) {
    return Column(
      children: [
        Image.asset(   // 로고 이미지
          'asset/img/logo.png',
          width: width,
          height: height,
        ),
        SizedBox(height: 32.0),
        Text(   // 앱 설명 텍스트
          '안녕! 나는 너의 친구 소울챗이야!\n나와 대화를 하며 친밀도를 높여보자!',
          textAlign: TextAlign.center,
          style: TextStyle(
            color: Colors.black,
```

```
              fontSize: 16,
              fontWeight: FontWeight.w500,
              fontStyle: FontStyle.italic,
            ),
          ),
        ],
      );
    }
  }
```

16.4.2 PointNotification 위젯 구현하기

내가 제미나이에게 메시지를 보낼 때마다 몇 포인트가 적립됐는지 표시해줄 알림 텍스트를 작업하겠습니다. int 타입으로 point 파라미터를 입력받고 이 값을 기준으로 화면에 Text 위젯을 보여주겠습니다.

ToDo 01 lib/component/point_notification.dart 파일을 생성하고 다음 코드를 작성해주세요.

lib/component/point_notification.dart

```
import 'package:flutter/material.dart';

class PointNotification extends StatelessWidget {
  // 포인트
  final int point;

  const PointNotification({
    super.key,
    required this.point,
  });

  @override
  Widget build(BuildContext context) {
    return Text(
      '$point 포인트가 적립되었습니다!',
      style: TextStyle(
        color: Colors.blueAccent,
        fontStyle: FontStyle.italic,
      ),
```

```
    );
  }
}
```

16.4.3 Message 위젯 구현하기

Message 위젯은 제미나이와 내가 한 채팅 내용을 보여줄 채팅 버블입니다. 코드는 약간 길지만 로직은 단순합니다. Text 위젯을 Container 위젯으로 감싸고 테두리와 배경을 설정해서 디자인합니다. 내가 보낸 채팅 메시지는 오른쪽에, 제미나이가 보낸 메시지는 왼쪽에 위치시킵니다.

> ToDo 01 이 기능에 사용할 alignLeft 파라미터를 정의하고 true이면 왼쪽에, false이면 오른쪽에 정렬하겠습니다.

lib/component/message.dart
```dart
import 'package:flutter/material.dart';
import 'package:soul_talk/component/point_notification.dart';

class Message extends StatelessWidget {
  // true이면 왼쪽 정렬 false이면 오른쪽 정렬
  final bool alignLeft;
  // 보여줄 메시지
  final String message;
  // 현재까지 적립된 포인트
  final int? point;

  const Message({
    super.key,
    this.alignLeft = true,
    this.point,
    required this.message,
  });

  @override
  Widget build(BuildContext context) {
    // alignLeft 기준으로 Alignment 프로퍼티 생성하기
    final alignment = alignLeft ? Alignment.centerLeft : Alignment.centerRight;

    // 왼쪽 정렬이면 더 어두운 배경 사용
```

```dart
    final bgColor = alignLeft ? Color(0xFFF4F4F4) : Colors.white;

    // 왼쪽 정렬일 경우 더 어두운 테두리 사용
    final border = alignLeft ? Color(0xFFE7E7E7) : Colors.black12;

    return Column(
      children: [
        // 메시지 버블 디자인 정의
        Align(
          alignment: alignment,
          child: Container(
            decoration: BoxDecoration(
              borderRadius: BorderRadius.circular(32.0),
              color: bgColor,
              border: Border.all(
                color: border,
                width: 1,
              ),
            ),
            child: Padding(
              padding: const EdgeInsets.symmetric(vertical: 8.0, horizontal: 16.0),
              child: Text(
                message,
                style: TextStyle(
                  color: Colors.black,
                  fontSize: 16,
                ),
              ),
            ),
          ),
        ),
        // point가 입력됐을 때만 PointNotification 위젯을 화면에 출력
        if (point != null)
          Align(
            alignment: alignment,
            child: PointNotification(
              point: point!,
            ),
```

```
        ),
      ],
    );
  }
}
```

16.4.4 DateDivider 위젯 구현하기

DateDivider 위젯은 날짜를 입력받고 화면에 '2024년 11월 23일' 형식으로 출력하는 위젯입니다. 이전 채팅 메시지와 현재 채팅 메시지의 생성 날짜가 다를 때 화면에 출력하게 됩니다. 단순히 날짜 파라미터를 하나 입력받고 화면에 Text 위젯을 출력하겠습니다.

> **ToDo 01** lib/component/date_divider.dart 파일을 생성하고 아래 코드를 입력해주세요.

lib/component/date_divider.dart

```dart
import 'package:flutter/material.dart';

class DateDivider extends StatelessWidget {
  final DateTime date;

  const DateDivider({
    super.key,
    required this.date,
  });

  @override
  Widget build(BuildContext context) {
    return Text(
      '${date.year}년 ${date.month}월 ${date.day}일',
      style: TextStyle(color: Colors.black54, fontSize: 12),
      textAlign: TextAlign.center,
    );
  }
}
```

16.4.5 ChateTextField 위젯 구현하기

ChateTextField 위젯은 코드가 약간 길지만 단순 디자인 요소이니 전혀 두려워할 필요 없습니다. ChatTextField 위젯은 파라미터 네 개를 입력받겠습니다.

ToDo 01 TextField에 입력된 값을 받아올 수 있도록 controller를 입력받고, 메시지 전송 버튼을 눌렀을 때 함수를 실행할 수 있도록 onSend를 입력받겠습니다. 추가로, 혹시 있을 에러를 보여줄 error 파라미터를 입력받고 제미나이가 답변을 생성하는 동안은 추가로 메시지를 보낼 수 없도록 loading 파라미터를 입력받겠습니다.

lib/component/chat_text_field.dart
```
import 'package:flutter/material.dart';

class ChatTextField extends StatelessWidget {
  // 입력값 추출을 위해 외부에서 controller 직접 입력받기
  final TextEditingController controller;
  // 전송 버튼 눌렀을 때 실행할 함수 입력받기
  final VoidCallback onSend;
  // 에러 메시지 있을 경우 입력받기
  final String? error;
  // 로딩 중일 경우 전송 버튼 디자인 회색으로 변경 및 비활성화하기
  final bool loading;

  const ChatTextField({
    super.key,
    this.error,
    this.loading = false,
    required this.onSend,
    required this.controller,
  });

  @override
  Widget build(BuildContext context) {
    return TextField(
      controller: controller,

      // 커서 파란색으로 변경
      cursorColor: Colors.blueAccent,

      // 텍스트 필드 세로 중앙 정렬
```

```
      textAlignVertical: TextAlignVertical.center,

      // 입력필드 최소 1줄
      minLines: 1,

      // 입력필드 최대 4줄
      maxLines: 4,
      decoration: InputDecoration(
        errorText: error,

        // 텍스트 필드 전송 버튼
        suffixIcon: IconButton(
          onPressed: loading ? null : onSend,
          icon: Icon(
            Icons.send_outlined,
            color: loading ? Colors.grey : Colors.blueAccent,
          ),
        ),

        // 테두리 둥근 형태로 변경하기
        border: OutlineInputBorder(
          borderRadius: BorderRadius.circular(32.0),
        ),

        // 텍스트 필드 선택되어 있는 경우 파란색으로 테두리 변경하기
        focusedBorder: OutlineInputBorder(
          borderRadius: BorderRadius.circular(32.0),
          borderSide: BorderSide(
            color: Colors.blueAccent,
            width: 2.0,
          ),
        ),
        hintText: '메시지를 입력해주세요!',
      ),
    );
  }
}
```

16.4.6 MessageModel 구현하기

제미나이와 사용자가 채팅을 하면 결괏값을 MessageModel의 규격에 맞게 저장하겠습니다. MessageModel은 고유 식별값인 ID값, 내가 보낸 메시지인지 확인할 수 있는 isMine 파라미터, 주고받은 메시지를 저장하는 message 파라미터, 적립된 포인트를 알 수 있는 point 파라미터 그리고 생성된 날짜를 저장하는 date 파라미터가 있습니다.

ToDo 01 lib/model/message_model.dart 파일을 생성한 후 아래 코드를 작성하겠습니다.

```dart
// lib/model/message_model.dart
class MessageModel {
  // Message ID
  final int id;
  // true : 내가 보낸 메시지 / false : AI가 보낸 메시지
  final bool isMine;
  // 메시지 내용
  final String message;
  // 포인트 (AI 메시지의 경우 null)
  final int? point;
  // 메시지 전송 날짜
  final DateTime date;

  MessageModel({
    required this.id,
    required this.isMine,
    required this.message,
    required this.date,
    this.point,
  });
}
```

16.4.7 HomeScreen 화면에 UI 요소 배치하기

ToDo 01 HomeScreen 위젯을 StatefulWidget으로 변경하겠습니다.

```dart
// lib/screen/home_screen.dart
import 'package:flutter/material.dart';

class HomeScreen extends StatefulWidget {
  const HomeScreen({Key? key}) : super(key: key);
```

```dart
  @override
  State<HomeScreen> createState() => _HomeScreenState();
}

class _HomeScreenState extends State<HomeScreen> {
  @override
  Widget build(BuildContext context) {
    return Scaffold(
      body: Text('Home Screen'),
    );
  }
}
```

02 적절한 가로 세로 패딩과 함께 Logo를 반환하는 _buildLogo() 함수를 작성하겠습니다.

lib/screen/home_screen.dart
```dart
import 'package:flutter/material.dart';
import 'package:soul_talk/component/logo.dart';

...생략...

class _HomeScreenState extends State<HomeScreen> {

  @override
  Widget build(BuildContext context) {
    return const Placeholder();
  }


  Widget buildLogo() {
    return Padding(
      padding: const EdgeInsets.symmetric(horizontal: 16.0),
      child: const Padding(
        padding: EdgeInsets.only(bottom: 60.0),
        child: Logo(),
      ),
    );
  }
}
```

03 API 연동을 완료하기 전까지는 UI가 의도한 대로 출력되는 걸 확인하는 데 샘플 데이터를 활용하겠습니다. [lib/screen/home_screen.dart 파일의 맨 위에 다음 샘플 데이터를 추가해주세요.

lib/screen/home_screen.dart
```dart
...생략...
import 'package:soul_talk/model/message_model.dart';

final sampleData = [
  MessageModel(
    id: 1,
    isMine: true,
    message: '오늘 저녁으로 먹을 만한 메뉴 추천해줘!',
    point: 1,
    date: DateTime(2024, 11, 23),
  ),
  MessageModel(
    id: 2,
    isMine: false,
    message: '칼칼한 김치찜은 어때요!?',
    point: null,
    date: DateTime(2024, 11, 23),
  ),
];

class HomeScreen extends StatefulWidget {
...생략...
```

04 메시지를 화면에 그리는 함수를 작성하겠습니다. 메시지당 buildMessageItem( ) 함수를 실행하면 화면에 메시지 하나를 그려주거나 날짜와 함께 메시지를 그려주겠습니다. 이 기능을 제공할 DateTime을 String으로 변환하는 getStringDate( ) 함수와 두 날짜를 다른 날짜로 인식해야 하는지 확인하는 shouldDrawDate( ) 함수를 만들겠습니다.

lib/screen/home_screen.dart
```dart
...생략...
import 'package:soul_talk/component/message.dart';
import 'package:soul_talk/component/date_divider.dart';

...생략...
class _HomeScreenState extends State<HomeScreen> {

  @override
```

```dart
Widget build(BuildContext context) {
  return const Placeholder();
}


Widget buildLogo() {
  ...생략..
}

Widget buildMessageItem({
  MessageModel? prevMessage,
  required MessageModel message,
  required int index,
}) {
  final isMine = message.isMine;
  // DateDivider 위젯을 그려야 하는지 판단하기
  final shouldDrawDateDivider = prevMessage == null ||
      shouldDrawDate(prevMessage.date!, message.date!);

  return Column(
    children: [
      // DateDivider 위젯을 그려야 하는지 판단하기
      if (shouldDrawDateDivider)
        Padding(
          padding: const EdgeInsets.symmetric(vertical: 16.0),
          child: DateDivider(date: message.date),
        ),
      // 정렬 위치에 따라 패딩 다르게 제공해주기
      Padding(
        padding: EdgeInsets.only(left: isMine ? 64.0 : 16.0, right: isMine ? 16.0 : 64.0),
        child: Message(
          alignLeft: !isMine,
          message: message.message.trim(),
          point: message.point,
        ),
      ),
    ],
  );
}
```

```dart
// String으로 반환된 날짜가 다를 경우 true 반환
bool shouldDrawDate(DateTime date1, DateTime date2) {
  return getStringDate(date1) != getStringDate(date2);
}

// DateTime을 '2024년 11월 23일' 형태로 반환
String getStringDate(DateTime date) {
  return '${date.year}년 ${date.month}월 ${date.day}일';
}
```

05 이제 드디어 화면에 UI를 보여줄 차례입니다. buildMessageList() 함수를 만들어서 화면에 로고와 메시지들을 보여줄 ListView를 작업하겠습니다.

lib/screen/home_screen.dart
```dart
...생략...
class _HomeScreenState extends State<HomeScreen> {
  @override
  Widget build(BuildContext context) {
    return Scaffold(
      body: buildMessageList(),
    );
  }

  Widget buildMessageList() {
    return ListView.separated(
      itemCount: sampleData.length + 1,
      itemBuilder: (context, index) => index == 0
          ? buildLogo()
          : buildMessageItem(
              message: sampleData[index - 1],
              prevMessage: index > 1 ? sampleData[index - 2] : null,
              index: index - 1,
            ),
      separatorBuilder: (_, __) => const SizedBox(height: 16.0),
    );
  }
  ...생략...
}
```

06 앱을 실행하면 다음 스크린샷과 같이 로고와 메시지를 볼 수 있습니다.

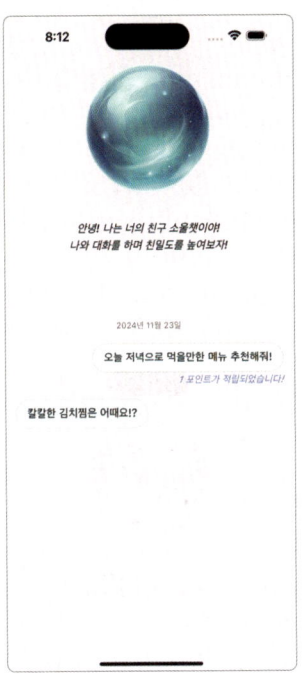

07 마지막 UI 작업으로 채팅 입력 텍스트 필드를 화면 아래에 배치하겠습니다. Column 위젯으로 ListView 위젯과 TextField 위젯을 세로로 배치하고 약간의 패딩을 입혀주면 됩니다. 마지막으로 비어 있는 handleSendMessage( ) 함수를 정의하고 제미나이에게 메시지를 보내는 로직은 나중에 작업하겠습니다.

```
                                                lib/screen/home_screen.dart
...생략...
import 'package:soul_talk/component/chat_text_field.dart';

...생략...

class _HomeScreenState extends State<HomeScreen> {
  final TextEditingController controller = TextEditingController();

  // 로딩여부를 확인하는 변수
  bool isRunning = false;

  // 에러 메시지 변수
  String? error;
```

```dart
@override
Widget build(BuildContext context) {
  return Scaffold(
    // ListView와 TextField를 세로로 정렬
    body: SafeArea(
      child: Column(
        children: [
          // ListView가 화면을 최대한으로 차지하도록 설정
          Expanded(
            child: buildMessageList(),
          ),
          ChatTextField(
            error: error,
            loading: isRunning,
            onSend: handleSendMessage,
            controller: controller,
          ),
        ],
      ),
    ),
  );
}

// 메시지 보내기 버튼을 누르면 실행할 함수
handleSendMessage(){}

...생략...
}
```

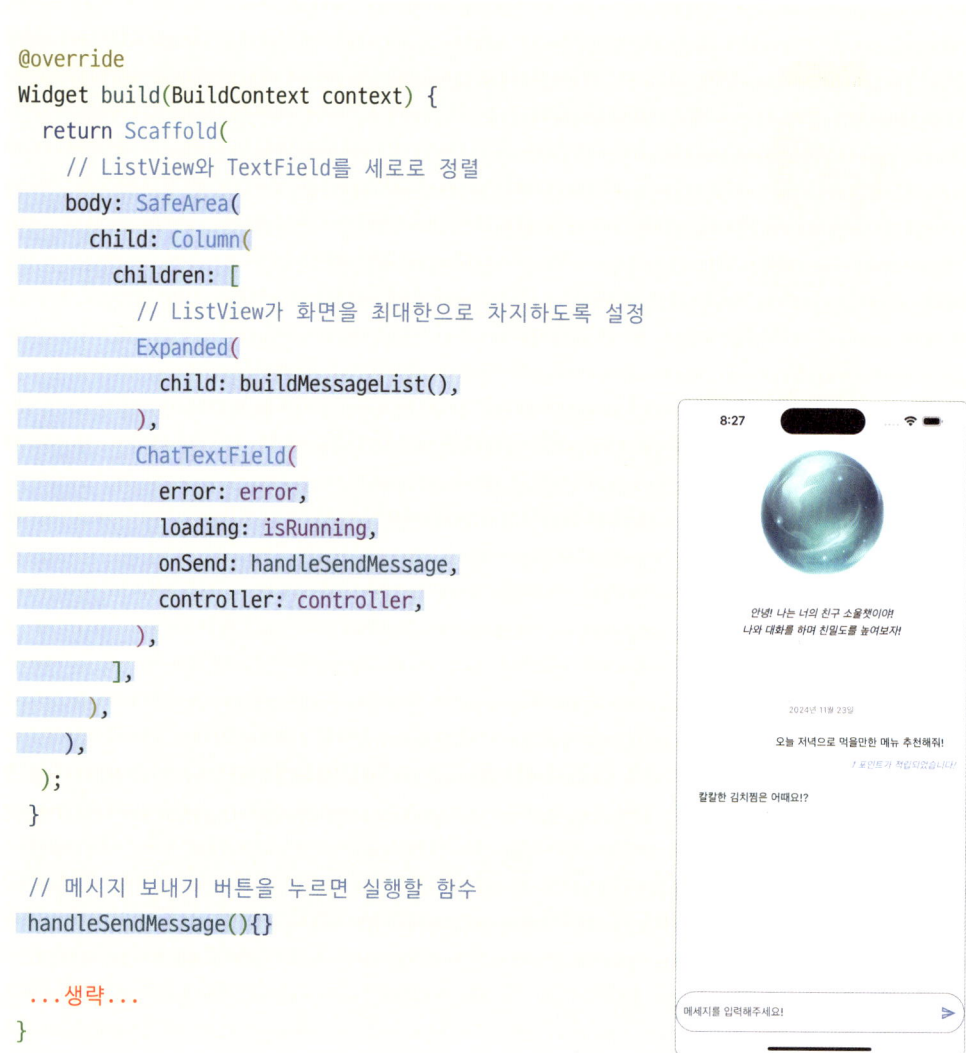

16.4.8 Isar 세팅하기

ToDo **01** MessageModel 클래스를 Isar 컬렉션으로 변경하겠습니다. 파일 전체를 다음 코드로 변경하면 됩니다.

lib/model/message_model.dart

```dart
import 'package:isar/isar.dart';

part 'message_model.g.dart';
```

```dart
@collection
class MessageModel {
  Id id = Isar.autoIncrement;
  bool isMine;
  String message;
  int? point;
  DateTime date;

  MessageModel({
    required this.isMine,
    required this.message,
    required this.date,
    this.id = Isar.autoIncrement,
    this.point,
  });
}
```

02 현재 프로젝트 위치에서 터미널에서 **dart run build_runner build** 또는 **flutter pub run build_runner build**를 실행해서 message_model.g.dart 파일을 생성해줍니다. 그후 lib/model/message_model.g.dart 파일이 생성된 걸 확인합니다.

```
(base) jihochoi@Jiui-MacBookPro soul_talk % dart run build_runner build
Building package executable... (2.1s)
Built build_runner:build_runner.
[INFO] Generating build script completed, took 173ms
[INFO] Precompiling build script... completed, took 2.1s
```

03 lib/main.dart 파일에 Isar 초기화를 하겠습니다. 생성된 Isar 객체를 GetIt에 등록해 프로젝트 어디에서든 사용할 수 있겠습니다.

lib/main.dart
```dart
...생략...
import 'package:get_it/get_it.dart';
import 'package:isar/isar.dart';
import 'package:path_provider/path_provider.dart';
import 'package:soul_talk/model/message_model.dart';

void main() async {
  // 플러터 프레임워크가 실행 준비될 때까지 기다리기
```

```
  WidgetsFlutterBinding.ensureInitialized();

  // 앱에 배정된 폴더 경로 가져오기
  final dir = await getApplicationDocumentsDirectory();

  // Isar 데이터베이스 초기화
  final isar = await Isar.open(
    [MessageModelSchema],
    directory: dir.path,
  );

  // GetIt에 Isar 주입해서 프로젝트 어디에서든 사용하기
  GetIt.I.registerSingleton<Isar>(isar);

  runApp(
    MaterialApp(
      home: HomeScreen(),
    ),
  );
}
```

16.4.9 제미나이 연동하기

드디어 제미나이와 연동할 차례입니다. REST API를 사용해서 연동하는 것도 가능하지만 구글에서 제미나이와 쉽게 연결할 수 있는 플러터 SDK를 제공해주고 있습니다. 해당 플러터 SDK를 사용해서 연동하겠습니다. 연동 코드가 매우 길기 때문에 세 번에 걸쳐서 작업하겠습니다.

ToDo 01 첫 번째로 내가 제미나이에게 보낸 메시지를 Isar에 저장하는 작업을 하겠습니다.

lib/screen/home_screen.dart
```
...생략...
import 'package:get_it/get_it.dart';
import 'package:google_generative_ai/google_generative_ai.dart';
import 'package:isar/isar.dart';

...생략...
class _HomeScreenState extends State<HomeScreen> {
  ...생략...
```

```dart
handleSendMessage() async {
  // TextField에 입력된 메시지가 없으면 에러 보여주기
  if(controller.text.isEmpty){
    setState(() => error = '메시지를 입력해주세요!');
    return;
  }

  // 현재 응답받고 있는 메시지 ID (스트림으로 지속적으로 업데이트하기)
  int? currentModelMessageId;

  // 내가 보낸 메시지에 배정된 ID (에러가 발생하면 삭제하기)
  int? currentUserMessageId;

  // Isar 인스턴스 가져오기
  final isar = GetIt.I<Isar>();

  // TextField에 입력된 값 가져오기
  final currentPrompt = controller.text;

  try {

    // 로딩 중으로 상태 변경
    setState(() {
      isRunning = true;
    });

    // TextField에 입력된 값 모두 삭제
    controller.clear();

    // 현재 데이터베이스에 저장되어 있는 내가 보낸 메시지 숫자 세기(포인트용)
    final myMessagesCount = await isar.messageModels.filter().isMineEqualTo(true).count();

    // 내가 보낸 메시지 Isar에 저장하기
    currentUserMessageId = await isar.writeTxn(() async {
      return await isar.messageModels.put(
        MessageModel(
          isMine: true,
```

```
              message: currentPrompt,
              point: myMessagesCount + 1,
              date: DateTime.now(),
            ),

          );
        });
      } catch (e) {

        // 에러가 있을 경우 SnackBar로 에러 메시지 표시해주기
        ScaffoldMessenger.of(context).showSnackBar(SnackBar(content: Text(e.toString())));
      }
    }
    ...생략...
}
```

02 두 번째로는 제미나이에 보낼 데이터를 만드는 작업을 하겠습니다.

lib/screen/home_screen.dart

```
...생략...

class _HomeScreenState extends State<HomeScreen> {
  ...생략...

  handleSendMessage() async {
    ...생략...
    currentUserMessageId = await isar.writeTxn(() async {
      return await isar.messageModels.put(
        MessageModel(
          isMine: true,
          message: currentPrompt,
          point: myMessagesCount + 1,
          date: DateTime.now(),
        ),
      );
    });

    // ❶ 최근 5개의 메시지만 불러옵니다.
    final contextMessages = await isar.messageModels.where().limit(5).
```

```dart
      findAll();

      // 최근 메시지를 Content로 변환합니다.
      final List<Content> promptContext = contextMessages
          .map(
              (e) => Content(
                  // 사용자가 보낸 메시지는 'user', 제미나이가 대답한 메시지는 'model' Role
을 지정해주면 됩니다.
                  e.isMine! ? 'user' : 'model',
                  [
                      // 문자 메시지를 제공하려면 TextPart 클래스를 사용하면 됩니다.
                      TextPart(e.message!),
                  ],
              ),
          )
          .toList();

      final model = GenerativeModel(

          // 사용하려는 모델을 정의할 수 있습니다.
          model: 'gemini-1.5-flash',

          apiKey: GEMINI_API_KEY,    // 16.2.1절 '제미나이 키 발급받기'에서
                                      // 발급받은 API Key를 입력해주세요.

          // 제미나이와 통신하기에 앞서 제미나이가 어떤 역할을 해야 하는지 정의할 수 있습
니다.
          systemInstruction:
              Content.system('너는 이제부터 착하고 친절한 친구의 역할을 할 거야. 앞으로 채팅
을 하면서 긍정적인 말만 할 수 있도록 해줘.'),
      );
  } catch (e) {
    // 에러가 있을 경우 SnackBar로 에러 메시지 표시해주기
    ScaffoldMessenger.of(context).showSnackBar(SnackBar(content: Text(e.
toString())));
  }
}
```

❶ 제미나이에게 현재까지 대화한 문맥을 제공하기 위해 최근 어느 정도 대화 히스토리를 함께 제

공하는 게 정확한 대답을 이끌어내기에 유용합니다. 많은 대화 히스토리를 제공할수록 AI가 더욱 정확한 문맥을 이해하기 쉽지만 비용도 함께 늘어나니 합리적인 선에서 문맥을 제공해야 합니다.

03 마지막으로 제미나이에게 메시지를 보내고 응답을 Isar에 저장하는 작업을 하겠습니다. 전체 응답이 올 때까지 기다리지 않고 부분 부분 응답이 올 때마다 메시지를 즉각적으로 화면에 보여줄 수 있도록 메시지는 스트림으로 받겠습니다.

lib/screen/home_screen.dart

```
...생략...

class _HomeScreenState extends State<HomeScreen> {
  ...생략...

  handleSendMessage() async {
    ...생략...

    Content.system('너는 이제부터 착하고 친절한 친구의 역할을 할 거야. 앞으로 채팅을 하면서 긍정적인 말만 할 수 있도록 해줘.'),
    );

    // Stream으로 받아지는 메시지를 지속적으로 추가할 문자열입니다.
    String message = '';

    // generateContentStream을 실행하면 Stream으로 응답을 받을 수 있습니다.
    model.generateContentStream(promptContext).listen(
      (event) async {

        // 응답 메시지가 있다면 message 변수에 추가합니다.
        if (event.text != null) {
          message += event.text!;
        }

        // message 변수를 기반으로 MessageModel을 생성합니다.
        final MessageModel model = MessageModel(
          isMine: false,
          message: message,
          date: DateTime.now(),
        );

        // ❶ 이미 메시지를 생성한적이 있다면 model 변수에 id 프로퍼티를 추가합니다.
        if (currentModelMessageId != null) {
```

```
        model.id = currentModelMessageId!;
      }

      // 메시지를 저장하고 반환받은 ID값을 currentModelMessageId에 할당합니다.
      currentModelMessageId = await isar.writeTxn<int>(() => isar.
messageModels.put(model));
    },

    // Stream이 끝나면 로딩 상태를 변경합니다.
    onDone: () => setState(() {
      isRunning = false;
    }),

    // 에러가 발생하면 생성했던 내 메시지를 삭제하고 에러 및 로딩 상태를 업데이트합
니다.
    onError: (e) async {
      await isar.writeTxn(() async {
        return isar.messageModels.delete(currentUserMessageId!);
      });

      setState(() {
        error = e.toString();
        isRunning = false;
      });
    },
  );
} catch (e) {
ScaffoldMessenger.of(context).showSnackBar(SnackBar(content: Text(e.
toString())));
}
...생략...

}
```

❶ Stream으로 데이터를 받아오면 한 번에 응답이 오지 않고 부분 부분 나눠서 응답을 받게 됩니다. Isar 데이터베이스의 put() 함수는 id를 제공하지 않을 경우 새로운 데이터를 생성하고 id를 제공할 경우 기존 Isar 데이터를 업데이트합니다. 응답이 부분 부분 올 때마다 새로운 Isar 데이터를 매번 생성하면 안 되니 처음 데이터를 생성한 후에는 존재하는 데이터에 메시지를 업데이트해줍니다.

04 Isar 데이터베이스로부터 메시지 데이터를 Stream으로 받아와서 UI에 반영하겠습니다.

lib/screen/home_screen.dart

...생략...

```dart
class _HomeScreenState extends State<HomeScreen> {
...생략...
 @override
 Widget build(BuildContext context) {
   return Scaffold(
     backgroundColor: Colors.white,
     body: SafeArea(
       child: Column(
         children: [
           Expanded(

             // MessageModel 컬렉션에 업데이트가 있을 때마다 ListView를
             // 다시 그려야 하니 StreamBuilder를 사용해줍니다.
             child: StreamBuilder<List<MessageModel>>(

               // ❶ Isar 쿼리로부터 Stream을 불러옵니다.
               stream: GetIt.I<Isar>().messageModels.where().watch(fireImmediately: true),
               builder: (context, snapshot) {
                 final messages = snapshot.data ?? [];
                 return buildMessageList(messages);
               },
             ),
           ),
           Padding(
             padding: const EdgeInsets.symmetric(horizontal: 8.0, vertical: 32.0),
             child: ChatTextField(
               error: error,
               loading: isRunning,
               onSend: handleSendMessage,
               controller: controller,
             ),
           ),
         ],
       ),
```

```
    ),
  );
}
...생략...

// 더는 샘플 데이터를 사용하지 않고 실제 데이터를 사용합니다.
Widget buildMessageList(List<MessageModel> messages) {
  return ListView.separated(
    itemCount: messages.length + 1,
    itemBuilder: (context, index) => index == 0
        ? buildLogo()
        : buildMessageItem(
            message: messages[index - 1],
            prevMessage: index > 1 ? messages[index - 2] : null,
            index: index - 1,
          ),
    separatorBuilder: (_, __) => const SizedBox(height: 16.0),
  );
}
...생략...
}
```

❷ where( ) 함수에 아무런 쿼리도 입력하지 않으면 컬렉션 전체를 대상으로 쿼리를 실행할 수 있습니다. watch( ) 함수를 실행하면 쿼리에 해당되는 모든 업데이트 사항을 Stream으로 받아볼 수 있으며 fireImmediately 파라미터를 true로 입력하면 코드가 실행되는 순간에 즉시 한 번 쿼리를 실행합니다.

05 궁금한 내용을 제미나이에게 물어보면 다음과 같이 잘 설명하는 걸 볼 수 있습니다.

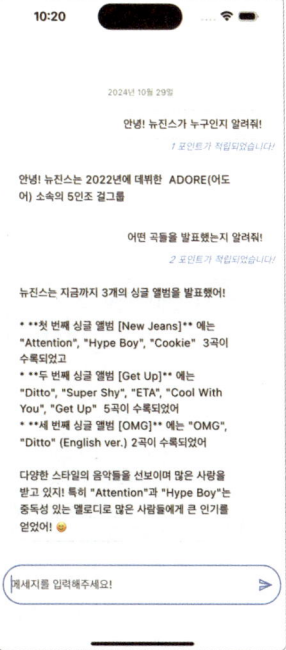

16.4.10 자동 스크롤 애니메이션 적용하기

ToDo **01** 기능적인 부분은 모두 작업 완료했으나 새로운 메시지가 화면을 넘어갈 때 자동으로 리스트의 끝까지 스크롤이 안 되고 있습니다. 메시지가 새로 들어올 때마다 화면 끝으로 자동으로 스크롤되는 기능을 제작하겠습니다.

lib/screen/home_screen.dart

... 생략 ...

```dart
class _HomeScreenState extends State<HomeScreen> {
  final TextEditingController controller = TextEditingController();

  // 코드로 스크롤하기 위해 선언합니다.
  final ScrollController scrollController = ScrollController();
  ...생략...


  @override
  Widget build(BuildContext context) {
    return Scaffold(
      backgroundColor: Colors.white,
      body: SafeArea(
        child: Column(
          children: [
            Expanded(
              child: StreamBuilder<List<MessageModel>>(
                stream: GetIt.I<Isar>().messageModels.where().watch(fireImmediately: true),
                builder: (context, snapshot) {
                  final messages = snapshot.data ?? [];

                  // ❶ 현재 build()가 끝나고 딱 한 번만 함수를 실행합니다.
                  WidgetsBinding.instance.addPostFrameCallback((_) async => scrollToBottom());
                  return buildMessageList(messages);
                },
              ),
            ),
            Padding(
              padding: const EdgeInsets.symmetric(horizontal: 8.0, vertical: 32.0),
              child: ChatTextField(
                error: error,
                loading: isRunning,
```

```dart
          onSend: handleSendMessage,
          controller: controller,
        ),
      ),
    ],
   ),
  ),
 );
}

// ListView의 가장 아래로 이동하는 함수
void scrollToBottom() {

  // 현재 위치가 최대 스크롤 가능 위치가 아닐 때만 실행합니다.
  if (scrollController.position.pixels !=
   scrollController.position.maxScrollExtent) {

    // 원하는 위치까지 스크롤을 가능하도록 하는 함수입니다.
    scrollController.animateTo(

      // 최대 스크롤 가능한 위치를 pixel로 제공해줍니다.
      scrollController.position.maxScrollExtent,

      // 약 300ms에 걸쳐서 스크롤 애니메이션을 실행합니다.
      duration: const Duration(milliseconds: 300),

      // easeOut : 애니메이션이 끝날수록 느려지는 유형으로 실행합니다.
      curve: Curves.easeOut,
    );
  }
}

...생략...
Widget buildMessageList(List<MessageModel> messages) {
  return ListView.separated(
    // 선언한 컨트롤러를 ListView에 입력합니다.
    controller: scrollController,
    ...생략...
  );
}

}
```

❶ WidgetsBinding.instance.addPostFrameCallback() 함수는 현재 프레임이 렌더링되고 딱 한 번만 실행할 함수를 등록 할 수 있는 매우 매력적인 함수입니다. 이 경우처럼 StreamBuilder가 새로 렌더링될 때마다 매번 스크롤 애니메이션을 실행하는 게 목적인 경우 매우 효율적인 함수가 될 수 있습니다. 하지만 위젯 build()는 플러터에서 생각보다 자주 일어난다는 점을 기억하세요. 매번 build()가 될 때마다 리소스를 많이 사용하는 함수를 실행한다면 앱의 퍼포먼스를 매우 저하시키는 요인이 될 겁니다.

❷ 이제 제미나이에게 메시지를 보내면 응답을 업데이트받을 때마다 매번 아래로 스크롤되는 걸 확인할 수 있습니다.

16.5 테스트하기

❶ 안드로이드 스튜디오에서 [Run] 버튼을 눌러서 iOS 시뮬레이터 또는 안드로이드 에뮬레이터에서 앱을 실행해보세요.
❷ 앱이 처음 실행되면 아무런 메시지 없이 로고와 앱 설명이 보이는 걸 확인합니다.
❸ 제미나이에게 대한민국 애국가를 적어달라고 부탁하면 정상적으로 애국가를 응답하는 걸 확인합니다.
❹ 메시지가 스트리밍 될 때마다 자동으로 아래로 스크롤되는 걸 확인합니다.

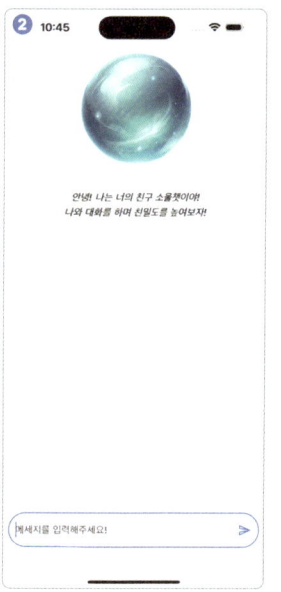
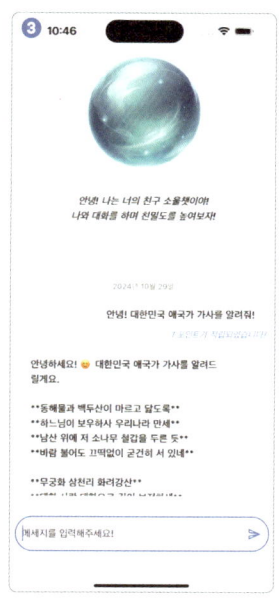
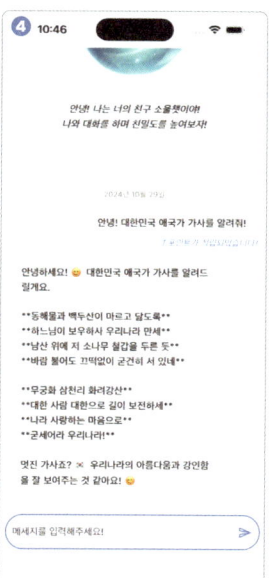

학습 마무리

현재 최신 트렌드에 맞춰 제미나이 AI를 사용해서 채팅 앱을 만들어봤습니다. 그 과정에서 HTTP 요청과 AI에 대해 간단히 살펴봤고 ListView의 스크롤 애니메이션을 직접 제어하는 방법까지 배워봤습니다. 더 나아가 응답이 전부 준비될 때까지 기다리지 않고 준비되는 대로 응답을 받아 볼 수 있는 Stream과 Stream을 기반으로 화면에 UI를 그려낼 수 있는 StreamBuilder도 알아봤습니다.

핵심 요약

1. 제미나이 AI API를 사용하면 제미나이 AI와 REST API를 사용해서 통신할 수 있습니다.
2. ListView에 ScrollController를 입력해주면 ScrollController를 사용해서 자동으로 스크롤이 되도록 할 수 있습니다.
3. WidgetsBinding.instance.addPostFrameCallback() 함수는 렌더링이 끝난 후 딱 한 번 원하는 로직을 실행할 수 있도록 해줍니다.
4. StreamBuilder를 사용하면 Stream으로부터 데이터를 지속적으로 받아와 UI를 업데이트할 수 있습니다.
5. Isar 데이터베이스를 사용하면 앱 데이터를 기기에 저장할 수 있습니다.

업그레이드 아이디어

1. 문자뿐만 아니라 파일도 업로드할 수 있도록 작업해보세요.
   - **HINT** 제미나이 API 공식 문서를 확인하고 API를 공부해보세요.
2. 환불을 원하는 고객에게 응대하는 AI를 만들어보세요.
   - **HINT** systemInstruction을 적절하게 변경해보세요.

학습 목표

여기서는 일정 관리 앱을 단계별로 발전시키며 개발하고 광고를 붙여 배포합니다. 일정 생성과 특정 날짜의 일정 조회 기능부터 구글 플레이와 애플 앱스토어에 배포하는 과정을 통해 실무적으로 활용도 높은 내용을 배우게 됩니다.

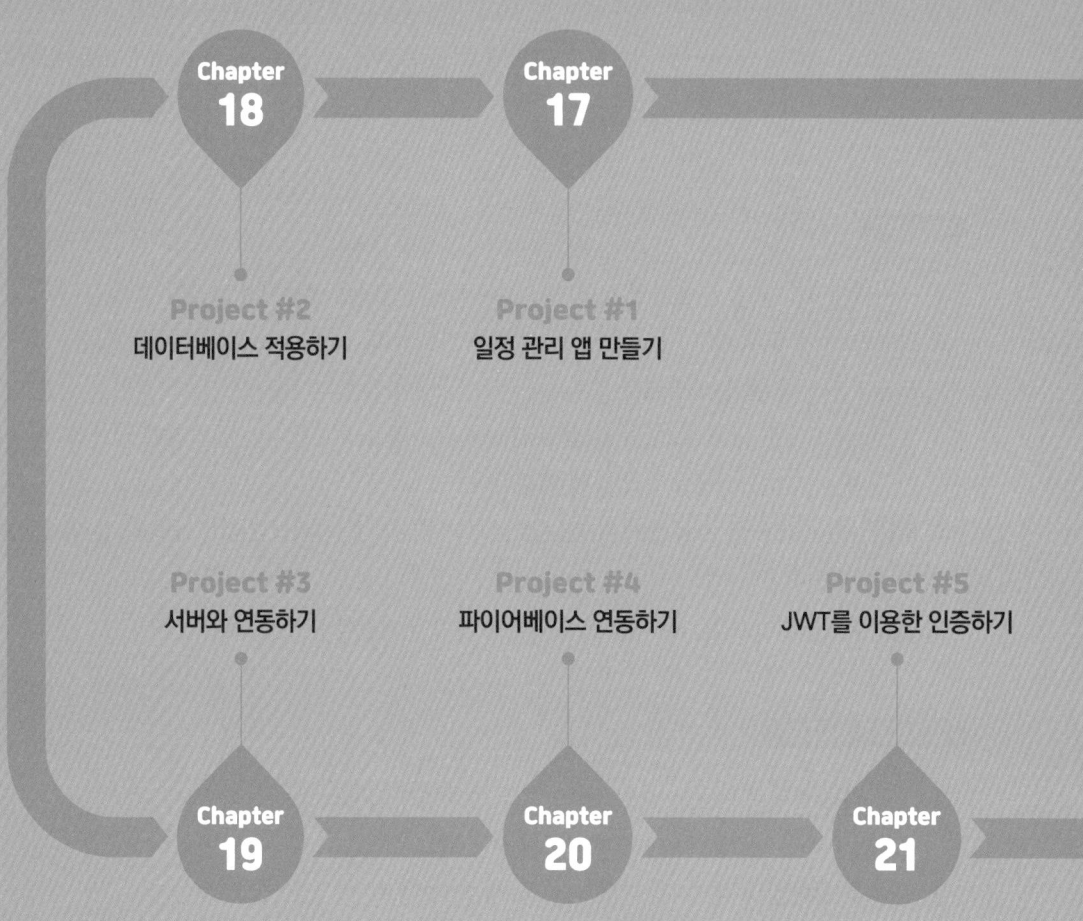

단계 4

실전! 일정 관리 앱 개발 & 인증 & 배포하기

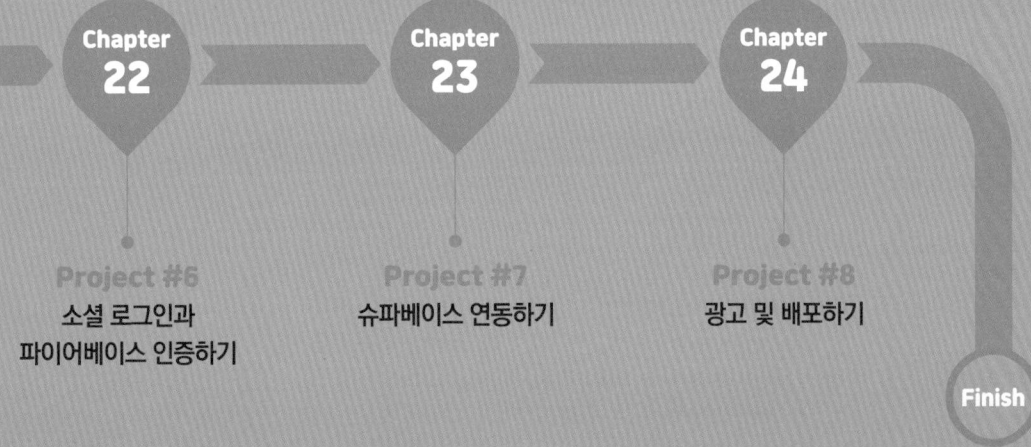

- **Chapter 22** — Project #6 소셜 로그인과 파이어베이스 인증하기
- **Chapter 23** — Project #7 슈파베이스 연동하기
- **Chapter 24** — Project #8 광고 및 배포하기

Project 일정 관리 앱 ★★★★

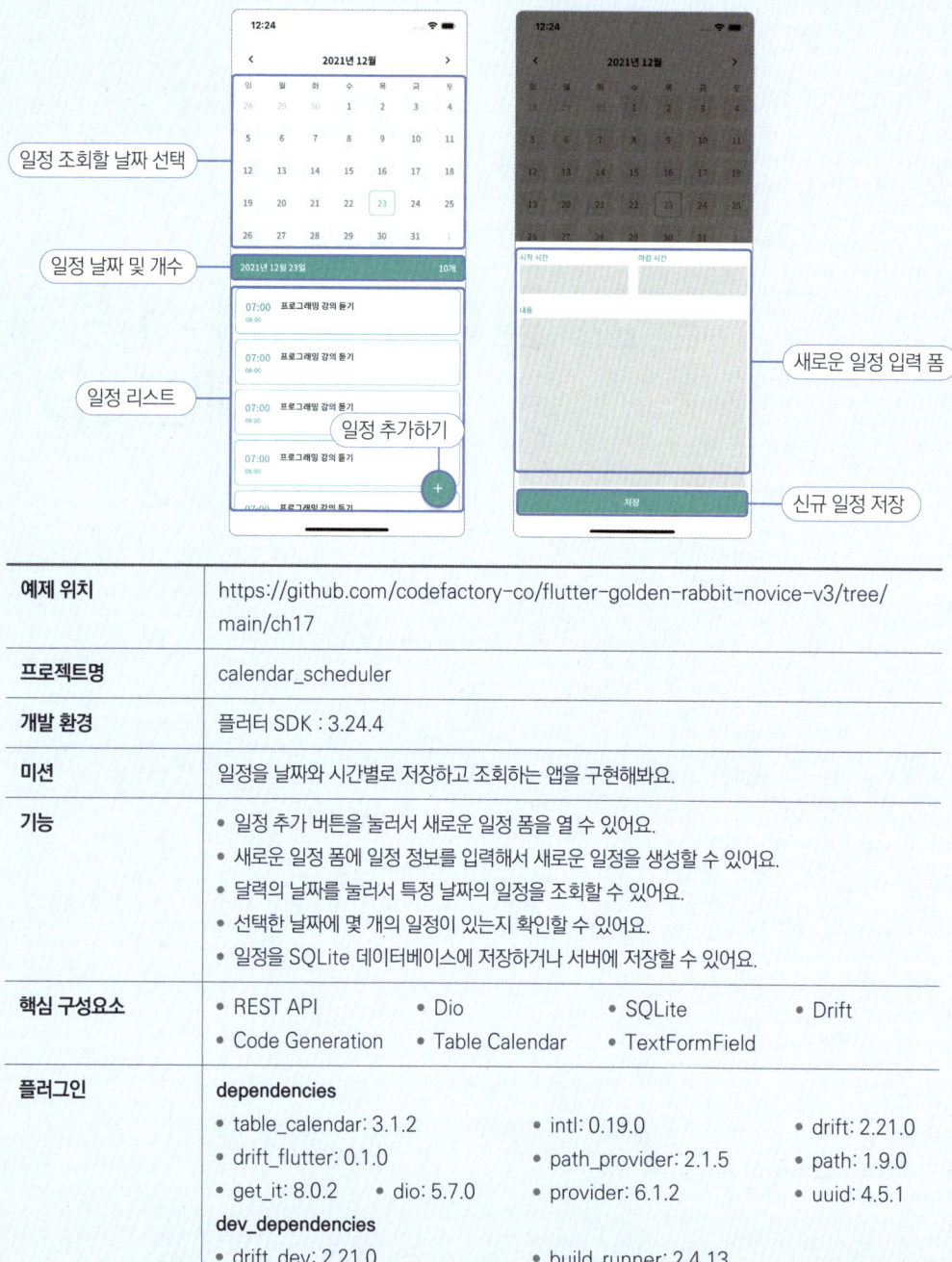

예제 위치	https://github.com/codefactory-co/flutter-golden-rabbit-novice-v3/tree/main/ch17
프로젝트명	calendar_scheduler
개발 환경	플러터 SDK : 3.24.4
미션	일정을 날짜와 시간별로 저장하고 조회하는 앱을 구현해봐요.
기능	• 일정 추가 버튼을 눌러서 새로운 일정 폼을 열 수 있어요. • 새로운 일정 폼에 일정 정보를 입력해서 새로운 일정을 생성할 수 있어요. • 달력의 날짜를 눌러서 특정 날짜의 일정을 조회할 수 있어요. • 선택한 날짜에 몇 개의 일정이 있는지 확인할 수 있어요. • 일정을 SQLite 데이터베이스에 저장하거나 서버에 저장할 수 있어요.
핵심 구성요소	• REST API • Dio • SQLite • Drift • Code Generation • Table Calendar • TextFormField
플러그인	**dependencies** • table_calendar: 3.1.2 • intl: 0.19.0 • drift: 2.21.0 • drift_flutter: 0.1.0 • path_provider: 2.1.5 • path: 1.9.0 • get_it: 8.0.2 • dio: 5.7.0 • provider: 6.1.2 • uuid: 4.5.1 **dev_dependencies** • drift_dev: 2.21.0 • build_runner: 2.4.13

Chapter 17

Project #1
일정 관리 앱 만들기
table_calendar

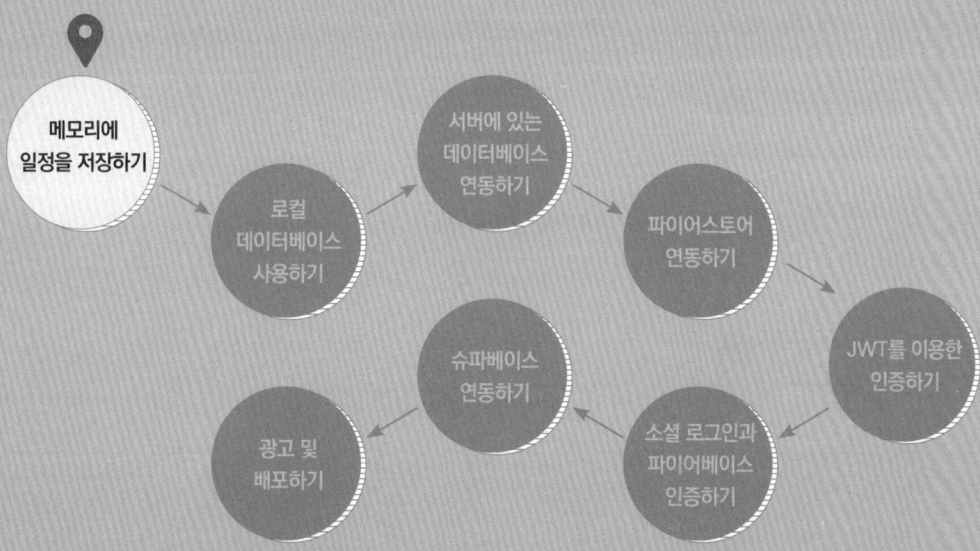

#MUSTHAVE

학습 목표

달력 형태의 위젯인 TableCalendar을 사용해서 일정 관리 앱의 UI 작업을 진행합니다.

학습 순서

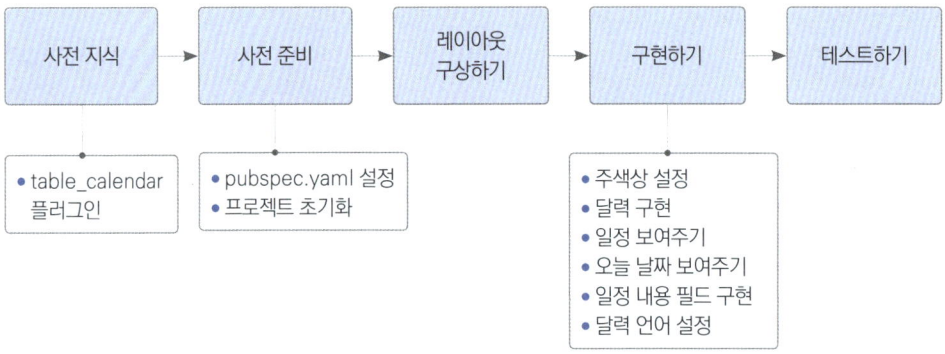

구현 목표

프로젝트 구상하기

이 프로젝트는 크게 위젯 두 개로 구분할 수 있습니다. 일정 데이터를 조회하고 조회할 날짜를 선택하는 홈 스크린과 일정을 추가하는 일정 추가 화면입니다. 먼저 홈 스크린에서 달력 형태의 위젯을 구현하고 바로 아래에 일정을 리스트로 보여줍니다. 다음으로 일정 추가 버튼을 플로팅 액션 버튼^{floating action button}으로 구현한 다음 눌렀을 때 일정 추가 화면이 보이게 합니다. 마지막으로 일정 정보를 입력하는 텍스트 필드와 저장 버튼을 구현하겠습니다.

17.1 사전 지식

17.1.1 table_calendar 플러그인

이번에 사용해볼 table_calendar는 달력을 쉽게 구현할 수 있도록 해주는 플러그인입니다. 직접 달력을 구현할 수도 있겠지만 그럴 경우 상당한 시간이 소요될 가능성이 매우 높습니다. 그렇기 때문에 잘 개발되어 있는 오픈 소스를 이용해서 달력 기능을 구현해보겠습니다.

달력 플러그인은 특정 날짜 선택하기, 날짜 기간 선택하기, 현재 화면에 보여지는 날짜 지정하기, 일정 입력하기 등 기능을 제공해줍니다. 그리고 매우 유연한 디자인 기능을 노출하고 있어서 달력 플러그인의 거의 모든 요소를 직접 최적화할 수 있습니다. 간단한 샘플 코드를 이용해서 대표적으로 사용되는 달력 플러그인의 매개변수들을 알아보겠습니다.

```dart
import 'package:flutter/material.dart';
import 'package:table_calendar/table_calendar.dart';

void main() {
  runApp(
    MaterialApp(
      home: Scaffold(
        // TableCalendar 위젯
        body: TableCalendar(

          // ❶ 포커스된 날짜
          focusedDay: DateTime.now(),

          // ❷ 달력의 제일 첫 번째 날짜
          firstDay: DateTime(1900, 1, 1),

          // ❸ 달력의 제일 마지막 날짜
          lastDay: DateTime(2999, 12, 31),

          // ❹ 선택된 날짜를 인식하는 함수
          selectedDayPredicate: (DateTime day){
            final now = DateTime.now();
```

```
          return DateTime(day.year, day.month, day.day).isAtSameMomentAs(
            DateTime(now.year, now.month, now.day,),
          );
        },
        // ❺ 날짜가 선택됐을 때 실행할 함수
        onDaySelected: (DateTime selectedDay, DateTime focusedDay){
        },

        // ❻ 날짜 페이지가 변경됐을 때 실행할 함수
        onPageChanged: (DateTime focusedDay){
        },

        // ❼ 기간 선택 모드
        rangeSelectionMode: RangeSelectionMode.toggledOff,

        // ❽ 기간이 선택됐을 때 실행할 함수
        onRangeSelected: (DateTime? start, DateTime? end, DateTime focusedDay){
        },
      ),
    ),
  ),
 );
}
```

❶ 현재 포커스된 날짜를 지정할 수 있습니다. 포커스된 날짜는 현재 화면에 보이는 날짜를 의미합니다. 예를 들어 11월 23일이 지정되었다면 화면에 11월 달력이 보입니다. ❷ 달력의 가장 첫 번째 날짜입니다. 지정된 날짜보다 이전 날짜는 조회할 수 없습니다. ❸ 달력의 가장 마지막 날짜입니다. 지정된 날짜의 이후 날짜는 조회할 수 없습니다. ❹ 달력에 표시되는 '선택된 날짜'를 어떤 날짜로 지정할지 로직을 작성할 수 있습니다. DateTime day 매개변수는 현재 화면에 보이는 날짜들을 하나씩 입력받게 되고, true가 반환되면 해당 날짜가 선택된 날짜로 지정되고 false가 반환되면 선택되지 않은 날짜로 지정됩니다. 현재 날짜와 day 매개변수가 같은 날짜인지 비교한 값을 반환하면 현재 날짜가 선택된 날짜로 지정됩니다.

❺ 날짜가 선택됐을 때 실행되는 함수입니다. selectedDay 매개변수는 선택된 날짜이고 focusedDay는 날짜가 선택된 순간에 포커스돼 있는 날짜입니다. ❻ 달력의 페이지가 변경될 때

마다 실행되는 함수입니다. focusedDay 매개변수는 달력의 페이지가 변경되며 새로 포커스된 날짜를 의미합니다. ❼ 기간 선택 모드를 지정할 수 있으며 RangeSelectionMode.toggleOn 과 RangeSelectionModel.toggleOff가 존재합니다. RangeSelectionModel.toggleOn을 입력해주면 단일 날짜 대신 날짜 기간을 선택할 수 있습니다. ❽ rangeSelectionMode 매개변수에 RangeSelectionModel.toggleOn이 설정됐을 때 실행되는 함수입니다. start 매개변수는 선택한 기간의 시작 날짜를 의미하고 end 매개변수는 선택한 기간의 마지막 날짜를 의미합니다. focusedDay는 선택이 실행된 순간에 포커스된 날짜입니다.

17.2 사전 준비

4부는 총 8개 장(17~24장)에서 일정 관리 앱을 개발하고 인증 과정을 거치며 광고를 붙여 배포합니다.

ToDo **01** 4부 실습에 사용할 프로젝트를 생성해주세요.
- **프로젝트 이름** : calendar_scheduler
- **네이티브 언어** : 코틀린

17.2.1 pubspec.yaml 설정하기

지금까지 플러그인을 추가할 때 pubspec.yaml 파일의 dependencies에 추가했습니다. 하지만 pubspec.yaml 파일에는 플러그인을 추가할 수 있는 키값이 하나 더 있습니다. 바로 dev_dependencies입니다. 여기에는 depenencies에 플러그인을 추가할 때처럼 똑같이 플러그인을 추가할 수 있지만 근본적인 차이점이 있습니다. dependencies 키에 작성된 플러그인들은 앱에 함께 패키징되지만 dev_dependencies에 입력된 플러그인들은 개발할 때만 사용되고 앱과 함께 패키징되지는 않습니다. 결론적으로 개발할 때만 필요하고 앱을 실행할 때 필요 없는 플러그인을 dev_dependencies에 입력하면 됩니다.

드리프트^{Drift}는 클래스를 이용해서 SQLite 데이터베이스를 구현할 수 있는 플러그인입니다. 직접 SQL 쿼리를 작성하지 않아도 다트 언어로 데이터베이스 테이블과 쿼리를 구현하면 드리프트가 자동으로 쿼리를 생성해줍니다. 이렇게 자동으로 코드를 작성하는 기능을 플러터에서는 코드 생성^{code generation}이라고 부릅니다. 코드 생성은 데이터베이스 관련 코드가 변경될 때마다 한 번씩만 실행해주면 되기 때문에 앱과 함께 패키징될 필요가 없습니다. 개발할 때 코드 생성 기능을 사용해서 코드를 미리 생성한 후 배포하면 됩니다. 그렇기 때문에 실제 앱이 빌드될 때 함께 포함되지 않는 dev_dependencies에 드리프트 코드 생성 관련 플러그인들을 추가해야 합니다.

> **ToDo** **01** 코드 생성 기능을 제공하는 drift_dev와 build_runner를 dev_dependencies에 추가해주세요.

```yaml
dependencies:
  flutter:
    sdk: flutter

  cupertino_icons: ^1.0.8
  table_calendar: 3.1.2      # 달력 기능을 제공하는 플러그인
  intl: 0.19.0               # 다국어화 기능을 제공하는 플러그인
  drift: 2.21.0              # Drift ORM 플러그인
  drift_flutter: 0.1.0       # SQLite 데이터베이스 플러그인
  path_provider: 2.1.5       # 경로 관련 기능을 제공하는 플러그인
  path: 1.9.0                # 경로 관련 기능을 제공하는 플러그인
  get_it: 8.0.2              # 프로젝트 전역으로 의존성 주입을 가능하게 하는 플러그인
  dio: 5.7.0                 # 네트워크 요청을 가능하게 하는 플러그인
  provider: 6.1.2            # 글로벌 상태 관리를 가능하게 하는 플러그인
  uuid: 4.5.1                # UUID를 생성 할 수 있게 해주는 플러그인

dev_dependencies:
  flutter_test:
    sdk: flutter

  flutter_lints: ^4.0.0
  drift_dev: 2.21.0      # ❶ Drift 코드 생성 기능 관련 플러그인
  build_runner: 2.4.13   # ❷ 플러터에서 코드 생성 기능을 제공해주는 플러그인
```
<!-- pubspec.yaml -->

❶ drift_dev는 Drift와 관련된 코드를 생성하는 로직이 작성되어 있는 플러그인이고 ❷ build_runner는 Code Generation을 실행하는 명령어를 지원하는 플러그인입니다.

17.2.2 프로젝트 초기화하기

> **ToDo** **01** [lib] 폴더에 [screen] 폴더를 생성하고 앱의 기본 홈 화면으로 사용할 HomeScreen 위젯을 생성할 home_screen.dart를 생성합니다. 다음과 같이 HomeScreen이라는

StatelessWidget을 생성해주세요.

```dart
import 'package:flutter/material.dart';

class HomeScreen extends StatelessWidget {
  const HomeScreen({Key? key}) : super(key: key);

  @override
  Widget build(BuildContext context) {
    return Scaffold(
      body: Text('Home Screen'),
    );
  }
}
```
lib/screen/home_screen.dart

02 lib/main.dart 파일에서도 마찬가지로 HomeScreen을 홈 위젯으로 등록해줘야 합니다.

```dart
import 'package:calendar_scheduler/screen/home_screen.dart';
import 'package:flutter/material.dart';

void main() {
  runApp(
    MaterialApp(
      home: HomeScreen(),
    ),
  );
}
```
lib/main.dart

17.3 레이아웃 구상하기

프로젝트를 본격적으로 시작하기에 앞서 프로젝트에서 사용할 색상들을 한 파일에 정리하겠습니다. 그다음 HomeScreen 그리고 CreateScheduleBottomSheet 순서로 구상하겠습니다.

17.3.1 홈 스크린

홈 스크린은 달력과 리스트로 2등분된 형태입니다. ❶ 달력에서 특정 날짜를 선택하면 날짜에 해당되는 달력 아래에 ❷ 일정 리스트가 나타납니다. 일정은 시작 시간 기준으로 오름차순 정렬됩니다. 달력과 리스트 사이에는 선택된 날짜와 날짜에 해당되는 일정이 몇 개 있는지 보여주는 ❸ 배너가 있습니다. 마지막으로 ❹ 플로팅 액션 버튼으로 구현한 일정 추가 버튼이 있습니다. 이 버튼을 누르면 새로운 일정을 생성하는 화면을 띄울 수 있습니다.

17.3.2 ScheduleBottomSheet

ScheduleBottomSheet는 일정을 추가하거나 수정할 때 사용하는 위젯입니다. BottomSheet는 아직 배우지 않았지만 10장 '만난 지 며칠 U&I' 앱에서 작업했던 다이얼로그와 매우 비슷합니다. CreateScheduleBottomSheet는 텍스트 필드와 ❸ [저장] 버튼으로 이루어져 있습니다. ❶ 일정 시작 시간과 종료 시간을 지정할 수 있는 시간 텍스트 필드와 ❷ 일정 내용을 작성할 수 있는 내용 텍스트 필드를 사용해서 일정 정보를 입력하고 ❸ [저장] 버튼을 눌러서 일정을 저장합니다.

17.4 구현하기

일정 조회를 담당할 HomeScreen은 3등분으로 나눠져 있습니다. 화면의 중앙에 날짜 정보와 일정 개수가 위치하고 위에 달력, 아래에 일정 리스트가 똑같은 크기로 위치합니다. 달력은 TableCalendar 플러그인을 이용해서 구현하고 리스트는 ListView 위젯을 이용해서 구현하겠습니다. 다음으로 ScheduleBottomSheet는 세 개의 텍스트 필드와 하나의 [저장] 버튼으로 이루어져 있습니다. ScheduleBottomSheet가 화면의 반을 차지하도록 구현하고 [저장] 버튼이 가장 아래에 위치하게 한 다음 텍스트 필드들이 나머지 공간을 차지하게 합니다.

17.4.1 주색상 설정하기

ToDo 01 이번 프로젝트에서 사용할 색상은 세 가지로 요약할 수 있습니다. 주색상인 초록색, 옅은 회색, 어두운 회색 그리고 텍스트 필드 배경색입니다. 이 값들을 lib/const/colors.dart 파일에 지정하겠습니다.

```
                                                              lib/const/colors.dart
import 'package:flutter/material.dart';

const PRIMARY_COLOR = Color(0xFF0DB2B2);
final LIGHT_GREY_COLOR = Colors.grey[200]!;
final DARK_GREY_COLOR = Colors.grey[600]!;
final TEXT_FIELD_FILL_COLOR = Colors.grey[300]!;
```

17.4.2 달력 구현하기

ToDo 01 HomeScreen 화면 윗부분의 달력을 MainCalendar 클래스로 만들겠습니다. 달력 기능은 pubspec.yaml에 이미 추가한 table_calendar 플러그인을 사용합니다.

```
                                                     lib/component/main_calendar.dart
import 'package:flutter/material.dart';
import 'package:table_calendar/table_calendar.dart';

class MainCalendar extends StatelessWidget {
 @override
 Widget build(BuildContext context) {
   return TableCalendar(
     firstDay: DateTime(1800, 1, 1),    // ❶ 첫째 날
     lastDay: DateTime(3000, 1, 1),     // ❷ 마지막 날
     focusedDay: DateTime.now(),        // ❸ 화면에 보여지는 날
   );
 }
}
```

우선 lib/component/main_calendar.dart 파일을 생성하고 MainCalendar StatelessWidget을 생성하겠습니다. table_calendar 플러그인을 불러오면 TableCalendar 라는 위젯을 사용할 수 있는데 이 위젯은 ❶ firstDay, ❷ lastDay 그리고 ❸ focusedDay 매개변수를 필수로 입력해줘야 합니다. ❶ firstDay 매개변수는 달력에서 선택할 수 있는 제일 오래된 날짜를 의미합니다. 1800년 1월 1일로 설정하겠습니다. ❷ lastDay 매개변수는 달력에서 선택할 수 있는 제일 미래의 날짜를 의미합니다. 이 값은 3000년 1월 1일로 여유롭게 설정하겠습니다. 마지막으로 ❸ focusedDay는 현재 달력이 화면에 보여줄 날짜를 의미합니다. 이 날짜를 현재 날짜 즉, DateTime.now()로 설정해서 앱이 실행되고 있는 날짜가 보이도록 하겠습니다.

02 home_screen.dart에 MainCalendar를 적용하겠습니다. 위쪽에는 달력이, 아래쪽에는 일정 리스트가 보여야 하는 구조이니 Column 위젯을 사용해서 배치하겠습니다.

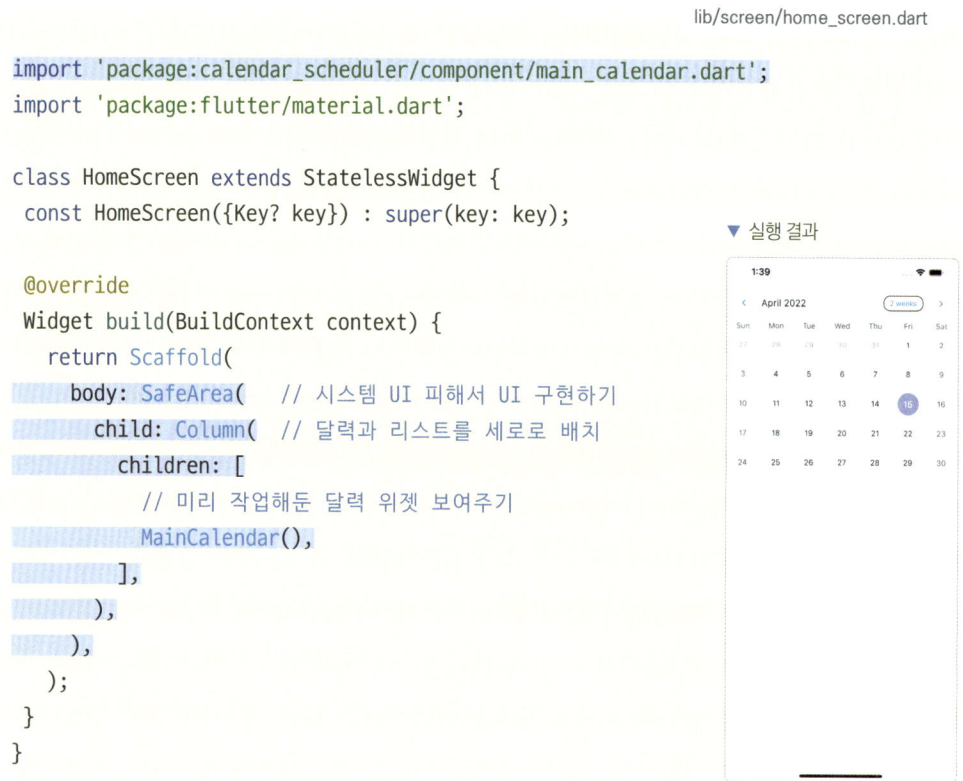

lib/screen/home_screen.dart

```dart
import 'package:calendar_scheduler/component/main_calendar.dart';
import 'package:flutter/material.dart';

class HomeScreen extends StatelessWidget {
  const HomeScreen({Key? key}) : super(key: key);

  @override
  Widget build(BuildContext context) {
    return Scaffold(
      body: SafeArea(    // 시스템 UI 피해서 UI 구현하기
        child: Column(   // 달력과 리스트를 세로로 배치
          children: [
            // 미리 작업해둔 달력 위젯 보여주기
            MainCalendar(),
          ],
        ),
      ),
    );
  }
}
```

▼ 실행 결과

03 굉장히 간단한 코드를 작성했는데 코드를 재실행하면 화면에 달력이 보입니다.

04 달력을 띄우는 걸 성공했으니 달력을 스타일링하겠습니다. TableCalendar 위젯의 스타일은 크게 두 가지로 나눌 수 있습니다. 화살표와 년도 및 월이 보이는 최상단은 ❶ headerStyle 매개변수를 통해서 지정할 수 있고, 날짜들이 배열돼 있는 아랫부분은 ❷ calendarStyle 매개변수를 사용해 지정할 수 있습니다. 그리고 이 스타일들을 이미 많이 사용해본 BoxDecoration과 TextStyle을 사용해서 정의하겠습니다.

lib/component/main_calendar.dart

```dart
import 'package:flutter/material.dart';
import 'package:table_calendar/table_calendar.dart';
import 'package:calendar_scheduler/const/colors.dart';

class MainCalendar extends StatelessWidget {
  @override
  Widget build(BuildContext context) {
    return TableCalendar(
      firstDay: DateTime(1800, 1, 1),
      lastDay: DateTime(3000, 1, 1),
      focusedDay: DateTime.now(),
      headerStyle: HeaderStyle(        // ❶ 달력 최상단 스타일
        titleCentered: true,           // 제목 중앙에 위치하기
        formatButtonVisible: false,    // 달력 크기 선택 옵션 없애기
        titleTextStyle: TextStyle(     // 제목 글꼴
          fontWeight: FontWeight.w700,
          fontSize: 16.0,
        ),
      ),
      calendarStyle: CalendarStyle(
        isTodayHighlighted: false,
        defaultDecoration: BoxDecoration(    // ❷ 기본 날짜 스타일
          borderRadius: BorderRadius.circular(6.0),
          color: LIGHT_GREY_COLOR,
        ),
        weekendDecoration: BoxDecoration(    // ❸ 주말 날짜 스타일
          borderRadius: BorderRadius.circular(6.0),
          color: LIGHT_GREY_COLOR,
        ),
        selectedDecoration: BoxDecoration(   // ❹ 선택된 날짜 스타일
          borderRadius: BorderRadius.circular(6.0),
          border: Border.all(
            color: PRIMARY_COLOR,
```

```
              width: 1.0,
          ),
        ),
        defaultTextStyle: TextStyle(    // ❺ 기본 글꼴
          fontWeight: FontWeight.w600,
          color: DARK_GREY_COLOR,
        ),
        weekendTextStyle: TextStyle(    // ❻ 주말 글꼴
          fontWeight: FontWeight.w600,
          color: DARK_GREY_COLOR,
        ),
        selectedTextStyle: TextStyle(   // ❼ 선택된 날짜 글꼴
          fontWeight: FontWeight.w600,
          color: PRIMARY_COLOR,
        ),
      ),
    );
  }
}
```

▼ 실행 결과

❶ titleCentered 매개변수에 true를 입력하면 연, 월을 보여주는 글자가 가운데 정렬됩니다. formatButtonVisible 매개변수는 날짜들을 매월 1주일씩 보여줄지 2주일씩 보여줄지 전체를 다 보여줄지 선택할 수 있는 버튼의 존재 여부를 지정할 수 있습니다. 필요 없는 기능이니 false를 입력합니다. titleStyle 매개변수는 연, 월을 보여주는 글자의 스타일을 변경합니다.

❷ TableCalendar는 날짜 칸을 하나하나 스타일링하도록 구현되었습니다. defaultDecoration은 날짜 칸의 기본 BoxDecoration을 설정할 수 있는 매개변수입니다. ❸ weekendDecoration은 주말 날짜 칸의 BoxDecoration을, ❹ selectedDecoration은 탭해서 선택된 날짜의 BoxDecoration을 설정하는 매개변수입니다.

❺ defaultTextStyle은 날짜 칸의 기본 TextStyle을, ❻ weekendTextStyle은 주말 날짜 칸의 TextStyle을, ❼ selectedTextStyle은 선택된 날짜의 TextStyle을 설정하는 매개변수입니다.

05 코딩을 완료한 후 핫 리로드를 해주면 목표한 UI에 근접한 달력을 확인할 수 있습니다.

06 이제 마지막으로 달력에 기능을 부여할 차례입니다. TableCalendar 위젯은 날짜가 선택될 때마다 실행되는 콜백 함수를 등록하고 추가적으로 어떤 날짜가 현재 선택된 상태인지 달력에 표시해주어야 합니다. HomeScreen에서 모든 상태를 관리할 계획이기 때문에 MainCalendar에

관련 코드를 채워보겠습니다.

```
... 생략 ...
class MainCalendar extends StatelessWidget {
  final OnDaySelected onDaySelected; // ❶ 날짜 선택 시 실행할 함수
  final DateTime selectedDate; // ❷ 선택된 날짜

  MainCalendar({
    required this.onDaySelected,
    required this.selectedDate,
  });

  @override
  Widget build(BuildContext context) {
    return TableCalendar(
      onDaySelected: onDaySelected,
      // ❸ 날짜 선택 시 실행할 함수
      selectedDayPredicate: (date) => // ❹ 선택된 날짜를 구분할 로직
          date.year == selectedDate.year &&
          date.month == selectedDate.month &&
          date.day == selectedDate.day,
      firstDay: DateTime(1800, 1, 1),
      ... 생략 ...
    );
  }
}
```
lib/component/main_calendar.dart

❶ OnDaySelected 타입은 table_calendar 플러그인에서 기본 제공하는 typedef입니다. ❷ 선택된 날짜입니다. ❸ onDaySelected는 달력의 날짜가 탭될 때마다 실행됩니다. 첫 번째 매개변수에 선택된 날짜(selectedDate)를 입력받고 두 번째 매개변수에 현재 화면에 보이는 날짜를 입력받습니다(focusedDay). ❹ selectedDayPredicate는 어떤 날짜를 선택된 날짜로 지정할지 결정하는 함수입니다. 현재 달력에 보이는 모든 날짜를 순회하며 실행하는 함수로 true가 반환되면 선택된 날짜로 표시되고 false가 반환되면 선택되지 않은 날짜로 지정됩니다. HomeScreen에서 입력해줄 selectedDate와 연, 월, 일 값이 같으면 선택된 날짜로 지정하겠습니다.

07 MainCalendar 위젯에 생성한 매개변수들을 HomeScreen에서 입력하겠습니다.

```dart
                                                              lib/screen/home_screen.dart
class HomeScreen extends StatefulWidget {
  // ❶ StatelessWidget에서 StatefulWidget으로 전환
  const HomeScreen({Key? key}) : super(key: key);

  @override
  State<HomeScreen> createState() => _HomeScreenState();
}

class _HomeScreenState extends State<HomeScreen> {
  DateTime selectedDate = DateTime.utc(   // ❷ 선택된 날짜를 관리할 변수
    DateTime.now().year,
    DateTime.now().month,
    DateTime.now().day,
  );

  @override
  Widget build(BuildContext context) {
    return Scaffold(
      body: SafeArea(
        child: Column(
          children: [
            MainCalendar(
              selectedDate: selectedDate,   // 선택된 날짜 전달하기

              // 날짜가 선택됐을 때 실행할 함수
              onDaySelected: onDaySelected,
            ),
          ],
        ),
      ),
    );
  }

  void onDaySelected(DateTime selectedDate, DateTime focusedDate){
    // ❸ 날짜 선택될 때마다 실행할 함수
    setState(() {
      this.selectedDate = selectedDate;
```

```
      });
   }
}
```

❶ 상태 관리가 필요하니 우선 HomeScreen 위젯을 StatefulWidget으로 전환하겠습니다.
❷ 선택된 날짜를 관리할 selectedDate 변수를 선언합니다. ❸ onDaySelected() 함수를 선언해서 날짜가 탭될 때마다 selectedDate 변수를 변경합니다.

08 이제 앱을 재시작하고 나서 아무 날짜를 탭해보세요. 그러면 해당 날짜가 선택됩니다(그에 따라 스타일도 바뀝니다).

▼ ❶ 탭하기   ▼ ❷ 탭한 결과

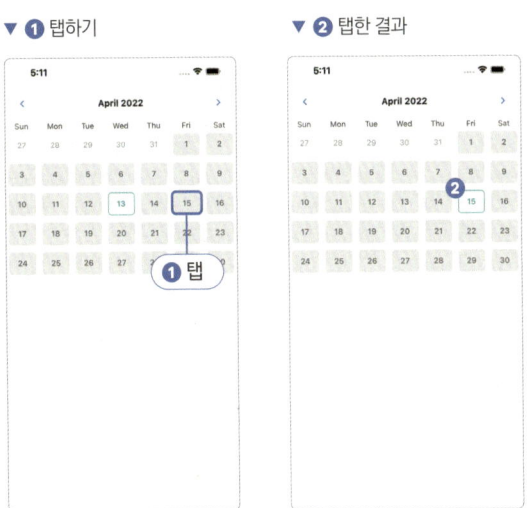

17.4.3 선택된 날의 일정을 보여주기 : ScheduleCard 위젯

달력이 완성됐으니 선택된 날짜에 해당되는 일정을 보여줄 ScheduleCard를 작업하겠습니다. 각 일정은 ❶ 시간(시작 시간부터 종료 시간) 영역과, ❷ 내용 영역으로 구성됩니다. ScheduleCard 위젯을 구현할 때 시간과 내용으로 자식 위젯을 추가로 분리해서 작업하겠습니다.

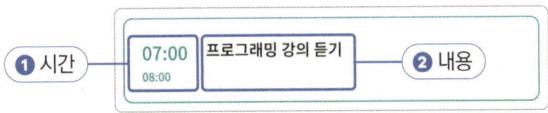

ToDo **01** lib/component/schedule_card.dart 파일을 생성합니다. 먼저 시간을 표현할 _Time 위젯부터 작업하겠습니다.

```dart
// lib/component/schedule_card.dart
import 'package:calendar_scheduler/const/colors.dart';
import 'package:flutter/material.dart';

class _Time extends StatelessWidget {
  final int startTime;  // ❶ 시작 시간
  final int endTime;    // ❷ 종료 시간

  const _Time({
    required this.startTime,
    required this.endTime,
    Key? key,
  }) : super(key: key);

  @override
  Widget build(BuildContext context) {
    final textStyle = TextStyle(
      fontWeight: FontWeight.w600,
      color: PRIMARY_COLOR,
      fontSize: 16.0,
    );

    return Column(  // ❸ 시간을 위에서 아래로 배치
      crossAxisAlignment: CrossAxisAlignment.start,
      children: [
        Text(
          // 숫자가 두 자릿수가 안 되면 0으로 채워주기
          '${startTime.toString().padLeft(2, '0')}:00',
          style: textStyle,
        ),
        Text(
          // 숫자가 두 자릿수가 안 되면 0으로 채워주기
          '${endTime.toString().padLeft(2, '0')}:00',
          style: textStyle.copyWith(
            fontSize: 10.0,
          ),
        ),
      ],
```

```
      );
    }
  }
```

❶ 시작 시간과 ❷ 종료 시간은 외부에서 입력해줄 수 있도록 매개변수로 정의합니다.

❸ 현재 시간 정보는 시작 시간이 위에, 종료 시간이 아래에 배치되어 있습니다. 세로로 배치할 때는 Column 위젯을 사용해야 하기 때문에 Column 위젯으로 시작 시간과 종료 시간을 배치합니다.

02 내용을 렌더링할 _Content 위젯을 작업하겠습니다.

```
                                                              lib/component/schedule_card.dart
... 생략 ...
// _Time 위젯 바로 아래에 작성
class _Content extends StatelessWidget {
  final String content;   // ❶ 내용

  const _Content({
    required this.content,
    Key? key,
  }) : super(key: key);

  @override
  Widget build(BuildContext context) {
    return Expanded(   // ❷ 최대한 넓게 늘리기
      child: Text(
        content,
      ),
    );
  }
}
```

❶ 부모 위젯에서 내용을 String값으로 입력해주고 ❷ Expanded 위젯에 감싸서 좌우로 최대한 크기를 차지하게 하는 게 중요합니다.

03 ScheduleCard를 완성시킬 자식 위젯들이 모두 정리되었습니다. 이제 ScheduleCard 위젯을 작성하겠습니다. _Time 위젯과 _Content 위젯에 입력할 시작 시간, 종료 시간 그리고 내용을 모두 변수로 부모 위젯으로부터 받아보겠습니다.

```dart
// _Time 위젯 위에 작성                                      lib/component/schedule_card.dart
class ScheduleCard extends StatelessWidget {
  final int startTime;
  final int endTime;
  final String content;

  const ScheduleCard({
    required this.startTime,
    required this.endTime,
    required this.content,
    Key? key,
  }) : super(key: key);

  @override
  Widget build(BuildContext context) {
    return Container(
      decoration: BoxDecoration(
        border: Border.all(
          width: 1.0,
          color: PRIMARY_COLOR,
        ),
        borderRadius: BorderRadius.circular(8.0),
      ),
      child: Padding(
        padding: const EdgeInsets.all(16.0),
        child: IntrinsicHeight(  // ❶ 높이를 내부 위젯들의 최대 높이로 설정
          child: Row(
            crossAxisAlignment: CrossAxisAlignment.stretch,
            children: [
              _Time(   // ❷ 시작과 종료 시간을 보여줄 위젯
                startTime: startTime,
                endTime: endTime,
              ),
              SizedBox(width: 16.0),
              _Content(    // ❸ 일정 내용을 보여줄 위젯
                content: content,
              ),
              SizedBox(width: 16.0),
            ],
          ),
```

```
      ),
    ),
  );
 }
}
```

❶ IntrinsicHeight 위젯은 내부 위젯들의 높이를 최대 높이로 맞춰줍니다. 예를 들어 _Time 위젯은 Column 위젯을 사용 중이기 때문에 ScheduleCard 위젯의 최대 크기만큼 높이를 차지합니다. 하지만 ❸ _Content 위젯은 Column 위젯을 사용하지 않기 때문에 최소 크기만 차지하며 세로로 가운데 정렬이 됩니다. 이럴 때 ❷ _Time 위젯과 _Content 위젯의 높이를 똑같이 맞춰주려면 IntrinsicHeight 위젯을 사용해서 최대 크기를 차지하는 위젯만큼 다른 위젯들 크기를 동일하게 맞춰주어야 합니다.

04 ScheduleCard를 완성했으니 HomeScreen에 적용하겠습니다. MainCalendar 위젯 아래에 샘플로 ❶ ScheduleCard 위젯을 위치하고 12시부터 14시까지 진행되는 '프로그래밍 공부' 일정을 샘플로 추가하겠습니다.

lib/screen/home_screen.dart

```
import 'package:calendar_scheduler/component/schedule_card.dart';

... 생략 ...
class _HomeScreenState extends State<HomeScreen> {
  DateTime selectedDate = DateTime.utc(
    DateTime.now().year,
    DateTime.now().month,
    DateTime.now().day,
  );

  @override
  Widget build(BuildContext context) {
    Scaffold(
      body: SafeArea(
        child: Column(
          children: [
            MainCalendar(
              selectedDate: selectedDate,
              onDaySelected: onDaySelected,
```

```
        ),
        ScheduleCard(   // ① 구현해둔 일정 카드
          startTime: 12,
          endTime: 14,
          content: '프로그래밍 공부',
        ),
      ],
    ),
  ),
  );
}
  ... 생략 ...
}
```

▼ 실행 결과

샘플 일정 카드

05 코드를 저장한 후 핫 리로드를 실행하면 일정 카드가 보입니다.

17.4.4 오늘 날짜를 보여주기 : TodayBanner 위젯

TodayBanner 위젯은 MainCalendar 위젯과 ScheduleCard 위젯 사이에 오늘 날짜를 보여줍니다. 선택된 날짜와 날짜에 해당되는 일정 개수로 구성되어 있으니 간단하게 구현하겠습니다.

ToDo 01 우선 lib/component/today_banner.dart 파일을 생성해서 TodayBanner Stateless Widget을 구현합니다.

lib/component/today_banner.dart
```
import 'package:calendar_scheduler/const/colors.dart';
import 'package:flutter/material.dart';

class TodayBanner extends StatelessWidget {
  final DateTime selectedDate;   // ① 선택된 날짜
  final int count;   // ② 일정 개수

  const TodayBanner({
    required this.selectedDate,
    required this.count,
    Key? key,
  }) : super(key: key);

  @override
```

```
Widget build(BuildContext context) {
  final textStyle = TextStyle(   // 기본으로 사용할 글꼴
    fontWeight: FontWeight.w600,
    color: Colors.white,
  );

  return Container(
    color: PRIMARY_COLOR,
    child: Padding(
      padding: EdgeInsets.symmetric(horizontal: 16.0, vertical: 8.0),
      child: Row(
        mainAxisAlignment: MainAxisAlignment.spaceBetween,
        children: [
          Text( // "년 월 일" 형태로 표시
            '${selectedDate.year}년 ${selectedDate.month}월 ${selectedDate.day}일',
            style: textStyle,
          ),
          Text(
            '$count개',   // 일정 개수 표시
            style: textStyle,
          ),
        ],
      ),
    ),
  );
}
}
```

TodayBanner 위젯은 ❶ 선택된 날짜와 해당되는 ❷ 일정 개수를 부모 위젯에서 입력받을 수 있도록 변수를 선언합니다.

02 TodayBanner 위젯을 HomeScreen에 사용하겠습니다.

lib/screen/home_screen.dart

```
import 'package:calendar_scheduler/component/today_banner.dart';
... 생략 ...
// build() 함수 내부의 Scaffold
Scaffold(
  body: SafeArea(
    child: Column(
```

```
    children: [
      MainCalendar(
        selectedDate: selectedDate,
        onDaySelected: onDaySelected,
      ),
      SizedBox(height: 8.0),
      TodayBanner(  // ❶ 배너 추가하기
        selectedDate: selectedDate,
        count: 0,
      ),
      SizedBox(height: 8.0),
      ScheduleCard(
        startTime: 12,
        endTime: 14,
        content: '프로그래밍 공부',
... 생략 ...
```

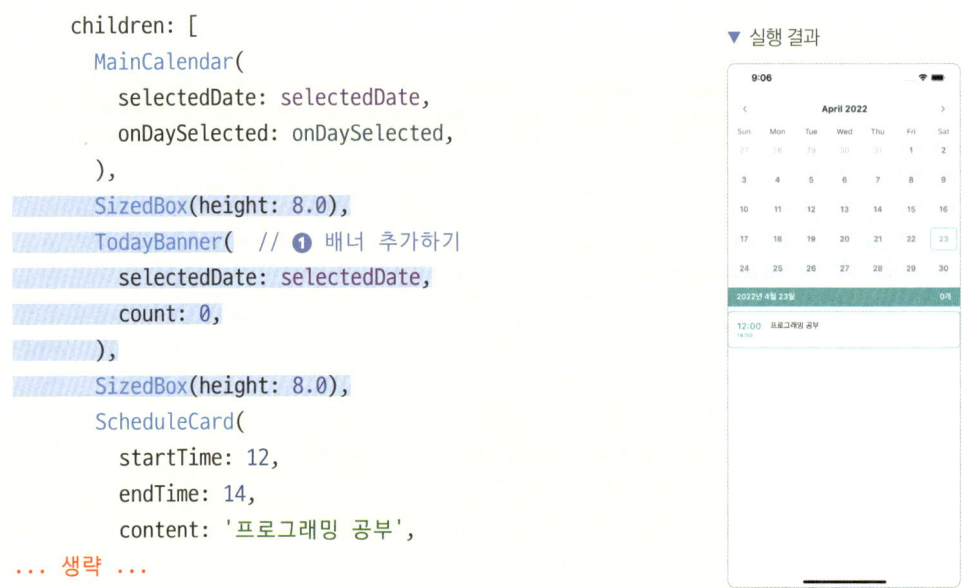

▼ 실행 결과

❶ selectedDate 매개변수에는 selectedDate 변수를 입력해주면 되고 count 변수에는 임시로 0을 입력합니다.

03 코드를 저장해 핫 리로드를 진행하면 목표하는 디자인과 유사한 화면을 볼 수 있습니다.

17.4.5 일정 입력하기

ScheduleBottomSheet는 사용자가 새로 추가할 일정을 입력할 수 있는 위젯입니다. 텍스트 필드 3개와 버튼 하나로 이루어져 있습니다. ❶ 시작 시간, ❷ 종료 시간, ❸ 일정 내용을 입력한 후 ❹ [저장] 버튼을 누르면 선택된 날짜를 기준으로 일정을 생성합니다. 우선 UI부터 구현하겠습니다.

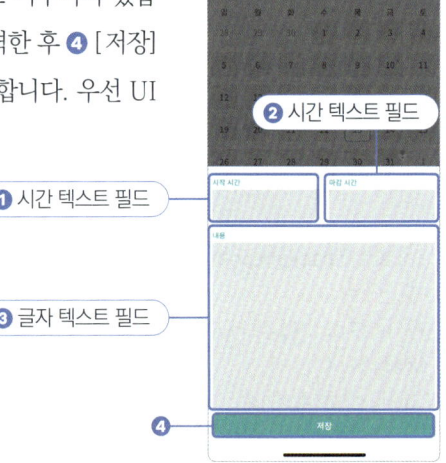

ToDo **01** lib/component/schedule_bottom_sheet.dart 파일을 생성하고 일정 정보를 입력할 수 있는 위젯인 ScheduleBottomSheet를 구현하겠습니다. 이 위젯에는 요소가 많이 들어가므로 큰 틀만 잡아두겠습니다.

```dart
// lib/component/schedule_bottom_sheet.dart
import 'package:flutter/material.dart';

class ScheduleBottomSheet extends StatefulWidget {
  const ScheduleBottomSheet({Key? key}) : super(key: key);

  @override
  State<ScheduleBottomSheet> createState() => _ScheduleBottomSheetState();
}

class _ScheduleBottomSheetState extends State<ScheduleBottomSheet> {
  @override
  Widget build(BuildContext context) {
    return SafeArea(
      child: Container(
        height: MediaQuery.of(context).size.height / 2,  // ❶
        color: Colors.white,
      ),
    );
  }
}
```

❶ ScheduleBottomSheet StatefulWidget을 생성하고 SafeArea 위젯에 화면의 반을 차지하는 흰색 Container 위젯을 하나 배치하겠습니다.

02 HomeScreen에서 FloatingActionButton을 누르면 ScheduleBottomSheet가 화면에 나오도록 코드를 변경하겠습니다.

```dart
// lib/screen/home_screen.dart
import 'package:calendar_scheduler/component/schedule_bottom_sheet.dart';
import 'package:calendar_scheduler/const/colors.dart';
... 생략 ...
// build() 함수 내부 Scaffold 위젯
return Scaffold(
  floatingActionButton: FloatingActionButton(  // ❶ 새 일정 버튼
    backgroundColor: PRIMARY_COLOR,
```

```
    onPressed: () {
      showModalBottomSheet(  // ❷ BottomSheet 열기
        context: context,
        isDismissible: true, // ❸ 배경 탭했을 때 BottomSheet 닫기
        builder: (_) => ScheduleBottomSheet(),
      );
    },
    child: Icon(
      Icons.add,
    ),
  ),
  body: SafeArea(
   ... 생략 ...
  );
```

❶ floatingActionButton 매개변수에 FloatingActionButton 위젯을 입력해준 후 bottom sheet를 실행하는 ❷ showModalBottomSheet() 함수를 이용해서 ScheduleBottomSheet 위젯을 bottom sheet로 실행합니다.

❸ showModalBottomSheet의 isDismissible 매개변수에 true값을 입력해서 배경을 눌렀을 때 ScheduleBottomSheet가 닫히게 하겠습니다.

03 코드를 다시 실행하면 HomeScreen 위젯의 오른쪽 아래에 FloatingActionButton이 구현됩니다. ❶ 이 버튼을 탭하면 ❷ ScheduleBottomSheet가 실행됩니다.

17.4.6 일정 내용 필드 구현하기

ToDo **01** lib/component/custom_text_field.dart 파일을 생성하고 SchedulBottomSheet에 들어갈 텍스트 필드를 먼저 구현하겠습니다.

lib/component/custom_text_field.dart

```dart
import 'package:calendar_scheduler/const/colors.dart';
import 'package:flutter/material.dart';

class CustomTextField extends StatelessWidget {
  final String label;

  const CustomTextField({
    required this.label,
    Key? key,
  }) : super(key: key);

  @override
  Widget build(BuildContext context) {
    return Column(   // ❷ 세로로 텍스트와 텍스트 필드 배치
      crossAxisAlignment: CrossAxisAlignment.start,
      children: [
        Text(
          label,
          style: TextStyle(
            color: PRIMARY_COLOR,
            fontWeight: FontWeight.w600,
          ),
        ),
        TextFormField(),   // ❶ 폼 안에서 텍스트 필드를 쓸 때 사용
      ],
    );
  }
}
```

❶ 플러터에서 텍스트 필드는 TextField 위젯과 TextFormField로 나눌 수 있습니다. TextField 위젯은 각 텍스트 필드가 독립된 형태일 때 많이 사용되고 TextFormField는 여러 개의 텍스트 필드를 하나의 폼으로 제어할 때 사용됩니다. [저장] 버튼을 눌렀을 때 시간 텍스트

필드 2개와 내용 텍스트 필드 하나를 제어할 계획이니 TextFormField를 사용하겠습니다.

❷ 텍스트 필드의 제목과 텍스트 필드가 위아래로 위치해야 하므로 Column 위젯을 사용해서 Text 위젯과 TextFormField 위젯을 세로로 배치합니다.

02 기본 TextFormField 위젯이 어떻게 생겼는지 확인하기 위해 ScheduleBottomSheet 위젯에 ❶ CustomTextField 위젯을 하나만 렌더링하겠습니다.

lib/component/schedule_bottom_sheet.dart

```dart
import 'package:calendar_scheduler/component/custom_text_field.dart';
import 'package:flutter/material.dart';

class ScheduleBottomSheet extends StatefulWidget {
  const ScheduleBottomSheet({Key? key}) : super(key: key);

  @override
  State<ScheduleBottomSheet> createState() => _ScheduleBottomSheetState();
}

class _ScheduleBottomSheetState extends State<ScheduleBottomSheet> {
  @override
  Widget build(BuildContext context) {
    return SafeArea(
      child: Container(
        height: MediaQuery.of(context).size.height / 2,
        color: Colors.white,
        child: CustomTextField(
          // ❶ 시작 시간 텍스트 필드 렌더링
          label: '시작 시간',
        ),
      ),
    );
  }
}
```

▼ 실행 결과

03 저장 후 핫 리로드를 실행하면 FloatingActionButton을 눌렀을 때 ScheduleBottomSheet 위젯이 올라오고 텍스트 필드를 볼 수 있습니다.

04 텍스트 필드 위젯을 만들었으니 배경색과 테두리를 꾸며보겠습니다.

lib/screen/custom_text_field.dart

```dart
import 'package:calendar_scheduler/const/colors.dart';
import 'package:flutter/material.dart';
import 'package:flutter/services.dart';

class CustomTextField extends StatelessWidget {
  final String label;   // 텍스트 필드 제목
  final bool isTime;    // 시간 선택하는 텍스트 필드인지 여부

  const CustomTextField({
    required this.label,
    required this.isTime,
    Key? key,
  }) : super(key: key);

  @override
  Widget build(BuildContext context) {
    return Column(   // ❷ 세로로 텍스트와 텍스트 필드 배치
      crossAxisAlignment: CrossAxisAlignment.start,
      children: [
        Text(
          label,
          style: TextStyle(
            color: PRIMARY_COLOR,
            fontWeight: FontWeight.w600,
          ),
        ),
        Expanded(
          flex: isTime ? 0 : 1,   // ❻
          child: TextFormField(
            cursorColor: Colors.grey,    // 커서 색상 변경
            maxLines: isTime ? 1 : null,
            // ❶ 시간 관련 텍스트 필드가 아니면 한 줄 이상 작성 가능
            expands: !isTime,   // ❷ 시간 관련 텍스트 필드는 공간 최대 차지
            keyboardType: isTime ? TextInputType.number : TextInputType.multiline,
            // ❸ 시간 관련 텍스트 필드는 기본 숫자 키보드 아니면 일반 글자 키보드 보여주기
            inputFormatters: isTime
                ? [
                    FilteringTextInputFormatter.digitsOnly,
```

```
                ]
            : [], // ❹ 시간 관련 텍스트 필드는 숫자만 입력하도록 제한
              decoration: InputDecoration(
                border: InputBorder.none,       // 테두리 삭제
                filled: true,                   // 배경색을 지정하겠다는 선언
                fillColor: Colors.grey[300],    // 배경색
                suffixText: isTime ? '시' : null,
                // ❺ 시간 관련 텍스트 필드는 '시' 접미사 추가
              ),
            ),
          ),
        ],
      );
  }
}
```

❶ maxLines 매개변수는 텍스트 필드에 값을 입력할 때 허락되는 최대 줄 개수입니다. int값을 입력할 수 있으며 null을 넣으면 개수를 제한하지 않습니다. 시간을 입력할 때는 한 줄만 입력하도록 하고 아니면 제한을 두지 않겠습니다. ❷ expands 매개변수는 텍스트 필드를 부모 위젯 크기만큼 세로로 늘릴지 결정합니다. 기본값은 false이며 true로 입력하면 부모의 위젯 크기만큼 텍스트 필드를 늘릴 수 있습니다. false의 경우 텍스트 필드는 최소 크기만 차지합니다.

❸ keyboardType 매개변수는 텍스트 필드를 선택했을 때 화면에 어떤 키보드가 보여질지 선택할 수 있습니다. TextInputType.number는 숫자만 입력하는 키보드를 보여줄 수 있고 TextInputType.multIline은 줄바꿈 키가 존재하는 일반 키보드를 보여줄 수 있습니다.

❹ inputFormatters 매개변수는 텍스트 필드에 입력되는 값들을 제한할 수 있습니다. 언뜻 보면 키보드의 종류를 정의하는 keyboardType 매개변수와 비슷해보이지만 큰 차이가 있습니다. keyboardType 매개변수는 핸드폰에서 보여주는 키보드만 제한할 수 있고 블루투스 키보드나 보안 키보드처럼 커스텀 구현된 키보드를 사용할 때는 입력되는 값들을 제한할 수 없습니다. inputFormatters 매개변수의 경우 특정 입력 자체를 제한할 수 있습니다. 리스트로 원하는 만큼 제한을 넣어줄 수 있으며 FilteringTextInputFormatter.digitsOnly는 숫자만 입력되도록 제한할 수 있습니다. ❺ suffix 매개변수는 접미사를 지정할 수 있습니다. 특정 값이 입력됐을 때 텍스트 필드의 오른쪽 끝에 원하는 글자가 상시 표시되도록 지정할 수 있습니다.

❻ 목표 UI에서 시간과 관련된 텍스트 필드는 최소한의 높이를, 내용 텍스트 필드는 최대한의 높

이를 차지합니다. 추가적으로 isTime을 false로 지정할 경우 ❷ expands 매개변수가 true로 지정되니 Column 위젯 안에서 최대한 크기를 차지하도록 Expanded 위젯을 사용해줘야 합니다.

05 CustomTextField가 완성됐으니 목표 UI대로 텍스트 필드들을 구현하겠습니다.

lib/component/schedule_bottom_sheet.dart

```dart
import 'package:calendar_scheduler/component/custom_text_field.dart';
import 'package:calendar_scheduler/const/colors.dart';
import 'package:flutter/material.dart';

class ScheduleBottomSheet extends StatefulWidget {
  const ScheduleBottomSheet({Key? key}) : super(key: key);

  @override
  State<ScheduleBottomSheet> createState() => _ScheduleBottomSheetState();
}

class _ScheduleBottomSheetState extends State<ScheduleBottomSheet> {
  @override
  Widget build(BuildContext context) {
    return SafeArea(
      child: Container(
        height: MediaQuery.of(context).size.height / 2, // ❶
        color: Colors.white,
        child: Padding(
          padding: const EdgeInsets.only(left: 8, right: 8, top: 8),
          child: Column(
            // ❷ 시간 관련 텍스트 필드와 내용 관련 텍스트 필드 세로로 배치
            children: [
              Row(
                // ❶ 시작 시간, 종료 시간 가로로 배치
                children: [
                  Expanded(
                    child: CustomTextField(  // 시작 시간 입력 필드
                      label: '시작 시간',
                      isTime: true,
                    ),
                  ),
                  const SizedBox(width: 16.0),
```

```
                    Expanded(
                      child: CustomTextField(  // 종료 시간 입력 필드
                        label: '종료 시간',
                        isTime: true,
                      ),
                    ),
                  ],
                ),
                SizedBox(height: 8.0),
                Expanded(
                  child: CustomTextField(  // 내용 입력 필드
                    label: '내용',
                    isTime: false,
                  ),
                ),
                SizedBox(
                  width: double.infinity,
                  child: ElevatedButton(  // [저장] 버튼
                    // ❸ [저장] 버튼
                    onPressed: onSavePressed,
                    style: ElevatedButton.styleFrom(
                      foregroundColor: PRIMARY_COLOR,
                    ),
                    child: Text('저장'),
                  ),
                ),
              ],
            ),
          ),
        ),
      );
  }

  void onSavePressed(){
  }
}
```

▼ 실행 결과

❶ 시작 시간과 종료 시간을 표현할 텍스트 필드는 하나의 Row 위젯에 감싸서 좌우로 펼쳐지게

합니다. 그리고 해당 Row 위젯을 ❷ Column 위젯에 한 번 더 감싸서 내용을 담는 텍스트 필드가 남는 공간을 모두 차지하게 합니다. 마지막으로 ❸ ElevatedButton을 하단에 추가해줘서 UI를 완성하겠습니다.

06 저장 후 ScheduleBottomSheet를 실행하면 목표한 UI를 확인할 수 있습니다.

07 구현 완성도가 매우 높아졌지만 아직 한 가지 아쉬운 점이 있습니다. 에뮬레이터나 시뮬레이터를 사용해서 개발하다 보면 가상 키보드의 존재를 잠시 잊게 됩니다. 실제 기기에서는 텍스트 필드를 누르면 키보드가 화면에 올라오는 만큼 텍스트 필드들이 가려집니다. 잘 구현된 화면에서는 텍스트 필드가 아래에서 위로 올라온만큼 BottomSheet 위젯의 아래에 패딩을 추가해서 텍스트 필드 및 버튼이 가리지 않고 보여야 합니다. MediaQuery 클래스를 사용해서 키보드가 아래에 차지하는 크기를 가져온 다음 해당되는 크기만큼 패딩을 추가해서 키보드가 올라와도 모든 위젯들이 잘 보이도록 코드를 변경하겠습니다.

> **TIP** iOS 시뮬레이터에서 텍스트 필드를 눌러도 키보드가 올라오지 않는다면 시뮬레이터를 선택하고 `Command + Shift + K`를 입력해보세요.

lib/component/schedule_bottom_sheet.dart

```dart
... 생략 ...
class ScheduleBottomSheet extends StatefulWidget {
  const ScheduleBottomSheet({Key? key}) : super(key: key);

  @override
  State<ScheduleBottomSheet> createState() => _ScheduleBottomSheetState();
}

class _ScheduleBottomSheetState extends State<ScheduleBottomSheet> {
  @override
  Widget build(BuildContext context) {
    // ❶ 키보드 높이 가져오기
    final bottomInset = MediaQuery.of(context).viewInsets.bottom;

    return SafeArea(
      child: Container(
        // ❷ 화면 반 높이에 키보드 높이 추가하기
        height: MediaQuery.of(context).size.height / 2 + bottomInset,
        color: Colors.white,
        child: Padding(
```

```
        padding: EdgeInsets.only(left: 8, right: 8, top: 8, bottom:
bottomInset),  // ❸ 패딩에 키보드 높이 추가해서 위젯 전반적으로 위로 올려주기
          child: Column(
            ... 생략 ...
          ),
        ),
      ),
    );
  }
  ... 생략 ...
}
```

❶ MediaQuery의 viewInsets.을 가져오면 시스템이 차지하는 화면 아랫부분 크기를 알 수 있습니다. 일반적으로 이 값은 키보드가 보일 때 차지하는 크기가 됩니다. ❷ 최대 높이에 키보드 크기만큼 높이를 더해줘서 키보드가 화면에 보일 때 컨테이너 크기를 늘려주겠습니다. ❸ Container의 높이가 늘어난 만큼 아래에 패딩을 추가해줘서 위젯들이 잘 보이는 위치로 끌어올려주겠습니다.

08 마지막으로 HomeScreen 위젯에서 showModalBottomSheet() 함수를 약간 변경해줘야 합니다. showModalBottomSheet() 함수는 기본적으로 최대 높이를 화면의 반으로 규정합니다. 하지만 isScrollControlled 매개변수에 true를 넣어주면서 간단하게 최대 높이를 화면 전체로 변경할 수 있습니다. 코드를 변경한 후 ScheduleBottomSheet에서 텍스트 필드를 선택할 경우 키보드가 보이는 만큼 ScheduleBottomSheet 위젯이 위로 이동되는 걸 볼 수 있습니다.

lib/screen/home_screen.dart
```
... 생략 ...
class _HomeScreenState extends State<HomeScreen> {
  ... 생략 ...

  @override
  Widget build(BuildContext context) {
    return Scaffold(
      floatingActionButton: FloatingActionButton(
        backgroundColor: PRIMARY_COLOR,
        onPressed: () {
          showModalBottomSheet(
            context: context,
            isDismissible: true,
```

```
      builder: (_) => ScheduleBottomSheet(),
      // BottomSheet의 높이를 화면의 최대 높이로
      // 정의하고 스크롤 가능하게 변경
      isScrollControlled: true,
    );
  },
  child: Icon(
    Icons.add,
... 생략 ...
```

▼ 실행 결과

17.4.7 달력 언어 설정하기

ToDo **01** 현재 달력이 사용하는 언어는 영어로 설정되어 있습니다. intl 패키지와 TableCalendar의 언어를 변경하겠습니다. 우선 main.dart 파일에서 intl을 초기화하겠습니다. main() 함수를 비동기로 변경하고 코드 두 줄을 추가해서 간단하게 intl 패키지를 프로젝트에서 사용할 수 있습니다.

lib/main.dart
```
import 'package:calendar_scheduler/screen/home_screen.dart';
import 'package:flutter/material.dart';
import 'package:intl/date_symbol_data_local.dart';

void main() async {
  // 플러터 프레임워크가 준비될 때까지 대기
  WidgetsFlutterBinding.ensureInitialized();

  await initializeDateFormatting(); // intl 패키지 초기화(다국어화)

  runApp(
    MaterialApp(
      home: HomeScreen(),
```

17장 Project #1 일정 관리 앱 만들기 **513**

```
      ),
    );
  }
```

02 intl 패키지를 초기화했으니 TableCalendar에 한국어를 적용하겠습니다. 방법은 간단합니다. TableCalendar 위젯의 locale 매개변수에 한국어를 의미하는 'ko_kr'을 입력해주면 됩니다.

lib/component/main_calendar.dart
```
... 생략 ...
class MainCalendar extends StatelessWidget {
  ... 생략 ...
  @override
  Widget build(BuildContext context) {
    return TableCalendar(
      locale: 'ko_kr', // 한국어로 언어 변경
      ... 생략 ...
    );
  }
}
```

03 main.dart 파일을 변경했으니 앱을 재시작해주면 영어로 설정되었던 TableCalendar 위젯이 다음과 같이 한국어로 변경된 걸 볼 수 있습니다.

> TIP 한국어 키보드가 안 보인다면 애초에 운영체제에 해당 키보드가 설치되지 않아서 일 수 있습니다. 그럴 때는 설정에서 Korean 키보드를 추가하면 됩니다.

17.5 테스트하기

❶ 안드로이드 스튜디오에서 [Run] 버튼을 눌러서 iOS 시뮬레이터 또는 안드로이드 에뮬레이터에서 앱을 실행해보세요.

❷ 달력에서 날짜를 선택하면 선택한 날짜로 TodayBanner가 변경되는 걸 확인하세요.

❸ FloatingActionButton을 눌러보세요.

❹ ScheduleBottomSheet가 실행되는 걸 확인하세요.

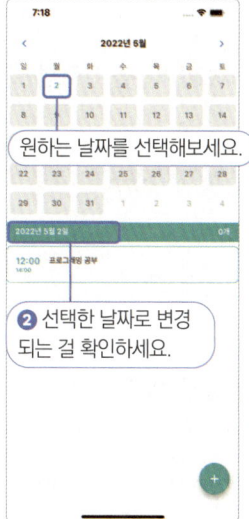

학습 마무리

이번 장에서는 일정 관리 앱 프로젝트의 기반이 되는 UI 작업을 완료했습니다. 많은 걸 진행했으니 절차를 정리하겠습니다.

1 간단하게 TableCalendar를 사용하는 법과 디자인하는 방법과 ListView가 화면의 일부만 차지하게 하는 방법을 배웠습니다.
2 그리고 현대 앱 UI에서 대중적으로 사용되는 플로팅 액션 버튼을 생성했고 버튼을 누르면 일정을 생성하는 BottomSheet가 실행되도록 코드를 작성했습니다.
3 마지막으로 텍스트 필드를 눌렀을 때 실행되는 키보드가 UI를 가리지 않도록 코드를 작성하는 방법도 배웠습니다.

핵심 요약

1 **TableCalendar** 플러그인은 가장 대중적으로 사용되는 플러터 달력 플러그인입니다. 여러 스타일 매개변수를 이용해서 자유롭게 달력을 디자인할 수 있습니다.
2 **ListView**는 다수의 위젯을 리스트 형태로 보여줄 수 있는 위젯입니다. **ListView**를 Expanded로 감싸면 남는 공간만큼 차지하도록 할 수 있습니다.
3 **FloatingActionButton**은 화면의 오른쪽 아래에 위치해 오른손잡이가 접근하기 쉽습니다.
4 **BottomSheet**는 아래에서 위로 화면을 덮는 위젯입니다. showBottomSheet( ) 함수를 이용해서 실행할 수 있습니다.
5 **TextField**와 **TextFormField**는 사용자에게 글자 입력을 받을 수 있는 위젯입니다. 텍스트 필드를 각각 따로 관리할 때는 **TextField** 위젯을, Form으로 통합해서 관리할 때는 **TextFormField** 위젯을 사용합니다. **TextField**나 **TextFormField**를 이용할 때는 키보드가 올라왔을 때 화면을 가리지 않는지 꼭 확인해야 합니다. 키보드의 높이만큼 위젯 아래에 패딩을 추가하면 키보드를 피해서 위젯을 렌더링할 수 있습니다.

Chapter 18

Project #2
데이터베이스 적용하기
SQL, SQLite, Drift, Dismissible

#MUSTHAVE

학습 목표

18장은 17장에서 작업한 앱에 로컬 데이터베이스 기능을 추가합니다. 기존에는 메모리에 일정을 저장했기 때문에 재시작하면 데이터를 유지하지 못합니다. 하지만 로컬 데이터베이스에 저장하면 앱을 재시작해도 데이터를 유지할 수 있습니다.

학습 순서

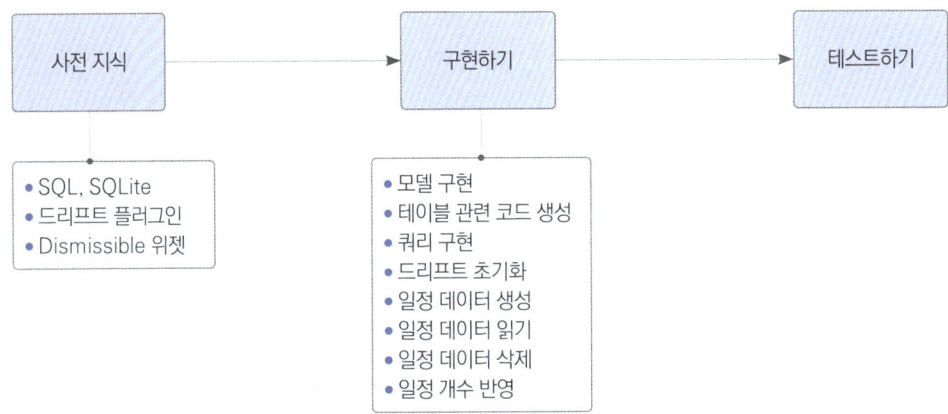

구현 목표

◻ **프로젝트 구상하기**

18장에서는 로컬 데이터베이스로 SQLite를 사용합니다. SQLite를 잘 사용하려면 SQL 문법을 알아야 합니다. 드리프트를 이용해서 SQLite 테이블 및 모델을 형성하고 데이터를 삽입, 업데이트, 조회하기 때문에 직접 SQL문을 작성할 일은 없지만, 기초 SQL은 알아두는 것이 좋습니다. 그래서 SQL 문법을 간단히 알아보고 나서 드리프트로 관련 기능을 구현합니다. 마지막으로 데이터베이스에 저장하는 기능들을 이전 장에서 만든 UI와 연동하는 작업을 진행하겠습니다.

18.1 사전 지식

18.1.1 SQL, SQLite

SQL은 Standard Query Language의 약자로 데이터베이스 언어입니다. SQL은 데이터베이스별로 문법이 약간씩은 다르지만 큰 틀은 공유합니다. 서버에서 사용하는 데이터베이스로는 MySQL, 오라클Oracle, 포스트그레SQL PostgreSQL, DB2, SQL 서버SQL Server 등이 있습니다. 이번에 다룰 SQLite는 프런트엔드에서 흔히 사용하는 데이터베이스입니다. 이름에서도 볼 수 있듯이 SQL을 사용하는 비교적 가벼운 데이터베이스입니다.

이번 프로젝트는 드리프트Drift라는 패키지를 사용합니다. 그래서 SQL을 직접적으로 사용하진 않겠지만 SQL을 어느 정도 알고 있어야 드리프트 패키지를 이해하기 쉽습니다. 그러니 SQL의 구조와 기본 기능(SELECT, INSERT, UPDATE, DELETE, JOIN)을 알아보겠습니다.

SQL의 구조

SQL은 테이블이라는 구조로 구성되어 있습니다. 행Row과 열Column이 존재하는 테이블입니다. 테이블 안에는 데이터가 존재하며 여러 테이블을 생성해서 테이블끼리의 관계를 형성하고 복잡한 구조를 만들어낼 수 있습니다.

예를 들어 마트의 재고를 관리하는 테이블을 가정하겠습니다. 상품 이름(name), 개수(quantity), 가격(price)으로 다음과 같은 테이블 구조를 만들어볼 수 있습니다.

id	name	quantity	price
1	김치	20	50000
2	계란	150	10000
3	우유	50	3000
4	초콜렛	70	2000
5	껌	30	1000

id, product_name, quantity, price는 열 이름입니다. 1, 김치, 20, 50000는 데이터(값)입니다. SQL을 사용하면 이런 테이블을 여러 개 생성해서 데이터를 효율적으로 관리할 수 있습니다.

CREATE TABLE

CREATE TABLE 문법은 테이블을 생성할 때 사용됩니다. 테이블을 선언할 때는 CREATE TABLE 다음에 지정하고 싶은 이름을 작성하면 됩니다. 그리고 괄호에 생성하고 싶은 열을 하나씩 **이름 속성** 순서로 , 기호를 사용해 나열해주면 됩니다.

```
CREATE TABLE product (
    id INTEGER PRIMARY KEY AUTOINCREMENT, // ❶ 유니크 ID값
    name VARCHAR NOT NULL,  // ❷ 이름
    quantity INT DEFAULT 0, // ❸ 개수
    price INT NOT NULL
)
```

❶ PRIMARY KEY는 각 행을 식별할 수 있는 열을 이야기합니다. 절대적으로 유일해야 하며 특정 행을 불러올 때 사용됩니다. AUTOINCREMENT는 자동으로 1씩 값을 늘려준다는 뜻입니다. AUTOINCREMENT를 열에 설정하면 데이터베이스에서 자동으로 id값을 설정해주기 때문에 따로 지정할 필요가 없습니다. ❷ VARCHAR은 다트 언어 기준으로 String과 같습니다. NOT NULL은 Null값이 배정될 수 없다는 뜻입니다. ❸ DEFAULT 0은 기본값이 0이라는 뜻입니다. 행을 생성할 때 값을 지정해주면 지정한 값이 입력되지만 값을 입력하지 않으면 기본값인 0이 설정됩니다.

INSERT INTO

INSERT INTO 키워드를 사용하면 특정 테이블에 행을 삽입할 수 있습니다. 문법은 INSERT INTO 다음에 삽입할 테이블을 지정하고 괄호에 삽입할 값들의 열들을 지정합니다. 그다음 VALUES 키워드를 사용해서 삽입할 값들을 괄호에 순서대로 입력해주면 됩니다. 삽입할 값들의 순서는 열을 지정한 순서와 같아야 합니다.

```
INSERT INTO product (name, quantity, price)
VALUES ('김치', 20, 50000);
```

이미 설명했듯이 위 코드에서 id값은 지정할 필요가 없습니다. AUTOINCREMENT 키워드 때문에 데이터베이스에서 직접 id값을 생성합니다. 코드를 실행하면 테이블의 1번 '김치'에 해당되는 행이 입력됩니다.

SELECT

SELECT 키워드는 말 그대로 데이터를 선택할 때 사용됩니다. SELECT 키워드 뒤에 선택하고 싶은 열들을 , 기호로 나눠서 나열하고 테이블명을 정의하면 됩니다. 특정 데이터를 필터링하고 싶다면 WHERE 키워드를 사용해서 조건을 제시해도 됩니다. 해당 행의 모든 열 값들을 선택할 때는 * 기호를 사용하면 됩니다.

```
SELECT * FROM product WHERE id = 1;
```

위 코드를 실행하면 product 테이블에서 id가 1인 행을 불러오게 됩니다. * 기호를 사용해서 모든 열을 선택했기 때문에 1, '김치', 20, 50000이라는 값을 불러옵니다.

UPDATE

UPDATE 키워드는 데이터를 업데이트할 때 사용합니다. UPDATE 키워드 다음에 수정하고 싶은 테이블 이름을 입력해줍니다. 그리고 SET 키워드를 사용해서 변경하고 싶은 열과 변경할 값을 입력합니다. 마지막으로 WHERE 키워드를 이용해서 어떤 값을 업데이트할지 지정합니다.

```
UPDATE product SET quantity = 100 WHERE id = 1;
```

위 코드를 실행하면 김치의 재고가 20개에서 100개로 변경됩니다.

DELETE

DELETE 키워드는 아주 조심히 사용해야 하는 키워드입니다. 특정 행을 삭제할 때 사용되며 DELETE FROM 키워드 다음에 삭제하고 싶은 행이 있는 테이블을 입력해줍니다. 그리고 WHERE 키워드를 사용해서 삭제하고 싶은 행을 선택해줍니다. 만약에 WHERE 키워드를 전혀 사용하지 않으면 테이블의 모든 데이터가 삭제된다는 점에 주의해야 합니다.

```
DELETE FROM product WHERE id = 1;
```

위 코드를 실행하면 id = 1에 해당되는 '김치' 행이 삭제됩니다.

18.1.2 드리프트 플러그인

드리프트 플러그인drift plugin을 사용하면 직접 SQL을 작성하지 않고도 SQLite를 사용할 수 있습니다. SQLite 쿼리를 직접 작성할 수도 있지만 그럴 경우 모든 쿼리를 String으로 작업해야 해서 유지보수가 힘듭니다. 그래서 드리프트와 같은 객체-관계 모델을 사용합니다. 테이블을 클래스로 표현하고 쿼리를 다트 언어로 표현하면 드리프트가 자동으로 해당되는 테이블과 쿼리를 생성합니다. 18.1.1 'SQL, SQlite'에서 배운 쿼리를 드리프트로 표현해보겠습니다.

> **객체-관계 매핑**
> **(Object Relational Mapping, ORM)**
> 객체-관계 매핑은 데이터베이스의 구조와 객체를 매핑(연결)해주는 기술입니다. 위의 예제 테이블처럼 id, name, quantity, price라는 필드들을 테이블에 만들었다면, id, name, quantity 속성이 있는 클래스를 생성해서 테이블과 매핑할 수 있습니다. 그러면 쿼리를 실행하고 응답을 받을 때 정형화된 테이블 클래스의 인스턴스 형태로 결과를 반환받을 수 있습니다. 각 행row을 단순 리스트 형태로 필드값을 응답받는 것보다 코드 관리가 편리해서 많이 사용됩니다.

▼ TABLE 생성하기

```sql
CREATE TABLE product (
    id INTEGER PRIMARY KEY AUTOINCREMENT, // ❶ 유니크 ID값
    name VARCHAR NOT NULL, // ❷ 이름
    quantity INT DEFAULT 0, // ❸ 개수
    price INT NOT NULL
)
```

```
import 'package:drift/drift.dart';

class Product extends Table {
 IntColumn get id => integer().autoIncrement()();
 TextColumn get name => text()();
 IntColumn get quantity => integer().withDefault(const Constant(0))();
 IntColumn get price => integer().nullable()();
}
```
Drift

▼ INSERT하기

```sql
INSERT INTO product (name, quantity, price)
VALUES ('김치', 20, 50000);
```
SQL

```
Future<int> addProduct() {
 return into(product).insert(
   ProductCompanion(
     name: Value('김치'),
     quantity: Value(20),
     price: Value(50000),
   ),
 );
}
```
Drift

▼ SELECT하기

```sql
SELECT * FROM product WHERE id = 1;
```
SQL

```
Future<ProductData> getProduct(){
 return (select(product)..where((t) => t.id.equals(1))).getSingle();
}
```
Drift

▼ UPDATE하기

```sql
UPDATE product SET quantity = 100 WHERE id = 1;
```
SQL

```
Future<int> updateProduct() {
 return (update(product)
```
Drift

```
    ..where(
        (t) => t.id.equals(1),
  ))
    .write(
  ProductCompanion(
    quantity: Value(100),
  ),
 );
}
```

▼ DELETE하기

```SQL
DELETE FROM product WHERE id = 1;
```

```Drift
Future<int> deleteProduct(){
  return (delete(product)..where((t) => t.id.equals(1))).go();
}
```

18.1.3 Dismissible 위젯

Dismissible 위젯은 위젯을 밀어서 삭제하는 기능을 제공합니다. 밀어서 삭제하기를 구현하고 싶은 위젯을 Dismissible 위젯으로 감싸고 onDismissed와 key 매개변수를 입력해주면 됩니다.

```
Dismissible(
  key: ObjectKey(schedule.id),   // 유니크한 키값
  direction: DismissDirection.endToStart,  // 밀기 방향 (오른쪽에서 왼쪽으로)
  onDismissed: (DismissDirection direction) {  // 밀기를 했을 때 실행할 함수
  },
  child: Container(),  // 밀어서 삭제하기 구현할 위젯
);
```

삭제 방향을 표현하는 DismissDirection enum의 값들을 다음 표에 정리해두었습니다.

▼ DismissDirection 값

DismissDirection 값	설명
vertical	세로로의 움직임을 모두 허가합니다. 위에서 아래 또는 아래에서 위
horizontal	가로로의 움직임을 모두 허가합니다. 좌에서 우 또는 우에서 좌
endToStart	글을 읽는 반대 방향으로의 움직임만 허가합니다. 우에서 좌
startToEnd	글을 읽는 방향으로의 움직임만 허가합니다. 좌에서 우
up	아래에서 위로의 움직임만 허가합니다.
down	위에서 아래로의 움직임만 허가합니다.
none	어떠한 제스처도 허가하지 않습니다.

18.2 구현하기

프로젝트의 시작은 드리프트 설정부터 하겠습니다. SQLite 데이터베이스를 사용하려면 가장 먼저 테이블을 생성해야 합니다. 드리프트로 테이블을 생성하고 테이블에 데이터를 조회, 삽입, 업데이트, 삭제하는 기능을 만들겠습니다. 마지막으로 17장에서 구현한 UI와 18장에서 구현한 기능을 연동해서 로컬데이터베이스를 사용하는 일정 앱을 완성하겠습니다.

레이아웃은 모두 17장에서 작업했습니다. 18장에서 17장의 완성한 프로젝트를 사용해주세요.

18.2.1 모델 구현하기

데이터베이스를 설계할 때 모델을 구현하는 일이 중요합니다. 개별 테이블을 잘 만들고 잘 연동되도록 설계해야 손쉽게 SQLite을 사용할 수 있습니다. 이 책에서는 직접 SQLite을 사용하지 않고 코드를 이용해 데이터베이스를 사용할 수 있는 드리프트를 사용해 작업하겠습니다.

ToDo **01** lib/model/schedule.dart 파일을 생성해서 테이블을 생성하겠습니다. 드리프트를 사용하면 클래스를 선언해서 테이블을 생성할 수 있습니다(18.1 '사전 지식'에서 다룬 CREATE TABLE 명령어 기능).

테이블은 드리프트 패키지의 Table 클래스를 상속하면 선언할 수 있습니다. 그다음 자식 클래스에 열로 정의하고 싶은 값들을 게터로 선언해주면 됩니다. 열 선언은 세 가지 요소로 나뉘어집니다. 열의 타입, 열의 이름, 열의 속성입니다. 열의 타입으로는 IntColumn, TextColumn, DateTimeColumn 등이 있습니다. 이름 그대로 어떤 타입의 열인지를 정의할 수 있으며 SQLite에 존재하는 열 타입들을 모두 사용할 수 있습니다. 열 이름은 일반적으로 클래스에서 게터를 선언하듯이 작성하면 됩니다. 열 속성은 무조건 열의 타입으로부터 시작됩니다. 그다음 추가하고 싶은 속성이 있다면 함수를 이어서 실행해주면 됩니다. 다음 코드의 ❶을 예로 들면 integer 타입의 id 열에 AUTOINCREMENT 속성을 추가합니다. 모든 속성을 추가했으면 괄호를 여닫으며 함수를 한 번 더 실행해줍니다. 그래야 이어서 선언한 모든 속성들이 SQL 문법으로 전환됩니다.

```
                                                      lib/model/schedule.dart
import 'package:drift/drift.dart';

class Schedules extends Table {
  IntColumn get id => integer().autoIncrement()(); // ❶ PRIMARY KEY, 정수 열
  TextColumn get content => text()();              // ❷ 내용, 글자 열
  DateTimeColumn get date => dateTime()();         // ❸ 일정 날짜, 날짜 열
  IntColumn get startTime => integer()();          // 시작 시간
  IntColumn get endTime => integer()();            // 종료 시간
}
```

❶ AUTOINCREMENT 속성이 있는 integer 타입의 id 열을 선언합니다. ❷ text 타입의 content 열을 선언합니다. ❸ dateTime 타입의 date 열을 선언합니다.

18.2.2 테이블 관련 코드 생성하기

드리프트에 생성한 Schedules 테이블을 등록해주면 드리프트가 자동으로 테이블과 관련된 기능을 코드로 생성합니다. 이렇게 작성한 코드를 기반으로 자동으로 코드가 생성되는 걸 코드 생성^{code generation}이라고 합니다.

ToDo 01 어떤 플러터 패키지에서든 코드 생성을 사용하려면 part 파일을 지정해줘야 합니다. part 파일은 part 키워드를 사용해서 지정하면 됩니다. 코드 생성을 사용하는 각각 패키지별로 part 파일의 이름 패턴은 약간 다르지만, 대부분은 현재 파일 이름에 .g.dart를 추가하는 형식입니다. 드리프트 또한 현재 파일명에 .g.dart를 추가하면 됩니다. 해당 파일이 아직 존재하지 않을 때 코드 생성을 실행하면 자동으로 생성됩니다.

```
                                                    lib/database/drift_database.dart
import 'package:calendar_scheduler/model/schedule.dart';
import 'package:drift/drift.dart';

// private값까지 불러올 수 있음
part 'drift_database.g.dart';   // part 파일 지정

@DriftDatabase(   // 사용할 테이블 등록
  tables: [
    Schedules,
  ],
)
class LocalDatabase extends _$LocalDatabase {}
// ❶ Code Generation으로 생성할 클래스 상속
```

❶ 드리프트 관련 쿼리를 작성할 클래스를 하나 작성하고 이 클래스의 이름 앞에 '_$'를 추가한 부모 클래스를 상속합니다. 이 클래스는 현재 존재하지 않지만 코드 생성을 실행하면 생성됩니다.

> **NOTE** part 파일은 import와 비슷한 기능을 갖고 있습니다. part 파일로 파일을 지정하면 해당 파일의 값들을 현재 파일에서 사용할 수 있게 됩니다. 하지만 public값들만 사용할 수 있는 import 기능과 달리 part 파일은 private값들도 사용할 수 있습니다.

02 이제 코드 생성을 통해 쿼리를 작성하는 데 필요한 기능을 생성해야 합니다. 안드로이드 스튜디오 하단에서 ❶ [terminal] 탭을 눌러서 현재 프로젝트 위치에서 terminal 또는 CMD를 실행 후 ❷ 'flutter pub run build_runner build' 명령어를 실행해서 코드 생성을 진행하겠습니다.

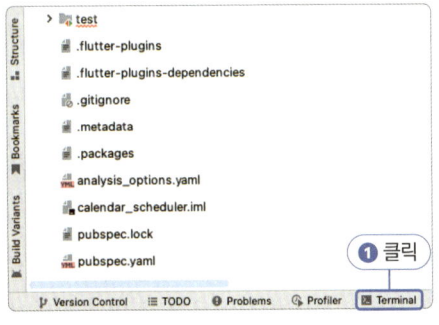

18장 Project #2 데이터베이스 적용하기 **527**

명령어 실행 후 프로젝트를 보면 [database] 폴더에 생성하지 않은 파일이 새로 생긴 걸 볼 수 있습니다. drift_database.g.dart 파일을 열어보면 굉장히 많은 코드가 자동으로 작성되어 있습니다. 이 파일 안에는 상속한 _$LocalDatabase 클래스도 있습니다.

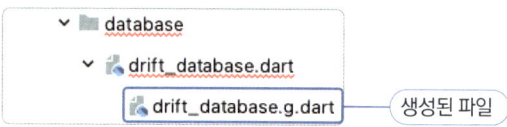

18.2.3 쿼리 구현하기

ToDo 01 코드 생성을 실행하면 테이블과 관련된 쿼리를 작성하는 데 필요한 기능이 모두 생성됩니다. 자동으로 생성된 코드를 사용해서 일정들을 불러오는 SELECT 기능을 먼저 작업하겠습니다. 드리프트에서 SELECT 기능을 두 가지로 표현할 수 있습니다. 일회성으로 데이터를 가져오는 get() 함수와 변화가 있을 때마다 자동으로 데이터를 불러오는 watch() 함수입니다. 일반적으로 get() 함수는 버튼을 눌렀을 때처럼 특정 상황의 데이터를 가져올 때 사용되고 watch() 함수는 위젯처럼 데이터가 업데이트될 때마다 새로운 값을 반영해줘야 할 때 사용됩니다. 달력에서 특정 날짜를 선택했을 때 해당되는 일정을 불러오는 기능을 만들어야 하니 watch() 함수로 SELECT 기능을 구현하겠습니다.

```
... 생략 ...                                          lib/database/drift_database.dart
class LocalDatabase extends _$LocalDatabase {
  Stream<List<Schedule>> watchSchedules(DateTime date) =>
  // ① 데이터를 조회하고 변화 감지
      (select(schedules)..where((tbl) => tbl.date.equals(date))).watch();
}
```

① 괄호가 많아서 헷갈릴 수 있지만 하나씩 분석하면 크게 어려운 코드가 아닙니다. 코드 생성을 통해 생성된 클래스에는 SQL SELECT문에 해당되는 select() 함수가 주어집니다. 이 함수가 반환하는 값을 watch() 또는 get() 함수를 실행할 수 있습니다. 하지만 모든 일정을 다 불러오는 게 아니고 특정 날짜에 해당되는 일정만 불러오기 때문에 where 함수를 통해서 관련 일정을 먼저 필터링해야 합니다. 결론적으로 where() 함수가 아닌 select() 함수에 watch() 함수가 직접 실행되어야 하기 때문에 괄호가 한 번 더 감싸진 형태입니다.

추가적으로 where() 함수에 제공되는 첫 번째 매개변수에는 현재 선택한 테이블에 해당되는 값이 제공됩니다. 드리프트로 필터링을 진행할 때는 다트 언어에서 일반적으로 사용하는 == 또는 < 같은 비교 기호를 사용하지 않고 테이블 객체에서 제공하는 함수로 비교를 진행해야 합니다. 테이블의 date 컬럼과 매개변수에 입력된 date 변수가 같은지 비교하기 위해 equals() 함수를 사용했습니다.

02 이번에는 INSERT에 해당하는 새로운 일정을 생성하는 기능을 구현하겠습니다. select() 함수가 코드 생성을 통해서 제공된 것처럼 insert() 함수도 제공됩니다. 다만 select() 함수와 비교해서 특이한 점은 into() 함수를 먼저 사용해서 어떤 테이블에 데이터를 넣을지 지정해준 다음 insert() 함수를 이어서 사용해야 한다는 점입니다. 추가적으로 코드 생성을 실행하면 모든 테이블의 Companion 클래스가 생성됩니다. 데이터를 생성할 때는 꼭 생성된 Companion 클래스를 통해서 값들을 넣어줘야 하기 때문에 Schedules 테이블에 해당되는 SchedulesCompanion 클래스를 입력받아서 insert() 함수에 전달해주겠습니다.

lib/database/drift_database.dart
```
// watchSchedules() 함수 아래에 작성
Future<int> createSchedule(SchedulesCompanion data) =>
  into(schedules).insert(data);
```

03 마지막으로 일정을 삭제하는 기능을 구현하겠습니다. select(), insert() 함수와 마찬가지로 코드 생성에서 제공하는 delete() 함수를 사용해서 구현하겠습니다. select() 함수에서 watch() 함수와 get() 함수를 실행하듯이 delete() 함수에는 go() 함수를 실행해줘야 삭제가 완료됩니다. 추가적으로 유의할 점은 특정 ID에 해당되는 값만 삭제해야 하니 매개변수에 id값을 입력받고 해당 id에 해당되는 일정만 삭제해야 합니다.

lib/database/drift_database.dart
```
// createSchedule() 함수 아래에 작성
Future<int> removeSchedule(int id) =>
  (delete(schedules)..where((tbl) => tbl.id.equals(id))).go();
```

04 드리프트 데이터베이스 클래스는 필수로 schemaVersion값을 지정해줘야 합니다. 기본적으로 1부터 시작하고 테이블의 변화가 있을 때마다 1씩 올려줘서 테이블 구조가 변경된다는 걸 드리프트에 인지시켜주는 기능입니다.

lib/database/drift_database.dart
```
// removeSchedule() 함수 아래에 작성
@override
int get schemaVersion => 1;
```

05 마지막으로 데이터베이스 파일을 생성하고 연동하겠습니다. 드리프트 데이터베이스 객체는 부모 생성자에 LazyDatabase를 필수로 넣어줘야 합니다. LazyDatabase 객체에는 데이터베이스를 생성할 위치에 대한 정보를 입력해주면 됩니다.

```dart
// lib/database/drift_database.dart
import 'package:calendar_scheduler/model/schedule.dart';
import 'package:drift/drift.dart';

import 'package:drift/native.dart';
import 'package:path_provider/path_provider.dart';
import 'package:path/path.dart' as p;
import 'dart:io';
... 생략 ...
class LocalDatabase extends _$LocalDatabase {
  LocalDatabase() : super(_openConnection());
  ... 생략 ...
}

// LocalDatabase 클래스 아래에 작성
LazyDatabase _openConnection() {
  return LazyDatabase(() async {

    // ❶ 데이터베이스 파일 저장할 폴더
    final dbFolder = await getApplicationDocumentsDirectory();
    final file = File(p.join(dbFolder.path, 'db.sqlite'));
    return NativeDatabase(file);
  });
}
```

❶ 안드로이드와 iOS 플랫폼 모두 각 앱별로 사용할 수 있는 전용 폴더를 제공받습니다. SQLite는 파일 기반으로 데이터를 저장하기 때문에 필수적으로 데이터베이스의 파일 위치를 제공해줘야 합니다. path_provider 패키지에서 제공하는 getApplicationDocumentsDirectory( ) 함수를 사용하면 현재 앱에 배정된 폴더의 경로를 받을 수 있습니다. 해당 폴더에 db.sqlite라는 파일을 데이터베이스 파일로 사용하겠습니다.

18.2.4 드리프트 초기화하기

ToDo 01 드리프트 설정을 마쳤으니 구현한 기능들을 프로젝트에서 사용하도록 초기화하겠습니다.

```dart
... 생략 ...                                                    lib/main.dart
import 'package:calendar_scheduler/database/drift_database.dart';
import 'package:get_it/get_it.dart';

void main() async {
  WidgetsFlutterBinding.ensureInitialized();

  await initializeDateFormatting();

  final database = LocalDatabase();   // ❶ 데이터베이스 생성

  GetIt.I.registerSingleton<LocalDatabase>(database);
  // ❷ GetIt에 데이터베이스 변수 주입하기

  runApp(
    MaterialApp(
      home: HomeScreen(),
    ),
  );
}
```

❶ 미리 정의해둔 LocalDatabase 클래스를 인스턴스화합니다. ❷ get_it 패키지는 Dependency Injection, 즉 의존성 주입을 구현하는 플러그인입니다. ❶에서 선언한 database 클래스를 프로젝트 전역에서 사용할 수 있어야 하는데 서브 위젯으로 값을 계속 넘겨주기에는 반복적인 코드를 너무 많이 사용해야 합니다. GetIt으로 값을 한 번 등록해두면 어디서든 처음에 주입한 값 즉, 같은 database 변수를 GetIt.I를 통해서 프로젝트 어디서든 사용할 수 있습니다.

18.2.5 일정 데이터 생성하기

ToDo 01 드디어 일정을 데이터베이스에 생성할 차례입니다. 현재 ScheduleBottomSheet 위젯에 텍스트 필드를 생성만 해두고 입력된 값을 가져오는 기능을 아직 만들지 않았습니다. 텍스트 필드를 TextFormField 위젯을 기반으로 구현했기 때문에 상위에 Form 위젯을 사용해주면 손쉽게

데이터를 가져올 수 있습니다.

lib/component/custom_text_field.dart

```dart
import 'package:calendar_scheduler/const/colors.dart';
import 'package:flutter/material.dart';
import 'package:flutter/services.dart';

class CustomTextField extends StatelessWidget {
  final String label;
  final bool isTime;
  final FormFieldSetter<String> onSaved;
  final FormFieldValidator<String> validator;

  const CustomTextField({
    required this.label,
    required this.isTime,
    required this.onSaved,
    required this.validator,
    Key? key,
  }) : super(key: key);

  @override
  Widget build(BuildContext context) {
    return Column(
      crossAxisAlignment: CrossAxisAlignment.start,
      children: [
        ... 생략 ...
        Expanded(
          flex: isTime ? 0 : 1,
          child: TextFormField(
            onSaved: onSaved,    // ❶ 폼 저장했을 때 실행할 함수
            validator: validator,    // ❷ 폼 검증했을 때 실행할 함수
            cursorColor: Colors.grey,
            ... 생략 ...
          ),
        ),
      ],
    );
  }
}
```

Form 위젯과의 호환을 위해서 CustomTextField 위젯에 ❶ onSaved와 ❷ validator 매개변수를 주입해줍니다. validator 매개변수는 Form 위젯의 validate() 함수를 실행하면 실행되는 함수이고 onSaved 매개변수는 Form 위젯의 save() 함수를 실행하면 실행되는 함수입니다.

02 이제 ScheduleBottomSheet에서 Form 위젯을 사용하겠습니다.

lib/component/schedule_bottom_sheet.dart

```dart
class _ScheduleBottomSheetState extends State<ScheduleBottomSheet> {
  final GlobalKey<FormState> formKey = GlobalKey();  // 폼 key 생성

  int? startTime;     // 시작 시간 저장 변수
  int? endTime;       // 종료 시간 저장 변수
  String? content;    // 일정 내용 저장 변수

  @override
  Widget build(BuildContext context) {
    final bottomInset = MediaQuery.of(context).viewInsets.bottom;

    return Form(     // ❶ 텍스트 필드를 한 번에 관리할 수 있는 폼
      key: formKey,  // ❷ Form을 조작할 키값
      child: SafeArea(
        child: Container(
          height: MediaQuery.of(context).size.height / 2 + bottomInset,
          color: Colors.white,
          child: Padding(
            padding:
                EdgeInsets.only(left: 8, right: 8, top: 8, bottom: bottomInset),
            child: Column(
              children: [
                Row(
                  children: [
                    Expanded(
                      child: CustomTextField(
                        label: '시작 시간',
                        isTime: true,
                        onSaved: (String? val) {
                          // 저장이 실행되면 startTime 변수에 텍스트 필드값 저장
                          startTime = int.parse(val!);
                        },
                        validator: timeValidator,
```

```dart
            ),
          ),
          const SizedBox(width: 16.0),
          Expanded(
            child: CustomTextField(
              label: '종료 시간',
              isTime: true,
              onSaved: (String? val) {
                // 저장이 실행되면 endTime 변수에 텍스트 필드값 저장
                endTime = int.parse(val!);
              },
              validator: timeValidator,
            ),
          ),
        ],
      ),
      SizedBox(height: 8.0),
      Expanded(
        child: CustomTextField(
          label: '내용',
          isTime: false,
          onSaved: (String? val) {
            // 저장이 실행되면 content 변수에 텍스트 필드값 저장
            content = val;
          },
          validator: contentValidator,
        ),
      ),
      ... 생략 ...
    ],
   ),
  ),
 ),
 ),
);
}

void onSavePressed(){ }
```

```
  String? timeValidator(String? val) {}     // 시간값 검증

  String? contentValidator(String? val) {}  // 내용값 검증
}
```

❶ Form 위젯은 key 매개변수에 GlobalKey값을 넣어주면 됩니다. 그리고 Form을 조작할 때 같은 ❷ key를 사용해서 Form 내부의 TextFormField를 일괄 조작합니다. 그리고 모든 CustomTextField에 새로 추가한 onSaved와 validator 매개변수를 모두 입력하겠습니다.

03 formKey는 save() 함수와 validate() 함수를 실행할 수 있습니다. validate() 함수를 실행하면 Form 서브에 있는 모든 TextFormField의 validator 매개변수에 제공된 함수가 실행됩니다. 이 함수의 첫 번째 매개변수에는 입력된 값이 제공되며 에러가 있을 경우 해당 에러 메시지를 String값으로 반환하고 에러가 없으면 null을 반환합니다.

lib/component/schedule_bottom_sheet.dart
```
... 생략 ...
// 미리 정의해둔 함수
String? timeValidator(String? val) {  // ❶ 시간 검증 함수
  if (val == null) {
    return '값을 입력해주세요';
  }

  int? number;

  try {
    number = int.parse(val);
  } catch (e) {
    return '숫자를 입력해주세요';
  }

  if (number < 0 || number > 24) {
    return '0시부터 24시 사이를 입력해주세요';
  }

  return null;
}

// 미리 정의해둔 함수
String? contentValidator(String? val) {  // ❷ 내용 검증 함수
```

```
  if(val == null || val.length == 0){
    return '값을 입력해주세요';
  }

  return null;
}
```

❶ 시간이 잘 입력됐는지 검증하는 함수입니다. 값이 입력 안 되었거나 숫자가 입력되지 않았거나 숫자가 0과 24 사이의 값이 아니라면 해당 에러 메시지를 반환합니다. ❷ 일정 내용을 검증하는 함수입니다. null값이 입력되거나 글자 길이가 0이면 에러 메시지를 반환합니다.

04 이제 Form의 validate() 함수와 save() 함수를 한 번 실행하겠습니다.

lib/component/schedule_bottom_sheet.dart
```
... 생략 ...
// 미리 정의해둔 함수
void onSavePressed() {
  if(formKey.currentState!.validate()){   // ❶ 폼 검증하기
    formKey.currentState!.save();         // ❷ 폼 저장하기

    print(startTime);  // 시작 시간 출력
    print(endTime);    // 종료 시간 출력
    print(content);    // 내용 출력
  }
}
... 생략 ...
```

❶ validate() 함수는 Form의 서브에 있는 모든 TextFormField의 validate 매개변수에 입력된 함수들을 실행합니다. 모든 함수들이 null을 반환하면 validate() 함수가 true를 반환하고 만약에 어느 한 함수라도 String값을 반환해서 에러를 발생시키면 validate() 함수는 false를 반환합니다.

❷ save() 함수는 마찬가지로 모든 서브 TextFormField들에 onSaved 매개변수에 입력된 함수를 실행합니다. 이 함수들은 작성한 것처럼 텍스트 필드의 값을 변수에 저장하는 역할을 합니다. 그러니 validate() 함수를 실행해서 true를 반환받으면 텍스트 필드 검증에 문제가 없다는 뜻이니 save() 함수를 실행해서 텍스트 필드의 값들을 변수에 저장하면 됩니다.

05 위 코드를 추가한 후 빌드해 앱을 실행합니다. 원하는 날짜를 하나 정하고 일정 추가 버튼을

눌러줍니다. 입력폼(ScheduleBottomSheet)에서 ❶ '시작 시간'에 12, '종료 시간'에 14, '내용'에 프로그래밍 공부하기를 입력한 후 ❷ [저장] 버튼을 누르면 **12, 14, 프로그래밍 공부하기**가 순서대로 출력됩니다. 텍스트 필드에 입력된 값들이 변수에 잘 저장되고 있다는 의미입니다.

▼ 일정 입력하기

▼ 출력된 결과 예시

```
I/flutter (25262): 12
I/flutter (25262): 14
I/flutter (25262): 프로그래밍 공부하기
```

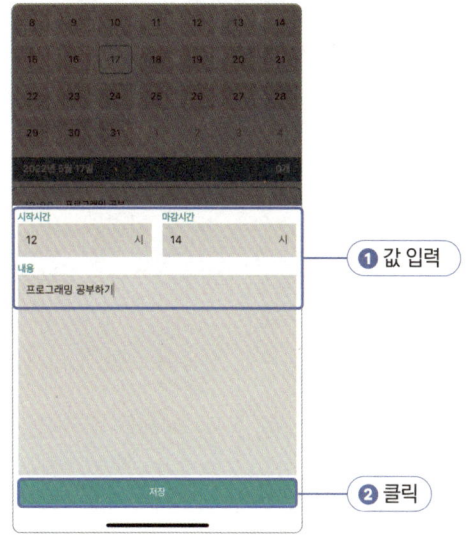

06 LocalDatabase 클래스에 정의해놓은 createSchedule() 함수를 실행하려면 현재 선택된 날짜의 값을 ScheduleBottomSheet 위젯에서 갖고 있어야 합니다. ScheduleBottomSheet 위젯에 매개변수를 새로 생성해서 HomeScreen으로부터 selectedDate 변수를 입력받겠습니다.

```
                                              lib/component/schedule_bottom_sheet.dart
... 생략 ...
class ScheduleBottomSheet extends StatefulWidget {
  final DateTime selectedDate;      // 선택된 날짜 상위 위젯에서 입력받기

  const ScheduleBottomSheet({
    required this.selectedDate,
    Key? key,
  }) : super(key: key);

  @override
  State<ScheduleBottomSheet> createState() => _ScheduleBottomSheetState();
}
... 생략 ...
```

```
... 생략 ...                                                lib/screen/home_screen.dart
class _HomeScreenState extends State<HomeScreen> {
  DateTime selectedDate = DateTime.utc(
    DateTime.now().year,
    DateTime.now().month,
    DateTime.now().day,
  );

  @override
  Widget build(BuildContext context) {
    return Scaffold(
      floatingActionButton: FloatingActionButton(
        backgroundColor: PRIMARY_COLOR,
        onPressed: () {
          showModalBottomSheet(
            context: context,
            isDismissible: true,
            builder: (_) => ScheduleBottomSheet(
              selectedDate: selectedDate, // 선택된 날짜 (selectedDate) 넘겨주기
            ),
            isScrollControlled: true,
          );
        },
        child: Icon(
          Icons.add,
        ),
      ),
      body: ... 생략 ...
    ),
  );
}
... 생략 ...
}
```

07 [저장] 버튼을 눌렀을 때 SQLite 데이터베이스에 일정을 저장해야 합니다. 이 기능은 미리 작성해놓은 LocalDatabase 클래스에서 수행할 수 있으니 GetIt을 통해 미리 생성해둔 LocalDatabase 인스턴스를 가져온 후 createSchedule() 함수를 실행하겠습니다.

```dart
// lib/component/schedule_bottom_sheet.dart
// material.dart 패키지의 Column 클래스와 중복되니 드리프트에서는 숨기기
import 'package:drift/drift.dart' hide Column;
import 'package:get_it/get_it.dart';
import 'package:calendar_scheduler/database/drift_database.dart';

... 생략 ...
// _ScheduleBottomSheetState의 onSavePressed() 함수
void onSavePressed() async {
  if (formKey.currentState!.validate()) {
    formKey.currentState!.save();

    // 기존에 있던 print()문을 모두 삭제하세요!
    await GetIt.I<LocalDatabase>().createSchedule(   // ❶ 일정 생성하기
      SchedulesCompanion(
        startTime: Value(startTime!),
        endTime: Value(endTime!),
        content: Value(content!),
        date: Value(widget.selectedDate),
      ),
    );

    Navigator.of(context).pop();   // ❷ 일정 생성 후 화면 뒤로 가기
  }
}
```

❶ createSchedule() 함수를 실행하면 설계한 대로 일정 데이터를 SQLite 데이터베이스에 입력할 수 있습니다. 다만 매개변수에 꼭 SchedulesCompanion을 입력해줘야 하는데 SchedulesCompanion에는 실제 Schedules 테이블에 입력될 값들을 드리프트 패키지에서 제공하는 Value라는 클래스로 감싸서 입력해주면 됩니다.

❷ 저장이 완료되면 뒤로 가기 기능을 실행해서 ScheduleBottomSheet를 닫아줍니다.

08 코드를 저장한 후 다시 일정을 생성하면 [저장] 버튼 클릭 후 ScheduleBottomSheet 위젯이 닫힙니다.

18.2.6 일정 데이터 읽기

ToDo **01** 일정을 저장하는 기능을 완성했지만 값이 제대로 저장되는지 아직 확인할 길이 없습니다. 미리 생성해둔 LocalDatabase 클래스의 watchSchedules() 함수를 사용해서 달력에서 선택한 날짜에 해당되는 일정들을 불러와 화면에 반영하겠습니다.

lib/screen/home_screen.dart
```
import 'package:get_it/get_it.dart';
import 'package:calendar_scheduler/database/drift_database.dart';
... 생략 ...
class _HomeScreenState extends State<HomeScreen> {
 ... 생략 ...
 @override
 Widget build(BuildContext context) {
   return Scaffold(
     ... 생략 ...
     body: SafeArea(
       child: Column(
         children: [
           MainCalendar(
             selectedDate: selectedDate,
             onDaySelected: onDaySelected,
           ),
           SizedBox(height: 8.0),
           TodayBanner(
             selectedDate: selectedDate,
             count: 0,
           ),
           SizedBox(height: 8.0),
           Expanded(  // ❶ 남는 공간을 모두 차지하기
             // ❷ 일정 정보가 Stream으로 제공되기 때문에 StreamBuilder 사용
             child: StreamBuilder<List<Schedule>>(
               stream: GetIt.I<LocalDatabase>().watchSchedules(selectedDate),
               builder: (context, snapshot) {
                 if(!snapshot.hasData){  // ❸ 데이터가 없을 때
                   return Container();
                 }
                 // ❹ 화면에 보이는 값들만 렌더링하는 리스트
                 return ListView.builder(
                   // ❺ 리스트에 입력할 값들의 총 개수
                   itemCount: snapshot.data!.length,
```

```
            itemBuilder: (context, index) {
              // ❻ 현재 index에 해당되는 일정
              final schedule = snapshot.data![index];
              return Padding(  // ❼ 좌우로 패딩을 추가해서 UI 개선
                padding: const EdgeInsets.only(bottom: 8.0, left: 8.0,
                    right: 8.0),
                child: ScheduleCard(
                  startTime: schedule.startTime,
                  endTime: schedule.endTime,
                  content: schedule.content,
                ),
              );
            },
          );
        }
      ),
    ),
  ],
 ),
 ),
);
}
... 생략 ...
}
... 생략 ...
```

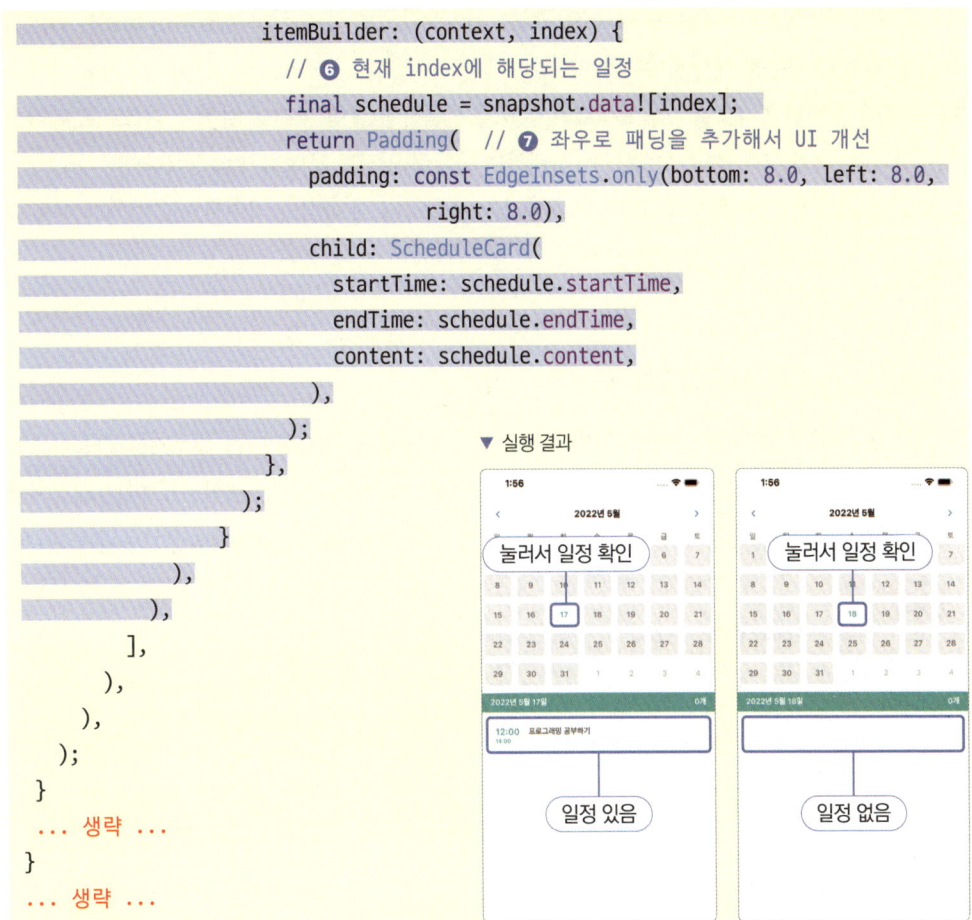

▼ 실행 결과

❶ 달력과 현재 날짜 외의 모든 공간을 일정 리스트가 차지하도록 Expanded 위젯을 사용해줍니다. ❷ watchSchedules() 함수는 Stream을 반환해줍니다. 그렇기 때문에 StreamBuilder를 사용해서 일정 관련 데이터가 변경될 때마다 위젯들을 새로 렌더링해줍니다. watchSchedules() 함수에 매개변수로 selectedDate를 입력해서 선택한 날짜의 일정만 따로 필터링해서 불러오겠습니다. ❸ 일정이 존재하지 않으면 아무것도 들어 있지 않은 Container 위젯을 렌더링합니다.

❹ ListView.builder를 사용하면 여러 개의 위젯을 스크롤 가능한 위젯에 구현할 수 있습니다. 주요 매개변수로는 구현할 리스트의 객체 개수를 입력할 수 있는 itemCount와 각 객체를 구현할 수 있는 itemBuilder가 있습니다. itemBuilder 매개변수로 입력되는 함수에는 context와 index 변수가 순서대로 제공되어 순서별로 원하는 위젯을 그려낼 수 있습니다. ❺ 그려내고 싶은

위젯 개수를 입력합니다. ❻ 함수에서 제공하는 index값으로 각 순서에 해당되는 위젯을 그려낼 수 있습니다. ❼ 좌우로 패딩을 추가합니다.

02 코드를 저장한 후 ❶ 일정을 생성했던 날짜를 선택하면 달력 아래에 일정이 리스트로 렌더링되는 걸 볼 수 있습니다. ❷ 다른 날짜를 선택하면 아무런 일정도 보여지지 않습니다.

이처럼 Stream을 사용하면 데이터를 일회성으로 조회하는 게 아니라 지속적으로 변화가 있을 때 새로운 값들을 받아올 수 있습니다.

18.2.7 일정 데이터 삭제하기

ToDo 01 핸드폰 앱은 다양한 제스처를 지원합니다. 삭제는 보통 왼쪽으로 미는 제스처를 사용하므로 우리도 각 일정을 왼쪽으로 밀어서 삭제하도록 코드를 개선하겠습니다. 왼쪽으로 미는 제스처를 따로 구현할 필요는 없습니다. Dismissible 위젯을 사용하면 해당 기능이 자동으로 지원됩니다.

lib/screen/home_screen.dart
```dart
... 생략 ...
class _HomeScreenState extends State<HomeScreen> {
  ... 생략 ...
  @override
  Widget build(BuildContext context) {
    return Scaffold(
      ... 생략 ...,
      body: SafeArea(
        child: Column(
          children: [
            ... 생략 ...
            Expanded(
              child: StreamBuilder<List<Schedule>>(
                stream: GetIt.I<LocalDatabase>().watchSchedules(selectedDate),
                builder: (context, snapshot) {
                  if(!snapshot.hasData){
                    return Container();
                  }

                  return ListView.builder(
                    itemCount: snapshot.data!.length,
                    itemBuilder: (context, index) {
                      final schedule = snapshot.data![index];
```

```
                    return Dismissible(
                        key: ObjectKey(schedule.id),   // ❶ 유니크한 키값
                        // ❷ 밀기 방향(왼쪽에서 오른쪽으로)
                        direction: DismissDirection.startToEnd,
                        // ❸ 밀기 했을 때 실행할 함수
                        onDismissed: (DismissDirection direction) {
                          GetIt.I<LocalDatabase>()
                              .removeSchedule(schedule.id);
                        },
                        child: Padding(
                          padding: const EdgeInsets.only(bottom: 8.0,
                            left: 8.0, right: 8.0),
                          child: ScheduleCard(
                            startTime: schedule.startTime,
                            endTime: schedule.endTime,
                            content: schedule.content,
                          ),
                        ),
                      );
                    },
                  );
                }
              ),
            ),
          ],
        ),
      ),
    );
  }
  ... 생략 ...
}
```

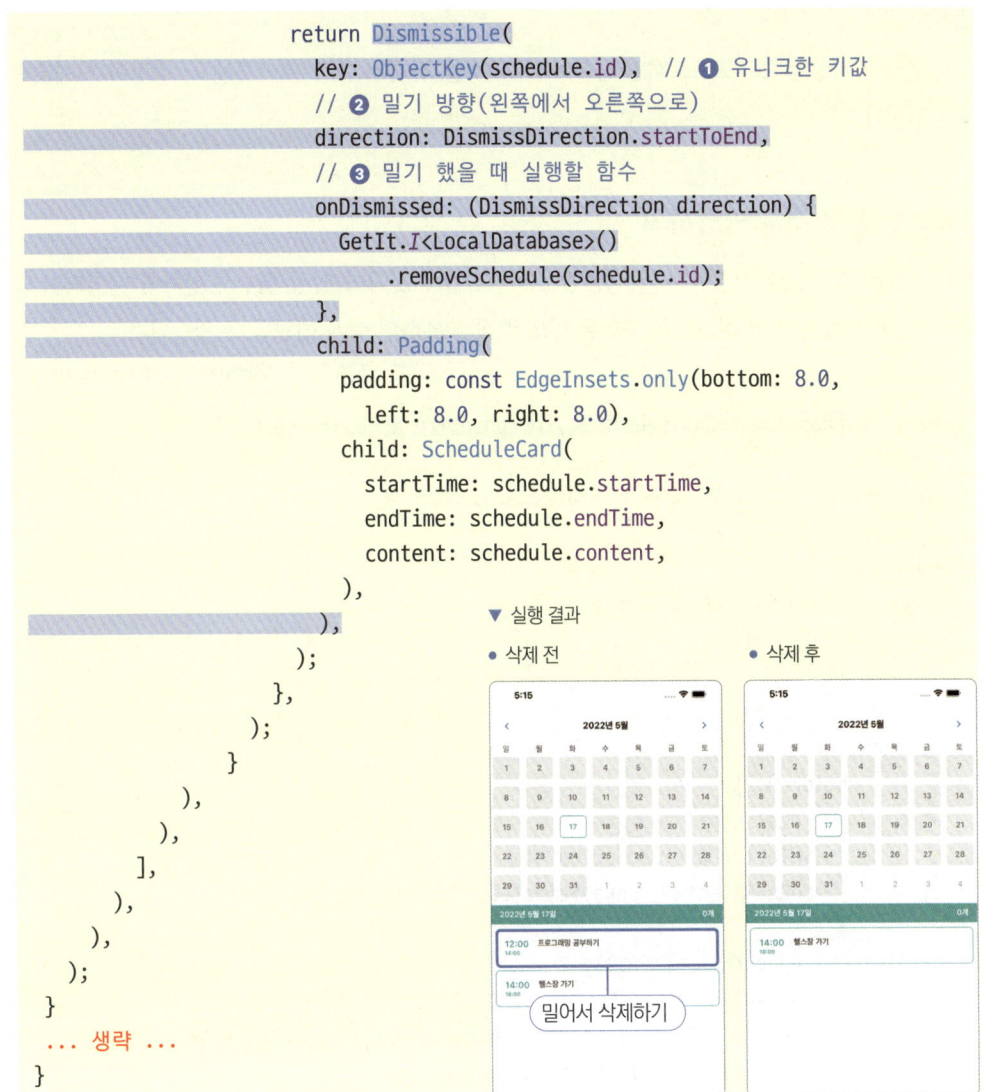

❶ key 매개변수에는 각 일정별로 절대 겹치지 않는 값을 ObjectKey에 감싸서 입력해줘야 합니다. 이 값은 삭제 제스처가 어디에 적용됐는지 구분할 수 있는 요소로 사용됩니다. ❷ direction 매개변수는 밀기 제스처를 어떻게 제한할지 지정할 수 있습니다. DismissDirection. endToStart를 적용해주면 끝부터 시작, 즉 글을 읽는 방향의 반대인 왼쪽부터 오른쪽으로 미는 제스처만 인식합니다. ❸ onDismissed 매개변수에 입력되는 함수는 제스처가 인식됐을 때 실행할 함수를 입력할 수 있습니다. 첫 번째 매개변수로 어떤 방향으로 제스처가 입력됐는지 알 수 있

습니다.

02 코드를 저장한 후 "프로그래밍 공부하기" 일정을 좌에서 우로 밀어보세요. 일정이 삭제되면 성공입니다.

18.2.8 일정 개수 반영하기

ToDo 01 일정을 리스트로 반영하는 건 성공했지만 안타깝게도 아직 일정 개수가 정확히 반영되지 않습니다. 이 문제는 일정 리스트를 불러온 방법을 잘 응용하면 쉽게 해결할 수 있습니다.

lib/screen/home_screen.dart

```dart
import 'package:calendar_scheduler/component/today_banner.dart';
... 생략 ...
class _HomeScreenState extends State<HomeScreen> {
  ... 생략 ...
  @override
  Widget build(BuildContext context) {
    return Scaffold(
      ... 생략 ...
      body: SafeArea(
        child: Column(
          children: [
            MainCalendar(
              selectedDate: selectedDate, // 선택된 날짜 전달하기
              onDaySelected: onDaySelected, // 날짜가 선택됐을 때
            ),
            SizedBox(height: 8.0),
            StreamBuilder<List<Schedule>>(  // ❶ 일정 Stream으로 받아오기
              stream: GetIt.I<LocalDatabase>().watchSchedules(selectedDate),
              builder: (context, snapshot) {
                return TodayBanner(
                  selectedDate: selectedDate,
                  count: snapshot.data?.length ?? 0,  // ❷ 일정 개수 입력해주기
                );
              }
            ),
            SizedBox(height: 8.0),
            Expanded(... 생략 ...)
            ... 생략 ...
```

❶ ListView에 적용했듯이 StreamBuilder로 TodayBanner를 한 번 감싸준 다음에 일정 개수를 TodayBanner의 ❷ count 매개변수에 넣어주면 됩니다. 혹시 값이 없을 때를 대비해서 null 값이 입력되면 0이 입력되도록 설정하겠습니다.

02 코드를 저장하고 다시 실행하면 선택한 날짜에 해당되는 일정 개수가 정확히 화면에 렌더링되는 걸 확인할 수 있습니다.

18.3 테스트하기

❶ 안드로이드 스튜디오에서 [Run] 버튼을 눌러서 iOS 시뮬레이터 또는 안드로이드 에뮬레이터에서 앱을 실행해보세요.
❷ 일정을 생성할 날짜를 선택하세요.
❸ 새로운 일정 생성 버튼을 누르세요.
❹ 새로운 일정을 생성해보세요.
❺ 새로운 일정이 생성된 걸 확인하세요.

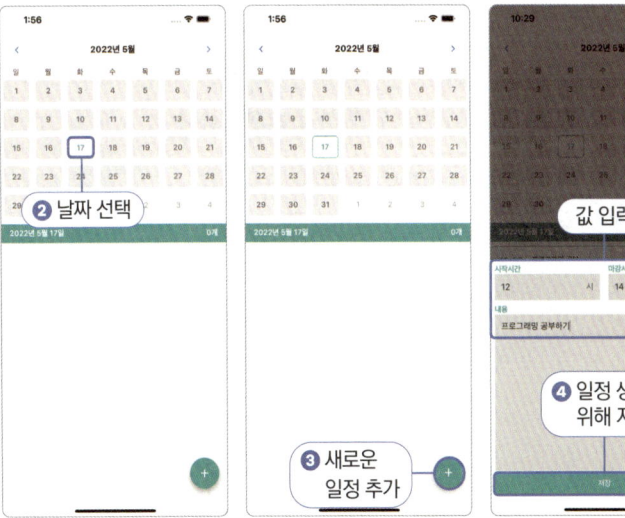
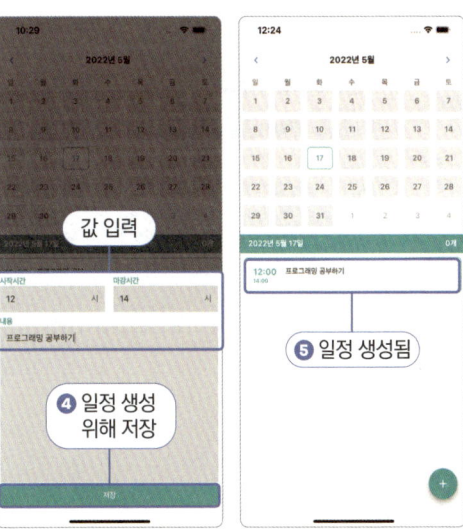

학습 마무리

SQLite 로컬 데이터베이스를 사용하는 방법을 알아보았습니다. 드리프트를 이용하면 SQL을 몰라도 SQLite를 사용할 수 있습니다. 이것으로 앱의 생명주기과 관계 없이 데이터를 유지할 수 있게 되었으니 여러분만의 프로젝트에 활용해보기 바랍니다.

핵심 요약

1. **SQLite**는 파일 기반의 로컬 SQL 데이터베이스입니다.
2. **SELECT, INSERT, UPDATE, DELETE**은 자주 쓰이는 기본 SQL 명령이니 알아두세요.

명령	설명
SELECT	데이터 조회
INSERT	데이터 생성
UPDATE	데이터 수정
DELETE	데이터 삭제

3. **드리프트**는 **SQLite**를 다트 언어 클래스 기반으로 사용하는 플러그인입니다. 드리프트를 사용하면 다트 언어로 테이블 스키마 및 쿼리를 작성하고 코드 생성을 이용해서 SQLite와 연동하는 코드를 자동 생성할 수 있습니다. 드리프트의 watch( ) 함수는 Stream을 반환해주고 선택된 데이터들의 변경 사항이 있을 때마다 변경된 값들을 반환해줍니다.

Chapter 19

Project #3
서버와 연동하기
상태 관리, 캐시와 긍정적 응답

#MUSTHAVE

학습 목표

일정 관리 앱을 서버와 연동해봅시다. SQLite도 데이터 저장소로서 훌륭한 역할을 해내지만 데이터가 모두 사용자의 핸드폰에 저장되어서 공유 및 관리가 어렵습니다. 이번에는 실전 상황을 가정해서 실제 REST API 서버와 연동하고 효율적으로 데이터를 관리할 수 있게 상태 관리와 캐싱 작업을 진행하겠습니다.

학습 순서

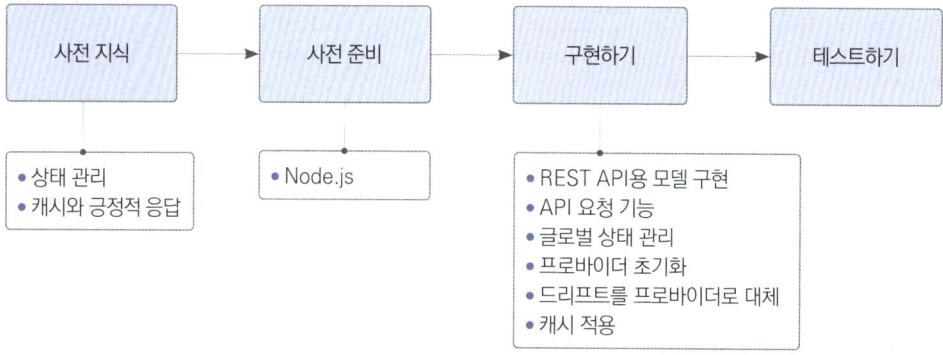

구현 목표

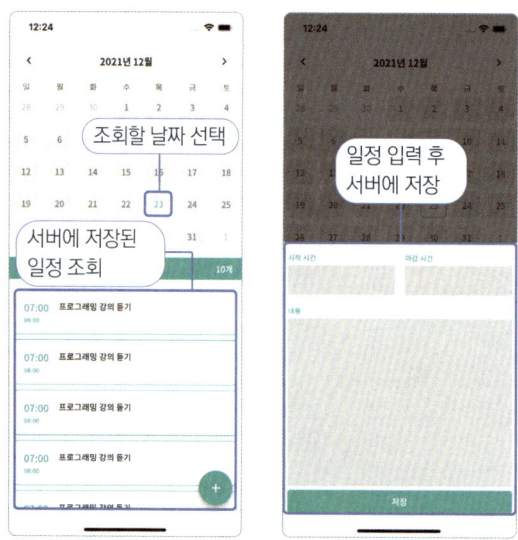

□ **프로젝트 구상하기**

현재는 데이터가 모두 드리프트와 연동되어 있습니다. 앱의 데이터 흐름과 UI는 모두 작성되어 있으니 18장에서 구현한 앱에서 드리프트 관련 코드를 하나씩 서버와 연동하는 코드로 변경해나가는 방식으로 앱 기능을 그대로 유지하면서 REST API(16장 참조)와 연동하겠습니다.

서비스에서 유저의 이탈을 막으려면 앱의 작동이 빨라야 합니다. 상태 관리와 캐싱을 사용해서 네트워크 요청이 빠르게 이루어진 것처럼 착시효과를 줘보겠습니다.

19.1 사전 지식

19.1.1 상태 관리

상태 관리를 영어로 State Management라고 부릅니다. 거창하게 들릴 수 있지만 지금까지 여러 프로젝트를 진행하면서 무의식적으로 상태 관리를 사용해왔습니다. 바로 StatefulWidget의 setState( ) 함수를 호출할 때마다 말이죠. 상태 관리에서의 '상태'는 데이터를 의미하니 상태 관리는 결국 데이터 관리입니다. 지금까지는 State 클래스 내부에서 데이터를 변경하고 setState( ) 함수를 실행했습니다. 이 방식은 작은 프로젝트에서는 아주 효율적입니다. 하지만 프로젝트가 커지면 커질수록 같은 변수를 반복적으로 서브 위젯으로 넘겨줘야 하니 데이터 관리가 어렵습니다.

▼ 매개변수를 통해 상위에서 하위로 변수를 넘겨주는 방법

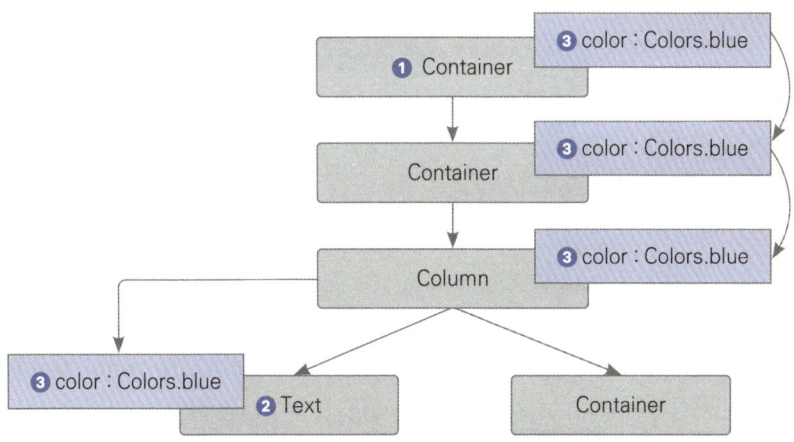

앞의 그림에서 ❶ 최상위 부모 Container에서 최하단에 있는 ❷ Text 위젯까지 ❸ Colors.blue라는 값을 넘겨주려면 모든 중간 위젯이 Colors.blue값을 들고 있어야 합니다. 이는 프로젝트가 커지고 협업할 엔지니어가 많아질수록 문제가 됩니다. 혹여나 매개변수가 변경이라도 된다면 작은 수정이 대형 공사로 이어질 수도 있습니다. 그래서 대부분의 프런트엔드 프로젝트에서는 '글로벌 상태 관리 툴'이라는 걸 사용합니다. 초보에서 중수로 넘어가는 과정에서 가장 어렵고 이해하기 어려운 지식입니다. 하지만 한 번 이해하고 나면 데이터를 최상위 위젯에서 목표 위젯까지의 모든 위젯들에 전달할 필요 없이 목표 위젯에서 직접적으로 데이터를 가져올 수 있는 이점을 누릴 수 있습니다.

다음 그림에서는 최상위 부모 ❶ Container에서 ❷ 최하단 Text 위젯까지 ❸ Colors.blue라는 값을 넘겨줄 때 더는 중간 위젯들에 변수를 지속적으로 넘겨주지 않습니다. 글로벌로 상태를 관리해 가능한 일입니다.

▼ 글로벌 상태 관리를 통해 상위 위젯에서 하위 위젯으로 직접 변수(상태)를 넘겨주는 방법

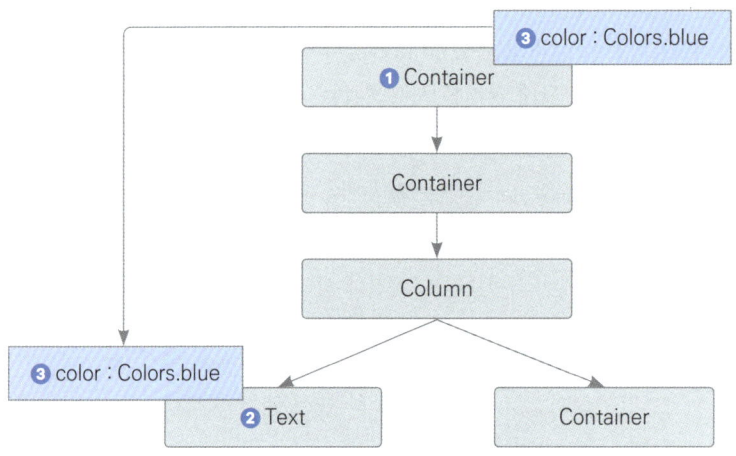

플러터에는 BloC, GetX, 리버팟^{Riverpod}, 프로바이더^{Provider} 같은 상태 관리 플러그인이 있습니다. 이중 가장 사용하기 쉬운 프로바이더를 사용하겠습니다.

19.1.2 캐시와 긍정적 응답

실제 서버를 운영하는 상황에는 서버를 구매하거나 클라우드에서 운영하게 되는데 그러면 자연적으로 지연^{latency}이 생기게 됩니다. 하지만 현재는 서버와 앱을 같은 컴퓨터에서 실행하고 있기 때

문에 네트워크 요청에 대한 지연이 존재하지 않습니다. 이는 비현실적이기 때문에 현재 서버에는 의도적으로 500ms의 지연이 적용되어 있습니다. 그래서 일정을 생성하고 삭제할 때 UI 반영이 약간 지연됩니다. 이 지연되는 시간 동안 사용자는 '앱이 느리다'라는 느낌을 받을 수 있습니다. 이런 문제를 해결하기 위해 개발자들은 캐싱이라는 기법을 사용합니다.

캐싱은 데이터를 기억한다는 뜻입니다. 예를 들어 현재 구현한 ScheduleProvider에는 cache라는 변수가 존재하며 이 변수에는 GET 메서드로 불러온 모든 일정 정보가 전부 담겨 있습니다. 그렇기 때문에 특정 날짜를 처음 선택했을 때는 데이터를 불러오는 시간이 걸리지만 같은 날짜를 다시 요청할 때는 기존 요청에서 기억하는 데이터를 지연 없이 불러올 수 있습니다.

▼ GET 메서드 호출 로직

❶ 사용자가 달력에서 날짜를 선택합니다. ❷ 날짜가 선택되면 ScheduleProvider의 changeSelectedDate( ) 함수가 실행됩니다. changeSelectedDate( )의 로직이 모두 실행되면 UI를 다시 build( )하기 위해 ❸ notifyListeners( ) 함수가 실행됩니다. notifyListeners( )가 실행되면 HomeScreen 위젯의 build( )가 재실행되며 변경된 selectedDate 변수에 따른 ❹ UI 업데이트가 진행됩니다. 이때 해당되는 날짜에 한 번도 GET 메서드로 일정을 가져온 적이 없다면 UI 업데이트까지 수행해 빈 리스트가 화면에 보여집니다. 하지만 기존에 GET 메서드를 사용해 가져온 데

이터가 저장되어 있다면 API 요청을 기다리지 않고 즉시 화면에 현재 cache값을 반영할 수 있습니다.

chagenSelectedDate( ) 함수의 실행이 끝나면 이어서 ❺ getSchedules( ) 함수가 실행됩니다. getSchedules( ) 함수 내부에는 ScheduleRepository를 통해서 ❻ getSchedules( ) 함수를 추가로 실행합니다. 이 함수로 선택한 날짜에 해당되는 데이터를 서버에서 가져옵니다. ScheduleRepository의 getSchedules( ) 함수를 실행해서 가져온 값으로 ❼ cache를 업데이트합니다.

GET 메서드로 일정을 가져오는 데 성공하면 ❽ notifyListeners( ) 함수가 실행됩니다. notifyListeners( ) 함수가 실행되면 HomeScreen 위젯의 build( ) 함수가 재실행됩니다. 만약 ScheduleRepository의 getSchedules( ) 함수에서 가져온 값들이 이미 cache 변수에 존재하면 일정 리스트 UI는 변화가 없습니다. 하지만 다른 값이 들어온다면 변경된 값을 화면에 다시 반영해주게 됩니다. cache 변수에 있는 값을 미리 보여주었기 때문에 사용자는 로딩이 전혀 없었던 것 같은 착시효과를 누릴 수 있습니다.

지금까지 적용한 캐싱 기법은 GET 메서드에만 적용되었습니다. 하지만 POST 메서드나 DELETE 메서드를 포함한 다른 요청에도 캐싱 기법을 적용할 수 있습니다. GET 메서드의 캐싱 기법이 기존에 기억하던 데이터를 보여주는 방식이라면 POST 메서드는 응답이 오기 전에 응답을 예측하고 미리 캐시에 값을 넣어주는 방식입니다.

"도대체 어떻게 응답을 미리 예측한다는 거지?"라는 생각을 할 수 있지만 생각보다 매우 쉬운 과정입니다. 예를 들어 지금 보내고 있는 POST 메서드는 결국 두 가지의 응답을 할 수 있습니다. 요청에 성공해서 새로운 일정이 생성되거나 요청에 실패해서 새로운 일정을 생성하지 못하는 경우입니다.

요청이 성공할 경우 현재 캐시에 하나의 일정이 추가될 거라는 걸 이미 알고 있습니다. 그리고 성공 시 추가될 일정은 사용자의 입력을 받아서 생성한 일정이기 때문에 어떤 값이 추가될지도 알고 있습니다. 그래서 API 요청을 보내기 전에 사용자가 입력한 값으로 미리 캐시를 업데이트해서 응답을 예측할 수 있습니다. 추후 만약에 에러가 발생한다면 임의로 넣어둔 값을 삭제하면 됩니다. 응답이 성공적일 거라는 예측을 하고 UI를 업데이트하는 방식이라서 이런 기법을 긍정적 응답 optimistic response이라고 부릅니다. 요청 검증이 잘된 상태로 보내졌다면 서버에 문제가 있지 않는 이상 에러가 생길 확률이 희박하니 근거있는 예측이라고 할 수 있습니다.

▼ optimistic response 적용했을 때 POST 메서드 호출 로직

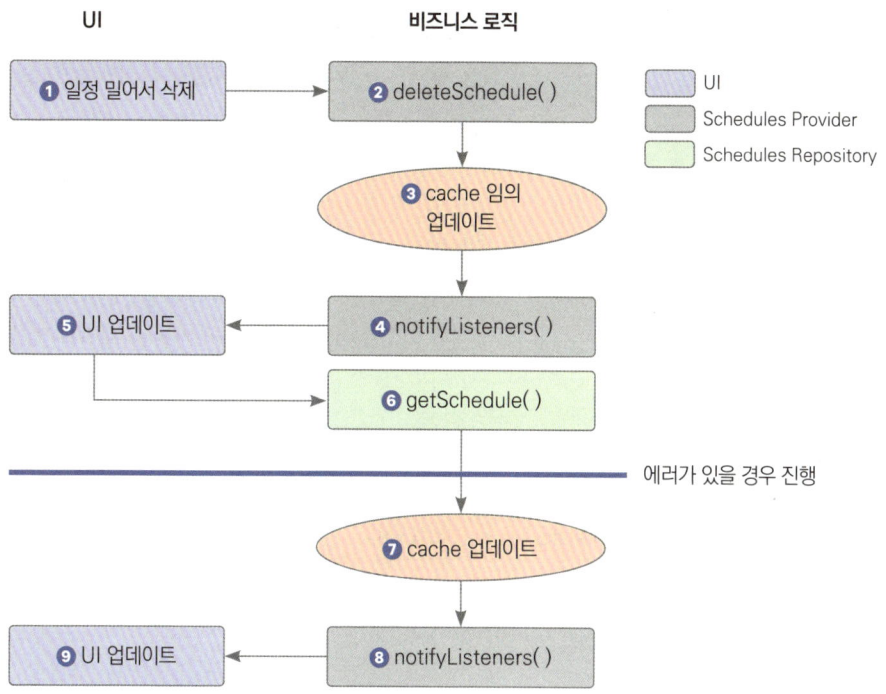

❶ Dismissible 위젯을 밀어서 선택한 일정을 UI에서 삭제합니다. onDismissed 매개변수에 입력된 함수가 실행되고 ScheduleProvider의 ❷ deleteSchedule( ) 함수가 실행됩니다. 삭제 요청이 잘 반영될 거라는 가정하에 캐시에서 선택된 일정을 먼저 삭제합니다. ❸ 캐시가 업데이트됐으니 ❹ notifyListeners( ) 함수를 실행해서 관련 위젯들의 build( ) 함수를 실행해줍니다. notifyListeners( ) 함수가 실행됐으니 ❺ UI가 업데이트됩니다. ❻ SchedulesRepository의 getSchedule( )함수가 실행됩니다. 만약에 요청이 성공적이었다면 로직 실행은 여기서 끝납니다.

에러가 있을 경우 ❼ 캐시 업데이트를 한 번 더 해줘야 합니다. 미리 일정을 삭제했기 때문에 삭제한 일정을 다시 원상복귀시킵니다. ❽ notifyListeners( ) 함수를 실행해서 관련 위젯들의 build( ) 함수를 실행합니다. ❾ 삭제됐던 일정을 UI에 복구합니다.

19.2 사전 준비

이번 프로젝트는 REST API를 이용해서 직접 서버와 연동하기 때문에 서버 설정을 진행해야 합니다. 서버는 이 책의 범위에서 벗어납니다. 따라서 최소한의 지식만 전달하겠습니다. 여러분은 Node.js의 NestJS 프레임워크를 기반으로 제작해놓은 REST API 서버를 사용하면 됩니다. Node.js는 자바스크립트 기반 서버 엔진이고, NestJS는 Node.js 기반의 서버 프레임워크입니다.

이번에 사용할 서버는 일정 불러오기, 일정 생성하기, 일정 삭제하기 기능을 제공합니다. REST API는 일관된 인터페이스를 갖고 있어야 하고 접근한 리소스를 포함해야 하기 때문에 /schedules API에 GET, POST, DELETE 메서드(데이터 조회, 생성, 삭제) 기능을 제작해두었습니다.

▼ 제공된 서버에 구현된 API

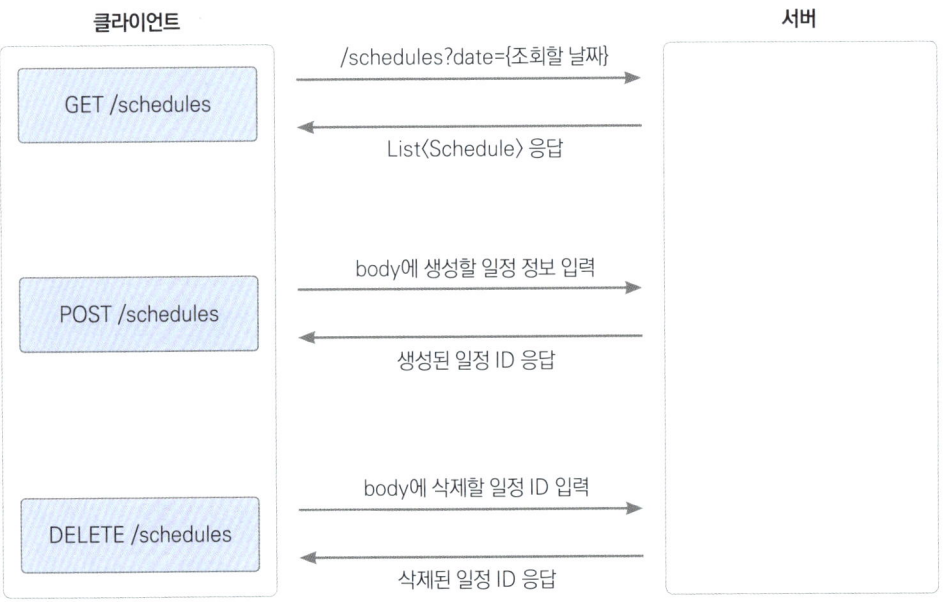

이어서 미리 만들어 제공하는 NestJS 서버를 내려받고 실행하는 방법을 알아보겠습니다.

19.2.1 Node.js 설치 및 실행하기

이번 프로젝트를 진행하려면 NestJS라는 서버를 실행해야 합니다. 코드는 깃허브에 업로드돼 있는 상태지만 해당 코드를 실행하려면 Node.js라는 서버 엔진을 설치해줘야 합니다.

ToDo **01** 웹 브라우저를 이용해서 https://www.nodejs.org로 이동합니다. [Download NodeJS (LTS)] 버튼을 클릭해서 Node.js를 다운받습니다. 집필하는 순간의 Node.js 최신 LTS 버전은 22.11.0 버전이지만 업데이트된 다른 버전을 사용해도 크게 상관없습니다.

02 내려받은 Node.js 파일을 설치해주세요.

03 깃허브에서 내려받은 예제 코드에서 [ch19/calendar_scheduler_server]로 이동해서 서버 프로젝트를 안드로이드 스튜디오로 열어줍니다.

04 안드로이드 스튜디오의 맨 아래에 [Terminal] 탭을 눌러서 터미널을 활성화시킵니다. 현재 위치가 package.json 파일이 들어 있는 calendar_scheduler_server이어야 합니다. 아니라면 cd 명령으로 해당 폴더로 이동해주세요. 그리고 'node --version'을 실행했을 때 버전 정보가 잘 나오면 Node.js 설치가 완료된 겁니다.

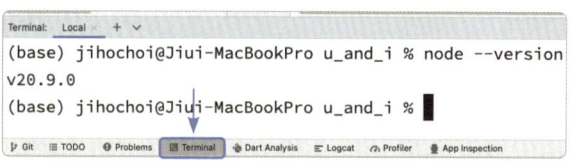

> **NOTE** 만약 node의 버전 정보가 나오지 않고 에러가 발생한다면 Node.js를 재설치해주세요.

05 Node.js가 잘 설치된 걸 확인했다면 [Terminal] 탭에서 'npm install'을 실행해 디펜던시를 다운로드합니다.

06 'npm run start:dev'를 실행합니다. 그러면 package.json 파일에 있는 정보대로 디펜던시가 다운로드됩니다. 정상적으로 실행되면 다음과 같이 많은 로그가 출력됩니다.

```
Terminal:   Local ×   Local (2) ×   + ∨                                                    ✿ —
[Nest] 84107  - 05/25/2022, 7:55:20 PM      LOG [InstanceLoader] AppModule dependencies initialized +
14ms
[Nest] 84107  - 05/25/2022, 7:55:20 PM      LOG [InstanceLoader] ScheduleModule dependencies initiali
zed +0ms
[Nest] 84107  - 05/25/2022, 7:55:20 PM      LOG [RoutesResolver] AppController {/}: +351ms
[Nest] 84107  - 05/25/2022, 7:55:20 PM      LOG [RouterExplorer] Mapped {/, GET} route +1ms
[Nest] 84107  - 05/25/2022, 7:55:20 PM      LOG [RoutesResolver] ScheduleController {/schedule}: +0ms
[Nest] 84107  - 05/25/2022, 7:55:20 PM      LOG [RouterExplorer] Mapped {/schedule, GET} route +1ms
[Nest] 84107  - 05/25/2022, 7:55:20 PM      LOG [RouterExplorer] Mapped {/schedule, POST} route +0ms
[Nest] 84107  - 05/25/2022, 7:55:20 PM      LOG [RouterExplorer] Mapped {/schedule, DELETE} route +0m
s
[Nest] 84107  - 05/25/2022, 7:55:20 PM      LOG [NestApplication] Nest application successfully start
ed +1ms
```

07 인터넷 브라우저에서 http://localhost:3000/api로 이동했을 때 API 문서화가 되어 있는 Swagger 페이지가 보이면 서버 설정이 완료된 겁니다.

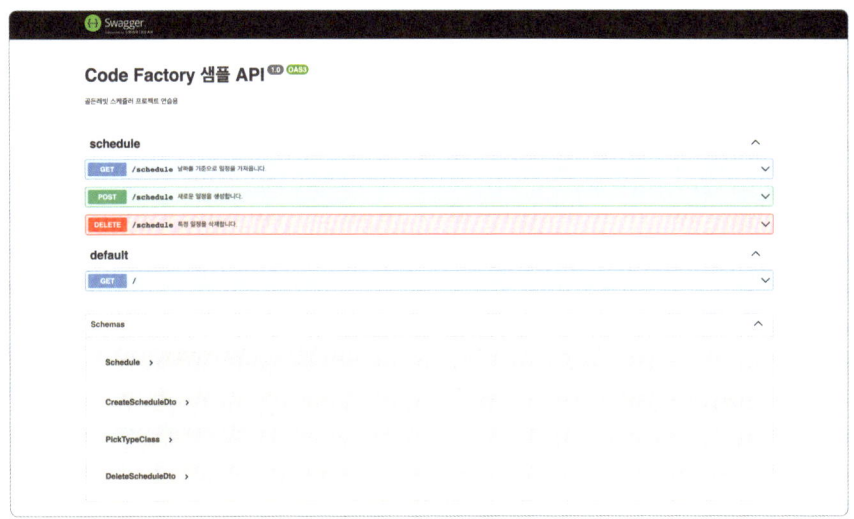

> **Warning** 서버 사용 시 유의사항
>
> 환경 설정의 편의를 위해 데이터베이스를 따로 설계하지 않았습니다. 모든 데이터는 메모리에 저장되므로 서버를 종료하면 데이터가 삭제됩니다.

19.3 구현하기

프로젝트 구조에 유의해가면서 API 요청을 할 리포지토리, 데이터를 담을 모델, 데이터를 관리할 프로바이더를 완전 분리해서 작업하겠습니다. 더 나아가 단순한 API 연동을 마친 후 캐시를 사용한 긍정적 응답을 적용해서 사용자의 레이턴시 체감을 최소화할 수 있는 방법을 알아보겠습니다.

19.3.1 REST API용으로 모델 구현하기

model/schedule.dart 파일에 있는 Schedule은 드리프트 전용으로 구현된 모델입니다. REST API를 연동할 때 사용하기에 적합한 모델을 따로 구현하겠습니다.

ToDo 01 안드로이드 스튜디오로 연 NestJS 프로젝트 창을 유지한 상태에서 새로운 창으로 18장까지 진행한 일정 관리 앱 프로젝트를 열어주세요.

02 model/schedule_model.dart 파일을 생성한 후 Schedule에 해당되는 모델을 구현하겠습니다. 모델의 속성들은 Schedules 클래스와 똑같이 구현하겠습니다.

```dart
// lib/model/schedule_model.dart
class ScheduleModel  {
  final String id;
  final String content;
  final DateTime date;
  final int startTime;
  final int endTime;

  ScheduleModel({
    required this.id,
    required this.content,
    required this.date,
    required this.startTime,
    required this.endTime,
  });

  ScheduleModel.fromJson({ // ❶ JSON으로부터 모델을 만들어내는 생성자
    required Map<String, dynamic> json,
  })  : id = json['id'],
        content = json['content'],
        date = DateTime.parse(json['date']),
        startTime = json['startTime'],
```

```
      endTime = json['endTime'];

  Map<String, dynamic> toJson() {  // ❷ 모델을 다시 JSON으로 변환
    return {
      'id': id,
      'content': content,
      'date':
        '${date.year}${date.month.toString().padLeft(2, '0')}$
{date.day.toString().padLeft(2, '0')}',
      'startTime': startTime,
      'endTime': endTime,
    };
  }

  ScheduleModel copyWith({  // ❸ 현재 모델을 특정 속성만 변환해서 새로 생성
    String? id,
    String? content,
    DateTime? date,
    int? startTime,
    int? endTime,
  }) {
    return ScheduleModel(
      id: id ?? this.id,
      content: content ?? this.content,
      date: date ?? this.date,
      startTime: startTime ?? this.startTime,
      endTime: endTime ?? this.endTime,
    );
  }
}
```

❶ 16장 '코팩튜브' 프로젝트에서도 진행했던 것처럼 REST API 요청 응답을 받으면 JSON 형식으로 데이터를 받게 됩니다. JSON 형식을 그대로 fromJson 생성자에 넣어주면 자동으로 ScheduleModel에 매핑되도록 코드를 작성했습니다.

❷ fromJson이 JSON으로부터 ScheduleModel을 만들어내는 기능이라면 toJson( )은 ScheduleModel을 JSON 형식으로 변환하는 함수입니다. 플러터에서 데이터를 관리할 때는 클래

스 형태로 관리하면 편하지만 서버로 네트워크 요청을 보낼 때는 다시 JSON 형식으로 데이터를 변환해야 합니다. 이 과정에서 toJson( ) 함수가 사용됩니다.

❸ copyWith( ) 함수는 플러터에서 굉장히 흔히 사용되는 함수입니다. 현대에는 불변^{immutable} 즉, 한 번 선언한 인스턴스를 다시 변경하지 않는 기법을 사용합니다. 하지만 이미 존재하는 인스턴스에서 몇 개의 값만 변경하고 싶은 경우가 꼭 있습니다. 그럴 때 copyWith( ) 같은 함수를 생성해서 입력하지 않은 값들을 그대로 보존하고 입력해준 값들을 새로 저장할 수 있습니다.

19.3.2 API 요청 기능 구현하기

16장 '코팩튜브'에서와 마찬가지로 ScheduleRepository는 프로젝트에서 사용하게 될 모든 API 요청 관련 작업을 진행합니다. 제공되는 서버에는 3개의 엔드포인트가 존재하며 정보는 다음과 같습니다.

- **URL** : http://localhost:3000/schedule

메서드	필수입력값	반환값
GET	가져오고 싶은 일정들의 날짜를 "date" query parameter에 YYYYMMDD 형태로 입력 예 : 20220504	리스트로 된 ScheduleModel을 JSON 형식으로 반환 예 : [{id: "6b8d5223-e2d5-4525-8053-c8217711ace7", content: "프로그래밍 공부하기", date: "20220525", startTime: 12, endTime: 14}]
POST	생성하고 싶은 ScheduleModel을 JSON 형식으로 body에 입력	새로 생성된 ScheduleModel의 ID 반환
DELETE	삭제하고 싶은 일정의 ID를 "id" body값에 입력	삭제된 ScheduleModel의 ID 반환

ToDo **01** 일정을 가져올 수 있는 GET 메서드부터 구현하겠습니다. ScheduleRepository 클래스를 생성하고 getSchedules() 함수에 로직을 구현하겠습니다. dio 객체와 요청 URL은 반복적으로 사용할 계획이니 클래스 변수로 선언하겠습니다.

lib/repository/schedule_repository.dart
```
import 'dart:async';
import 'dart:io';

import 'package:calendar_scheduler/model/schedule_model.dart';
import 'package:dio/dio.dart';
```

```
class ScheduleRepository {
  final _dio = Dio();
  final _targetUrl = 'http://${Platform.isAndroid ? '10.0.2.2' : 'localhost'}
:3000/schedule';  // 안드로이드에서는 10.0.2.2가 localhost에 해당함

  Future<List<ScheduleModel>> getSchedules({
    required DateTime date,
  }) async {
    final resp = await _dio.get(
      _targetUrl,
      queryParameters: {   // ❶ Query 매개변수
        'date':
            '${date.year}${date.month.toString().padLeft(2,
                '0')}${date.day.toString().padLeft(2, '0')}',
      },
    );

    return resp.data   // ❷ 모델 인스턴스로 데이터 매핑하기
        .map<ScheduleModel>(
          (x) => ScheduleModel.fromJson(
            json: x,
          ),
        )
        .toList();
  }
}
```

❶ GET 메서드는 일정을 필터링할 날짜를 "date" query parameter에 입력해줘야 합니다. 날짜의 형태는 "YYYYMMDD"로 20220504와 같은 형태로 입력해야 하니 DateTime 타입인 date 변수를 변환해줍니다. DateTime의 month와 day 게터는 반드시 두 자릿수를 반환해야 하니 padLeft() 함수를 사용해서 한 자릿수 숫자일 때 왼쪽에 '0'을 추가해주겠습니다.

❷ 결괏값을 반환받으면 ScheduleModel의 JSON 형식을 리스트로 받을 수 있으니 각각 값들을 모두 ScheduleModel로 다시 매핑한 다음 반환해주겠습니다. fromJson 생성자를 미리 작성해뒀으니 따로 json을 매핑하는 로직을 작성할 필요 없다는 점이 큰 장점입니다.

02 두 번째로 일정을 생성하는 함수를 작성하겠습니다. 일정 생성은 POST 메서드를 사용하면 되고 생성하고 싶은 일정에 해당되는 ScheduleModel을 JSON 형식으로 Body에 제공하면 됩니

다. ScheduleModel 타입을 매개변수로 입력받는다는 가정하에 createSchedule() 함수를 작성하겠습니다.

```dart
... 생략 ...
class ScheduleRepository {
  ... 생략 ...

  // getSchedules() 함수 아래에 작성
  Future<String> createSchedule({
    required ScheduleModel schedule,
  }) async {
    final json = schedule.toJson();   // ① JSON으로 변환

    final resp = await _dio.post(_targetUrl, data: json);

    return resp.data?['id'];
  }
}
```
lib/repository/schedule_repository.dart

① 매개변수로부터 입력받은 ScheduleModel을 JSON 형식으로 변환합니다. HTTP 요청의 Body는 꼭 JSON으로 변환되는 Map 형태로 입력해줘야 합니다.

03 마지막으로 일정을 삭제하는 API를 작업하겠습니다. 일정 삭제 API는 body에 삭제할 일정의 id값을 입력해주면 됩니다.

```dart
... 생략 ...
class ScheduleRepository {
  ... 생략 ...

  // createSchedule() 함수 아래에 작성
  Future<String> deleteSchedule({
    required String id,
  }) async {
    final resp = await _dio.delete(_targetUrl, data: {
      'id': id,   // 삭제할 ID값
    });

    return resp.data?['id'];   // 삭제된 ID값 반환
  }
}
```
lib/repository/schedule_repository.dart

19.3.3 글로벌 상태 관리 구현하기 : ScheduleProvider

프로바이더는 플러터 프레임워크 사용자들에게 인기 있는 글로벌 상태 관리 툴입니다. 간단하고 빠르게 상태 관리 기능을 구현해서 직관적으로 사용할 수 있다는 장점이 있습니다. ChangeNotifier 클래스를 상속하기만 하면 어떤 클래스든 프로바이더로 상태 관리를 하도록 만들 수 있습니다.

ToDo **01** ScheduleProvider 클래스를 생성하고 material 패키지에서 제공하는 ChangeNotifier 클래스를 상속받겠습니다. ScheduleProvider에는 변수 3개가 필요합니다. 첫 번째는 바로 앞에서 구현한 ScheduleRepository, 두 번째는 선택한 날짜를 저장하는 selectedDate, 마지막으로 API 요청을 통해서 받아온 일정 정보를 저장할 cache 변수입니다. provider/schedule_provider.dart 파일을 생성하고 ScheduleProvider 클래스를 선언한 다음 변수 3개를 선언하겠습니다.

lib/provider/schedule_provider.dart

```dart
import 'package:calendar_scheduler/model/schedule_model.dart';
import 'package:calendar_scheduler/repository/schedule_repository.dart';

import 'package:flutter/material.dart';
import 'package:provider/provider.dart';

class ScheduleProvider extends ChangeNotifier {
  final ScheduleRepository repository;  // ❶ API 요청 로직을 담은 클래스

  DateTime selectedDate = DateTime.utc(  // ❷ 선택한 날짜
    DateTime.now().year,
    DateTime.now().month,
    DateTime.now().day,
  );
  Map<DateTime, List<ScheduleModel>> cache = {};  // ❸ 일정 정보를 저장해둘 변수

  ScheduleProvider({
    required this.repository,
  }) : super() {
    getSchedules(date: selectedDate);
  }
}
```

❶ 19.3.2 'API 요청 기능 구현하기'에서 생성해둔 API 요청 로직을 담은 ScheduleRepository 입니다. ❷ 서버에서 불러온 일정을 저장할 변수입니다. 일정을 날짜별로 정리하기 위해 DateTime 을 키로 입력받고 List〈ScheduleModel〉을 값으로 입력받겠습니다. 나중에 원하는 날짜에 해당되는 일정들을 가져올 때 cache 변수에 해당되는 날짜를 key값으로 제공해주면 일정들을 리스트로 받아올 수 있습니다. ❸ 일정 정보를 저장해둘 캐시 변수. 키값에 날짜를 입력하고 날짜에 해당되는 일정들을 리스트로 값에 저장합니다.

02 ChangeNotifier를 상속했다고 해서 크게 두려워할 필요가 없습니다. 일반 클래스처럼 기능을 정의하고 해당 기능들을 위젯에서 실행해주면 됩니다. ScheduleRepository에서 정의한 것처럼 일정을 불러오는 기능, 생성하는 기능, 삭제하는 기능을 구현해야 합니다. 서버에서 받아온 값을 cache 변수에 집중하면서 일단 날짜별 일정을 불러오는 기능부터 구현하겠습니다.

```dart
                                                lib/provider/schedule_provider.dart
... 생략 ...
class ScheduleProvider extends ChangeNotifier {
 ... 생략 ...

 // 생성자 아래에 작성
 void getSchedules({
   required DateTime date,
 }) async {
   final resp = await repository.getSchedules(date: date);  // GET 메서드 보내기

   // ❶ 선택한 날짜의 일정들 업데이트하기
   cache.update(date, (value) => resp, ifAbsent: () => resp);

   notifyListeners();  // ❷ 리슨하는 위젯들 업데이트하기
 }
}
```

❶ 매개변수에 입력한 날짜의 일정들을 GET 메서드에서 받은 응답값으로 대체합니다. ifAbsent 매개변수는 date에 해당되는 key값이 존재하지 않을 때 실행되는 함수이니 똑같이 GET 메서드에서 받아온 응답값을 입력해주면 됩니다. ❷ ChangeNotifier 클래스를 상속하는 이유입니다. notifyListeners() 함수를 실행하면 현재 클래스를 watch()하는 (19.3.5 참조) 모든 위젯들의 build() 함수를 다시 실행합니다. 위젯들은 cache 변수를 바라보도록 할 계획이니 cache 변수가 업데이트될 때마다 notifyListeners() 함수를 실행해서 위젯을 다시 빌드해줍니다.

03 이번엔 일정을 생성하는 createSchedule() 함수를 작업하겠습니다. createSchedule() 함수는 POST 메서드로 일정을 생성한 다음 cache 변수에 생성된 일정을 삽입해주면 됩니다.

lib/provider/schedule_provider.dart

```dart
... 생략 ...
class ScheduleProvider extends ChangeNotifier {
  ... 생략 ...
  // getSchedules() 함수 아래에 작성
  void createSchedule({
    required ScheduleModel schedule,
  }) async {
    final targetDate = schedule.date;

    final savedSchedule = await repository.createSchedule(schedule: schedule);

    cache.update(
      targetDate,
      (value) => [    // ❶ 현존하는 캐시 리스트 끝에 새로운 일정 추가
        ...value,
        schedule.copyWith(
          id: savedSchedule,
        ),
      ]..sort(
          (a, b) => a.startTime.compareTo(
            b.startTime,
          ),
        ),
      // ❷ 날짜에 해당되는 값이 없다면 새로운 리스트에 새로운 일정 하나만 추가
      ifAbsent: () => [schedule],
    );

    notifyListeners();
  }
}
```

❶ 새로운 일정을 생성하는 날짜에 해당되는 value에 새로운 일정을 추가합니다. 그리고 모든 일정을 시작 시간 기준으로 오름차순 정렬합니다. ❷ 만약에 해당되는 날짜에 값이 없다면 새로 생성한 일정이 있는 리스트를 추가합니다.

04 일정을 삭제하는 deleteSchedule() 함수를 작성하겠습니다.

```dart
// lib/provider/schedule_provider.dart
... 생략 ...
class ScheduleProvider extends ChangeNotifier {
  ... 생략 ...
  // createSchedules() 함수 아래에 작성
  void deleteSchedule({
    required DateTime date,
    required String id,
  }) async {
    final resp = await repository.deleteSchedule(id: id);

    cache.update(  // ① 캐시에서 데이터 삭제
      date,
          (value) => value.where((e) => e.id != id).toList(),
      ifAbsent: () => [],
    );

    notifyListeners();
  }
}
```

❶ deleteSchedule() 함수는 createSchedule() 함수와 마찬가지로 API 요청이 끝나면 cache 변수에서 삭제한 일정을 지워주는 작업을 합니다.

05 마지막으로 selectedDate를 변경하는 코드를 작성하겠습니다. changeSelectedDate() 라는 함수를 생성하고 단순히 매개변수로 입력받은 날짜 변수로 selectedDate 변수를 대체하는 코드를 작성하면 됩니다.

```dart
// lib/provider/schedule_provider.dart
... 생략 ...
class ScheduleProvider extends ChangeNotifier {
  ... 생략 ...
  // deleteSchedule() 함수 아래에 작성
  void changeSelectedDate({
    required DateTime date,
  }) {
    selectedDate = date;  // 현재 선택된 날짜를 매개변수로 입력받은 날짜로 변경
    notifyListeners();
  }
```

```
    }
  }
  ... 생략 ...
```

19.3.4 프로바이더 초기화하기

프로바이더는 글로벌 상태 관리 툴이기 때문에 한 번 최상위에 선언을 해주면 최하단 위젯까지 모두 프로바이더의 속성들을 사용할 수 있어야 합니다. 이 작업이 가능하려면 프로젝트 최상위에 ScheduleProvider를 초기화하는 작업을 해야 합니다.

ToDo 01 우선 ScheduleRepository와 ScheduleProvider를 인스턴스화하겠습니다. 그리고 ChangeNotifierProvider 위젯으로 MaterialApp 위젯을 감싸주겠습니다. ChangeNotifierProvider 위젯은 프로바이더를 현재 위치에 주입시키고 주입한 위치의 서브에 있는 모든 위젯에서 프로바이더를 사용하도록 해줍니다.

lib/main.dart
```
import 'package:calendar_scheduler/provider/schedule_provider.dart';
import 'package:calendar_scheduler/repository/schedule_repository.dart';
import 'package:provider/provider.dart';

void main() async {
  WidgetsFlutterBinding.ensureInitialized();

  await initializeDateFormatting();

  final database = LocalDatabase();

  GetIt.I.registerSingleton<LocalDatabase>(database);

  final repository = ScheduleRepository();
  final scheduleProvider = ScheduleProvider(repository: repository);

  runApp(
    ChangeNotifierProvider(    // ❶ Provider 하위 위젯에 제공하기
      create: (_) => scheduleProvider,
      child: MaterialApp(
        home: HomeScreen(),
      ),
    ),
```

```
      ),
    );
  }
```

ChangeNotifierProvider는 ❶ create와 child 매개변수를 제공해야 하며 child는 이미 알고 있는 것처럼 자식 위젯을 제공하면 됩니다. create 매개변수는 서브 위젯들에 제공하고 싶은 프로바이더, 즉 ScheduleProvider를 반환하는 함수를 입력해주면 됩니다.

19.3.5 드리프트를 프로바이더로 대체하기

드리프트를 사용할 때는 StreamBuilder를 사용해서 Stream값을 리스닝했지만 프로바이더를 사용하면 더는 StreamBuilder를 사용할 필요가 없습니다. 프로바이더는 데이터를 불러올 수 있는 watch( )와 read( ) 함수를 제공해주기 때문입니다. watch( ) 함수는 StreamBuilder와 같이 지속적으로 값이 변경될 때마다 즉, notifyListeners( ) 함수가 실행될 때마다 build( ) 함수를 재실행해줍니다. read( ) 함수의 경우 FutureBuilder와 유사하며 단발성으로 값을 가져올 때 사용됩니다. 한 변수의 값에 따라 UI를 다르게 보여줘야 하는 경우 watch( ) 함수를 많이 사용하며 버튼 탭 같은 특정 액션 후에 값을 가져올 때는 read( ) 함수를 많이 사용합니다.

ToDo 01 첫 번째로 HomeScreen 위젯을 StatefulWidget에서 StatelessWidget으로 변경하는 작업이 필요합니다. 이제부터 StatefulWidget이 아닌 프로바이더로 상태(데이터)를 관리할 계획이기 때문에 더는 메모리를 많이 차지하는 StatefulWidget을 사용할 필요가 없습니다. StatelessWidget으로 변경하면 setState()를 더는 사용할 수 없으니 ❶ selectedDate 변수와 setState()와 관련된 코드를 삭제하겠습니다. 추가적으로 _HomeScreenState에 있는 build() 함수를 HomeScreen StatelessWidget으로 옮겨서 전환을 마치도록 하겠습니다.

lib/screen/home_screen.dart
```
... 생략 ...
class HomeScreen extends StatefulWidget {
  // ❶ StatelessWidget에서 StatefulWidget으로 전환
  const HomeScreen({Key? key}) : super(key: key);

  @override
  State<HomeScreen> createState() => _HomeScreenState();
}
```

```
class _HomeScreenState extends State<HomeScreen> {

class HomeScreen extends StatelessWidget {
 ... 생략 ...

 @override
 Widget build(BuildContext context) {
   return Scaffold(
     ... 생략 ...
   );
 }

 void onDaySelected(DateTime selectedDate, DateTime focusedDate){
   // 함수에 있는 로직 모두 삭제
   setState(() {
     this.selectedDate = selectedDate;
   });
 }
}
```

02 현재 HomeScreen에는 일정 개수를 보여주는 위치와 일정 리스트를 렌더링하는 곳에서 StreamBuilder를 사용합니다. 두 위치에서 필요한 변숫값은 날짜에 해당되는 일정 리스트입니다. build() 함수의 맨 위에 ScheduleProvider를 watch()하는 코드를 작성하고 현재 선택한 날짜에 해당되는 일정들을 불러와보겠습니다.

lib/screen/home_screen.dart

```
import 'package:provider/provider.dart';   // ① Provider 불러오기
import 'package:calendar_scheduler/provider/schedule_provider.dart';

class HomeScreen extends StatelessWidget{
 @override
 Widget build(BuildContext context) {

   // ② 프로바이더 변경이 있을 때마다 build() 함수 재실행
   final provider = context.watch<ScheduleProvider>();

   // ③ 선택된 날짜 가져오기
```

```
    final selectedDate = provider.selectedDate;

    // ❹ 선택된 날짜에 해당되는 일정들 가져오기
    final schedules = provider.cache[selectedDate] ?? [];

    return Scaffold(
      ... 생략 ...
}
```

❶ Provider 패키지를 꼭 불러와야지만 ❷ context.watch() 함수를 실행할 수 있습니다.

❷ Provider 패키지를 불러오면 BuildContext가 제공되는 어느 곳에서든 context.watch() 함수 및 context.read() 함수를 실행할 수 있습니다. context.watch() 함수에는 불러오고 싶은 Provider 타입을 제네릭으로 제공해주면 됩니다. context.watch()가 build() 함수 내에서 실행되는 순간 불러온 Provider에서 notifyListeners() 함수가 실행되면 build() 함수가 다시 실행됩니다. 결과적으로 새로 갱신된 값에 의해서 위젯이 새로 렌더링됩니다. context.watch()는 미리 main.dart 파일에 선언해둔 같은 인스턴스의 scheduleProvider 변수를 반환해줍니다.

❸ selectedDate 변수를 이제 더는 위젯에서 관리하지 않고 프로바이더에서 관리하기 때문에 provider로부터 selectedDate값을 불러와야 합니다.

❹ ScheduleProvider에는 일정을 날짜별로 정리한 cache값을 저장해두었습니다. 그러니 현재 선택한 날짜에 해당되는 일정들을 불러오려면 cache 변수에서 selectedDate key에 해당되는 value를 불러오면 됩니다.

03 드리프트를 통해 StreamBuilder를 사용해야지만 불러올 수 있던 값들을 Provider를 통해서 모두 변수로 저장해두었으니 StreamBuilder를 하나씩 삭제하는 작업을 진행하겠습니다.

lib/screen/home_screen.dart
```
... 생략 ...
~~StreamBuilder<List<Schedule>>(~~
  ~~stream: GetIt.I<LocalDatabase>().watchSchedules(selectedDate),~~
  ~~builder: (context, snapshot) {~~
    ~~return~~ TodayBanner(
      selectedDate: selectedDate,
      ~~count: snapshot.data?.length ?? 0,~~
    ~~);~~
  ~~}~~
~~),~~
...
```

```dart
// build( ) 함수 내부의 TodayBanner 위젯
TodayBanner(
  selectedDate: selectedDate,
  count: schedules.length,
),
... 생략 ...


... 생략 ...
Expanded(
  child: StreamBuilder<List<Schedule>>(
    stream: GetIt.I<LocalDatabase>().watchSchedules(selectedDate),
    builder: (context, snapshot) {
      if (!snapshot.hasData) {
        return Container();
      }

      return ListView.builder(
        itemCount: snapshot.data!.length,
        itemBuilder: (context, index) {
          final schedule = snapshot.data![index];

          return Dismissible(
            key: ObjectKey(schedule.id),
            direction: DismissDirection.endToStart,
            onDismissed: (DismissDirection direction) {
              GetIt.I<LocalDatabase>().removeSchedule(schedule.id);
            },
            child: Padding(
              padding: const EdgeInsets.only(
                bottom: 8.0, left: 8.0, right: 8.0),
              child: ScheduleCard(
                startTime: schedule.startTime,
                endTime: schedule.endTime,
                content: schedule.content,
              ),
            ),
          );
        },
      );
    },
```

lib/screen/home_screen.dart

```
        ),
      ),
    ),
  ),

  Expanded(
    child: ListView.builder(
      itemCount: schedules.length,
      itemBuilder: (context, index) {
        final schedule = schedules[index];

        return Dismissible(
          key: ObjectKey(schedule.id),
          direction: DismissDirection.startToEnd,
          onDismissed: (DismissDirection direction) {
            provider.deleteSchedule(date: selectedDate, id: schedule.id);  // ❶
          },
          child: Padding(
            padding: const EdgeInsets.only(
                bottom: 8.0, left: 8.0, right: 8.0),
            child: ScheduleCard(
              startTime: schedule.startTime,
              endTime: schedule.endTime,
              content: schedule.content,
            ),
          ),
        );
      },
    ),
  ),
... 생략 ...
```

❶ 드리프트로 정의한 삭제 작업을 ScheduleProvider에 정의한 삭제 작업으로 대체해줍니다.

04 일정을 생성하는 코드를 서버 연동 코드로 대체하겠습니다. 일정을 생성하는 코드는 ScheduleBottomSheet의 onSavePressed() 함수에 정의돼 있습니다. 삭제하는 기능과 마찬가지로 드리프트로 연동되어 있는 코드를 삭제하고 ScheduleProvider의 deleteSchedule()로 대체하겠습니다. 그리고 ScheduleBottomSheet에서도 Provider값을 불러와야 하기 때문에 onSavedPressed() 함수의 첫 번째 매개변수에 BuildContext를 입력받도록 하겠습니다.

lib/component/schedule_bottom_sheet.dart

```dart
import 'package:calendar_scheduler/model/schedule_model.dart';
import 'package:provider/provider.dart';
import 'package:calendar_scheduler/provider/schedule_provider.dart';

... 생략...
// build( ) 함수 내부의 맨 아래쪽 버튼 구현한 부분
SizedBox(
 width: double.infinity,
 child: ElevatedButton(
   onPressed: () => onSavePressed(context), // 함수에 context 전달
   style: ElevatedButton.styleFrom(
     primary: PRIMARY_COLOR,
   ),
   child: Text('저장'),
 ),
),

... 생략 ...
void onSavePressed(BuildContext context) async {
 if (formKey.currentState!.validate()) {
   formKey.currentState!.save();

   await GetIt.I<LocalDatabase>().createSchedule(
     SchedulesCompanion(
       startTime: Value(startTime!),
       endTime: Value(endTime!),
       content: Value(content!),
       date: Value(widget.selectedDate),
     ),
   );

   context.read<ScheduleProvider>().createSchedule(
         schedule: ScheduleModel(
           id: 'new_model', // ❶ 임시 ID
           content: content!,
           date: widget.selectedDate,
           startTime: startTime!,
           endTime: endTime!,
```

```
      ),
    );

    Navigator.of(context).pop();
  }
}
```

❶ 일정 생성 요청을 보낼 때 ID는 어차피 사용되지 않으니 아무런 값이나 넣어줘도 괜찮습니다. 어떤 값을 넣어도 ID는 서버에서 자동으로 생성된 값으로 대체됩니다.

05 마지막으로 날짜 선택 코드를 변경하겠습니다. 기존에는 StatefulWidget의 setState() 함수를 이용해서 날짜를 변경했지만 이제 Provider로 날짜 변경을 실행해줘야 합니다. HomeScreen의 onDaySelected() 함수에 BuildContext를 입력받고 ScheduleProvider 의 changeSelectedDate() 함수를 실행하겠습니다.

```
                                                          lib/screen/home_screen.dart
... 생략 ...
class HomeScreen extends StatelessWidget {
  ... 생략 ...
  @override
  Widget build(BuildContext context) {
    ... 생략 ...
    return Scaffold(
      floatingActionButton: ... 생략 ...
      body: SafeArea(
        child: Column(
          children: [
            MainCalendar(
              selectedDate: selectedDate,

              // ❶ 날짜 선택 시 실행되는 함수
              onDaySelected: (selectedDate, focusedDate) =>
                  onDaySelected(selectedDate, focusedDate, context),
            ),
            ... 생략 ...
          ],
        ),
      ),
    );
```

```
  }

  void onDaySelected(
    DateTime selectedDate,
    DateTime focusedDate,
    BuildContext context,
  ) {
    final provider = context.read<ScheduleProvider>();
    provider.changeSelectedDate(
      date: selectedDate,
    );
    provider.getSchedules(date: selectedDate);
  }
}
```

❶ onDaySelected() 함수에 BuildContext를 포함해서 반환해줍니다.

06 드리프트로부터 프로바이더로 코드 전환이 잘되었는지 확인하겠습니다.

❶ 서버를 구동합니다(19.2.1 'Node.js 설치 및 실행하기' 참조).
❷ 앱을 재실행하고 달력에서 원하는 날짜를 누르면 해당 날짜가 선택됩니다.
❸ 해당 날짜에 일정을 생성하면 생성한 일정이 HomeScreen에 생성됩니다.
❹ 생성된 일정을 왼쪽으로 밀어서 삭제하면 일정이 HomeScreen에서 제거됩니다.

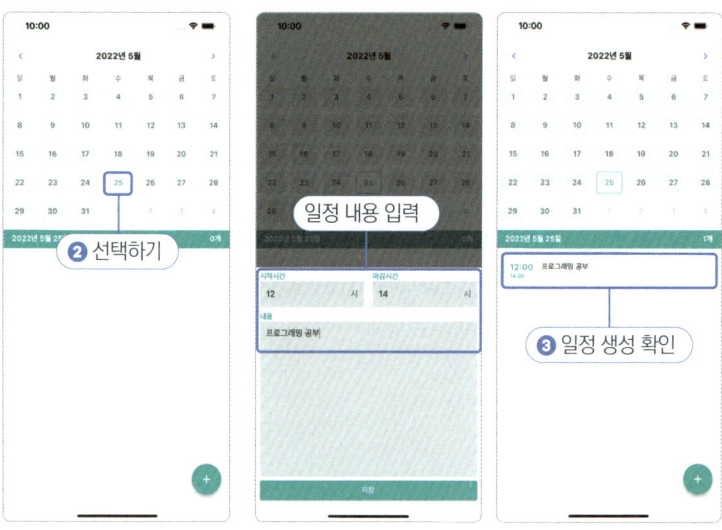

19.3.6 캐시 적용하기

19.1.2 '캐시와 긍정적 응답'에서 캐시 사용 방법과 긍정적 응답을 적용하는 이유 및 방법을 알아봤습니다. 현재 일정을 새로 추가하면 약 500밀리초 정도의 서버 레이턴시가 있는데 캐시와 긍정적 응답을 이용해서 레이턴시가 없는 것처럼 보이게 코드를 변경해보겠습니다.

ToDo **01** 일정을 생성하는 작업에 긍정적 응답을 적용하겠습니다. 방법은 간단합니다. 현재 코드에서 cache 변수를 업데이트하는 구간을 하나 더 추가해주면 됩니다.

```dart
// lib/provider/schedule_provider.dart
import 'package:uuid/uuid.dart';
... 생략 ...
void createSchedule({
  required ScheduleModel schedule,
}) async {
  final targetDate = schedule.date;

  final uuid = Uuid();

  final tempId = uuid.v4();  // 유일한 ID값을 생성합니다.
  final newSchedule = schedule.copyWith(
    id: tempId,  // 임시 ID를 지정합니다.
  );

  // 긍정적 응답 구간입니다. 서버에서 응답을 받기 전에 캐시를 먼저 업데이트합니다.
  cache.update(
```

```
    targetDate,
    (value) => [
      ...value,
      newSchedule,
    ]..sort(
        (a, b) => a.startTime.compareTo(
          b.startTime,
        ),
      ),
    ifAbsent: () => [newSchedule],
  );

  notifyListeners();  // 캐시 업데이트 반영하기

  try {
    // API 요청을 합니다.
    final savedSchedule = await repository.createSchedule(schedule: schedule);

    cache.update(   // ❶ 서버 응답 기반으로 캐시 업데이트
      targetDate,
      (value) => value
          .map((e) => e.id == tempId
              ? e.copyWith(
                  id: savedSchedule,
                )
              : e)
          .toList(),
    );
  } catch (e) {
    cache.update(   // ❷ 삭제 실패 시 캐시 롤백하기
      targetDate,
      (value) => value.where((e) => e.id != tempId).toList(),
    );
  }

  notifyListeners();
}
```

❶ API 요청이 성공하면 임시로 저장한 일정의 ID만 서버에서 생성된 값으로 변경해줍니다. ❷에러가 난다면 일정 값이 제대로 저장되지 않았다는 뜻입니다. 그러니 캐시에서도 일정을 삭제해줍니다.

02 이번엔 일정 삭제 긍정적 응답을 구현하겠습니다. 방식은 일정 생성과 비슷합니다. 다만 캐시에 일정을 추가하는 게 아니라 삭제하는 작업을 API 요청이 끝나기 전에 미리 적용하면 됩니다.

lib/provider/schedule_provider.dart

```dart
void deleteSchedule({
  required DateTime date,
  required String id,
}) async {
  final targetSchedule = cache[date]!.firstWhere(
    (e) => e.id == id,
  ); // 삭제할 일정 기억

  cache.update(
    date,
    (value) => value.where((e) => e.id != id).toList(),
    ifAbsent: () => [],
  ); // 긍정적 응답 (응답 전에 캐시 먼저 업데이트)

  notifyListeners();   // 캐시 업데이트 반영하기

  try {
    await repository.deleteSchedule(id: id); // ❶ 삭제 함수 실행
  } catch (e) {
    // ❷ 삭제 실패 시 캐시 롤백하기
    cache.update(
      date,
      (value) => [...value, targetSchedule]..sort(
        (a, b) => a.startTime.compareTo(
          b.startTime,
        ),
      ),
    );
  }
  notifyListeners();
}
```

❶ 일정을 삭제하는 API 요청을 보냅니다. 이미 일정을 삭제했기 때문에 만약에 요청이 성공하면 cache를 따로 수정할 필요는 없습니다. ❷ 만약에 API 요청에서 에러가 난다면 기억해둔 일정을 다시 cache에 추가합니다.

03 긍정적 응답을 적용 후 착시효과로 인해 얼마나 작동이 빠르게 느껴지는지 확인하겠습니다. 날짜를 선택한 후 일정을 생성합니다. 기존에는 약 500밀리초 정도 딜레이가 있지만 이제는 즉시 화면에 일정 생성이 반영되는 걸 볼 수 있습니다.

19.4 테스트하기

테스트를 하려면 NestJS 서버가 실행 중이어야 합니다. 실행 방법은 19.2.1 'Node.js 설치 및 실행하기'를 참고하세요.

❶ 안드로이드 스튜디오에서 [Run] 버튼을 눌러서 iOS 시뮬레이터 또는 안드로이드 에뮬레이터에서 앱을 실행해보세요.

❷ 일정을 조회하고 싶은 날짜를 탭하면 선택된 날짜가 잘 변경되는 걸 확인합니다.

❸ 일정 생성 버튼을 누르고 생성할 일정을 입력한 후 저장한 다음 일정이 잘 생성되는지 확인합니다. 긍정적 응답을 적용했으니 즉각적으로 일정이 저장되고 서버 지연이 없습니다.

❹ 일정을 왼쪽으로 밀면 일정이 삭제되는 걸 확인합니다.

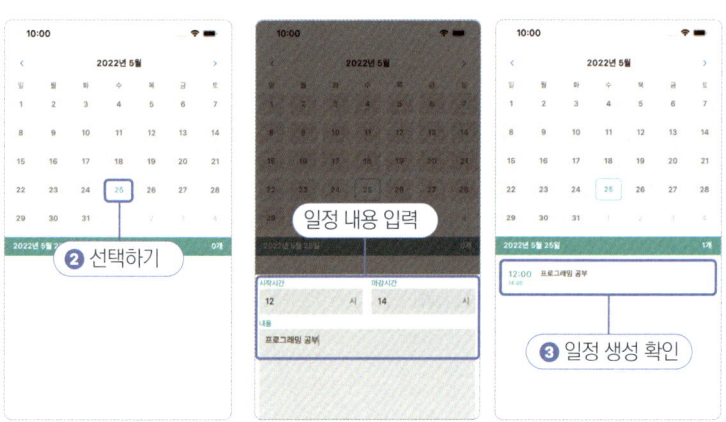

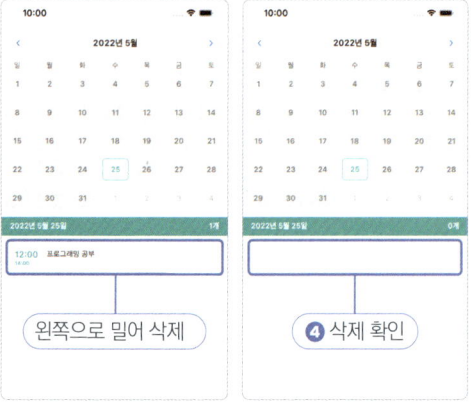

학습 마무리

이번 프로젝트는 일정 관리 앱을 서버와 연동했습니다. 16장 '코팩튜브' 앱을 만들면서도 REST API를 연동했지만 이번 장에서는 REST API 연동하며 캐시 관리 기법까지 알아봤습니다. 그리고 서버 연동의 최대 단점인 네트워크 지연 극복 방법을 GET, POST, DELETE 메서드의 유형별로 다뤄봤습니다. 추가적으로 긍정적 응답 기법을 이용해서 API 요청 결괏값을 예측하고 미리 데이터를 반영하는 방법까지 구현했습니다. 그로 인해 사용자가 체감하는 레이턴시를 줄일 수 있었습니다.

핵심 요약

1. **Node.js**는 자바스크립트 기반의 서버 엔진입니다. **NestJS**는 **Node.js**를 활용한 서버 프레임워크입니다.
2. REST API 연동할 때 **캐싱** 시스템을 구현하면 사용자에게 조금 더 빠르게 데이터를 보여줄 수 있습니다.
3. **프로바이더** 같은 상태 관리 툴을 이용해서 쉽게 캐시 관리를 할 수 있습니다.
4. **GET 메서드 캐싱**의 기본은 요청으로 가져온 데이터를 저장해두었다가 재사용하는 방식입니다.
5. POST, DELETE 메서드 캐싱의 기본은 응답으로 받게 될 데이터를 예측하고 미리 캐시에 값을 반영하는 **긍정적 응답** 방식입니다.

업그레이드 아이디어

1. 일정 반복 기능을 만들어보세요.
2. 주 단위로 일정을 보는 기능을 만들어보세요.
3. 구글 캘린더와 일정을 연동해보세요.

Chapter 20

Project #4
파이어베이스 연동하기
파이어베이스, 파이어스토어

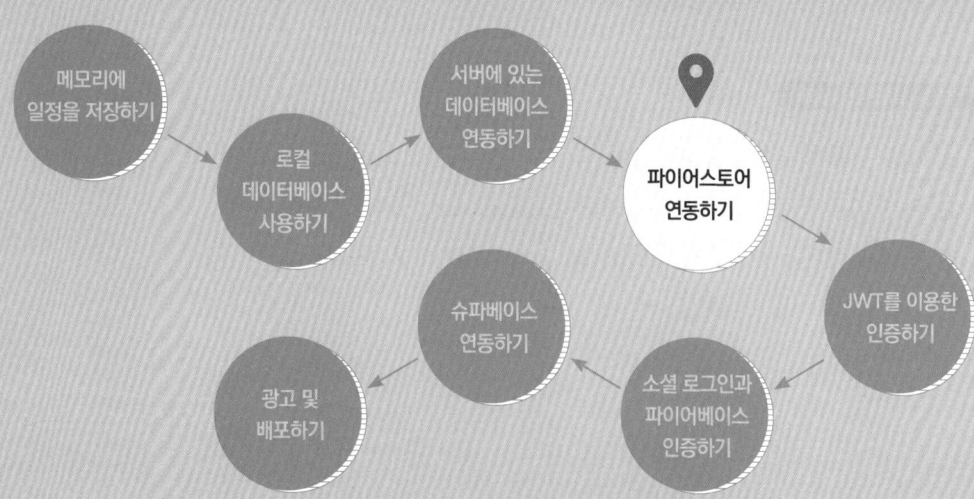

#MUSTHAVE

학습 순서

파이어베이스는 모바일 앱 개발에 유용한 기능들을 제공해주는 서비스입니다. 이번 장에서는 파이어베이스의 NoSQL 데이터베이스인 파이어스토어를 사용해서 일정 관리 앱의 데이터를 다룰 수 있도록 코드를 수정해보겠습니다.

학습 순서

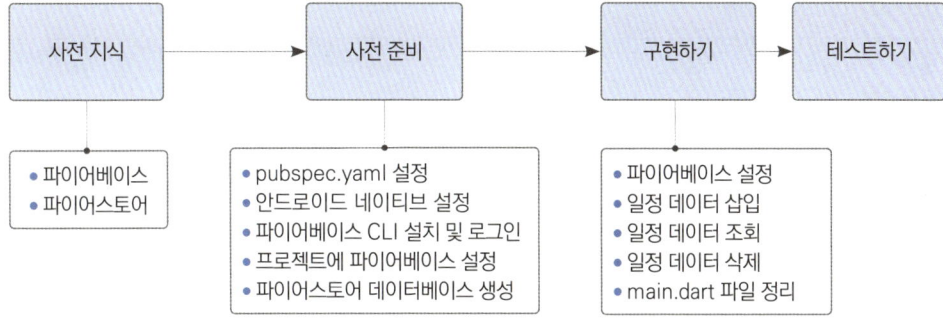

프로젝트 구상하기

파이어베이스를 데이터베이스로 사용하도록 19장까지 구현한 nestJS 서버 기반의 '일정 관리' 앱을 수정하며 프로젝트를 진행합니다. Provider로 API 연동한 기능을 제거하고 파이어베이스를 대신 연동해보겠습니다.

> **NOTE** 파이어베이스 플러그인 추가 이후 실행 시, '**Multidex Error**'가 발생할 경우 부록 'D.2 Multidex error'를 확인해주세요.

20.1 사전 지식

20.1.1 파이어베이스

파이어베이스^{Firebase}는 구글이 인수한 모바일 앱 개발에 최적화된 기능을 제공하는 서비스입니다. 플러터뿐만 아니라 다른 앱 개발 프레임워크 그리고 웹이나 서버에서도 이용할 수 있습니다. 이번 장에서는 파이어베이스의 데이터베이스 기능인 파이어스토어^{Firestore}만 사용하지만 파이어베이스에는 이외에도 수많은 기능이 있습니다. 다음 표에서 주요 기능을 정리해두었습니다.

▼ 파이어베이스 기능 소개

이름	기능
Authentication	소셜 인증, 이메일 인증, 핸드폰 인증 등의 기능을 쉽게 연동하도록 해줍니다.
App Check	보안 기능으로 허가되지 않은 클라이언트가 API 요청을 해 리소스를 낭비하는 걸 막을 수 있습니다.
Firestore	실시간으로 클라이언트와 서버의 데이터를 연동할 수 있고 강력한 쿼리 기능을 제공해주는 NoSQL 데이터베이스입니다.
Realtime Database	파이어스토어와 비슷한 NoSQL 데이터베이스 기능을 제공합니다. 빠른 속도와 효율에 초점이 맞춰져 있습니다.
Storage	이미지, 오디오, 비디오 등 사용자가 생성하는 콘텐츠를 저장할 수 있는 저장소입니다.
Hosting	웹 앱, 정적 및 동적 콘텐츠, 마이크로서비스를 빠르고 안정적으로 호스팅할 수 있습니다.
Functions	파이어베이스 또는 HTTPS 요청에 의해 서버 코드를 실행할 수 있는 기능입니다. 트래픽에 따라 필요한 만큼 자동으로 확장되기 때문에 인프라 관리가 필요 없습니다.
Machine Learning	간단한 몇 줄의 코드만으로 텍스트 인식, 이미지 라벨링, 물체 감지 및 추적, 얼굴 감지 및 윤곽 추적 등 머신러닝 기능을 사용할 수 있습니다.
Remote Config	앱의 동작 모양과 기능을 앱을 새로 배포하지 않고도 변경하도록 편의성 기능을 제공해줍니다.
Crashlytics	앱에 충돌이 있을 경우 정확한 문제와 로그를 파악할 수 있는 기능입니다.
Performance	앱 성능을 모니터링할 수 있는 기능입니다.
Test Lab	구글 데이터 센터에 실행되고 있는 여러 실제 프로덕션 기기를 사용해 앱을 테스트할 수 있습니다.
App Distribution	앱을 더 빠르고 쉽게 배포할 수 있습니다.

Analytics	앱의 트래픽과 사용자의 활동 등을 모니터링하고 분석할 수 있습니다.
Messaging	푸시 알림을 쉽게 설정할 수 있습니다.

20.1.2 파이어스토어

이번 장에서 사용할 파이어베이스의 기능인 파이어스토어는 NoSQL 데이터베이스입니다. 필요한 서버와 인프라 관리를 구글에서 해주기 때문에 백엔드 프로그래밍에 대해 크게 신경 쓸 필요 없이 서버를 구성할 수 있습니다. 클라이언트와 서버의 데이터를 실시간으로 연동하고 오프라인 지원이 자동으로 되어서 네트워크 지연과 인터넷 연결과 관계없이 데이터를 저장할 수 있습니다. 또한 파이어베이스에서 제공하는 파이어스토어 SDK를 사용하면 따로 HTTP 요청 코드를 작성할 필요 없이 제공되는 SDK로 직관적인 프로그래밍을 할 수 있습니다.

파이어스토어는 유연한 가격 모델을 책정합니다. 넓은 범위에서 무료 기능을 제공하고 사용량이 늘어나면 사용한 만큼 돈을 내는 형태인 'Pay As You Go' 모델입니다. 이번 프로젝트는 간단한 기능만 구현하기 때문에 무료로 제공되는 범위에서 진행할 수 있습니다. 하지만 프로덕션에서 파이어스토어를 사용한다면 다음 가격 모델을 참조하기 바랍니다.

▼ 파이어스토어 가격 모델[1]

기능	무료 제공	추가 가격(2023년 12월 기준)
문서 읽기	50,000회	10만 개당 $0.06
문서 쓰기	20,000회	10만 개당 $0.18
문서 삭제	20,000회	10만 개당 $0.02
저장된 데이터	1GB	GB당 $1.04/월

파이어스토어는 두 가지 데이터 개념이 있습니다. 컬렉션^{collection}과 문서^{document}입니다. SQL 기반의 데이터베이스와 비교하면 컬렉션은 테이블에 해당되고 문서는 열^{row}에 해당됩니다. NoSQL 문서는 SQL 데이터베이스와 비교해 더 유연한 데이터 구조를 사용할 수 있습니다. 예를 들어서

---

[1] https://firebase.google.com/pricing

SQL의 테이블에는 행과 열의 조합으로 하나의 행과 열 조합에는 하나의 값만 입력할 수 있습니다. 하지만 NoSQL의 문서에서는 키와 값의 조합으로 하나의 값이 들어가는 위치에 리스트나 맵 등 완전한 JSON 구조를 통째로 저장할 수 있습니다.

예를 들어 아래의 데이터 구조를 테이블로 만들면 다음과 같이 테이블 2개가 필요합니다.

```
{
  "name": "코드팩토리",
  "age": 31,
  "favoriteFoods": ["치킨", "피자", "라면"]
}
```

▼ Person Table

name	age
코드팩토리	31

▼ Food Table

person	name
코드팩토리	치킨
코드팩토리	피자
코드팩토리	라면

하지만 NoSQL에서는 JSON 형식를 있는 그대로 저장할 수 있습니다. 그러니 파이어스토어 또한 위 예제 데이터를 있는 그대로 문서에 저장할 수 있습니다. 파이어스토어는 일반 데이터베이스와 마찬가지로 문서 삽입, 삭제, 조회, 업데이트 기능을 제공합니다.

파이어스토어 문서 삽입

파이어스토어에 문서를 삽입하는 방법은 대표적으로 두 가지가 있습니다. 첫 번째로 add( ) 함수를 이용한 삽입 방법입니다. add( ) 함수를 이용해서 문서를 삽입하면 파이어스토어에서 자동으로 문서의 ID값을 생성해줍니다.

```
final data = {
 'name': '코드팩토리',
 'age': 31,
 'favoriteFoods': ['치킨', '피자', '라면'],
};

// ❶ add() 함수로 문서 삽입하기
FirebaseFirestore.instance
    .collection('person')
    .add(data);
```

add() 함수를 이용한 삽입 방법

❶ FirebaseFirestore.instance를 실행하면 현재 플러터 프로젝트와 연동된 파이어스토어 기능을 불러올 수 있습니다. collection( ) 함수는 문서를 저장할 컬렉션을 지정합니다. 매개변수에 컬렉션 이름을 입력합니다. add( ) 함수는 삽입할 문서를 입력할 수 있습니다. 매개변수에 Map 형태의 데이터를 입력해주면 됩니다.

▼ 파이어스토어 콘솔에 데이터가 형성된 모습[2]

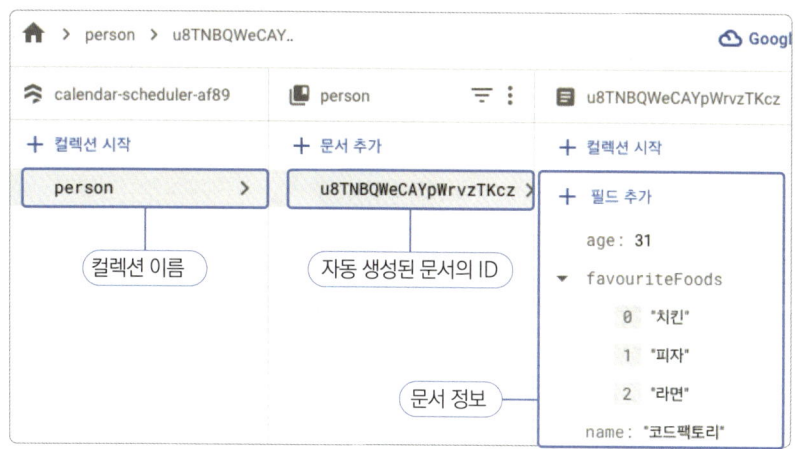

add( ) 함수와 다르게 set( ) 함수를 이용하면 직접 문서의 ID값을 지정할 수 있습니다.

```
final data = {
 'name': '코드팩토리',
```

set( ) 함수를 이용한 삽입 방법

---

2 파이어스토어 콘솔 접속법은 20.2.5 '파이어스토어 데이터베이스 생성하기'에서 다룹니다.

```
    'age': 31,
    'favoriteFoods': ['치킨', '피자', '라면'],
};

// ❶ set() 함수로 문서 삽입하기
FirebaseFirestore.instance
    .collection('person')
    .doc('1')
    .set(data);
```

❶ collection( ) 함수까지는 add( ) 함수를 실행할 때와 같습니다. 하지만 다음으로 doc( ) 함수를 실행하면 문서의 ID값을 매개변수에 넣어줄 수 있습니다. 다음으로 set( ) 함수를 실행하고 첫 번째 매개변수에 저장하고 싶은 데이터를 입력해주면 ID값에 해당되는 데이터를 저장할 수 있습니다.

▼ 파이어스토어 콘솔에 데이터가 형성된 모습

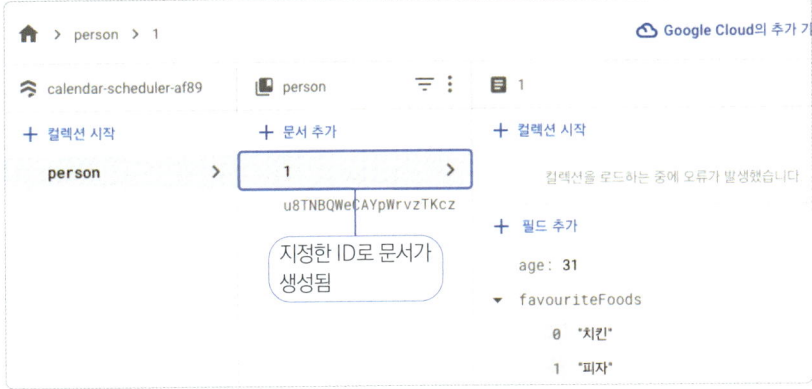

파이어스토어 문서 삭제

파이어스토어에서 특정 문서를 삭제할 때는 delete( ) 함수를 사용하면 됩니다.

delete( ) 함수를 이용한 문서 삭제 방법

```
// ❶ delete() 함수로 문서 삭제하기
FirebaseFirestore.instance
    .collection('person')
    .doc('1')
    .delete();
```

❶ doc( ) 함수를 실행할 때까지는 set( ) 함수로 문서를 삽입하는 과정과 같습니다. collection( ) 함수에 선택할 컬렉션 이름을 입력하고 doc( ) 함수에 삭제할 문서의 ID를 입력해줍니다. 마지막으로 delete( ) 함수를 실행해주면 선택된 문서가 삭제됩니다.

파이어스토어 문서 조회

파이어스토어는 아주 강력한 문서 조회 기능을 제공합니다. 데이터가 변경될 때마다 실시간으로 (Stream) 업데이트를 반영받을 수도 있고 1회성으로 (Future) 데이터를 업데이트받을 수도 있습니다.

```
// ❶ 실시간으로 컬렉션 업데이트받기                    Stream으로 실시간 데이터 업데이트받기
FirebaseFirestore.instance
    .collection('person')
    .snapshots();
```

❶ collection( ) 함수에 snapshots( ) 함수를 실행하면 컬렉션의 모든 문서를 Stream〈QuerySnapshot〉 형태로 받아올 수 있습니다. Stream 형태로 받아오기 때문에 컬렉션의 데이터가 업데이트되면 즉시 화면에 반영됩니다.

Stream 형태로 문서를 받아오면 데이터 조회를 과도하게 많이 하게 될 수 있습니다. 그래서 파이어스토어는 Future 형태로 일회성으로 데이터를 가져오는 기능도 제공해줍니다.

```
// ❶ 일회성으로 컬렉션 받아오기                       Future로 일회성으로 데이터 받아오기
FirebaseFirestore.instance
    .collection('person')
    .get();
```

❶ get( ) 함수를 실행하면 Future〈QuerySnapshot〉이 반환됩니다. 즉, 실행하는 순간 한 번만 데이터를 받아오고 지속적으로 업데이트하지는 않습니다.

특정 문서를 가져오고 싶으면 doc( ) 함수를 사용하면 됩니다. 가져오고 싶은 문서의 ID값을 매개변수에 입력해주면 선택한 문서를 불러올 수 있습니다. 이후 snapshots( ) 함수로 Stream을 받아오거나 get( ) 함수로 일회성으로 Future를 받아올 수 있습니다.

특정 문서 가져오기

```
FirebaseFirestore.instance
    .collection('person')
    .doc('1')
    .snapshots();
```

파이어베이스 문서 업데이트

문서를 업데이트할 때는 update( ) 함수를 사용하면 됩니다.

update( ) 함수로 문서 업데이트하기

```
// ❶ 컬렉션의 특정 문서 업데이트하기
FirebaseFirestore.instance
    .collection('person')
    .doc('1')
    .update({
      'name': '골든래빗',
    });
```

❶ update( ) 함수를 실행하면 선택된 문서들을 update( ) 함수에 입력된 값들로 업데이트할 수 있습니다. 이 예제에서는 ID가 1인 문서의 name값이 '골든래빗'으로 변경됩니다.

20.2 사전 준비

이번 사전 준비에서는 pubspec.yaml 파일을 수정하고 파이어베이스 및 파이어스토어 기능을 설정하는 데 초점을 맞추겠습니다.

20.2.1 pubspec.yaml 파일 설정하기

기존에 추가되어 있는 플러그인 아래에 이번 프로젝트에서 사용할 파이어베이스 플러그인들을 추가합니다.

pubspec.yaml

```
dependencies:
    ... 생략 ...
    firebase_core: 3.6.0        # 파이어베이스 코어(기본) 플러그인
    cloud_firestore: 5.4.4      # 파이어스토어 플러그인
```

20.2.2 iOS 네이티브 설정하기

Firebase 플러그인들을 사용하려면 iOS 최소 버전(iOS Minimum Deployment Version)을 13 이상으로 설정해야 합니다.

To Do **01** [iOS] → [Runner] → [Info.plist] 파일을 열고 코드창의 맨 위에 [Open iOS/macOS module in Xcode] 버튼을 눌러서 XCode를 실행합니다.

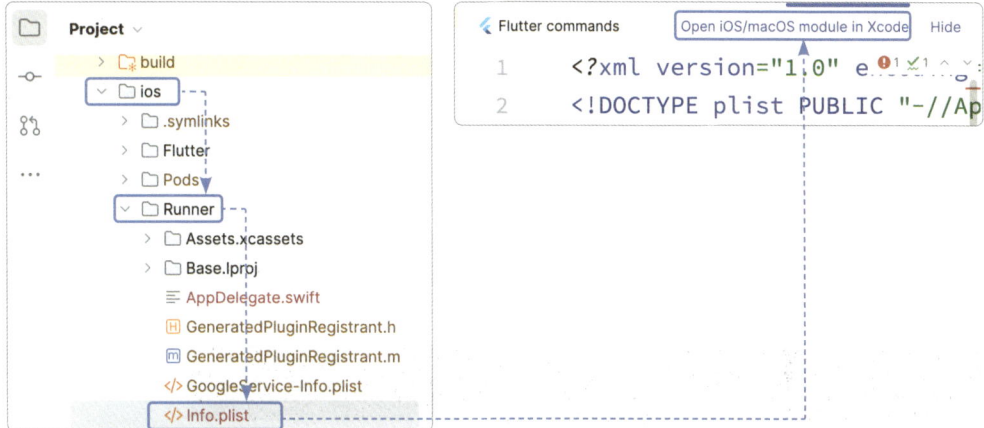

02 [Runner] → [Runner] → [General]을 클릭한 후 Minimum Deployments iOS 버전을 13 버전으로 입력합니다.

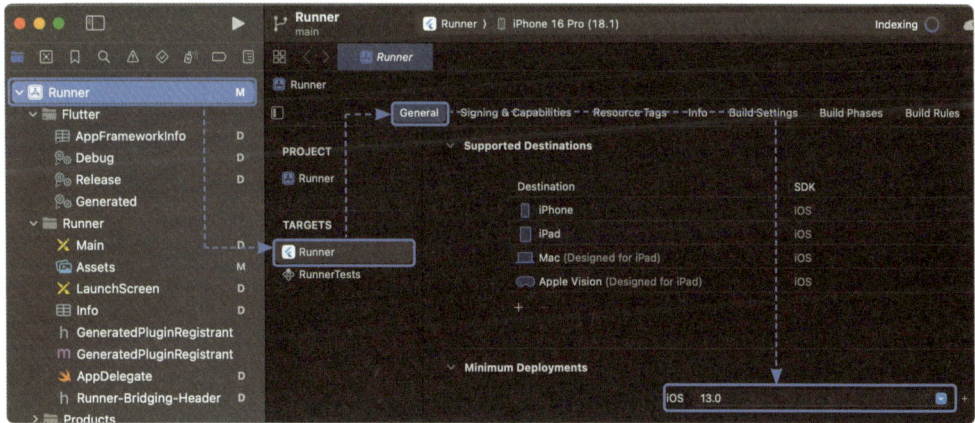

20.2.3 파이어베이스 CLI 설치 및 로그인하기

파이어스토어는 파이어베이스에서 제공하는 기능입니다. 파이어베이스 CLI를 설치하면 터미널이나 커맨드에서 쉽게 파이어베이스 기능을 다룰 수 있습니다. macOS와 윈도우 각각에 파이어베이스 CLI를 설치하는 방법을 알아보겠습니다.

To Do macOS에서 설치 및 로그인

01 터미널에서 다음 커맨드를 실행하면 파이어베이스 CLI를 내려받아 설치할 수 있습니다.

```
curl -sL https://firebase.tools | bash
```

02 실행이 완료되면 다음 코드를 터미널에서 실행하여 버전 정보가 잘 나오는지 확인해주세요.

```
firebase --version
```

```
(base) jihochoi@Jiui-MacBookPro libraries % firebase --version
11.16.0
(base) jihochoi@Jiui-MacBookPro libraries %
```

03 다음 코드를 실행해서 로그인 과정을 진행해주세요.

```
firebase login
```

To Do 윈도우에서 설치 및 로그인

01 인터넷 브라우저를 이용해서 다음 링크를 접속해주세요.
- firebase.google.com/docs/cli#install-cli-windows

02 접속한 사이트의 [Windows용 파이어베이스 CLI 바이너리]를 눌러서 설치 파일을 내려받으세요.

독립 실행형 바이너리   npm

Firebase CLI용 바이너리를 다운로드하고 실행하려면 다음 단계를 따르세요.

1. Windows용 Firebase CLI 바이너리를 다운로드합니다.
2. 바이너리에 액세스하여 `firebase` 명령을 실행할 수 있는 셸을 엽니다.
3. 계속해서 로그인하고 CLI를 테스트합니다.

03 내려받기가 완료되면 설치 파일을 실행해서 기본 설치를 해주세요.

04 설치 과정에서 파이어베이스 CLI 로그인도 진행됩니다. 로그인이 진행되지 않았다면 다음 명령을 실행해서 로그인 과정을 진행해주세요.

```
firebase login
```

20.2.4 프로젝트에 파이어베이스 설정하기

플러터 프로젝트에 파이어베이스 설정을 추가하려면 FlutterFire CLI를 설치하고 설정 기능을 실행해줘야 합니다. 19장 프로젝트를 안드로이드 스튜디오로 실행하고 파이어베이스 설정을 추가하겠습니다.

To Do 01 안드로이드 스튜디오의 [Terminal] 탭을 눌러서 터미널/커맨드를 열고 다음 명령을 실행해서 FlutterFire CLI를 설치합니다.

```
> dart pub global activate flutterfire_cli
'git'은(는) 내부 또는 외부 명령, 실행할 수 있는 프로그램, 또는배치 파일이 아닙니다.
Building flutter tool...
Running pub upgrade...
Package flutterfire_cli is currently active at version 0.2.7.
Resolving dependencies...
The package flutterfire_cli is already activated at newest available version.
To recompile executables, first run 'dart pub global deactivate flutterfire_cli'.
Installed executable flutterfire.
Warning: Pub installs executables into
C:\Users\codefactory\AppData\Local\Pub\Cache\bin, which is not on your path.
You can fix that by adding that directory to your system's "Path" environment
variable.
A web search for "configure windows path" will show you how.         ❶
Activated flutterfire_cli 0.2.7.    # 성공 메시지
```

> **NOTE** ❶과 같은 경고 문구가 보이면 윈도우 환경에서 환경 변수 Path에 **C:\Users\{윈도우 사용자이름}\AppData\Local\Pub\Cache\bin**를 추가하고 나서 안드로이드 스튜디오를 재실행하고 나서 이후 과정을 진행해주세요. 환경 변수 추가 방법은 0.1.2 '환경 변수 설정'을 참조해주세요.
>
> macOS 환경에서도 마찬가지로 콘솔에 제시된 경로를 환경변수에 추가해주면 됩니다. 일반적으로 맥에서는 **$HOME/.pub-cache/bin** 경로를 추가하면 됩니다.

02 다음 링크에 접속해서 파이어베이스 Console로 이동해주세요. 파이어베이스 CLI에서 로그인했던 계정으로 콘솔을 접속해주세요.

- console.firebase.google.com

03 [프로젝트 추가] 버튼을 누릅니다.

04 프로젝트 이름을 지정하고 라이선스에 동의합니다. ❶ 프로젝트 이름을 입력하면 바로 아래에 프로젝트의 고유 식별자가 생성됩니다. 입력을 완료하면 ❷의 [계속] 버튼을 눌러주세요.

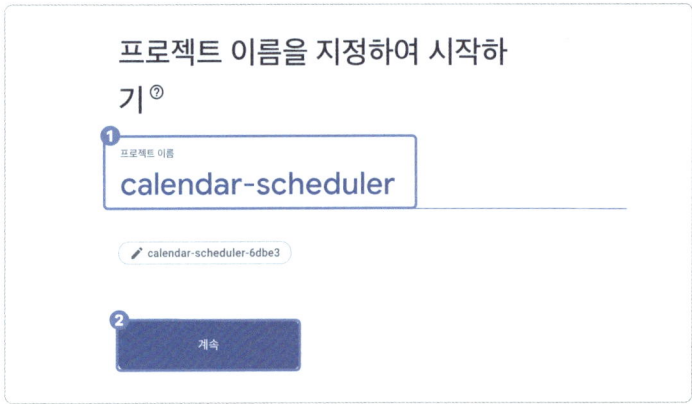

05 ❶ 애널리틱스 사용 설정을 한 후 ❷ [계속] 버튼을 누릅니다. **05**번부터 **08**번까지는 계정의 상황에 따라 보일 수도 있고 보이지 않을 수도 있습니다. 나타나면 진행주고 그렇지 않다면 **09**번 프로젝트 생성을 진행해주세요.

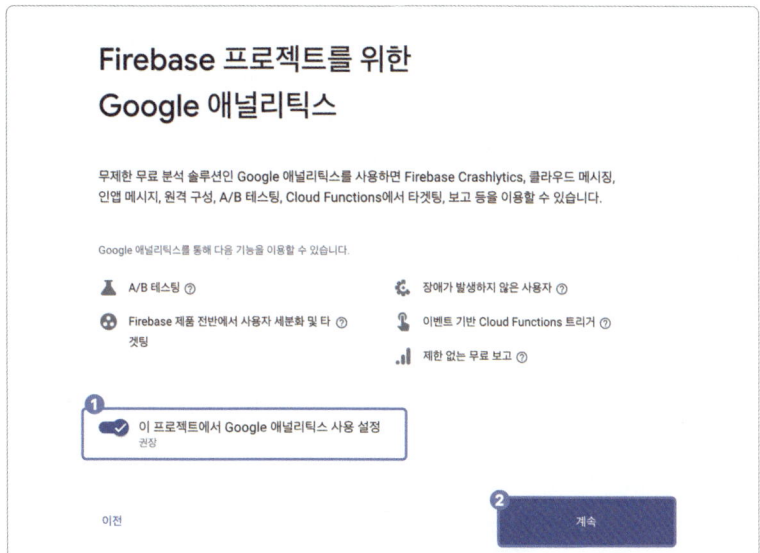

06 새 계정 만들기를 누릅니다.

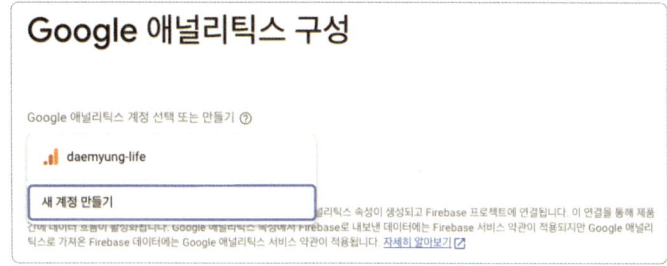

07 ❶ 새 애널리틱스 계정 이름을 지정하고 ❷ [저장] 버튼을 누릅니다.

08 ❶ 약관에 동의하고 ❷ [프로젝트 만들기] 버튼을 누릅니다.

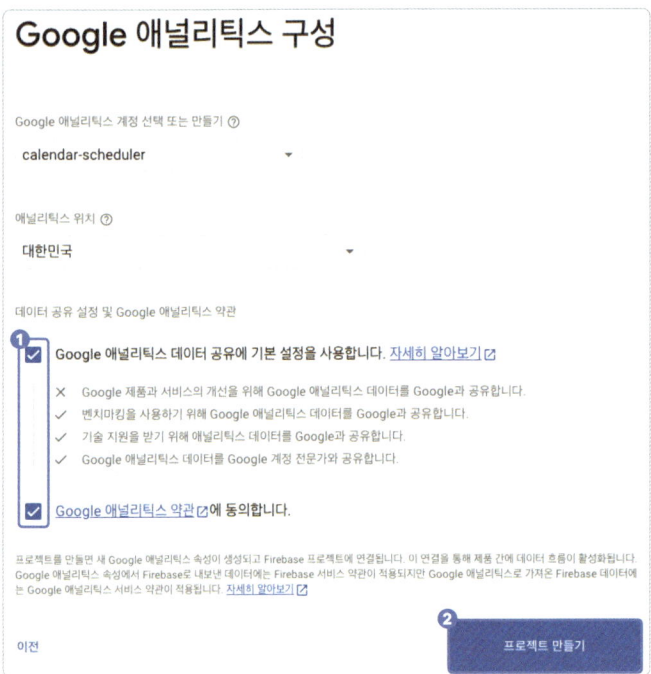

09 프로젝트가 생성되면 [계속] 버튼을 누릅니다.

10 이동한 화면은 프로젝트 콘솔입니다. 앞으로 '파이어베이스 프로젝트 콘솔로 이동하라'고 이 야기하면 이 화면으로 이동하면 됩니다. **프로젝트 ID는 주소 표시줄 중간에 들어 있습니다. 이 값을 복사하세요.**

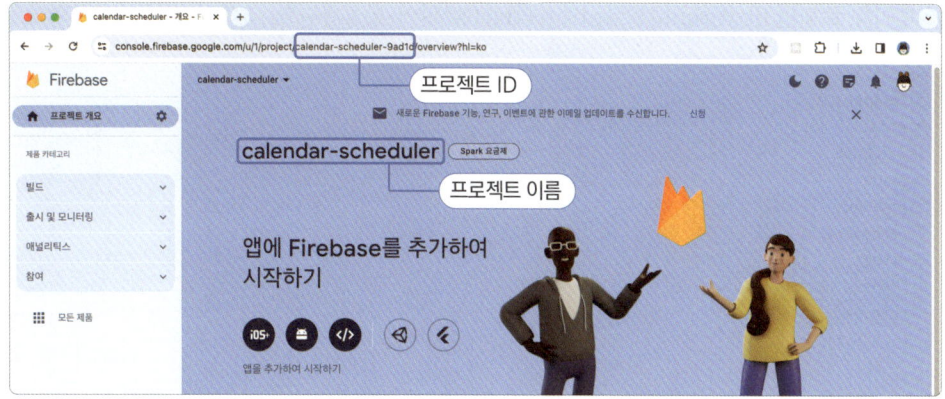

11 이제 생성한 파이어베이스 프로젝트를 플러터 프로젝트에 적용해야 합니다. 안드로이드 스튜디오 터미널로 돌아가서 다음 세 명령어를 차례대로 실행하겠습니다.

> **NOTE** 만약 'could load such file --xcodeproj' 관련 오류가 나타나면 'sudo gem install xcodeproj'를 실행해보세요.

```
flutterfire configure -p <프로젝트 ID>
```

12 명령어를 실행하면 어떤 플랫폼을 사용할 건지 선택하는 창이 나옵니다. 기본으로 android와 iOS가 선택되어 있지만 선택이 안 돼 있다면 화살표 키와 스페이스바를 이용해서 선택해주세요. 선택이 완료되면 Enter 를 눌러주세요.

```
(base) jihochoi@Jiui-MacBookPro calendar_scheduler % flutterfire configure -p calendar-scheduler-af89
i Found 1 Firebase projects. Selecting project calendar-scheduler-af89.
? Which platforms should your configuration support (use arrow keys & space to select)? ›
✓ android
✓ ios
  macos
  web
```

13 다음과 같이 android/build.gradle과 android/app/build.gradle 파일을 변경해도 될지 질문이 실행되면 yes를 입력하고 Enter 를 누르면 됩니다.

```
? The files android/build.gradle & android/app/bu
ild.gradle will be updated to apply Firebase conf
iguration and gradle build plugins. Do you want t
o continue? (y/n) › yes
```

14 실행이 완료되면 lib/firebase_options.dart 파일이 생성됩니다.

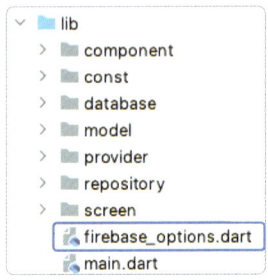

20.2.5 파이어스토어 데이터베이스 생성하기

파이어베이스 프로젝트를 생성하려면 사용할 파이어스토어 데이터베이스를 생성해야 합니다. 다음 과정을 따라서 데이터베이스를 생성하겠습니다.

To Do 01 프로젝트 개요의 [설정] 버튼을 누르고 [프로젝트 설정] 버튼을 눌러주세요.

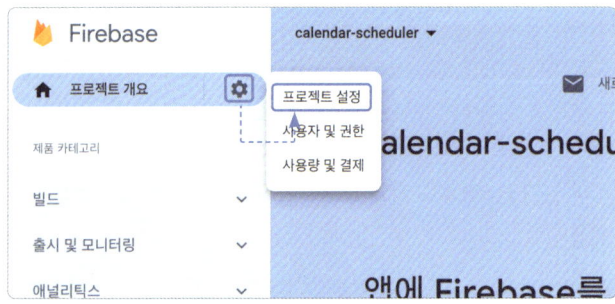

02 [기본 GCP 리소스 위치]를 선택해주세요.

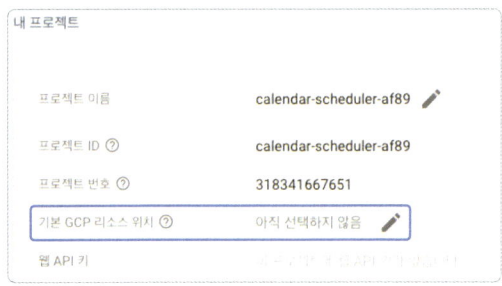

03 현재 거주하는 위치와 가장 가까운 지역을 선택한 후 [완료] 버튼을 선택해주세요. 보통은 자동으로 선택되어 있습니다. 그다음 [완료] 버튼을 눌러주세요.

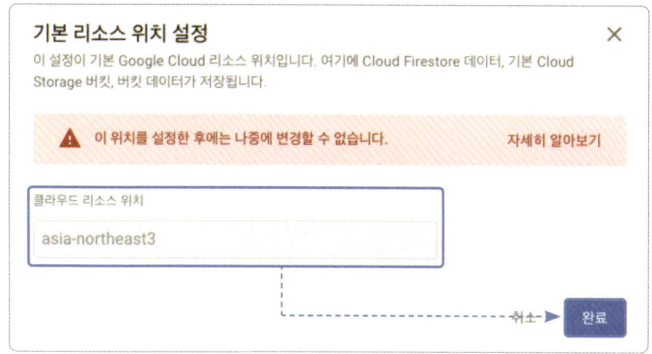

04 '파이어베이스 프로젝트 콘솔'로 이동해서 ❶ [빌드] 탭의 ❷ [Firestore Database] 버튼을 눌러주세요.

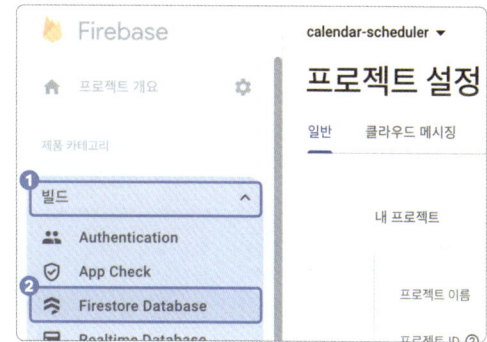

이후로 진행할 **05**, **06**, **07**번은 파이어스토어 데이터베이스를 설정하는 과정입니다(이미 과거에 파이어스토어를 설정한 적이 있다면 진행할 필요 없습니다).

05 다음 화면에서 [데이터베이스 만들기] 버튼을 눌러주세요.

06 ❶ 이름 및 위치 설정에서 위치를 'asia-northeast3(seoul)'로 설정하고 ❷ 보안 규칙에서 '테스트 모드에서 시작'을 체크한 다음 [사용 설정]을 눌러 데이터베이스 만들기를 완료하세요.

> **NOTE** 데이터베이스 만들기를 하고 나서 오류가 발생하면 파이어스토어 데이터베이스 대시보드 홈에서 [새로고침]을 누르고 안내에 따라 데이터베이스 설정을 'Native 모드'로 바꾸세요.

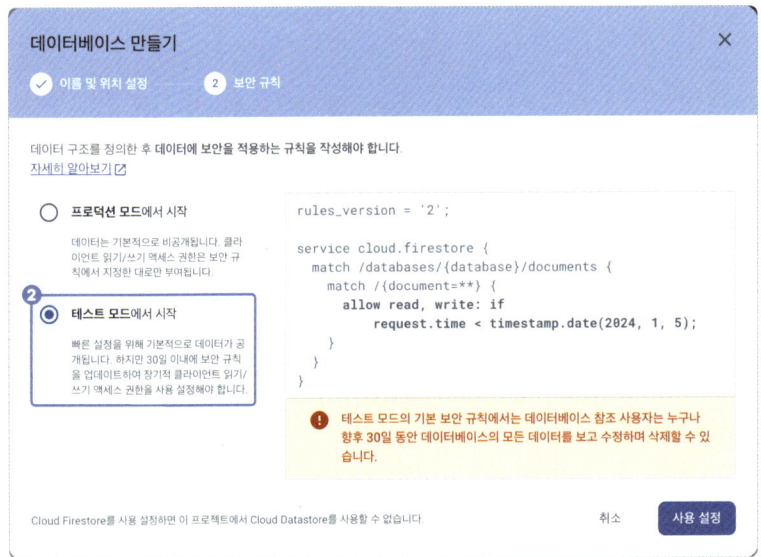

07 다음과 같이 파이어스토어 콘솔이 실행되면 [규칙] 버튼을 누르고 규칙이 **allow read, write: if false;**로 작성돼 있다면 **allow read, write: if true;**로 변경해서 데이터베이스를 접근하도록 해주세요. 이미 true로 설정돼 있다면 따로 변경할 필요가 없습니다. 변경을 했다면 [게시] 버튼을

눌러서 저장해주세요.

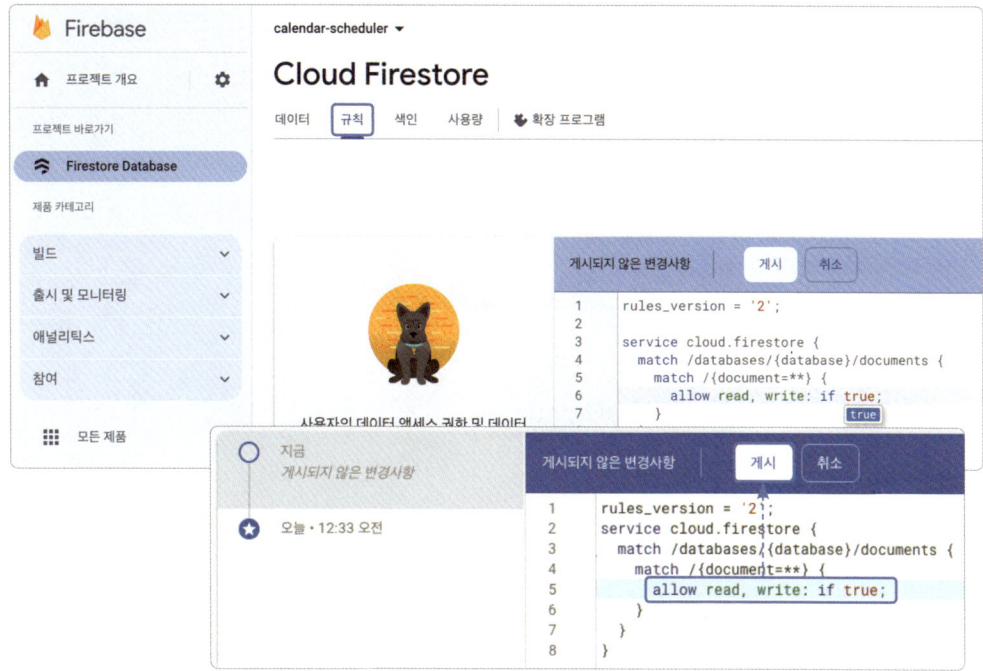

20.3 구현하기

19장 '서버와 연동하기'에서 이미 UI와 저자가 제공한 서버의 API 연동을 완료해두었습니다. 서버 API와 연동된 로직을 파이어스토어와 연동하는 로직으로 변경하면 쉽게 파이어스토어와 연동을 완료할 수 있습니다.

20.3.1 파이어베이스 설정 추가하기

파이어베이스는 파이어스토어뿐만 아니라 여러 기능을 지원합니다. 하지만 파이어베이스에 포함되어 있는 기능이라면 한 번의 설정만으로 모든 기능을 사용할 수 있습니다.

To Do **01** firebase_core 플러그인에서 제공하는 Firebase.initializeApp() 함수를 사용하면 플러터 앱에 파이어베이스 설정을 추가할 수 있습니다.

```
... 생략 ...                                                    lib/main.dart
import 'package:firebase_core/firebase_core.dart';
import 'package:calendar_scheduler/firebase_options.dart';

void main() async {
  WidgetsFlutterBinding.ensureInitialized();

  // ❶ 파이어베이스 프로젝트 설정 함수
  await Firebase.initializeApp(
    options: DefaultFirebaseOptions.currentPlatform,
  );

  await initializeDateFormatting();

  final database = LocalDatabase();

  final repository = ScheduleRepository();
  final scheduleProvider = ScheduleProvider(repository: repository);

  GetIt.I.registerSingleton<LocalDatabase>(database);

  runApp(
    ChangeNotifierProvider(
      create: (_) => scheduleProvider,
      child: MaterialApp(
        debugShowCheckedModeBanner: false,
        home: HomeScreen(),
      ),
    ),
  );
}
```

❶ Firebase.initializeApp() 함수를 실행하면 플러터 프로젝트에 Firebase 초기화를 할 수 있습니다. options 매개변수에 DefaultFirebaseOptions.currentPlatform을 입력해주면 lib/firebase_options.dart 파일에 설정된 프로젝트 설정으로 플러터 프로젝트에 파이어베이스 프로젝트를 설정할 수 있습니다.

20.3.2 일정 데이터 삽입하기

> **To Do** **01** 현재 component/schedule_bottom_sheet.dart 파일에 있는 ScheduleBottomSheet 위젯의 onSavePressed( ) 함수에서 저장 기능을 실행합니다. 이 함수의 로직을 변경해서 파이어스토어에 데이터를 저장하도록 하겠습니다.

```
                                                    lib/component/schedule_bottom_sheet.dart
... 생략 ...
import 'package:provider/provider.dart';
import 'package:calendar_scheduler/provider/schedule_provider.dart';

import 'package:uuid/uuid.dart';
import 'package:cloud_firestore/cloud_firestore.dart';
... 생략 ...
class _ScheduleBottomSheetState extends State<ScheduleBottomSheet> {
  ... 생략 ...
  void onSavePressed(BuildContext context) async {
    if (formKey.currentState!.validate()) {
      formKey.currentState!.save();

      // ❶ 스케줄 모델 생성하기
      final schedule = ScheduleModel(
        id: Uuid().v4(),
        content: content!,
        date: widget.selectedDate,
        startTime: startTime!,
        endTime: endTime!,
      );

      // ❷ 스케줄 모델 파이어스토어에 삽입하기
      await FirebaseFirestore.instance
          .collection(
        'schedule',
      )
          .doc(schedule.id)
          .set(schedule.toJson());

      context.read<ScheduleProvider>().createSchedule(
            schedule: ScheduleModel(
              id: 'new_model',
```

```
            content: content!,
            date: widget.selectedDate,
            startTime: startTime!,
            endTime: endTime!,
          ),
        );

        Navigator.of(context).pop();
      }
    }
... 생략 ...
```

❶ ScheduleModel을 생성합니다. ID값은 UUID로 생성해서 입력해줍니다. ❷ Firebase Firestore.instance.collection()을 실행하면 특정 컬렉션을 가져올 수 있습니다. collection() 함수의 첫 번째 매개변수에는 가져오고 싶은 컬렉션 이름을 입력하면 됩니다. 다음으로는 doc() 함수를 실행해서 저장하고 싶은 문서의 ID값을 입력해주고 이어서 set() 함수를 실행한 후 저장하고 싶은 데이터를 입력해줍니다.

02 앱을 실행한 후 FloatingActionButton을 누르고 ScheduleBottomSheet를 실행해서 일정을 생성합니다.

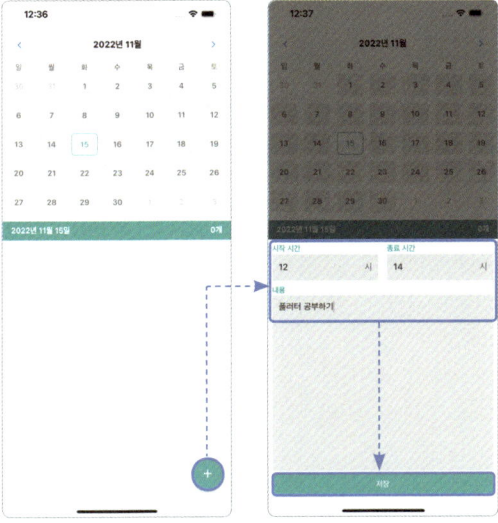

03 파이어스토어 콘솔로 이동해서 데이터가 잘 생성되었는지 확인합니다.

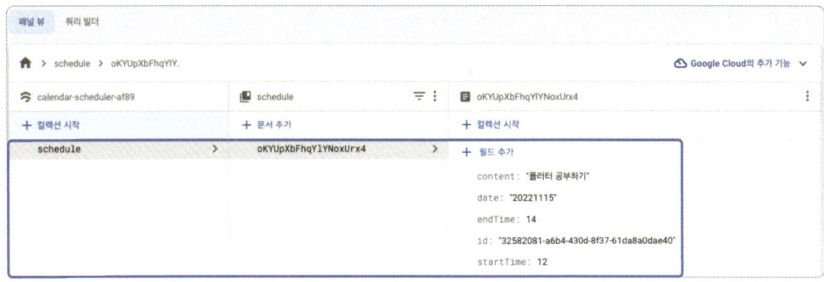

20.3.3 일정 데이터 조회하기

scheulde 컬렉션에 일정을 추가했으니 일정을 조회해서 달력의 특정 날짜가 선택될 때마다 해당 일정을 보여줘야 합니다. 파이어스토어로부터 Stream을 이용해서 데이터를 받아온 후 일정 정보를 화면에 보여주도록 수정하겠습니다.

To Do 일정 데이터 받아오기

01 lib/screen/home_screen.dart 파일의 HomeScreen 위젯에서 더는 provider가 필요 없습니다. build() 함수의 최상단에 선언해두었던 provider 관련 코드를 삭제하겠습니다. Provider 관련 코드를 모두 삭제하면 해당 값들을 참조하는 코드에서 에러가 나기 시작합니다. 앞으로 하나씩 에러를 제거해나가니 신경쓰지 않아도 됩니다.

```
··· 생략 ···                                    lib/screen/home_screen.dart
class HomeScreen extends StatelessWidget {
  // ❷ 선택된 날짜를 관리할 변수
  DateTime selectedDate = DateTime.utc(
    DateTime.now().year,
    DateTime.now().month,
    DateTime.now().day,
  );

  @override
  Widget build(BuildContext context) {

    // provider 관련 코드 삭제
```

```
  final provider = context.watch<ScheduleProvider>();
  final selectedDate = provider.selectedDate;
  final schedules = provider.cache[selectedDate] ?? [];

  return Scaffold(
    ... 생략 ...
  );
}

... 생략 ...
}
```

02 Provider를 사용할 때는 provider의 내부에서 선택된 날짜를 관리했습니다. 하지만 이제는 provider를 사용하지 않으니 HomeScreen을 StatefulWidget으로 변경해서 선택된 날짜와 관련된 상태 관리를 진행하겠습니다.

lib/screen/home_screen.dart
```
import 'package:cloud_firestore/cloud_firestore.dart';
import 'package:calendar_scheduler/model/schedule_model.dart';

... 생략 ...

class HomeScreen extends StatefulWidget {
 @override
 State<HomeScreen> createState() => _HomeScreenState();
}

class _HomeScreenState extends State<HomeScreen> {
class HomeScreen extends StatelessWidget {
  ... 생략 ...

  void onDaySelected(
    DateTime selectedDate,
    DateTime focusedDate,
    BuildContext context,
  ) {

    // 새로운 날짜가 선택될 때마다 selectedDate값 변경해주기
    setState(() {
```

```
      this.selectedDate = selectedDate;
    });

    // provider 관련 코드 삭제
    final provider = context.read<ScheduleProvider>();
    provider.changeSelectedDate(
      date: selectedDate,
    );
    provider.getSchedules(date: selectedDate);
  }
}
```

03 이제 날짜별 일정 값을 파이어스토어로부터 조회해야 합니다. Stream으로 값을 받아서 화면에 보여주려면 StreamBuilder를 사용해야 합니다. 일정을 보여주고 있는 ListView 위젯을 StreamBuilder로 감싸서 일정들을 화면에 보여주도록 하겠습니다.

lib/screen/home_screen.dart
```
import 'package:cloud_firestore/cloud_firestore.dart';

... 생략 ...
class _HomeScreenState extends State<HomeScreen> {
  DateTime selectedDate = DateTime.utc(
    DateTime.now().year,
    DateTime.now().month,
    DateTime.now().day,
  );

  @override
  Widget build(BuildContext context) {
    return Scaffold(
      floatingActionButton: FloatingActionButton(
        backgroundColor: PRIMARY_COLOR,
        onPressed: () {
          showModalBottomSheet(
            context: context,
            isDismissible: true,
            isScrollControlled: true,
            builder: (_) => ScheduleBottomSheet(
              selectedDate: selectedDate,
```

```
          ),
        );
      },
      child: Icon(
        Icons.add,
      ),
    ),
    body: SafeArea(
      child: Column(
        children: [
          MainCalendar(
            selectedDate: selectedDate,
            onDaySelected: (selectedDate, focusedDate) =>
                onDaySelected(selectedDate, focusedDate, context),
          ),
          SizedBox(height: 8.0),
          TodayBanner(
            selectedDate: selectedDate,
            count: 0,
          ),
          SizedBox(height: 8.0),
          Expanded(

            // StreamBuilder 구현하기
            child: StreamBuilder<QuerySnapshot>(

              // ❶ 파이어스토어로부터 일정 정보 받아오기
              stream: FirebaseFirestore.instance
                  .collection(
                    'schedule',
                  )
                  .where(
                    'date',
                    isEqualTo:
                        '${selectedDate.year}${selectedDate.month.toString().padLeft(2, '0')}${selectedDate.day.toString().padLeft(2, '0')}',
                  )
                  .snapshots(),
              builder: (context, snapshot) {
```

```dart
              // Stream을 가져오는 동안 에러가 났을 때 보여줄 화면
              if (snapshot.hasError) {
                return Center(
                  child: Text('일정 정보를 가져오지 못했습니다.'),
                );
              }

              // 로딩 중일 때 보여줄 화면
              if (snapshot.connectionState == ConnectionState.waiting) {
                return Container();
              }

              // ❷ ScheduleModel로 데이터 매핑하기
              final schedules = snapshot.data!.docs
                  .map(
                    (QueryDocumentSnapshot e) => ScheduleModel.fromJson(
                        json: (e.data() as Map<String, dynamic>)),
                  )
                  .toList();

              return ListView.builder(
                itemCount: schedules.length,
                itemBuilder: (context, index) {
                  final schedule = schedules[index];

                  return Dismissible(
                    key: ObjectKey(schedule.id),
                    direction: DismissDirection.startToEnd,
                    onDismissed: (DismissDirection direction) {

                      // provider 관련 코드 삭제
                      provider.deleteSchedule(
                        date: selectedDate,
                        id: schedule.id,
                      );
                    },
                    child: Padding(
                      padding: const EdgeInsets.only(
```

```
              bottom: 8.0, left: 8.0, right: 8.0),
          child: ScheduleCard(
            startTime: schedule.startTime,
            endTime: schedule.endTime,
            content: schedule.content,
          ),
        ),
      );
    },
  );
              },
        ),
      ),
    ],
   ),
  ),
 );
}

... 생략 ...
}
```

❶ FirebaseFirestore.collection('schedule').snapshots()를 실행하면 파이어스토어의 schedule 컬렉션에 있는 모든 데이터를 스트림으로 받아올 수 있습니다. 하지만 저희가 받아오고 싶은 일정은 selectedDate값과 date 속성이 같은 일정이기 때문에 where() 함수를 실행해서 필터를 진행해줍니다. where() 함수의 첫 번째 매개변수에는 필터를 적용할 필드인 'date'를 입력하고 isEqualTo 매개변수에 등가비교를 할 값인 selectedDate를 년, 월, 일 순으로 입력해주면 됩니다. 그러면 schedule 컬렉션에 저장된 모든 일정 중에 현재 선택된 날짜인 selectedDate값에 해당되는 date 속성을 갖고 있는 일정만 받아올 수 있습니다. padLeft(2, '0')을 실행하면 글자가 2글자보다 적을 경우 왼쪽에 부족한만큼 '0'을 채워넣습니다. 예를 들어 month가 11인 경우 11이 반환되고 2인 경우 02가 반환됩니다.

❷ QuerySnapshot의 data.docs값을 불러오면 쿼리에서 제공받은 모든 데이터를 리스트로 받아올 수 있습니다. 이 각 값은 QueryDocumentSnapshot 형태로 제공됩니다. 미리 만들어 둔 ScheduleModel.fromJson 생성자는 Map⟨String, dynamic⟩ 형태를 입력받기 때문에 QueryDocumentSnapshot에 data() 함수를 실행해서 Map⟨String, dynamic⟩ 형태로 데

이터를 전환하면 ScheduleModel로 데이터를 매핑할 수 있습니다.

04 앱을 에뮬레이터 또는 시뮬레이터에서 실행한 후 일정을 생성한 날짜를 선택하면 삽입했던 일정이 조회되는 걸 확인할 수 있습니다.

To Do 일정 개수 받아오기

01 다음으로 TodayBanner 위젯의 조회 데이터 개수를 변경하겠습니다. 방법은 똑같습니다. TodayBanner를 StreamBuilder로 감싸주고 받아오는 데이터 개수를 TodayBanner에 입력해주겠습니다.

```dart
... 생략 ...
                                                          lib/screen/home_screen.dart
class _HomeScreenState extends State<HomeScreen> {
  DateTime selectedDate = DateTime.utc(
    DateTime.now().year,
    DateTime.now().month,
    DateTime.now().day,
  );

  @override
  Widget build(BuildContext context) {
    return Scaffold(
      floatingActionButton: FloatingActionButton(... 생략 ...),
      body: SafeArea(
        child: Column(
          children: [
            MainCalendar(... 생략 ...),
            SizedBox(height: 8.0),

            // StreamBuilder로 감싸기
            StreamBuilder<QuerySnapshot>(

              // ListView에 적용했던 같은 쿼리
              stream: FirebaseFirestore.instance
                  .collection(
                    'schedule',
                  )
                  .where(
                    'date',
                    isEqualTo:
```

```
                    '${selectedDate.year}${selectedDate.month.toString().
padLeft(2, '0')}${selectedDate.day.toString().padLeft(2, '0')}',
                )
                .snapshots(),
            builder: (context, snapshot) {
              return TodayBanner(
                selectedDate: selectedDate,
                // ❶ 개수 가져오기
                count: snapshot.data?.docs.length ?? 0,
              );
            },
          ),
          SizedBox(height: 8.0),
          Expanded(... 생략 ...),
        ],
      ),
    ),
  );
}

... 생략 ...
}
```

❶ 데이터가 없는 상태여서 null이 반환되면 0을 화면에 보여줍니다.

20.3.4 일정 데이터 삭제하기

이제 밀어서 삭제하기 기능을 구현할 차례입니다. 밀어서 삭제하기 제스처를 실행했을 때 schedule 컬렉션에서 해당되는 데이터를 삭제하겠습니다.

To Do **01** 밀어서 삭제하기 기능은 Dismissible 위젯의 onDismissed 매개변수에 입력한 콜백 함수로 구현했습니다. 이 함수에 파이어스토어 삭제 로직을 작성해서 삭제하기 기능을 구현하겠습니다.

lib/screen/home_screen.dart

```
... 생략 ...
class _HomeScreenState extends State<HomeScreen> {
  ... 생략 ...
```

```
@override
Widget build(BuildContext context) {
  return Scaffold(
    floatingActionButton: FloatingActionButton(... 생략 ...),
    body: SafeArea(
      child: Column(
        children: [
          MainCalendar(... 생략 ...),
          SizedBox(height: 8.0),
          StreamBuilder<QuerySnapshot>(... 생략 ...),
          SizedBox(height: 8.0),
          Expanded(
            child: StreamBuilder<QuerySnapshot>(
              stream: ... 생략 ...,
              builder: (context, snapshot) {
                ... 생략 ...

                return ListView.builder(
                  itemCount: schedules.length,
                  itemBuilder: (context, index) {
                    final schedule = schedules[index];

                    return Dismissible(
                      key: ObjectKey(schedule.id),
                      direction: DismissDirection.startToEnd,
                      onDismissed: (DismissDirection direction) {

                        // ❶ 특정 문서 삭제하기
                        FirebaseFirestore.instance
                            .collection('schedule')
                            .doc(schedule.id)
                            .delete();
                      },
                      child: ... 생략 ...,
                    );
                  },
                );
              },
            ),
```

```
            ),
          ],
        ),
      ),
    );
  }

  ... 생략 ...
}
```

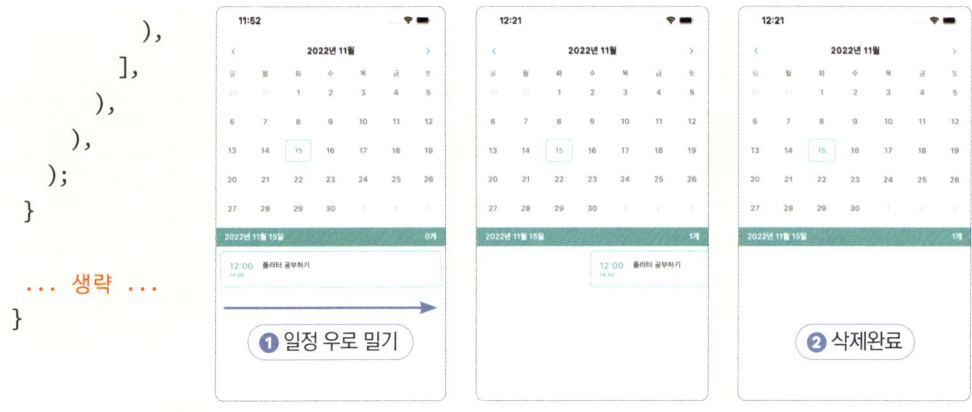

❶ 컬렉션의 doc() 함수를 실행하면 컬렉션의 특정 문서를 가져올 수 있습니다. doc() 함수의 첫 번째 매개변수에는 가져올 문서의 ID값을 입력해줘야 합니다. 다음으로 delete() 함수를 이어서 실행하면 가져온 문서를 삭제할 수 있습니다.

02 생성해둔 "플러터 공부하기" 일정을 우로 밀어서 삭제합니다.

20.3.5 main.dart 파일 정리하기

lib/main.dart 파일에는 아직 Drift 데이터베이스 및 provider 관련 코드가 많이 남아 있습니다. 불필요한 코드를 삭제해서 필요 없는 API가 실행되는 걸 방지하겠습니다.

To Do 01 Drift 데이터베이스 관련 코드와 provider 관련 코드를 모두 삭제합니다.

lib/main.dart
```
... 생략 ...
void main() async {
  WidgetsFlutterBinding.ensureInitialized();

  await Firebase.initializeApp(
    options: DefaultFirebaseOptions.currentPlatform,
  );

  await initializeDateFormatting();

  final database = LocalDatabase();

  final repository = ScheduleRepository();
  final scheduleProvider = ScheduleProvider(repository: repository);
```

```
  GetIt.I.registerSingleton<LocalDatabase>(database);

  runApp(
    ChangeNotifierProvider(
      create: (_) => scheduleProvider,
      child: MaterialApp(
        debugShowCheckedModeBanner: false,
        home: HomeScreen(),
      ),
    ),
    MaterialApp(
      debugShowCheckedModeBanner: false,
      home: HomeScreen(),
    ),
  );
}
```

20.4 테스트하기

❶ 안드로이드 스튜디오에서 [Run] 버튼을 눌러서 iOS 시뮬레이터 또는 안드로이드 에뮬레이터에서 앱을 실행해보세요.

❷ FloatingActionButton을 눌러서 일정 정보를 입력하고 일정을 생성해보세요.

❸ 일정이 정상적으로 생성되고 조회되는 걸 확인하세요.

❹ 생성된 일정을 우로 밀어서 삭제하세요. ❺ 일정이 삭제된 걸 확인하세요.

학습 마무리

이번 장에서는 파이어베이스를 소개하고 파이어스토어 사용법을 알아봤습니다. 파이어스토어를 사용하면 서버 지식이나 인프라 관리에 대한 걱정 없이 NoSQL 데이터베이스를 사용할 수 있습니다. 파이어스토어를 사용해서 데이터를 삽입, 조회, 업데이트 그리고 삭제하는 방법을 알아봤으니 추후 플러터 프로젝트에서 유용하게 사용할 수 있길 바랍니다.

핵심 요약

1. **파이어베이스**는 앱을 개발하는 데 필요한 기능을 손쉽게 사용할 수 있도록 모아둔 서비스입니다.
2. **파이어스토어**는 구글에서 모든 인프라와 SDK를 관리해주는 NoSQL 데이터베이스입니다.
   - **파이어스토어**의 데이터는 **컬렉션**과 **문서**로 나눌 수 있습니다.
   - **파이어스토어 컬렉션**은 공통적인 특징이 있는 문서를 담는 단위를 이야기합니다. SQL에서 테이블과 비슷합니다.
   - **파이어스토어 문서**는 하나의 데이터를 의미합니다. SQL에서의 열과 비슷합니다.

업그레이드 아이디어

1. **Stream**을 사용하면 문서가 변경될 때마다 새로 데이터를 받아오기 때문에 과도한 데이터를 사용할 수 있습니다. **StreamBuilder** 대신 **FutureBuilder**를 사용해서 데이터 사용량을 줄여보세요.
2. 이미 생성된 일정의 일정 정보 수정 기능을 제작해보세요.

Chapter 21

Project #5
JWT를 이용한 인증하기
JWT, 인증

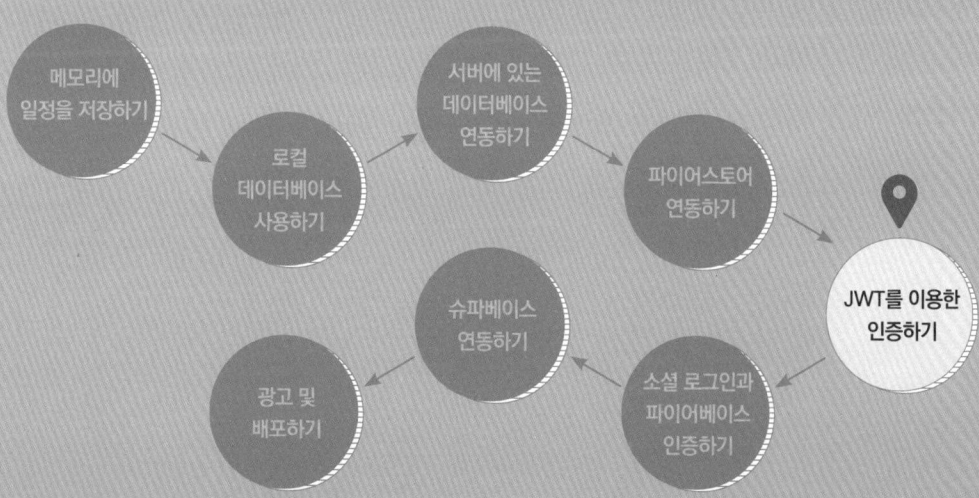

#MUSTHAVE

학습 목표

이제 서버와 통신하는 사용자의 정보와 유효성을 검증할 수 있는 기능인 인증authentication에 대해 배워봅니다. 다양한 인증 방법이 있지만 그중에서 가장 많이 사용되는 방법은 JWT^{json web token} 토큰을 사용한 인증입니다. 이 장에서는 JWT를 이용해서 회원가입을 하고 로그인하는 인증 방식을 구현해봅니다. 다음으로 토큰을 사용해서 서버에 요청을 보내는 방법도 알아보겠습니다.

학습 순서

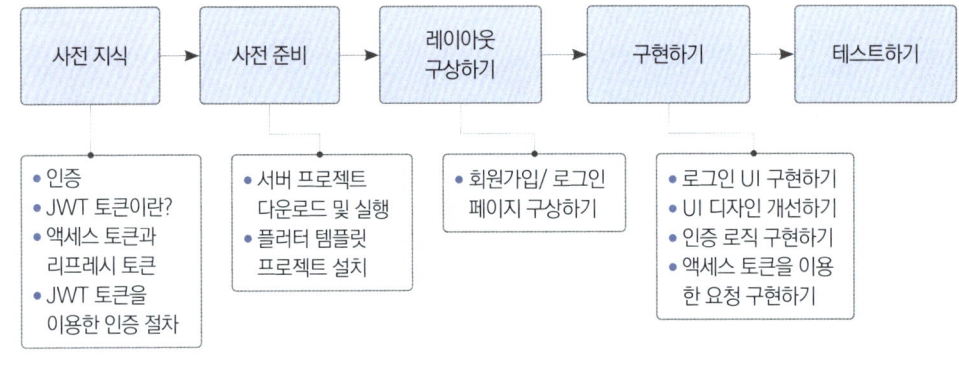

21.1 사전 지식

21.1.1 인증

인증authentication은 서버와 통신하는 사용자의 정보와 유효성을 검증하는 기능입니다. 이전 장에서 제작해 본 캘린더 앱을 통해 인증이 왜 필요한지 알아보겠습니다. 18장의 드리프트 플러그인을 사용하여 데이터베이스를 이용하는 형태의 캘린더 앱은 프런트엔드에서 흔히 사용하는 로컬 데이터베이스를 사용하고 있습니다. 즉, 사용자 핸드폰에서 데이터베이스를 직접 관리하기 때문에 사용 중인 하나의 핸드폰에 저장한 정보는 한 명의 사용자가 저장한 정보라고 가정해도 무방합니다.

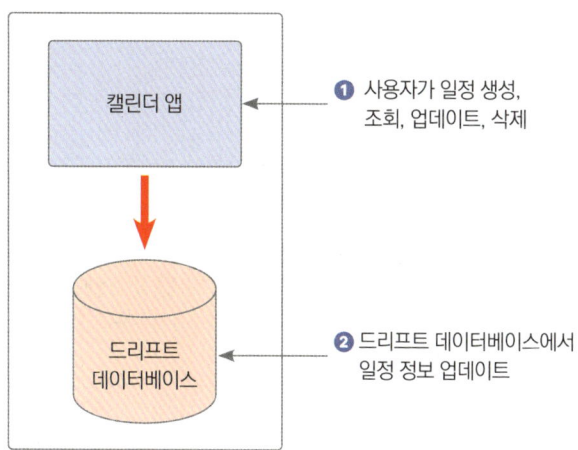

❶ 사용자가 드리프트 API를 이용해 캘린더 앱에서 일정 관련 정보를 생성, 조회, 업데이트, 삭제합니다. ❷ 드리프트 데이터베이스에서 새로 입력받은 정보를 반영하거나 요청받은 정보를 반환합니다. 이때 하나의 캘린더 앱당 드리프트 데이터베이스는 1:1로 매핑되어 있습니다. 즉, 하나의 앱당 데이터베이스는 하나입니다.

하지만 앱에 서버를 연결하게 되면 상황은 매우 복잡해집니다. 19장에서 작업했던 캘린더 앱의 서버 연동 작업은 HTTP 프로토콜을 통해 요청하는 법을 배우는 게 목표였기 때문에 사용자 정보 없이 직접 서버와 연동하는 작업을 했습니다. 다시 말해 단 하나의 기기만 서버에 연동한다는 가정하에 작업하였습니다. 그렇기 때문에 여러 기기에서 캘린더 앱을 실행하면, 캘린더 앱을 실행한 모든 기기에서 일정 데이터를 공유하게 됩니다. 개인 일정 관리를 목표로 기능을 만들었기 때문에 일정 데이터를 공유하는 것은 목적과 맞지 않습니다. 그러므로 A, B 사용자가 각각 생성한 개인 일정이 앱을 실행하면서 A, B 모두에게 공유된다면 개인 일정 앱이라고 볼 수 없습니다.

▼ 일정 데이터 생성할 때

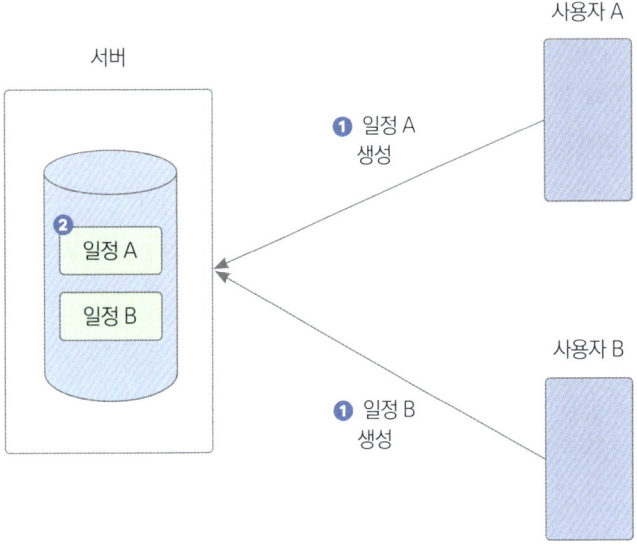

❶ 사용자 A와 사용자 B가 각각 다른 일정 A와 일정 B를 생성합니다. ❷ 생성된 일정 A와 일정 B는 서버의 데이터베이스에 저장됩니다.

▼ 일정 데이터 가져올 때

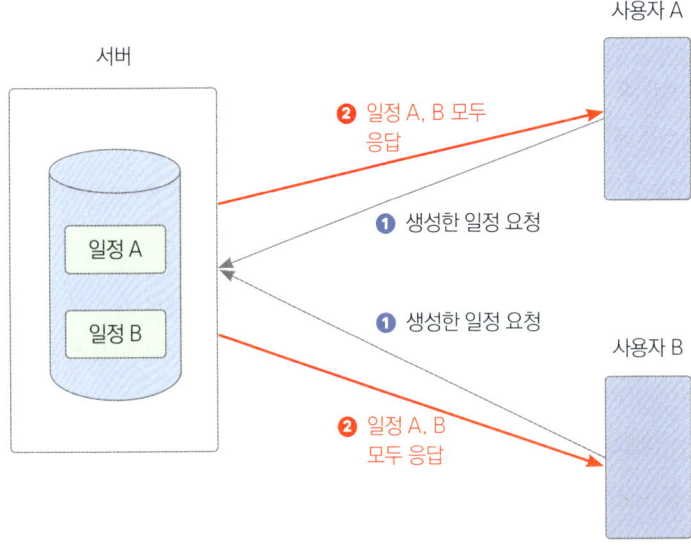

❶ 사용자 A와 사용자 B가 각각 일정 정보를 서버에 요청합니다. ❷ 요청을 받았지만 사용자를 식별할 수 있는 방법이 없어서 사용자 A와 B는 일정 A와 일정 B 정보를 모두 응답받습니다. 즉, 본인이 생성한 일정뿐만 아니라 타인이 생성한 일정도 응답받게 됩니다.

개인 일정 관리 앱의 일반적인 설계는 누가 생성한 일정인지 각 기기에 로그인한 사용자별로 구분하고 본인이 생성한 일정 정보만 반환해주는 게 올바른 형태입니다. 이때 필요한 기능이 바로 인증입니다. 특정 사용자로 로그인하고 로그인한 사용자의 정보를 기반으로 일정을 생성하면 일정 정보를 요청할 때 요청하는 사용자가 생성한 일정만 구별해서 반환해줍니다.

▼ 인증 절차 진행

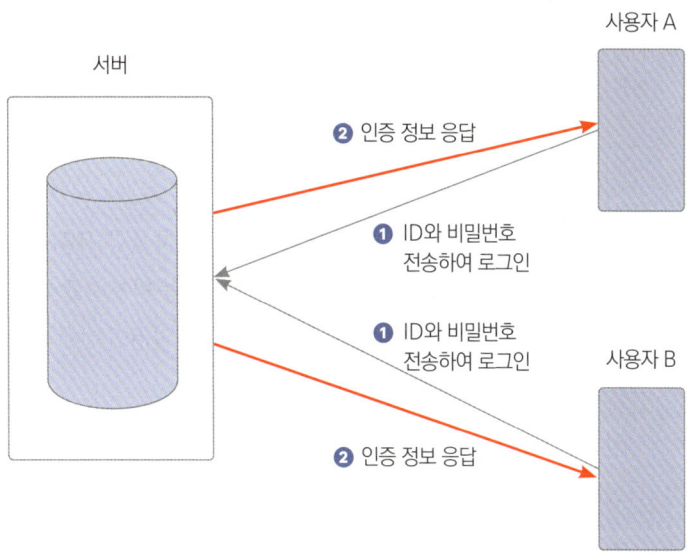

❶ 사용자 A와 사용자 B가 각각의 ID와 비밀번호를 입력해서 로그인합니다. ❷ 로그인 정보를 기반으로 서버에서 사용자 인증을 진행하고 인증 정보를 반환합니다. 이 인증 과정에서 JWT를 활용하겠습니다. JWT가 무엇인지는 21.1.2 'JWT란?'에서 추가로 배웁니다.

▼ 일정 데이터 생성할 때

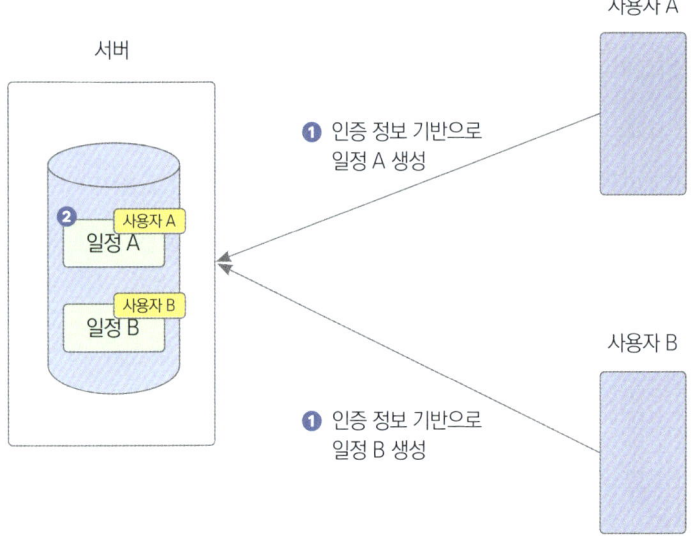

❶ 사용자 A와 사용자 B가 각각 다른 일정 A와 일정 B를 생성합니다. 이때 사용자 A와 사용자 B는 인증 과정에서 발급받은 JWT를 일정 데이터와 함께 전송합니다. ❷ 일정 A와 일정 B를 저장할 때 각각의 일정 정보와 함께 전송된 JWT를 기반으로 어떤 사용자가 생성한 일정인지에 대한 정보가 함께 데이터베이스에 저장됩니다.

▼ 일정 데이터 가져올 때

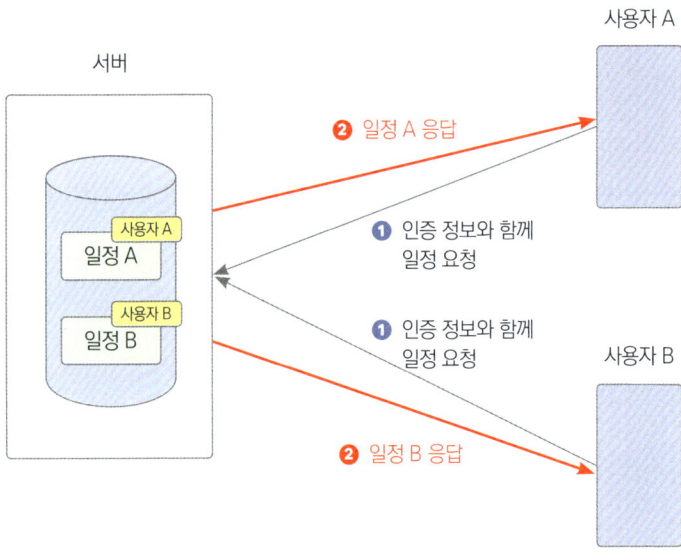

❶ 사용자 A와 사용자 B가 각각 일정 정보를 서버에 요청합니다. 이때 인증 정보가 있는 JWT 토큰과 함께 요청을 보냅니다. ❷ 서버에서는 JWT를 분석하여 어떤 사용자가 요청을 보냈는지 알 수 있습니다. 서버에 생성된 일정은 어떤 사용자가 생성한 일정인지 이미 구분되어 저장되어 있습니다. 일정 데이터 생성에서 JWT를 전송하여 인증 정보를 바탕으로 정보가 저장되었기 때문입니다. 따라서 각 사용자별로 본인이 생성한 일정만 응답받을 수 있습니다.

21.1.2 JWT란?

어떤 사용자가 요청을 하는지 알기 위해서 요청을 보낼 때마다 사용자에게 ID와 비밀번호를 입력하게 한다면 최악의 UX를 갖게 하는 앱을 제작하게 될 것입니다. 그렇기 때문에 사용자가 한 번 로그인을 하면 요청을 보낼 때마다 ID와 비밀번호를 매번 입력할 필요 없이 기입력된 사용자 정보를 서버로 전달할 방법이 필요합니다. 현대에는 이런 번거로움을 줄이기 위해 보편적으로 JWT를 사용해서 사용자 정보를 서버와 공유합니다.

JWT는 헤더header, 페이로드payload, 시그니처signature 세 가지 요소로 이루어져 있습니다. 이 세 가지 요소를 이용해서 토큰의 정보, 사용자 정보 그리고 토큰의 유효성에 대한 정보를 담게 됩니다. 이 세 요소는 각각 URL에 전송 가능한 형태인 URL base64로 인코딩되어 있으며 '.'을 이용하여 하나의 String값으로 묶어서 사용합니다.

▼ Base64 인코딩 된 JWT 토큰

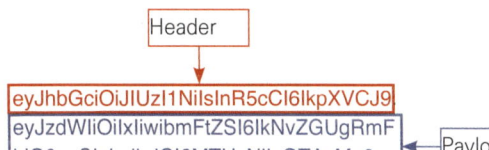

▼ Base64 디코딩 된 JWT 토큰

❶ HEADER:

```
{
  "alg": "HS256",
  "typ": "JWT"
}
```

❷ PAYLOAD:

```
{
  "sub": "1",
  "name": "Code Factory",
  "iat": 1516239022
}
```

❸ VERIFY SIGNATURE

```
HMACSHA256(
  base64UrlEncode(header) + "." +
  base64UrlEncode(payload),
❹ codefactory
) ☐ secret base64 encoded
```

❶ 헤더에는 토큰에 대한 정보가 담깁니다. 예를 들면 토큰의 시그니처가 어떤 알고리즘으로 암호화됐는지, 토큰의 타입이 무엇인지 저장합니다.

❷ 페이로드에는 데이터베이스상의 사용자 ID, 사용자 이름, 토큰의 만료 기간 등 사용자 정보가 담깁니다.

❸ 시그니처에는 JWT의 유효성을 검증할 수 있는 정보가 담겨 있습니다. 토큰을 생성할 당시 헤더를 base64로 인코딩한 값과 페이로드를 base64로 인코딩한 값 그리고 사용자가 지정한 ❹ Secret값을 모두 합쳐서 ❶에서 정한 알고리즘으로 암호화합니다. 만약 인증하는 과정에서 해커가 JWT를 탈취한 후 페이로드나 헤더값을 한 글자라도 변경하면 똑같은 알고리즘으로 암호화한다 해도 다른 시그니처값이 반환됩니다. 이 변경된 시그니처값과 기존의 시그니처값 대조를 통해 토큰의 변형 여부를 알 수 있습니다. 그렇기 때문에 ❹ Secret값은 탈취되지 않고 JWT가 탈취되어 토큰 내부 정보가 변경된다면 토큰의 변형 여부를 시그니처값 대조를 통해 알 수 있으므로 서버 요청에 사용할 수 없습니다.

21.1.3 액세스 토큰과 리프레시 토큰

JWT를 이용한 인증은 액세스 토큰access token과 리프레시 토큰refresh token 두 가지를 사용하는 방법이 일반적입니다. 액세스 토큰은 보호된 정보에 접근할 수 있는 권한 부여에 사용됩니다. 서버에 인증 정보를 보내서 리소스를 가져오거나, 변경, 생성, 삭제하는데 이용할 수 있습니다. 리프레시 토큰은 처음 로그인을 하면 액세스 토큰과 동시에 발급되는 토큰입니다. 리프레시 토큰은 액세스 토큰의 유효기간이 만료됐을 때 재발급받을 수 있도록 사용하는 특수한 토큰입니다. 이렇게 두 개의 토큰을 사용하는 이유는 무엇일까요?

액세스 토큰은 사용 빈도가 높아 탈취당할 가능성이 매우 큰 토큰입니다. 만약 해커가 액세스 토큰을 탈취하면 해당 액세스 토큰의 사용자인 척하며 서버에 정보를 요청할 수 있습니다. 그래서 액세스 토큰은 탈취되어도 해커가 오래 사용하지 못하도록 액세스 토큰 자체의 유효기간을 짧게 지정하여 문제를 해결합니다.

리프레시 토큰은 액세스 토큰을 폐기하고 새로운 액세스 토큰을 발급받을 때 사용합니다. 물론 해커가 리프레시 토큰을 탈취하면 액세스 토큰을 무한하게 발급받을 수 있습니다. 하지만 리프레시 토큰은 액세스 토큰과 비교했을 때 자주 사용하지 않아서 탈취당할 가능성이 낮습니다.

이렇게 탈취당할 확률이 높은 액세스 토큰은 유효기간을 짧게 지정하고, 탈취당할 확률이 낮은 리프레시 토큰은 유효기간을 길게 줘서 보안을 챙깁니다.

21.1.4 JWT를 이용한 인증 절차

JWT 인증 절차는 다음 세 가지 상황만 이해하면 됩니다. 첫 번째로 토큰을 발급받는 과정입니다. 사용자가 ID와 비밀번호를 입력하고 리프레시 토큰과 액세스 토큰을 발급받습니다. 두 번째는 액세스 토큰을 사용할 때입니다. 액세스 토큰을 이용하여 사용자 정보와 함께 서버에 요청을 보냅니다. 마지막으로 유효기간이 만료된 액세스 토큰을 서버에 요청보낸 상황입니다. 만료된 액세스 토큰을 받은 서버는 요청을 받아들이지 않으며, 401 에러가 발생합니다. 이를 기반으로 사용자는 리프레시 토큰을 이용하여 액세스 토큰을 재발급받고 새로운 토큰으로 기존 요청을 다시 보냅니다. 과정을 이해하기 쉽도록 개발 프로세스를 설명할 때 사용하는 플로우 차트를 활용하여 인증 절차를 알아보겠습니다.

리프레시 토큰과 액세스 토큰을 발급받을 때

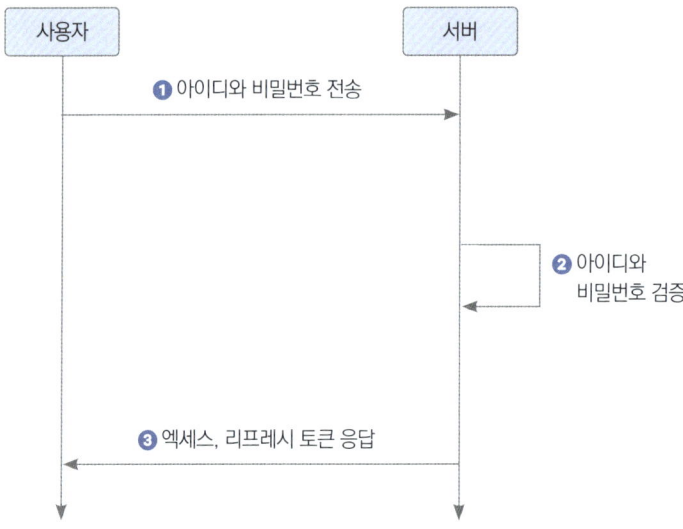

❶ 아이디와 비밀번호를 서버로 전송합니다. 이때 아이디와 비밀번호는 'ID:PASSWORD' 형태로 base64로 인코딩한 다음 헤더에 authorization: 'Basic {인코딩된 결과}' 형태로 전송합니다. ❷ 헤더에 넣어준 정보를 서버에서 base64 디코딩한 후 아이디와 비밀번호를 검증합니다. ❸ 아이디와 비밀번호 검증에 성공하면 리프레시 토큰과 액세스 토큰을 응답으로 보내줍니다.

액세스 토큰을 사용할 때

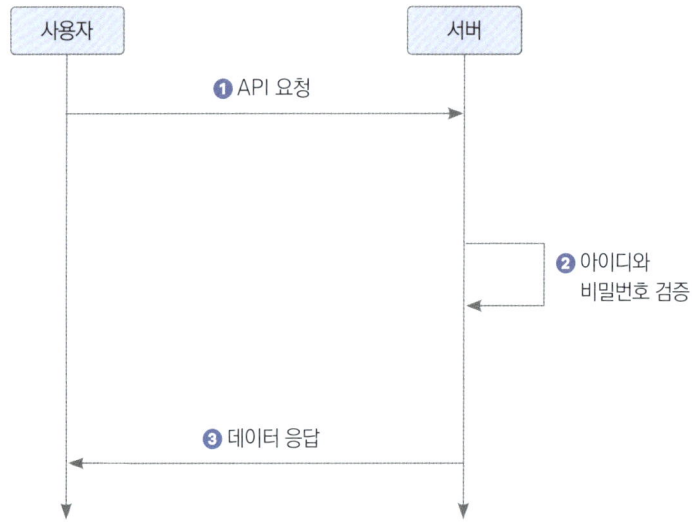

❶ 헤더에 액세스 토큰을 authorization: 'Bearer {토큰}' 형태로 포함해서 API 요청을 합니다.
❷ 액세스 토큰의 유효성을 검증합니다. ❸ 액세스 토큰을 기반으로 데이터를 응답해줍니다.

유효기간이 만료된 액세스 토큰으로 서버에 요청을 보냈을 때

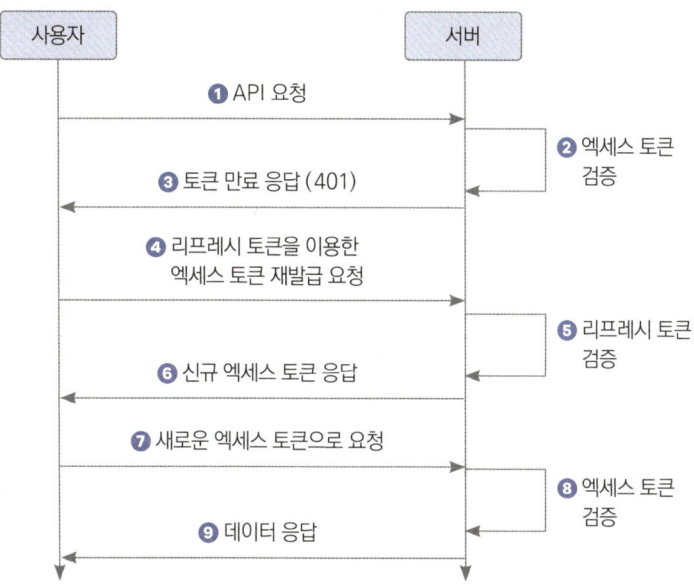

❶ API 요청을 보낼 때 유효기간이 만료된 액세스 토큰을 함께 보냅니다. ❷ 서버에서 액세스 토큰을 검증하지만 만료된 토큰입니다. ❸ 서버는 상태 코드 401 에러를 응답하며 만료된 토큰임을 알립니다. ❹ 사용자는 리프레시 토큰을 포함하여 헤더에 authorization: 'Bearer {토큰}' 입력해서 액세스 토큰 재발급을 URL에 요청보냅니다. ❺ 서버에서 리프레시 토큰을 검증하고 새로운 액세스 토큰을 발급합니다. ❻ 신규 액세스 토큰을 응답으로 보내줍니다. ❼ 새로운 액세스 토큰을 이용하여 ❶에서 실패한 요청을 다시 보냅니다. ❽ 액세스 토큰을 서버에서 검증합니다. ❾ 검증된 액세스 토큰을 기반으로 응답을 보내줍니다.

21.2 사전 준비

21.2.1 서버 프로젝트 다운로드 및 실행

To Do **01** 다음 [링크]에 접속하여 ch21/calendar_scheduler_server를 다운로드하고 안드로이드 스튜디오에서 엽니다.

> **NOTE** 19장 '서버와 연동하기'에서 설치했던 서버에서 인증 기능이 추가된 서버입니다.
> • https://github.com/codefactory-co/flutter-golden-rabbit-novice-v2/tree/main

02 [Terminal] 탭을 누르고 'node --version'을 실행해서 Node.js가 설치되어 있는 걸 확인합니다. Node.js 버전은 다음 스크린샷과 같은 버전이 출력될 필요는 없습니다. 만약 Node.js가 설치되어 있지 않다면 19.2.1 'Node.js 설치하기'를 참고해보세요.

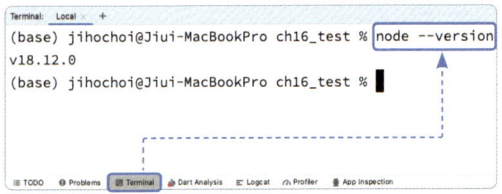

03 Node.js 버전 정보가 나오고 잘 설치된 걸 확인했다면 [Terminal] 탭에서 'npm install'를 실행해 디펜던시를 다운로드합니다.

04 'npm run start:dev'를 실행합니다. 그러면 package.json 파일에 있는 정보대로 디펜던시가 다운로드됩니다. 정상적으로 실행되면 서버 라우트 매핑과 관련된 로그가 출력됩니다. 다음과 같이 초록색 로그들이 보인다면 정상적으로 실행된 것입니다.

```
[Nest] 84107  - 05/25/2022, 7:55:20 PM     LOG [InstanceLoader] AppModule dependencies initialized + 14ms
[Nest] 84107  - 05/25/2022, 7:55:20 PM     LOG [InstanceLoader] ScheduleModule dependencies initialized +0ms
[Nest] 84107  - 05/25/2022, 7:55:20 PM     LOG [RoutesResolver] AppController {/}: +351ms
[Nest] 84107  - 05/25/2022, 7:55:20 PM     LOG [RouterExplorer] Mapped {/, GET} route +1ms
[Nest] 84107  - 05/25/2022, 7:55:20 PM     LOG [RoutesResolver] ScheduleController {/schedule}: +0ms
[Nest] 84107  - 05/25/2022, 7:55:20 PM     LOG [RouterExplorer] Mapped {/schedule, GET} route +1ms
[Nest] 84107  - 05/25/2022, 7:55:20 PM     LOG [RouterExplorer] Mapped {/schedule, POST} route +0ms
[Nest] 84107  - 05/25/2022, 7:55:20 PM     LOG [RouterExplorer] Mapped {/schedule, DELETE} route +0ms
[Nest] 84107  - 05/25/2022, 7:55:20 PM     LOG [NestApplication] Nest application successfully started +1ms
```

> **Warning** 서버를 종료하면 실습 내 데이터도 사라집니다
>
> 환경 설정의 편의를 위해 데이터베이스를 따로 설계하지 않았습니다. 모든 데이터는 메모리에 저장되므로 서버를 종료하면 데이터가 삭제됩니다. 만약 데이터를 잘못 입력해서 데이터를 모두 삭제해야 하는 상황이 생긴다면 서버를 실행한 터미널을 활성화합니다. 터미널에서 [Ctrl + C]를 입력하고 서버를 종료한 후 서버를 재실행하면 됩니다. 그러면 모든 데이터가 삭제된 상태로 서버를 실행할 수 있습니다.

21.2.2 플러터 템플릿 프로젝트 설치

이번 프로젝트는 19장 '서버와 연동하기'에서 구현해놓은 프로젝트에 인증 기능을 추가하는 방식으로 진행합니다. 여기는 반드시 깃허브에서 템플릿 프로젝트를 다운로드하여 진행하기 바랍니다.

To Do **01** ch21/calendar_scheduler_template를 다운로드하고 안드로이드 스튜디오에서 연 다음 시뮬레이터를 설정하고 [실행] 버튼을 눌러서 프로젝트를 실행해봅니다. 프로젝트가 정상적으로 실행되고, 캘린더 화면이 나오면 다음 단계로 진행할 준비가 된 것입니다.

21.3 레이아웃 구상하기

이번 프로젝트에 추가할 UI는 로그인/회원가입 스크린입니다. 실제 상업용 앱을 제작한다면 로그인과 회원가입 화면을 따로 만들고 각종 검증 과정도 추가해야 합니다. 21장에서는 인증 방법과 절차를 배우는 게 목적이니 하나의 스크린을 이용하여 실행하겠습니다.

21.3.1 회원가입/로그인 페이지 구상하기

❶ ❷ 일정 생성 과정과 마찬가지로 텍스트 필드를 사용하여 이메일과 비밀번호를 입력받습니다. ❸ [회원가입] 버튼을 누르면 입력된 이메일과 비밀번호를 기반으로 회원가입을 진행합니다. ❹ [로그인] 버튼을 누르면 로그인을 진행합니다.

21.4 구현하기

21.4.1 로그인 UI 구현하기

To Do 01 로그인/회원가입 UI를 제작할 때 사용할 로고를 pubspec.yaml 파일에 assets을 등록해줍니다. assets의 주석 처리를 해제하고 그 아래에 원하는 폴더를 지정해줍니다. **pubspec.yaml을 수정하고 나면 꼭 [pub get]을 클릭해 실행해줍니다.**

pubspec.yaml

```
...생략...
flutter:
  uses-material-design: true

  assets:
    - assets/img/
...생략...
```

02 lib/screen/auth_screen.dart 파일을 생성합니다. 이 파일에 로그인 관련 UI를 작성합니다.

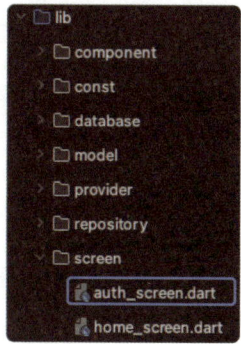

03 로그인 UI를 제작할 StatefulWidget을 생성합니다. 로그인/회원가입과 관련된 모든 로직을 수행할 UI이기 때문에 AuthScreen이라고 부르겠습니다.

```
                                                          lib/screen/auth_screen.dart
import 'package:flutter/material.dart';

class AuthScreen extends StatefulWidget {
  const AuthScreen({Key? key}) : super(key: key);
  @override
  State<AuthScreen> createState() => _AuthScreenState();
}

class _AuthScreenState extends State<AuthScreen> {
  @override
  Widget build(BuildContext context) {
    return const Placeholder();
  }
}
```

04 로고와 텍스트 필드 그리고 회원가입 및 로그인 버튼은 모두 세로 방향으로 순서대로 배치하겠습니다. build() 함수를 모두 수정하세요.

```
...생략...                앞에서 작성한 Widget build를 수정하세요    lib/screen/auth_screen.dart
Widget build(BuildContext context) {
  return Scaffold(
    // 깔끔한 디자인을 위해 좌, 우로 패딩을 줍니다.
    body: Padding(
      padding: const EdgeInsets.symmetric(horizontal: 16.0),
      child: Column(
```

```
        // 세로로 중앙 배치합니다.
      mainAxisAlignment: MainAxisAlignment.center,
      // 가로는 최대한의 크기로 늘려줍니다.
      crossAxisAlignment: CrossAxisAlignment.stretch,
      children: [
        // 로고를 화면 너비의 절반만큼의 크기로 렌더링하고 가운데 정렬합니다.
        Align(
          alignment: Alignment.center,
          child: Image.asset(
            'assets/img/logo.png',
            width: MediaQuery.of(context).size.width * 0.5,
          ),
        ),
        const SizedBox(height: 16.0),
        // 로그인 텍스트 필드
        TextFormField(),
        const SizedBox(height: 8.0),
        // 비밀번호 텍스트 필드
        TextFormField(),
        const SizedBox(height: 16.0),
        // [회원가입] 버튼
        ElevatedButton(
          onPressed: () {},
          child: Text('회원가입'),
        ),
        // [로그인] 버튼
        ElevatedButton(
          onPressed: () async {},
          child: Text('로그인'),
        ),
      ],
    ),
  ),
 );
}
...생략...
```

05 생성된 UI를 확인하기 위해서 lib/main.dart 파일에서 초기 실행 화면을 AuthScreen으로 변경해줍니다. 프로젝트를 실행하면 다음과 같이 간단한 로그인 기능이 렌더링된 화면을 볼 수 있습니다.

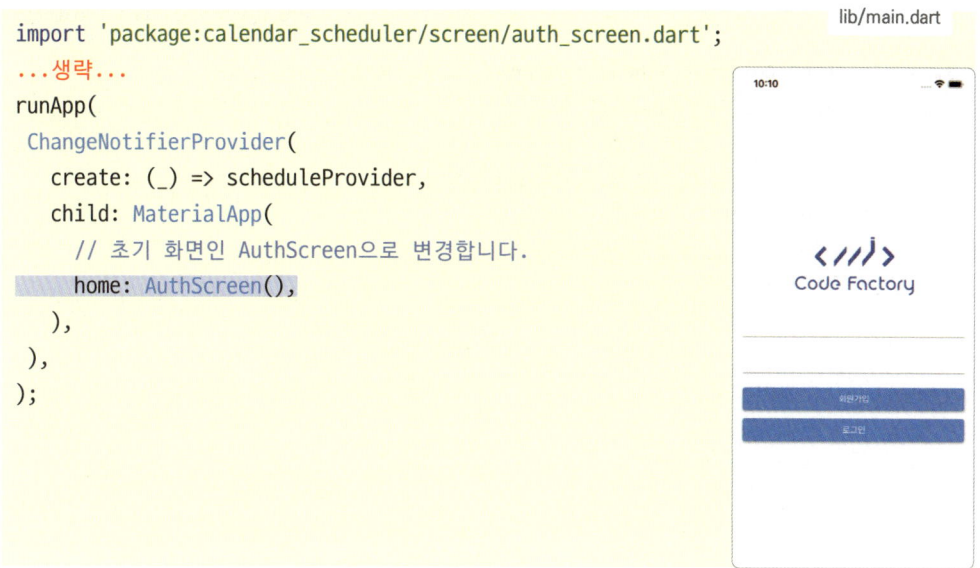

```
                                              lib/main.dart
import 'package:calendar_scheduler/screen/auth_screen.dart';
...생략...
runApp(
  ChangeNotifierProvider(
    create: (_) => scheduleProvider,
    child: MaterialApp(
      // 초기 화면인 AuthScreen으로 변경합니다.
      home: AuthScreen(),
    ),
  ),
);
```

21.4.2 UI 디자인 개선하기

현재 프로젝트 상태만으로 기능을 구현하는 데 문제는 없습니다만 사용자가 호감을 느낄 디자인을 만드는 것도 앱 성공을 좌우하는 중요한 요소 중 하나입니다. 지금 화면에서 약간의 색감과 디자인을 변경해 더욱 호감가는 UI로 변경해보겠습니다.

To Do **01** 우선 앞으로 사용할 색상들을 정리해보겠습니다. lib/const/colors.dart 파일에 로고 색과 같은 색상인 SECONDARY_COLOR 변수와 텍스트 필드에 에러가 있을 때 메시지를 보여주는 용도로 사용할 색상인 ERROR_COLOR를 생성해보겠습니다.

```
                                              lib/const/colors.dart
...생략...
// 로고 색상
const SECONDARY_COLOR = Color(0xFF335CB0);
// 에러 색상
const ERROR_COLOR = Colors.red;
...생략...
```

02 현재 텍스트 필드의 디자인은 밑줄로만 되어 있습니다. 텍스트 필드의 디자인을 네모 형태로 일반화하겠습니다. lib/component/login_text_field.dart 파일을 생성하고 기본 디자인을 추가한 텍스트 필드를 제작해보겠습니다.

lib/component/login_text_field.dart

```dart
import 'package:calendar_scheduler/const/colors.dart';
import 'package:flutter/material.dart';

class LoginTextField extends StatelessWidget {
  final FormFieldSetter<String?> onSaved;
  final FormFieldValidator<String?> validator;
  final String? hintText;
  final bool obscureText;

  const LoginTextField({
    required this.onSaved,
    required this.validator,
    this.obscureText = false,
    this.hintText,
    Key? key,
  }) : super(key: key);

  @override
  Widget build(BuildContext context) {
    return TextFormField(
      // 텍스트 필드값을 저장할 때 실행할 함수입니다.
      onSaved: onSaved,
      // 텍스트 필드값을 검증할 때 실행할 함수입니다.
      validator: validator,
      cursorColor: SECONDARY_COLOR,
      // 텍스트 필드에 입력된 값이 true일 경우 보이지 않도록 설정합니다.
      // 비밀번호 텍스트 필드를 만들 때 유용합니다.
      obscureText: obscureText,
      decoration: InputDecoration(
        // 텍스트 필드에 아무것도 입력하지 않았을 때 보여주는 힌트 문자
        hintText: hintText,
        // ❶ 활성화된 상태의 보더
        enabledBorder: OutlineInputBorder(
          borderRadius: BorderRadius.circular(8.0),
```

```
        borderSide: BorderSide(
          color: TEXT_FIELD_FILL_COLOR,
        ),
      ),
      // ❷ 포커스된 상태의 보더
      focusedBorder: OutlineInputBorder(
        borderRadius: BorderRadius.circular(8.0),
        borderSide: BorderSide(
          color: SECONDARY_COLOR,
        ),
      ),
      // ❸ 에러 상태의 보더
      errorBorder: OutlineInputBorder(
        borderRadius: BorderRadius.circular(8.0),
        borderSide: BorderSide(
          color: ERROR_COLOR,
        ),
      ),
      // ❹ 포커스된 상태에서 에러가 났을 때 보더
      focusedErrorBorder: OutlineInputBorder(
        borderRadius: BorderRadius.circular(8.0),
        borderSide: BorderSide(
          color: ERROR_COLOR,
        ),
      ),
    ),
  );
 }
}
```

❶ 활성화 상태란 텍스트 필드에 값을 입력할 수 있는 상태를 의미합니다. 비활성화^{disable} 상태는 반대로 텍스트 필드는 존재하지만 탭해도 문자를 입력하지 못하는 상태입니다. ❷ 텍스트 필드를 탭하면 보더가 포커스된 상태로 변하며 커서가 활성화되어 문자를 입력할 수 있는 상태가 됩니다. ❸ 텍스트 필드에 에러가 존재하는 상태입니다. validator 함수의 유효성 검사를 통과하지 못하면 텍스트 필드는 에러 상태가 됩니다. ❹ 텍스트 필드를 탭해서 포커스가 되어 있는 상황에서 에러가 난 상태입니다.

03 새로 만든 텍스트 필드를 AuthScreen에 적용해보겠습니다. 미리 제작해둔 LoginTextField는 TextFormField에 디자인을 입히고 필요한 기능들을 매개변수로 노출한 컴포넌트이기 때문에 단순히 TextFormField들을 LoginTextField로 대체하면 됩니다.

lib/screen/auth_screen.dart

```dart
import 'package:calendar_scheduler/component/login_text_field.dart';
...생략...

Widget build(BuildContext context) {
  return Scaffold(
    body: Padding(
      padding: const EdgeInsets.symmetric(horizontal: 16.0),
      child: Column(
        ...생략...
        children: [
          ...생략...
          TextFormField(
          LoginTextField(
            // 추후 회원가입/로그인 로직을 작성할 때 사용됩니다.
            onSaved: (String? val) {},
            validator: (String? val) {},
            // 텍스트 필드에 어떤 값도 입력되지 않은 경우 '이메일'이라는
            // 힌트 텍스트를 보여줍니다.
            hintText: '이메일',
          ),
          const SizedBox(height: 8.0),
          TextFormField(
          LoginTextField(
            // 비밀번호를 입력할 때 보안을 위해 특수문자로 가려줍니다.
            obscureText: true,
            onSaved: (String? val) {},
            validator: (String? val) {},
            hintText: '비밀번호',
          ),
          ...생략...
        ],
      ),
    ),
  );
}
```

04 이번에는 버튼의 색상을 로고의 색상과 동일하게 변경해보겠습니다. 그리고 나서 프로젝트를 재실행하면 기존보다 간결하게 변경된 디자인을 확인할 수 있습니다.

lib/screen/auth_screen.dart
```dart
import 'package:calendar_scheduler/const/colors.dart';
...생략...
Widget build(BuildContext context) {
 return Scaffold(
   body: Padding(
     padding: const EdgeInsets.symmetric(horizontal: 16.0),
     child: Column(
       ...생략...
       children: [
         ...생략...
         ElevatedButton(
           // 버튼 배경 색상 로고 색으로 변경
           style: ElevatedButton.styleFrom(
             foregroundColor: Colors.white,
             backgroundColor: SECONDARY_COLOR,
             shape: RoundedRectangleBorder(
               borderRadius: BorderRadius.circular(5.0)
             ),
           ),
           onPressed: () {},
           child: Text('회원가입'),
         ),
         ElevatedButton(
           style: ElevatedButton.styleFrom(
             foregroundColor: Colors.white,
             backgroundColor: SECONDARY_COLOR,
             shape: RoundedRectangleBorder(
               borderRadius: BorderRadius.circular(5.0)
             ),
           ),
           onPressed: () {},
           child: Text('로그인'),
         ),
       ],
     ),
   ),
 );
}
```

21.4.3 인증 로직 구현하기

이 프로젝트에는 인증 요청 관련 로직을 담당하는 AuthRepository와 일정 관련 요청을 담당하는 ScheduleRepository 그리고 상태 관리를 담당하는 ScheduleProvider가 있습니다. 이 세 가지를 사용해서 인증 로직을 구현합니다. 사실 조금 더 확장성이 좋고 정돈된 코드를 작성하려면 AuthProvider를 추가하여 인증 관련 상태를 따로 관리하는게 효율적입니다. 그렇지만 21장 프로젝트는 인증 과정을 보여주는 게 목적이며 AuthProvider를 추가하게 되면 목적과 관련 없는 코드를 너무 많이 추가하게 됩니다. **그렇기 때문에 AuthProvider에 포함됐을 로직은 모두 ScheduleProvider에 작업하도록 하겠습니다.**

> NOTE 상태 관리에 대한 더욱 명확한 가이드가 필요하다면 코드팩토리의 플러터 프로그래밍 중급편을 참고해주세요.
> • https://inf.run/Cgkb

To Do **01** 인증 요청과 관련된 로직을 작성하기 위해 lib/repository/auth_repository.dart 파일을 생성한 다음 회원가입 요청부터 구현하겠습니다.

lib/repository/auth_repository.dart
```dart
import 'dart:io';
import 'package:dio/dio.dart';

class AuthRepository {
  // Dio 인스턴스 생성
  final _dio = Dio();
  // 서버 주소
  final _targetUrl = 'http://${Platform.isAndroid ? '10.0.2.2' : 'localhost'}:3000/auth';

  // 회원가입 로직
  Future<({String refreshToken, String accessToken})> register({
    required String email,
    required String password,
  }) async {
    // 회원가입 URL에 이메일과 비밀번호를 POST 요청으로 보냅니다.
    final result = await _dio.post(
      '$_targetUrl/register/email',
      data: {
        'email': email,
        'password': password,
```

```
    },
  );

  // record 타입으로 토큰을 반환합니다.
  return (refreshToken: result.data['refreshToken'] as String, accessToken:
  result.data['accessToken'] as String);
}
}
```

02 이번에는 로그인 로직을 작업해보겠습니다. 회원가입은 바디의 텍스트 필드에 데이터를 입력해서 보내기 때문에 간단합니다. 상대적으로 로그인 요청은 21.1.4 'JWT를 이용한 인증 절차'에서 배웠던 것처럼 이메일과 비밀번호를 base64로 인코딩해서 헤더로 보내줘야 한다는 차이가 있습니다.

lib/repository/auth_repository.dart
```
import 'dart:convert';
...생략...

class AuthRepository {
...생략...
  // 로그인 로직
  Future<({String refreshToken, String accessToken})> login({
    required String email,
    required String password,
  }) async {
    // 이메일:비밀번호 형태로 문자열 타입으로 구성합니다.
    final emailAndPassword = '$email:$password';
    // utf8 인코딩으로부터 base64로 변환할 수 있는 코덱을 생성합니다.
    Codec<String, String> stringToBase64 = utf8.fuse(base64);
    // emailAndPassword 변수를 base64로 인코딩합니다.
    final encoded = stringToBase64.encode(emailAndPassword);

    // 인코딩된 문자열을 헤더에 담아서 로그인 요청을 보냅니다.
    final result = await _dio.post(
      '$_targetUrl/login/email',
      options: Options(
        headers: {
          'authorization': 'Basic $encoded',
        },
```

```
    )
  );

  // record 형태로 토큰을 반환합니다.
  return (refreshToken: result.data['refreshToken'] as String, accessToken:
result.data['accessToken'] as String);
}
...생략...
}
```

03 다음으로 리프레시 토큰과 액세스 토큰을 재발급받는 요청을 작업해보겠습니다. 사실상 토큰을 재발급받는 두 로직은 동일하며 요청을 보내는 URL만 다릅니다. 같은 로직을 반복하고 싶지 않다면 하나의 함수에 리프레시 토큰과 액세스 토큰 중 어떤 토큰를 재발급받을 것인지 명시하는 boolean으로 파라미터를 받고 URL만 변경해줘도 괜찮습니다. 이 프로젝트에서는 두 함수로 나눠서 작업하겠습니다.

lib/repository/auth_repository.dart

```
...생략...
class AuthRepository {
  ...생략...
  Future<String> rotateRefreshToken({
    required String refreshToken,
  }) async {
    // 리프레시 토큰을 헤더에 담아서 리프레시 토큰 재발급 URL에 요청을 보냅니다.
    final result = await _dio.post(
      '$_targetUrl/token/refresh',
        options: Options(
          headers: {
            'authorization': 'Bearer $refreshToken',
          },
        )
    );

    return result.data['refreshToken'] as String;
  }

  Future<String> rotateAccessToken({
    required String refreshToken,
```

```dart
}) async {
  // 리프레시 토큰을 헤더에 담아서 액세스 토큰 재발급 URL에 요청을 보냅니다.
  final result = await _dio.post(
    '$_targetUrl/token/access',
      options: Options(
        headers: {
          'authorization': 'Bearer $refreshToken',
        },
      )
  );

  return result.data['accessToken'] as String;
}
...생략...
}
```

이제 서버와 통신하는 코드는 모두 준비되었습니다. ScheduleProvider에 상태 관리 및 실제 UI에서 실행할 로직 함수를 구현해보도록 하겠습니다. ScheduleProvider 뿐만 아니라 이 프로젝트에 미리 작성되어 있는 코드는 모두 19장 '서버와 연동하기' 기반으로 구현되어 있습니다. 만약 이해하기 어려운 코드가 있다면 19장 '서버와 연동하기'로 돌아가서 복습해보길 바랍니다.

04 ScheduleProvider 클래스에서 필요한 변수들을 정리해보겠습니다. 우선 ScheduleProvider 뿐만 아니라 AuthRepository의 인증 관련 API 요청 로직 또한 사용해야 하기 때문에 매개변수로 입력받아야 합니다. 추가로 리프레시 토큰과 액세스 토큰을 저장할 refreshToken과 accessToken 프로퍼티도 생성해보겠습니다.

lib/provider/schedule_provider.dart
```dart
import 'package:calendar_scheduler/repository/auth_repository.dart';
...생략...
class ScheduleProvider extends ChangeNotifier {
  final AuthRepository authRepository;
  final ScheduleRepository scheduleRepository;

  String? accessToken;
  String? refreshToken;
  ...생략...
  ScheduleProvider({
```

```dart
    required this.scheduleRepository,
    required this.authRepository,
  }) : super() {}
  ...생략...
}
```

05 토큰을 새로 발급했을 때 refreshToken 프로퍼티와 accessToken 프로퍼티를 업데이트 해줄 수 있는 updateTokens() 함수를 구현해보겠습니다. updateTokens() 함수의 로직은 리프레시 토큰과 액세스 토큰을 동시에 업데이트하거나 각자 하나씩만 업데이트할 수 있습니다.

lib/provider/schedule_provider.dart

```dart
...생략...
class ScheduleProvider extends ChangeNotifier {
  ...생략...

  ScheduleProvider({
    required this.scheduleRepository,
    required this.authRepository,
  }) : super() {}
  ...생략...
  updateTokens({
    String? refreshToken,
    String? accessToken,
  }) {
    // refreshToken이 입력됐을 경우 refreshToken 업데이트
    if (refreshToken != null) {
      this.refreshToken = refreshToken;
    }

    // accessToken이 입력됐을 경우 accessToken 업데이트
    if (accessToken != null) {
      this.accessToken = accessToken;
    }

    notifyListeners();
  }
}
```

06 회원가입 로직을 구현해보겠습니다. AuthRepository에서 통신 요청 로직을 모두 구현해놨기 때문에 register() 함수에서는 AuthRepository에서 구현한 회원가입 로직의 register() 함수만 실행해주고 **05**에서 구현한 새로 발급받은 토큰으로 업데이트해주는 updateTokens() 함수만 실행해주면 됩니다.

```dart
// lib/provider/schedule_provider.dart
...생략...
class ScheduleProvider extends ChangeNotifier {
  ...생략...
  updateTokens(...생략...) {
    ...생략...
  }
  Future<void> register({
    required String email,
    required String password,
  }) async {
    // AuthRepository에 미리 구현해둔 register() 함수를 실행합니다.
    final resp = await authRepository.register(
      email: email,
      password: password,
    );

    // 반환받은 토큰을 기반으로 토큰 프로퍼티를 업데이트합니다.
    updateTokens(
      refreshToken: resp.refreshToken,
      accessToken: resp.accessToken,
    );
  }
}
```

07 로그인과 로그아웃 기능을 추가하겠습니다. 로그인 기능은 회원가입 기능과 크게 다를 바가 없습니다. 텍스트 필드에 입력받은 이메일과 비밀번호를 가져와 login() 함수를 실행하여 로그인합니다. 로그아웃 기능은 단순히 refreshToken과 accessToken을 null로 변환해주면 됩니다. 두 토큰이 모두 null인 상황이라면 로그인이 안 된 상황입니다.

```dart
// lib/provider/schedule_provider.dart
...생략...
class ScheduleProvider extends ChangeNotifier {
  ...생략...
  Future<void> register(...생략...) async {
```

```dart
    ...생략...
  }
  Future<void> login({
    required String email,
    required String password,
  }) async {
    final resp = await authRepository.login(
      email: email,
      password: password,
    );

    updateTokens(
      refreshToken: resp.refreshToken,
      accessToken: resp.accessToken,
    );
  }

  logout(){
    // refreshToken과 accessToken을 null로 업데이트해서 로그아웃 상태로 만듭니다.
    refreshToken = null;
    accessToken = null;
    // 로그아웃과 동시에 일정 정보 캐시도 모두 삭제됩니다.
    cache = {};
    notifyListeners();
  }
  ...생략...
}
```

08 이제 인증 관련 로직은 하나가 남았습니다. 리프레시 토큰과 액세스 토큰을 재발급받을 수 있는 rotateToken() 함수를 구현해보겠습니다.

lib/provider/schedule_provider.dart

```dart
...생략...
class ScheduleProvider extends ChangeNotifier {
  ...생략...
  rotateToken({
    required String refreshToken,
    required bool isRefreshToken,
  }) async {
    // isRefreshToken이 true일 경우 refreshToken 재발급
```

```
    // false일 경우 accessToken 재발급
    if (isRefreshToken) {
      final token = await authRepository.rotateRefreshToken(refreshToken:
refreshToken);

      this.refreshToken = token;
    } else {
      final token = await authRepository.rotateAccessToken(refreshToken:
refreshToken);

      accessToken = token;
    }

    notifyListeners();
  }
  ...생략...
}
```

09 ScheduleProvider에 AuthRepository도 매개변수를 통해 입력받는 걸로 리팩터링했습니다. 다음으로 main.dart에서 ScheduleProvider를 인스턴스화할 때 AuthRepository 또한 주입해주도록 하겠습니다.

lib/main.dart

```
import 'package:calendar_scheduler/repository/auth_repository.dart';
...생략...
void main() async {
  WidgetsFlutterBinding.ensureInitialized();

  await initializeDateFormatting();
  final scheduleRepository = ScheduleRepository();
  final scheduleProvider = ScheduleProvider(scheduleRepository: scheduleRepository);
  final scheduleRepository = ScheduleRepository();
  final authRepository = AuthRepository();
  final scheduleProvider = ScheduleProvider(
    scheduleRepository: scheduleRepository,
    authRepository: authRepository,
  );
  runApp(
```

```
      ...생략...
    );
}
```

회원가입과 로그인 로직 모두 완성했습니다. 이제 이메일과 비밀번호를 입력하고 [회원가입] 버튼을 눌렀을 때 해당 로직들이 실행되기만 하면 됩니다.

10 AuthScreen의 Form에서 텍스트 필드의 유효성 검증을 할 때 실행할 함수를 구현해보겠습니다. **이메일 텍스트 필드에서는 입력된 값이 이메일 유형인지 확인하고 비밀번호는 4~8자 사이의 문자로 입력했는지 확인합니다.**

lib/screen/auth_screen.dart

```dart
...생략...
class _AuthScreenState extends State<AuthScreen> {
  @override
  Widget build(BuildContext context) {
    return Scaffold(
      body: Padding(
        padding: const EdgeInsets.symmetric(horizontal: 16.0),
        child: Column(
          ...생략...
          children: [
            ...생략...
            // ❶ Form과 연동할 텍스트 필드를 추가합니다.
            LoginTextField(
              onSaved: (String? val) {},
              // Form의 validate() 함수를 실행하면 입력값을 확인합니다.
              validator: (String? val) {
                // 이메일이 입력되지 않았으면 에러 메시지를 반환합니다.
                if (val?.isEmpty ?? true) {
                  return '이메일을 입력해주세요.';
                }

                // 정규표현식regex을 이용해 이메일 형식이 맞는지 검사합니다.
                RegExp reg = RegExp(r'^[\w-\.]+@([\w-]+\.)+[\w-]{2,4}$');

                // 이메일 형식이 올바르지 않게 입력됐다면 에러 메시지를 반환합니다.
                if (!reg.hasMatch(val!)) {
                  return '이메일 형식이 올바르지 않습니다.';
```

```
          }
              // 입력값에 문제가 없다면 null을 반환합니다.
              return null;
            },
            hintText: '이메일',
          ),
          const SizedBox(height: 8.0),
          LoginTextField(
            onSaved: (String? val) {},
            validator: (String? val) {
              // 비밀번호가 입력되지 않았다면 에러 메시지를 반환합니다.
              if (val?.isEmpty ?? true) {
                return '비밀번호를 입력해주세요.';
              }

              // 입력된 비밀번호가 4자리에서 8자리 사이인지 확인합니다.
              if (val!.length < 4 || val.length > 8) {
                return '비밀번호는 4~8자 사이로 입력 해주세요!';
              }

              // 입력값에 문제가 없다면 null을 반환합니다.
              return null;
            },
            hintText: '비밀번호',
          ),
          ...생략...
        ],
      ),
    ),
  );
 }
}
```

❶ 추후 추가할 Form 위젯은 대표적으로 값을 검증을 하는 validate() 함수와 값을 저장하는 submit() 함수를 제공해줍니다. validate() 함수를 실행하면 하위에 있는 모든 TextFormField의 validator() 함수가 실행되며 입력값을 확인합니다. submit() 함수를 실행하면 onSaved() 함수가 실행되며 값을 저장합니다.

11 TextFormField와 일반 TextField의 대표적인 차이점이 있습니다. TextFormField는 Form 위젯 하위에 입력됐을 때 Form의 validate() 함수와 save() 함수를 실행해서 모든 TextFormField의 검증과 값 저장을 한 번에 관리할 수 있다는 점입니다. TextFormField의 바로 상위 위젯인 Column을 Form으로 감싸고 Form을 제어할 수 있는 key를 입력해보겠습니다. 추가로 Form의 save() 함수를 실행했을 때 email 프로퍼티와 password 프로퍼티에 값을 저장하는 로직을 구현해보겠습니다.

lib/screen/auth_screen.dart

```dart
...생략...
class _AuthScreenState extends State<AuthScreen> {
  // Form을 제어할 때 사용되는 GlobalKey입니다. 이 값을 제어하고 싶은
  // Form의 key 매개변수에 입력해주면 됩니다.
  GlobalKey<FormState> formKey = GlobalKey<FormState>();

  // Form을 저장했을 때 이메일을 저장할 프로퍼티
  String email = '';

  // Form을 저장했을 때 비밀번호를 저장할 프로퍼티
  String password = '';

  @override
  Widget build(BuildContext context) {
    return Scaffold(
      body: Padding(
        padding: const EdgeInsets.symmetric(horizontal: 16.0),
        child: Form(
          key: formKey,
          child: Column(
            ...생략...
            children: [
              ...생략...
              LoginTextField(
                onSaved: (String? val) {
                  email = val!;
                },
                ...생략...
              ),
              const SizedBox(height: 8.0),
              LoginTextField(
```

```
              onSaved: (String? val) {
                password = val!;
              },
              ...생략...
            ),
          ...생략...
        ],
      ),
    ),
  ),
 );
}
}
```

12 [회원가입]과 [로그인] 버튼을 눌렀을 때 Form 위젯 하위에 있는 모든 TextFormField을 검증해야 합니다. [로그인] 버튼과 [회원가입] 버튼을 눌렀을때 모두 공통으로 필요한 로직이니 함수를 생성해서 공통되는 부분을 정리해보겠습니다. Form 위젯의 Key 매개변수에 formKey 변수를 입력했으니 formKey의 validate() 함수를 실행하면 TextFormField들을 검증할 수 있고 save() 함수를 실행하면 TextFromField에 입력한 값들을 저장할 수 있습니다.

lib/screen/auth_screen.dart
```
...생략...
class _AuthScreenState extends State<AuthScreen> {
  ...생략...
  @override
  Widget build(BuildContext context) {
    ...생략...
  }
  bool saveAndValidateForm() {
    // form을 검증하는 함수를 실행합니다.
    if (!formKey.currentState!.validate()) {
      return false;
    }
    // form을 저장하는 함수를 실행합니다.
    formKey.currentState!.save();

    return true;
  }
}
```

13 이제 Form을 이용해서 회원가입 로직과 로그인 로직을 완성하면 됩니다. 우선 회원가입 로직부터 구현해보겠습니다. onRegisterPress() 함수를 생성하고 이 함수가 실행되면 Form 하위의 모든 TextFormField를 검증합니다. 검증이 완료되면 텍스트 필드값을 저장한 후 ScheduleProvider의 register() 함수를 실행하겠습니다.

lib/screen/auth_screen.dart

```dart
import 'package:provider/provider.dart';
import 'package:calendar_scheduler/provider/schedule_provider.dart';
import 'package:dio/dio.dart';
import 'package:calendar_scheduler/screen/home_screen.dart';
...생략...

class _AuthScreenState extends State<AuthScreen> {
  ...생략...

  bool saveAndValidateForm() {
    ...생략...
  }

  onRegisterPress(ScheduleProvider provider) async {
    // 미리 만들어둔 함수로 form을 검증합니다.
    if (!saveAndValidateForm()) {
      return;
    }

    // 에러가 있을 경우 값을 이 변수에 저장합니다.
    String? message;

    try {
      // 회원가입 로직을 실행합니다.
      await provider.register(
        email: email,
        password: password,
      );
    } on DioError catch (e) {
      // 에러가 있을 경우 message 변수에 저장합니다. 만약 에러 메시지가 없다면
      // 기본값을 입력합니다.
      message = e.response?.data['message'] ?? '알 수 없는 오류가 발생했습니다.';
    } catch (e) {
      message = '알 수 없는 오류가 발생했습니다.';
```

```
      } finally {
         // 에러 메시지가 null이 아닐 경우 스낵바에 값을 담아서 사용자에게 보여줍니다.
         if (message != null) {
            ScaffoldMessenger.of(context).showSnackBar(
               SnackBar(
                  content: Text(message),
               ),
            );
         } else {
            // 에러가 없을 경우 홈 스크린으로 이동합니다.
            Navigator.of(context).push(
               MaterialPageRoute(
                  builder: (_) => HomeScreen(),
               ),
            );
         }
      }
   }
}
```

14 로그인 로직도 마찬가지로 완성해보겠습니다. 로그인 로직은 ScheduleProvider의 register() 함수 대신에 login() 함수를 실행한다는 사실 외에는 onRegisterPress() 함수와 큰 차이가 없습니다.

lib/screen/auth_screen.dart
```
...생략...
class _AuthScreenState extends State<AuthScreen> {
   ...생략...

   @override
   Widget build(BuildContext context) {
      ...생략...
   onLoginPress(ScheduleProvider provider) async {
      if (!saveAndValidateForm()) {
         return;
      }

      String? message;
```

```dart
    try {
      // register() 함수 대신에 login() 함수를 실행합니다.
      await provider.login(
        email: email,
        password: password,
      );
    } on DioError catch (e) {
      // 에러가 있을 경우 message 변수에 저장합니다. 만약 에러 메시지가 없다면
      // 기본값을 입력합니다.
      message = e.response?.data['message'] ?? '알 수 없는 오류가 발생했습니다.';
    } catch (e) {
      message = '알 수 없는 오류가 발생했습니다.';
    } finally {
      if (message != null) {
        ScaffoldMessenger.of(context).showSnackBar(
          SnackBar(
            content: Text(message),
          ),
        );
      } else {
        Navigator.of(context).push(
          MaterialPageRoute(
            builder: (_) => HomeScreen(),
          ),
        );
      }
    }
  }
}
```

15 [회원가입] 버튼과 [로그인] 버튼이 클릭될 때마다 각각 기능에 적합한 함수를 실행하는 코드를 작성해보겠습니다.

lib/screen/auth_screen.dart

```dart
...생략...
class _AuthScreenState extends State<AuthScreen> {
  ...생략...
  @override
  Widget build(BuildContext context) {
    final provider = context.watch<ScheduleProvider>();
```

```dart
    return Scaffold(
      body: Padding(
        padding: const EdgeInsets.symmetric(horizontal: 16.0),
        child: Form(
          key: formKey,
          child: Column(
            ...생략...
            children: [
              ElevatedButton(
                ...생략...
                onPressed: () {
                  onRegisterPress(provider);
                },
                child: Text('회원가입'),
              ),
              ElevatedButton(
                ...생략...
                onPressed: () {
                  onLoginPress(provider);
                },
                child: Text('로그인'),
              ),
            ],
          ),
        ),
      ),
    );
  }
  ...생략...
}
```

16 마지막으로 [로그아웃] 버튼을 생성해보겠습니다. 회원가입이나 로그인이 성공적으로 진행되면 현재 메인 화면인 HomeScreen으로 이동하도록 코드를 작성했습니다. 그래서 [로그아웃] 버튼은 HomeScreen에서 작업해야 합니다. 현재 UI에서 [로그아웃] 버튼이 가장 어울릴만한 위치는 TodayBanner입니다. TodayBanner에 로그아웃 아이콘을 추가하고 아이콘을 눌렀을 때 ScheduleProvider의 logout() 함수 실행 후 AuthScreen으로 되돌아가게 해보겠습니다.

lib/component/today_banner.dart

```dart
import 'package:calendar_scheduler/provider/schedule_provider.dart';
import 'package:provider/provider.dart';
...생략...

class TodayBanner extends StatelessWidget {
  ...생략...

  @override
  Widget build(BuildContext context) {
    final provider = context.watch<ScheduleProvider>();
    ...생략...

    return Container(
      color: PRIMARY_COLOR,
      child: Padding(
        padding: EdgeInsets.symmetric(horizontal: 16.0, vertical: 8.0),
        child: Row(
          mainAxisAlignment: MainAxisAlignment.spaceBetween,
          children: [
            Text(
              '${selectedDate.year}년 ${selectedDate.month}월 ${selectedDate.day}일',
              style: textStyle,
            ),
            Row(
              children: [
                Text(
                  '$count개',
                  style: textStyle,
                ),
                const SizedBox(width: 8.0,),
                // 아이콘 눌렀을 때 로그아웃 진행
                GestureDetector(
                  onTap: (){
                    provider.logout();

                    Navigator.of(context).pop();
                  },
                  child: Icon(
```

```
                    Icons.logout,
                    color: Colors.white,
                    size: 16.0,
                  ),
                ),
              ],
            ),
          ),
        ],
      ),
    ),
  );
 }
}
```

17 이제 작성한 코드를 테스트하겠습니다. 프로젝트를 에뮬레이터 또는 시뮬레이터에서 실행하고 validate() 함수가 잘 작동하는지 확인하겠습니다. 의도적으로 잘못된 형태의 이메일과 4자리 이하의 비밀번호를 입력해보겠습니다. **테스트할 때 calender_scheduler_server 실행을 잊지 마세요!**

▼ 잘못된 값 입력으로 회원가입 시도를 통한 validate( ) 함수 검증 확인

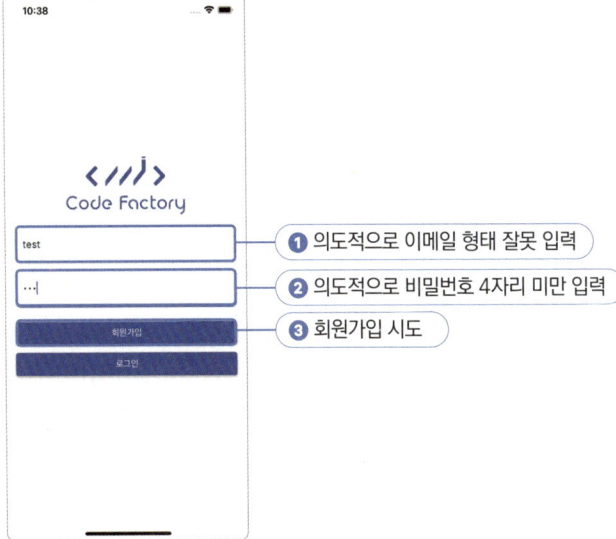

❶❷ 의도적으로 검증을 통과할 수 없는 값을 텍스트 필드에 입력합니다. 그다음 ❸ [회원가입] 버튼을 누르고 가입을 시도합니다.

이메일과 비밀번호 텍스트 필드에 에러가 발생하며 에러 메시지가 나오는 것을 확인합니다.

18 이번에는 정상적인 이메일과 비밀번호를 입력해서 회원가입을 진행해보겠습니다. 검증을 통과할 수 있는 이메일과 비밀번호 값을 텍스트 필드에 입력한 후 [회원가입] 버튼을 누르면 홈 화면으로 이상 없이 이동합니다. 정상적으로 회원가입과 로그인이 진행되면 ScheduleProvider에 리프레시 토큰과 액세스 토큰을 저장하는 로직을 작업해둔 것을 기억하세요!

▼ 올바른 값 입력으로 회원가입 시도를 통한 validate() 함수 검증 확인

❶ 이메일과 비밀번호에 검증을 통과할 수 있는 값을 입력합니다. 검증을 통과할 수 있도록 올바른 형식의 이메일과 4~8자 사이의 비밀번호를 입력해야 합니다. 다음으로 ❷ [회원가입] 버튼을 눌러서 회원가입을 진행합니다.

정상적으로 홈 화면으로 이동하는 것을 확인합니다.

19 이번에는 로그인 버튼의 작동을 테스트하겠습니다. TodayBanner 위젯의 [로그아웃] 버튼을 눌러서 다시 텍스트 필드와 회원가입, 로그인 버튼이 있는 화면인 AuthScreen으로 이동합니다. 회원가입할 때 사용했던 똑같은 이메일과 비밀번호를 텍스트 필드에 입력한 후 로그인 버튼을 눌러서 로그인 기능의 작동을 확인합니다.

> **NOTE** 서버를 다시 실행하면 데이터베이스가 초기화되므로 회원가입을 다시 해야 합니다.

▼ 가입된 정보로 로그인 기능 작동 확인

로그아웃 아이콘을 눌러서 로그아웃 후 회원가입, 로그인 화면인 AuthScreen으로 돌아갑니다.

❶가입할 때 입력한 이메일과 비밀번호를 동일하게 입력한 후 ❷로그인 버튼을 눌러서 로그인을 시도합니다.

정상적으로 로그인이 되는 걸 확인합니다.

20 저장된 데이터값과 일치하지 않을 때 서버에서 내보내는 에러에 따른 메시지도 정상적으로 출력되는지 확인해보겠습니다. 의도적으로 잘못된 비밀번호를 입력하고 로그인 버튼을 눌러서 비밀번호가 틀렸다는 메시지가 화면에 정상적으로 나오는지 확인합니다.

▼ 일치하지 않는 정보로 로그인 기능 작동 확인

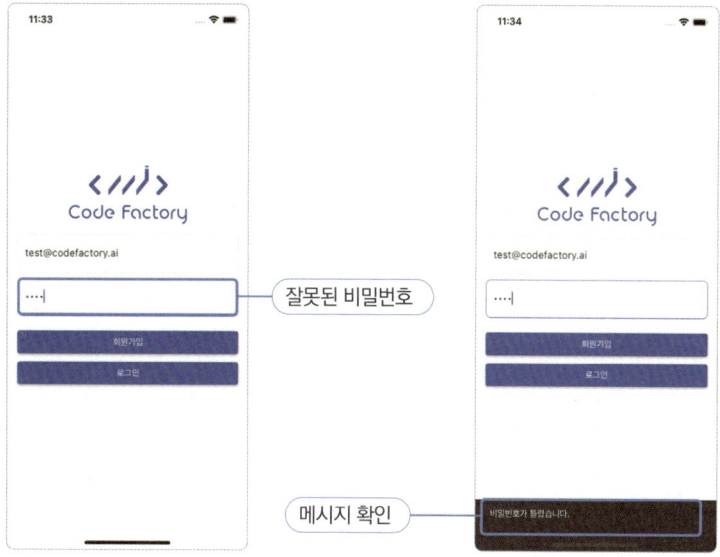

의도적으로 일치하지 않는 비밀번호를 입력하여 비밀번호가 틀렸다는 메시지가 정상적으로 출력되는걸 확인합니다.

21.4.4 액세스 토큰을 이용한 요청 구현하기

인증 로직을 구현한 이유는 인증 확인 요청을 서버로 보냈을 때 어떤 사용자가 요청을 보냈는지 서버가 식별할 수 있게 하기 위함입니다. 사용자 인증을 통해 액세스 토큰을 발급받았으니 모든 일정 정보 관련 요청에 액세스 토큰을 추가해서 요청을 보내는 로직을 작업해보겠습니다.

To Do 01 일정을 불러오는 GET 요청을 위한 getSchedules() 함수부터 작업해보겠습니다. 모든 일정 관련 요청은 ScheduleRepository에서 구현하고 있습니다. 따라서 각 함수에서 보내는 HTTP 요청의 헤더에 토큰을 포함하는 로직을 작업하면 됩니다.

lib/repository/schedule_repository.dart
```
...생략...
class ScheduleRepository {
  ...생략...

  Future<List<ScheduleModel>> getSchedules({
    // 함수를 실행할 때 액세스 토큰을 입력받습니다.
    required String accessToken,
```

```dart
    required DateTime date,
  }) async {
    final resp = await _dio.get(
      _targetUrl,
      queryParameters: {
        'date':
            '${date.year}${date.month.toString().padLeft(2, '0')}${date.day.toString().padLeft(2, '0')}',
      },
      // 요청을 보낼 때 헤더에 액세스 토큰을 포함해서 보냅니다.
      options: Options(
        headers: {
          'authorization': 'Bearer $accessToken',
        },
      ),
    );

    return resp.data
        .map<ScheduleModel>(
          (x) => ScheduleModel.fromJson(
            json: x,
          ),
        )
        .toList();
  }
  ...생략...
}
```

02 일정을 생성하는 코드 부분도 변경해주겠습니다. getSchedules( ) 함수와 마찬가지로 createSchedule( ) 함수에 헤더의 액세스 토큰을 포함해서 요청을 보내는 코드를 추가해줍니다.

lib/repository/schedule_repository.dart

```dart
...생략...
class ScheduleRepository {
  ...생략...
  Future<String> createSchedule({
    required String accessToken,
    required ScheduleModel schedule,
  }) async {
    final json = schedule.toJson();
```

```dart
    final resp = await _dio.post(
      _targetUrl,
      data: json,
      options: Options(
        headers: {
          'authorization': 'Bearer $accessToken',
        },
      ),
    );

    return resp.data?['id'];
  }

  ...생략...
}
```

03 마지막으로 일정을 삭제하는 deleteSchedules()함수에도 토큰을 함께 보내는 로직을 추가해보겠습니다.

```dart
// lib/repository/schedule_repository.dart
...생략...
class ScheduleRepository {
  ...생략...
  Future<String> deleteSchedule({
    required String accessToken,
    required String id,
  }) async {
    final resp = await _dio.delete(
      _targetUrl,
      data: {
        'id': id,
      },
      options: Options(
        headers: {
          'authorization': 'Bearer $accessToken',
        },
      ),
    );
```

```
      return resp.data?['id'];
  }
}
```

04 일정 관련 함수들에 HTTP 헤더에 액세스 토큰을 포함하는 코드를 업데이트하고 나면 Schedule Provider에 여러 에러가 생깁니다. 기존에 받지 않던 액세스 토큰을 인자로 넣어줘야 하기 때문입니다. 에러가 나는 위치에 모두 accessToken 프로퍼티를 주입해주겠습니다.

lib/provider/schedule_provider.dart

```
...생략...
class ScheduleProvider extends ChangeNotifier {
  ...생략...
  void getSchedules({
    required DateTime date,
  }) async {
    final resp = await scheduleRepository.getSchedules(
      date: date,
      // 로그인을 해야 사용자와 관련된 일정 정보를 가져오는 getSchedules() 함수를
      // 실행할 수 있는 화면으로 이동하므로 !를 붙여서 accessToken이
      // null이 아님을 명시합니다.
      accessToken: accessToken!,
    );
    ...생략...
  }

  void createSchedule({
    required ScheduleModel schedule,
  }) async {
    ...생략...

    try {
      final savedSchedule = await scheduleRepository.createSchedule(
        schedule: schedule,
        accessToken: accessToken!,
      );

      ...생략...
    } catch (e) {
      ...생략...
    }
```

```
    notifyListeners();
  }

  void deleteSchedule({
    required DateTime date,
    required String id,
  }) async {
    ...생략...
    try {
      await scheduleRepository.deleteSchedule(
        id: id,
        accessToken: accessToken!,
      );
    } catch (e) {
      ...생략...
    }
    notifyListeners();
  }
  ...생략...
}
```

05 회원가입 또는 로그인을 진행하고 홈 화면으로 이동합니다. 홈 화면에서 기본적으로 선택되어 있는 날짜의 일정을 자동으로 가져오는 코드를 작성해보겠습니다. 먼저 기존의 HomeScreen을 StatefulWidget을 상속받도록 변경하고, 기존의 HomeScreen을 _HomeScreenState가 감싸도록 변경합니다. 그런 다음 _HomeScreenState가 처음 생성되면 자동으로 실행되는 initState() 함수에서 일정 정보를 가져오는 함수를 실행해보겠습니다.

lib/screen/home_screen.dart
```
...생략...
class HomeScreen extends StatefulWidget {
  @override
  State<HomeScreen> createState() => _HomeScreenState();
}

class _HomeScreenState extends State<HomeScreen> {
  DateTime selectedDate = DateTime.utc(
    // ❷ 선택된 날짜를 관리할 변수
    DateTime.now().year,
    DateTime.now().month,
```

```
      DateTime.now().day,
    );
    ...생략...
@override
void initState() {
  super.initState();

  // HomeScreen 위젯이 생성되면 오늘 날짜의 일정을 바로 요청합니다.
  context.read<ScheduleProvider>().getSchedules(
        date: selectedDate,
      );
}
@override
Widget build(BuildContext context) {
    ...생략...
  }
}
```

06 일정 관련 요청 로직에 액세스 토큰을 포함하는 작업이 모두 끝났습니다. 먼저 일정 관련 기능이 잘 작동하는지 확인해보면서 일정 생성과 삭제 기능이 잘 작동하는지 테스트합니다.

달력에서 2023년 10월 18일을 선택한 후 일정을 생성해봅니다.

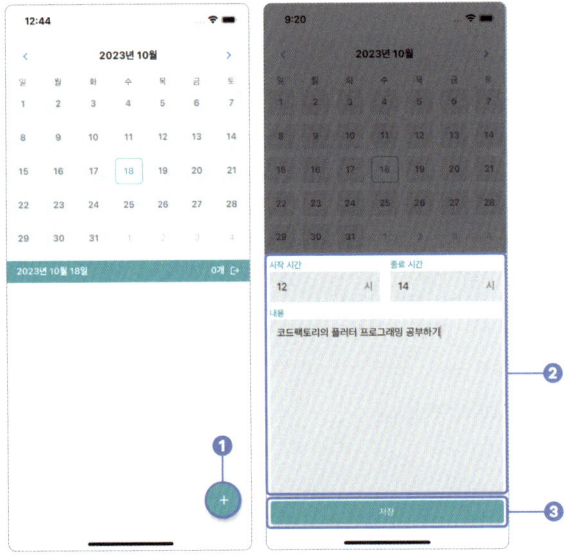

입력한 내용대로 일정이 정상적으로 생성되는걸 확인합니다. 일정을 우로 밀었을 때 삭제가 잘 실행되는지 확인합니다.

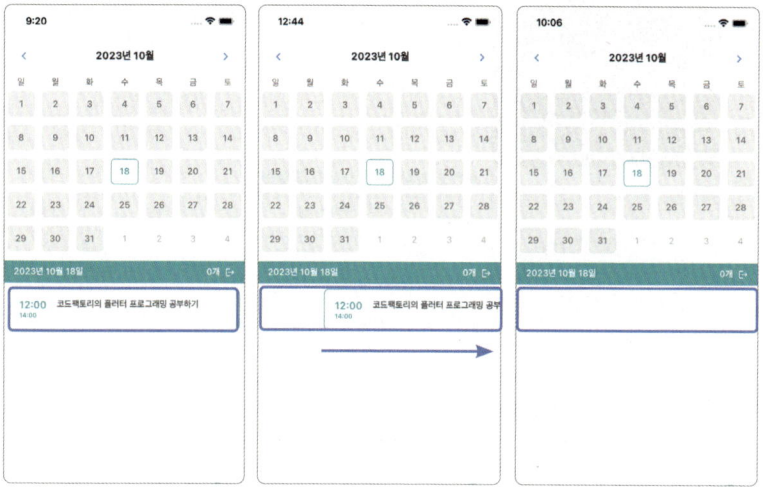

21.5 테스트하기

❶ 제공된 NestJS 서버를 실행해주세요.
❷ 안드로이드 스튜디오에서 [Run] 버튼을 눌러서 iOS 시뮬레이터 또는 안드로이드 에뮬레이터에서 앱을 실행해보세요.
❸ 앱을 실행하면 회원가입, 로그인 인증 화면이 나오는 걸 확인합니다.
❹ 이메일과 비밀번호를 입력한 후 회원가입 (이하 A 계정) 버튼을 누릅니다.

❺ HomeScreen으로 이동되면 2023년 10월 18일을 선택한 후 일정을 만들고 저장하여 정상적으로 생성됨을 확인합니다.

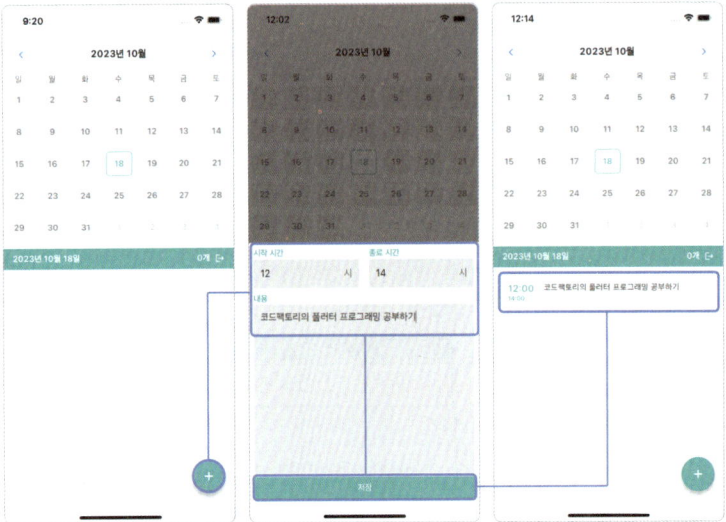

❻ 로그아웃을 한 후 새로운 이메일(이하 B계정)과 비밀번호를 이용하여 회원가입합니다. 마찬가지로 2023년 10월 18일을 선택하고 B 계정이 생성한 일정이 없음을 확인합니다.

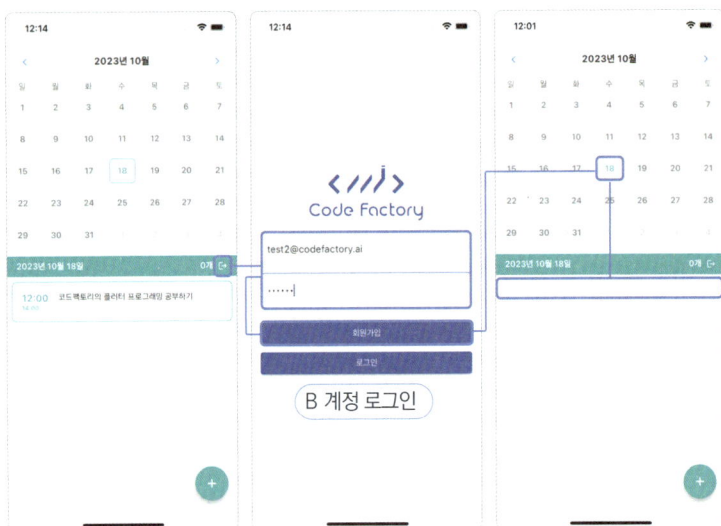

❼ A 계정에서 생성한 일정과 다른 일정을 B 계정에 생성해봅니다.

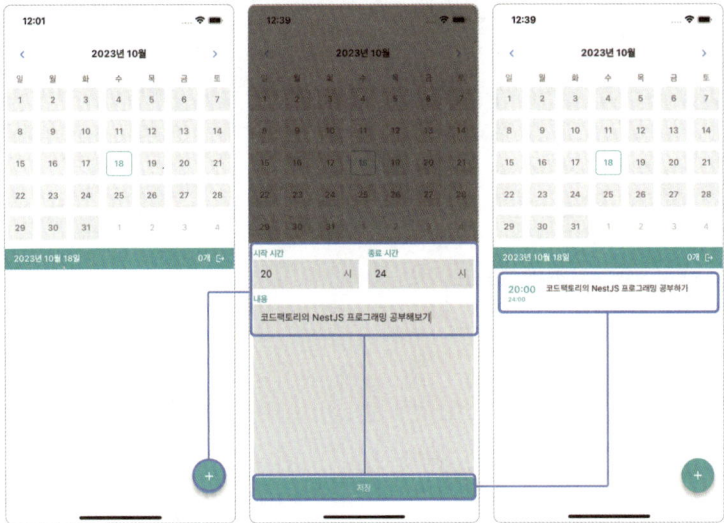

❽ 로그아웃 후 A 계정으로 다시 로그인한 후 2023년 10월 18일을 선택했을 때 A 계정에서 생성한 일정만 존재하는 걸 확인합니다.

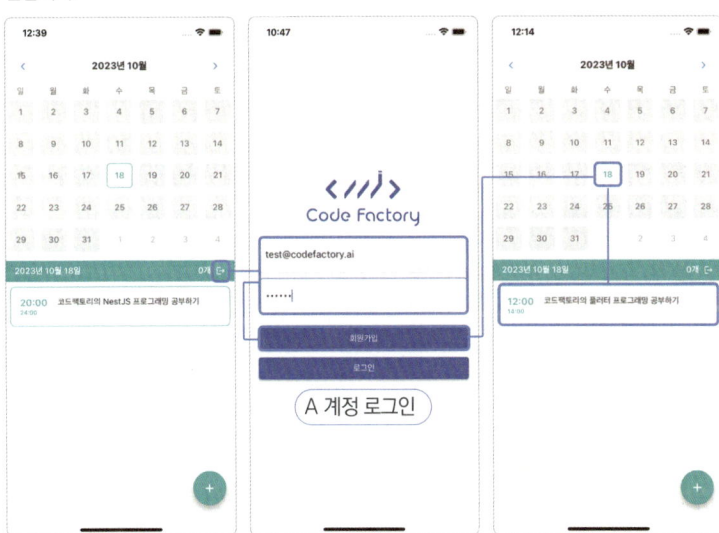

21장 Project #5 JWT를 이용한 인증하기 **665**

❾ 일정을 우로 밀어서 잘 삭제되는지 확인합니다.

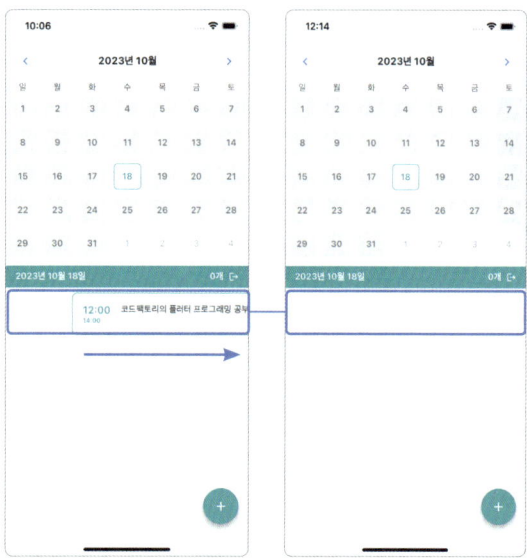

학습 마무리

현대 인증 시스템에서 JWT를 어떻게 사용하고 어떤 방식으로 토큰을 발급받는지 배워봤습니다. 그리고 기존 작업했던 일정 관리 프로젝트에 회원가입 및 로그인 인증 시스템을 추가해봤습니다. 마지막으로 인증 시스템을 통해 발급받은 액세스 토큰을 이용하여 인증된 요청을 서버로 보내는 로직을 구현해봤습니다.

핵심 요약

1. 회원가입/로그인을 하고 인증 요청을 보내는 사용자를 서버에서 식별하기 위해 **인증** 시스템을 사용합니다.
2. 사용자를 식별하는 인증 시스템을 구축할 때 **JWT**가 가장 많이 사용됩니다.
3. **JWT**로 인증 시스템을 구축할 때 **리프레시 토큰**과 **액세스 토큰**을 같이 사용하는 경우가 많습니다.

4 **리프레시 토큰**은 액세스 토큰을 재발급받을 때 사용합니다.
5 **액세스 토큰**은 로그인을 해야 접근할 수 있는 자원을 요청할 때 사용합니다.
6 리프레시 토큰은 액세스 토큰에 비해 **유효기간**이 깁니다.
7 모든 토큰은 요청 헤더의 **Authorization** 키에 **Bearer $token** 형태로 입력해 전송합니다.

업그레이드 아이디어

1 현재 액세스 토큰을 사용해서 일정 관련 요청을 하는 로직만 작성되어 있습니다. 리프레시 토큰을 이용한 토큰을 재발급받는 로직은 작성되어 있지 않습니다. 액세스 토큰의 유효기간은 5분으로 설정되어 있기 때문에 초기 로그인을 하고 5분이 지나면 기존 액세스 토큰은 더 이상 사용이 불가능합니다. 리프레시 토큰을 사용해서 만료된 액세스 토큰을 재발급받는 로직을 작성하여 5분이 지나도 일정 요청이 가능하도록 코드를 추가해보세요.

   HINT 액세스 토큰이 만료되면 401 상태 코드가 반환됩니다.

2 로그인을 진행한 후 앱을 재실행하면 회원가입과 로그인을 하는 AuthScreen으로 돌아가게 됩니다. 하지만 만약 로그인되어 있고 토큰이 만료되지 않은 상태라면 다시 로그인 요청을 하지 않고 바로 HomeScreen으로 이동되는 것이 정상입니다.
   다음으로 로그인이 되어 있는 상태에서 앱을 시작했을 때 AuthScreen이 아닌 HomeScreen으로 이동되는 로직을 작성해보세요.

   HINT 어떤 요청이든 토큰이 유효하면 2xx 상태 코드를 받을 수 있습니다.

Chapter 22

Project #6
소셜 로그인과 파이어베이스 인증하기
소셜 로그인, OAuth 2.0, 파이어베이스 인증, 구글 로그인 세팅

#MUSTHAVE

☐ 학습 목표

예전에는 이메일과 비밀번호로 회원가입을 하는 방법만 있었습니다. 하지만 지금은 다양한 소셜 로그인을 지원하죠. 실제로 소셜 로그인이 있어야 여러분이 만든 서비스의 가입률을 높일 수 있습니다. 사용자 관점에서 소셜 로그인은 클릭 몇 번으로 아주 간편하게 가입할 수 있기 때문에 서비스에 손이 쉽게 가는 거죠. 이번 프로젝트는 소셜 로그인과 파이어베이스 인증firebase auth에 대해 배워보고 직접 구현을 진행해봅니다.

☐ 학습 순서

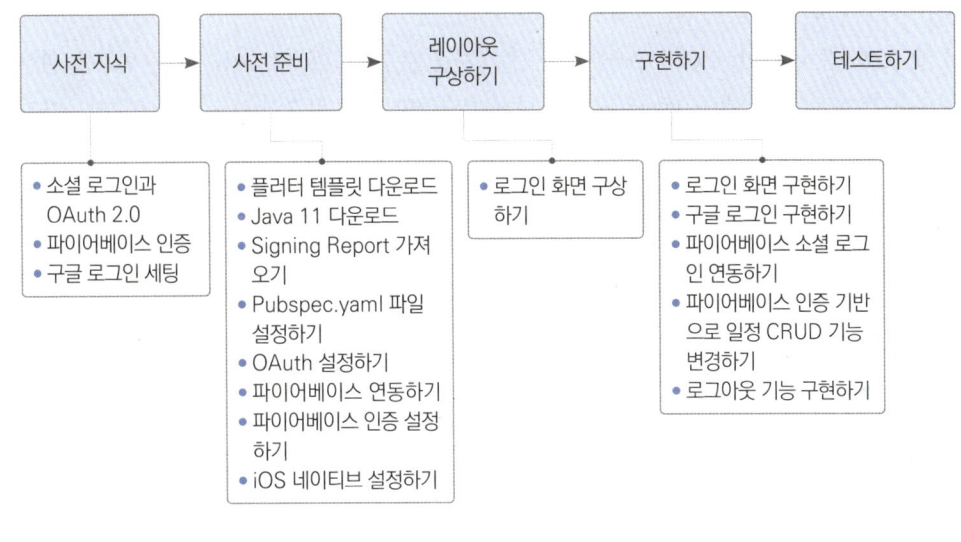

22.1 사전 지식

22.1.1 소셜 로그인과 OAuth 2.0

현대 앱 개발에서 소셜 로그인은 더 이상 빼놓을 수 없는 기능 중 하나입니다. 사용자에게 간단함과 편리함을 주기 때문이죠. 소셜 로그인의 예로 앱에서 흔히 볼 수 있는 [구글 로그인(Sign in with Google)], [애플 로그인(Sign in with Apple)] 등이 있습니다.

소셜 로그인을 사용하면 얻을 수 있는 이점

소셜 로그인을 사용하면 다양한 이점이 있습니다. 첫 번째는 사용자가 서비스별로 다른 비밀번호를 기억해야 하는 번거로움을 줄일 수 있고, 복잡한 회원가입 절차를 간소화할 수 있습니다. 두 번째는 다른 서비스와 계정 정보를 연동하므로 악의적인 사용자의 가짜 계정 생성을 어렵게 할 수 있습니다. 세 번째로 직접적인 인증을 진행하지 않으며 비밀번호 관리를 서비스 개발자가 직접하지 않으므로 리소스를 절약할 수 있습니다. 마지막으로 간소한 사용자 인증 절차 덕분에 앱의 사용자 경험을 증진시킬 수 있습니다.

OAuth 2.0 절차를 준수하는 소셜 로그인

소셜 로그인은 OAuth 2.0$^{open\ authentication\ 2.0}$ 절차를 준수합니다. OAuth 2.0은 인증을 위한 개방형 표준 프로토콜입니다. 좀 더 풀어서 말하면 다양한 소셜 로그인 프로바이더^{provider}, 다시 말해 구글, 페이스북, 애플과 같은 기업이 자신만의 방법으로 인증 절차를 구현하는 것이 아니라 개발자, 사용자가 일반화된 절차를 따를 수 있도록 만든 일종의 약속입니다. 내가 제공하는 서비스에 가입한 사용자들이 다른 서비스에서 내 서비스를 통해 소셜 로그인을 하도록 만들고 싶다면 OAuth 2.0 절차를 준수하여 소셜 로그인 기능을 구현하면 된다는 것이죠.

소셜 로그인을 진행하려면 소셜 로그인 프로바이더에 앱을 등록해야 합니다. 앱을 등록할 때 앱의 정보와 함께 리다이렉트 URL$^{redirect\ URL}$을 등록합니다. 리다이렉트 URL은 소셜 로그인 프로바이더에서 사용자 인증이 끝난 후 인증 코드를 반환할 URL입니다. 앱의 경우 앱 스킴$^{app\ scheme}$을 사용하여 앱으로 다시 돌아오게 할 수 있습니다. URL 스킴을 사용하면 앱과 앱 사이의 이동이 쉬워집니다. 앱을 등록하면 클라이언트 ID$^{client\ ID}$와 클라이언트 Secret$^{client\ secret}$을 배정받습니다. 이 값을 이용해서 소셜 로그인 프로바이더에 인증 요청을 할 수 있습니다.

소셜 로그인 진행 방식 알아보기

다음 그림에서 소셜 로그인의 진행 방식을 알아보겠습니다. 구글 로그인을 진행한다는 가정하에 설명하겠습니다. 다시 말하지만 다른 소셜 로그인 프로바이더를 사용해도 내부 구성은 OAuth 2.0이므로 로직은 같습니다.

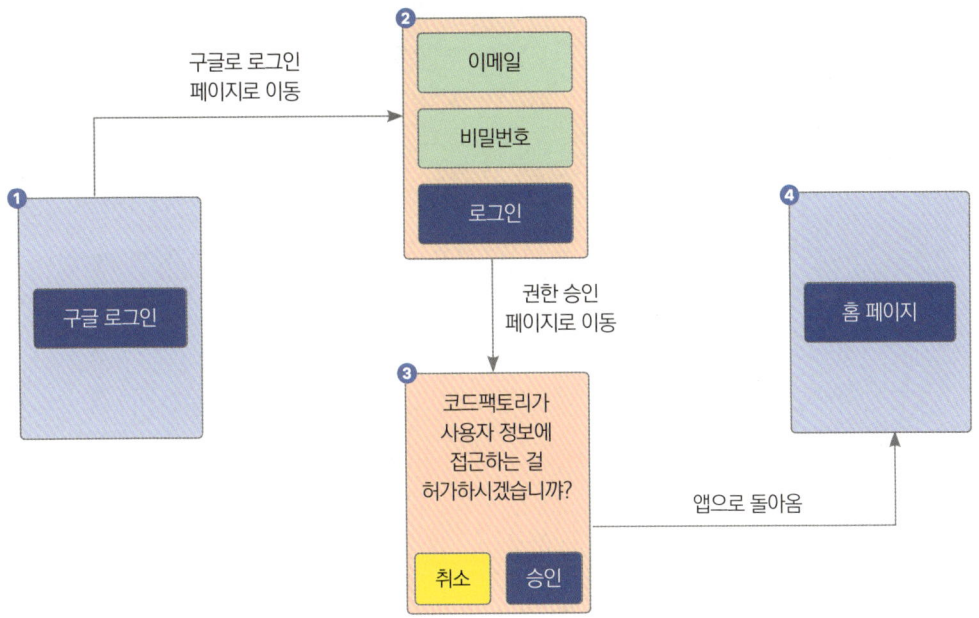

❶ 사용자가 [구글로 로그인] 버튼을 누르면 소셜 로그인이 시작됩니다. 구글 로그인 요청이 생기면 여러분이 만든 앱은 클라이언트 ID와 리다이렉트 URL, 요청할 스코프^{Scope}를 구글 서버에 전송합니다. ❷ 그러면 구글 서버는 구글 로그인 창을 실행합니다. 만약에 이미 로그인이 되어 있다면 로그인 된 계정을 선택할 수 있는 창이 실행됩니다. ❸ 앱이 사용자의 정보에 접근하는 걸 사용자가 허가해주면 ❹ 리다이렉트 URL 또는 앱으로 인증 코드가 전송됩니다. 구글 서버의 토큰 발급 URL로 인증 코드, 클라이언트 ID, 클라이언트 Secret을 보내면 액세스 토큰을 발급받을 수 있습니다. 액세스 토큰을 사용하면 구글 서버로부터 허가된 사용자 정보를 받아올 수 있습니다.

> **NOTE** 요청할 스코프는 받고 싶은 사용자의 정보와 권한의 레벨을 정의하는 값입니다.

22.1.2 파이어베이스 인증

대표적인 소셜 로그인 프로바이더는 OAuth 2.0 스펙을 사용하므로 인증 로직은 대부분 비슷합니다. 하지만 각 소셜 로그인별로 제공하는 SDK의 사용법과 사용자 정보를 반환하는 값은 서로 다르며, 요구하는 스펙 또한 다양합니다. 그리고 보통은 최소 3개 이상의 소셜 로그인 프로바이더로 앱을 개발하는 경우가 많습니다. 그래서 만약 서비스에서 제공할 모든 소셜 로그인 프로바이더의 연동을 직접 구현한다면 각각 연동하는 과정은 매우 힘들 수 있습니다.

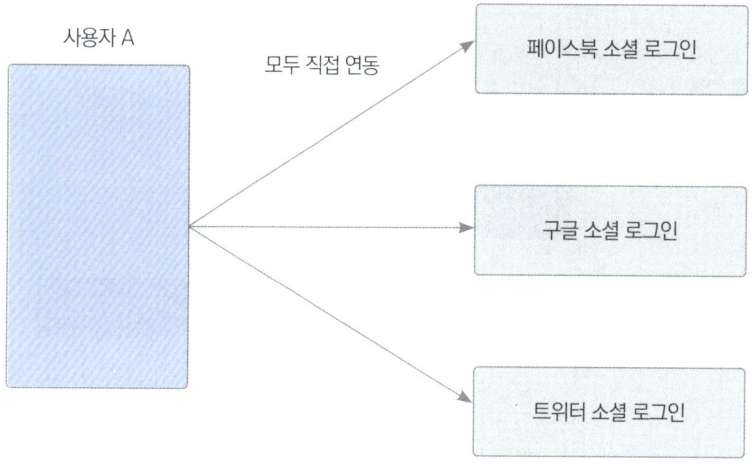

그래서 Firebase, Auth0, Okta, Supabase 등은 소셜 로그인 기능을 자사 서비스 SDK 하나로 묶어 제공하여 소셜 로그인 연동을 수월하게 해줍니다. 만약 제작 중인 서비스에 하나의 소셜 로그인 기능만 제공할 계획이라면 직접 소셜 로그인 프로바이더와 연동해도 괜찮습니다만 **앱에 여러 소셜 로그인 프로바이더를 연동할 계획이라면 앞서 언급한 연동을 쉽게 해주는 서비스를 사용하는 것도 좋은 방법입니다.**

> **NOTE** Auth0, Okta, Supabase는 이 기능을 유료로 제공하고 22장에서 사용할 파이어베이스 인증은 이 서비스를 무료로 제공합니다.

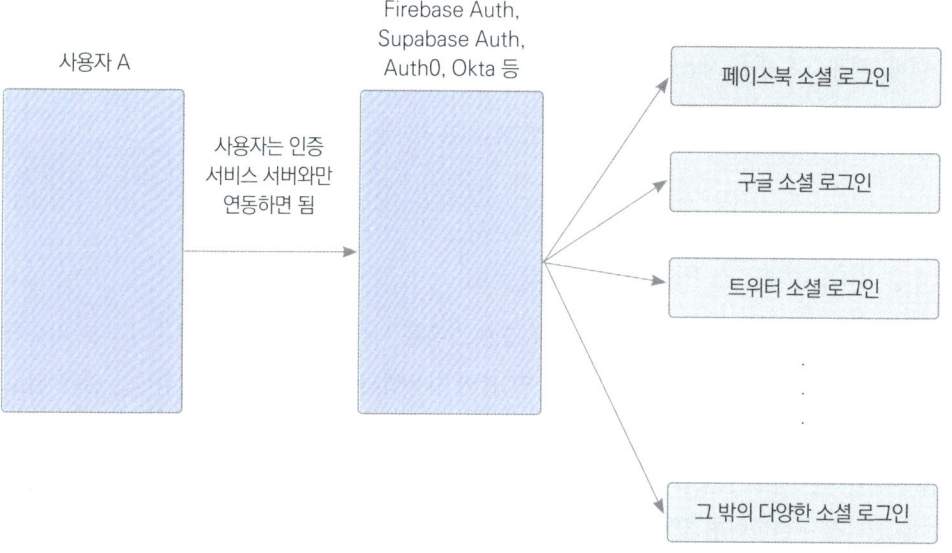

22.1.3 구글 로그인 세팅

구글 로그인을 사용하려면 파이어베이스 연동 설정을 해야 합니다. 구글 로그인뿐만 아니라 파이어스토어를 사용하기 위해서도 파이어베이스 연동이 필요합니다. 파이어베이스 설정은 20.2 '사전 준비'에서 학습했으므로 22장에서 반복하지 않겠습니다. 이번 프로젝트는 20장 프로젝트를 기반으로 진행합니다. 그러므로 파이어베이스 관련 사전 준비가 따로 필요 없습니다. **하지만 새로운 프로젝트에 구글 로그인을 세팅한다면 20.2 '사전 준비'를 기반으로 파이어베이스 연동을 해야 하는 것을 기억해주세요!**

22.2 사전 준비

22.2.1 플러터 템플릿 다운로드

이번 프로젝트는 20장 '파이어베이스 연동하기'를 기반으로 프로젝트를 진행하겠습니다.

To Do 01 깃허브의 /ch22/calendar_scheduler_template 프로젝트를 열고 실행하여 캘린더 프로젝트가 정상적으로 실행되면 프로젝트를 진행할 준비가 완료된 것입니다.

> **Note** 파이어베이스 추가 이후 실행했을 때 또는 macOS에서 안드로이드 시뮬레이터로 실행 시 multidex error가 발생하면 'flutter run --debug'를 실행하여 설정을 진행하세요. 자세한 내용은 부록 'D.2 Multidex error'를 참조하세요.

22.2.2 Java 11 다운로드

이 책은 Java 11로 실습을 진행합니다. gradlew를 실행해서 앱의 signing 정보를 가져오려면 JDK^(java development kit) 11 버전이 필요합니다. 버전의 요구 사항은 추후 변경될 수 있으며 22.2.3

'Signing Report 가져오기'에서 에러가 날 경우 어떤 버전의 JDK가 필요한지 알려줍니다. **JDK 11 버전을 먼저 설치한 후 만약 다른 버전의 JDK가 필요하다면 알맞은 버전의 JDK를 설치해주세요.**

To Do **01** 오라클의 JDK 다운로드 사이트로 이동합니다. JDK 다운로드를 하려면 오라클에 가입해야 하므로 가입을 완료하고 진행하기 바랍니다. 접속 후에는 자신의 운영체제에 맞는 버전의 설치 파일을 다운로드하면 됩니다.

- **JDK 11 버전 다운로드 주소** : https://www.oracle.com/kr/java/technologies/javase/jdk11-archive-downloads.html

macOS ARM64 Compressed Archive	154.06 MB	jdk-11.0.20_macos-aarch64_bin.tar.gz
macOS ARM64 DMG Installer	153.54 MB	jdk-11.0.20_macos-aarch64_bin.dmg
macOS x64 Compressed Archive	156.33 MB	jdk-11.0.20_macos-x64_bin.tar.gz
macOS x64 DMG Installer	155.82 MB	jdk-11.0.20_macos-x64_bin.dmg
Solaris SPARC Compressed Archive	185.15 MB	jdk-11.0.20_solaris-sparcv9_bin.tar.gz
Windows x64 Installer	141.39 MB	jdk-11.0.20_windows-x64_bin.exe

- ARM 맥 사용 시 다운로드 (M1, M2, M3등 M으로 시작하는 하드웨어를 사용하는 맥)
- Intel 맥 사용 시 다운로드 (i3, i5, i7, i9 등 i로 시작하는 CPU를 사용하는 맥)
- 윈도우 사용 시 다운로드

02 다운로드 받은 설치 프로그램을 실행하여 JDK 11을 설치합니다.

03 시스템 환경 변수 설정에서 자바 환경 변수를 설정해주세요. 설정이 완료되면 명령 프롬프트에서 'java --version'을 입력하여 버전 정보가 나오며 설치가 제대로 되었는지 확인합니다.

22.2.3 Signing Report 가져오기

안드로이드 앱은 앱의 개발자를 인증하기 위해서 디지털 지문digital signature을 요구합니다. 추가적으로 파이어베이스 플랫폼에서도 특정 서비스를 사용할 때 디지털 지문 등록을 요구합니다. 플러터 프로젝트도 처음 생성했을 때 기본 전자 서명이 생성되며 이 전자 서명은 원한다면 추후 변경할 수 있습니다. 이제 프로젝트의 안드로이드 디지털 지문을 가져오는 방법에 대해 알아보겠습니다.

To Do **01** 탐색기에서 android/gradlew 파일을 우클릭한 후 [Open In] 〉 [Terminal]을 선택합니다. gradlew 파일은 안드로이드 환경에서 프로젝트를 실행해야 생깁니다. iOS 환경에서 실습하고 있는 독자라면 gradlew 파일이 보이지 않을 수도 있습니다. 그럴 경우 Android 환경에서 프로젝트를 한 번 실행해서 gradlew 파일을 생성 후 이어서 실습을 진행하세요.

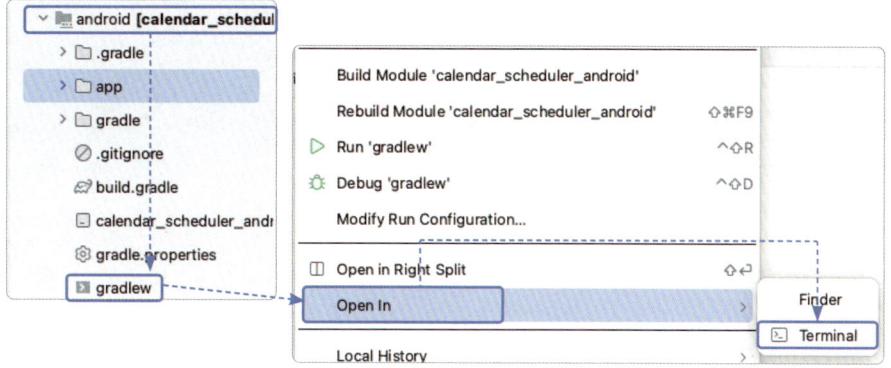

02 실행된 터미널에서 맥 사용자는 './gradlew signingReport'를 실행해주고 윈도우 사용자는 '.\gradlew.bat signingReport'를 실행합니다. 정상적으로 실행되면 상단으로 스크롤해서 "> Task :app:signingReport" 구문을 찾은 다음 Variant: debug를 확인하고 그 아래에 있는 SHA-1 값을 복사합니다. 추후 디지털 지문의 SHA-1 키를 입력하라고 하면 이 값을 입력하면 됩니다.

22.2.4 pubspec.yaml 파일 설정하기

구글 로그인 플러그인을 pubspec.yaml에 추가하고 이미지 파일 설정도 등록해주겠습니다. **플러그인을 등록한 다음에는 [Pub get]을 눌러 플러그인 설정 업데이트를 완료해주세요.**

```
                                                          pubspec.yaml
dependencies:
  flutter:
    sdk: flutter

  ...생략...
  cloud_firestore: 5.4.4
  google_sign_in: 6.2.1 # 구글 로그인 플러그인
```

```
firebase_auth: 5.3.1 # 파이어베이스 인증 플러그인
...생략...

flutter:
  uses-material-design: true

assets:
  - assets/img/ # 로고 이미지 위치
```

22.2.5 OAuth 설정하기

To Do 01 파이어베이스 콘솔로 이동하여 20장에서 파이어베이스 연동할 때 사용했던 프로젝트를 선택합니다.

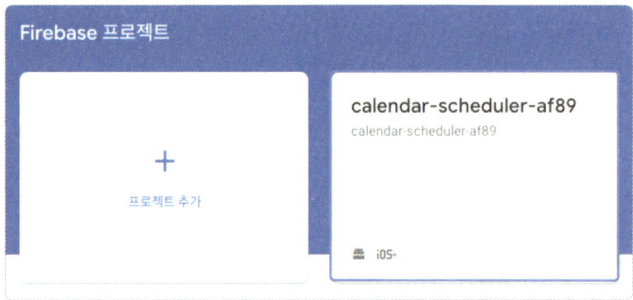

03 [설정] > [프로젝트 설정]을 클릭합니다.

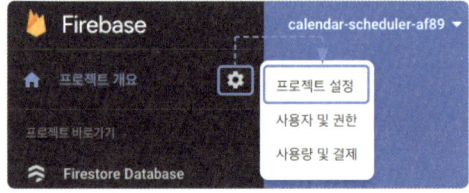

04 [서비스 계정] > [서비스 계정 권한 관리]를 클릭합니다.

05 파이어베이스 프로젝트와 연결된 GCP^Google Cloud Platform 프로젝트로 연결되면 파이어베이스 프로젝트와 같은 이름의 프로젝트가 실행 중인지 확인합니다. 만약 아니라면 다른 구글 계정으로 콘솔에 진입됐을 수 있습니다. 그렇다면 계정 로그아웃을 한 후 파이어베이스 프로젝트를 생성한 계정으로 다시 로그인해주세요. 동일한 이름의 GCP 프로젝트로 잘 이동이 됐다면 [메뉴] > [API 및 서비스] > [OAuth 동의 화면]을 눌러주세요.

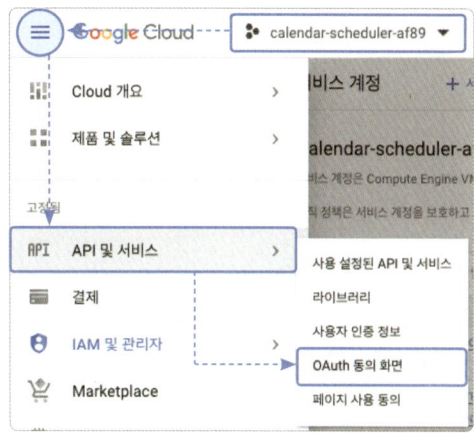

06 [외부] 옵션 버튼을 선택하고 [만들기] 버튼을 누릅니다.

07 별 표시가 있는 필드는 모두 입력을 한 다음 [저장 후 계속] 버튼을 누릅니다.

08 [범위 추가 또는 삭제] 버튼을 클릭합니다.

09 맨 위 세 개의 API는 구글 계정과 관련된 것으로 모두 선택해줍니다. 만약 로그인을 한 후 관련된 다른 정보도 받고 싶다면 다른 API도 선택해 추가하면 됩니다. 다음으로 아래에 있는 [업데이트] 버튼을 눌러줍니다. 아래로 스크롤해서 [저장 후 계속] 버튼을 눌러줍니다.

10 이어서 나온 화면에서도 [저장 후 계속] 버튼을 눌러 진행하고 모든 단계가 확인되면 설정 완료입니다. 모든 단계가 파란색으로 채워지면 설정 완료입니다. [대시보드로 돌아가기]를 눌러 마무리하세요.

22.2.6 파이어베이스 연동하기

안드로이드에서 구글 로그인을 진행하려면 플러터 프로젝트와 파이어베이스 프로젝트를 연동해야 합니다. 20.2.3 '파이어베이스 CLI 설치 및 연동하기'에서 진행했던 것처럼 CLI 설치를 진행합니다. 그리고 나서 20.2.4 '프로젝트에 파이어베이스 설정하기'에서 진행했던 것처럼 플러터 프로젝트를 파이어베이스 프로젝트와 연동해주면 됩니다. 만약에 20장 전체를 모두 잘 따라했다면 플러터 프로젝트 위치에서 'flutterfire configure'를 터미널에서 실행한 후 플러터 프로젝트와 파이어베이스 프로젝트의 연동만 해주면 됩니다.

22.2.7 파이어베이스 인증 설정하기

22장에서는 직접 구글 소셜 로그인 연동을 하는 방법을 배움으로써 어떤 방식으로 앱과 연동하게 되는지 실행하며 감각을 익힙니다. 하지만 22.1.2 '파이어베이스 인증'에서 설명했듯이 다수의 소셜 로그인을 연동하려면 소셜 로그인 프로바이더가 제공하는 인증 서비스를 따로 사용하는 게 서비스 개발에 매우 유리합니다. 파이어베이스 인증 연동을 위해 파이어베이스 인증을 활성화하는 방법부터 배워보겠습니다.

To Do 01 파이어베이스 콘솔(https://console.firebase.google.com)로 접속해서 플러터 프로젝트와 연동되어 있는 프로젝트를 선택합니다.

02 왼쪽 사이드바에 [빌드] 〉 [Authentication] 〉 [시작하기]를 눌러서 파이어베이스 인증 서비스를 활성화해줍니다. 만약 이전에 파이어베이스 인증을 활성화한 이력이 있다면 이 화면이 나오지 않고 다음 화면이 나올 수 있습니다.

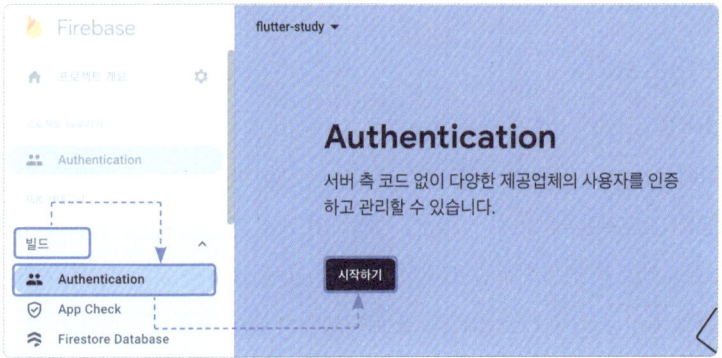

03 [Sign-in method] 〉 [Google]을 눌러서 구글 로그인 설정에 진행합니다.

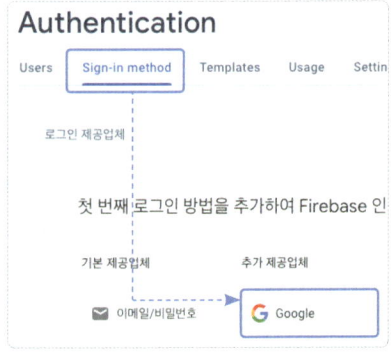

04 [사용 설정] 〉 [저장] 버튼을 누르면 설정이 완료됩니다. 매우 간단하지 않나요? 앞으로 다른 소셜 로그인 기능이 필요할 경우 파이어베이스 인증에 소셜 로그인 연동을 추가하고 파이어베이스 인증의 문서를 따라 설정하면 됩니다.

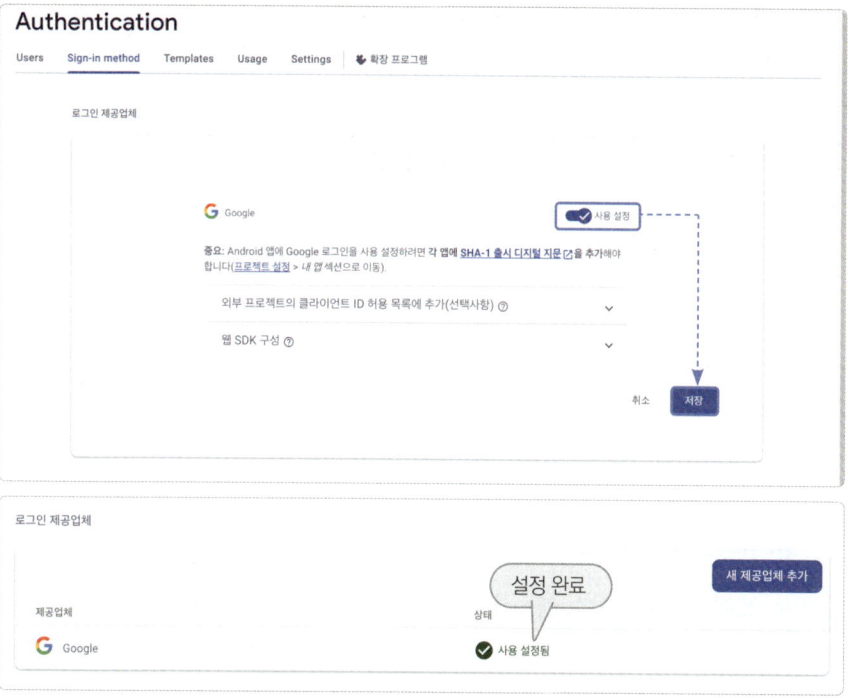

05 파이어베이스 인증은 디지털 지문 등록을 요구하는 서비스 중 하나입니다. 파이어베이스 인증을 사용하기 위해 Debug SHA-1을 등록해보겠습니다. 실제 프로덕션 환경에서도 사용하고 싶다면 Release SHA-1도 등록해주면 됩니다. 파이어베이스 프로젝트 선택 후 [세팅] 〉 [프로젝트 설정] 〉 [내 안드로이드 앱] 〉 [디지털 지문 추가] 버튼을 누릅니다.

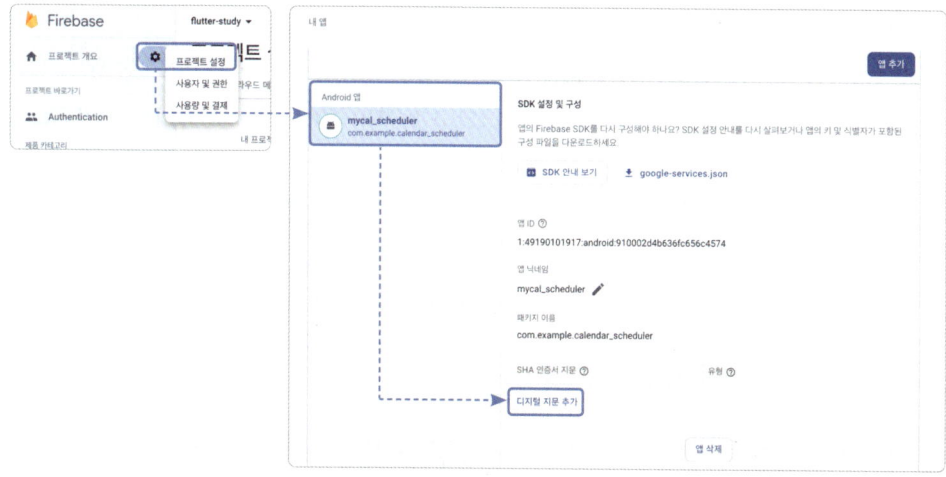

06 그다음 22.2.3 'Signing Report 가져오기'에서 저장해두었던 SHA-1 Debug 디지털 지문을 붙여넣습니다. 마지막으로 저장 버튼을 누릅니다.

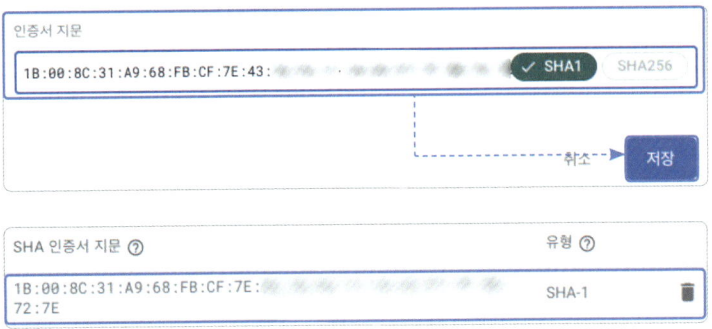

22.2.8 iOS 네이티브 설정하기

안드로이드의 경우 20장 파이어베이스 연동하기의 20.2 '사전 준비'에서 진행했던 대로 파이어베이스 프로젝트와 플러터 프로젝트를 연동하기만 하면 안드로이드 네이티브 설정은 추가적으로 해야 할 게 없습니다. 하지만 iOS의 경우 Info.plist 파일을 수정해야 합니다.

To Do **01** ios/Runner/GoogleService-Info.plist 파일을 열고 REVERSED_CLIENT_ID 값을 찾습니다. GoogleService-Info.plist 파일은 20.2 '사전 준비'에서 파이어베이스 기능 설정을 했던 것처럼 파이어베이스 프로젝트와 플러터 프로젝트를 연동하면 자동으로 생성되는 파일입니다. **GoogleService-Info.plist 파일에서 RESERVED_CLIENT_ID 키에 해당되는 값을 복사합니다. ⟨string⟩ 태그로 감싸진 값을 복사하면 됩니다.**

ios/Runner/GoogleService-Info.plist
```
<?xml version="1.0" encoding="UTF-8"?>
<!DOCTYPE plist PUBLIC "-//Apple//DTD PLIST 1.0//EN" "http://www.apple.com/DTDs/PropertyList-1.0.dtd">
<plist version="1.0">
<dict>
  <key>CLIENT_ID</key>
  <string>318341667651-u65ftogajinpachb5ajk346coh576l83.apps.googleusercontent.com</string>
  <key>REVERSED_CLIENT_ID</key>
  <!-- 아래 값 찾기 -->
  <string>com.googleusercontent.apps.xxxxxyyyyyyyyyzzzzzzzz</string>
  ...생략...
```

```
    </dict>
</plist>
```

02 복사한 값을 ios/Runner/Info.plist 파일을 열어 맨 아래에 CFBundleURLTypes값과 함께 추가해줍니다.

```
                                                                ios/Runner/Info.plist
<?xml version="1.0" encoding="UTF-8"?>
<!DOCTYPE plist PUBLIC "-//Apple//DTD PLIST 1.0//EN" "http://www.apple.com/DTDs/
PropertyList-1.0.dtd">
<plist version="1.0">
<dict>
    ...생략...
    <key>CFBundleURLTypes</key>
    <array>
        <dict>
            <key>CFBundleTypeRole</key>
            <string>Editor</string>
            <key>CFBundleURLSchemes</key>
            <array>
                <string>{여기에 REVERSED_CLIENT_ID 값 붙여넣기}</string>
            </array>
        </dict>
    </array>
</dict>
</plist>
```

22.3 레이아웃 구상하기

캘린더 화면은 기존 UI를 그대로 사용하겠습니다. 필요한 스크린은 [구글로 로그인] 버튼이 있는 간단한 로그인 스크린을 추가로 만들겠습니다.

22.3.1 로그인 화면 구상하기

로고와 [구글로 로그인] 버튼이 중앙에 배치되어 있는 간단한 로그인 화면을 제작해보겠습니다.

22.4 구현하기

22.4.1 로그인 화면 구현하기

To Do **01** 로그인 화면에서 구현할 버튼의 색상을 colors.dart 파일에 정의하겠습니다.

lib/const/colors.dart
```
import 'package:flutter/material.dart';

const PRIMARY_COLOR = Color(0xFF0DB2B2);
const SECONDARY_COLOR = Color(0xFF335CB0);
final LIGHT_GREY_COLOR = Colors.grey[200]!;
final DARK_GREY_COLOR = Colors.grey[600]!;
final TEXT_FIELD_FILL_COLOR = Colors.grey[300]!;
```

02 lib/screen/auth_screen.dart 파일을 생성하고 로그인 화면을 제작해보겠습니다. Column을 이용해서 로고와 [구글로 로그인] 버튼을 중앙 정렬합니다.

lib/screen/auth_screen.dart
```
import 'package:calendar_scheduler/const/colors.dart';
import 'package:flutter/material.dart';

class AuthScreen extends StatelessWidget {
```

```dart
const AuthScreen({Key? key}) : super(key: key);

@override
Widget build(BuildContext context) {
  return Scaffold(
    body: Padding(
      padding: EdgeInsets.symmetric(horizontal: 16.0),
      child: Column(
        mainAxisAlignment: MainAxisAlignment.center,
        crossAxisAlignment: CrossAxisAlignment.stretch,
        children: [

          // 로고 이미지
          Center(
            child: FractionallySizedBox(
              widthFactor: 0.7,
              child: Image.asset(
                'assets/img/logo.png',
              ),
            ),
          ),
          SizedBox(height: 16.0),

          // 구글로 로그인 버튼
          ElevatedButton(
            onPressed: (){},
            style: ElevatedButton.styleFrom(
              foregroundColor: Colors.white,
              backgroundColor: SECONDARY_COLOR,
              shape: RoundedRectangleBorder(
                  borderRadius: BorderRadius.circular(5.0)
              ),
            ),
            child: Text('구글로 로그인'),
          ),
        ],
      ),
```

            ),
        );
    }
}

03 main.dart 파일에서 초기 화면을 HomeScreen이 아닌 AuthScreen으로 변경해줍니다.

lib/main.dart
```
...생략...
import 'package:calendar_scheduler/screen/auth_screen.dart';

void main() async {
  ...생략...

  runApp(
    MaterialApp(
      debugShowCheckedModeBanner: false,
      home: AuthScreen(),
    ),
  );
}
```

04 프로젝트를 실행하면 [구글로 로그인] 버튼이 생성된 로그인 스크린을 확인할 수 있습니다.

22.4.2 구글 로그인 구현하기

플러터 팀의 공식 구글 로그인 플러그인을 사용해서 구글 로그인을 구현해보겠습니다.

To Do 01 [구글 로그인] 버튼을 눌렀을때 실행할 함수를 정의하고 ElevatedButton에 입력해줍니다.

lib/screen/auth_screen.dart
```
...생략...
class AuthScreen extends StatelessWidget {
  const AuthScreen({Key? key}) : super(key: key);
  @override
```

```dart
Widget build(BuildContext context) {
  return Scaffold(
    body: Padding(
      padding: EdgeInsets.symmetric(horizontal: 16.0),
      child: Column(
        ...생략...
        children: [
          ...생략...
          ElevatedButton(
            // 나중에 BuildContext가 필요하기 때문에 전달해줍니다.
            onPressed: ()=> onGoogleLoginPress(context),
            style: ElevatedButton.styleFrom(
              ...생략...
            ),
            child: Text('구글로 로그인'),
          ),
        ],
      ),
    ),
  );
}

onGoogleLoginPress(BuildContext context){}
}
```

02 구글 로그인을 구현해보겠습니다. 아직은 파이어베이스를 사용하지 않고 직접 구글 소셜 로그인 프로바이더와의 연동해보겠습니다. google_sign_in 플러그인을 사용해서 로그인을 진행해보고 구글 소셜 로그인 연동이 잘 되는지 확인합니다.

lib/screen/auth_screen.dart

```dart
import 'package:google_sign_in/google_sign_in.dart';
...생략...
class AuthScreen extends StatelessWidget {
  const AuthScreen({Key? key}) : super(key: key);
  @override
  Widget build(BuildContext context) {
    ...생략...
  }
  onGoogleLoginPress(BuildContext context) async {
```

```dart
    // ❶ 구글 로그인 객체를 생성합니다.
    GoogleSignIn googleSignIn = GoogleSignIn(
      scopes: [
        'email',
      ],
    );

    try{
      // signIn 함수를 실행해서 로그인을 진행합니다.
      GoogleSignInAccount? account = await googleSignIn.signIn();

      // 어떤 값을 반환받는지 출력하여 확인해봅니다.
      print(account);
    }catch(error){
      // 로그인 에러가 나면 Snackbar를 보여줍니다.
      ScaffoldMessenger.of(context).showSnackBar(
        SnackBar(content: Text('로그인 실패')),
      );
    }
  }
}
```

❶ google_sign_in 플러그인에서 불러온 구글 소셜 로그인 관련된 기능을 구현한 클래스입니다. scopes 파라미터에는 구글 소셜 로그인을 진행할 때 받아오고 싶은 값을 입력해주면 됩니다. 22.4.2 '구글 로그인 구현하기'에서는 간단한 예제로 email 필드만 가져오게 구현했습니다. 이외에도 다양한 scope가 있습니다. 궁금하다면 다음 링크에서 어떤 것들이 있는지 확인해보세요.

- https://developers.google.com/identity/protocols/oauth2/scopes?hl=ko

03 에뮬레이터 또는 시뮬레이터를 실행하고 프로젝트를 실행합니다. 첫 화면을 main.dart에서 AuthScreen으로 변경했기 때문에 Authscreen에서 구현한 로그인 화면이 첫 번째로 나옵니다. 화면 중앙의 [구글로 로그인] 버튼을 누르면 구글 로그인 관련 창이 실행되며 로그인 완료 시 계정 정보가 콘솔에 출력됩니다. **만약 PlatformException 에러가 나오거나 '로그인 실패' 스낵바가 실행된다면 우선 프로젝트를 중지합니다. 그리고 나서 터미널 프로젝트 위치에서 'flutter clean' 명령을 실행 후 다시 프로젝트를 실행해주세요.**

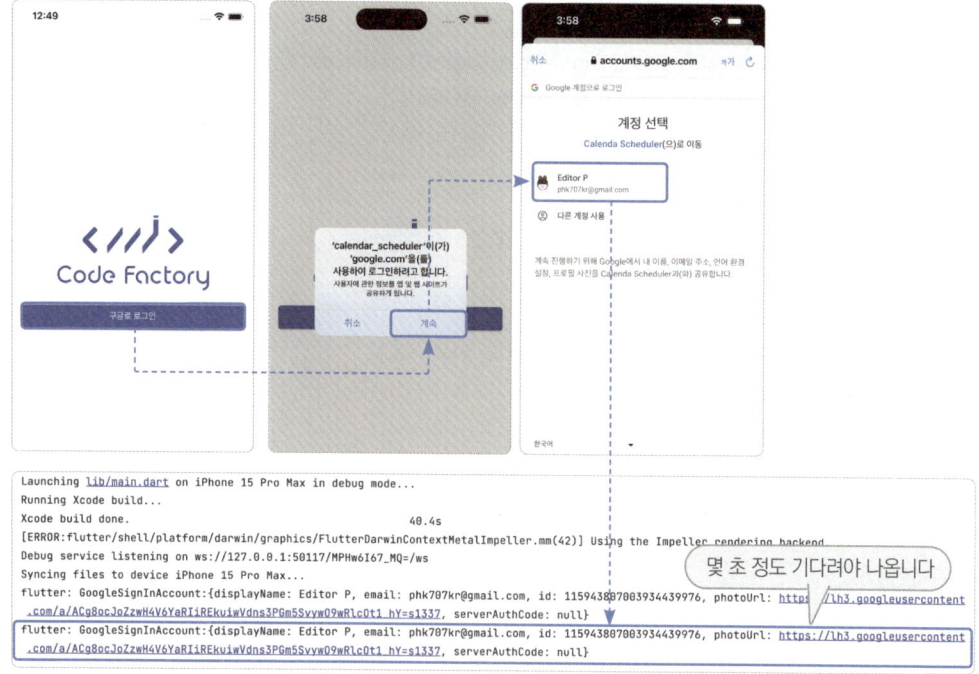

22.4.3 파이어베이스 소셜 로그인 연동하기

google_sign_in 플러그인을 사용해서 구글 로그인에 성공했습니다. 하지만 22.1.2 '파이어베이스 인증'에서 설명했듯이 직접 소셜 로그인 프로바이더에 연동하는 건 모든 소셜 로그인 연동을 각각 진행해야 한다는 단점이 있습니다.

예를 들어 GoogleSignIn 또는 GoogleSignInAccount 클래스는 구글 인증 관련 함수만 있습니다. 또 다른 플러그인을 사용해서 페이스북 로그인을 진행해도 인증 관련 함수들이 있을지는 모르는 일이죠. 하지만 파이어베이스 인증을 연동하면 어떤 소셜 로그인 프로바이더로 로그인하더라도 파이어베이스 SDK로 일관된 방식으로 사용자 정보에 접근할 수 있습니다. 그렇기 때문에 파이어베이스 인증을 사용하여 로그인 연동을 진행하는 게 편리합니다. 구글 소셜 로그인을 구현한 지식을 바탕으로 이번에는 파이어베이스 인증 연동까지 진행해보도록 하겠습니다.

To Do **01** 파이어베이스 인증은 AuthCredential 객체를 이용해서 로그인할 수 있는 함수인 signInWithCredential() 함수를 제공해줍니다. **signInWithCredential( ) 함수를 사용해서 파이어베이스 인증을 진행하는 게 기능의 핵심입니다.**

lib/screen/auth_screen.dart

```dart
import 'package:calendar_scheduler/screen/home_screen.dart';
import 'package:firebase_auth/firebase_auth.dart';

...생략...

class AuthScreen extends StatelessWidget {
  ...생략...

  onGoogleLoginPress(BuildContext context) async {
    GoogleSignIn googleSignIn = GoogleSignIn(
      scopes: [
        'email',
      ],
    );

    try {
      GoogleSignInAccount? account = await googleSignIn.signIn();

      // AccessToken과 idToken을 가져올 수 있는 GoogleAignInAuthentication 객체를
      // 불러옵니다.
      final GoogleSignInAuthentication? googleAuth = await account?.authentication;

      // ❶ AuthCredential 객체를 상속받는 GoogleAuthProvider 객체를 생성합니다.
      // accessToken과 idToken만 제공하면 생성됩니다.
      final credential = GoogleAuthProvider.credential(
        accessToken: googleAuth?.accessToken,
        idToken: googleAuth?.idToken,
      );

      // signInWithCredential() 함수를 이용하면 파이어베이스 인증을 할 수 있습니다.
      await FirebaseAuth.instance.signInWithCredential(credential);

      // 인증이 끝나면 홈 스크린으로 이동합니다.
      Navigator.of(context).push(
        MaterialPageRoute(
          builder: (_) => HomeScreen(),
        ),
      );
```

```
    } catch (error) {
      ScaffoldMessenger.of(context).showSnackBar(
        SnackBar(content: Text('로그인 실패')),
      );
    }
  }
}
```

❶ AuthCredential을 상속받는 객체만 만들 수 있다면 모두 파이어베이스 인증의 signInWithCredential( ) 함수를 이용해서 로그인을 진행할 수 있습니다. 예를 들어 페이스북 소셜 로그인을 진행하면 FacebookAuthCredential이라는 AuthCredential 객체를 상속받는 객체가 제공됩니다.

> **NOTE** gradlew signingReport가 되지 않는다면 'SHA-1 + 패키지명'이 같아서 생기는 오류입니다. 오류를 해결하려면 android 폴더의 패키지명을 다른 패키지명으로 변경하고 'flutterfire configure'를 다시 실행하고 SHA-1을 새로 등록한 안드로이드 프로젝트에 추가하면 됩니다.

02 로그인 후 다음 화면이 나타나면 성공입니다.

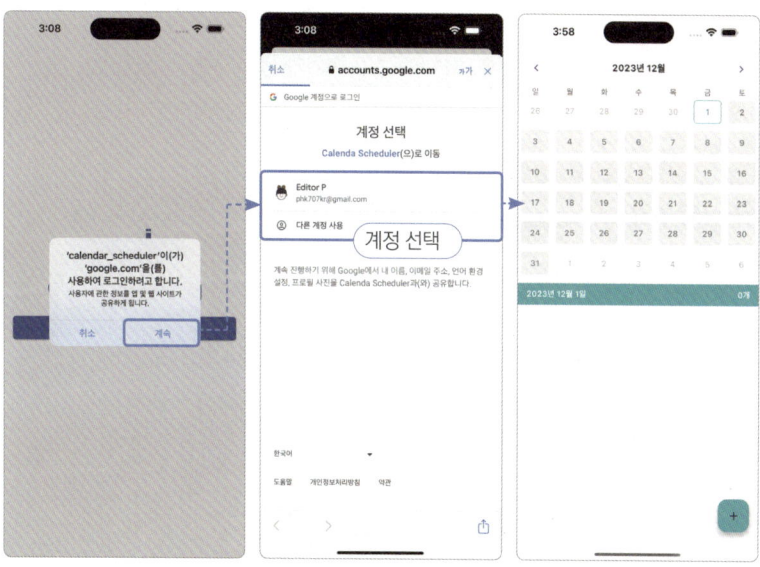

22.4.4 파이어베이스 인증 기반으로 일정 CRUD 기능 변경하기

파이어베이스 인증을 구현했으니 다음은 특정 사용자와 관계없이 저장되던 일정 정보를 각 사용자에 종속되도록 변경해야 합니다.

To Do 01 일정 생성 로직은 component/schedule_bottom_sheet.dart 파일의 ScheduleBottomSheet 클래스에 정의되어 있습니다. 기존 ScheduleModel에 입력된 값들만 JSON 형태로 변환해서 저장하던 것을 사용자의 이메일도 함께 저장하는 방식으로 변경하겠습니다.

lib/component/schedule_bottom_sheet.dart

```dart
import 'package:firebase_auth/firebase_auth.dart';
...생략...
class _ScheduleBottomSheetState extends State<ScheduleBottomSheet> {
  ...생략...
  void onSavePressed(BuildContext context) async {
    if (formKey.currentState!.validate()) {
      // ❶ 폼 검증
      formKey.currentState!.save(); // ❷ 폼 저장
      final schedule = ScheduleModel(
        id: Uuid().v4(),
        content: content!,
        date: widget.selectedDate,
        startTime: startTime!,
        endTime: endTime!,
      );
      // 현재 로그인한 사용자 정보를 가져옵니다.
      final user = FirebaseAuth.instance.currentUser;

      // 만약 로그인한 사용자 정보를 가져오지 못한다면 다시 로그인을 요청합니다.
      if (user == null) {
        ScaffoldMessenger.of(context).showSnackBar(
          SnackBar(
            content: Text('다시 로그인을 해주세요.'),
          ),
        );

        Navigator.of(context).pop();

        return;
```

```
      }

    await FirebaseFirestore.instance
        .collection(
          'schedule',
        )
        .doc(schedule.id)
        .set(
          {
            ...schedule.toJson(),
            'author': user.email,
          },
        );
    Navigator.of(context).pop();
  }
}
...생략...
}
```

02 일정 생성 로직을 변경했으니 일정 조회 로직도 변경해보겠습니다. 기존 날짜만 동일하면 모든 일정을 불러오던 로직에서 날짜와 author가 같아야 일정을 불러오는 형태로 변경하겠습니다.

lib/screen/home_screen.dart
```
import 'package:firebase_auth/firebase_auth.dart';
...생략...

class _HomeScreenState extends State<HomeScreen> {
  ...생략...

  @override
  Widget build(BuildContext context) {
    return Scaffold(
      floatingActionButton: FloatingActionButton(
        ...생략...
      ),
      body: SafeArea(
        child: Column(
          children: [
            ...생략...
            StreamBuilder<QuerySnapshot>(
```

```
            stream: FirebaseFirestore.instance
                .collection(
                  'schedule',
                )
                .where(
                  'date',
                  isEqualTo: '${selectedDate.year}${selectedDate.month.toString().padLeft(2, "0")}${selectedDate.day.toString().padLeft(2, "0")}',
                )
                .where('author', isEqualTo: FirebaseAuth.instance.currentUser!.email)
                .snapshots(),
            builder: ...생략...,
          ),
          SizedBox(height: 8.0),
          Expanded(
            child: StreamBuilder<QuerySnapshot>(
              stream: FirebaseFirestore.instance
                  .collection(
                    'schedule',
                  )
                  .where(
                    'date',
                    isEqualTo: '${selectedDate.year}${selectedDate.month.toString().padLeft(2, "0")}${selectedDate.day.toString().padLeft(2, "0")}',
                  )
                  .where('author', isEqualTo: FirebaseAuth.instance.currentUser!.email)
                  .snapshots(),
              builder: (context, snapshot) {
                ...생략...
              },
            ),
          ),
        ],
      ),
    ),
  );
}
```

```
    ...생략...
}
```

22.4.5 로그아웃 기능 구현하기

현재 홈 화면에는 소셜 로그인 연동 구현으로 로그인 기능만 있습니다. 다른 계정으로 로그인을 할 수 있도록 로그인 된 상태의 일정 화면에서 로그아웃 기능을 구현해보겠습니다.

To Do **01** 선택된 날짜의 일정 개수를 보여주는 TodayBanner의 오른쪽 끝에 로그아웃 아이콘을 만들겠습니다. 이 아이콘을 누르면 로그아웃 및 로그인 스크린으로 이동되도록 기능을 구현하겠습니다.

```dart
// lib/component/today_banner.dart
import 'package:firebase_auth/firebase_auth.dart';
import 'package:google_sign_in/google_sign_in.dart';
...생략...
class TodayBanner extends StatelessWidget {
  ...생략...
  @override
  Widget build(BuildContext context) {
    ...생략...
    return Container(
      color: PRIMARY_COLOR,
      child: Padding(
        padding: EdgeInsets.symmetric(horizontal: 16.0, vertical: 8.0),
        child: Row(
          mainAxisAlignment: MainAxisAlignment.spaceBetween,
          children: [
            Expanded(
              child: Text(
                '${selectedDate.year}년 ${selectedDate.month}월 ${selectedDate.day}일',
                style: textStyle,
              ),
            ),
            Text(
              '$count개',
              style: textStyle,
```

```dart
          ),
          const SizedBox(width: 8.0),
          GestureDetector(
            onTap: () async {

              // ❶ 구글 로그인/로그아웃
              await GoogleSignIn().signOut();
              // 파이어베이스 인증 로그아웃 함수
              await FirebaseAuth.instance.signOut();

              // 홈 스크린으로 돌아가기
              Navigator.of(context).pop();
            },
            child: Icon(
              Icons.logout,
              size: 16.0,
              color: Colors.white,
            ),
          ),
        ],
      ),
    ),
  );
 }
}
```

❶ 구글 로그인 창을 실행하는 이유는 구글 소셜 로그인이 연동된 상태로 google_sign_in 플러그인에서 로그인 기능을 진행하기 때문입니다. 여기서 signOut( ) 함수를 실행해줘야 로그아웃 후 다시 로그인 시도를 할 때 새로운 계정으로 로그인을 할 수 있습니다. signOut( ) 함수를 실행하지 않는다면 기존 로그인했던 계정으로 자동 로그인됩니다.

22.5 테스트하기

① 안드로이드 스튜디오에서 [Run] 버튼을 눌러서 시뮬레이터, 에뮬레이터 또는 본인 기기에서 앱을 실행해보세요.

② [구글로 로그인] 버튼을 눌러서 첫 번째 계정(이하 A 계정)으로 로그인합니다.

③ A 계정으로 로그인을 한 상태에서 2023년 10월 31일을 선택하고 일정 생성 버튼을 눌러서 12시부터 14시까지 "코드팩토리의 NestJS 강의 공부" 일정을 생성합니다.

④ 일정이 정상적으로 생성된 것을 확인합니다.

⑤ 로그아웃 후 새로운 계정(이하 B 계정)으로 로그인합니다.

⑥ B 계정으로 로그인을 한 상태에서 2023년 10월 31일을 선택하면 "코드팩토리의 NestJS 강의 공부" 일정이 존재하지 않음을 확인합니다.

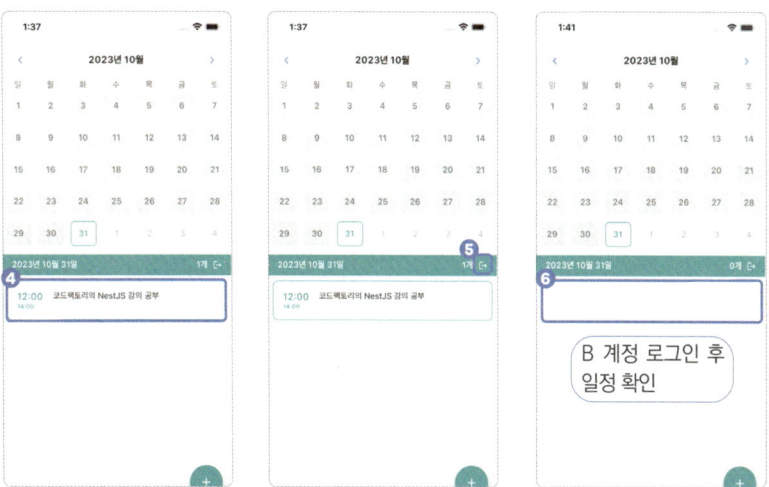

22장 Project #6 소셜 로그인과 파이어베이스 인증하기 **697**

❼ 14시부터 16시까지 "코드팩토리의 Typescript 프로그래밍 공부하기" 일정을 생성합니다.

❽ B 계정 로그아웃 후 A 계정으로 로그인한 후 2023년 10월 31일을 선택하면 "코드팩토리의 NestJS 강의 공부" 일정만 존재하는 걸 확인할 수 있습니다. 즉, 각 계정별로 본인이 생성한 일정만 조회가 가능합니다.

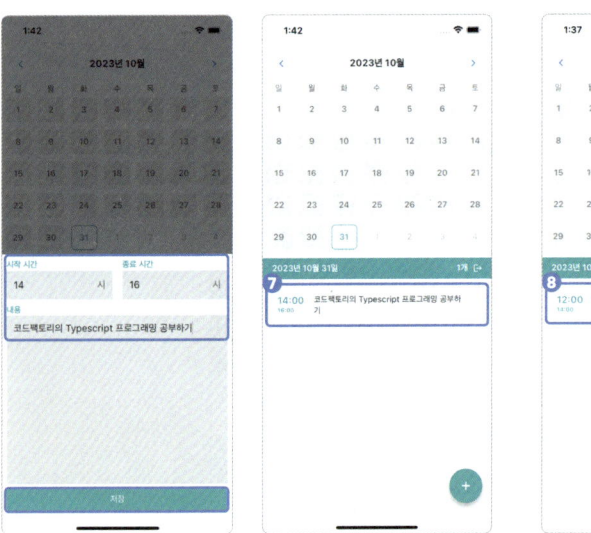

학습 마무리

이번 프로젝트에서는 소셜 로그인을 사용한 인증 구현을 배워봤습니다. 구글 로그인을 구현하면서 직접 소셜 로그인 프로바이더와 연동하는 것 외에도 파이어베이스 인증을 사용한 소셜 로그인을 연동하는 방법도 알아봤습니다.

핵심 요약

1 **소셜 로그인**을 사용하면 사용자가 이미 다른 플랫폼에서 가입한 인증 정보를 그대로 사용할 수 있기 때문에 회원가입 시간을 단축하고 번거로움을 줄여 UX를 크게 개선할 수 있습니다.
2 다양한 소셜 로그인 및 인증을 직접 관리하면 각 소셜 로그인별 API를 모두 사용해야 하는 번거로움이 있습니다. 하지만 **파이어베이스 인증**에 소셜 로그인을 연동하면 파이어베이스 인증 API만 사용해서 일괄적으로 여러 소셜 로그인 인증을 편리하게 관리를 할 수 있습니다.

업그레이드 아이디어

1 **파이어베이스 인증**은 다양한 **소셜 로그인**을 지원합니다. 앱에서 페이스북 로그인 등 다양한 **소셜 로그인** 기능을 지원해보세요.
2 현재 일정 생성자를 이메일 기준으로 구분하고 있습니다. 만약 같은 이메일로 다른 소셜 로그인을 선택해서 로그인을 할 경우 같은 사용자로 인식됩니다. 지금 구현한 이 방식이 원하는 형태일 수도 있지만 모든 계정을 다른 계정으로 취급하고 싶을 때도 있습니다. 그럴 때는 파이어베이스 인증에서 각 사용자에게 부여되는 ID값을 사용해서 구분하면 됩니다. 이메일 말고 사용자 ID를 사용해서 일정을 생성하고 조회해보세요.

   HINT FirebaseAuth.instance.currentUser.uid를 실행하면 사용자 ID를 가져올 수 있습니다.

Chapter

23

Project #7
슈파베이스 연동하기
행 수준 보안, 슈파베이스 인증, 연동

#MUSTHAVE

학습 목표

슈파베이스supabase는 모바일 및 웹 애플리케이션 개발 플랫폼을 빠르게 개발할 수 있는 백엔드 서비스입니다. 파이어베이스와 마찬가지로 백엔드를 직접 설계하지 않고 슈파베이스 SDK로 다양한 백엔드 기능을 사용할 수 있습니다. 이번 프로젝트는 슈파베이스를 사용해서 일정 관리 앱을 구현해보도록 하겠습니다.

학습 순서

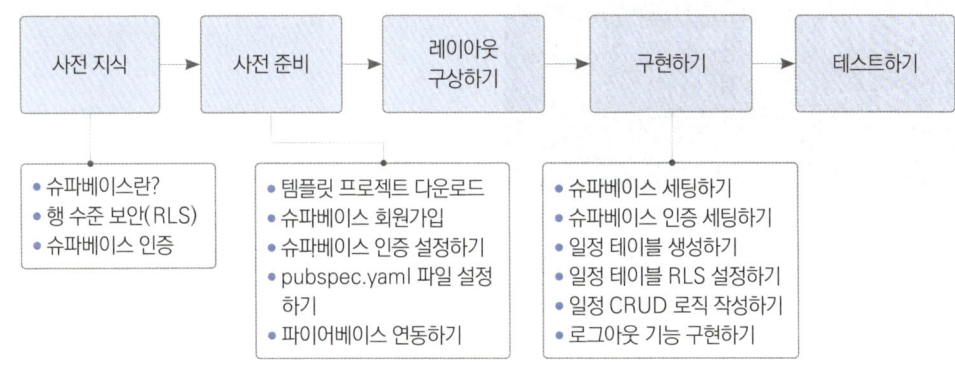

23.1 사전 지식

23.1.1 슈파베이스란?

앱 개발의 오랜 역사 동안 '올인원 백엔드 서비스'라고 하면 파이어베이스가 가장 대표적인 서비스였습니다. 하지만 세계에서 가장 유명한 스타트업 인큐베이터 중 하나인 와이 콤비네이터Y combinator에 2020년 슈파베이스 팀이 합류하면서 큰 변화를 이끌고 있습니다. 슈파베이스는 인증, 데이터베이스, 실시간 구독 등 파이어베이스의 주요 기능을 대체할 수 있는 서비스를 출시하며 그 사업성을 인정받았습니다. 또한 2022년에는 8,000만 달러의 Series B 투자를 유치하기도 했습니다.

관계형 데이터베이스 기반인 슈파베이스

슈파베이스는 '파이어베이스의 대안'이라고 마케팅하고 있는 올인원 서버리스^{all-in-one serverless} 백엔드 솔루션입니다. NoSQL 기반인 파이어베이스의 파이어스토어와 다르게 슈파베이스는 프로그래밍 업계에서 가장 많이 사용하는 SQL 데이터베이스중 하나인 PostgreSQL을 사용합니다. PostgreSQL은 관계형 데이터베이스로 데이터를 정규화해 관리하기 편합니다. 슈파베이스를 사용하다가 직접 SQL 데이터베이스를 운영하고 싶어하는 사용자도 많기 때문에 슈파베이스가 PostgreSQL 데이터베이스를 사용한다는건 큰 인기의 비결 중 하나입니다.

슈파베이스의 신념

슈파베이스는 파이어베이스의 주요 기능들을 대체할 수 있는 서비스를 제공하고 있으며, 서비스의 종류는 다음 표에서 확인할 수 있습니다.

▼ 슈파베이스 서비스와 파이어베이스 서비스 비교 및 설명

슈파베이스	파이어베이스	설명
Database	Firestore	데이터베이스 서비스입니다. 데이터를 저장하고 불러오며 수정할 수 있습니다.
Authentication	Authentication	인증 서비스입니다. 각종 소셜 로그인 및 이메일 로그인을 지원합니다.
Edge Function	Cloud Functions	Serverless 함수를 실행할 수 있는 서비스입니다. 함수 단위로 서버 API를 정의하고 SDK를 사용해서 간단하게 함수를 호출할 수 있습니다.
Realtime Subscription	Firestore	웹소켓^{websocket}을 사용해서 실시간 데이터 동기화를 할 수 있는 서비스입니다.
Storage	Cloud Storage	스태틱 파일을 저장하고 서빙할 수 있는 객체 스토리지^{object storage} 서비스입니다.

23.1.2 행 수준 보안

행 수준 보안 row level security, 이하 RLS은 PostgreSQL의 강력한 보안 도구 중 하나입니다. PostgreSQL을 사용하는 슈파베이스에서도 RLS는 보안을 설정하는 가장 중요한 기술 중 하나입니다. RLS를 사용하면 CRUD create, read, update, delete 작업을 진행할 때 사용자별로 실행할 수 있는 작업을 제한할 수 있습니다. 예를 들어 일정을 수정하거나 삭제하는 기능은 일정을 생성한 사용자만 할 수 있도록 제한할 수 있습니다. 그럼 간단히 RLS를 설정하는 PostgreSQL Policy 문법에 대해 알아보겠습니다.

PostgreSQL Policy 문법 : 기본

```
CREATE POLICY {name} ON {table_name}
    -- ❶ 다수의 Policy 적용 시 권한 적용 설정
    [ AS { PERMISSIVE | RESTRICTIVE } ]
    -- ❷ 적용할 CRUD 기능 설정
    [ FOR { ALL | SELECT | INSERT | UPDATE | DELETE } ]
    -- ❸ 적용할 대상 설정
    [ TO { role_name | PUBLIC | CURRENT_ROLE | CURRENT_USER | SESSION_USER } [, ...] ]
    -- ❹ 쿼리를 실행할 때 조회 가능 여부를 판단하는 설정
    [ USING ( using_expression ) ]
    -- ❺ INSERT나 DELETE문을 실행할 때 실행할 조건 확인
    [ WITH CHECK ( check_expression ) ]
```

RLS Policy를 생성할 때 필수 코드는 'CREATE POLICY {name} ON {table_name}'입니다. 나머지 조건은 필요에 따라 추가하면 됩니다. {name}에는 Policy의 이름을 입력하면 되고 {table_name}에는 Policy를 적용할 테이블의 이름을 입력하면 됩니다. 다음은 각 Policy에 대한 설명입니다.

다수의 Policy 적용 시 권한 적용 설정

❶ PERMISSIVE와 RESTRICTIVE는 다수의 Policy가 같이 적용되는 상황에 OR 조건을 사용할지 AND 조건을 사용할지 결정하는 값입니다. PERMISSIVE는 어느 쪽이든 하나의 Policy만 충족하면 되는 OR 조건을 사용하게 되고, RESTRICTIVE는 비교적 제한적으로 모든 Policy가 충족되어야 하는 AND 조건을 사용하게 됩니다. 만약 PERMISSIVE와 RESTRICTIVE Policy가 모두 존재한다면 각각 최소 하나의 Policy가 통과돼야만 쿼리 실행이 허가됩니다.

적용할 CRUD 기능 설정
❷ Policy를 적용할 CRUD 기능입니다. SQL에서 실행 가능한 CRUD 기능인 'SELECT, INSERT, UPDATE, DELETE' 모두 입력 가능하며 'ALL' 입력 시 모든 기능에서 Policy가 적용됩니다.

적용할 대상 설정
❸ Policy를 적용할 대상을 정합니다. PostgreSQL에서 제공되는 데이터베이스 관련 권한들을 특정 이름으로 모아 놓은 Role을 입력하면 되며, 기본값은 모두에게 적용되는 PUBLIC입니다.

쿼리를 실행할 때 조회 가능 여부를 판단하는 설정
❹ 쿼리를 실행할 때 조회 가능한 Row를 판단하는 조건을 입력합니다. 일반 SQL문을 입력할 수 있으며 Boolean인 참, 거짓 값을 반환하는 조건을 입력해야 합니다.

INSERT나 DELETE문을 실행할 때 실행할 조건 확인
❺ 데이터를 새로 생성하거나 삭제할 때 허가할지 결정하는 조건문입니다. 일반 SQL문을 입력할 수 있으며 Boolean을 반환하는 조건을 입력해야 합니다. Using문과 다르게 새로 생성 또는 변경될 예정인 데이터에 적용됩니다.

PostgreSQL Policy 문법 : 누구나 데이터를 읽을 수 있는 권한 예제

USING(true)를 입력하면 어떤 상황에서도 조회가 허가되는 조건을 구현할 수 있습니다.

```
CREATE POLICY "policy_name"
ON public.schedule
FOR SELECT USING (
   true
);
```

PostgreSQL Policy 문법 : 인증된 사용자만 데이터를 생성할 수 있는 권한 예제

슈파베이스는 authenticated라는 인증된 사용자에게만 부여되는 Role이 있습니다. TO authenticated를 입력하면 인증된 사용자에게만 특정 Policy를 부여할 수 있습니다.

```
CREATE POLICY "policy_name"
ON public.schedule
FOR INSERT
TO authenticated
WITH CHECK (true);
```

PostgreSQL Policy 문법 : 이메일에 따라 데이터를 업데이트할 수 있는 권한 예제

슈파베이스에서 auth.jwt( ) 함수를 실행하면 JWT 정보를 가져올 수 있습니다. auth.jwt( ) ->> 'email'을 실행하면 현재 로그인한 사용자의 액세스 토큰에서 이메일 정보를 추출합니다. 다음 예제는 테이블 email 컬럼에 데이터를 생성한 사용자의 이메일이 입력되는 걸 가정합니다.

```
CREATE POLICY "policy_name"
ON public.schedule
FOR UPDATE USING (
    auth.jwt() ->> 'email' = email
) WITH CHECK (
    auth.jwt() ->> 'email' = email
);
```

PostgreSQL Policy 문법 : 생성자만 데이터를 삭제할 수 있는 권한 예제

다음 예제는 테이블 user_id 컬럼에 데이터를 생성한 사용자의 ID가 입력되는 걸 가정합니다.

```
CREATE POLICY "policy_name"
ON public.schedule
FOR DELETE USING (
 auth.uid() = user_id
);
```

23.1.3 슈파베이스 인증

슈파베이스 인증에서 구글 로그인을 사용하려면 22.2.5 'OAuth 설정하기'와 22.2.7 '파이어베이스 인증 설정하기'에서 진행한 것과 같이 파이어베이스 설정을 동일하게 해야 합니다. **왜냐하면 구글 로그인은 기본적으로 파이어베이스 인증을 통해서 진행할 수 있도록 제작되어 있기 때문입니다.**

구글 로그인을 위해 파이어베이스 인증을 추가하지만 파이어베이스 인증이나 파이어스토어같은 파이어베이스 서비스는 이 프로젝트에서 사용하지 않습니다. 22장에 설명되어 있기 때문에 여기서 추가로 설명하지는 않겠습니다.

23.2 사전 준비

23.2.1 템플릿 프로젝트 다운로드

이번 프로젝트는 22장 '소셜 로그인과 파이어베이스 인증하기'에서 구현했던 로직을 그대로 슈파베이스로 변경해서 구현하는 방식으로 진행하겠습니다. 프로젝트를 진행하면서 슈파베이스의 어떤 부분이 파이어베이스와 비슷하고 어떤 부분이 다른지 관찰하면서 공부하면 큰 도움이 될 겁니다. 다음 링크에서 프로젝트를 다운로드하여 실습을 준비하세요.

- https://github.com/codefactory-co/flutter-golden-rabbit-novice-v3/tree/main/ch23/calendar_scheduler_template

23.2.2 슈파베이스 회원가입

슈파베이스를 프로젝트에 적용하기 위해 슈파베이스 사이트에서 회원가입하고 대시보드 페이지로 이동하는 방법을 배워보겠습니다.

To Do 01 https://supabase.com 에 접속해서 오른쪽 위의 [Sign In] 버튼을 누르고 [Sign Up Now] 버튼을 누르고 회원가입을 진행합니다. 깃허브 계정이 있으면 [Continue with GitHub] 버튼을 누르면 빠르게 회원가입을 할 수 있습니다.

02 회원가입을 하면 이동되는 화면이 대시보드입니다. 앞으로 이 화면을 슈파베이스 대시보드라고 칭하겠습니다. 슈파베이스 대시보드에서 중앙의 [New project] 버튼을 누릅니다.

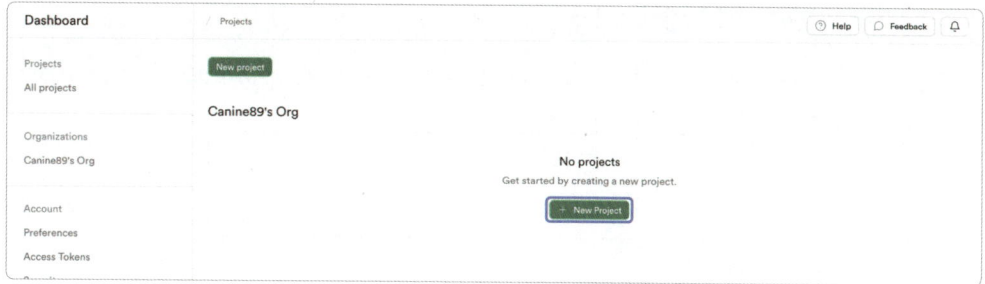

03 프로젝트 이름을 calendar_scheduler로 설정하고 데이터베이스 비밀번호를 입력합니다. Region은 Northeast Asia(Seoul)을 선택합니다. 마지막으로 [Create new project] 버튼을 누르면 프로젝트 생성이 진행됩니다.

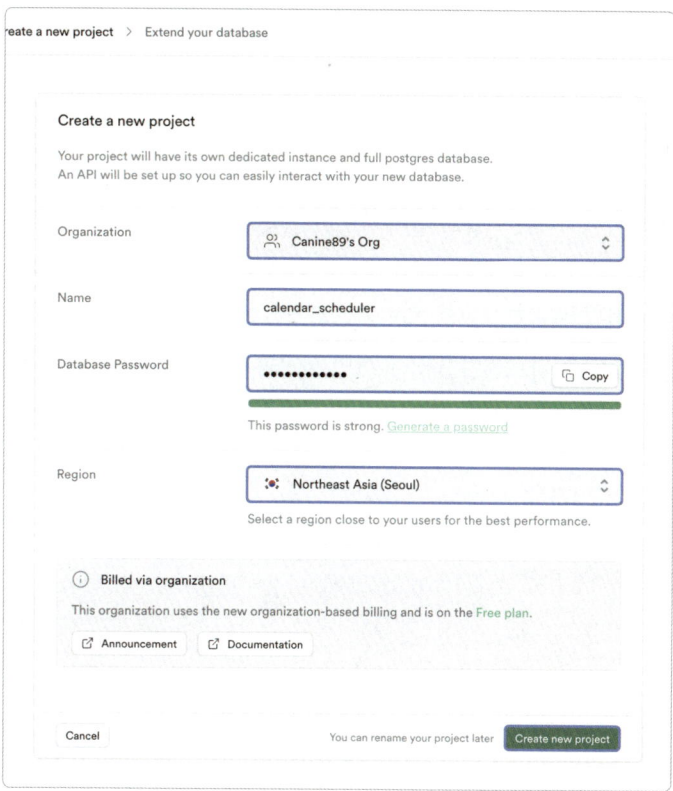

04 프로젝트가 생성될 때까지 대기한 후 아래로 스크롤해서 'Connecting to your new project' 섹션을 찾습니다. Project URL과 API Key의 [Copy] 버튼을 누른 후 Project URL 과 API Key를 안전한 곳에 저장해둡니다.

> **NOTE** 혹시 화면이 똑같이 보이지 않으면 새로고침을 눌러보세요. 'Setting Up Your Project'라는 알림과 함께 로딩이 진행된다면 프로젝트가 생성될 때까지 대기해야 합니다.

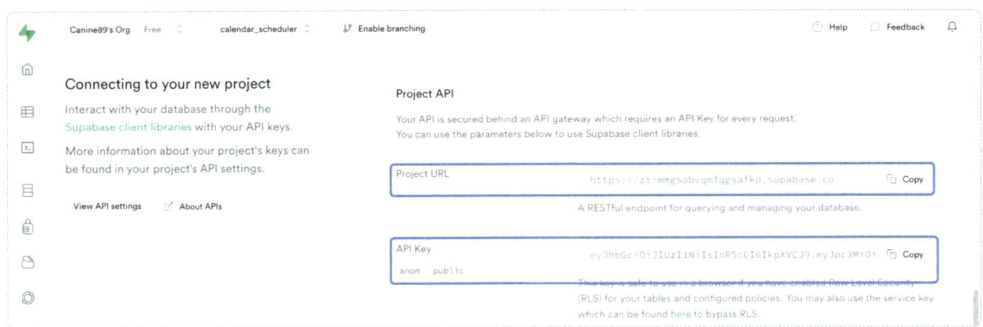

23.2.3 슈파베이스 인증 설정하기

슈파베이스 인증supabase auth 또한 파이어베이스 인증과 같이 다양한 인증 방법을 제공합니다. 이번 프로젝트도 파이어베이스를 사용할 때 했던 방법처럼 구글 로그인을 사용할 계획이니 구글 로그인 설정을 진행하겠습니다. 이메일 회원가입/로그인은 기본으로 활성화되어 있고 다른 소셜 로그인을 사용하고 싶다면 입력이 필요한 값은 다르지만 구글 로그인 설정과 같은 방식으로 슈파베이스에 활성화를 해주면 됩니다.

To Do 01 슈파베이스 대시보드로 이동한 후 [Authentication] 〉 [Providers]를 클릭합니다. 아래로 스크롤해서 구글 프로바이더를 찾은 후 클릭해서 옵션을 펼칩니다. 그다음 [Enable Sign in with Google] 버튼을 눌러서 활성화한 후 맨 아래의 Callback URL을 복사합니다.

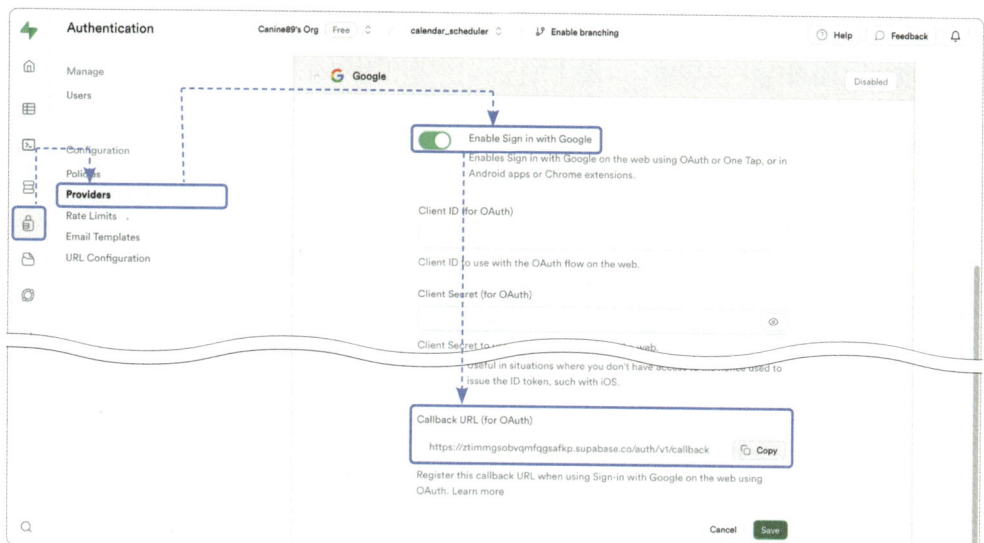

02 22.2.5 'OAuth 설정하기'에서 진행했던 것처럼 파이어베이스 프로젝트와 연결된 구글 클라우드 콘솔로 이동한 후 [메뉴] 〉 [API 및 서비스] 〉 [사용자 인증 정보]로 이동합니다. 22.2.5 'OAuth 설정하기'를 잘 진행했다면 [OAuth 2.0 클라이언트 ID]에 Android Client, iOS Client, Web Client 세 개의 클라이언트 ID를 찾을 수 있습니다. Web client의 Client ID만 복사합니다.

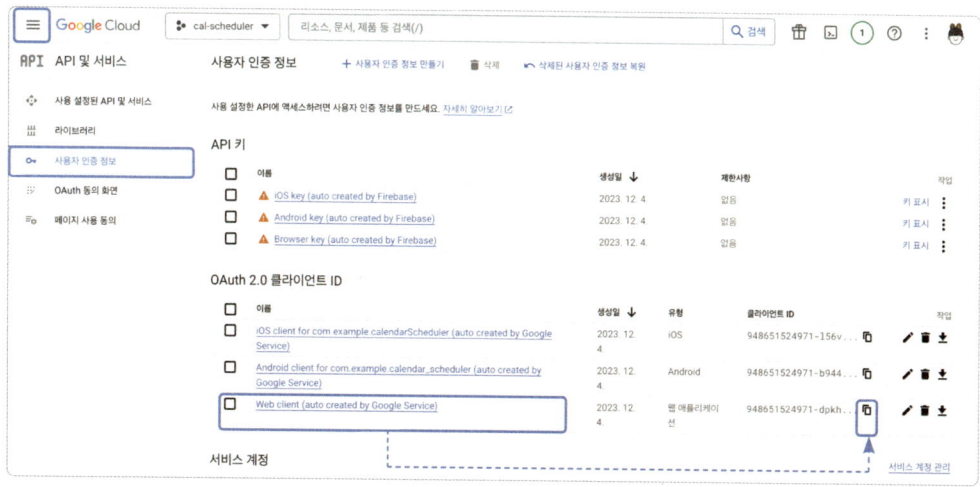

23장 Project #7 슈파베이스 연동하기 **709**

03 다시 슈파베이스 [Authentication] 〉 [Providers] 창으로 돌아와서 복사해둔 Web 클라이언트 ID와 클라이언트 Secret을 입력해줍니다. 클라이언트 Secret은 Web client를 누르면 상세 페이지에서 볼 수 있습니다. 그리고 [Skip nonce checks] 버튼을 클릭해서 활성화해줍니다. Nonce Check는 보안을 강화하는 기능이지만 iOS의 경우 Nonce Check가 불가능하기 때문에 활성화가 필요합니다. 모두 입력이 끝나면 [Save] 버튼을 눌러서 저장합니다.

> **NOTE** iOS 클라이언트 ID는 나중에 플러터 코드를 작성할 때 사용합니다. 'Setting Up Your Project'라는 알림과 함께 로딩이 진행된다면 프로젝트가 생성될 때까지 대기해야 합니다.

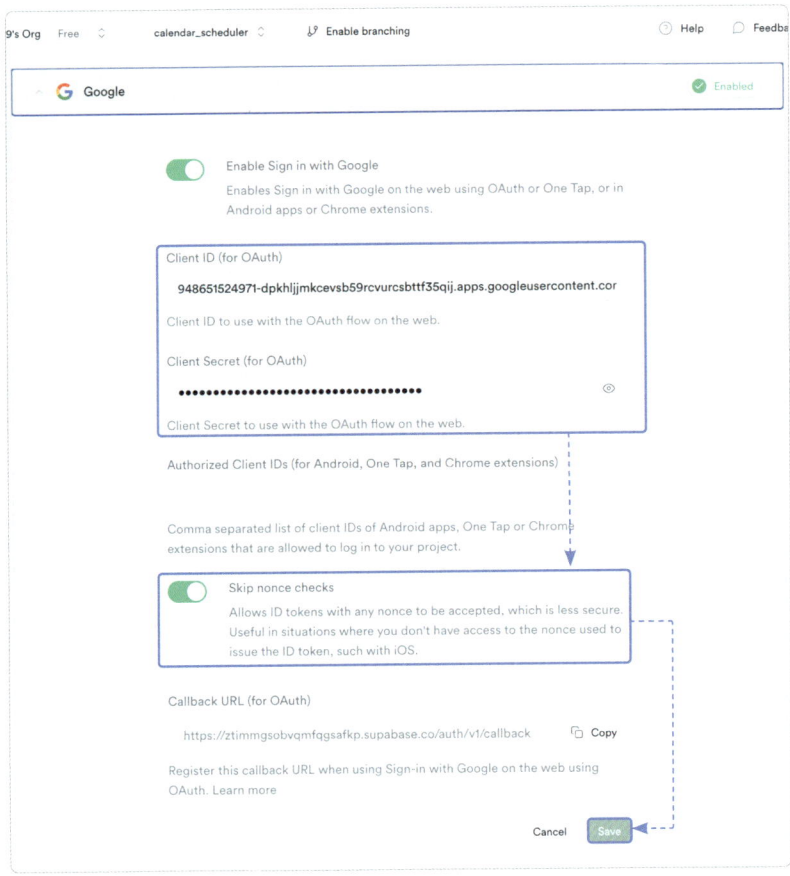

04 구글 로그인이 Enabled 상태가 되면 활성화 완료입니다.

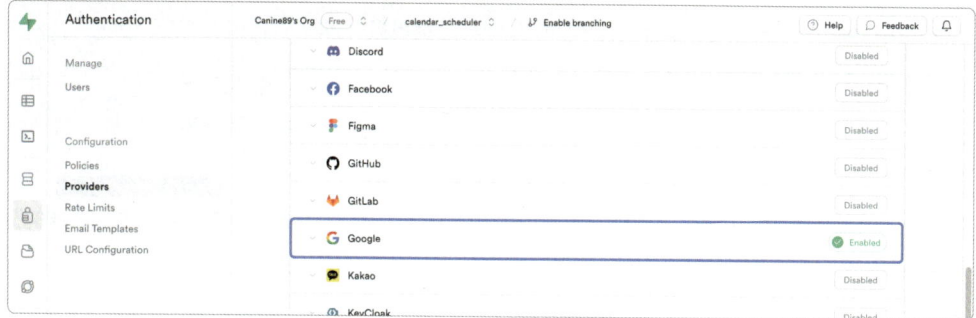

23.2.4 pubspec.yaml 파일 설정하기

To Do **01** 슈파베이스 플러그인을 pubspsec.yaml에 추가하겠습니다. 추가 후에는 반드시 pub get 을 눌러 업데이트하기 바랍니다.

```yaml
dependencies:
  flutter:
    sdk: flutter

  cupertino_icons: ^1.0.8
  table_calendar: 3.0.9
  intl: 0.18.1
  drift: 2.13.0
  sqlite3_flutter_libs: 0.5.17
  path_provider: 2.1.1
  path: 1.8.3
  get_it: 7.6.4
  dio: 5.3.3
  provider: 6.0.5
  uuid: 4.1.0
  firebase_core: 2.20.0
  cloud_firestore: 4.12.0
  google_sign_in: 6.1.5
  firebase_auth: 4.12.0
  supabase_flutter: 1.10.24
```
pubspsec.yaml

23.2.5 파이어베이스 연동하기

안드로이드에서 구글 로그인을 진행하려면 플러터 프로젝트와 파이어베이스 프로젝트를 연동해야 합니다. 20.2.3 '파이어베이스 CLI 설치 및 연동하기'에서 진행했던 것처럼 CLI 설치를 진행합니다. 그리고 나서 20.2.4 '프로젝트에 파이어베이스 설정하기'에서 진행했던 것처럼 플러터 프로젝트를 파이어베이스 프로젝트와 연동해주면 됩니다. **20장 전체를 모두 잘 따라했다면 플러터 프로젝트 위치에서 'flutterfire configure'를 터미널에서 실행한 후 플러터 프로젝트와 파이어베이스 프로젝트를 연동한 다음 '22.2.8 iOS 네이티브 설정하기' 진행을 완료하세요.**

23.3 레이아웃 구상하기

모든 UI는 22장 '소셜 로그인과 파이어베이스 인증하기'와 동일하게 진행하도록 하겠습니다.

23.4 구현하기

23.4.1 슈파베이스 세팅하기

슈파베이스를 프로젝트에서 사용하려면 프로젝트에 Project URL과 API Key를 등록해줘야 합니다.

To Do **01** lib/main.dart 파일에 슈파베이스를 초기화해주겠습니다. url 파라미터에 23.2.2 '슈파베이스 회원가입'에서 복사해두었던 Project URL 값을 입력해주고 anonKey 파라미터에는 API Key 값을 입력해줍니다.

> **NOTE** 혹시 대시보드에서 Project URL과 anonKey가 보이지 않으면 [Settings] 〉 [API] 화면을 참고하세요.

lib/main.dart
```
...생략...
import 'package:supabase_flutter/supabase_flutter.dart';

void main() async {
  WidgetsFlutterBinding.ensureInitialized();
```

```
await Supabase.initialize(
  url: '{Project URL 입력}',
  anonKey:'{API Key 입력}',
);

await Firebase.initializeApp(
  options: DefaultFirebaseOptions.currentPlatform,
);

await initializeDateFormatting();

runApp(
  MaterialApp(
    debugShowCheckedModeBanner: false,
    home: AuthScreen(),
  ),
);
}
```

23.4.2 슈파베이스 인증 세팅하기

파이어베이스에서도 그러하듯 슈파베이스에서도 인증은 매우 중요한 기능 중 하나입니다. 슈파베이스에서 구글 로그인을 진행하는 방법을 알아보겠습니다.

To Do **01** lib/auth_screen.dart 파일에는 이미 [구글로 로그인] 버튼이 구현되어 있고 버튼을 누르면 실행되는 onGoogleLoginPress() 함수가 정의돼 있습니다. **현재 이 함수는 파이어베이스를 사용하여 구글 로그인을 진행하는 방식으로 정의되어 있습니다. 그러므로 슈파베이스로 로그인하는 방식으로 함수를 변경해줘야 합니다.** 파이어베이스의 signInWithCredential() 함수 대신 슈파베이스의 signInWithIdToken() 함수를 실행해서 로그인해보겠습니다.

lib/screen/auth_screen.dart
```
import 'package:supabase_flutter/supabase_flutter.dart';
...생략...

class _AuthScreenState extends State<AuthScreen> {
  ...생략...
```

```
onGoogleLoginPress(BuildContext context) async {
  GoogleSignIn googleSignIn = GoogleSignIn(
    scopes: [
      'email',
    ],
    clientId: '{iOS Client ID 입력}',
    serverClientId: '{Web Client ID 입력}',
  );

  try {
    GoogleSignInAccount? account = await googleSignIn.signIn();

    final GoogleSignInAuthentication? googleAuth = await account?.authentication;

    final credential = GoogleAuthProvider.credential(
      accessToken: googleAuth?.accessToken,
      idToken: googleAuth?.idToken,
    );

    // googleAuth 객체가 null이거나 idToken이 null이거나 accessToken이 null이면
    // 인증이 정상적으로 진행된 상태가 아니기 때문에 에러를 던져줍니다.
    if (googleAuth == null || googleAuth.idToken == null || googleAuth.accessToken == null) {
      throw Exception('로그인 실패');
    }

    final result = await FirebaseAuth.instance.signInWithCredential(credential);

    // ❶ 슈파베이스로 소셜 로그인을 진행하는 방법입니다.
    await Supabase.instance.client.auth.signInWithIdToken(
      provider: Provider.google,
      idToken: googleAuth.idToken!,
      accessToken: googleAuth.accessToken!,
    );

    Navigator.of(context).push(
      MaterialPageRoute(
        builder: (_) => HomeScreen(),
      ),
```

```
      );
    } catch (error) {
      ScaffoldMessenger.of(context).showSnackBar(
        SnackBar(content: Text('로그인 실패')),
      );
    }
  }
}
```

❶ provider 파라미터에 소셜 로그인 프로바이더를 입력해주고 idToken과 accessToken 파라미터에 각각 아이디 토큰과 액세스 토큰을 입력해주면 됩니다.

02 프로젝트를 실행하고 [구글로 로그인] 버튼을 눌러서 로그인을 실행해봅니다. 로그인이 성공적으로 진행되며 다음 화면으로 넘어가는 것을 확인할 수 있습니다. 이때 iOS로 구글 로그인을 사용하려면 22장의 22.2.8을 진행해야 하므로 이전에 실습한 22장의 ios/GoogleService-Info.plist에서 REVERSED_CLIEND_ID 아래에 있는 ⟨string⟩...⟨/string⟩을 복사해서 23장 템플릿 프로젝트의 ios/GoogleService-Info.plist와 ios/Info.plist에 붙여 넣으세요.

> **NOTE** 실행이 되지 않으면 android 폴더 삭제 후 flutter create .를 실행해보세요.

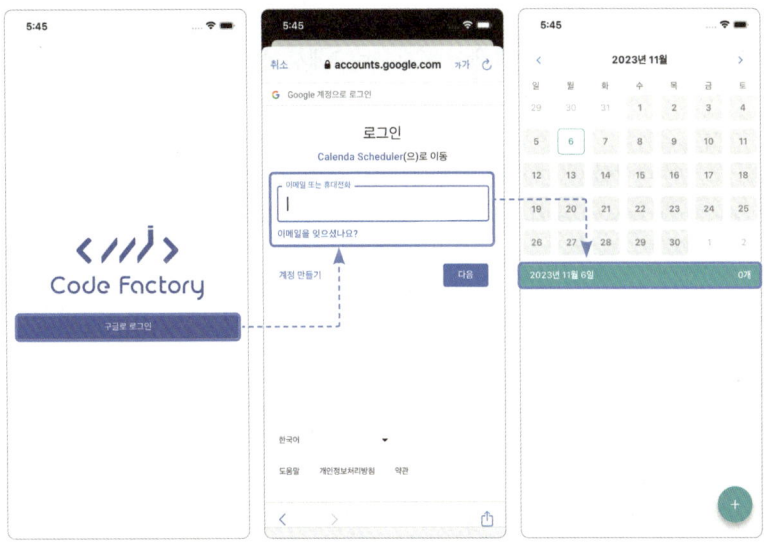

> **NOTE** iOS 시뮬레이터에서 Unable to boot simulator 오류가 발생하면 [시스템 설정] > [저장 공간]에 있는 '개발자' 항목의 'xcode 프로젝트 빌드 파일 > xcode 캐시'를 삭제하고 실행하면 됩니다.

03 로그인이 성공적으로 진행되면서 사용자 생성이 잘 되었음을 슈파베이스 대시보드에서 확인해보겠습니다. 슈파베이스 대시보드로 이동한 후 [Table] 〉 [auth] 〉 [users]를 클릭한 후 로그인한 이메일로 사용자가 하나 생성된 걸 확인해봅니다.

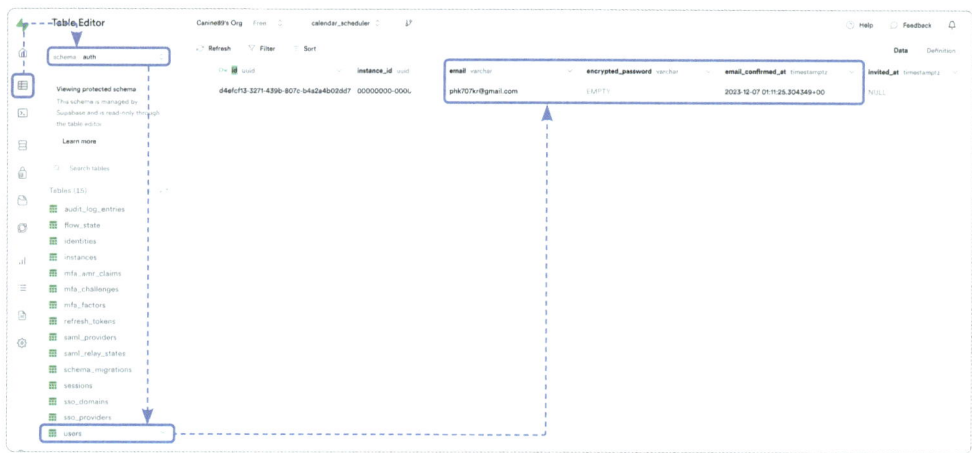

23.4.3 일정 테이블 생성하기

파이어스토어와 다르게 슈파베이스는 SQL 데이터베이스를 사용하기 때문에 테이블 구조를 생성한 다음 데이터를 생성할 수 있습니다. 먼저 슈파베이스 대시보드에서 테이블을 생성해보겠습니다.

To Do **01** 슈파베이스 대시보드로 이동한 다음 [public] 스키마를 선택합니다. 그리고 중앙의 [Create a new table] 버튼을 눌러서 테이블 생성 창을 실행합니다. public 스키마는 외부에 공개되는 기본 스키마로 슈파베이스 SDK를 이용해서 접근 가능한 테이블을 생성하는 위치입니다.

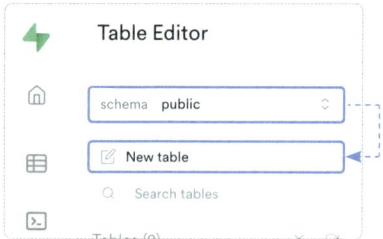

02 Name 필드에는 테이블 이름을 지정하고 Description 필드는 테이블에 대한 설명을 입력하는 필드입니다. Name은 'schedule'을 넣어주고 Description은 '일정을 저장하는 테이블'로 입력하겠습니다. 추가로 [Enable Row Level Security (RLS)] 체크 버튼을 눌러서 RLS를 활성

화하겠습니다. 23.1.2 '행 수준 보안'에서 설명했듯 RLS는 postgresql에서 테이블과 Row의 접근을 엄격히 제어할 수 있는 강력한 보안 기능입니다. 테이블 설정을 완료한 다음 RLS 설정에 대해서도 자세히 알아보겠습니다.

03 다음은 테이블의 컬럼을 생성해야 합니다. 기본으로 각 행의 특수값인 id 컬럼과 행이 생성된 시간을 저장하는 created_at 컬럼이 있습니다. 여기에 일정의 날짜인 date를 글자 타입인 text 타입으로, 일정 내용인 content를 text 타입으로, 시작 시간인 start_time을 2바이트 크기의 정수인 int2 타입으로, 종료 시간인 end_time을 int2 타입으로 추가해보겠습니다. 각 컬럼의 이름 아래쪽의 [Add column] 버튼을 누르면 컬럼 추가가 가능합니다.

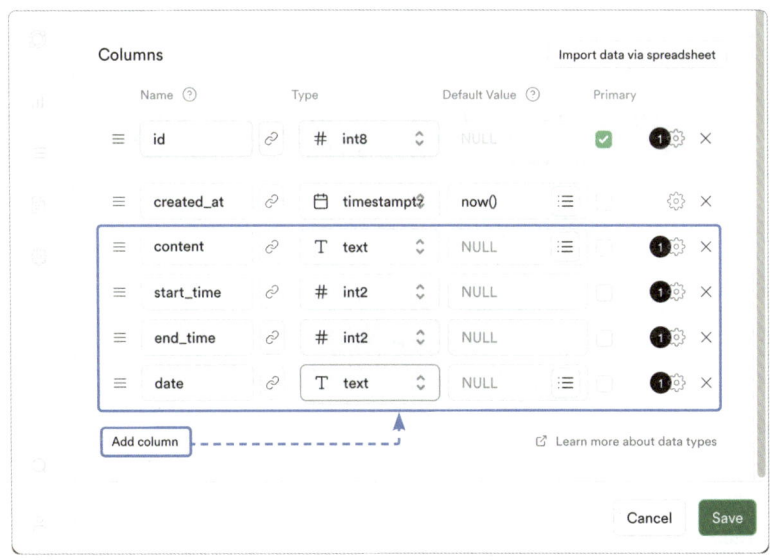

23장 **Project #7** 슈파베이스 연동하기 **717**

04 다음은 컬럼의 제한 사항을 변경해보겠습니다. 각 컬럼 오른쪽의 톱니바퀴 세팅 버튼을 누르면 제한 사항을 변경할 수 있습니다. **content, start_time, end_time 컬럼의 Is Nullable 제한 사항을 모두 비활성화하겠습니다.** Nullable은 Null값을 허용하는 조건으로, Is Nullable을 비활성화하면 값이 null이 될 수 없으며 꼭 값이 입력돼야 합니다.

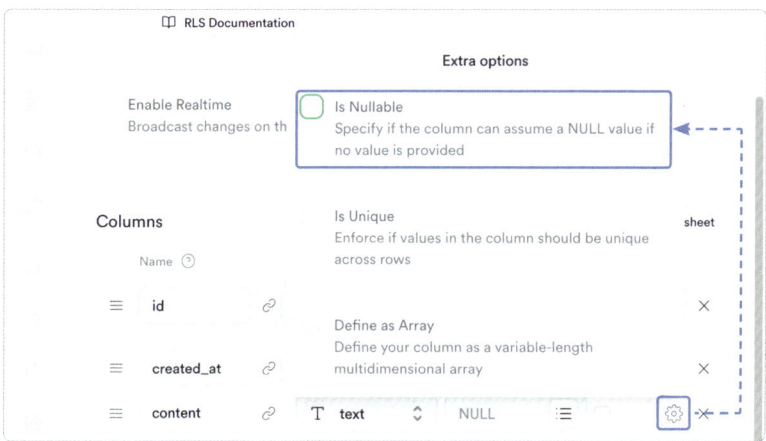

05 마지막으로 어떤 사용자가 생성한 일정인지 알 수 있는 author 컬럼을 추가해보겠습니다. [Add column] 버튼을 누른 후 컬럼 이름을 author로 설정합니다. 그리고 타입을 UUID로 선택한 다음 is Nullable 체크를 해제합니다.

> **NOTE** UUID는 다섯 개의 값이 '-'로 이어져 있는 형태를 띠고 있는 특수 문자열값으로 언제 생성해도 절대로 겹치지 않는 특성을 가집니다.

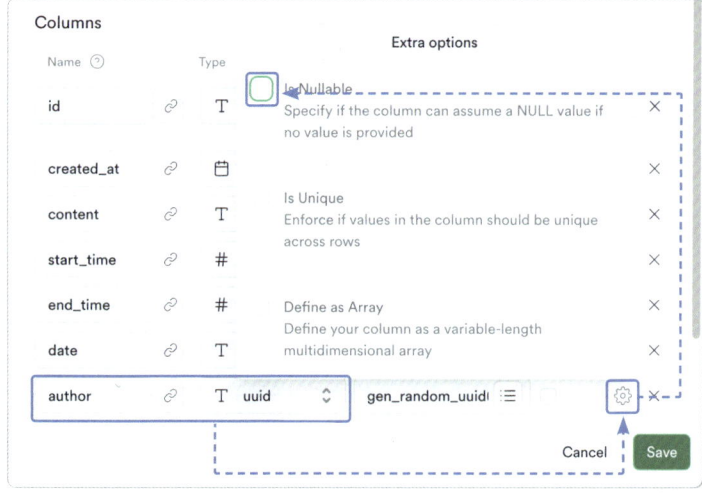

06 생성된 일정을 실제 사용자와 연동하기 위해 쇠고리 모양의 버튼을 눌러서 연동을 진행해보 겠습니다.

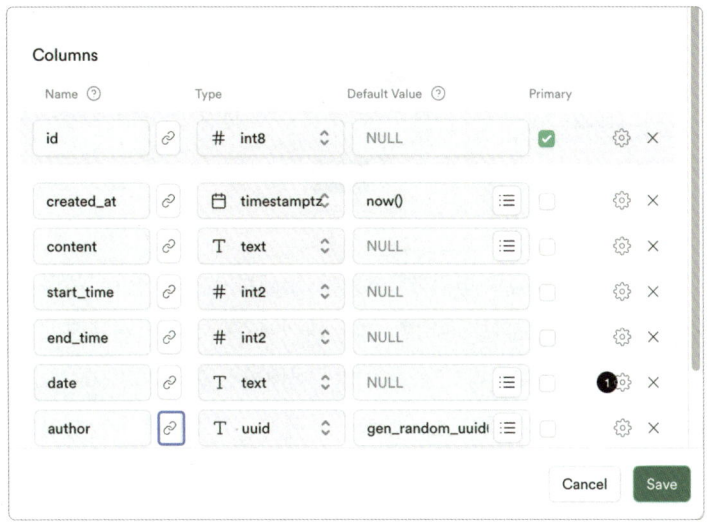

07 Foreign Key Relation 창이 실행되면 auth 스키마를 선택하고 users 테이블을 선택합니다. 그리고 users 테이블의 id 컬럼을 선택해서 schedule 테이블의 author 컬럼과 연동합니다. 나머지 옵션은 그대로 두고 [Save] 버튼을 눌러서 저장합니다.

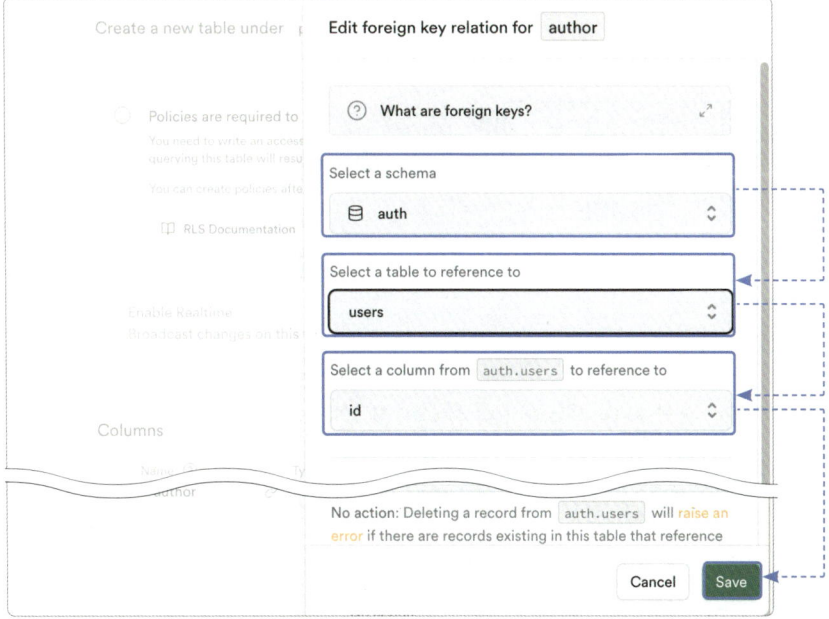

08 쇠고리 버튼의 색이 변경되면 연동 성공입니다. 앞으로 schedule 테이블에 데이터를 생성할 때는 author 컬럼을 필수로 입력해줘야 합니다. author 컬럼값은 users 테이블의 id 컬럼값과 연동되었으므로 꼭 users 테이블의 id 컬럼에 있는 값이어야 합니다.

09 이어서 id 컬럼의 타입을 int8에서 UUID로 변경하겠습니다. int8로 설정할 경우 1부터 오름차순으로 숫자가 하나씩 배정됩니다. UUID를 선택할 경우 파이어스토어에서 사용했던 것과 같이 임의의 문자열값이 ID값으로 배정됩니다. 22.4.4 '파이어베이스 인증 기반으로 일정 CRUD 기능 변경하기'에서 파이어스토어로 구현한 프로젝트의 ID에 UUID 타입을 사용했기 때문에 슈파베이스에서도 똑같이 UUID 타입을 사용하겠습니다.

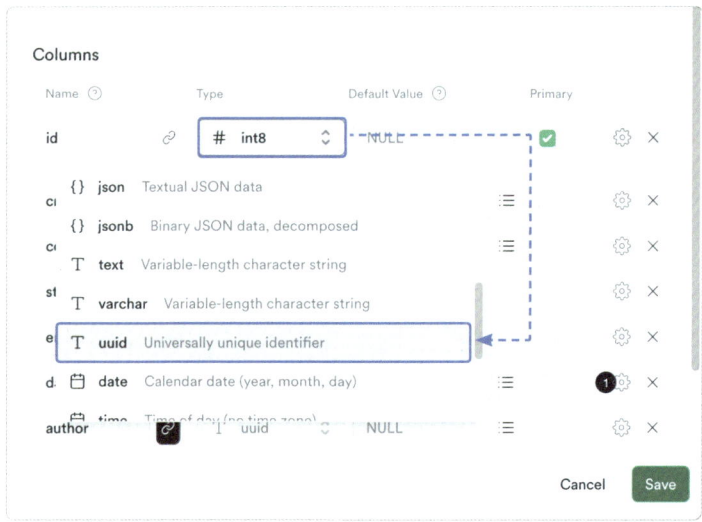

10 끝으로 author의 기본값을 지정하는 Default Value 필드에 auth.uid()를 입력해줍니다. auth.uid()는 슈파베이스에서 사용 가능한 특수한 값으로 사용자 고유의 id값을 의미합니다. 다시 말해 auth.uid()는 현재 로그인되어 있는 사용자의 ID를 가져옵니다. 데이터를 입력하는 insert 요청이 실행될 때마다 현재 로그인되어 있는 사용자 ID를 자동으로 author 컬럼에 입력합니다.

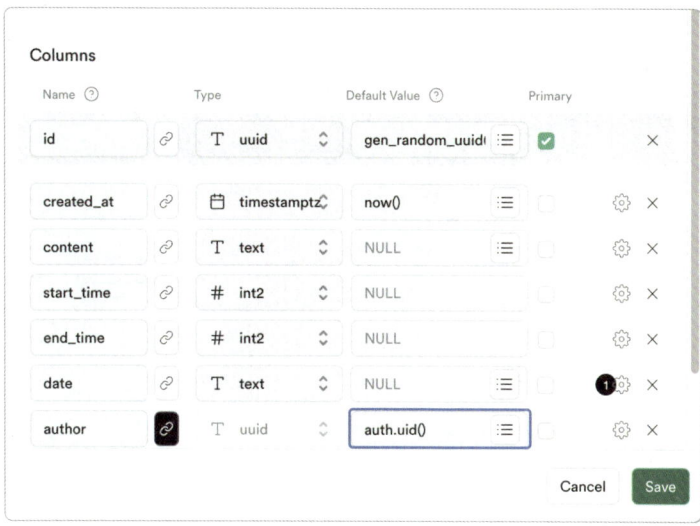

11 최종적으로 [Save] 버튼을 눌러서 테이블 생성을 완료합니다.

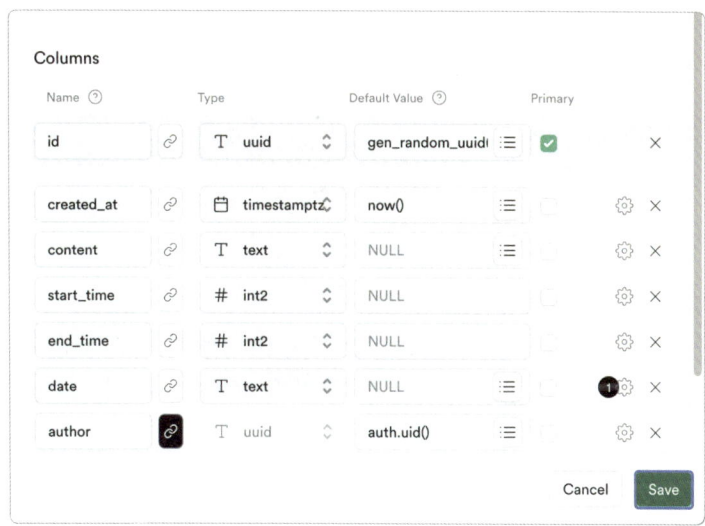

23.4.4 일정 테이블 RLS 설정하기

테이블에 RLS 기능을 활성화시키면 RLS Policy로 권한을 허가해주기 전까지 어떤 데이터도 접근할 수 없는 것이 기본 설정입니다. **RLS Policy를 추가해서 일정 생성자만 일정 데이터에 접근할 수 있도록 권한 설정을 진행해보겠습니다.**

To Do **01** 슈파베이스 대시보드에서 [Authentication] 버튼을 누른 다음 [Policies] 버튼을 누릅니다. 오른쪽에 보이는 schedule 테이블의 [New Policy] 버튼을 눌러서 schedule 테이블과 관련된 RLS Policy를 생성하는 창을 실행합니다.

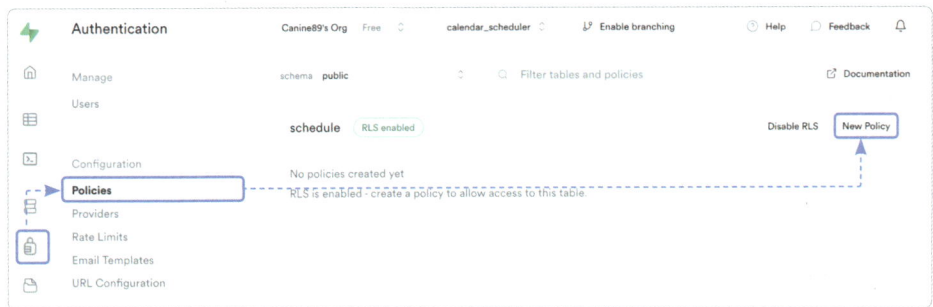

02 기본 템플릿을 제공해주는 [Get started quickly] 버튼과 전체 맞춤 설정이 가능한 [For full customization] 버튼이 있습니다. 저희는 직접 전체 맞춤 설정하는 방법을 학습해보기 위해 [For full customization] 버튼을 누르겠습니다.

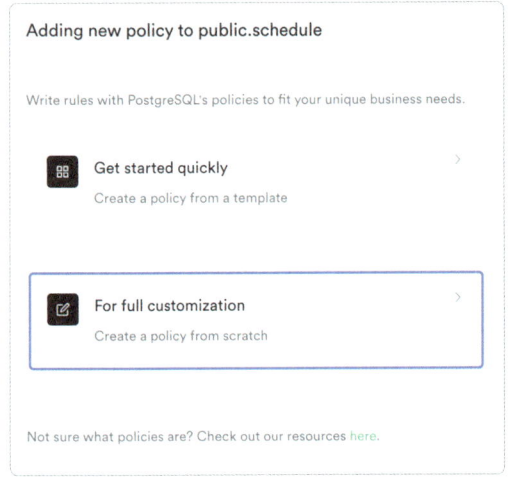

03 가장 먼저 Policy name에 이름을 정해 입력하고 Allowed operation에서 [All]을 선택하여 모든 CRUD 기능에 Policy를 적용합니다. Target roles은 아무것도 선택하지 않고 기본값인 Defaults(public)가 지정되도록 합니다.

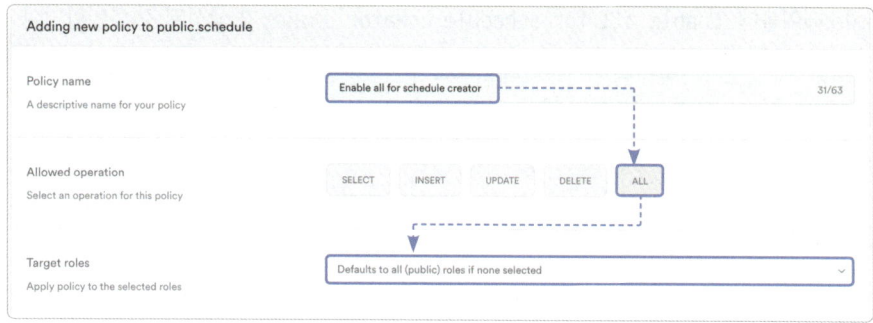

04 이제 조건문을 작성할 차례입니다. Allowed Operation에서 All을 선택했기 때문에 USING 조건과 WITH CHECK 조건을 모두 작성할 수 있습니다. 두 조건 모두 코드 'auth.uid() = author'를 입력해서 모든 CRUD 작업에서 현재 로그인한 사용자가 생성한 일정만 조회 및 업데이트가 가능하도록 하겠습니다. 코드 입력을 완료했으면 [Review] 버튼을 눌러줍니다.

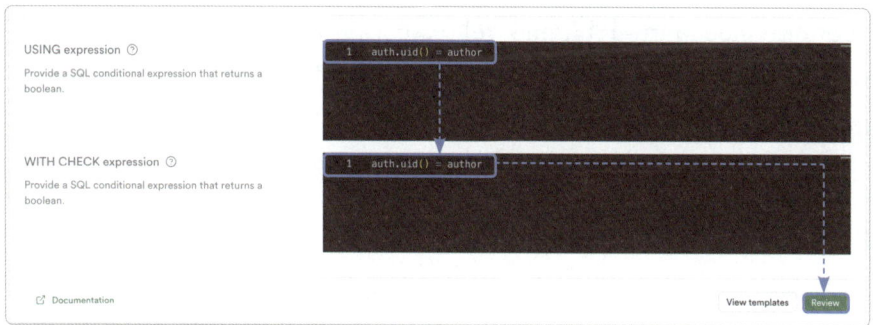

05 입력한 값들을 기반으로 생성된 쿼리문을 확인한 후 [Save policy] 버튼을 클릭합니다.

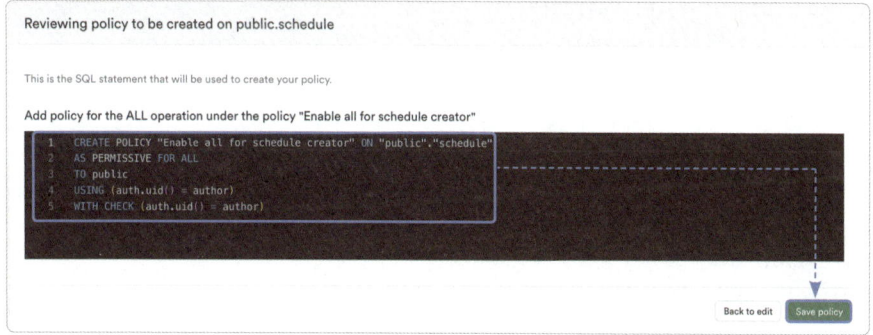

06 schedule 테이블에 "Enable all for schedule creator" Policy가 생성된 걸 확인합니다.

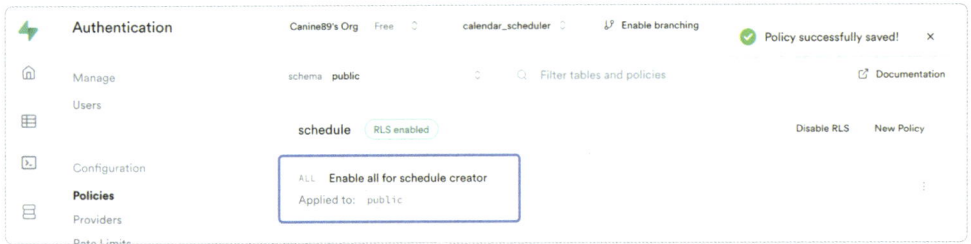

23.4.5 일정 CRUD 로직 작성하기

슈파베이스로 구현한 인증 기능을 기반으로 일정 관리 로직을 변경해보겠습니다.

To Do **01** 먼저 일정을 생성하는 플러터 코드를 작성해보겠습니다. 일정 생성 로직은 lib/component/schedule_bottom_sheet.dart 파일의 onSavePressed() 함수에 정의되어 있습니다. 파이어스토어에 일정을 추가하는 로직이 작성되어 있던 이 부분을 삭제하고 슈파베이스 데이터베이스에 일정을 삽입하는 코드를 추가하겠습니다.

lib/component/schedule_bottom_sheet.dart

```
...생략...
import 'package:supabase_flutter/supabase_flutter.dart';

class _ScheduleBottomSheetState extends State<ScheduleBottomSheet> {
  ...생략...

  void onSavePressed(BuildContext context) async {
    if (formKey.currentState!.validate()) {
      formKey.currentState!.save();

      final schedule = ScheduleModel(
        id: Uuid().v4(),
        content: content!,
        date: widget.selectedDate,
        startTime: startTime!,
        endTime: endTime!,
      );

      final user = FirebaseAuth.instance.currentUser;
```

```dart
      if (user == null) {
        ScaffoldMessenger.of(context).showSnackBar(
          SnackBar(
            content: Text('다시 로그인을 해주세요.'),
          ),
        );

        Navigator.of(context).pop();

        return;
      }

      await FirebaseFirestore.instance
          .collection(
            'schedule',
          )
          .doc(schedule.id)
          .set(
        {
          ...schedule.toJson(),
          'author': user.email,
        },
      );

      // 슈파베이스 인스턴스 불러오기
      final supabase = Supabase.instance.client;

      // ❶ 슈파베이스 schedule 테이블에 데이터 삽입
      await supabase.from('schedule').insert(
        schedule.toJson(),
      );

      Navigator.of(context).pop();
    }
  }
}
```

❶ 슈파베이스에 INSERT문을 실행하기 위해서는 먼저 from( ) 함수에 대상 테이블 이름을 입력해줍니다. 다음으로 insert( ) 함수에 생성할 데이터 정보를 Map 형태로 입력합니다. 만약 insert( ) 함수에 select( ) 함수를 이어서 실행하면 저장된 값을 반환받을 수도 있습니다.

02 다트 언어에서는 키값을 작성할 때 맨 첫 글자를 제외한 나머지 단어의 첫 번째 알파벳을 대문자로 작성하는 카멜 표기법를 사용합니다. 그러나 PostgreSQL 컬럼은 단어 사이를 '_'로 구분하는 게 일반적입니다. 그래서 ScheduleModel의 toJson() 함수를 변형해서 startTime과 endTime으로 변환되던 키값들을 start_time과 end_time으로 변경하겠습니다.

lib/model/schedule_model.dart

```dart
class ScheduleModel {
  ...생략...

  ScheduleModel.fromJson({ // ❶ JSON으로부터 모델을 만들어내는 생성자
    required Map<String, dynamic> json,
  })  : id = json['id'],
        content = json['content'],
        date = DateTime.parse(json['date']),
        startTime = json['start_time'],
        endTime = json['end_time'];

  Map<String, dynamic> toJson() {  // ❷ 모델을 다시 JSON으로 변환하는 함수
    return {
      'id': id,
      'content': content,
      'date':
          '${date.year}${date.month.toString().padLeft(2, '0')}${date.day.toString().padLeft(2, '0')}',
      'start_time': startTime,
      'end_time': endTime,
    };
  }
}
```

03 코드를 수정한 다음에는 앱을 실행하고 달력에서 2023년 11월 7일을 선택한 후 12시부터 14시까지 진행되는 "인프런에서 코드팩토리의 NestJS 강의 듣기" 일정을 생성해보겠습니다. 생성 후에는 아마 불러오기가 안 될 것입니다. 바로 다음에 일정 불러오기를 구현합니다.

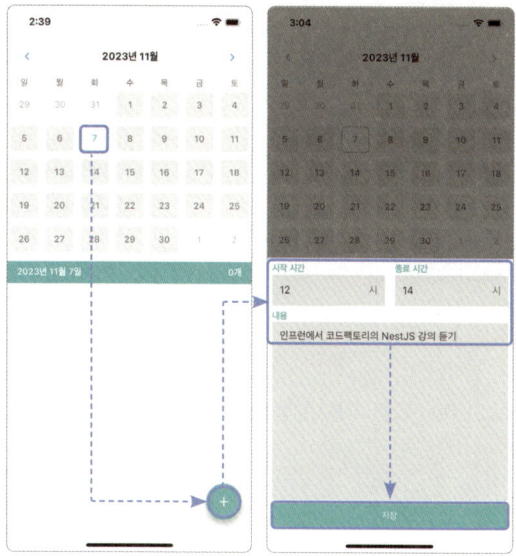

04 일정 정보를 불러오는 작업을 하겠습니다. 파이어스토어는 자동으로 데이터를 실시간으로 저장 및 동기화하는 Real Time 쿼리가 활성화되기 때문에 수시로 변하는 데이터에 적합한 StreamBuilder 위젯을 사용했습니다. 슈파베이스 프로젝트는 리얼 타임real time을 활성화하지 않기 때문에 일회성 응답에 적합한 FutureBuilder 위젯을 사용해서 일정 정보를 가져와보겠습니다. 만약 슈파베이스에서 리얼 타임을 활성화했다면 마찬가지로 StreamBuilder를 이용해서 지속적으로 일정 정보 업데이트를 받아올 수 있습니다.

lib/screen/home_screen.dart

```
...생략...
import 'package:supabase_flutter/supabase_flutter.dart';

class _HomeScreenState extends State<HomeScreen> {
  ...생략...

  @override
  Widget build(BuildContext context) {
    // ❶ 선택된 날짜의 일정 정보를 가져오는 코드
    final future = Supabase.instance.client.from('schedule').
select<List<Map<String, dynamic>>>().eq('date',
        '${selectedDate.year}${selectedDate.month.toString().padLeft(2,
'0')}${selectedDate.day.toString().padLeft(2, '0')}');

    return Scaffold(
```

```
      floatingActionButton: FloatingActionButton(
        backgroundColor: PRIMARY_COLOR,
        onPressed: () async {
          await showModalBottomSheet(
            context: context,
            isDismissible: true,
            isScrollControlled: true,
            builder: (_) => ScheduleBottomSheet(
              selectedDate: selectedDate,
            ),
          );
          // 새로운 일정 생성이 완료되면 setState() 함수를 실행해서 build() 함수를
          // 재실행합니다.
          setState(() {});
        },
        child: Icon(
          Icons.add,
        ),
      ),
      body: SafeArea(
        child: Column(
          children: [
            ...생략...
            // StreamBuilder를 FutureBuilder로 변환
            FutureBuilder<List<Map<String, dynamic>>>(
              future: future,
              builder: (context, snapshot) {
                return TodayBanner(
                  selectedDate: selectedDate,

                  count: snapshot.data?.docs.length ?? 0,
                );
              },
            ),
            SizedBox(height: 8.0),
            Expanded(
              // StreamBuilder를 FutureBuilder로 변환
              child: FutureBuilder<List<Map<String, dynamic>>>(
                future: future,
                builder: (context, snapshot) {
                  if (snapshot.hasError) {
```

> 삭제하세요

```
              return Center(
                child: Text('일정 정보를 가져오지 못했습니다.'),
              );
            }

            if (snapshot.connectionState == ConnectionState.waiting ||
!snapshot.hasData) {
              return Container();
            }

            // 반환받은 List<Map<String, dynamic>> 데이터를
            // List<ScheduleModel>로 변환
            final schedules = snapshot.data!
                .map(
                  (e) => ScheduleModel.fromJson(json: e),
                )
                .toList();

            return ListView.builder(...생략...);
          },
        ),
      ),
    ],
  ),
 );
 }
}
```

05 저장 후 2023년 11월 7일을 눌러보면 기존에 생성했던 "인 프런에서 코드팩토리의 NestJS 강의 듣기" 일정을 조회할 수 있습니다.

06 일정 조회와 생성 기능을 구현했으니 이번에는 삭제인 DELETE 기능을 구현해보겠습니다. Dismissible 위젯의 onDismissed() 함수에는 파이어베이스 파이어스토어의 delete() 함수를 이용한 삭제 기능이 구현되어 있습니다. 이 부분을 슈파베이스의 delete() 함수로 수정해서 일정을 삭제할 수 있도록 바꿔보겠습니다.

lib/screen/home_screen.dart

```
...생략...

class _HomeScreenState extends State<HomeScreen> {
  ...생략...

  @override
  Widget build(BuildContext context) {
    ...생략...

    return Scaffold(
      floatingActionButton: ...생략...,
      body: SafeArea(
        child: Column(
          children: [
            ...생략...
            Expanded(
              child: FutureBuilder<List<Map<String, dynamic>>>(
                future: future,
                builder: (context, snapshot) {
                  ...생략...

                  return ListView.builder(
                    itemCount: schedules.length,
                    itemBuilder: (context, index) {
                      final schedule = schedules[index];

                      return Dismissible(
                        key: ObjectKey(schedule.id),
                        direction: DismissDirection.startToEnd,
                        onDismissed: (DismissDirection direction) async {
                          FirebaseFirestore.instance.collection('schedule').doc(schedule.id).delete();

                          // delete() 함수를 실행할 때 match() 함수에 삭제할 값의
```

```
                        // 조건을 입력하면 됩니다.
                        await Supabase.instance.client.from('schedule').
delete().match({
                          'id': schedule.id,
                        });

                        // 삭제 결과를 즉각 반영하기 위해 build() 함수를 실행합니다.
                        setState(() {});
                      },
                      child: ...생략...,
                    );
                  },
                );
              },
            ),
          ),
        ],
      ),
    );
  }
}
```

07 생성했던 일정을 우로 밀어서 삭제해보겠습니다. 정상적으로 삭제가 진행되면 일정 삭제 기능 구현 완료입니다.

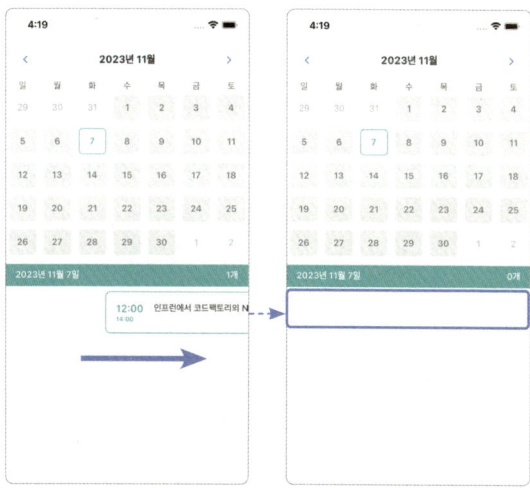

23.4.6 로그아웃 기능 구현하기

로그아웃 기능은 22.4.5 '로그아웃 기능 구현하기'에서 진행했던 형태와 동일합니다. 다만 [로그아웃] 버튼을 눌렀을 때 실행할 기능만 슈파베이스 기반의 기능으로 변경해보겠습니다.

To Do 01 TodayBanner의 오른쪽 끝에 로그아웃 아이콘을 생성하고 슈파베이스 로그아웃 기능을 구현해보겠습니다.

```dart
                                                      lib/component/today_banner.dart
import 'package:supabase_flutter/supabase_flutter.dart';
...생략...
class TodayBanner extends StatelessWidget {
  ...생략...
  @override
  Widget build(BuildContext context) {
    ...생략...
    return Container(
      color: PRIMARY_COLOR,
      child: Padding(
        padding: EdgeInsets.symmetric(horizontal: 16.0, vertical: 8.0),
        child: Row(
          mainAxisAlignment: MainAxisAlignment.spaceBetween,
          children: [
            Expanded(
              child: Text(
                '${selectedDate.year}년 ${selectedDate.month}월 ${selectedDate.day}일',
                style: textStyle,
              ),
            ),
            Text(
              '$count개',
              style: textStyle,
            ),
            const SizedBox(width: 8.0),
            Row(
              children: [
                GestureDetector(
                  onTap: () async {
                    // 슈파베이스의 signOut() 함수를 실행하면 로그아웃할 수 있습니다.
                    await Supabase.instance.client.auth.signOut();
```

```
                    Navigator.of(context).pop();
                },
                child: Icon(
                    Icons.logout,
                    color: Colors.white,
                    size: 16.0,
                ),
            ),
        ],
        ),
      ),
    );
  }
}
```

23.5 테스트하기

❶ 안드로이드 스튜디오에서 [Run] 버튼을 눌러서 시뮬레이터, 에뮬레이터 또는 본인 기기에서 앱을 실행해보세요.

❷ [구글로 로그인] 버튼을 눌러서 첫 번째 계정(이하 A 계정)으로 로그인합니다.

❸ 2023년 10월 31일을 선택한 후 일정 생성 [+] 버튼을 눌러서 12시부터 14시까지 "코드팩토리의 NestJS 강의 공부" 일정을 생성합니다.

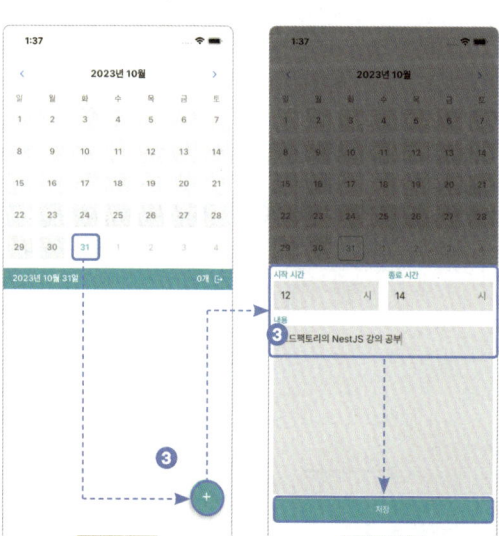

❹ 일정이 정상적으로 생성된 걸 확인합니다.

❺ 로그아웃 후 새로운 계정(이하 B계정)으로 로그인합니다.

❻ B 계정으로 로그인한 상태에서 2023년 10월 31일을 선택하면 A 계정의 "코드팩토리의 NestJS 강의 공부" 일정이 존재하지 않는 것을 확인합니다.

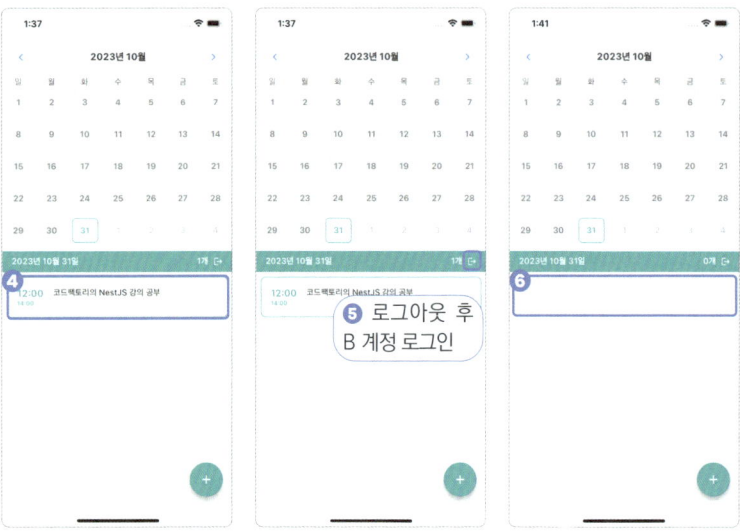

❼ B 계정에 14시부터 16시까지 "코드팩토리의 Typescript 프로그래밍 공부하기" 일정을 생성합니다.

❽ 로그아웃 후 A 계정으로 로그인한 다음 2023년 10월 31일을 확인하면 "코드팩토리의 NestJS 강의 공부" 일정만 존재하는 것을 확인할 수 있습니다. 즉, 각 계정별로 본인이 생성한 일정만 조회가 가능합니다.

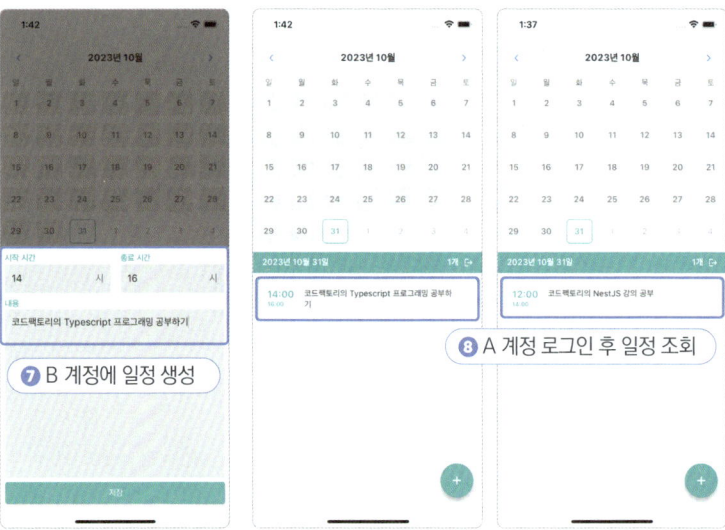

이 테스트 과정에서 RLS의 사용자 기반 규칙 활용 기능이 얼마나 강력한지 확인할 수 있습니다. 슈파베이스 쿼리에서는 author 컬럼과 관련된 필드를 전혀 필터링하고 있지 않지만 RLS PostgreSQL Policy 문법 설정으로 자동으로 현재 로그인한 사용자가 생성한 일정들만 불러옵니다.

학습 마무리

이번 프로젝트에서는 슈파베이스를 사용한 인증 및 CRUD 기능 구현 방법에 대해 알아봤습니다. 슈파베이스는 파이어베이스와 제공해주는 서비스가 매우 비슷하지만 PostgreSQL 데이터베이스를 사용하기 때문에 조금 더 구조화된 데이터를 생성할 수 있었습니다. 올인원 백엔드 솔루션을 사용하고 싶은데 NoSQL을 사용하기 싫다면 슈파베이스와 같은 서비스도 존재하는 것을 기억하길 바랍니다.

핵심 요약

1. **슈파베이스**는 **파이어베이스**와 비슷한 올인원 백엔드 솔루션입니다.
2. NoSQL 데이터베이스를 사용하는 **파이어스토어**와 다르게 **슈파베이스**는 SQL 데이터베이스인 PostgreSQL을 사용합니다.
3. **슈파베이스 인증** 또한 **파이어베이스 인증**처럼 다양한 소셜 로그인을 지원합니다.
4. 슈파베이스는 SQL 데이터베이스를 사용하기 때문에 테이블을 생성하는 과정이 필수입니다.
5. RLS 설정을 통해 슈파베이스 데이터베이스에 접근할 수 있는 권한을 손쉽게 제어할 수 있습니다.

업그레이드 아이디어

1. 로그인 방법 중 이메일 로그인을 추가해보세요. 이메일 로그인은 기본으로 활성화되어 있으며 다음 함수를 이용해서 회원가입 및 로그인을 진행할 수 있습니다.
   - 회원가입: Supabase.instance.client.auth.signUp()
   - 로그인: Supabase.instance.client.auth.signInWithPassword()

2 슈파베이스 Real Time 기능을 사용하여 파이어스토어처럼 실시간으로 데이터 업데이트를 반영할 수 있는 기능을 구현해보세요.

> HINT 테이블 설정에서 Real Time 기능을 활성화시키고 StreamBuilder를 사용하여 슈파베이스에서 Stream을 받아오면 됩니다.

3 현재 로그인한 사용자가 생성한 일정이 아닌 다른 사람의 일정은 조회되지 않도록 RLS 설정이 되어 있습니다. 로그인한 사용자라면 누구든 저장된 모든 일정을 조회할 수 있도록 RLS를 변경해봅시다. 또한 다트 코드에서 슈파베이스에 조회 요청을 보낼 때 사용자가 생성한 정보만 가져오도록 코드를 변경해보세요.

> HINT select() 함수 실행 후 eq() 함수를 실행하면 SELECT문의 조건을 설정할 수 있습니다. 첫 번째 파라미터에 컬럼명을 입력하고 두 번째 파라미터에 값을 입력합니다. Supabase.instance.client.auth.currentUser.id를 실행하면 현재 로그인한 사용자의 ID를 가져올 수 있습니다.

Chapter

24

Project #8
광고 및 배포하기
구글 애드몹

#MUSTHAVE

□ 학습 목표

이번에는 애드몹Admob을 사용해서 앱에 배너 광고를 추가하는 방법을 알아보겠습니다. 추가로 드디어 앱 개발의 마지막 단계인 iOS 및 안드로이드 앱 출시 과정을 직접 진행해보며 앱 출시 과정을 배워보겠습니다.

□ 학습 순서

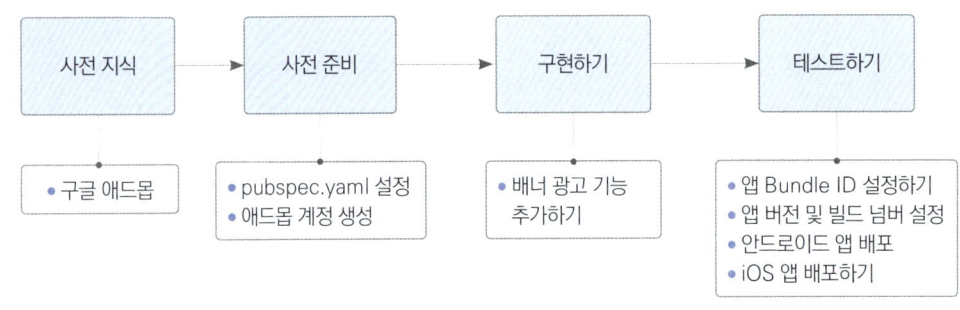

24.1 사전 지식

24.1.1 구글 애드몹

애드몹Admob은 구글에서 제공하는 광고 서비스입니다. 간단한 가입만으로 누구든 광고를 게시하고 수익화를 할 수 있습니다. 플러터뿐만 아니라 웹 및 다른 앱 개발 프레임워크에서도 자유롭게 사용할 수 있습니다. 플러터에서 사용할 수 있는 애드몹 광고 형태는 4가지입니다. 표로 정리해두었으니 참고하기 바랍니다.

▼ 플러터에서 사용 가능한 애드몹 광고 종류

이름	설명
배너 광고(Banner Ads)	일반적으로 기기 화면의 상단이나 하단, 그리고 리스트 사이에 배너 형태로 표시하는 광고입니다. 가장 많이 사용되는 광고 형식입니다.

전면 광고(Interstitial Ads)	화면 전체를 덮는 전체 화면 광고입니다. 사용자가 닫을 때까지 게재되어 다음 화면 넘어가는 과정에 주로 추가됩니다.
네이티브 광고(Native Ads)	앱의 디자인과 스타일에 최적화된 형태로 실행할 수 있는 광고입니다. 광고 배치 방법 및 위치를 정할 수 있습니다.
보상형 광고(Rewarded Ads)	짧은 동영상 시청, 설문 조사 응답 등 광고를 조회하고 참여하면 보상을 주는 형식의 광고입니다.

24.2 사전 준비

24.2.1 pubspec.yaml 파일 설정하기

To Do **01** 프로젝트에 광고를 추가하려면 google_mobile_ads 플러그인을 사용해야 하니 pubspec.yaml 파일에 추가하겠습니다.

```yaml
                                                                lib/pubspec.yaml
dependencies:
  flutter:
    sdk: flutter

... 생략 ...
google_mobile_ads: 3.1.0
```

24.2.2 애드몹 가입 및 앱 생성하기

애드몹을 사용하려면 서비스 회원가입을 진행해야 합니다. 그 후 앱을 추가하면 됩니다.

To Do 애드몹 계정 생성

01 다음 링크를 접속한 후 아직 애드몹 가입을 한 적이 없는 구글 계정으로 로그인합니다.
- https://apps.admob.com

02 ① '대한민국'을 국가로 선택하고 ② 시간대를 '서울'로 선택한 다음 ③ 약관에 동의한 후
④ [AdMob 계정 만들기] 버튼을 누릅니다.

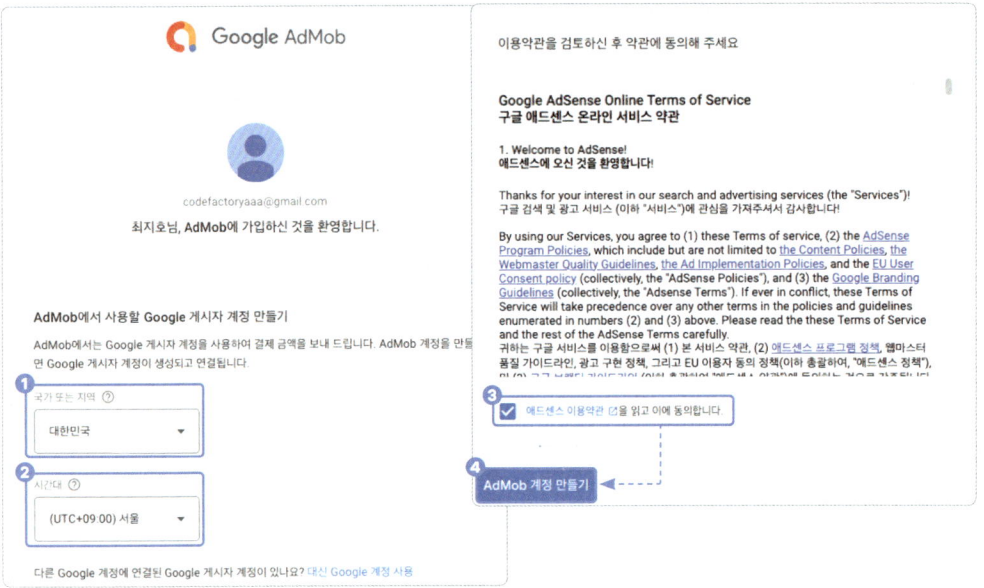

03 다음 설문에서 팁을 받고 싶은 부분은 [예]를 누르고 받고 싶지 않은 부분은 [아니오]를 누른
다음 ① [다음: 계정 확인] 버튼을 눌러주세요.

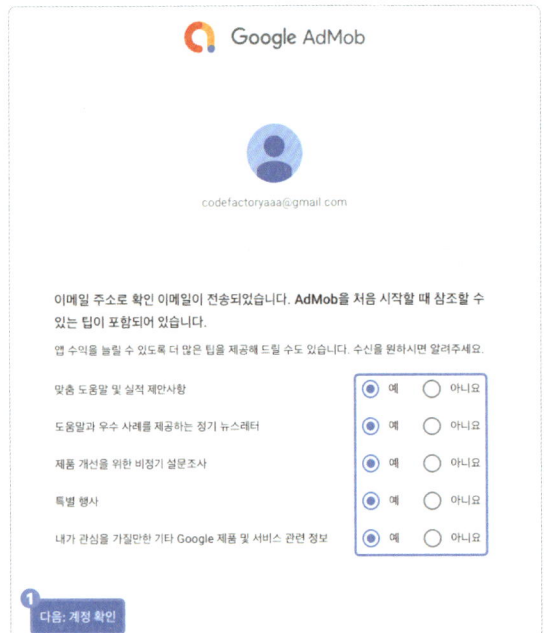

04 ❶ 전화번호를 입력한 후 문자 메시지 또는 음성 호출 중 ❷ PIN을 입력받고 싶은 방법을 선택하세요. 그다음 ❸ [계속] 버튼을 누르세요.

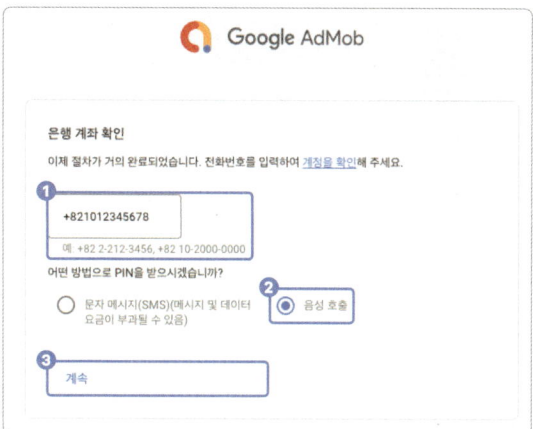

05 ❶ PIN을 입력한 후 ❷ [확인] 버튼을 누르세요.

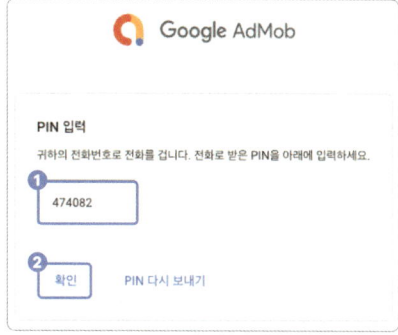

06 [계속해서 AdMob 사용] 버튼을 눌러서 가입을 마무리해주세요.

> **To Do** 앱 추가하기

01 가입이 완료되면 왼쪽의 ❶ [앱] 탭을 누르고 ❷ [첫 번째 앱 추가] 버튼을 눌러주세요.

02 안드로이드와 iOS 앱을 따로 생성해줘야 합니다. 먼저 ❶ [Android] 옵션을 누르고 "지원되는 앱 스토어에 앱이 등록되어 있나요?" 질문에 ❷ [아니오]를 누른 후 ❸ [계속] 버튼을 눌러주세요.

03 ❶ 앱 이름을 입력한 다음 ❷ [앱 추가] 버튼을 눌러주세요.

04 [완료] 버튼을 누르고 앱 생성을 완료해주세요.

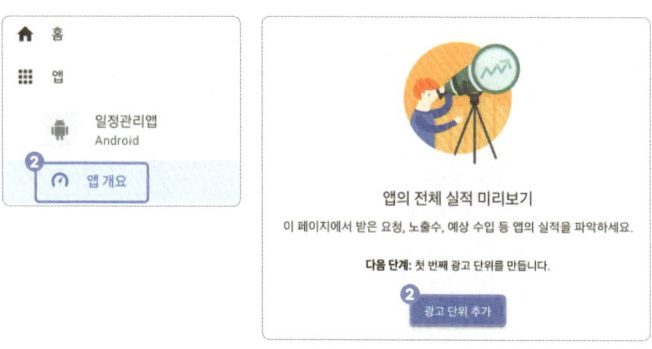

05 그러면 앱 개요가 보입니다. 보이지 않는다면 생성한 앱의 ❶ [앱 개요] 탭을 누른 후 ❷ [광고 단위 추가] 버튼을 누르세요.

06 광고 단위는 앱에서 게재할 광고의 종류를 의미합니다. 저희 프로젝트에서는 배너 광고를 사용하겠습니다. 배너 광고의 [선택] 버튼을 눌러서 광고 단위를 생성해주세요.

07 ❶ 광고 단위 이름을 입력한 후 ❷ [광고 단위 만들기] 버튼을 눌러서 광고 단위를 생성해주세요.

08 ❶ 앱 ID와 ❷ 광고 단위 ID를 기억해두세요. 프로젝트 설정할 때 필요합니다. 앱 ID와 광고 단위 ID를 따로 적어둔 다음 ❸ [완료] 버튼을 눌러주세요.

09 iOS 광고를 만들 차례입니다. ❶ [앱] 버튼을 누른 후 ❷ [앱 추가] 버튼을 누르세요. 이후 과정은 **02**번부터 **08**번까지 반복하면 됩니다.

24.3 구현하기

광고 기능을 추가하고 동작 테스트를 진행하겠습니다.

24.3.1 배너 광고 기능 추가하기

애드몹에서 생성한 배너 광고 단위를 사용하면 달력 앱에 광고 기능을 추가하겠습니다.

To Do **01** 24.2.2 '애드몹 가입 및 앱 생성하기'에서 진행하면서 발급받은 앱 ID를 프로젝트에 등록하겠습니다. android/app/src/main/AndroidManifest.xml 파일을 다음과 같이 수정하겠습니다.

android/app/src/main/AndroidManifest.xml
```
<manifest xmlns:android="http://schemas.android.com/apk/res/android">

    <application
        android:name="${applicationName}"
        android:icon="@mipmap/ic_launcher"
        android:label="calendar_scheduler">
        <meta-data
            android:name="com.google.android.gms.ads.APPLICATION_ID"
            android:value="{여기에 앱 ID를 입력해주세요}" />
        ... 생략 ...
    </application>
</manifest>
```

02 다음으로 iOS 설정을 진행하겠습니다. iOS는 ios/Runner/Info.plist 파일을 수정하면 됩니다. 마지막에 GADApplicationIdentifier 키로 앱 ID값을 추가하겠습니다.

ios/Runner/Info.plist
```xml
<?xml version="1.0" encoding="UTF-8"?>
<!DOCTYPE plist PUBLIC "-//Apple//DTD PLIST 1.0//EN" "http://www.apple.com/DTDs/PropertyList-1.0.dtd">
<plist version="1.0">
<dict>
    ... 생략 ...
    <key>GADApplicationIdentifier</key>
    <string>{여기에 앱 ID를 입력해주세요}</string>
</dict>
</plist>
```

03 앱이 초기화될 때 google_mobile_ads 플러그인을 같이 초기화해야 합니다. main() 함수에 초기화를 진행하겠습니다.

lib/main.dart
```dart
... 생략 ...
import 'package:google_mobile_ads/google_mobile_ads.dart';

void main() async {
  WidgetsFlutterBinding.ensureInitialized();

  // 광고 기능 초기화하기
  MobileAds.instance.initialize();

  await Firebase.initializeApp(
    options: DefaultFirebaseOptions.currentPlatform,
  );

  await initializeDateFormatting();

  runApp(
    MaterialApp(
      debugShowCheckedModeBanner: false,
      home: HomeScreen(),
    ),
  );
}
```

04 일정 두 개마다 하나의 배너 광고를 삽입하는 코드를 작성하겠습니다. 배너 광고는 24.2.2 '애드몹 가입 및 앱 생성하기'에서 저장해둔 광고 ID를 사용하면 즉시 앱 수익화를 시작할 수 있습니다. 하지만 **구글은 개발 환경에서 실제 광고 ID를 사용하는 걸 엄격히 금지합니다. 그러니 개발할 때는 구글에서 제공하는 테스트 광고 ID를 사용해야 합니다.** lib/component/banner_ad_widget.dart 파일을 생성해서 배너 광고를 보여줄 위젯을 만들겠습니다.

lib/component/banner_ad_widget.dart

```dart
import 'dart:io';
import 'package:flutter/material.dart';
import 'package:google_mobile_ads/google_mobile_ads.dart';

class BannerAdWidget extends StatefulWidget {
  const BannerAdWidget({Key? key}) : super(key: key);

  @override
  State<BannerAdWidget> createState() => _BannerAdWidgetState();
}

class _BannerAdWidgetState extends State<BannerAdWidget> {
  late final BannerAd banner;

  @override
  void initState() {
    super.initState();

    // ❶ 사용할 광고 ID를 설정합니다.
    final adUnitId = Platform.isIOS
        ? 'ca-app-pub-3940256099942544/2934735716'
        : 'ca-app-pub-3940256099942544/6300978111';

    // ❷ 광고를 생성합니다.
    banner = BannerAd(
      size: AdSize.banner,
      adUnitId: adUnitId,

      // ❸ 광고의 생명주기가 변경될 때마다 실행할 함수들을 설정합니다.
      listener: BannerAdListener(onAdFailedToLoad: (ad, error) {
        ad.dispose();
      }),
```

```
      // 광고 요청 정보를 담고 있는 클래스
      request: AdRequest(),
    );

    // 광고를 로딩합니다.
    banner.load();
  }

  @override
  void dispose() {

    // 위젯이 dispose되면 광고 또한 dispose합니다.
    banner.dispose();
    super.dispose();
  }

  @override
  Widget build(BuildContext context) {

    return SizedBox(

      // 광고의 높이를 지정해줍니다.
      height: 75,

      // 광고 위젯에 banner 변수를 입력해줍니다.
      child: AdWidget(ad: banner),
    );
  }
}
```

❶ Platform.isIOS는 iOS일 때 true를 반환하고 아닐 때 false를 반환합니다. 저희 앱은 모바일용이니 true가 반환될 때 iOS용 테스트 광고 ID를 반환하고 false일 때 안드로이드용 테스트 광고 ID를 반환하겠습니다. 나중에 앱을 출시하면 이 광고 ID를 실제 발급받은 광고 ID로 대체해야 합니다. **하지만 개발 도중에 실제 광고 ID를 사용하는 건 규정 위반이기 때문에 꼭 테스트 광고 ID를 사용해주세요.**

❷ BannerAd 클래스를 사용하면 광고를 생성할 수 있습니다. size에는 광고 크기를 입력할 수

있습니다. 다음 표에 사용할 수 있는 값들을 정리해두었습니다. adUnitId는 광고 ID를 입력하는 매개변수입니다.

▼ AdSize값 비교

값	크기 (픽셀)
AdSize.banner	320x50
AdSize.largeBanner	320x100
AdSize.mediumRectangle	300x250
AdSize.fullBanner	468x60
AdSize.leaderboard	728x90
AdSize.fluid	부모 위젯 크기에 따라 맞춤

❸ 광고의 생명주기 동안 이벤트를 받아볼 수 있습니다. onAdFailedToLoad 매개변수는 광고 로딩에 실패했을 때 실행됩니다. 로딩에 실패하면 ad.dispose( )를 실행해서 광고를 삭제해주겠습니다. 다음 표에 다양한 이벤트들을 정리해두었습니다.

▼ BannerAdListener 이벤트

매개변수	이벤트 설명
onAdLoaded	광고가 성공적으로 로딩됐을 때 실행됩니다.
onAdFailedToLoad	광고 로딩이 실패했을 때 실행됩니다.
onAdOpened	광고를 눌렀을 때 실행됩니다.
onAdClosed	광고를 닫았을 때 실행됩니다.
onAdImpression	광고를 조회했을 때 실행됩니다(화면에 실행됐을 때).

05 생성한 BannerAdWidget을 HomeScreen의 ListView에 적용해서 한 개의 일정마다 한 개의 배너 광고가 실행되도록 하겠습니다.

lib/screen/home_screen.dart

```
import 'package:calendar_scheduler/component/banner_ad_widget.dart';
... 생략 ...

class _HomeScreenState extends State<HomeScreen> {
```

```
... 생략 ...

@override
Widget build(BuildContext context) {
  return Scaffold(
    floatingActionButton: FloatingActionButton(... 생략 ...),
    body: SafeArea(
      child: Column(
        children: [
          ... 생략 ...
          SizedBox(height: 8.0),
          Expanded(
            child: StreamBuilder<QuerySnapshot>(
              stream: ... 생략 ...,
              builder: (context, snapshot) {
                if (snapshot.hasError) {
                  ... 생략 ...
                }

                if (... 생략 ...) {
                  return Container();
                }

                final schedules = ... 생략 ...;

                // ❶ ListView.separated로 변경
                return ListView.separated(
                  itemCount: schedules.length,

                  // ❷ 일정 중간중간에 실행될 함수
                  separatorBuilder: (context, index){
                    return BannerAdWidget();
                  },
                  itemBuilder: ... 생략 ...,
                );
              },
            ),
          ),
        ],
      ),
    ),
```

```
      ),
    );
  }

  ... 생략 ...
}
```

❶ ListView.itemBuilder 대신에 ListView.separated를 사용하면 separatorBuilder 매개변수가 추가됩니다. 리스트 내부의 위젯 사이사이에 또 다른 위젯을 입력하고 싶을 때 사용합니다.

❷ separatorBuilder는 itemBuilder가 반환한 위젯 사이사이에 보여줄 위젯을 렌더링할 때 사용됩니다. BannerAdWidget을 반환해서 일정의 사이사이에 광고를 그려주겠습니다.

06 날짜를 선택한 후 일정을 세 개까지 생성해본 후 일정의 중간중간에 정상적으로 광고가 실행되는 걸 확인합니다.

24.3.2 테스트하기

❶ 안드로이드 스튜디오에서 [Run] 버튼을 눌러서 iOS 시뮬레이터 또는 안드로이드 에뮬레이터에서 앱을 실행해보세요.
❷ 일정을 하나 생성하면 일정만 보여집니다.
❸ 일정을 2개 생성하면 일정 사이에 테스트 광고가 실행됩니다.
❹ 일정 3개를 생성하면 광고가 일정 사이사이에 생성됩니다.

24.4 배포하기 : 구글 스토어 & 애플 앱스토어

안드로이드와 iOS 앱을 각 스토어에 배포해보겠습니다. 먼저 배포에 필요한 준비인 앱 번들 ID 설정, 앱 버전 및 빌드 넘버 설정을 진행해보겠습니다.

24.4.1 앱 Bundle ID 설정하기

Bundle ID는 앱을 식별하는 유일한 값입니다. 세 개의 단어를 마침표로 구분해서 입력하며 같은 플랫폼(안드로이드, iOS 등) 내에서 다른 앱과 절대로 겹칠 수 없습니다. 일반적으로 도메인을 거꾸로 입력한 형태를 띕니다. 예를 들어 google.com이라는 도메인을 사용하고 있다면 **com.google.{앱 이름}** 형태가 됩니다. 앱에서 기본으로 설정된 Bundle ID를 직접 지정한 값으로 변경하겠습니다.

To Do 01 직접 모든 파일에 적혀 있는 Bundle ID를 변경해줄 수도 있지만 그러면 실수가 생길 수도 있고 시간이 오래 걸리기 때문에 플러그인의 도움을 받아보겠습니다. pubspec.yaml 파일에 change_app_package_name: 1.1.0을 dev_dependencies로 추가하겠습니다.

pubspec.yaml
```yaml
dev_dependencies:
  flutter_test:
    sdk: flutter

  flutter_lints: 4.0.0
  drift_dev: 2.13.0
  build_runner: 2.4.6
  change_app_package_name: 1.1.0
```

02 [pub get]을 실행해준 다음 터미널에서 명령어를 실행해서 Bundle ID를 변경해주겠습니다. 저는 ai.codefactory.calendarscheduler로 짓겠습니다.

```
flutter pub run change_app_package_name:main {Bundle ID 입력}
```

03 다음과 같이 출력되면 성공입니다.

```
Updating build.gradle File
Updating Main Manifest file
Updating Debug Manifest file
Updating Profile Manifest file
Project is using kotlin
Updating MainActivity.kt
Creating New Directory Structure
Deleting old directories
```

04 변경된 Bundle ID를 파이어베이스에 등록해주기 위해 다음 설정 명령어를 실행하고 안내에 따라 진행해주세요.

```
flutterfire configure
```

24.4.2 앱 버전 및 빌드 넘버 설정하기

앱 버전과 빌드 넘버 build number 는 앱이 얼마나, 몇 번 업데이트되었는지 쉽게 알 수 있는 수단입니다. 맨 처음 출시를 하면 기본 설정에서 변경할 요소는 없으나 추후 업데이트 시에는 꼭 값들을 변경해줘야 합니다.

01 pubspec.yaml 파일을 실행하고 version이라고 적혀 있는 키값을 찾습니다.

```yaml
# pubspec.yaml
... 생략 ...
version: 1.0.0+1

environment:
  sdk: '>=3.0.0 <4.0.0'

... 생략 ...
```

02 업데이트할 때마다 version 키의 값을 변경해줘야 합니다. +를 기준으로 왼쪽은 시맨틱 버전을 따른 앱 버전을 의미합니다. 시맨틱 버전은 major.minor.patch 형식을 가지며 각 특성은 표로 정리해두었습니다.

▼ 시맨틱 버전 단계별 설명

버전 종류	설명
Major	기존 버전과 호환되지 않을 정도로 큰 변화가 있을 때 1을 증가시킵니다.
Minor	기존 버전과 호환은 되지만 기능적 향상이 있을 때 1을 증가시킵니다.
Patch	버그 수정처럼 단순한 변화가 있을 때 1을 증가시킵니다.

+를 기준으로 오른쪽은 빌드 넘버에 해당됩니다. 사용자에겐 보이지 않는 숫자로 말 그대로 몇 번째 빌드인지를 의미하며 앱스토어나 플레이스토어에 똑같은 빌드 넘버를 갖고 있는 버전은 절대로 중복으로 업로드될 수 없습니다. 단순히 빌드할 때마다 숫자를 하나씩 올려줘야 한다고 생각하면 됩니다. 저희는 프로젝트는 기본으로 설정된 값인 1.0.0+1을 그대로 사용하겠습니다.

24.4.3 안드로이드 앱 배포하기

안드로이드 앱을 배포하려면 키를 생성하고 안드로이드 프로젝트에 등록해줘야 합니다. 그다음 앱번들Appbundle을 빌드한 후 구글 플레이에 업로드해야 합니다. 이 전체 과정을 진행하겠습니다.

01 업로드 키를 생성하려면 자바 런타임이 필요합니다. https://www.java.com/ko/download에 접속한 후 [Java 내려받기] 버튼을 눌러주세요.

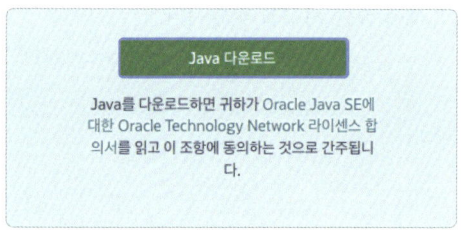

02 내려받기가 완료되면 설치 파일을 실행해서 설치를 진행해주세요. 설치가 완료되면 윈도우 운영체제는 재부팅해주세요.

03 구글 플레이에 앱을 업로드하려면 업로드 키를 생성해야 합니다. 이 업로드 키가 있어야 추후 추가 업데이트가 가능합니다. 다음 명령어를 실행하면 홈 디렉터리에 upload-keystore.jks라는 키 파일을 생성할 수 있습니다. 만약에 다른 위치에 생성하고 싶다면 -keystore 플래그 다음에 해당되는 경로를 입력해주세요.

▼ 맥/리눅스

```
keytool -genkey -v -keystore ~/upload-keystore.jks -keyalg RSA -keysize 2048
-validity 10000 -alias upload
```

▼ 윈도우

```
keytool -genkey -v -keystore %userprofile%\upload-keystore.jks -storetype JKS
-keyalg RSA -keysize 2048 -validity 10000 -alias upload
```

> **NOTE** 만약에 keytool 커맨드가 실행되지 않는다면 keytool이 경로에 존재하지 않아서 그럴 수 있습니다. 'flutter doctor -v' 명령을 실행해서 **Java binary at**에 보이는 경로 끝에 있는 java를 keytool로 변경하고 PATH에 경로를 추가해주세요.
>
> 이 경로는 환경 변수 PATH에 등록해주세요.
> ```
> [] Android toolchain
>   • Android SDK at C:\Users\hwchoi\AppData\Local\Android\sdk
>   • Platform android-33, build-tools 33.0.0
>   • Java binary at: C:\Program Files\Android\Android Studio\jre\bin\java
>   • Java version OpenJDK Runtime Environment (build 11.0.13+0-b1751.21-812586
>   • All Android licenses accepted.
> [] Chrome - develop for the web
>   • Chrome at C:\Program Files\Google\Chrome\Application\chrome.exe
> [X] Visual Studio - develop for Windows
>   X Visual Studio not installed; this is necessary for Windows development.
> ```

04 명령어를 실행하면 비밀번호와 배포자의 정보 등 여러 질문에 대답해야 합니다. 아래 정리된 표를 보고 적절한 답변을 작성해주세요.

질문	해석
Enter keystore password	비밀번호 입력
Re-enter new password	비밀번호 반복 입력
What is your first and last name?	이름과 성 입력
What is the name of your organizational unit?	조직 (팀) 이름 입력
What is the name of your organization?	회사 이름 입력
What is the name of your City or Locality?	회사가 위치한 도시 이름 입력
What is the name of your State or Province?	회사가 위치한 나라 이름 입력

05 생성한 키를 프로젝트에 등록해줘야 합니다. [android] 폴더에 오른쪽 클릭을 한 후 [New → File]을 눌러서 key.properties라는 파일을 생성한 후 다음 코드를 입력해주세요.

android/key.properties
```
storePassword=<키를 생성할 때 입력한 비밀번호>
keyPassword=<키를 생성할 때 입력한 비밀번호>
keyAlias=upload
storeFile=<키 파일의 위치(절대 경로로 입력)>
```

06 생성한 key.properties 파일을 android/app/build.gradle 파일에 설정해줘야 합니다. 다음처럼 코드를 변경해서 생성된 key.properties 파일을 등록해주겠습니다. android로 시작되는 블록을 찾아서 윗부분에 코드를 추가해주세요.

android/app/build.gradle
```
def keystoreProperties = new Properties()
def keystorePropertiesFile = rootProject.file('key.properties')
if (keystorePropertiesFile.exists()) {
    keystoreProperties.load(new FileInputStream(keystorePropertiesFile))
}

// 이 위치 바로 위에 코드를 추가해주세요!
android {
   ... 생략 ...
}
```

07 key.properties로 불러온 정보를 하나씩 등록하겠습니다. buildTypes로 시작되는 블록을 찾아서 다음과 같이 변경해주세요.

▼ 기존

android/app/build.gradle
```
android {
    ... 생략 ...
    buildTypes {
        release {
            // TODO: Add your own signing config for the release build.
            // Signing with the debug keys for now, so 'flutter run --release' works.
            signingConfig signingConfigs.debug
        }
    }
}
```

▼ 변경 후

android/app/build.gradle

```
android {
    ... 생략 ...

    signingConfigs {
        release {
            keyAlias keystoreProperties['keyAlias']
            keyPassword keystoreProperties['keyPassword']
            storeFile keystoreProperties['storeFile'] ?
                file(keystoreProperties['storeFile']) : null
            storePassword keystoreProperties['storePassword']
        }
    }
    buildTypes {
        release {
            signingConfig signingConfigs.release
        }
    }
}
```

08 다음으로 앱의 이름을 설정해야 합니다. 앱 이름은 android/app/src/main/AndroidManifest.xml 파일에서 설정할 수 있습니다. android:label 값을 원하는 앱 이름으로 변경해 주면 됩니다. 그럼 앱을 설치했을 때 앱의 이름을 변경할 수 있습니다.

android/app/src/main/AndroidManifest.xml

```
<manifest xmlns:android="http://schemas.android.com/apk/res/android">

    <application
        android:name="${applicationName}"
        android:icon="@mipmap/ic_launcher"
        android:label="일정 관리 앱">
        ... 생략 ...
    </application>
</manifest>
```

09 다음 명령어를 실행해서 앱번들을 생성합니다. 앱번들은 앱을 플레이스토어에 업로드할 수 있는 형태로 하나의 파일로 플러터 앱이 포장됩니다.

24장 Project #8 광고 및 배포하기 **757**

```
flutter build appbundle
```

10 다음과 같은 출력을 확인하면 빌드가 잘 완료된 겁니다. 빌드가 된 파일은 [build/app/outputs/bundle/release/]에 있습니다.

```
Built build/app/outputs/bundle/release/app-release.aab (24.0MB).
```

11 https://play.google.com/console에 접속해서 구글 계정으로 로그인합니다. 개발자 계정을 등록하려면 25달러를 지불해야 합니다.

12 좌측 탭의 [모든 앱] 버튼을 누른 후 [앱 만들기] 버튼을 눌러서 새로운 앱을 생성합니다.

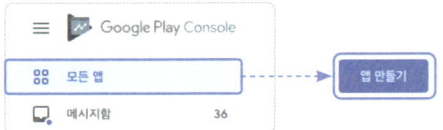

13 다음 페이지에 실행되는 필드들을 모두 입력합니다. ❶ '앱 이름'에는 앱의 이름을 입력하고 ❷ '기본 언어'로 한국어를 선택합니다. ❸ '앱 또는 게임'은 앱을 선택합니다. ❹ '유료 또는 무료'는 무료를 선택합니다. 다른 옵션들을 선택하거나 입력하고 싶다면 변경해도 무관합니다. 다음으로 ❺ '선언' 섹션의 모든 정책에 동의한 후 ❻ [앱 만들기] 버튼을 누릅니다.

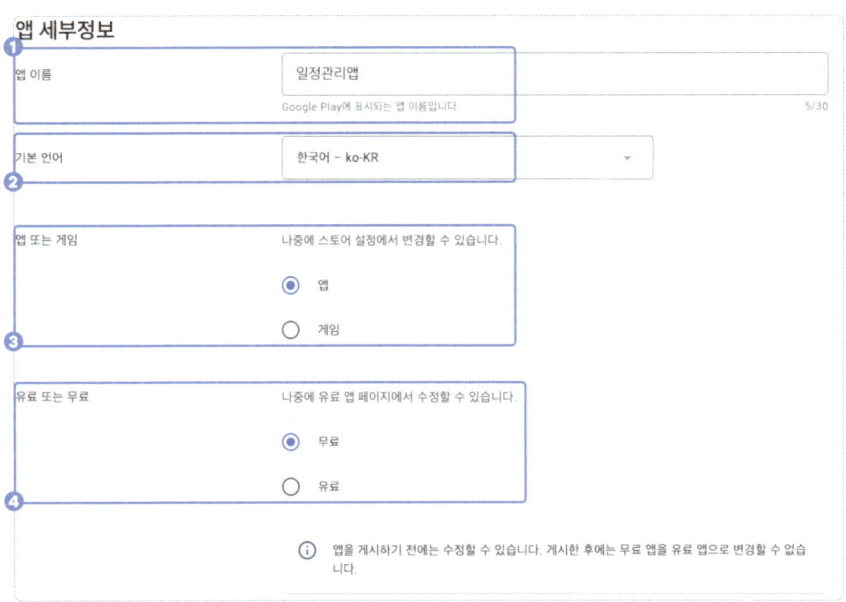

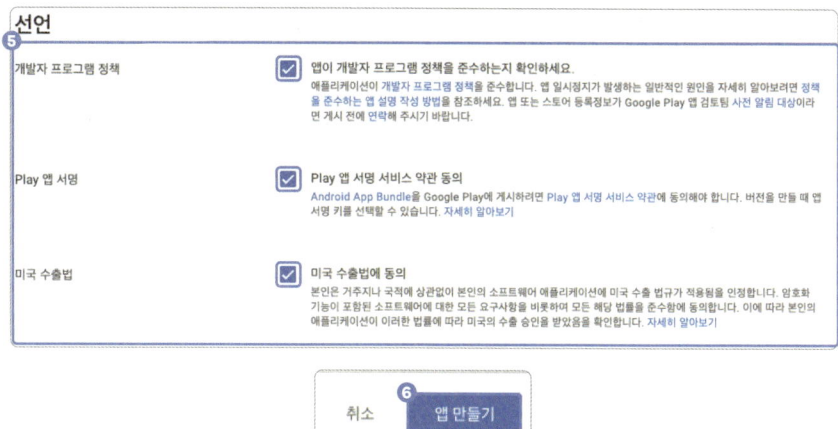

14 다음 실행되는 앱의 상세페이지에서 ❶ [프로덕션] 탭 → ❷ [새 버전 만들기]를 누릅니다.

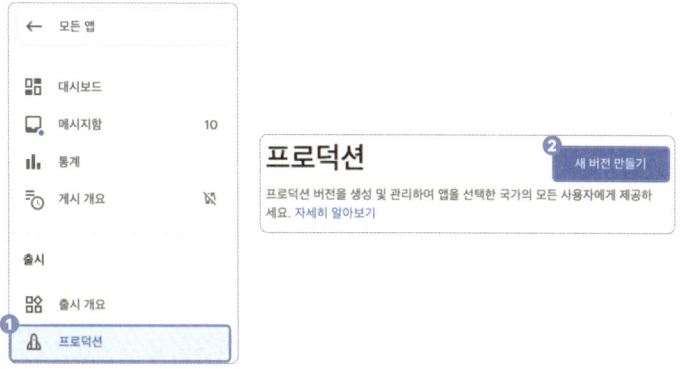

15 App Bundle 탭의 [업로드] 버튼을 눌러서 미리 생성해둔 app-release.aab 파일을 업로드합니다. 경로는 **[프로젝트 위치]**/build/app/outputs/bundle/release/app-release.aab입니다.

16 업로드가 완료되면 ❶ '출시명'이 자동으로 입력됩니다. ❷ '출시 노트'는 어떤 기능이 업데이트 됐는지 알려주는 위치입니다. ⟨ko-KR⟩ 태그 사이에 업데이트된 사항을 입력해주세요. 완료되면 ❸ [버전 검토] 버튼을 눌러주세요.

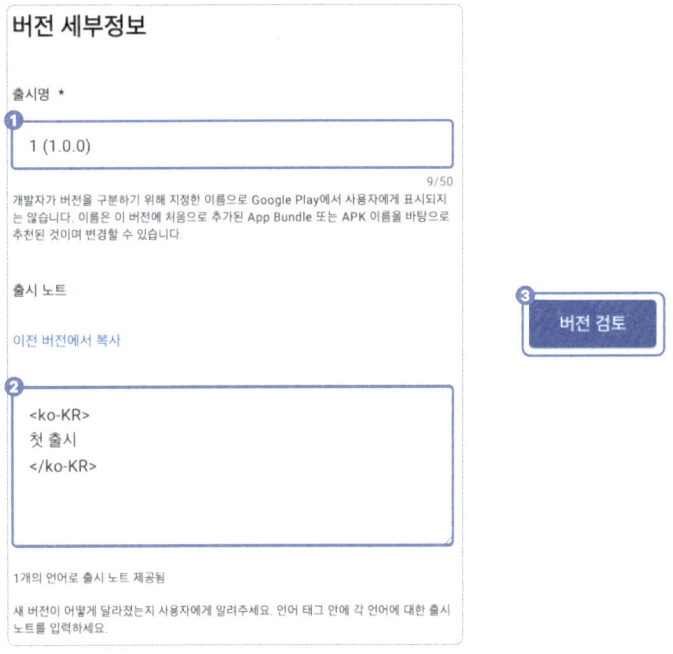

17 첫 업로드라면 여러 추가 정보를 제공해줘야 합니다. 오류 탭을 누른 후 각 오류의 링크를 타고 이동해서 오류를 하나씩 수정해주세요. 모두 완료되면 우측 아래의 [프로덕션 트랙으로 출시 시작] 버튼이 활성화됩니다. 이 버튼을 누르면 안드로이드 앱 출시가 완료됩니다. 첫 버전 출시는 검토에 며칠이 걸릴 수 있습니다.

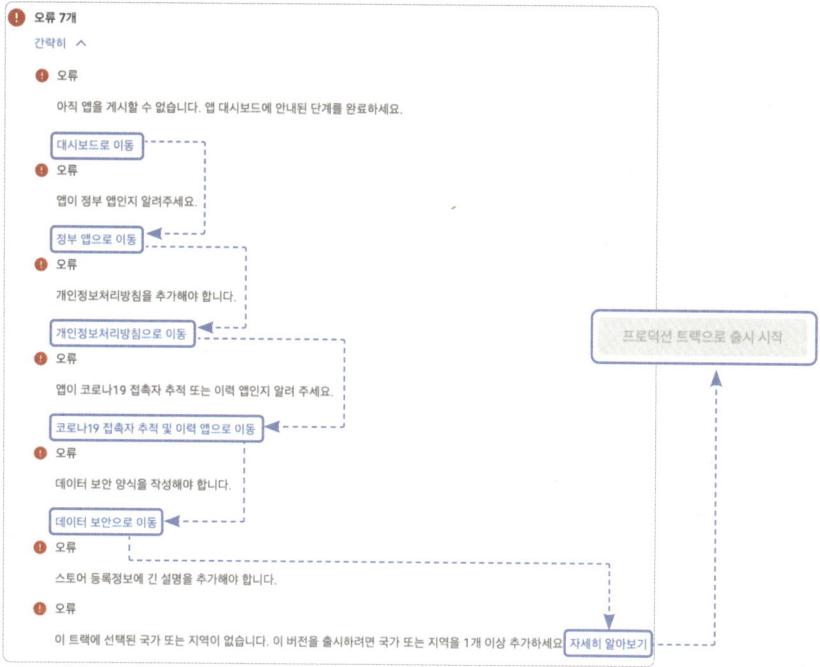

24.4.4 iOS 앱 배포하기

iOS 앱을 배포하려면 애플 개발자 계정을 구매하고 iOS 배포 절차에 맞게 앱을 빌드해야 합니다. iOS 빌드는 맥에서만 가능하기 때문에 꼭 맥 컴퓨터를 사용해주세요.

01 https://developer.apple.com/programs/enroll/ 접속한 후 개인 개정 또는 기업 개정으로 개발자 등록을 진행해주세요. 애플 개발자 계정 등록은 매년 99달러를 지불해야 합니다.

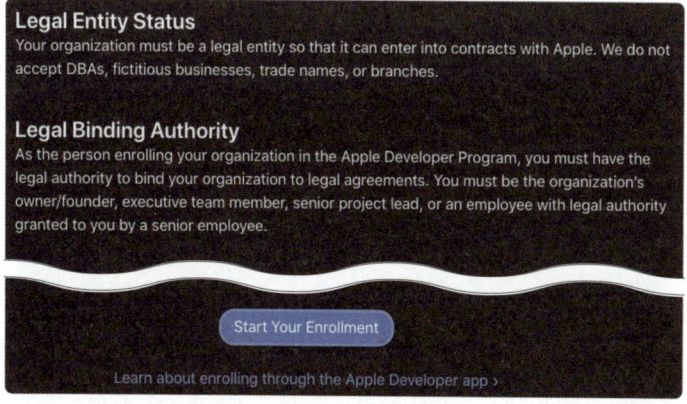

02 https://developer.apple.com/account/ios/identifier/bundle으로 접속해서 등록한 애플 개발자 계정으로 로그인해주세요.

03 실행된 화면에서 ❶ [Identifiers] 탭을 클릭한 후 ❷ [+] 버튼을 눌러서 앱 ID를 생성하는 창을 실행해주세요.

04 ❶ App Ids를 선택한 후 ❷ [Continue] 버튼을 눌러주세요.

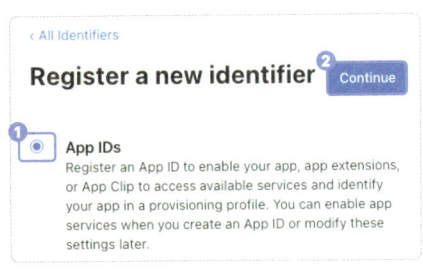

05 ❶ [App]을 선택한 후 ❷ [Continue]를 눌러주세요.

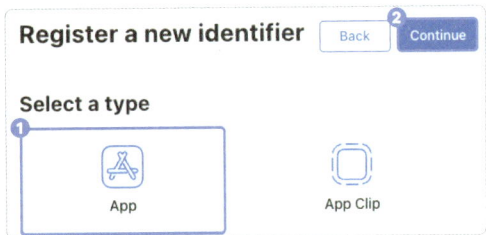

06 ❶ Description에 앱 이름을 입력해주고 ❷ Bundle ID는 [Explicit] 버튼을 선택해주세요. ❸ Bundle ID 텍스트 필드에 미리 정해둔 앱의 Bundle ID를 입력해주세요. 마지막으로 ❹ [Continue]를 누르고 다음 화면에서 [Register]를 눌러주세요.

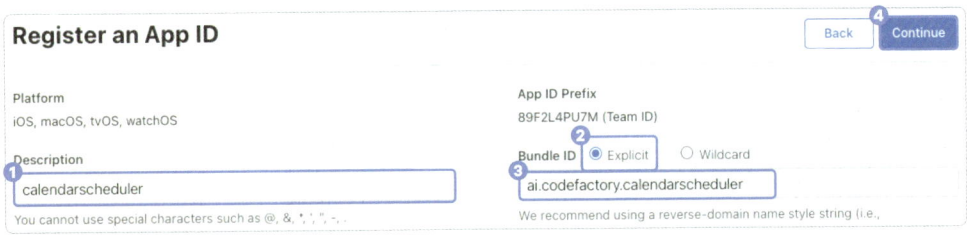

07 https://appstoreconnect.apple.com/에 접속해서 App Store Connect를 실행해주세요. 그리고 [나의 앱] 버튼을 눌러주세요.

08 '앱'이라고 써졌는 글자 옆에 ❶ [+] 버튼을 누른 다음 ❷ [신규 앱] 버튼을 눌러주세요.

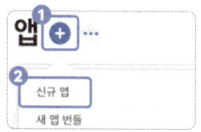

09 플랫폼에 ❶ iOS를 선택하고 ❷ 앱의 이름을 입력해주세요. ❸ 기본 언어를 한국어로 선택하고 ❹ 번들 ID를 눌러서 **06**번에서 미리 생성해둔 번들 ID를 눌러주세요. ❺ SKU는 계정 내의 앱별 고유 식별 코드인데 번들 ID를 그대로 입력하면 됩니다. 마지막으로 ❻ [전체 액세스] 버튼을 누른 후 ❼ [생성]을 눌러주세요.

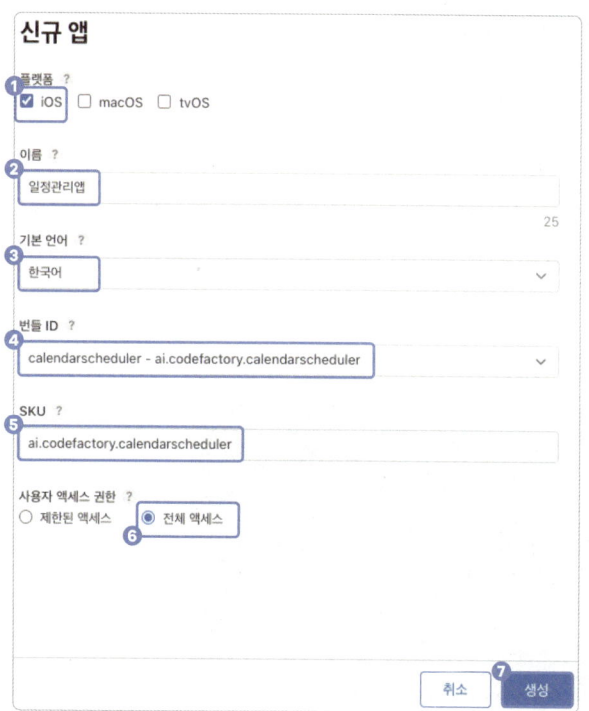

10 Xcode를 실행한 후 [프로젝트 경로]/ios/Runner/Runner.xcworkspace 파일을 실행합니다. 그리고 ❶ [Runner] 탭의 ❷ [General] 탭을 누른 후 ❸ Display Name을 앱 이름으로 변경하고 ❹ Bundle Identifier를 Bundle ID로 변경합니다.

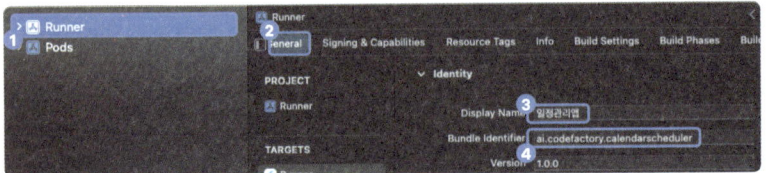

11 [Product] → [Destination] → [Any iOS Device]를 선택합니다.

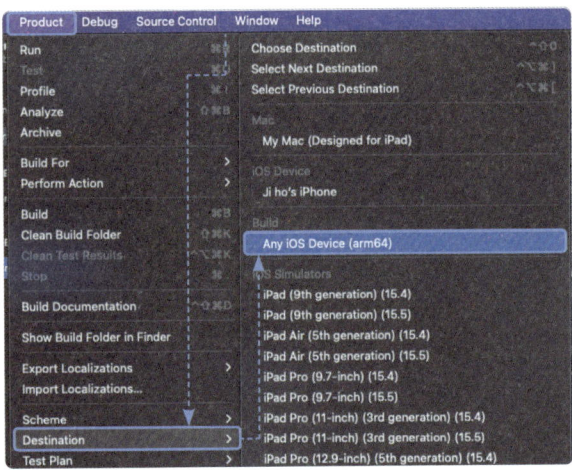

12 빌드 파일을 업로드하려면 구매한 개발자 계정으로 로그인을 해야 합니다. [Runner] → [Signing & Capabilities]에서 Team을 선택해줍니다. 로그인한 적이 없다면 ❶ [Add an Account]를 선택한 후 개발자 계정을 구매한 계정으로 로그인합니다.

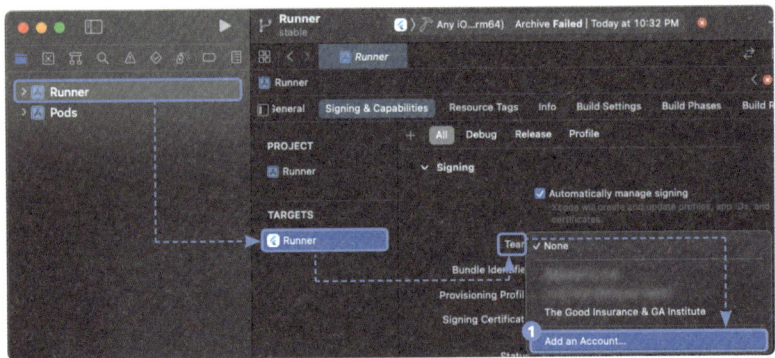

13 [Product] → [Archive]를 눌러서 안드로이드의 앱번들과 유사한 형태인 ipa 파일을 생성해 주세요.

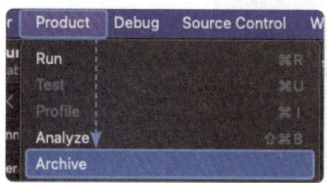

14 아카이브^{Archive}가 완료되면 아카이브가 된 파일 목록이 보입니다. ❶ 최근 아카이브한 파일을 선택한 후 ❷ [Distribute App] 버튼을 눌러주세요.

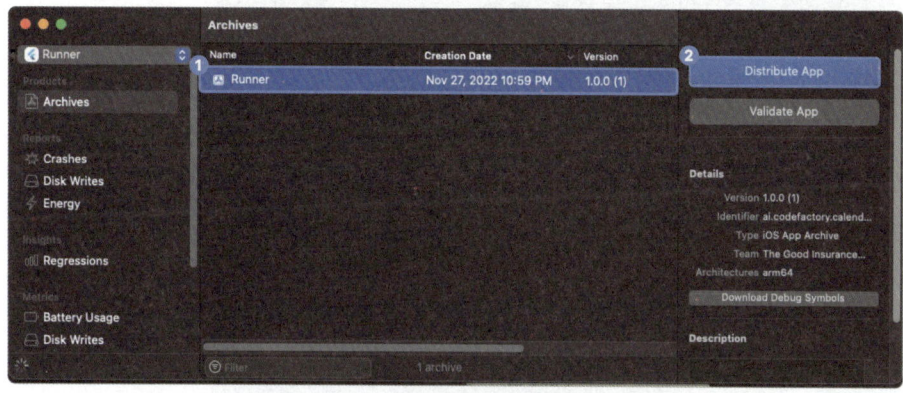

15 배포할 타깃으로 ❶ [App Store Connect]를 선택한 다음 ❷ [Next]를 눌러주세요.

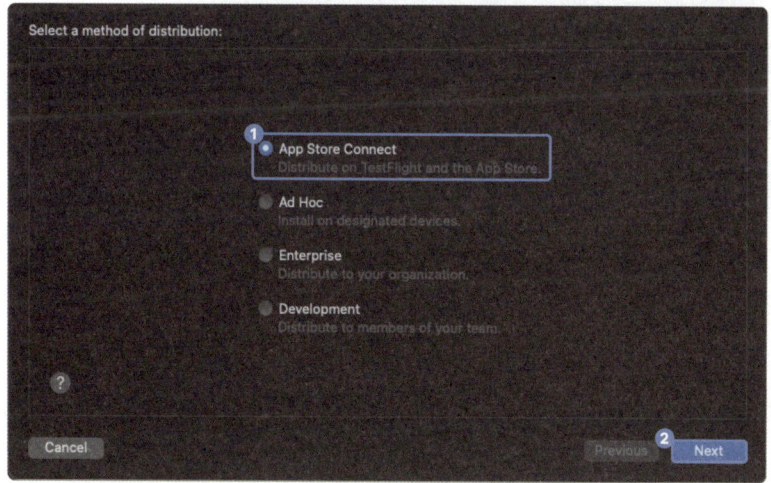

16 ❶ [Upload] → ❷ [Next]를 눌러주세요.

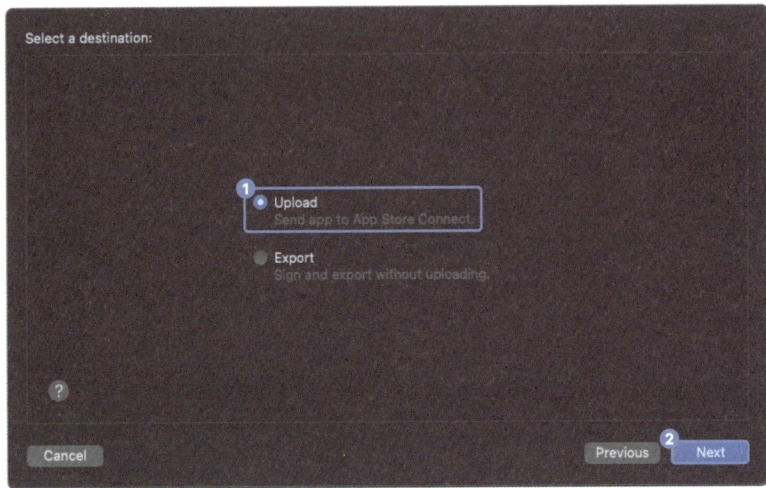

17 체크돼 있는 기본값들을 그대로 유지한 채로 [Next]를 눌러주세요.

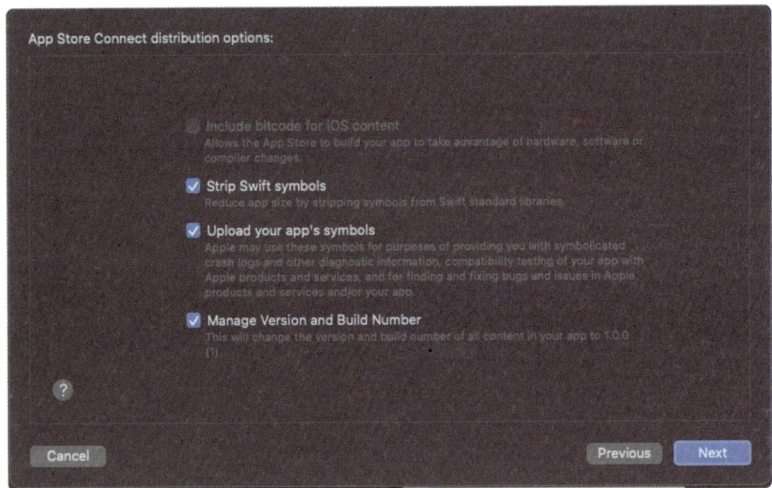

18 ❶ [Automatically manage signing] 버튼을 누른 후 ❷ [Next] 버튼을 눌러주세요.

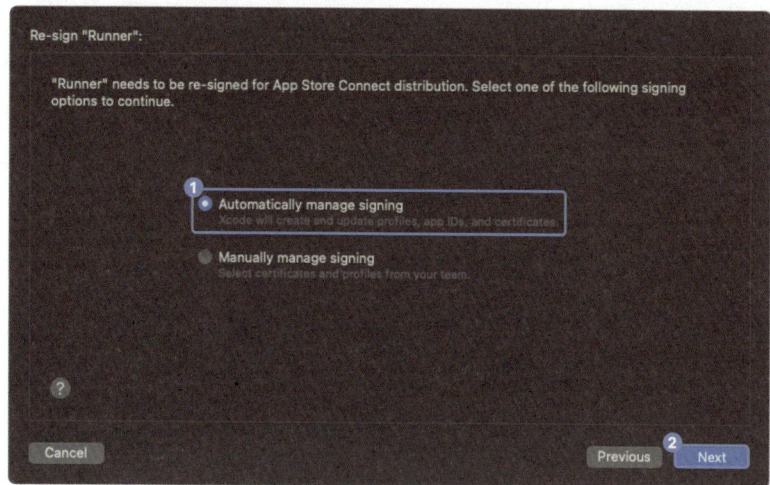

19 새로운 창이 실행되면 [Upload] 버튼을 눌러줍니다.

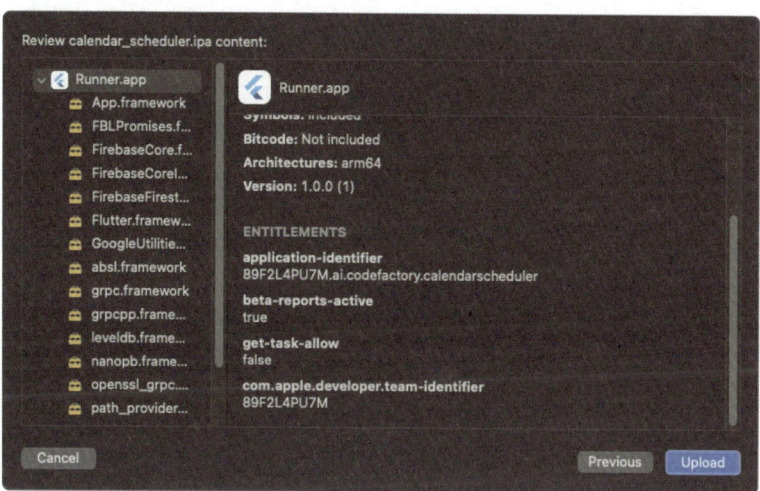

20 업로드가 완료되면 [Done] 버튼을 눌러주세요.

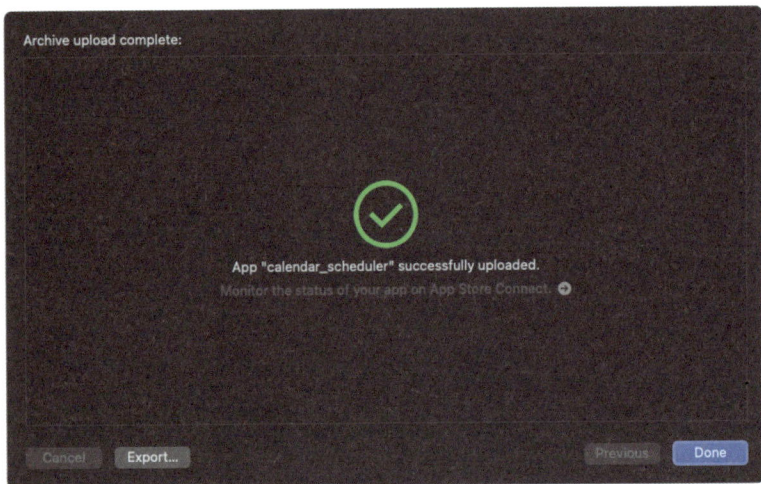

21 App Store Connect로 돌아가서 생성했던 앱을 선택해주세요. 이어서 [TestFlight] 탭으로 이동합니다. 앱을 업로드하면 TestFlight에서 빌드를 처리하는 데 어느 정도 시간이 걸립니다. 수십 분이 될 수도 있고 몇 시간이 될 수도 있습니다.

22 빌드 처리가 완료되면 [관리] 버튼을 눌러서 문서를 추가해줍니다.

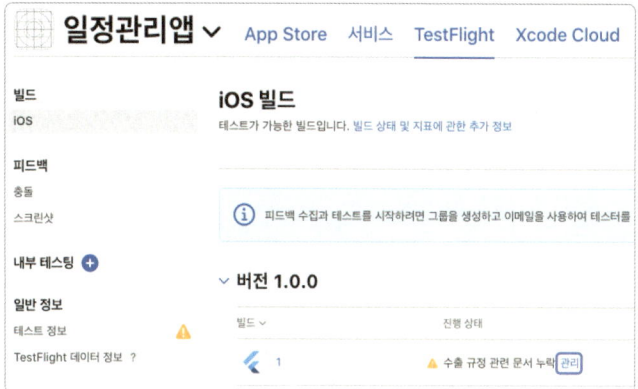

23 적합한 암호화 알고리즘을 선택해서 [다음] 버튼을 눌러줍니다.

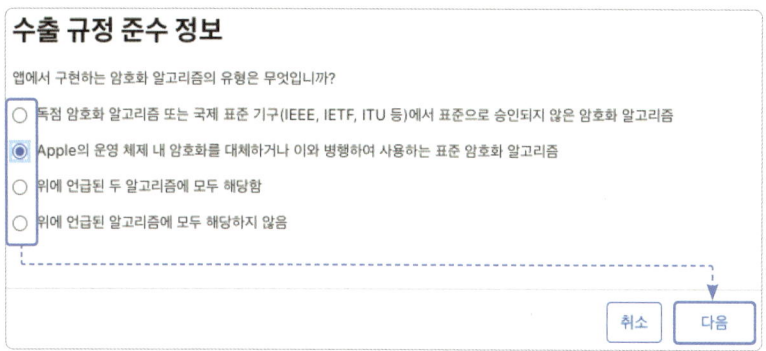

24 수출 규정 준수 정보에 적합한 값을 선택한 후 [저장] 버튼을 눌러주세요.

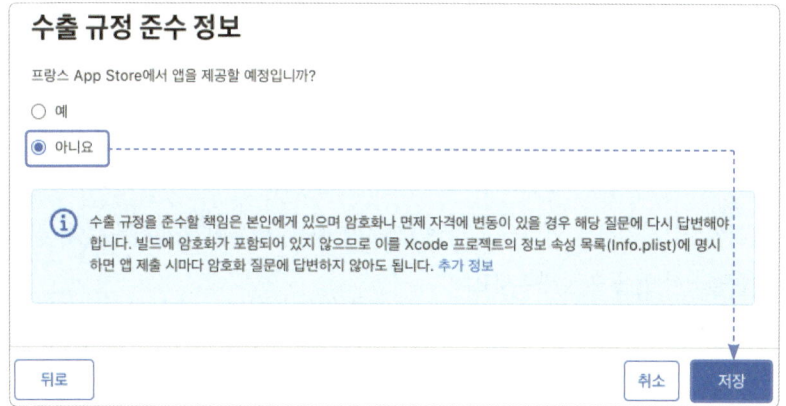

25 제출 준비 완료로 상태가 변경되면 [App Store] 버튼을 눌러서 탭을 이동합니다.

26 중간으로 스크롤 한 후 '빌드' 섹션을 찾아서 [빌드 추가] 버튼을 눌러줍니다.

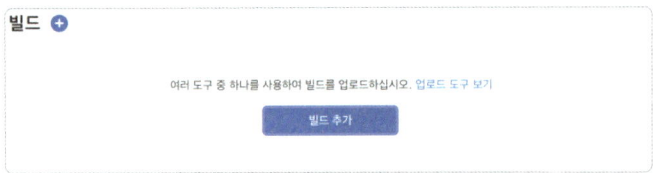

27 ❶ 추가한 빌드를 누른 후 ❷ [완료] 버튼을 눌러줍니다.

28 현재 페이지의 나머지 정보를 전부 입력하고 나면 [심사에 추가] 버튼이 활성화됩니다. 활성화되면 [심사에 추가]을 눌러서 앱을 출시해주세요!

학습 마무리

이번 장에서는 애드몹을 이용해서 일정 관리 앱에 광고를 추가했습니다. 그리고 iOS 앱을 앱스토어에 배포하는 절차와 안드로이드 앱을 플레이스토어에 배포하는 절차도 진행했습니다. 이로써 플러터의 기본기인 다트 언어부터 앱의 배포까지 플러터 개발의 시작부터 끝을 모두 경험해보았습니다.

핵심 요약

1. **애드몹**을 이용하면 앱에 광고를 게재할 수 있습니다.
2. 광고 관련 개발을 할 때는 꼭 **테스트 광고 ID**를 사용해야 합니다. 실제 광고 ID를 사용하면 규정 위반으로 추후 수익화가 불가능해질 수 있습니다.
3. 애드몹 광고 종류로 **배너 광고, 전면 광고, 네이티브 광고, 보상형 광고**가 있습니다.
   - **배너 광고**는 배너를 게재할 수 있는 광고입니다.
   - **전면 광고**는 화면 전체를 덮는 광고입니다.
   - **네이티브 광고**는 현재 앱의 최적화된 디자인을 활용할 수 있는 광고입니다.
   - **보상형 광고**는 광고를 보고난 후 앱에서 보상을 제공할 수 있는 형태의 광고입니다.
4. 안드로이드 앱은 플레이스토어를 통해 배포할 수 있습니다. 안드로이드 앱을 배포하려면 **앱 번들**을 빌드해야 합니다.
5. iOS 앱은 앱스토어를 통해 배포할 수 있습니다. iOS 앱을 배포하려면 **ipa**를 아카이브해야 합니다.

업그레이드 아이디어

1. 앱에 일정을 추가할 때마다 전면 광고가 보이게 해보세요.

Appendix 부록

- 부록 A 데이터베이스 종류와 하이브
- 부록 B 앱 이름과 아이콘 설정 방법
- 부록 C 코딩이 편해지는 안드로이드 스튜디오 편의 기능
- 부록 D 흔히 마주하는 에러

부록 A 데이터베이스 종류와 하이브

모바일에서는 SQLite와 하이브Hive를 클라이언트 사이드 데이터베이스로 주로 사용합니다. 추가로 파이어스토어를 사용해서 간단한 서버 사이드 NoSQL 데이터베이스 및 API를 구현하기도 합니다. 18장에서 대표적인 프런트엔드 데이터베이스인 SQLite를 드리프트 플러그인을 사용해서 다룹니다. 20장에서는 파이어베이스의 공식 플러그인을 사용해서 파이어스토어를 다룹니다. SQLite와 하이브 중에는 SQLite가 사용법이 조금 더 복잡해서 18장 프로젝트에서는 SQLite를 사용하고 있습니다. 하지만 플러터 생태계에서는 SQLite만큼 하이브 또한 큰 점유율을 유지하고 있습니다. 그래서 여기서는 하이브를 사용하는 방법을 간단하게 알아보겠습니다.

A.1 하이브

하이브는 NoSQL 데이터베이스이면서 동시에 인메모리in memory 데이터베이스입니다. 데이터를 파일에 저장하기 때문에 앱의 생명주기과 관계없이 데이터가 유지되지만 앱이 실행되는 순간 파일에 저장돼 있던 모든 데이터가 메모리에 올라오기 때문에 빠른 속도를 자랑합니다. 하이브는 사용법이 크게 어려운 편이 아니니 간단한 예제로 사용법을 알아보겠습니다.

To Do 01 5.2.1 '안드로이드 스튜디오에서 프로젝트 생성하기'를 참고해 실습에 사용할 프로젝트를 생성해주세요.

- **프로젝트 이름** : hive_db_practice
- **네이티브 언어** : 코틀린

02 pubspec.yaml에 하이브 관련 패키지들을 추가합니다. 하이브는 코드 생성code generation 기능을 지원하기 때문에 build_runner와 hive_generator 등 코드 생성을 제공하는 플러그인도 추가해줘야 합니다(18장에서도 드리프트 패키지를 사용하면서 코드 생성을 다루고 있으니 참고해주세요).

```
                                                              pubspec.yaml
dependencies:
  flutter:
    sdk: flutter

  cupertino_icons: ^1.0.8
  hive: 2.2.3
  hive_flutter: 1.1.0
```

```
dev_dependencies:
  flutter_test:
    sdk: flutter

  flutter_lints: 4.0.0
  hive_generator: 2.0.0
  build_runner: 2.3.2
```

03 하이브를 초기화합니다. main() 함수에 하이브를 꼭 초기화해줘야지만 프로젝트에서 하이브를 사용할 수 있습니다.

lib/main.dart
```
import 'package:hive_flutter/hive_flutter.dart';

void main() async {
  // 하이브 초기화
  await Hive.initFlutter();
}
```

04 하이브에는 박스^{box}라는 개념이 있습니다. SQL에서의 테이블처럼 똑같은 타입의 데이터를 모아두는 공간입니다. 특정 데이터를 저장하고 다루기 위해서는 박스를 열어야 합니다. 박스를 열 때는 어떤 타입의 데이터를 저장할지, 박스의 이름을 지정해주면 됩니다.

lib/main.dart
```
import 'package:hive_flutter/hive_flutter.dart';

void main() async {
  await Hive.initFlutter();

  // ❶ 박스 열기
  final box = await Hive.openBox<String>('student_name');
}
```

❶ String 타입을 저장할 student_name이라는 명칭을 갖는 박스를 엽니다. 이 박스에 접근할 때는 student_name이라는 명칭을 사용하면 되고 String 타입만 저장할 수 있습니다.

05 student_name 박스에 학생 이름을 입력하겠습니다. openBox() 함수를 실행해서 반환받는 박스에 add() 함수를 실행해서 값을 추가할 수 있습니다.

```
                                                             lib/main.dart
import 'package:flutter/cupertino.dart';
import 'package:flutter/material.dart';
import 'package:hive_flutter/hive_flutter.dart';

void main() async {
  await Hive.initFlutter();

  final box = await Hive.openBox<String>('student_name');

  // 박스에 값을 추가합니다.
  box.add('코드팩토리');

  // ❶ 박스 내부의 값들을 Map 형태로 출력합니다.
  print(box.toMap());

  // ❷ 임시로 플러터앱 실행
  runApp(
    MaterialApp(
      home: Scaffold(),
    ),
  );
}
```

▼ 실행 결과
{0: 코드팩토리}

❶ add( ) 함수를 이용해서 박스에 값을 추가하면 자동으로 키^{key}값이 배정됩니다. 박스의 toMap( ) 함수를 실행하면 박스의 키와 값을 Map 형태로 반환받을 수 있습니다. ❷ 플러터 앱은 꼭 runApp( ) 함수가 있어야지만 작동하므로 runApp( ) 함수를 추가해줍니다. 이로써 '코드팩토리'라는 값이 박스에 잘 저장된 걸 알 수 있습니다.

06 단순한 프리미티브^{primitive} 타입이 아닌 클래스 형태의 데이터도 박스에 저장할 수 있습니다. Student라는 클래스를 생성해서 박스에 저장할 형태를 만들겠습니다.

```
                                                      lib/model/student.dart
import 'package:hive_flutter/hive_flutter.dart';

// 코드 생성으로 생성될 파일 이름 추가해주기
part 'student.g.dart';

// ❶ 각 클래스 타입별로 typeID 지정 필요
@HiveType(typeId: 1)
class Student {
```

```
  // ❷ 하이브에 저장할 필드들에 유일한 ID값 지정
  @HiveField(0)
  final String name;

  @HiveField(1)
  final int age;

  Student({
    required this.name,
    required this.age,
  });

  @override
  String toString() {
    return 'Student(name: $name, age: $age)';
  }
}
```

❶ 하이브에 저장될 모든 클래스는 HiveType 어노테이션annotation을 사용해서 프로젝트에서 유일한 typeId를 지정해줘야 합니다. 추후 클래스의 구조가 변경됐을 때 하이브는 typeId를 기반으로 변경된 클래스를 인식합니다. 한 프로젝트 내에서 겹치지 않는 숫자이기만 하면 됩니다. ❷ 하이브에 저장할 클래스의 모든 속성들은 클래스 내부에서 유일한 HiveField ID값을 입력해줘야 합니다. HiveType의 typeId처럼 추후 필드가 변경됐을 때 Hive에서는 HiveField ID값을 기반으로 변경된 필드를 인식합니다. 클래스 내부에서 유일한 값을 지정만 해주면 됩니다.

07 터미널 또는 커맨드에서 '**flutter pub run build_runner build**'를 실행해서 코드 생성을 진행해줍니다. 코드 생성에 대한 상세한 내용은 18.2.2 '테이블 관련 코드 생성하기'에서 더욱 상세히 알아볼 수 있습니다.

08 클래스 타입의 데이터도 사실상 프리미티브 타입의 데이터를 저장하는 것과 방법이 같습니다. 약간의 다른 점이 있다면 어댑터adapter를 등록해줘야 합니다. 하이브에서 제공하는 registerAdapter() 함수로 쉽게 어댑터를 등록할 수 있습니다.

lib/main.dart
```
import 'package:hive_db_practice/model/student.dart';
import 'package:flutter/material.dart';
import 'package:hive_flutter/hive_flutter.dart';
```

```
void main() async {
  await Hive.initFlutter();

  // ① 어댑터 등록하기
  Hive.registerAdapter<Student>(StudentAdapter());

  // 박스 열기
  final box = await Hive.openBox<Student>('student_class_table');

  // 학생 객체 생성
  final student = Student(name: 'Code Factory', age: 31);

  box.add(student);

  // student_class_table Map 형태로 출력
  print(box.toMap());

  runApp(
    MaterialApp(
      home: Scaffold(),
    ),
  );
}
```

▼ 실행 결과

```
{0: Student(name: Code Factory, age: 31)}
```

① 프리미티브 타입을 저장할 때와 유일하게 다른 점입니다. 'flutter pub run build_runner build'를 실행해서 생성된 StudentAdapter를 하이브에 등록합니다.

하이브의 box 객체에는 add( ) 함수 외에도 여러 가지 기능을 함수로 제공해줍니다. 다음 표에 필수 함수들을 정리해두겠습니다.

▼ 하이브 박스의 주요 함수들

함수	설명
add(value)	박스에 값을 추가할 때 사용합니다. 자동으로 키값이 지정됩니다.
put(key, value)	박스에 값을 추가할 때 사용합니다. 첫 번째 매개변수에 키(key)를 입력하고 두 번째 매개변수에 값(value)을 입력합니다. 키값이 자동으로 지정되지 않고 입력된 키값으로 지정됩니다.

putAt(index, value)	특정 인덱스에 값을 추가합니다. 첫 번째 매개변수에 값을 추가하고 싶은 인덱스를 입력해주고 두 번째 매개변수에 값을 입력해줍니다.
get(key)	키를 기반으로 값을 가져옵니다.
getAt(index)	인덱스를 기반으로 값을 가져옵니다.
delete(key)	키를 기반으로 값을 삭제합니다.
deleteAt(index)	인덱스를 기반으로 값을 삭제합니다.
clear( )	박스 내부의 모든 값들을 삭제합니다.

부록 B 앱 이름과 아이콘 설정 방법

앱을 출시하기 전에 앱의 서비스 내용과 어울리는 이름과 아이콘을 설정하는 건 매우 중요한 일입니다. 플러터에서도 물론 앱 이름과 아이콘을 완전히 커스터마이즈할 수 있습니다.

▼ 안드로이드 앱 이름 설정법

android/app/src/main/AndroidManifest.xml

```xml
<manifest xmlns:android="http://schemas.android.com/apk/res/android">
  <application
      android:label="여기에 이름을 입력해주세요"
      android:name="${applicationName}"
      android:icon="@mipmap/ic_launcher">
  <!-- 생략 -->
  </application>
</manifest>
```

▼ iOS 앱 이름 설정법

ios/Runner/Info.plist

```xml
<?xml version="1.0" encoding="UTF-8"?>
<!DOCTYPE plist PUBLIC "-//Apple//DTD PLIST 1.0//EN" "http://www.apple.com/DTDs/PropertyList-1.0.dtd">
<plist version="1.0">
<dict>
  <key>CFBundleName</key>
```

```
<string>여기에 앱 이름을 입력해주세요</string>
   <!-- 생략 -->
</dict>
</plist>
```

▼ 앱 아이콘 설정법

```
                                                            pubspec.yaml
dev_dependencies:
 flutter_test:
   sdk: flutter

 flutter_lints: 4.0.0
 flutter_launcher_icons: 0.10.0

 flutter_icons:
  android: true
  ios: true
  image_path: "아이콘 파일 위치"
```

아이콘 파일 위치를 지정한 다음 'flutter pub run flutter_launcher_icons:main'을 실행해주세요. iOS와 안드로이드에 모두 자동으로 아이콘이 등록됩니다.

부록 C 코딩이 편해지는 안드로이드 스튜디오 편의 기능

C.1 코드 자동 정리

코드를 작성하다 보면 코드 간의 간격, 줄바꿈 등 포매팅Formatting이 정리가 잘 안될 때가 있습니다. 이때 코드 자동 정리 기능을 사용하면 손쉽게 보기좋은 형태로 포매팅을 할 수 있습니다. 코드 자동 정리를 실행할 파일에 마우스 커서를 올려놓은 뒤 맥에서는 `Command + Option + L`을, 윈도우에서는 `Control + Alt + L`을 실행하면 됩니다.

코드 자동 정리를 진행할 때 주의할 부분은 콤마의 위치입니다. 플러터는 줄바꿈을 할 때 콤마를 기반으로 줄바꿈을 진행하고 코드 정리를 합니다. 리스트의 끝과 마지막 매개변수를 입력 후에

, 기호를 끝에 추가해주면 해당 위치를 기반으로 줄바꿈됩니다.

▼ 코드 자동 정리 전

```
@override
Widget build(BuildContext context) {
  return MaterialApp(
    home: Scaffold(body: CodeFactoryWidget(),),
  ); // MaterialApp
}
```

▼ 코드 자동 정리 후

```
@override
Widget build(BuildContext context) {
  return MaterialApp(
    home: Scaffold(
      body: CodeFactoryWidget(),
    ), // Scaffold
  ); // MaterialApp
}
```

C.2 스테이트리스 위젯과 스테이트풀 위젯 자동 생성하기

플러터 개발을 하면 가장 많이 하는 작업이 스테이트리스 위젯과 스테이트풀 위젯을 생성하는 작업입니다. 너무 반복적이고 템플릿template 코드가 많습니다. 안드로이드 스튜디오에서 플러터 플러그인을 설치하고 stless를 입력한 다음에 탭을 누르면 스테이트리스 위젯을 생성할 수 있고 stful을 입력한 다음에 탭을 누르면 스테이트풀 위젯을 생성할 수 있습니다.

▼ 스테이트리스 위젯 생성하기

❶ 스테이트리스 위젯을 생성하고 싶은 위치에 stless를 입력한 후 탭을 누릅니다.

❷ 커서가 자동으로 클래스 이름 위치로 이동됩니다. 위젯의 이름을 입력한 후 엔터를 누릅니다.

```
class | extends StatelessWidget {
  const ({Key? key}) : super(key: key);

  @override
  Widget build(BuildContext context) {
    return Container();
  }
}
```

❸ 이름을 입력한 후 엔터를 누르면 클래스 이름과 생성자 이름이 동일하게 완성됩니다.

```
class HomeScreen extends StatelessWidget {
  const HomeScreen({Key? key}) : super(key: key);

  @override
  Widget build(BuildContext context) {
    return Container();
  }
}
```

▼ 스테이트풀 위젯 생성하기

❶ 스테이트풀 위젯을 생성하고 싶은 위치에 stful을 입력한 후 탭을 누릅니다.

❷ 커서가 자동으로 클래스 이름 위치로 이동됩니다. 위젯의 이름을 입력한 후 엔터를 누릅니다.

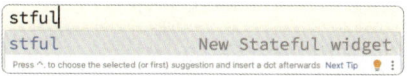

```
class | extends StatefulWidget {
  const ({Key? key}) : super(key: key);

  @override
  State<> createState() => _State();
}

class _State extends State<> {
  @override
  Widget build(BuildContext context) {
    return Container();
  }
}
```

❸ 모든 클래스 명칭과 생성자에 위젯의 명칭이 자동으로 입력됩니다.

```
class HomeScreen extends StatefulWidget {
  const HomeScreen({Key? key}) : super(key: key);

  @override
  State<HomeScreen> createState() => _HomeScreenState();
}

class _HomeScreenState extends State<HomeScreen> {
  @override
  Widget build(BuildContext context) {
    return Container();
  }
}
```

C.3 Show Context Action

안드로이드 스튜디오에 플러터 플러그인을 설치하면 유용한 자동화 기능이 추가됩니다. 사용 방법은 Show Context Action을 실행하고 싶은 코드 위에 커서를 올려놓은 뒤 맥에서는 Option + Enter 를, 윈도우에서는 Alt + Enter 를 실행하면 됩니다.

Show Context Action으로 실행할 수 있는 기능은 다양합니다. 자주 사용하는 '위젯 감싸기', '위젯 삭제하기', '스테이트리스 위젯을 스테이트풀 위젯으로 변경하기', '함수를 비동기로 변경하기 기능', 'import 추가하기'를 알아보겠습니다.

위젯 감싸기

플러터는 위젯들이 트리 구조를 띄고 있기 때문에 이미 작성된 위젯을 새로운 위젯으로 감싸야 하는 상황이 많이 생깁니다. 이럴 때 Show Context Action을 이용해서 원하는 위젯을 새로운 위젯으로 쉽게 감쌀 수 있습니다.

❶ 새로운 위젯으로 감싸고 싶은 위젯에 커서를 올린 후 [Show Context Action]을 실행해주세요.

❷ 원하는 옵션을 선택하면 커서를 올려둔 위젯이 선택한 위젯으로 감싸집니다.

```
class SplashScreen extends StatelessW
  // 2
  @override
  Widget build(BuildContext context)
    return MaterialApp(
      home: Scaffold(
        body: Container(),
      ), // Scaf  ☑ Wrap with widget...
    ); // Materi  ☑ Wrap with Builder
  }                ☑ Wrap with Center
}                  ☑ Wrap with Column
                   ☑ Wrap with Padding
                   ☑ Wrap with Row
                   ☑ Wrap with SizedBox
                   ☑ Wrap with StreamBuilder
                   Press ^Space to open preview
```

```
class SplashScreen extends State
  // 2
  @override
  Widget build(BuildContext cont
    return MaterialApp(
      home: Scaffold(
        body: Column(
          children: [
            Container(),
          ],
        ), // Column
      ), // Scaffold
    ); // MaterialApp
  }
}
```

▼ 위젯 감싸기 옵션 정리

옵션 명칭	설명
Wrap with Widget	위젯으로 감싸기. 아래 옵션에 정의되어 있지 않은 다른 위젯으로 감싸기를 할 때 사용합니다.
Wrap with Builder	Builder 위젯으로 감싸기
Wrap with Center	Center 위젯으로 감싸기
Wrap with Column	Column 위젯으로 감싸기
Wrap with Padding	Padding 위젯으로 감싸기
Wrap with Row	Row 위젯으로 감싸기
Wrap with SizedBox	SizedBox 위젯으로 감싸기
Wrap with StreamBuilder	StreamBuilder 위젯으로 감싸기

위젯 삭제하기

새로운 위젯으로 감싸기의 반대 역할을 하는 기능입니다. 선택한 위젯을 위젯 트리에서 삭제하고 싶을 때 목표 위젯에 마우스 커서를 올려놓은 뒤 Show Context Action을 실행하고 Remove this widget 옵션을 선택하면 됩니다. 가장 하위에 있는 위젯에는 사용하지 못하며 children 매개변수에 여러 개의 위젯이 입력될 때도 사용이 불가능합니다.

❶ 삭제하고 싶은 위젯에 커서를 올려놓은 뒤 [Show Context Action]을 실행하고 [Remove this widget] 옵션을 선택합니다.

❷ 선택한 위젯이 삭제됩니다.

스테이트리스 위젯 스테이트풀 위젯으로 변경하기

스테이트리스 위젯을 사용하다가 setState( ) 함수와 상태 관리가 필요해서 스테이트풀 위젯으로 전환하는 일이 흔히 발생합니다. 전환하고 싶은 스테이트리스 위젯에 마우스 커서를 올려놓은 뒤 [Show Context Action]을 실행하면 [Convert to StatefulWidget] 옵션을 볼 수 있습니다. 옵션을 선택하면 스테이트리스 위젯을 스테이트풀 위젯으로 변경할 수 있습니다.

❶ 스테이트풀 위젯으로 변경하고 싶은 스테이트리스 위젯에 커서를 올린 후 [Show Context Action]을 실행해주세요. 그리고 [Convert to StatefulWidget]을 눌러주세요.

❷ 스테이트리스 위젯이 스테이트풀 위젯으로 변경됩니다.

동기 함수 비동기 함수로 전환하기

동기 함수를 비동기 함수로 전환하는 일도 흔히 있습니다. 비동기 함수로 변경하고 싶은 동기 함수에 [Show Context Action]을 실행하면 [Convert to async function body] 옵션을 볼 수 있습니다. 해당 옵션을 선택하면 반환 타입이 Future로 감싸지고 함수에 async 키워드가 추가됩니다.

❶ 비동기 함수로 변경하고 싶은 동기 함수에 [Show Context Action]을 실행해주세요. 그리고 [Convert to async function body] 옵션을 선택해주세요.

❷ 동기 함수가 비동기 함수로 변경됩니다. 반환 타입이 Future로 감싸지고 async 키워드가 추가됩니다.

```
void convertToAsyncFunction(){

}
```

```
Future<void> convertToAsyncFunction() async {

}
```

import 추가하기

매번 직접 import문을 작성하는 건 여간 귀찮은 일이 아닙니다. 만약에 임포트할 함수나 클래스 또는 변수 명칭을 정확히 알고 있다면 해당 명칭을 먼저 작성한 후 [Show Context Action]을 실행해주세요. 그럼 해당 값을 임포트할 수 있는 경로들이 옵션으로 제시됩니다. 원하는 경로를 선택하면 import문이 추가됩니다.

❶ 임포트하고 싶은 값에 마우스 커서를 올린 다음 [Show Context Action]을 실행해주세요. 그다음 불러오고 싶은 경로를 선택해주세요.

❷ import문이 자동으로 파일의 상단에 추가됩니다.

```
Widget build(BuildContext context) {
  return MaterialApp(
    home: Scaffold(
      body: CodeFactoryWidget(),
    ),
  );
}
```

```
import 'package:splash_screen/import_test.dart';
```

부록 D 흔히 마주하는 에러

D.1 ext.kotlin_version 에러(안드로이드에서만 발생)

안드로이드는 Java와 Kotlin 두 가지 언어를 사용합니다. 플러터로 프로젝트를 생성할 경우 안드로이드 앱은 기본적으로 Kotlin 언어를 사용하도록 설정되어 있습니다. 플러터 버전 또는 플러터에서 사용하는 버전과 Kotlin 버전이 호환되지 않을 때 흔히 다음 캡처 화면과 같은 에러를 볼 수 있습니다.

Kotlin Version 에러 캡처 화면

```
┌─ Flutter Fix ─────────────────────────────────────────────────────────┐
│ [!] Your project requires a newer version of the Kotlin Gradle plugin. │
│     Find the latest version on https://kotlinlang.org/docs/releases.html#release-details, then │
│     update /Users/jihochoi/Documents/codefactory/curriculum/Flutter Full │
│     Course/book_all_projects_edition_3/ch11/vid_player/android/build.gradle: │
│     ext.kotlin_version = '<latest-version>'                            │
└────────────────────────────────────────────────────────────────────────┘
Exception: Gradle task assembleDebug failed with exit code 1
```

에러를 해결하는 방법은 매우 간단합니다. 프로젝트의 android/build.gradle 파일에서 ext.kotlin_version이 적혀 있는 줄을 찾은 다음 코틀린 버전을 최신으로 업데이트해주면 됩니다. 다음 예제 코드를 참고하세요.

```
                                                        android/gradle.version
buildscript {
   // 여기를 최신 버전으로 변경
   ext.kotlin_version = '1.7.10'
   ...생략...
}
```

Kotlin 버전 정보는 다음 링크에서 확인할 수 있습니다. https://kotlinlang.org/docs/releases.html#release-details

D.2 Multidex error (안드로이드에서만 발생)

안드로이드에서 앱 개발을 하다 코드가 많아지고 라이브러리도 늘어나면서 규모가 커질 수 있습니다. 이런 경우 종종 빌드 시 에러가 발생합니다. 하나의 프로젝트에서 64,000개 이상의 앱을 정의했다면 Multidex를 활성화해줘야 합니다. 프로젝트를 실행했을 때 다음과 같은 에러가 난다면 Multidex 에러입니다.

Multidex 에러 예제

```
[!] App requires Multidex support
    Multidex support is required for your android app to build since the number of methods has
        exceeded 64k. See https://docs.flutter.dev/deployment/android#enabling-multidex-support for more
        information. You may pass the --no-multidex flag to skip Flutter's multidex support to use a
        manual solution.

    Flutter tool can add multidex support. The following file will be added by flutter:

        android/app/src/main/java/io/flutter/app/FlutterMultiDexApplication.java

cannot prompt without a terminal ui
Exception: Gradle task assembleDebug failed with exit code 1
```

Multidex 에러가 날 경우 터미널에서 프로젝트 위치로 이동한 다음 터미널 탭에서 '**flutter run --debug**'를 실행해주고 실행할 안드로이드 에뮬레이터를 선택해줍니다. 이때 Multidex 지원이 필요하다면 "Do you want to continue with adding multidex support for Android?" 라는 질문이 나오고 'y'를 입력해주면 Multidex 지원이 자동으로 설정됩니다. 다음 캡처 화면에서 예제를 확인해봅시다.

```
BUILD FAILED in 3s
Running Gradle task 'assembleDebug'...                          3.7s
[!] App requires Multidex support
    Multidex support is required for your android app to build since the number of methods has exceeded
        64k. See https://docs.flutter.dev/deployment/android#enabling-multidex-support for more information.
        You may pass the --no-multidex flag to skip Flutter's multidex support to use a manual solution.

    Flutter tool can add multidex support. The following file will be added by flutter:

        android/app/src/main/java/io/flutter/app/FlutterMultiDexApplication.java

Do you want to continue with adding multidex support for Android? [y|n]: y
```

D.3 Android SDK 버전 에러

플러터 플러그인을 추가하다 보면 안드로이드 최소 버전에 제한이 있는 경우가 있습니다. 에러가 발생할 때 어떤 버전이 필요한지 콘솔에 출력되기 때문에 해결하기 어려운 에러가 아닙니다. 다음 캡처 화면과 같이 정확히 어떤 위치에 어떤 부분을 어떻게 변경해줘야 하는지 알려줍니다.

Android SDK 버전 에러 캡처 화면

```
┌─ Flutter Fix ─────────────────────────────────────────────────────
│ The plugin google_maps_flutter_android requires a higher Android SDK version.
│ Fix this issue by adding the following to the file
│ /Users/hyunwoochoi/Documents/flutter-golden-rabbit-novice-v3-main/ch14/chool_check/android/app/b
│ uild.gradle: ◀--❶
│ android {
│   defaultConfig {
│     minSdkVersion 20 ◀--❷
│   }
│ }
│
│ Following this change, your app will not be available to users running Android SDKs below 20.
│ Consider searching for a version of this plugin that supports these lower versions of the
│ Android SDK instead.
│ For more information, see: https://flutter.dev/to/review-gradle-config
```

❶ 명시된 파일을 열어 ❷ minSdkVersion에 지정된 버전을 입력하면 간단히 해결됩니다.

용어 찾기

ㄱ

가변 변수 083
가상 머신 129
가속도계 269
값 058
개발자 옵션 136
객체-관계 매핑 522
객체지향 프로그래밍 076
게터 083
고정된 매개변 068
광고 단위 743
구글 지도 API 379
구글 클라우드 플랫폼 380
구글 플레이 754
구현 090
글로벌 스코프 070
긍정적 응답 550

ㄴ

내비게이션 344
널 안정성 047
네이티브 설정 194
네이티브 플랫폼 048
네임드 생성자 080

ㄷ

다이얼로그 238
다트 가상 머신 047
다트패드 049
다트 프로그래밍 언어 047
동기 096
드리프트 485

ㄹ

람다 함수 069
런타임 053
리스트 055
리슨 101
리액트 네이티브 123

ㅁ

마커 393
매트릭스 048
맵 058
머티리얼 디자인 134
문서 583
믹스인 088

ㅂ

박스 774
배너 광고 745
배리어 238
배치 156
변수 052
부모 클래스 084
불변 215

불변성 083
브로드캐스트 스트림 103
비동기 096
빌드 넘버 753
빌드타임 상수 053

ㅅ

상속 084
상수 272
상태 141
상태 관리 251
상태바 226
생성자 079
세터 083
셋 059
순회 056
스낵바 134
스키아 엔진 125
스태틱 092
스택 344
스테이트리스 위젯 174
스테이트먼트 070
스프레드 기능 047

ㅇ

아고라 348
아이솔레이트 047
안드로이드 에뮬레이터 129

애드몹 738
앱바 134
앱번들 754
어노테이션 776
언어 513
연산자 061
열 519
오버라이드 086
원소 055
웹뷰 위젯 193
웹 플랫폼 048
위젯 141
위젯 생명주기 215
의존성 주입 531
이름이 있는 매개변수 068
이터러블 056
익명 함수 069
인메모리 773
인스턴스 077
인스턴스화 077
인터페이스 087
일급 객체 071
임포트 202

ㅈ

자식 클래스 084
자이로스코프 269
정규화 270

제네릭 091
제미나이 API 442
제스처 147
제어문 064

ㅊ

추상 089

ㅋ

카메라 340
캐스케이드 연산자 093
캐시 550
컬렉션 047, 054, 583
코드 생성 526
쿠퍼티노 위젯 236
크로스 플랫폼 프레임워크 123
클래스 078
키 058

ㅌ

타입 추론 052
통합 개발 환경 031

ㅍ

파이어베이스 582
파이어스토어 582
폰트 239

프라이빗 변수 082
프로바이더 562

ㅎ

하이브 773
핫 리로드 047
행 519
헥스 코드 176
환경 변수 022

용어 찾기

A

abstract 089
Admob 738
Ahead of Time 048
AndroidManifest.xml 197
annotation 776
anonymous function 069
AOT 컴파일 048
Appbundle 754
App Store Connect 763

B

barrier 238
box 774
broadcast stream 103
build number 753
Bundle ID 752

C

cascade operator 093
class 078
code generation 526
collection 583
Collection If 047
Column 519
constructor 079
CPU 099
cross platform framework 123

cupertino 236

D

dartpad 049
Dependency Injection 531
document 583
Drift 485

E

extends 084

F

Firebase 582
Firestore 582
first-class citizen 071

G

generic 091
geolocator 383
Geolocator 377
getter 083
global scope 070
google_maps_flutter 383
GraphQL 439
gRPC 439

H

Hex Code 176
HiveField 776
HTML 441
http 198
https 198

I

IDE 031
immutable 215
Immutable 083
implements 090
Info.plist 199
inheritance 084
in memory 773
instance 077
instantiation 077
interface 087
iOS 시뮬레이터 129
Isar 데이터베이스 444
Isolate 047
Iterable 056

G, J

Gemini 442
JSON 441

K
key 058

L
Last In First Out 344
LIFO 344
list 055
List 타입 055
listen 101
looping 056

M
map 058
MaterialApp 134
material design 134
mixin 088
mutable 083

N
named constructor 080
Navigation 344
NestJS 555
Node.js 555
normalization 270
NoSQL 584
Null Safety 047

O
Object Relational Mapping 522
ORM 522
override 086

P
part 526
private variable 082
pubspec.yaml 195

R
React Native 123
REST API 439
Row 519

S
SDK 022
set 059
Set 타입 059
setter 083
Spread Operator 047
SQL 519
SQLite 485
stack 344
state 141

T
TestFlight 768

U
UI 047
USB 디버깅 136

V
value 058
var 052

W
web platform 048

X
XML 441

코드팩토리의 플러터 프로그래밍 3판

Dart & Flutter 입문부터 AI 챗봇과 파이어베이스 / 슈파베이스 / 인증 / 광고 / 배포까지,
안드로이드 + iOS 10가지 모바일 앱 만들기

초판 1쇄 발행 2023년 01월 01일
2판 1쇄 발행 2024년 02월 01일
3판 1쇄 발행 2025년 01월 10일

지은이 최지호(코드팩토리)

펴낸이 최현우 · **기획** 최현우 · **편집** 박현규, 최혜민, 김성경
디자인 박세진 · **조판** SEMO

펴낸곳 골든래빗(주)
등록 2020년 7월 7일 제 2020-000183호
주소 서울특별시 마포구 양화로 186, 514호(동교동, LC타워)
전화 0505-398-0505 · **팩스** 0505-537-0505
이메일 ask@goldenrabbit.co.kr
SNS facebook.com/goldenrabbit2020
홈페이지 goldenrabbit.co.kr

ISBN 979-11-94383-05-5 93000

* 파본은 구입한 서점에서 바꿔드립니다.

우리는 가치가 성장하는 시간을 만듭니다.

골든래빗은 가치가 성장하는 도서를 함께 만드실 저자님을 찾고 있습니다.
내가 할 수 있을까 망설이는 대신, 용기 내어 골든래빗의 문을 두드려보세요.
apply@goldenrabbit.co.kr

이 책은 대한민국 저작권법의 보호를 받습니다.
일부를 인용 또는 재사용하려면 반드시 저자와 골든래빗(주)의 동의를 구해야 합니다.